KB071454

이혼상담과 이혼법

Divorce Therapy and Law

김혜숙 · 이희배 · 유계숙 공저

학지사

머리말

가족은 개인의 존엄·양성 평등의 이념에 따라 평등하고 자유로운 인격자로서의 개인의 의사를 최대한으로 존중하여야 한다. 이러한 개념에서 혼인의 자유가 비롯되는 것이다. 또한 가족정책은 어떠한 약자도 개인으로서 존중되고 보호되는 장으로서의 가족을 확립하려는 것이다.

혼인을 하여 부부가 되고 혼인신고를 하면 법질서에 의하여 보호와 배려를 받는 법적인 부부가 된다. 혼인이란 남녀 한 쌍의 도덕상·풍속상 정당시되는 성적 결합 관계로서 국가의 법질서에 의하여 승인된 영속적인 결합이다(대법원 판결 1999. 2. 12. 97므612). 결혼은 부부의 행복과 자녀의 성장·발전이란 이념을 지향하며 동거하고 서로 부양하며 협조하여야 하는 관계를 그 본질로 하고 있다(헌법 제10조, 민법 제826조, 제913조 참조). 부부가 위와 같은 동거·부양·협조라는 의무를 수행하지 않고 소홀히 하면 결혼관계는 파탄으로 접어들고 별거의 과정을 거쳐 이혼이란 위기에 직면하게 된다.

이러한 혼인과 이혼에 관하여 배려하고 보호하며 규제하는 법률이 '가족법'(민법 중 친족편·상속편 제767조~제1118조) 등 가족 관련법이다.

이 책의 목적은 이혼위기에 직면한 부부와 가족을 상담학적·법적으로 보호하고 배려하며 적절히 규제함으로써 부부의 행복과 자녀의 성장·발전을 지향하고, 이혼의 예방과 이혼 시 적절한 대응방책을 모색하는 데 있다. 이를 위하여 우선 '가족의 변화와 이혼실태'를 조사·분석하여 이혼가족의 실태와 현상학적인 특성을 이해한다. 이 책은 부득이 이혼위기에 직면한 부부와 그 가족에 대해서는 '이혼상담'을 통하여 가족의 기능을 회복하며 삶의 질을 향상시키도록 조력하는 안내서 역할을 할 것이다.

또한 이혼상담을 통하여서도 이혼을 피할 수 없는 부부에게는 이혼으로 인한 피해를 최소화하기 위하여 위자료 내지 손해배상과 재산분할청구 및 자녀의 건전한 성장·발전을 위한 양육환경조성과 면접교섭의 문제 등 법적인 보호와 배려를 할 수 있도록 집필하였다. 이러한 논리를 구축한 것은 저자들이 다년간 서울가정법원 조정위원으로서 다양한 이혼사건의 조정을 진행하면서 가족관계학, 가족치료학 및 가족 관련 법학 등 학제 간 공동연구의 필요성을 절감하고 공동저술을 구상·집필할 필요성을 느꼈기 때문이다.

이 책의 제1부에서는 이혼에 대한 이해와 가족 관련법을 개괄적으로 서술한다. 우리 사회의 변화와 함께 이혼 관련 실태를 분석하고, 이혼과정 및 재혼과정에서 나타나는 문제점과 그에 대한 적응에 대해 살펴보며, 가족 관련법의 포괄적인 이해를 돕고자 한다. 제1장(유계숙 집필)에서는 한국 가족의 변화와 이혼의 실태를 통계학적으로 분석·고찰해 본다.

제2장(유계숙 집필)에서는 부부가 이혼으로 가는 단계들과 과정에 대하여, 그리고 이혼자녀의 문제와 적응, 재혼가족의 문제와 적응, 부모의 재혼이 자녀에게 미치는 영향에 대하여 서술한다.

제3장(이희배 집필)에서는 가족 관련법을 개괄적으로 기술한다. 가족법 등 가족 관련법에는 헌법이 설정하고 있는 혼인·가족생활정책과 혼인법으로서 약혼·혼인·사실상 혼인관계(이혼관련법은 제2부에서 후술한다)에 관한 법률과 친자·친족 관련법으로서 부모와 자녀, 후견, 부양, 친족관계에 관한 법률 그리고 상속 관련법으로서 상속제도, 유언제도와 유류분, 법정상속에 관한 법률을 개괄적으로 설명한다.

제2부(이희배 집필)에서는 협의상 이혼과 재판상 이혼에 관한 법을 다룬다. 협의상 이혼에 관한 법으로는 협의이혼제도, 협의이혼의 절차—특히 이혼숙려기간과 이혼상담, 법원의 이혼의사의 확인과 이혼신고, 그 효력에 관한 법률을 기술한다. 재판상 이혼에 관한 법으로는 조정이혼과 판결이혼의 과정, 이혼원인과 유책배우자의 이혼청구, 이혼판결과 이혼의 효과에 관한 법률을 자세히 기술한다.

제3부(김혜숙 집필)에서는 이혼상담의 이론과 실제를 다룬다. 제9장은 남녀가 부부로 만나는 과정에서 어떤 의식적·무의식적인 호감과 기대를 가지고 부부로 시작하는지 알아본다. 제10장은 부부가 원가족에서 성장하면서 경험한 역기능적인 심리 도식들로서 억압된 자아, '거짓자아', 애착이론과 부부의 역동, 자기애성 인격장애, '성인아이'의 특성들을 살펴본다.

제11장은 부부가 법원에 협의이혼을 신청하고자 할 때 가정법원에서 제공하는 이

혼 전 상담의 과정과, 상담의 목적, 효과들에 대해서 설명한다. 그리고 법원외 이혼상담으로 외국의 이혼상담과 조정, 이혼상담의 전체 과정과 이혼 후 재적응까지를 다루게 된다. 이혼상담의 목표, 개입방안, 치료자의 역할과 자세, 이혼부부들의 특성, 이혼 후 재적응을 위한 상담의 방법과 기술, 이혼자녀의 상담에 대하여 설명한다.

제12장은 이혼예방과 부부관계 회복을 위한 재구성 기술로 부부의 갈등해결과 협상, 이마고 부부치료의 상처 회복, 가트만의 부부치료과정, 내면아이치유, 상호주관 정신분석적 해석, 부부를 위한 심상치료, 행복한 부부관계를 위하여 온전한 부부로 향하는 길을 제시하고 있다. 부부상담을 통하여 건강하고 행복한 가정을 창의적으로 만들어 가는 데 도움을 주고자 한다.

부록에는 가족법 조문(민법 제767조~제1118조)과 개정된 가족관계등록, 협의이혼의 의사확인사무 및 협의이혼절차의 상담에 관한 예규와 이혼상담과 부부상담에 필요한 도구들을 함께 실었다.

이 책은 국내에서 법과 상담의 통합적인 관련서로 출간하였다. 내용면에서 보완할 점이 있겠지만 이혼상담의 현장에서 애쓰는 건강가정사, 사회복지사, 부부상담사, 상담심리사, 이혼상담사, 가족치료사, 아동복지사, 임상사회사업가, 조정위원, 상담위원 등 관심 있는 모든 분들에게 새롭게 달라진 가족법과 이혼법의 상세한 내용과 더불어 이혼상담의 서비스를 훌륭하게 전달하는 데 큰 힘이 되기를 기대한다. 그리고 역기능적인 개인과 가족들의 상처가 회복되고 용서와 화해의 장으로 안내하는 길잡이 역할로 조금이나마 도움이 되기를 바란다. 그래서 한국 사회가 건강하고 행복하며 아름다운 가정을 영위해 나가는 데에 도움이 되었으면 한다.

『이혼상담과 이혼법』의 출간을 위해 힘써 주신 학지사 김진환 사장님께 감사드리며 편집과 교정을 위해 노력하신 이현구 선생님 그리고 표지 디자인을 위해 수고해 주신 고광수 선생님께도 감사를 전한다.

2008년 8월 21일
김혜숙 · 이희배 · 유계숙

차 례

제 2 부   협의이혼과 재판이혼

학습개요

　지난 40년간 한국의 가족은 혼인율과 출산율의 감소, 이혼율 및 재혼율의 증가, 한부모가족 및 국제결혼의 증가 등 혼인 및 가족제도에서 상당한 수준의 다양화를 겪어 왔다. 한국의 이혼율은 1990년대 외환위기 이후 급증세를 보이다 최근 들어 그 추세가 다소 완화되고 있기는 하나, 사회변동에 따라 나타난 가족가치관의 변화로 미루어 볼 때 과거와 같은 저이혼율 국가로 돌아가기란 더 이상 어려울 듯하다. 이처럼 급증하는 이혼율로 말미암아 지난 10년 동안 이혼에 의한 여성가구주의 비율이 현저하게 증가하였으며, 자녀를 양육하는 이혼여성의 경제적 불안정은 '빈곤의 여성화'와 '빈곤의 대물림'을 초래할 만큼 심각한 사회문제가 되고 있다. 이와 함께 2000년대 들어서 국제결혼의 급증으로 인해 외국인 배우자와의 이혼율이 증가하면서 새로운 사회적 이슈가 되고 있다. 이 책의 제부 1장과 2장에서는 우리 사회의 이혼 관련 실태를 분석하고, 이혼 및 재혼과정에서 나타나는 문제점과 그에 대한 적응에 대해 살펴봄으로써 이혼에 대한 개괄적 이해를 돕고자 한다.

　또한 제1부의 3장에서는 가족법, 가사소송법, 가족관계등록 등에 관한 법률 등 가족 관련법 전반에 대해서 설명하고자 한다. 가족법은 민법 중 친족편 · 상속편(제767조～제1118조)을 가리키며, 혼인과 부부, 부모와 자녀, 친족 · 부양 및 상속에 관하여 규정하고 있다. 3장에서 다루고 있는 내용은 구체적으로 다음과 같다. 가족정책에 대한 이해를 위하여 가족법, 가족정책이념, 가족정책에 관한 국가의 과제를 다루고, 혼인에 관한 법의 이해를 위하여 약혼, 혼인, 혼인의 해소(이혼은 제외하여 제2부에서 후술한다)와 사실상 혼인관계를 다룬다. 또한 부모와 자녀에 관한 법의 이해를 위하여 자녀의 구분, 친생자와 양자, 친권에 관하여 설명하고, 후견 · 부양 · 친족관계에 관한 법의 이해를 위하여 후견제도와 부양제도 및 친

제1부

이혼에 대한 이해와 가족 관련법

족관계에 관하여 살펴보며, 상속에 관한 법의 이해를 위하여 상속제도, 유언과 유류분, 법정상속에 관하여 다룬다.[1][2] 가족법의 지도이념과 정책지표에 관한 법규범에는 헌법(그중 제36조, 제10조, 제11조, 제37조 등)이 있고, 가족 관련법으로서 중요한 것으로는 가족법(1960), 가사소송법(1990. 12. 31, 법률 제4300호), 가족관계등록 등에 관한 법률(2007. 5. 17, 법률 제8435호; 이후 '가족등록법'이라 약칭한다) 등이 있다.

▌주제어

　이혼, 재혼, 한부모가족, 국제결혼, 빈곤의 여성화, 이혼과정, 이혼 전 단계, 이혼 단계, 이혼 후 단계, 재혼가족, 계부모가족, 가족법, 혼인·가족정책, 가족정책이념, 국가의 과제, 약혼, 약혼해제, 혼인, 사실혼, 부첩관계, 혼인의 효과, 친자관계, 친생자, 양자와 친양자, 혼인중의 출생자, 혼인외의 출생자, 친생자관계존부확인의 소, 인공적 임신, 친권, 후견, 부양, 부양관계, 상속, 상속재산, 상속인, 상속분, 법정상속, 유언, 유류분

---

1) 가족법의 이해에 관한 설명은 이희배(2001). 112-160을 보완한 것이다.
2) 이 부분의 설명에 관한 자세한 것은 한봉희(2007). 1-638과 이희배(1995). 1-453을 참조.

제**1**장
한국가족의 변화와 이혼실태

Ⅰ. 이혼실태

1. 이혼추이

통계청(2007)에 따르면 2006년 한 해 동안 이혼은 12만 5천 건(쌍)으로 2005년보다 3천 4백 건(-2.7%)이 감소하였으며, 1년간 신고된 총 이혼건수를 당해 연도의 연앙(年央)인구로 나누어 1,000분율로 나타낸 조이혼율(粗離婚率; crude divorce rate: CDR)은 2.6으로 전년도인 2005년과 같았다. 이는 하루 평균 342쌍이 이혼한 셈이며, 2003년까지 지속되던 증가세가 유배우 인구(25~49세) 감소 및 이혼숙려기간 시범도입 등으로 2004년부터 감소세로 전환되어 2006년에도 소폭 감소하였다(〈표 Ⅰ-1〉, [그림 Ⅰ-1] 참조).

한편 1년간 신고된 총 이혼건수를 당해 연도 유배우 연앙(年央)인구로 나누어 1,000분율로 나타낸 유배우자 1,000명당 이혼건수, 즉 유배우 이혼율(有配偶 離婚率; divorce rate of married persons)은 2006년 현재 5.3건(쌍)으로 나타남으로써 유배우자 100명(부부 50쌍)당 0.53건(쌍), 유배우자 200명(부부 100쌍)당은 1.06건(쌍)이 이혼한 셈이다(〈표 Ⅰ-2〉, [그림 Ⅰ-2] 참조).

최근의 이혼율 감소 원인에 대하여 일부 학자들은 이혼율이 높은 20~30대 연령층이 감소하는 인구구조적 영향이 작용하였다고 풀이하기도 하고, 일각에서는 2005년

〈표 I-1〉	연도별 이혼추이		
연 도	이혼건수(건)	증감률(%)	조이혼율 (인구 1천 명당)
1970	11,615	–	0.4
1975	16,453	16.9	0.5
1980	23,662	37.7	0.6
1985	38,838	7.5	1.0
1990	45,694	5.6	1.1
1995	68279	5.0	1.5
1996	79,895	17.0	1.7
1997	91,159	14.1	2.0
1998	116,727	28.0	2.5
1999	118,014	1.1	2.5
2000	119,982	1.7	2.5
2001	135,014	12.5	2.8
2002	145,324	7.6	3.0
2003	167,096	15.0	3.5
2004	139,365	−16.6	2.9
2005	128,468	−7.8	2.6
2006	125,032	−2.7	2.6

출처: 통계청(2007). 2006년 이혼통계 결과.

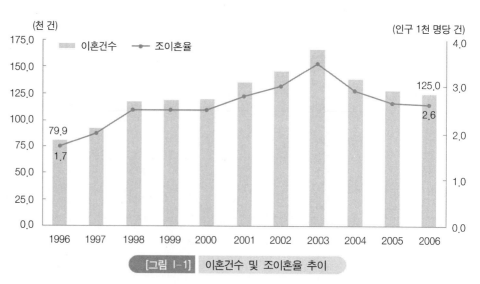

[그림 I-1] 이혼건수 및 조이혼율 추이

출처: 통계청(2007). 2006년 이혼통계 결과.

부터 시범실시되고 있는 숙려기간의 도입 등 무분별하고 충동적인 이혼을 자제하자는 사회분위기가 형성된 때문으로 설명하기도 하며, 이혼자를 위한 사회적 인프라가 부족하여 이혼하면 더 큰 피해를 받는다는 인식이 영향을 미친 것으로 풀이하기도 한다.

이밖에도 이혼율 감소현상은 숙려기간제도가 도입되기 1년 전부터 이미 발생하였기에 둘 사이의 상관을 확신할 수 없으며, 그보다는 2004년 7월부터 본격 도입된 주5일 근무제가 이혼율 감소에 큰 위력을 발휘했다는 주장도 대두되었다. 실제로 재혼전문 결혼정보회사인 '두리모아'(2006)가 이혼 경험이 있는 남녀 1,200명을 대상으로 조사한 결과에 따르면, 이혼 당시 직장 근무 형태를 묻는 질문에 '주 6일 근무'(75%)가 '주 5일 근무'보다 5배나 많게 나왔다. 즉, 부부관계에서 시간을 공유하는 것은 대화시간을 늘리는 것뿐만 아니라 이해의 폭을 넓히고 서로 존중할 수 있는 공감을 만들어낼 수 있기 때문에 주 5일 근무제가 도입되면서 자연스럽게 부부간의 친밀도가 높아진 것으로 분석하였다(세계일보, 2007. 7. 17).

이상과 같이 최근의 이혼율 감소 원인에 대하여 의견이 분분하지만, 그 배경이 무엇이든 현 시점에서 이혼의 시대적 추이를 예단하기에는 좀 더 시간이 필요하다. 그보다 최근의 이혼경향에서 우리가 주목해야 할 점은 이혼사유의 절반이 '성격차이'며, 20년 이상 살아온 부부들의 노령이혼율이 23년 사이에 4배나 증가하였다는 점 그리고 이혼한 부모가 돌보지 않아서 보호시설에 들어가는 아동이 매년 1,000명가량 된다는 사실이다. 이는 결혼이나 가족의 가치에 대한 우리 사회의 믿음과 가족의 건강성이 약화되고 있음을 단적으로 보여 주는 현상이다.

〈표 I-2〉 총 이혼건수 및 유배우 이혼율

(단위: 건, 유배우자 1천 명당 건)

	2000	2001	2002	2003	2004	2005	2006
총 이혼건수	119,982	135,014	145,324	167,096	139,365	128,468	125,032
유배우 이혼율	5.3	5.9	6.3	7.2	6.0	5.5	5.3p

p: 잠정치
출처: 통계청(2007). 2006년 이혼통계 결과.

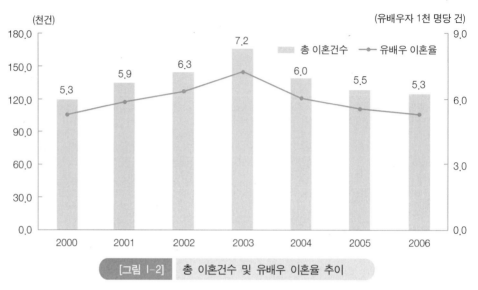

[그림 I-2]   총 이혼건수 및 유배우 이혼율 추이

출처: 통계청(2007). 2006년 이혼통계 결과.

2. 성·연령별 이혼실태

1년간 신고된 연령별 이혼건수를 당해 연도 해당 연령별 남성 또는 여성의 연앙(年央)인구로 나누어 1,000분율로 나타낸 연령별 이혼율(年齡別 離婚率; age-specific divorce rate)을 살펴보면, 남녀 모두 45세 미만 연령층에서 이혼율이 감소한 것과 대조적으로 45세 이상 연령층에서는 이혼율이 증가하였다. 남성의 연령별 이혼건수를 구체적으로 살펴보면, 2006년 현재 30~40대 남성의 이혼이 91.8천 건이며, 30대 후반(35~39세) 26.0천 건, 40대 초반(40~44세) 25.5천 건, 40대 후반(45~49세) 21.3천 건, 30대 초반(30~34세) 19.1천 건 순으로 나타났다. 전체 남성 이혼자의 73.4%가 30~40대로 이혼의 주연령층을 이루고 있으며, 특히 55세 이상 남성의 이혼은 0.9천 건이 증가하여 다른 연령층보다도 가장 높은 증가율(7.8%)을 보였는데, 이는 10년 전(96년)보다 3.5배 증가한 수치이다(〈표 I-3〉 참조).

여성의 연령별 이혼건수를 살펴보면, 2006년 현재 30대 후반(35~39세) 연령층이 27.1천 건, 30대 초반(30~34세) 24.6천 건, 40대 초반(40~44세) 22.5천 건 순으로 나타나 30대 여성이 전체 여성 이혼자의 41.4%를 차지하고 있으며, 남성과 마찬가지로 45세 미만 여성에서는 이혼이 감소하고 45세 이상 여성에서는 이혼이 증가하는 것으

로 나타났다. 특히 45세 이상 연령층에서는 여성의 이혼건수 증가율이 남성의 이혼
건수 증가율을 상회하였으며, 55세 이상 여성의 이혼 역시 남성과 마찬가지로 10년
전(96년)보다 5.1배 증가하였다(〈표 I-4〉 참조).

〈표 I-3〉   남성의 연령별 이혼건수 추이

(단위: 천 건)

연령 \ 연도	1996	1997	1998	1999	2000	2001	2002	2003	2004	2005	2006	증감률(%)
계(미상 포함)	79.9	91.2	116.7	118.0	120.0	135.0	145.3	167.1	139.4	128.5	125.0	-2.7
15~19	0.0	0.0	0.0	0.0	0.1	0.1	0.1	0.1	0.1	0.1	0.0	-17.5
20~24	1.6	1.8	2.0	1.8	1.9	2.1	2.1	2.0	1.7	1.6	1.4	-7.2
25~29	9.4	10.1	11.6	11.5	11.6	12.4	12.2	11.6	9.0	7.8	7.0	-9.7
30~34	17.9	19.1	22.6	22.3	22.9	26.1	27.5	30.6	24.2	21.2	19.1	-9.7
35~39	20.7	23.3	29.3	28.5	27.7	30.2	31.9	35.5	29.7	27.0	26.0	-3.9
40~44	14.1	17.2	23.5	24.6	25.3	29.0	31.7	36.9	29.8	27.2	25.5	-6.5
45~49	8.0	9.7	13.3	13.9	14.8	17.5	20.0	24.7	21.9	20.7	21.3	2.8
50~54	4.2	5.1	7.4	7.8	8.2	9.0	10.2	12.8	11.2	11.0	11.8	7.3
55세 이상	3.6	4.6	7.0	7.4	7.5	8.5	9.7	13.0	11.9	12.0	12.9	7.8

출처: 통계청(2007). 2006년 이혼통계 결과.

〈표 I-4〉   여성의 연령별 이혼건수 추이

(단위: 천 건)

연령 \ 연도	1996	1997	1998	1999	2000	2001	2002	2003	2004	2005	2006	증감률(%)
계(미상 포함)	79.9	91.2	116.7	118.0	120.0	135.0	145.3	167.1	139.4	128.5	125.0	-2.7
15~19	0.3	0.3	0.3	0.4	0.4	0.5	0.5	0.4	0.4	0.4	0.3	-17.6
20~24	5.9	6.3	6.8	6.4	6.4	7.0	7.0	6.5	5.6	5.0	4.4	-12.8
25~29	17.2	18.3	21.6	21.1	21.2	22.9	22.8	23.2	18.1	15.7	13.9	-11.7
30~34	19.9	21.9	26.7	26.7	26.9	30.8	33.4	38.0	30.8	27.3	24.6	-9.7
35~39	18.9	22.2	28.5	28.1	27.1	29.4	31.1	35.3	29.8	27.6	27.1	-2.0
40~44	10.0	12.6	18.2	19.6	20.8	24.4	26.9	32.0	26.2	23.8	22.5	-5.4
45~49	4.3	5.4	7.9	8.5	9.5	11.4	13.5	18.1	16.0	15.7	17.3	10.1
50~54	1.9	2.4	3.8	4.2	4.3	4.9	5.6	7.6	6.9	6.9	8.1	16.9
55세 이상	1.3	1.8	2.8	3.1	3.3	3.7	4.4	6.0	5.6	5.9	6.8	14.3

출처: 통계청(2007). 2006년 이혼통계 결과.

한편 평균 이혼연령은 2006년 현재 남성이 42.6세, 여성이 39.3세로 10년 전인 1996년에 비하여 남성 4.0세, 여성 4.5세 많아진 것이며, 2005년에 비해서는 남녀 각각 0.5세, 0.7세 많아져 매년 꾸준히 상승하는 추세를 보이고 있다. 이처럼 지속적인 이혼연령의 상승은 초혼연령의 상승현상과 아울러 20년 이상 동거한 부부에서 이혼 비중이 증가한 데서 기인한 것으로 풀이된다. 그리고 남녀의 평균 이혼연령 차이는 2006년 현재 3.3세로 10년 전인 1996년의 3.8세보다 0.5세 작아졌다(〈표 I-5〉, [그림 I-3] 참조).

〈표 I-5〉　 남녀 평균 이혼연령 추이

(단위: 세)

	1996	1997	1998	1999	2000	2001	2002	2003	2004	2005	2006
남 성	38.6	39.1	39.8	40.0	40.1	40.2	40.6	41.3	41.7	42.1	42.6
여 성	34.8	35.3	36.1	36.4	36.6	36.7	37.1	37.9	38.2	38.6	39.3
차 이	3.8	3.8	3.7	3.6	3.5	3.5	3.5	3.4	3.5	3.5	3.3

출처: 통계청(2007). 2006년 이혼통계 결과.

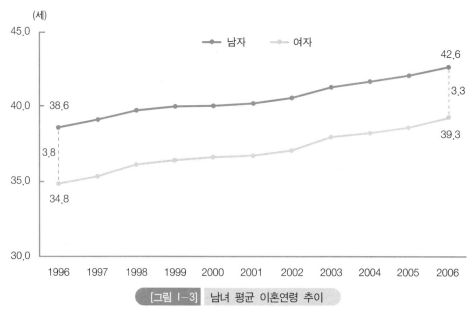

[그림 I-3]　 남녀 평균 이혼연령 추이

출처: 통계청(2007). 2006년 이혼통계 결과.

3. 동거기간 및 이혼종류별 이혼실태

이혼부부의 평균 동거기간은 2006년 현재 11.4년으로 2005년과 동일하며, 10년 전인 1996년보다 1.8년 증가하였다. 이혼부부 중 한국인 이혼부부의 평균 동거기간은 전체 이혼부부의 평균 동거기간인 11.4년보다 0.4년 긴 11.8년으로 나타났다(〈표 I-6〉참조). 이혼부부의 동거기간별 이혼 구성비를 살펴보면, 4년 이하 동거부부와 20년 이상 동거부부에서 이혼이 증가하였고, 4년 이하 동거부부의 이혼 구성비는 2003년까지 감소세였으나(4년 이하 동거부부의 이혼 중 한국인 부부의 구성비는 매년 감소하고 있음), 최근 외국인과의 이혼 증가 영향으로 2004년 이후 꾸준히 증가하고 있다(그림 I-4] 참조). 2006년 현재 4년 이하 동거부부의 이혼 구성비는 26.5%로 가장 높게 나타났으며, 20년 이상 동거부부가 차지하는 비율은 매년 증가세를 보이며 2006년 전체 이혼 중 19.2%를 차지하여 10년 전인 1996년의 8.9%보다 2.1배 증가하였다.

이처럼 20년 이상 동거부부의 이혼이 증가하는 배경에 있어서 다른 연령층과 구별되는 몇 가지 특징을 살펴보면 다음과 같다.

첫째, 중노년층의 이혼은 자녀부양 의무가 끝나 자녀들이 독립하는 시기에 집중적으로 나타난다. 그리고 나이든 부부에게는 자녀양육권으로 인한 다툼의 문제가 없다는 점도 이혼을 쉽게 결심할 수 있도록 하는 요인이 된다. 둘째, 노년기의 이혼소송에서 주목할 만한 특징은 부인 쪽에서 이혼을 제기하는 경우가 80%에 육박한다는 점이다. 과거에는 대부분 남성이 이혼을 요구하는 경향이었으나, 최근 들어 남편보다 부인이 이혼을 청구하는 사례가 급증하고 있다. 셋째, 그동안 가부장적 전통속에 살아온 여성들이 점차 자아를 의식하게 되고, 사회에서 여성 노동력을 필요로 하는 곳이 많아짐에 따라 남편이 퇴직 및 정년 등으로 경제력을 상실하게 되면 더 이상 경제적으로 남편에게 의존할 필요가 없는 중노년층 여성들은 그 동안 누적된 불만을 터뜨리면서 이혼을 청구한다. 특히 지난 1991년부터 실시된 재산분할청구권은 중노년층 여성들로 하여금 보다 쉽게 이혼을 결심하도록 하는 배경의 하나가 되었다. 50대 이후의 이혼에 있어서 또 다른 특징은 성장한 자녀들이 부모의 이혼에 동조하거나 어떤 경우 당사자들보다 자녀들이 더 적극적으로 이혼을 권유한다는 점이다.

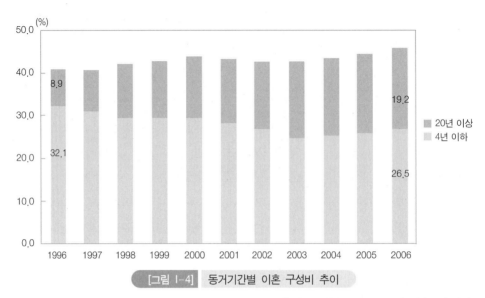

[그림 I-4] 동거기간별 이혼 구성비 추이

출처: 통계청(2007). 2006년 이혼통계 결과.

〈표 I-6〉 평균 동거기간(미상 제외)

(단위: 년)

	1996	1997	1998	1999	2000	2001	2002	2003	2004	2005	2006
평균 동거기간	9.6	9.8	10.4	10.5	10.6	10.7	10.9	11.4	11.4	11.4	11.4
한국인 부부의 동거기간	9.8	10.0	10.5	10.6	10.7	10.8	11.0	11.5	11.6	11.6	11.8

출처: 통계청(2007). 2006년 이혼통계 결과.

한편 이혼종류별 이혼실태를 살펴보면, 협의이혼이 차지하는 비율은 10년 전인 1996년에도 80.6%로 압도적이었으나, 현재까지 꾸준히 증가하여 2006년 현재 협의이혼 108.3천 건(86.7%), 재판이혼 16.4천 건(13.1%)으로 협의이혼이 재판이혼보다 6.6배 많아 대다수가 협의에 의하여 이혼을 하는 것으로 나타났다([그림 I-5] 참조).

서울가정법원이 2006년 협의이혼을 신청한 부부 3,354명을 대상으로 벌인 상담 사례를 종합 분석한 결과에 따르면, 한국사회에서 '노령이혼'이 무서운 속도로 늘고 있음을 알 수 있다. 서울가정법원에 따르면, 동거기간별 협의이혼 신청 건수는 결혼 후 '26년 이상'이 605명인 전체의 18%로 가장 비율이 높았다. 이어 '7~10년' 15%(443명), '16~20년' 14%(476명)이었으며, '1~3년'은 10%(358명), '1년 미만'은 4%(141명)에 그

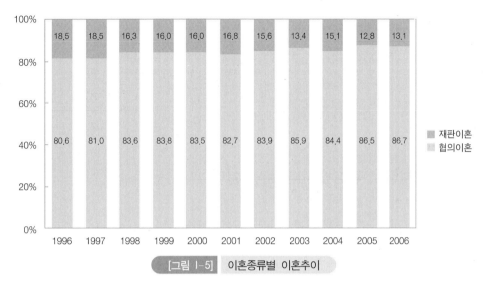

[그림 I-5] 이혼종류별 이혼추이

출처: 통계청(2007). 2006년 이혼통계 결과.

쳤다. 노령이혼이 신혼부부의 이혼보다 4.2배 많은 셈이다. 노령이혼의 전형적인 이유는 장기간 남편의 외도·폭언·폭행이다. 2006년 2월에는 80세의 한 할머니가 이혼소송을 제기해 결국 이혼판결을 받아냈다. 서울가정법원은 80세 여성 최모씨가 남편 김모 씨를 상대로 낸 이혼소송에서 '남편은 위자료 1억 원과 재산분할로 8억 원을 지급하라.'고 판결했다. 판결문의 내용도 전형적인 경우다. '남편 김씨가 다른 여자와 장기간 동거하면서 부정한 행위를 하고, 생활비를 제대로 지급하지 않으며 아내를 무시하고 폭언과 폭행을 함으로써 정신적·육체적 고통을 줬다.'고 밝혔다. 슬하에 3남4녀를 둔 최씨는 남편이 40여 년 전부터 다른 여자와 동거하면서 두 명의 자식을 낳고, 생활비도 제대로 주지 않은 데다 폭행과 폭언을 일삼자 이혼소송을 냈다. 노령이혼이 늘면서 가정법원 가사분쟁조정의 중요성도 더욱 커지고 있다. 이혼·재산분할 등 가사분쟁은 오랫동안 함께 살아온 부부의 인연을 철저히 파탄내고 가족 간의 인간적 관계마저 붕괴시킨다.

　최근 40대 후반 중년부부들의 이혼경향에는 '대입이혼'이라는 표현도 추가되었다. 즉, 자녀가 대학에 입학하는 시기를 기다려 도장을 찍는 것이다. 중·고교생 시절의 이혼은 아이들의 공부를 방해하니 대학에 입학시키고 나서 이혼하겠다는 것이다. 올해 둘째 아들이 대학에 입학한 김은숙(54·가명) 씨는 지난 수년간 각방생활을 하던 남편과의 결혼생활을 청산했다. 남편의 외도와 낭비벽을 견디다 못한 결단이었다.

아이들은 이혼과정에서 김 씨의 입장에 공감했다. 김 씨는 '공부도 공부지만 아이들이 성장해서 판단력이 생겨야 내가 이해받을 수 있을 것으로 생각했다.'고 한다. 자녀가 미성년자인 경우 발생하는 친권·양육권문제를 쉽게 해결할 수 있다는 점도 '대입이혼'을 고려하는 이유다(월간중앙, 2007. 4. 28b).

4. 이혼 당시 미성년자녀 유무 실태

이혼 당시 20세 미만 미성년자녀를 두고 이혼한 부부의 구성비는 2006년 현재 전체 이혼 중 60.7%로 이혼할 때 미성년자녀가 있는 부부가 없는 경우보다 더 많음을 알 수 있다. 이러한 비율은 2005년에 비하여 2.6% 감소한 것이며, 1999년 이후 매년 감소세를 보여 왔다.

이혼한 부부의 미성년자녀수를 살펴보면, 2006년 이혼한 부부 중 미성년자녀가 '2명' 있는 경우가 전체의 29.6%로 '1명' 있는 경우의 26.8%보다 2.8%(3.5천 건) 높았다. 2006년 이혼한 부부의 20세 미만 미성년자녀 총수는 124.3천 명으로 나타났다(〈표 I-7〉 참조).

〈표 I-7〉 이혼 당시 미성년자녀 유무별 구성비 및 20세 미만 총 자녀수

(단위: 천 건, %)

		1996	1997	1998	1999	2000	2001	2002	2003	2004	2005	2006
계		100.0	100.0	100.0	100.0	100.0	100.0	100.0	100.0	100.0	100.0	100.0
자녀 있음		71.9	71.6	71.8	71.2	70.4	70.3	69.7	68.4	65.5	63.3	60.7
	1명	32.5	32.1	31.7	31.9	31.8	31.3	30.0	28.6	28.1	27.3	26.8
	2명	34.2	34.4	35.5	34.9	34.2	34.6	35.0	34.9	32.7	31.4	29.6
	3명 이상	5.2	5.1	4.7	4.4	4.4	4.5	4.7	4.8	4.7	4.7	4.4
자녀 없음 (미상 포함)		28.1	28.4	28.2	28.8	29.6	29.7	30.3	31.6	34.5	36.7	39.3
20세 미만 자녀수		93.5	105.6	136.8	136.2	136.6	154.3	166.5	189.6	150.6	134.3	124.3

출처: 통계청(2007). 2006년 이혼통계 결과.

5. 한국인과 외국인 부부의 이혼실태

최근 한국 사회는 농촌 총각 10명 중 4명꼴로 외국인과 결혼하는 등 국제결혼이 더 이상 낯설지 않은 사회 현상으로 자리 잡았다. 그러나 그 뒤에는 '이혼 급증'이라는 어두운 그림자가 드리우고 있다. 2006년 현재 한국인과 외국인 부부의 이혼은 총 이혼의 5.0%인 6,280건으로 2005년의 4,278건보다 2,002건(46.8%)이 증가하였다. 한국인 남편과 외국인 처와의 이혼은 4,010건으로 2005년보다 64.1% 증가하였으며, 한국인 처와 외국인 남편의 이혼은 2,270건으로 역시 2005년보다 23.8% 증가하였다(〈표 I-8〉, [그림 I-6] 참조). 이처럼 최근 한국인과 외국인 간의 이혼은 매년 증가하고 있는데, 특히 2006년에는 외국인과의 혼인이 3만 9,071건으로 2005년 4만 3,815건에 비해 4,744건이나 줄었는데도 오히려 이혼은 크게 늘어 국제결혼의 어두운 단면을 드러냈다.

〈표 I-8〉 한국인과 외국인 부부의 이혼

(단위: 건, %)

	2002	2003	2004	2005	2006
총 이혼(A)	145,324	167,096	139,365	128,468	125,032
■ 외국인과의 총 이혼(B=C+D)	1,866	2,164	3,400	4,278	6,280
총 이혼 대비 구성비(B/A)	1.3	1.3	2.4	3.3	5.0
증 감	-	298	1,236	878	2,002
증 감 률	-	16.0	57.1	25.8	46.8
□□한국인 남편+외국인 처(C)	401	583	1,611	2,444	4,010
총 이혼 대비 구성비(C/A)	0.3	0.3	1.2	1.9	3.2
증 감 률	-	45.4	176.3	51.7	64.1
□□한국인 처+외국인 남편(D)	1,465	1,581	1,789	1,834	2,270
총 이혼 대비 구성비(D/A)	1.0	0.9	1.3	1.4	1.8
증 감 률	-	7.9	13.2	2.5	23.8

출처: 통계청(2007). 2006년 이혼통계 결과.

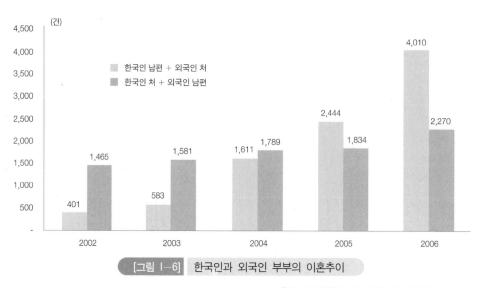

[그림 I-6]   한국인과 외국인 부부의 이혼추이

출처: 통계청(2007). 2006년 이혼통계 결과.

2006년 한국인이 외국인 배우자와 이혼한 건수를 분석해 보면, 외국인 아내와의 이혼이 3,924건으로 63.4%를 차지해 외국인 남편과의 이혼보다 월등하게 많았다. 지역별로는 제주도가 전체 이혼 1,833건 중 국제결혼한 부부의 이혼이 145건으로 7.91%를 차지해 국제이혼 비율이 가장 높았다. 이 밖에 전남 7.16%, 경북 5.72%, 충북 5.69%, 충남 5.52%, 전북 5.40% 등 농촌 중심의 도지역 국제이혼율이 5%를 넘었다. 서울은 2만 7,437건의 이혼 중 국제이혼이 1,859건으로 6.78%를 차지해 제주·전남 다음으로 높았지만, 부산 4.83%, 대전 4.31%, 인천 3.86%, 대구 3.16%, 울산 3.11%, 광주 2.82% 등 도시 중심의 광역시는 도지역보다 국제이혼율이 낮았다. 국제결혼은 1990년 100쌍 중 1쌍에 불과했지만 2005년에는 농촌지역에서 국제결혼이 확산되면서 100쌍 중 13쌍까지 크게 늘었고, 배우자의 국적도 96개국에 이를 정도로 다양해졌다.

농촌 남성들과 결혼하는 외국인 여성들의 국적은 중국·베트남 등 유교문화권 국가들이었다. 2006년 한국인과 베트남 배우자와의 결혼은 9,860건으로 전체 국제결혼의 25.2%를 차지했다. 베트남 남성과의 결혼은 48건에 불과했으나 여성과의 결혼은 9,812건으로 대부분을 차지했다. 베트남 배우자와의 이혼 589건은 모두 베트남 아내와의 이혼이었다. 중국인과의 이혼도 전체 2,835건 중 2,514건이 중국인 아내와의 이혼이었다. 이는 농촌 총각들이 국제결혼을 통해 배우자를 찾았다가 결국 적지 않은 수가 이혼하는 현상을 단적으로 보여 주는 것이다. 농촌의 국제이혼 비율이 높은 데는 브로커가 끼어든 매매혼 등 비정상적 혼인에 따른 피해가 크기 때문이다. 거기에 사회 · 문화적으로 겪을 수 있는 부부간 갈등이 영향을 끼친 것으로 보인다. 베트남 정부는 매매혼 등 국제결혼의 부작용이 심각해지자 2006년 7월 관련 법률을 개정했다. 사법성 관리가 혼인 당사자를 직접 인터뷰해 혼인의 자발성, 매매혼 여부를 조사한 뒤 문제가 있으면 혼인 등록을 거부할 수 있도록 하고 있다(월간중앙, 2007. 4. 28a).

6. 이혼사유

배우자 부정, 정신적 · 육체적 학대, 가족 간의 불화, 경제문제, 성격차이, 건강문제 등 다양한 이혼사유는 사회 · 경제적인 맥락에 의하여 영향을 받아 왔다. 이혼사유의 추이를 살펴보면, 1997년 IMF의 여파는 이후 경제문제로 인한 이혼의 증가를 초래하여 1990년에는 경제문제로 인한 이혼이 전체의 2.0%에 불과했으나, IMF 이후인 1998년에는 6.6%로 증가하였으며, 2000년에는 10.7%, 2003년에는 16.4%를 차지하는 등 경제문제로 인한 이혼이 지속적으로 증가하였다. 그리고 1999년까지는 부부간의 불화가 가장 주된 이혼사유로서 배우자 부정, 정신적 · 육체적 학대, 가족 간 불화, 성격차이를 모두 포괄하는 사유였으나, 2000년 이후부터는 이들 네 가지 하위 사유를 각각 세분화하여 조사함으로써 이혼사유에 대한 보다 자세한 분석이 이루어지고 있다.

2006년 현재 주된 이혼사유는 성격차이 49.7%, 경제문제 14.6% 순으로 이 두 가지 사유가 전체 이혼사유의 64.3%를 차지하며, 성격차이, 정신적 · 육체적 학대, 건강문제로 인한 이혼사유의 구성비는 2005년보다 다소 증가하였다(〈표 I-9〉, [그림 I-7] 참조). 유재성(2004)은 이러한 이혼사유의 구성비는 한국이 후기 산업화 및 서비스 사회로 접어들면서, 결혼생활이 기대한 것을 충족시켜 주지 못하거나 부부가 서로 맞지 않을 경우 얼마든지 혼인관계의 연을 끊을 수 있다는 사고방식에 영향을 받은 것이며, 장기불황과 카드 빚, 중산층 몰락으로 대변되는 사회적 경제상황을 반영한 결과라고 분석하였다.

한편 김요완(2007)이 서울가정법원에 제기된 이혼소송과 관련하여 화해나 조정이 되지 않은 심각한 분쟁상태에 있는 부부 82쌍(164명)을 면접하여 이혼의 사유를 분석한 결과는 〈표 I-10〉과 같다.

각 부부가 주장하거나 연구자가 파악한 이혼의 원인은 한 가지인 경우도 있지만 여러 가지가 복합적으로 작용하는 경우도 있음을 확인할 수 있었는데, 가장 빈번하게 파악된 이혼의 사유는 폭행, 부정행위, 재산 확보, 의심행동, 음주, 상대방의 가출, 경제적 무능 등의 순으로 나타났다.

〈표 I-9〉 이혼사유별 이혼건수 및 구성비

(단위: 천 건, %)

	2000	2001	2002	2003	2004	2005	2006
계	100.0	100.0	100.0	100.0	100.0	100.0	100.0
배우자 부정	8.1	8.7	8.6	7.4	7.0	7.6	7.6
정신적·육체적 학대	4.3	4.7	4.8	4.3	4.2	4.4	4.5
가족 간 불화	21.9	17.6	14.4	13.0	10.0	9.5	8.9
경제문제	10.7	11.6	13.6	16.4	14.7	14.9	14.6
성격차이	40.1	43.0	44.7	45.3	49.4	49.2	49.7
건강문제	0.9	0.7	0.6	0.6	0.6	0.6	0.8
기 타(미상 포함)	14.0	13.7	13.3	13.1	14.1	13.8	13.9

출처: 통계청(2007). 2006년 이혼통계 결과.

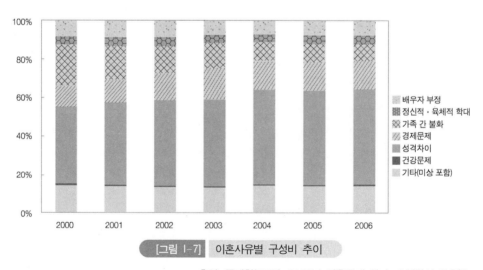

[그림 I-7] 이혼사유별 구성비 추이

출처: 통계청(2007). 2006년 이혼통계 결과. 수정하여 인용함.

| 〈표 Ⅰ-10〉 | 심각한 분쟁상태에 있는 82쌍 부부들의 이혼사유 |

이혼 원인	폭행관련		성관련			경제적				원가족	가출	양육 문제	거짓말	정신 장애	종교 갈등	기타
	폭행	음주	부정	의심	성관계	무능함	생활비	채무	재산	시댁 / 처가						
빈도	48	10	19	11	2	8	1	4	11	15	9	3	2	2	1	4
%	58.5	12.2	23.2	13.4	2.4	9.8	1.2	4.9	13.4	18.3	11.0	3.7	2.4	2.4	1.2	4.9

Ⅱ. 이혼과 관련된 요인

1. 거시적 요인

1) 인구학적 요인

특정 사회의 이혼율은 그 사회의 인구구조적 특징과 밀접한 관련이 있다. 우리 사회에서 1980년대는 1960년대를 전후하여 출생한 '베이비붐 세대'의 '결혼적령기'로서 혼인율의 증가를 가져왔으며, 1990년대에 급증한 이혼율 또한 이들 베이비붐 세대의 이혼에 영향을 받은 것으로 볼 수 있다. 그리고 2004년 이후의 혼인율 증가가 '전후 베이비붐 세대 자녀들'의 '결혼적령기' 진입에 영향을 받는 일시적 현상이라고 본다면, 향후 이들의 이혼율에 대해서도 지속적인 관심을 가지고 지켜볼 필요가 있다.

세계화와 이주노동인구의 자유로운 이동 역시 이혼율과 관련이 있는 인구학적 요인이다. 2000년대 들어 한국사회는 외국인과의 혼인이 급증하고 있으며, 그로부터 파생되는 국제결혼 부부의 이혼 또한 급증함으로써 전체 이혼율에 영향을 미치고 있다.

2) 사회·환경적 요인

산업화·도시화에 따른 경제적 상황과 여성의 학력수준 및 취업률 증가로 인한 여성의 지위 향상, 가족의 기능 약화, 이혼관련법 및 제도의 변화 등 사회적·환경적 요인은 이혼율과 밀접한 관련이 있다. 이를 구체적으로 살펴보면 다음과 같다.

한 사회의 경제적 상황은 결혼제도의 형성과 해체에 매우 중요한 요인으로 혼인율과 이혼율에 가장 민감한 영향을 미친다. 모든 사회가 그렇듯이 장기적 불황으로 인한 가족의 경제적 기반 약화는 가족의 안정성이나 가족관계에 부정적인 영향을 미치며, 그 중에서도 부부관계가 가장 먼저 영향을 받는다. 한국사회에서 1970년대의 오일쇼크와 1997년 IMF 이후의 경기불황은 젊은 층의 혼인 유예 현상을 초래했을 뿐만 아니라 기혼자들에서도 경제문제로 인한 부부갈등을 증폭시킴으로써 이혼율을 상승시키는 요인으로 작용하였다. IMF 이후 경제적인 문제로 이혼하는 부부의 비율은 1998년 6.6%에서 2005년 14.9%로 지속적인 증가추세를 보였으며, 가족의 경제적 불안정성으로 인하여 가족갈등이나 가정폭력도 증가하였다. 특히 경제적 상실은 저소득층·노동계급 가족의 부부관계에 보다 타격을 줌으로써 IMF 이후 저소득층의 이혼율이 상대적으로 더 높은 결과를 초래하였다.

한국사회와 같이 가부장적 전통과 성별분업이 두드러진 문화에서 실직한 남편은 가장으로서 자신의 역할을 제대로 수행하지 못한다는 자괴감에 빠지기 쉽고, 이것이 심해지면 부부 사이의 긴장과 갈등이 증폭되면서 아내에게 폭력을 행사하거나 학대하여 부부관계를 심각하게 위협할 수 있다. 여러 가족학자들의 연구결과에 의하면, 실직한 가장이 심리적으로 위축되고 수입이 감소하면서 부부간의 대화가 줄어들게 되면, 부부간의 긴장이 증가하고 결혼만족도가 낮아진다고 한다. 특히 생계를 위하여 아내가 처음으로 취업을 하게 되는 경우 부부갈등은 더욱 심화되고, 이러한 악순환을 반복함으로써 부부긴장이 극에 달하게 될 때 결국 이혼에 이르게 된다는 것이다.

한편 여성의 취업이 지속적으로 증가하면서 최근 경제활동에 참여하는 여성이 절반을 넘어섰고, 앞으로도 더욱 늘어날 전망이다. 2005년 현재 맞벌이가정의 비율은 35.2%이며, 결혼한 부부 기준으로는 43.9%에 이른다. 이처럼 여성의 취업률 증가는 남성이 주부양자이고 여성은 가정에 머물며 가사와 육아를 담당하던 전통적 성별분업체제에서 맞벌이부부체제로 변화를 불러왔고, 여성의 경제력 획득과 함께 사회적·경제적 지위가 상승하면서 이혼율을 증가시키는 요인으로 작용하였다.

산업화·도시화에 따른 가족의 기능 약화 역시 이혼율과 불가분의 관계에 있다. 그동안 한국의 가족은 전통사회에 비하여 자녀출산 기능, 성 규제 기능이 약화되고,

자녀 사회화 기능, 사회보장 기능, 성역할 사회화 기능 등은 왜곡되어 왔으며(함인희, 1995), 특히 맞벌이부부의 증가로 인해 가족원의 정서적 안정과 돌봄 기능에 공백이 초래되고, 자녀의 사회화를 위한 부모 역할이 약화·축소되었다. 이처럼 가족이 담당해 온 기능들이 약화되면서 결혼을 통한 가족제도의 가치에 회의를 갖게 되고, 가족의 존재이유를 개인의 이익에 두는 태도가 급속히 강화되면서 적극적 선택의식에 기반한 이혼이 증가하고 있다.

이혼관련법과 제도의 변화 또한 이혼율에 영향을 미치는 요인이다. 1990년의 '가족법' 개정과 1991년부터 실시된 '재산분할청구권', 그리고 1997년 '가정폭력범죄의 처벌 등에 관한 특례법'과 '가정폭력 방지 및 피해자 보호 등에 관한 법률' 제정, 2008년부터 시행되는 '재산분할청구권 보전을 위한 사해행위취소권' 인정 등 일련의 법과 제도의 개선은 여성들이 가정 내 불평등에 대항할 수 있는 법적 기반을 마련함으로써 여성의 지위를 상승시키고, 이혼 결정에서 여성의 자율권을 보장하는 데 기여해 왔다.

한편 민법 개정을 통해 2008년 6월부터 시행되는 이혼숙려기간과 이혼상담제도 역시 경솔하고 무책임한 이혼을 억제하는 데 기여할 것으로 예상된다. 이혼숙려기간은 협의이혼을 신청할 경우 성급한 이혼을 막기 위해 부부가 서로 생각할 시간을 갖게 하는 제도로서, 2004년 12월 서울가정법원 가사소년제도개혁위원회에서 이혼 전 상담제도와 함께 도입하기로 의결한 뒤 2005년 3월 2일부터 시범실시되었다. 즉, 2005년 2월 이전에는 오전에 가정법원에 협의이혼을 신청하면 오후에 이혼확인등본에 법원의 도장이 찍혔고, 이것을 주소지 구청 등에 내기만 하면 부부는 남남이 되었다. 그러나 서울가정법원은 성급한 이혼을 막아 이혼으로 파생되는 자녀양육문제 등의 부작용을 최소화하기 위해 2005년 3월부터 협의이혼 방식을 변경하여 법원이 이혼의사를 확인해 주는 시점을 일주일 뒤로 미루도록 하였고, 2005년 3월부터 1년간 협의이혼 취하율이 16%대로 높아지자 2006년 3월부터는 숙려기간을 3주로 연장하였다. 2008년 1월 현재 전국 주요 가정법원에서는 가정폭력 등 급박한 사유가 있는 경우를 제외하고는 숙려기간을 3주로 정해 시범시행하고 있으며, 2008년 6월부터는 개정된 민법에 따라 협의이혼 당사자는 일정 기간(양육하여야 할 자녀가 있는 경우는 3개월, 양육하여야 할 자녀가 없는 경우는 1개월)이 경과한 후 가정법원으로부터 이혼의사확인을 받아야만 이혼이 가능하도록 함으로써 신중하지 않은 이혼을 예방할 것으로 기대된다.

실제로 2006년 서울가정법원에 협의이혼을 신청한 부부 7,107쌍 중 19.1%인 1,355쌍이 협의이혼을 취하하였는데, 이는 이혼숙려기간이 시행되지 않았던 2005년 2월 이

전 취하율인 7~8%의 두 배가 넘는 수치이다. 인터넷 이혼클리닉을 운영하는 이상석 변호사는 '이혼하려는 부부에게 시간을 갖게 해야 한다. 부부싸움이 격해지면 자존심 싸움이 되고 되돌리고 싶어도 기회를 찾지 못한 채 파국으로 향하는 경우가 많다.'며, '숙려기간이 자존심을 접는 명분이 될 수 있다.'고 말했다(중앙일보, 2007. 5. 8).

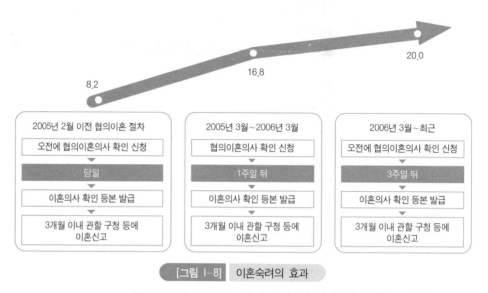

[그림 I-8] 이혼숙려의 효과

출처: 중앙일보(2007. 5. 8). 효과 나타난 '합의이혼 숙려제'. 수정하여 인용함.

3) 가치관의 변화

한국사회에서 1985년 이후로 뚜렷이 나타나기 시작한 이혼율의 급증은 '이혼이 금 기가 아니라 경우에 따라서 할 수도 있다.'라든가 '결혼은 반드시 해야 하는 것이 아 니라 경제력만 있으면 독신도 괜찮다.'는 생각과 같이 결혼의 의미와 가족에 대한 가 치관이 바뀐 '전후세대'들이 결혼의 대안으로 이혼을 선택함으로써 생긴 현상이다(한국 가족학회, 1995). 특히 전통적 가족주의 가치관이 약화된 반면, 남녀평등의식과 개인주 의 가치관이 강화되면서 과거 가족제도 안에서 희생적 역할을 담당해 온 여성들의 반 발이 이혼율 급증에 영향을 미쳤으며, 청년층에서는 성인이 되면 반드시 결혼을 해야 한다는 '결혼이데올로기'와 '가장 규범 및 현모양처 규범', '정절이데올로기'(문소정, 1995) 등이 더 이상 의미 없는 규범이 되었다.

통계청의 사회통계 조사결과에 따르면, 남성보다 여성이, 그리고 중노년층보다 젊은 층이 이혼에 허용적인 것으로 나타났으며(〈표 I-11〉 참조), 여성가족부(2005)의 가족실태 조사결과에서도 유사한 경향이 나타났다. 여성가족부(2005)가 전국 2,925가구(만 15세 이상 가구원 5,973명)를 대상으로 이혼관을 조사한 결과에 따르면, '부부갈등이 심각하고 해결하기 어렵다고 판단될 때 이혼으로 문제를 해결하겠다.'는 태도는 남성보다 여성에게서 더 강하게 나타난다. 여성 응답자의 36.6%가 '부부 사이의 문제를 해결할 수 없을 때는 이혼할 수 있다.'고 생각하는 데 비해 남성의 경우에는 31.5%가 동일한 태도를 취하고 있으며, 유보적인 태도도 남성이 여성보다 강하게 나타남으로써 이혼에 관해서 여성이 보다 적극적인 태도를 가지고 있음을 알 수 있다.

한편 이혼에 관한 태도는 연령에 따른 편차도 크다. 20대의 경우 40% 이상이 '부부 사이의 문제를 해결할 수 없을 때 이혼이 해결방안'이라고 생각하였으며, 30대의 경우에는 38.1%의 응답자가 '이혼할 수도 있다.'고 응답한 반면, 60세 이상에서는 29.1%가 '이혼할 수 있다.'고 응답함으로써 젊은 층일수록 관대한 이혼관을 가지고 있음을 알 수 있다. 분명히 나이가 들수록 이혼에 대해 덜 긍정적이지만, 이 결과를 다른 관점에서 보면 60세 이상의 연령층에서도 '부부 사이의 문제를 해결할 수 없을 때는 이혼할 수 있다.'고 생각하는 비율이 29.1%에 달한다는 결과는 과거의 이혼관에 비추어 볼 때 매우 놀라운 변화이다.

〈표 I-11〉　이혼에 대한 견해

(단위: %)

	계	이혼해서는 안 된다.	가급적 이혼해서는 안 된다.	할 수도 있고 하지 않을 수도 있다.	이유가 있으면 하는 것이 좋다.
2002년	100.0	16.9	41.5	32.9	6.6
2006년					
전 국	100.0	19.5	40.4	29.4	6.8
동 부	100.0	17.7	40.6	30.8	6.8
읍면부	100.0	27.7	39.2	22.7	6.5
여 자	100.0	17.0	36.8	34.5	8.1
15~19세	100.0	6.5	33.4	42.9	9.5
20~29세	100.0	7.0	31.3	48.2	9.2
30~39세	100.0	8.1	35.8	45.2	8.5
40~49세	100.0	12.7	39.4	35.5	9.5

50~59세	100.0	22.1	43.0	24.4	7.5
60세 이상	100.0	41.5	37.2	12.7	4.8
남 자	100.0	22.0	44.2	24.0	5.4
15~19세	100.0	12.5	40.7	29.7	5.4
20~29세	100.0	16.2	42.4	30.1	5.6
30~39세	100.0	18.0	45.0	28.0	5.5
40~49세	100.0	20.2	46.3	24.3	5.9
50~59세	100.0	25.2	47.1	19.2	5.3
60세 이상	100.0	39./9	41.1	11.9	4.2
교육 정도					
초졸 이하	100.0	36.9	37.7	15.7	5.0
중 졸	100.0	19.4	40.1	27.6	7.0
고 졸	100.0	15.5	40.3	32.8	7.5
대졸 이상	100.0	14.4	42.4	34.0	6.5
혼인상태					
미 혼	100.0	10.3	36.6	38.3	7.7
남 자	100.0	13.7	41.6	30.6	6.1
여 자	100.0	6.2	30.5	47.7	9.7
배우자 있음	100.0	21.9	43.1	26.5	5.9
남 자	100.0	26.5	46.1	20.3	4.6
여 자	100.0	17.3	40.0	32.8	7.3
사 별	100.0	36.8	37.3	15.9	5.7
남 자	100.0	29.0	39.5	18.5	8.4
여 자	100.0	37.9	36.9	15.5	5.3
이 혼	100.0	6.9	26.8	44.7	18.5
남 자	100.0	8.8	32.1	40.6	14.0
여 자	100.0	5.2	22.1	48.4	22.4

출처: 통계청. 사회통계조사보고서. 각년도.

2. 미시적 요인

이혼과 관련된 미시적 요인은 성별, 초혼연령, 교육수준, 소득, 부인의 취업 여부, 종교, 부모의 이혼경력, 자녀 유무 등 매우 다양하다. 이러한 요인들이 이혼에 어떠한 영향을 미치는지 이해하는 것은 역으로 결혼의 안정성과 관련된 요인들을 알아보는 기회이기도 하다(정현숙, 유계숙, 2001).

여성은 이혼을 결심한 후 결행 의지가 남성보다 강한 경향이 있다. 대구지법 가정지원이 2006년 9월 이혼숙려기간제도를 도입한 이후 협의이혼 전 상담을 한 110쌍의 부부를 대상으로 조사한 결과 '상담 뒤 이혼을 다시 생각해 보게 됐느냐?'는 질문에 남편의 41%가 '그렇다.' 또는 '매우 그렇다.'고 대답한 반면, 아내는 이러한 심경변화가 26.1%에 불과했다. 특히 '매우 그렇다.'는 의견은 남편이 5.5%, 아내는 0.9%로 큰 차이를 보였다. 이러한 결과는 여성의 경우 이혼과 관련하여 사전에 의사결정을 분명히 하는 경향이 상대적으로 강한 것을 의미한다(중앙일보, 2007. 8. 3).

가족학 분야의 연구결과에 따르면, 일반적으로 초혼연령이 낮을수록, 특히 10대에 결혼한 부부는 이혼의 가능성이 더 높다(Sweet & Bumpass, 1987). 이와 마찬가지로 만혼(35세 이상)인 경우도 이혼할 확률이 높다(Booth, White, & Edwards, 1986). 10대에 결혼한 사람들이 이혼할 가능성이 높은 이유는 쉽게 짐작할 수 있다. 즉, 10대의 결혼은 미성숙, 경제력 부족, 부부간의 성장 및 성숙 정도의 부조화 그리고 종종 너무 빠른 시기에 부모가 되는 어려움을 겪음으로써 이혼할 가능성을 안고 있다. 한편 만혼의 경우는 늦게 결혼할수록 연령, 교육수준, 경제적 지위, 가치관 등이 맞는 배우자를 찾기가 어렵고, 따라서 이질혼의 가능성이 높기 때문에 그로 인한 잠재적 갈등의 소지가 이혼 가능성을 높인다고 해석할 수 있다. 또한 만혼은 한쪽 혹은 양쪽 배우자가 재혼일 가능성이 많으며, 재혼에서의 이혼율(재이혼율)이 초혼에서의 이혼율보다 높기 때문에 만혼의 이혼율을 높이는 또 다른 요인이 된다(정현숙, 유계숙, 2001).

사회경제적 지위는 일반적으로 이혼율과 부적인 관계를 가진다. 수입이 적을수록 결혼의 안정성은 저하되며 이혼할 확률은 높아진다(South, 1985; Martin & Bumpass, 1989). 앞에서도 설명했듯이 조혼의 경우 수입은 이혼 가능성을 결정짓는 매우 중요한 요인이 된다. 한편 교육수준 역시 이혼율에 영향을 미치는데 특히 여성의 교육수준이 이혼에 미치는 영향은 매우 흥미롭다. 학력이 낮은 여성은 조혼의 가능성이 높을 뿐만 아니라 상대적으로 수입이 적은 직업을 가짐으로써 경제력이 부족하고, 교육의 기회도 적어 문제를 해결할 수 있는 자원이 적다. 따라서 이러한 요인들은 이혼의 가능성을 높일 수 있다. 그러나 여성의 고학력이 항상 결혼의 안정성을 보장해 주는 것은 아니다. 대졸 이상의 고학력을 소유한 여성들은 동일한 학력의 남성들과 달리 이혼할 가능성이 높다(Glenn & Supancic, 1984). 이에 대해 쿠니(Cooney)와 울렌버그

(Uhlenberg)는 고학력 전문직 여성들이 가정과 일을 병행해야 하는 어려움을 더 겪으며, 높은 수입 덕택에 남편에게 경제적으로 의존할 필요가 없어서 부부에게 문제가 생겼을 때 이혼을 더 쉽게 결심하게 된다고 해석한다(Cooney & Uhlenberg, 1989). 이들의 주장은 기혼 여성의 취업이 이혼율을 높인다는 학자들(Cherlin & Furstenberg, 1988; Spitze, 1988)의 주장과 맥을 같이 하는 것이다. 이에 대해 반론을 제기하는 학자들(Greenstein, 1990)은 부인의 취업이 경제적 부담을 감소시킴으로써 이혼율을 낮추는 데 기여한다고 주장한다(정현숙, 유계숙, 2001).

역사적으로 많은 종교들(예: 가톨릭)이 이혼에 반대하거나 이를 금기시해 왔다. 또한 종교단체의 일원이 됨으로써 어려움을 겪을 때 지원을 받을 수 있어 이혼을 예방할 수 있는 이점이 있다. 따라서 종교적인 사람일수록 이혼할 가능성은 낮다고 할 수 있으며, 이는 여러 연구(Glenn & Supancic, 1984)에서 입증되었다. 이혼율은 종교집단마다 차이가 있어 개신교의 이혼율이 가장 높고, 다음으로 가톨릭, 유태교의 순으로 나타났다. 한편 국가 간의 이혼율을 비교해 볼 때 우리나라를 비롯하여 유교의 영향을 받은 동양사회는 개신교나 가톨릭이 주류인 서구에 비해 이혼율이 매우 낮다(정현숙, 유계숙, 2001).

부모가 이혼경력이 있는 사람은 그렇지 않은 경우에 비해 그 자신이 이혼할 가능성이 높다(Keith & Finlay, 1988; McLanahan & Bumpass, 1988). 즉, 이혼한 부모의 자녀들은 이혼이 부부문제를 해결하는 하나의 방법이 될 수 있음을 배우게 되며, 따라서 자신의 결혼생활에서 문제에 부딪혔을 때 쉽게 이혼을 결심하게 된다. 또한 어린 시절 경험한 부모의 이혼은 자녀들에게 오랜 기간 부정적인 영향을 줄 수 있으며, 이러한 영향이 자녀 자신의 부부관계에 파급되어 배우자와의 관계에 덜 몰입하도록 할 수 있다. Southworth와 Schwarz(1987)에 따르면, 부모가 이혼한 경력이 있는 여성은 그렇지 않은 여성에 비해 남성을 신뢰하고 의존하는 데 있어서 보다 어려움을 겪으며, 이러한 신뢰감의 부족은 부부관계를 침해할 수 있다고 한다(정현숙, 유계숙, 2001에서 재인용).

이혼과 관련된 많은 연구(Wineberg, 1988)에서 일관적으로 발견된 결과 중 하나는 자녀가 없는 사람들이 자녀가 있는 사람들에 비해 이혼율이 높다는 것이다. 특히 3세 미만의 자녀가 있는 사람들이 이혼할 가능성은 매우 낮다고 한다(Heaton, 1990). 이러한 결과가 곧 자녀가 없는 사람들의 결혼생활이 자녀가 있는 사람들의 결혼생활보다 불행함을 의미하는 것은 아니다. 사실상 자녀가 있는 사람들은 자녀가 없는 사람이나 독립한 사람들에 비해 결혼만족도가 낮다(Spanier, Lewis, & Cole, 1975; Nock,

1979). 사람들은 부부관계에 문제가 생겼을 때 자녀 때문에 이혼을 결심하지 못하거나 미루게 된다. 일반적으로 아들을 둔 부모보다 딸을 둔 부모의 이혼율이 더 높은데, 이는 아들이 대를 잇는다는 남성들의 기대나 혹은 아버지 없이 아들을 키우는 것이 딸을 키우는 것보다 더 어렵다는 여성들의 믿음 때문인 것으로 풀이된다(Morgan, Lye, & Condran, 1988; Spanier & Glick, 1981. 정현숙, 유계숙, 2001에서 재인용).

제2장
이혼과정의 문제와 적응

Ⅰ. 이혼과정

사회학자 본(D. Vaughan)은 이혼과정을 '부부관계의 해체(uncoupling)'라고 명명하였다(Vaughan, 1986). 그러나 이혼은 당사자인 부부와 자녀뿐만 아니라 친지 등 가족의 사회관계망을 구성하는 성원들에게까지 광범위하게 영향을 미치는 주요 전이적 사건이다. 모든 분리과정이 그러하듯이 이혼 역시 시작과 끝이 있는 역동적이고 복합적인 변화과정이다. 최근의 이혼 관련 연구에서는 이혼을 하나의 사건으로 보기보다 일련의 과정으로 파악하고자 한다(Kitson & Morgan, 1991).

이혼과정을 맨 먼저 알리는 사건은 부부의 별거(separation)다. 일반적으로 별거는 이혼에 선행되나 항상 이혼으로 끝나는 것은 아니다. 즉, 어떤 부부는 곧 화해하기도 하고, 또 다른 부부는 장기 별거에 들어가거나 이혼으로 끝나는 경우도 있다. 이는 별거에서 이혼까지의 과정에 대한 실증적 연구를 통해 파악될 수 있겠지만, 사실상 별거에 관한 연구는 극히 드물다. 별거 후 화해한 부부들을 대상으로 연구한 킷슨(G. Kitson)의 보고에 의하면 이들은 별거사유로, 결혼에 대한 불만을 극적으로 표출하기 위해, 감정적으로 상대방과 거리를 두기 위해, 또는 배우자에 대한 분노를 누그러뜨리기 위해서라고 응답하였다(Kitson, 1985). 또 다른 연구에서는 별거 후 화해한 사람들의 대부분이 별거 1년 이내에 화해를 하였다고 응답하였으며, 45%는 한 달 이내에 화해를 한 것으로 나타나 별거 후의 화해는 매우 빠른 시일 내에 이루어짐을 알 수 있다(Bumpass, Martin, & Sweet, 1991).

부부관계의 해체는 법정에서 이혼이 확정되기 이미 오래 전부터 시작되는 과정이며, 따라서 이혼의 과정을 단순히 법적인 측면에서만 다루기보다는 다양한 측면에서 분석하는 것이 바람직하다. 인류학자 보헤이넌(P. Bohannan)은 이혼을 정서적, 법적, 경제적, 부모 역할, 사회적 관계 및 심리적 측면의 여섯 가지 영역에 걸쳐서 서로 연결, 중복되어 나타나는 복합적 과정(six stations of divorce)으로 보았다(Bohannan, 1970). 이를 구체적으로 살펴보면 다음과 같다(정현숙, 유계숙, 2001).

정서적 이혼(emotional divorce)은 동거 기간이 비교적 긴 부부에게서 많이 나타나는 것으로 한 쪽 혹은 양쪽 배우자가 부부관계에 회의를 갖고 정서적 철회(emotional withdrawl) 행동을 보임으로써 시작된다. 이러한 정서적 철회로 부부간의 상호존중, 신뢰, 애정이 사라지며, 상대방에게 마음의 상처나 좌절감을 안겨 주게 된다. 그러나 이러한 관계의 악화에도 불구하고 자녀문제, 경제적 문제, 혼자되는 것에 대한 두려움 등 여러 가지 이유로 잠시 이혼을 유보하기도 하나 그리 오래 가지는 못하고 별거를 결정하게 된다.

법적 이혼(legal divorce)은 부부관계의 합법적 종결과 함께 양측에 재혼할 권리가 부여되는 과정으로서 대개의 경우 심사숙고 끝에 이혼 결정을 내리게 된다. 법적 이혼을 고려하는 기간은 남성이 12개월, 여성이 22개월로 여성이 남성보다 더 먼저, 그리고 더 오래 숙고하는 것으로 나타났다(Spanier & Thompson, 1988). 이혼을 고려하는 과정에서 특히 자녀문제나 재산문제는 양측이 적대적인 관계를 갖게 하는 주요 요인이며, 이러한 문제가 해결되지 않을 때는 재판을 통하여 판결을 내리게 된다.

경제적 이혼(economic divorce)은 재산을 분할하는 과정으로 종종 상당한 갈등을 수반한다. 경제적 이혼과정에서 해결해야 할 사항은 부부의 재산분할, 주거지 지정, 기타 재산, 앞으로 취득할 재산, 부양비, 위자료 등을 들 수 있다. 특히 경제적 자립 능력이 없는 여성에게 경제적 어려움은 더욱 심각하다. 저소득층 여성의 경우 남편으로부터 위자료나 재산분할을 제대로 받지 못하기 때문에 '빈곤의 여성화(feminization of poverty)'는 더욱 심각하다.

부모 역할상의 이혼(coparental divorce)과정에서는 자녀양육권, 면접교섭권, 자녀부양의무 등을 결정한다. 미국의 경우 이혼 시 자녀의 친권은 대부분 어머니가 가진다. 이러한 특징 때문에 이혼 관련 연구의 거의 대부분은 아버지의 부재가 아동의 여러 발달적 측면에 미치는 영향에 초점을 맞추고 있다. 반면, 우리나라는 이혼 시 자녀양육권을 전통적으로 아버지에게 부여함으로써 부모 역할상의 이혼과정에 부계 중심의 전통이 큰 영향을 미쳤으나(최재석, 1981), 최근에는 자녀양육권이 대체로 어머니에게 부여되는 경향이다.

사회적 관계상의 이혼(community divorce)은 부부가 공유하던 친지와의 사회적 관계가 분리, 상실되는 과정이다. 부부가 함께 알던 친구는 다음과 같은 이유 때문에 대개 이혼하는 과정 중이나 이혼 직후 두 사람을 멀리하게 된다. 첫째는 과거에 양측과 친하게 지내다가 어느 한쪽 편을 들 수 없기 때문이며, 둘째는 두 사람의 이혼이 그들 자신의 부부관계에 부정적 영향을 미칠까 봐 우려해서다. 이혼하는 사람들은 대개 친지의 상실을 예상치 못하며, 그렇기 때문에 정서적으로 더욱 혼란스럽고 고독감이나 고립감을 느끼게 된다.

심리적 이혼(psychic divorce)은 배우자와의 관계로부터 분리된 자신을 재정의하고 독신으로 되돌아가는 과정이다. 이혼으로 인한 상실을 수용하기까지는 대체로 오랜 시간이 소요된다. 많은 사람들이 사별한 사람과 유사한 애도과정을 거쳐 가지만, 이러한 애도과정의 지속기간과 적응속도는 개인에 따라 차이가 있다(정현숙, 유계숙, 2001).

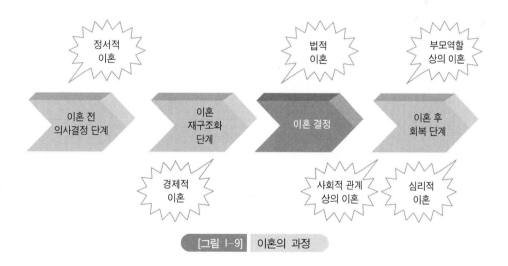

[그림 I-9] 이혼의 과정

Ⅱ. 이혼과정의 단계

부부가 이혼하기까지의 과정은 예측 가능한 일련의 단계를 거쳐 간다. 아론스(C. R. Ahrons)와 레빙거(G. Levinger)는 이혼의 과정을 부부간의 갈등 단계, 사실상의 부부관계 해체 단계, 이혼 후 단계로 구분하였다(Ahrons, 1980; Levinger, 1979). 또한 폰제티(J. J. Ponzetti)와 케이트(R. M. Cate)는 최소한 한쪽이 부부문제의 심각성을 인식하는 단계, 이 문제에 대하여 배우자 또는 친지, 상담자 등과 논의하는 단계, 이혼소송 제기 단계, 이혼 후 적응 단계로 구분하였다(Ponzetti & Cate, 1986).

일반적으로 이혼과정은 이혼 전 단계, 이혼 단계, 이혼 후 단계의 3단계로 구분할수 있다. 즉, 가족의 전이적 사건이 임박했음을 알리는 전조로부터 시작되어(이혼 전단계), 일정기간 동안 심각한 위기 속에서 가족의 구조에 급격한 변화가 초래되고 분리의 과정을 거친 후 장기간의 불안정상태가 지속된다(이혼 단계). 이러한 단계를 거치며 가족성원들은 대처기제가 약화되고 혼란을 겪은 뒤, 이혼 후의 새로운 상황에 적응하며 이전과 다른 생활방식을 개발하게 된다(이혼 후 단계). 이상과 같이 3단계의 이혼과정을 겪은 전배우자 중 한쪽 혹은 양쪽 모두 재혼을 하는 경우, 또 다시 새로운 불안정상태와 변화가 초래되는 재혼 단계가 이어진다(Textor, 1994).

1. 이혼 전 단계

이혼 전 단계는 배우자와의 관계에 대하여 환멸을 느끼고, 이혼을 고려하며 결혼 유지와 이혼 사이에서 의사결정의 갈등을 겪는 시기이다.

1) 배우자와의 관계에 대한 환멸

배우자와의 관계에 대한 환멸은 이혼 전 단계에서 가장 먼저 나타나는 현상이다. 이 시기에는 여러 가지 사소한 행동들로 인하여 결혼에 대한 만족과 배우자에 대한 애정이 점차 사라지고, 환멸과 실망감을 느끼게 된다. 예컨대 배우자에 대한 기대가 충족되지 못하여 실망을 한다든지 경제문제나 직업상의 문제로 인한 갈등, 혼외관계, 친인척과의 갈등, 부부간의 상이한 가치와 목표, 부부간 대화 및 공감대 부족, 원가족문제의 재현, 인격장애, 약물복용, 가정폭력 등 부부 두 사람이나 가족의 문제가 부부관계의 악화를 초래한다. 이 밖에도 첫 자녀 출산이나 자녀진수기, 혹은 배우자의 은퇴 등 가족의 규범적 사건이나 실직, 심각한 질병, 장애아 출산 등 가족의 위기적 사건 역시 부부관계에 부정적인 영향을 미친다.

배우자와의 관계에 환멸을 느끼는 사람은 자신의 결혼생활을 주변 사람들의 결혼생활과 비교하여 부정적인 판단을 내리고, 주기보다 받기에 초점을 두며, 배우자와의 관계에서 부정적인 측면에 집중한다. 또한 부부싸움을 자주 하는데, 처음에는 이성적이고 서로 절충안을 찾으려고 노력하지만, 얼마 가지 않아 분노가 고조되고 좌절, 경멸, 거부를 경험하면서 더 이상 해결책을 모색하지 않게 된다. 부부갈등의 해결책을 찾기보다 상대편 배우자에게 정서적(때로는 신체적) 상처를 주려 하고, 한동안 갈등을 회피하거나 부인하는 태도로 아무런 문제가 없는 듯이 행동하며, 부부간 대화도 사라진다. 이처럼 부부가 서로에게서 점차 멀어져 가고 상대방에게 싫증을 느끼면서 함께 하지 않을 핑계거리를 만들기도 하고, 대신 일이나 취미, 컴퓨터, 각자의 친구들에 관심을 쏟는다. 부부간 대화가 감소하면서 관계는 더욱 멀어지고, 이러한 과정은 천천히 그리고 부지불식간에 진행되기 때문에 쉽게 눈에 띄지 않으며, 부부 중 한 사람이 문제를 지적해도 다른 쪽 배우자는 이를 부정하기 때문에 별다른 변화가 나타나지 않는다. 이상과 같이 배우자와의 관계에 대한 환멸에서 나타나는 현상들은 모두 신뢰와 헌신의 상실이라는 공통점이 있다. 신뢰와 헌신이 사라진 부부들은 함께 공유하는 것을 중단하고, 종종 신체적 접촉을 회피하기도 한다. 부부의 성관계가 싸움의 수단으로 사용되거나 단절되고, 상대방에게 상처를 주려 하거나, 분노, 두려움, 무능함, 혼란, 무관심 등에 빠지게 된다.

한편 이 단계에서 전문가의 도움을 찾는 부부들도 있다. 별거나 이혼을 경험한 미국의 성인 210명을 대상으로 조사한 연구결과(Spanier & Thompson, 1984)에 의하면, 최소한 한 번 이상 성직자나 부부 및 가족치료자, 정신과 의사 등의 도움을 받은 사람이 응답자의 70%에 달하는 것으로 나타났다. 그러나 전문가의 도움을 요청한 시기가 너무 늦었거나 부부 중 한쪽 혹은 양쪽 모두 문제해결의 동기가 부족하여 전문가의 도움이 문제를 해결하는 데 효과가 있었다고 응답한 사람은 19%에 불과하였다.

국내의 경우, 대구지법 가정지원이 2006년 9월 이혼숙려기간제도를 도입한 이후 협
의이혼 전 상담을 한 110쌍의 부부를 대상으로 조사한 결과에 의하면, 이혼과 자녀문
제, 이혼 후의 적응문제 등을 미리 고민해 보고, 부부갈등으로 발생한 복잡한 심정을
표출하면서 배우자와 깊은 대화를 나누는 데는 협의이혼 전 상담이 필요하다는 의견
이 많았다. '이혼 후 적응에 도움이 될 것 같으냐?'는 물음에 남편의 72.7%, 아내의
71.2%가 '그렇다' 또는 '매우 그렇다'고 답했다. 자녀문제와 관련해서는 남편의 84.3%
가 이혼 후 자녀문제를 더 구체적으로 생각해보게 되었다고 응답했으며, 아내도
78.6%가 그와 같은 대답을 했다. '이혼결정 전에 전문적인 상담을 받는 것이 필요하
다고 보느냐?'는 질문에는 남편의 77%와 아내의 76.5%가 각각 '그렇다' 또는 '매우
그렇다'고 응답했다. 즉, 이혼에 따른 자녀양육문제나 생활문제 등을 사전에 충분히
생각할 수 있도록 하자는 취지로 도입된 이혼숙려기간제도가 홧김에 이혼하는 부부
들에게 도움이 된다고 할 수 있다(중앙일보, 2007. 8. 3).

2) 의사결정의 갈등

이혼 전 단계에서 배우자와의 관계에 환멸을 느낀 이후 나타나는 현상은 의사결정
의 갈등이다. 의사결정의 갈등은 처음으로 이혼을 진지하게 고려하면서부터 시작되
며, 양가감정과 내면의 스트레스를 줄곧 경험하게 된다. 즉, 배우자와 대화하지 않고
혼자서 자신의 결혼상태를 반복해서 분석하며, 배우자와의 관계에서 얻는 보상과 자
신이 치러야 하는 비용을 비교해 보고, 자신의 감정을 분석하며, 별거를 했을 경우
장애요인(예: 어린 자녀, 경제적 제약 등)이 무엇인지 고려한다. 의사결정의 갈등을 겪
는 사람들은 결혼을 유지해도, 혹은 이혼을 해도 자신은 손해를 본다고 생각하는 이
중구속(double bind)에 갇혀 있다. 따라서 이혼 여부를 결정하는 것은 매우 어렵고 복
잡한 과정으로 2년 이상에 걸쳐 내면적으로 극심한 갈등과 동요, 망설임, 불확실함을
겪은 후에야 비로소 이혼을 하기로 의사결정을 내리게 되며, 결혼기간이 긴 사람일
수록 의사결정의 갈등기간도 길어진다.

의사결정의 갈등기에 처한 부부들은 정서적 · 행동적으로 분리된 생활을 하는 경
향이 있다. 부부간에 성생활이 단절되고, 갈등상황에서는 공격 아니면 회피적인 패
턴을 취한다. 이성적으로 타협하지 않고, 더 이상 해결책을 모색하지 않으며, 절충하
려는 의지도 없고, 계속해서 부부문제를 축소하거나 부정한다. 이 시기에는 사회적

대인관계를 기피하는 사람들도 있고, 반대로 자신의 내면적 갈등을 몇몇 지인들과 의논하는 사람들도 있다. 일반적으로 후자의 경우가 이혼을 할 경우 자신의 지지체계를 가지고 있기 때문에 적응에서 훨씬 유리하다. 의사결정의 갈등을 겪는 사람들은 대부분 이혼하기까지 체중의 변화, 배탈, 피로, 두통, 신경과민, 내적 긴장 등 심신의 증상을 경험한다(Bloom & Hodges, 1981).

이혼 전 단계에서 의사결정의 갈등이 끝나고 최종적으로 이혼을 하기로 결정을 내리면, 당사자는 그간의 갈등에서 벗어나 안도감을 느끼게 된다. 대부분의 부부들은 최종적으로 이혼을 결정하기까지 상당히 오랜 기간 동안 이혼 가능성에 대해서 논의를 한다. 부부 중 한쪽이 '이혼'이라는 말을 처음으로 꺼냈을 때 상대편에서 흔히 보이는 정서적 반응은 놀람, 분노, 증오, 마음의 상처, 절망, 냉담, 두려움, 낭패감 등이며, 이후 양측 모두 공격적이거나 회피적인 행동이 점차 증가한다. 경우에 따라서는 배우자에게 보복이나 응징하려는 마음으로 신체적, 정서적 학대를 가하기도 하고, 시험적으로 몇 차례 별거를 하기도 한다.

2. 이혼 단계

이혼 단계는 이혼을 하기로 최종 의사결정을 한 시점부터 법적 이혼절차가 종결된 시점까지의 기간을 의미한다.

1) 별 거

이혼 단계 초기에는 별거가 이루어지는데, 일반적으로 여성이 남성에 비하여 별거를 시도하거나 이혼을 제기하는 비율이 더 높다(Bloom & Hodges, 1981; Spanier & Thompson, 1984). 별거형태는 대개 한쪽 배우자가 집을 나가 일정기간 동안 임시 거처에 머물게 되며, 경우에 따라서는 부부 양측이 모두 집을 나가 각자 새로운 거처를 마련하거나 또는 두 사람이 한집에 살면서 별거를 시도하기도 한다. 이 중 한집에서 별거하는 형태는 긴장이 고조되고, 일상적으로 적대감이 표출되며, 의사소통이 부재하기 때문에 극심한 스트레스를 초래하며, 특히 자녀들이 있는 경우 별거하는 부모 사이에서 상당한 고통을 겪게 된다.

별거가 부부의 동의하에 이루어졌는지 혹은 한쪽 배우자에 의하여 일방적으로 이루어졌는지 여부는 당사자 부부와 자녀를 포함한 모든 가족원들의 복지와 이혼 후 관계에 지대한 영향을 미치는 요인이다. 예컨대 배우자의 동의 없이 한쪽이 일방적으로 집을 나와 별거를 한 경우, 집으로부터 벗어나고 결혼이 끝났음을 다른 사람들이 알게 되었다는 점에서 안도감을 느끼며, 결과적으로 벌어진 상황을 받아들이지만, 이와 동시에 강한 죄책감과 회의를 갖기도 한다. 한편 배우자의 일방적 주도하에 갑작스럽게 별거를 당한 쪽은 충격과 심적 고통을 경험하고, 배신감과 버림받은 느낌을 갖게 된다. 이들에게 별거는 정신적 쇼크를 초래하는 위기로 경험되며, 분노, 격분, 고통, 절망, 자기연민, 슬픔, 자포자기, 두려움 등을 느끼게 된다. 일반적으로 결혼생활에 많은 투자를 했거나 이전에 큰 상실을 경험한 적이 있는 사람, 혹은 이혼을 금기시하는 규범이나 종교적 가치관을 가지고 있는 사람일수록 배우자로부터 별거를 당했을 때 나타나는 정서적 문제가 심각하다. 반면에 수동적인 성격의 배우자는 상대편의 이혼결정을 받아들이고, 별거에 대해서도 합리적으로 협상하려는 경향이 있다.

별거가 진행되면서 두 사람은 그동안 자신이 가족에 쏟았던 정서적·경제적·행동적 에너지가 모두 물거품이 된다는 사실을 깨닫고, 오랫동안 애도와 비탄에 빠지게 된다. 여기에 별거로 인한 생활상의 변화와 스트레스가 가중되어 취약하고 불안정한 느낌을 갖게 된다. 별거 후의 부부는 거의 접촉을 하지 않고 지내게 되며, 대화를 하게 되더라도 문제의 해결책을 찾지 못하고, 서로 다투거나 상대방을 비난하고 자신의 책임을 상대방에게 전가하는 모습을 보인다.

별거하는 부부들은 그들 자신이 매우 큰 정서적 혼란에 처해 있기 때문에 자녀에게 별거이유에 대하여 거의 설명을 해 주지 않으며, 별거가 자녀에게 어떠한 영향을 미치는지에 대해서도 거의 생각하지 못한다. 또한 자녀의 학교 교사에게도 별거사실을 알려 주지 않기 때문에 별거가정의 자녀들은 학교에서도 이해나 지지를 받기 어렵다. 자녀에게 부모가 별거를 하고 조만간 이혼할 계획을 알렸을 때, 대부분의 자녀들은 불신, 두려움, 분노, 혼란, 슬픔, 비탄 등의 반응을 보인다. 특히 부모에게 갈등이 있음을 알지 못했거나 자신의 가족이 행복하다고 생각했던 자녀들은 충격이 더욱 크다. 부모의 갈등에 개입했던 자녀나 부모의 부부문제를 알고 있는 자녀들도 반응은 크게 다르지 않은데, 그 이유는 가족의 해체를 예상하지 못했기 때문이다. 대다수 자녀들은 부모의 별거에 동의하지 않으며, 한쪽 부모의 부재를 커다란 상실로 경험한다. 부모가 별거한 후 자녀들은 그들의 에너지를 모두 가족에 쏟으면서 부모의 심리적 안위를 걱정하고, 학업과 친구에 관심이 감소되어 학업성적도 저하되고 교우관계에서 문제가 생기기도 한다. 미첼(A. Mitchell)의 연구결과에 따르면, 별거가정 자녀의 대다수가 혼란을 겪지만, 이들의 고민을 알아차린 부모는 많지 않으며, 부부의 이혼과정에서 별거가 시작된 이후 몇 개월의 기간이 자녀들에게는 가장 고통스러운 기간인 것으로 나타났다(Mitchell, 1985).

2) 법적 이혼

법적 이혼과정은 부부가 이혼에 합의하고 가정법원에 이혼의사확인을 신청하거나, 합의가 되지 않는 경우 이혼소송을 청구한 시점부터 법원의 조정·판결에 의하여 법적으로 이혼의 효력이 발생하는 날까지의 기간을 의미한다. 이 기간 중 자녀양육 및 면접교섭과 재산분할에 관한 사항들이 결정된다. 재산분할은 매우 복잡한 문제이며, 재산이 많거나 결혼기간이 오래된 부부일수록 특히 그러하다. 자녀양육 및 면접교섭에 관한 사항은 대체로 부부가 협의하여 결정하며, 법적으로 분쟁이 있는 문제는 변호사에게 자문하거나 전문가에게 중재를 의뢰하는 것이 필요하다. 법적 이혼과정에서 이혼합의가 이루어지지 않고 분쟁이 있을 경우, 우선적으로 이혼조정(divorce mediation)을 통하여 이혼하는 당사자 부부 사이의 상호 이해와 양보를 이끌어 냄으로써 신속하고 경제적으로 분쟁을 해결하고, 분쟁의 장기화에 따른 사회경제적인 낭비를 줄이며, 당사자 간의 감정의 악화로 인한 소모적인 대립을 없앨 수 있다.

우리나라는 법적 이혼과정에서 양육비에 관한 협의나 심판을 강제할 수 있는 제도적 장치가 제대로 마련되어 있지 않기 때문에 양육비에 관한 합의나 심판이 제대로 이행되지 않는 경우, 양육하는 부모가 자녀의 양육에 필요한 충분한 자력을 갖지 못한다면 바람직한 양육이 곤란하게 된다. 특히 이러한 현상은 이혼으로 말미암아 전업주부였던 여성이 자녀를 양육하기로 하는 경우에 현저하다. 따라서 이혼 후에도 경제력을 가진 비양육부모(주로 아버지)가 자녀를 양육하는 부모(주로 어머니)에게 적정한 양육비를 지급하도록 하는 것이 반드시 필요하며, 이를 위해서는 이혼절차에서 양육비의 지급에 관한 사항을 정하도록 함과 동시에 비양육부모가 지급해야 될 양육비를 산정하기 위한 기준과 임의로 지급하지 않는 경우의 이행을 확보할 수 있는 방안이 마련될 필요가 있다(전경근, 2005. 자세한 내용은 제2부 2장 II 및 3장 II를 참조할 것).

　　이러한 필요성에 입각하여 서울가정법원은 부부의 이혼 시 자녀양육비와 위자료 산정을 위한 법원의 객관적인 기준을 마련하여 2008년부터 시범실시에 들어갔으며, 2008년 상반기 중 시범실시를 거친 뒤 보완작업을 거쳐 양육비 및 위자료 기준을 확정, 공표할 예정이다. 이에 따라 그동안 양육비와 위자료 산정에 대한 구체적이고 통일적인 기준이 없어 재판부별로 들쭉날쭉했던 산정액 편차가 크게 줄어들 전망이다. 양육비는 한국보건사회연구원에서 자녀의 연령별 및 가구소득에 따른 양육비 통계를 조사한 '2006년 전국 출산력 및 가족보건 복지실태조사'를 토대로 자녀 나이와 부모의 소득 수준이 중요한 산정기준이 된다. 예를 들어 자녀 나이가 6~11세이고, 부부 월 소득이 300~399만 원인 경우, 자녀 1명당 매월 78만 5천 원의 양육비를 부모가 적정 비율로 나누어 부담하며, 자녀 1명이 늘어날 때마다 47만 6천 원이 자녀양육비로 추가산정된다. 한편 위자료는 청구인의 나이와 혼인기간, 자녀수, 이혼원인이 산정기준이 된다. 산정기준별로 점수를 매기며 점수에 해당하는 범위에서 위자료가 결정되지만 배우자 일방이 이혼 전에 재산의 상당 부분을 빼돌리는 등 특별한 사유가 있으면 판사가 이를 고려해 위자료를 결정한다. 기준안에 따르면, 45세의 여성이 20년간 혼인생활을 해 오다 자녀 2명을 두고 '배우자의 부정한 행위' 등 중대한 사유로 이혼을 하게 되는 경우, 위자료는 2~3천만 원이 된다. 이 기준이 법적으로 강제력을 가지는 것은 아니며, 위자료 액수가 크게 달라지지는 않지만, 양육비는 현재 실무상 30~50만 원이 인정되는 것에 비해 증가한다. 서울가정법원은 이 기준이 정착될 경우, 재판부별로 편차가 생기는 것을 최소화하고, 당사자들 간에 예측가능성을 어느 정도 보장함으로써 가사분쟁의 원만한 화해와 심리시간의 단축 등에 도움을 줄 수 있을 것으로 기대하였다(연합뉴스, 2008. 1. 7).

　　이 밖에도 서울가정법원에서는 이혼가정의 자녀를 위해 2007년 국내에서 처음으로 서울 서초동 청사 5층에 부모와의 면접교섭소인 '만남의 방'을 개설하였다. 이 방은 엷은 푸른색 그림벽지, 앉아서 놀 수 있는 따뜻한 마룻바닥, 갖가지 인형과 장난감 등 어린이들이 편안하게 시간을 보낼 수 있도록 꾸며졌다. 주로 이혼소송을 진행 중이거나 이미 이혼한 부부 중 양육권을 갖지 않는 쪽이 자녀와 만나는 공간이다. 이곳에서는 법적 이혼과정에서 양육권자 지정을 위한 부모와 자녀의 친밀도 조사도 진행된다. 지금까지는 이미 이혼했거나 이혼재판을 진행 중인 경우, 양육권이 없는 부모가 자녀를 만난다는 것은 좀처럼 쉽지 않았다. 양육권을 가진 부모들은 상대방의 가정으로 자녀를 보냈다가 혹시라도 자녀가 돌아오지 못할까 봐 불안에 떨며 전

전긍긍하는 일이 많았기 때문이다. 더구나 이혼사건을 맡은 판사나 조정위원들이 부모와 자녀 간의 친밀도나 자녀의 양육환경을 조사할 때 마땅히 아이들과 이야기를 나눌 만한 공간이 없는 것도 문제였다. 그동안 이 같은 작업은 법원의 삭막한 조정실이나 휴게실에서 진행되었는데, 그렇지 않아도 낯선 법원 풍경에 긴장한 아이들이 더욱 심리적으로 위축돼 정확한 양육권자 지정판단이 어렵다는 지적이 계속 제기되었다. 이에 서울가정법원은 7평 정도의 가사조정실을 개조하여 자녀와 부모를 위한 '만남의 방'을 꾸몄다. 아이들이 편안함을 느낄 수 있도록 장난감과 그림 그리기 도구 등을 비치하고, 아동용 프로그램을 설치한 컴퓨터와 좌식 심리검사 책상도 마련해 아이들이 부담 없이 검사를 받을 수 있도록 하였다(세계일보, 2007. 7. 9). 이상과 같이 법적 이혼과정에서는 당사자 부부뿐만 아니라 미성년자녀의 복지가 무엇보다도 우선되어야 한다.

한편 김요완(2007)은 서울가정법원에서 재판상 이혼절차 중인 6쌍(12명)의 부부를 심층면접하고 근거이론을 활용하여 이혼 관련 요소들과 범주들의 관계를 [그림 I-10]과 같이 설명하고, 앞서 기술한 이혼 전 단계부터 이혼 단계까지의 과정을 [그림 I-11]과 같이 7단계로 구분하였다.

[그림 I-11]에서 나타난 바와 같이 이혼 전 단계부터 이혼 단계까지의 이혼과정, 즉 부부갈등이 발생하여 법적 이혼에 이르기까지의 과정은 7가지 단계(갈등발생 → 자존감 손상 → 갈등요인 무시 → 성관계 단절 → 역할 중단 → 상호 공격 → 단절)로 구분된다. 각 단계를 구체적으로 살펴보면 다음과 같다.

- 갈등발생 단계(1단계)−왜곡된 의사소통으로 출발: 갈등발생 단계는 신혼 초부터 시작되는 것으로 나타났다. 면접한 부부들은 임신 등의 이유로 어쩔 수 없는 결혼을 하거나 성급하게 결혼을 결정하는 등 신중하지 못한 결혼 결정으로 인해 자신의 결혼생활에 애착을 느끼지 못한다. 또한 개인적이고 외부적인 요인으로 인한 경제적인 어려움과 폭력적 행동, 역할변화 부적응, 역기능적 대화도 주된 갈등의 원인으로 나타났다. 여러 갈등의 원인 가운데서도 부부관계의 골을 결정적으로 깊게 파는 원인은 '역기능적 대화'에 있다. 남편이 퇴근 후, "나 오늘 힘들었어."라고 말했다면 이 말은 위로받고 싶다는 신호다. 하지만 갈등발생 단계에 들어선 아내의 입에서는 따뜻한 위로의 말 대신 "당신만 힘들었어? 나도 하루 종일 집안일 하느라고 힘

[그림 I-10] 이혼과 관련된 요소들과 범주들의 관계

출처: 김요완(2007).

들어."라는 답이 돌아온다. 결국은 왜곡된 의사소통으로 인해 서로에게 상처만 남기게 되는 것이다.

• 자존감 손상 단계(2단계)−일방적인 짜증: 1단계의 여러 원인들로 인해 부부 관계가 악화되고 갈등이 심해지면 상대방으로부터 무시당하고 비인격적인 대우를 받으면서 자존감 손상 단계(2단계)에 들어서게 된다. 어느 한쪽이 자존감 손상 단계에 들어서게 되면 다른 배우자는 이런 악화된 관계를 인식하지 못한다. 단 둘이 TV를 시청하다가도 아내가 질문을 해오면 '말해 주면 아느냐?'며 노골적으로 무시하기 일쑤이고, 아내의 경우에는 별것도 아닌 일에 짜증 섞인 말투로 답하며 상대방에게 불쾌감을 준다. 주고받는 말에

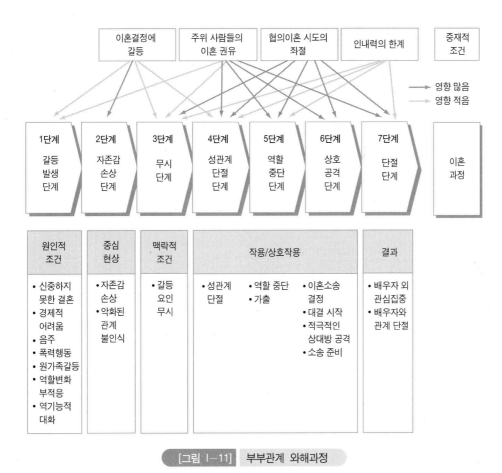

[그림 I-11] 부부관계 와해과정

출처: 김요완(2007).

항상 짜증이 배어 있고 약속을 빈번히 어기는 것은 이 시기의 특징적인 모습이다. 자존감 손상 단계를 지나면서 자존감의 손상을 경험하는 배우자나 이를 인식하지 못하는 상대방이나 모두 부부관계에 대해 무관심해지고 이로 인해 갈등요인은 해결되지 않고 무시된 채 지나치게 된다.

• 갈등요인 무시 단계(3단계)−부부간 대화 단절: 갈등요인 무시 단계에 들어서면 대화하려는 노력이 사라진다. 배우자가 말이라도 붙이면 "나 오늘 피곤하거든. 다음에 얘기하자."라며 기다렸다는 듯이 자리를 피하고 될 수 있으면 마주치는 시간을 줄인다. 하지만 감춰진 갈등은 더욱 심화되고 갑자기 어떤 것에 지나치게 몰입하게 된다. 자녀교육에 열성을 다 하는 경우도 있고 취미생활에 흠뻑 빠지는 경우도 있다. 이 시기에 몰입하는 대상은 중요

치 않다. 또 처음으로 이혼을 고려하게 되는 시기가 바로 이 단계다. 하지만 자녀양육에 대한 고민, 자녀가 입게 될 상처, 부정적인 사회적 인식과 부모의 반대 등으로 인해 이혼결정을 주저하게 된다. 그렇기 때문에 이 시기에 제대로 된 상담이 이루어지면 관계 회복이 충분히 가능하다.

- 성관계 단절 단계(4단계)—다른 이성과의 교제: 갈등요인 무시 단계에서 관계 회복의 기회를 놓친 부부는 이혼을 결심하고 성관계 단절 단계(4단계)로 치닫는다. 여기서 '성관계'는 포옹이나 키스, 팔짱끼기 등 가벼운 스킨십까지 포함하는 개념이다. 배우자의 손길을 피하게 되고 다른 이성과의 교제와 같은 극단적인 성문제가 발생되기도 한다. 사실 이혼을 결심한 부부의 대부분은 성관계 단절이 그것을 증명한다고 말한다. 성관계 단절은 사실상 '더 이상 같이 살고 싶지 않다.'는 것을 의미하며 정서적으로는 이미 이혼에 들어간 것이다. 법적인 이혼절차를 거치지 않고 이 상태로 평생을 살아가는 부부도 있다. 하지만 이 시기에는 '부부강간'으로 불리는 강제 성관계가 문제되므로 주의해야 한다.

- 역할 중단 단계(5단계)—아내, 남편 노릇 중지: 이 시기에 부부는 가정 내에서 자신의 역할을 중단한다. 아내는 청소나 빨래 같은 집안일을 멈추고 자녀의 식사만 챙기고 남편의 식사는 나 몰라라 한다. 남편은 생활비를 주지 않고 밖으로 나돌기 시작하며 가출과 귀가를 반복하고 시댁이나 처갓집 행사에 서로 모습을 드러내지 않는다. 친인척들의 눈에도 이상 징후가 포착되는 시기다.

- 상호 공격 단계(6단계)—이혼소송 결정: 여러 단계를 거치면서 갈등을 극복하지 못한 부부는 결국 상호 공격 단계(6단계)에 이른다. 이 시기에는 이혼소송을 결정하고 적극적으로 상대를 공격하기 시작한다. 그동안의 부부갈등에 대한 원인과 책임을 상대방에게 전가하거나 상대방을 왜곡되게 표현하며 안 좋은 소문을 퍼뜨린다. 이로 인해 자녀양육을 회피하거나 자녀를 격리시키고, 문제해결을 지연시킴으로써 상대방에게 심리적 고통을 준다. 소송에서 이기기 위해 수단과 방법을 가리지 않고 상대방을 정신병자로 모는 경우도 있다.

- 단절 단계(7단계)—자녀를 통한 간접대화: 결국 이러한 상호작용으로 인해 배우자 외의 것에 관심이 집중되고 대화가 단절되며 장기간 별거를 하게 되는

최종 라운드 단절 단계(7단계)에 도달한다. 이 시기의 특징은 서로 말을 섞으면 무슨 큰일이라도 나는 듯이 꼭 해야 할 말이 있다면 자녀들의 입을 통해 전달한다는 것이다. 자녀를 통한 간접대화만이 부부의 대화수단이 된다.

이상의 7단계 분석을 제시한 김요완(2007)은 '조사 결과 두세 가지 단계가 겹쳐 나타나는 경우도 있지만, 대부분 일곱 단계의 모습을 보였다. 이혼에 이르지 않기 위해서는 배우자로부터 존중받고 있다는 느낌을 주는 것이 가장 중요하다.'고 강조했다(시사포커스, 2007. 5. 7).

3. 이혼 후 단계

1) 이혼 후 성인의 문제와 적응

이혼은 개인의 생활양식에 많은 변화를 가져온다. 즉, 배우자나 자녀, 또는 전혼가족과의 친밀한 관계를 상실함으로써 외로움을 느낄 뿐 아니라 일상생활에 큰 변화가 일어나며, 결혼의 지위도 사회로부터 부정적인 시선을 받는 이혼자로 바뀌게 된다. 과거와 같이 이혼을 죄악시하는 경향은 많이 사라졌지만, 아직도 이혼자들은 사회로부터 소외되고, 비난받거나 무시되는 경향이 있다. 이로 인하여 이혼한 사람들의 상당수가 이혼자라는 신분에 대하여 스트레스와 죄책감(특히 이혼을 먼저 제안한 사람의 경우), 실패감(특히 배우자로부터 이혼을 제안받은 사람의 경우)을 느낀다. 트로바토(F. Trovato)와 로리스(G. Lauris)에 의하면, 이혼자는 독신이나 기혼자, 사별자에 비해 사망률과 발병률이 더 높다고 하며, 이는 이혼과정에서 발생한 신체 및 심리적 건강상의 문제 때문인 것으로 풀이된다(Trovato & Lauris, 1989. 정현숙, 유계숙, 2001에서 재인용).

이혼 후의 고립감이나 외로움 때문에 생기는 신체적·심리적 문제를 해결하기 위해서는 친구 및 동료들과 지속적인 관계를 유지함으로써 사회관계망으로부터 지원을 받을 수 있다. 또한 이혼을 했다고 해서 개인의 사회적·성적 욕구가 줄어드는 것은 아니므로 새로운 상대와 교제를 통하여 이혼과정에서 겪었던 상실감을 극복하고 자존감을 높이는 것도 하나의 적응방법이 될 수 있다. 이혼 후 새로운 상대와 교제를 하는 사람은 상대방과의 관계를 통하여 사회적·생리적 욕구를 충족할 수 있을 뿐만 아니라 이혼과정에서 침해받았던 자신의 가치를 다시 회복할 수도 있다(정현숙, 유계숙, 2001).

이처럼 이혼한 사람들은 신체 및 심리적 건강상의 문제, 외로움, 사회적 관계상의 문제, 성적 욕구의 문제, 경제적 어려움 등 여러 가지 문제를 겪게 되는데, 그중에는 남녀가 공통적으로 겪는 문제도 있고, 경제적 어려움처럼 문제의 양상에서 성차를 보이는 것도 있다. 즉, 이혼을 경험한 여성과 남성이 직면하는 정서적·개인적 문제들은 유사한 반면, 그에 대한 반응유형은 다르다. 이는 성역할 사회화의 차이에서 기인된 것으로 '여성의 결혼(her marriage)'이나 '남성의 결혼(his marriage)'과 마찬가지로 여성은 '여성의 이혼(her divorce)'을, 그리고 남성은 '남성의 이혼(his divorce)'을 경험하게 된다(Schwartz & Scott, 1994. 정현숙, 유계숙, 2001에서 재인용).

한 부부로 살면서도 결혼생활에서 기대하고 경험하는 것은 일반적으로 남편과 부인 간에 차이가 있다. 이러한 차이는 이혼의 경우도 마찬가지다. 이혼한 사람들이 접하는 문제 중 가장 큰 성차를 보이는 것은 경제적 문제다. 이혼 후 자녀의 양육은 경제적 빈곤을 가중시키는데, 특히 여성이 가장인 편모가정의 생활수준은 이혼 후 급격히 떨어진다. 즉, 상대적으로 낮은 여성의 소득수준과 전 배우자로부터 자녀양육비를 받지 못하는 경우 모두 '빈곤의 여성화'를 초래하는 주요인이다. 대다수의 이혼여성이 그들 자신뿐만 아니라 자녀양육을 위하여 직업을 찾는 경향이 있다. 이것은 이혼한 여성들이 경제적으로 전 배우자에게 계속 의존하는 대신 돈을 버는 것이 심리적으로나 경제적으로 새로운 생애를 구축하는 데 도움이 되기 때문이다. 따라서 많은 이혼여성들이 어떻게든 직업을 얻기 위해 노력하지만, 대부분 단순노동이나 서비스직종에 종사하고 있어 노동시간이나 강도에 비해 임금이 낮은 편이다(정현숙, 유계숙, 2001).

생계부양자 역할 수행의 어려움과 함께 어머니의 역할을 강조하는 우리 사회의 분위기는 이혼여성의 부모 역할 수행을 더욱 어렵게 한다. 과거와 달리 부모 역할을 혼자 떠맡게 된 이혼여성은 절대적인 시간의 부족을 느끼며, 혼자 자녀를 키우면서 자녀와의 심리적 갈등도 상당히 크다. 특히 사춘기에 해당하는 자녀들은 아버지가 없는 가정을 예민하게 받아들일 수 있다. 반면 자녀를 양육하지 않는 여성들은 자녀와의 별거로 인한 외로움과 함께 자녀에 대한 그리움으로 고통을 받는다(한국여성개발원, 1996). 이상에서 제시한 이혼 후의 어려움에도 불구하고 일반적으로 이혼여성은 이혼남성보다 정서적, 심리적으로 더 잘 적응하며, 자존감의 향상을 경험하는 경향이 높다고 한다(Baruch, Barnett, & Rivers, 1983; Wallerstein, 1986). 이는 이혼여성이 과거 남편이 주로 맡았던 도구적 역할(instrumental roles)을 자신이 수행함으로써 자신감과 성취감을 경험하기 때문이라고 해석된다(정현숙, 유계숙, 2001).

한편 이혼한 남성들의 경제적 어려움은 이혼한 여성들에 비해 훨씬 적다. 물론 이혼으로 인한 경제적 어려움이 남성에게 전혀 없는 것은 아니지만, 그 양상은 여성과 차이를 보인다. 여성의 경우 주거 및 생계의 어려움이 가장 심각한 문제로 대두되지만, 남성의 경우 사업상의 어려움, 혹은 이혼 시 재산분할로 인한 재산의 감소, 생활의 불규칙함으로 인해서 수반되는 지출의 과다가 경제적으로 어려움을 느끼게 한다. 따라서 이혼남성들이 겪는 경제적 어려움이란 절대적인 경제적 빈곤의 문제라기보다 경제수준이 과거보다 떨어졌다는 상대적 빈곤감을 의미하는 것이며, 이러한 상대적 빈곤감은 심리적 갈등을 수반한다. 그러나 남성은 강해야 한다는 우리 사회의 일반적 통념 때문에 이혼남성은 그들의 심리적 고통을 해결하기 위해서 주위의 도움을 청하기가 어렵다. 더구나 이혼남성에게는 이혼 전 부인이 주로 맡았던 가사 및 자녀양육의 역할이 추가되지만, 이러한 역할들은 사회적으로 저평가되기 때문에 이혼남성의 자존감 향상에 기여하지 못한다(Gecas & Schwalbe, 1983). 따라서 이혼남성들은 심리적으로 이혼여성들에 비해 더 많은 스트레스를 경험하며, 적응속도도 매우 느리다. 이러한 심리적 고통 외에 이혼남성들의 성적 욕구문제도 심각하다. 남성에게 보다 허용적인 성문화는 이혼남성들에게 이혼여성보다 성적 욕구를 해소할 기회를 더 많이 제공하지만, 불안정한 성관계는 이혼남성에게 만족감을 주기보다 오히려 자괴감만 더해 줄 수 있다(여성한국사회연구회 편, 1995. 정현숙, 유계숙, 2001에서 재인용).

이혼한 남성들이 자녀와의 관계에서 겪는 문제 역시 이혼한 여성들과 그 양상이 다르다. 이혼한 아버지가 자녀를 양육하지 않을 경우 대부분 부모로서의 책임 의식은 지니고 있지만, 자녀양육은 전적으로 부인이 담당하고, 자녀들과의 왕래도 거의 없으며, 자녀에 대한 경제적인 지원만을 담당한다. 또한 자녀에 대한 관심이나 걱정을 갖고 있어도 여성들과 달리 겉으로 표현하지 않는 경향이 있다. 이혼남성이 자녀양육을 맡는 경우 어려움은 더욱 크다. 직장과 자녀양육을 병행하는 어려움은 물론이고 이전에는 부인이 맡았던 자녀의 도시락을 싸는 일, 학부모회의에 남자들이 참여하기 어색한 점, 어머니처럼 자녀교육을 섬세하게 돌봐 줄 수 없는 것을 이혼남성들은 매우 안타깝게 생각한다. 더구나 우리 사회는 아버지 혼자서 자녀를 키우기 위한 조건이 마련되어 있지 않기 때문에 이혼남성에게 자녀양육문제는 매우 어렵고 가족의 도움(주로 이혼남성의 어머니) 없이 해결하기도 힘들다(한국여성개발원, 1996. 정현숙, 유계숙, 2001에서 재인용).

2) 이혼가정 자녀의 문제와 적응

이혼한 부모에게는 이혼이 하나의 선택일 수 있지만, 자녀들의 경우는 그렇지 못하다. 부부관계가 해체되어도 부모 역할은 남는다. 하지만 이혼당사자인 부모는 자신의 문제를 돌보느라 자녀에 대한 배려에 소홀하거나 포기해 버리기까지 하고, 이혼가정의 자녀에 대한 학교와 사회, 국가의 관심은 거의 전무한 실정이다. 부모가 이혼함에 따라 자녀들이 타격을 입는다는 것은 누구나 동의하는 사실이다. 그러나 그러한 타격이 자녀들에게 미치는 정도는 일반인들이 생각한 것보다 훨씬 더 오래 지속되며, 보다 어린 연령부터 경험된다(〈표 I-12〉 참조). 부모의 이혼이 자녀에게 주는

〈표 I-12〉	부모의 이혼에 대한 자녀의 연령별 반응
자녀의 연령	특 징
학령전기 (2.5~6세)	부모의 이혼에 대해 매우 놀라고, 혼란스러워 하며, 자신의 잘못으로 생각한다. 성인들과의 많은 신체적 접촉이 요구된다. 이 시기의 아동은 자신이 유기되거나 다른 곳으로 보내질 것을 두려워한다. 5, 6세경의 아동은 자신의 감정을 표현할 수도 있으나, 이혼과 관련된 변화의 일부만을 이해할 수 있다.
잠복기 초기 (7~8세)	이 시기의 아동은 슬픔, 두려움, 불안정성, 상실감을 나타낸다. 자신들이 거부당했거나 유기되었다고 느끼나, 자신을 비난하지는 않는다. 이들은 아버지에게 자신의 분노를 표현하는 데 어려움을 느낀다. 어머니가 아버지를 다른 곳으로 보낸다고 믿기 때문에 어머니에 대해 분노를 느끼나, 이런 행동이 어머니를 화나게 하므로 이를 두려워한다. 이들은 부모의 재결합에 대한 강한 열망을 가지고 있으며, 가족은 '안전을 위해서는 필수적이며 계속 성장하는 것'이라고 믿는다.
잠복기 후기 (9~10세)	이 시기의 아동은 이혼에 대해 좀더 현실적으로 이해하며, 자신들의 감정이나 강렬한 분노를 잘 표현할 수 있다. 이혼에 대해 더 이상 책임감을 느끼지 않으나, 부모들의 행동에 대해 창피함을 느끼며, 도덕적인 측면에서 분노를 느낀다. 자주 외로울 뿐만 아니라 두 부모에 대한 사랑 사이에서 갈등을 느끼며, 부모로부터 자신들이 거부되었다는 사실에 분노한다.
청소년기 (15~18세)	이들은 가장 개방적으로 이혼에 대해 분노를 표현한다. 이 시기의 자녀는 강한 분노, 슬픔, 부끄러움, 당혹감을 나타낸다. 이혼으로 인해 청소년들은 부모를 한 사람의 인간으로 인식하게 되며, 부모 각자와의 관계에 대해 새롭게 평가한다. 또한 훌륭한 결혼생활에 대한 자신들의 가치나 개념들을 재평가한다.

출처: Wallerstein & Kelly(1976). 256-269(정현숙 외, 2002에서 재인용).

타격에 대하여 지금까지는 자녀가 8세 이하에서 부모의 이혼을 겪을 때 타격을 훨씬 적게 받고, 이혼 후 2~3년 지나면서부터 고통에서 벗어나기 시작하여 10년 후엔 정상적으로 회복된다는 것이 학자들의 지배적인 의견이었다. 또 일부 학자들은 자녀 때문에 새로운 삶을 출발하려는 부모들의 의지가 좌절되는 것도 또 다른 사회문제이며, 자녀가 자라서 드러내는 심리적 장애는 실제로 이혼가정이나 정상가정 모두 비슷한 비율로 발생한다고 주장하기도 한다(정현숙, 유계숙, 어주경, 전혜정, 박주희, 2002).

과연 이혼가정의 자녀도 행복한 삶을 누릴 수 있을까? 미국 캘리포니아 이혼자녀 문제 연구소의 심리학자 주디스 월러스틴(Judith S. Wallerstein)은 약 30년 전부터 그 질문에 대한 답을 찾기 위해 노력해 왔다. 1989년 베스트셀러가 된 그녀의 저서『제2의 기회: 이혼 10년 뒤의 남과 여, 그리고 어린이(Second Chances: Men, Women and Children a Decade After Divorce)』에서 월러스틴은 이혼가정의 자녀가 그 충격을 평생 떨치지 못하며 심리적으로 깊은 상처를 입는다고 결론지었다. 1971년부터 131명의 이혼자녀(2.5~18세)들을 장기 추적해 온 그녀의 종단적 연구결과에 의하면, 이혼가정의 자녀들은 부모의 이혼 후 10년까지, 때로는 그 이후에도 심각한 심리장애를 겪으며, 2~8세의 어린 연령층에서 부모의 이혼을 경험한 자녀들도 9~18세에 부모의 이혼을 경험한 나이 든 자녀들처럼 타격이 예상외로 심했다고 주장하였다.

월러스틴이 장기 추적한 이혼가정의 자녀들이 나타내는 대표적인 문제들을 살펴보면, 부모의 이혼이 임박할 때쯤 자녀들은 부모가 자신을 버릴지도 모른다는 생각에 극심한 불안, 우울증, 자포자기, 비행 등에 빠지기 쉽다. 18개월 후 대부분 심리적 고통으로 학교와 집에서 파괴적인 성격을 보이며, 부모가 이혼한 지 5년 후 이들의 30%는 아직 깊은 좌절감, 상실감을 벗어나지 못하다가 10년이 지나면서 기억이 흐려지고 이에 따라 점차 충격이 완화되어 안정을 찾기 시작한다. 즉, 이혼가정의 자녀들은 불안 및 우울증 → 자포자기 → 파괴적 행동 → 좌절과 상실감 → 기억소실 → 안정의 이혼충격 메커니즘을 공통적으로 경험한다.

이들 가운데 여아의 66%는 신체성장을 마칠 무렵 돌연한 불안감에 빠지고 대인관계에 있어서 배신당할지도 모른다는 두려움을 느꼈다. 부모가 이혼한 한 여성은 자신의 남자 친구가 약속시간에 30분씩 늦자 그가 다른 여성과 사귀고 있다는 불신심리가 작용, 남자 친구를 멀리하게 되었다. 이들은 청소년기에 접어들면서 부모에 대한 사랑이 살아나기 시작한다. 따라서 부모와 접촉하고 싶은 강한 충동을 느껴 13~14세가 되면 부모에게 자기 주변의 사사로운 것들을 편지나 시로 써서 애정을 표시하기도 한다. 그러나 비교적 나이 많은 어린이들은 깊은 실망과 배신감을 지우지 못한다. 한편 남아의 상당수는 자신감과 독립심이 결여되고, 대학과 직업생활의 정착이 불안했다. 어떤 남아는 어머니와 함께 살면서 아버지를 계속 만나려다 거듭 실패하자 곧바로 문제아가 되었고, 10년 후에는 음주, 운전 폭행, 약물 등으로 수차례 수감되는 신세로 전락했다. 월러스틴은 '아무튼 이혼은 자녀들에게 고통스러운 일'이라고 지적하고 '부모들은 아이들이 스스로 이런 좌절을 극복하리라는 소극적 기대보다 이혼 후에도 부모로서 지속적으로 접촉해야 한다.'고 권고하였다(중앙일보, 1984. 4. 18. 정현숙 외, 2002에서 재인용).

최근 월러스틴은 자신이 면담했던 당시 10~20대 초반의 이혼가정 자녀들이 성인이 되어서는 어떻게 변했는지 알아보기 위해 그중 약 80%의 삶을 추적한 결과(현재 그들은 28~43세)를 책으로 발간했다. 월러스틴의 신저『이혼, 그 예상 밖의 유산: 25년 후의 연구(The Unexpected Legacy of Divorce: A 25Year Landmark Study)』에는 어느 정도 낙관적인 면을 찾아볼 수 있다. 그녀의 1차 연구 대상이었던 아이 가운데 놀랄 정도로 많은 수가 생활에서 어느 정도 보람을 찾았다. 그러나 "마지막 결과가 좋든 나쁘든 한 개인의 삶의 전체 궤적은 부모의 이혼으로 크게 변할 수밖에 없다."라고 그녀는 말했다. 또 이혼이 아무리 보편화됐다고 해도 자녀들이 받는 고통은 거의 변함이 없었다. 월러스틴은 5명의 이혼가정 자녀를 예로 들었다. 그중 몇몇 에피소드는 감동적이며 부모의 이혼을 겪은 자녀라면 누구나 공감할 수 있는 이야기다.

예를 들어 '케어런'(가명)은 집안의 잡다한 일을 모두 떠맡고 나머지 가족들이 흩어지지 않게 하느라 자신을 희생했다. 케어런은 20대에는 그런 상황에서 벗어나 대학에 진학하고 좋은 남편을 맞아 들였다. 그러나 그 후 자신의 딸이 태어난 뒤에도 케어런은 이혼한 가정의 자녀들이 갖는 왜곡된 시각으로 삶을 보았다. 한번은 사소한 부부싸움 뒤 남편이 출근을 하자 그녀는 곧 이혼하게 될 것이라고 극단적으로 생각했다.

월러스틴의 1차 연구는 객관성이 부족하다는 비판을 받았었다. 그녀가 얻은 결론은 면담에서 나온 것이지 표준 심리테스트의 결과가 아니었고, 대조집단을 활용하지도 않았다는 것이었다. 원래의 샘플집단도 모두 같은 지역의 중류층 가정 출신으로 대표성이 없는 것으로 간주되었다. 게다가 모두 미국 역사상 격동기였던 1960년대 후반~1970년대 초반 이혼한 가정의 자녀들이었다. 보다 다양한 집단의 어린이들을 대상으로 한 다른 연구에서는 아이들에게 부모의 이혼이 정신적인 상처임이 분명했지만 월러스틴이 시사하는 것만큼 파괴적이지는 않았다. 월러스틴은 그런 비판을 다소나마 누그러뜨리기 위해 새 책에서는 비슷한 문제를 가졌지만 이혼까지 가지 않은 가정의 자녀들과 이혼가정의 자녀들을 비교했다. 비록 그러한 노력은 높이 살 만해도 비교 대상이 된 가정의 배경이 서로 맞지 않아 월러스틴의 주장은 설득력이 그리 크지 않다.

결국 월러스틴이 진정으로 기여한 것은 자연과학이라기보다 통찰력이다. 이혼가정의 자녀는 누구나 그녀가 말하는 '상처입고 살아가는 자녀들'과 자신을 동일시할 수 있다. 이혼한 가정에서는 표면상 행복한 순간에도 걱정을 떨치기 힘들다(예: 학예회에는 부모 중 누가 나타날까? 대학에 갈 돈은 있을까?). 월러스틴은 '많은 사람들이 그런 걱정 때문에 가족관계에서 좋지 않은 선택을 하게 되며, 문제가 일어나면 관계를 성급하게 포기해 버린다.'고 주장했다. 월러스틴은 그들이 어려움과 투쟁하는 것은 성공적인 관계에 필요한 '내재적인 틀'이 없기 때문이라고 설명했다. 그녀는 성공한 삶을 사는 사람들은 '더욱 강하게 어려움과 싸워나간다.'고 주장했다. 따라서 그녀가 오랫동안 찾으려 했던 답은 '이혼가정의 자녀에게도 해피엔딩이 있을 수 있다.'는 것이다. 그러나 그럼에도 불구하고 부모의 이혼이라는 가슴 아픈 기억을 완전히 지우기란 불가능하다(Newsweek, 2000. 9. 19. 정현숙 외, 2002에서 재인용).

Ⅲ. 재혼가족의 문제와 적응

최근 재혼에 대한 우리 사회의 관심은 '재혼시대'라 칭할 만큼 높은 수준을 나타내고 있다. 재혼 관련 공개강좌와 이벤트가 크게 늘고, 재혼을 알선해 주는 재혼비즈니스도 유례없는 호황을 누리고 있으며, 재혼을 위한 상담 및 세미나도 늘어나고 있다. 이처럼 최근 이혼과 재혼이 급격히 늘어나면서 재혼에 대한 의식이 과거에 비해 점차 긍정적으로 변해가고 있으나, 아직도 재혼가정을 불완전한 가족 또는 결손가족으로 보는 사회적 인식과 제도, 재혼으로 새로이 형성된 가족을 위한 모델의 부재, 부계 중심의 국내 가족법과 사회적 편견 등이 여전해 재혼가족이 뿌리를 내리는 데 어려움을 겪고 있다(정현숙 외, 2002).

재혼(remarriage)은 이혼이나 사별로 전혼관계가 해체된 후 또 다른 혼인관계를 맺는 것으로 재혼에 의하여 새롭게 형성되는 가족을 재혼가족(remarried family)이라 한다. 재혼가족은 자녀의 유무에 관계없이 최소한 한쪽 배우자가 재혼인 경우 형성되는 가족을 의미하며, 부부 중 어느 쪽이든 전혼에서 얻은 자녀가 최소한 한 명 이상 있는 경우를 자녀와 동거 여부에 관계없이 계부모가족(stepfamily)이라고 한다(정현숙, 유계숙, 2001).

1. 재혼가족의 문제

재혼가족은 체계의 구성이나 특징에 있어서 초혼가족과 다른 여러 가지 차이점을 가지고 있다(Ganong & Coleman, 1994; Ganong, Coleman, & Fine, 1995. 정현숙, 유계숙, 2001에서 재인용). 즉, 재혼가족은 초혼가족보다 훨씬 복잡하며, 자녀들이 두 가정의 성원으로 속해 있다는 점도 재혼가족의 복잡성을 증가시키는 요인이 된다. 이혼 후 재혼한 가정의 계자녀들은 대체로 한 부모와 살면서 간헐적, 혹은 정기적으로 비동거 부모를 만나는 경우가 많다. 이처럼 자녀들이 양쪽 부모의 집을 오가면서 재혼가족의 자녀수가 일정한 주기로 증감을 반복하게 되면(아코디언 효과), 양측의 상이한 규칙과 기대에 적응하는 데 어려움을 겪을 수 있고, 부모들은 자녀에 대한 통제나 훈육에 대하여 전 배우자와 갈등을 겪게 된다. 이 경우 자녀들은 헤어진 부모 사이에서 혹은 계부모와 비동거 부모 사이에서 '충성심의 갈등(loyalty conflicts)'을 겪음으로써 부모나 계부모 어떠한 성인과도 만족스러운 관계를 발달시킬 수 없게 된다(정현숙, 유계숙, 2001).

재혼가족에서 주목할 중요한 문제 중의 하나는 부모-자녀 간의 유대가 부부간의 유대보다 훨씬 먼저 형성되었다는 점이다. 재혼가족의 부부에게는 초혼가족의 부부처럼 서로에게 적응하는 신혼기가 거의 없는데, 이는 이들이 새 배우자보다 동거하는 전혼자녀에게 정서적으로 더욱 밀착되어 있기 때문이다. 즉, 재혼가족이 형성된 초기에 친부모-자녀-계부모는 삼각관계를 이루며, 이것은 재혼가족문제의 원인이 된다. 일반적으로 재혼가족체계는 초혼가족의 경우보다 응집력이 약하며, 계부모-계자녀관계도 친부모-친자녀관계만큼 정서적으로 친밀하지 못하다(정현숙, 유계숙,

2001).

한편 재혼가족의 자녀와 성인들은 새로 형성된 가족에 대하여 비현실적 기대를 가지기 쉽다. '즉각적 사랑의 신화', 즉 계부모는 별 노력 없이도 계자녀에게 쉽게 애정을 느낄 것이라는 기대, 계자녀는 계부모의 훈육을 잘 수용할 것이라는 기대, 별다른 노력이나 준비가 없어도 살다 보면 새로운 가족의 전통과 의례가 자연스럽게 생겨날 것이라는 기대 등이 충족되지 않을 경우 가족원들은 혼란과 불안, 죄책감 등을 느끼고 가족생활에 만족하지 못하게 된다. 특히 전혼생활이 원만하지 못하여 이혼한 뒤 재혼한 사람은 재혼만큼은 성공해야겠다는 강렬한 소망 때문에 재혼생활의 긍정적인 측면만을 바라보며, 문제가 발생해도 그것을 재혼생활의 문제로 간주하기보다는 전혼생활의 잘못이 되풀이된 것으로 생각하고 과거의 전철을 밟지 않겠다는 생각에 집중하는 경향이 있다. 이와 더불어 사회기관이나 법률, 언어, 관습이 대체로 초혼 핵가족을 위주로 구성되어 있다는 점 또한 재혼가족의 정서적 유대를 저해할 소지가 있다. 계부모가족의 성원들은 종종 계부모가족에 대한 사회의 낙인을 피하기 위하여 외부 사람들에게 자신이 계부모가족의 성원임을 알리지 않는다. 이러한 문제를 해결하기 위해서는 무엇보다도 초혼 지향적인 사회규범이 사라져야 하겠지만, 재혼가족 역시 주변의 사회적 지지를 받을 수 있도록 사회관계망을 자발적으로 구축하거나 필요한 경우 전문적인 가족상담 및 교육을 찾는 노력이 필요하다(정현숙, 유계숙, 2001).

2. 재혼가족의 적응

재혼가족의 발달적 역동에 관심을 가진 학자들(Mills, 1984; McGoldrick & Carter, 1989; Papernow, 1993)은 재혼가족의 발달단계 및 과업을 다음과 같이 몇 가지 모델로 제시하였다. 밀스(D. Mills)의 계부모가족 발달 모델은 계부모가족의 성공적인 적응을 위해서 부부가 가족의 목표를 정하고 의사결정의 주체가 되어야 하고, 계부모가족에서의 역할과 규칙은 가족원들의 다양한 욕구를 고려해야 하며, 가정의 규칙은 계부모가족을 위한 의례와 전통을 수립하는 가운데 세워져야 한다는 점을 강조하였다(Mills, 1984. 정현숙, 유계숙, 2001에서 재인용).

맥골드릭(M. McGoldrick)과 카터(B. Carter)가 제시한 발달적 단계 모델은 재혼가족의 발달과정을 '새로운 관계 형성' → '새로운 가족에 대한 계획' → '재혼, 그리고 새로운 가족의 형성'이라는 3단계로 구분하였다. 이 모델에서 강조하는 재혼가족의 목표는 융통적이면서 기능적인 경계를 지닌 개방체계를 확립하는 것이며, 이를 달성하기 위해서는 특히 재혼가족의 문제를 다루기에 앞서서 우선 이전의 결혼이나 이혼과 관련된 문제(예: 전 배우자에 대한 애착, 초혼가족을 이상화하는 것)부터 해결해야 함을 강조하였다(McGoldrick & Carter, 1989. 정현숙, 유계숙, 2001에서 재인용).

사회사업가인 이들은 자신들의 임상적 경험에 기초하여 재혼가족의 적응에 장애가 되는 9가지 요인을 제시하였다. 즉, ① '그'의 가족과 '그녀'의 가족이 발달주기상 격차가 클 때, ② 과거의 상실감을 부인하며, 이혼에서 재혼까지의 기간이 짧을 때, ③ 전 배우자에 대한 강렬하고 해결되지 않은 감정이 남아 있을 때, ④ 재혼에 대한 자녀들의 정서적 반응을 이해하지 못할 때, ⑤ 초혼가족의 이상을 포기하지 못할 때, ⑥ 재혼가족의 경계를 확고히 하려고 노력하면서 성급하게 가족응집력을 기대할 때, ⑦ 계자녀의 비동거부모 및 조부모를 배제하려고 노력할 때, ⑧ 어려움을 부인할 때, ⑨ 재혼에 즈음하여 자녀양육권이 이전될 때 재혼가족의 적응에 문제가 많다고 한다(정현숙, 유계숙, 2001).

한편 페이퍼노(P. L. Papernow)는 게슈탈트 이론과 가족체계론에 기초하여 계부모가족의 주기를 환상기(fantasy) → 몰입기(immersion) → 인식기(awareness) → 가동기(mobilization) → 행동기(action) → 접촉기(contact) → 해결기(resolution)의 7단계로 구분하였다. 각 단계에서 재혼가족이 수행해야 할 과제를 살펴보면, 재혼가족이 형성되는 초기(1, 2, 3단계)에는 재혼가족이 당면한 문제와 딜레마를 정확히 인식하기, 주변에 자신을 이해해 주는 사람을 확보하기, 가족원과 신뢰에 기반한 일대일의 시간 갖기, 친부모를 도와주는 계부모로서 역할하기, 그리고 친부모와 계부모, 전혼자녀 모두의 욕구 파악하기 등을 주요 과제로 삼고 있다. 가족의 재구성과 조화를 시도하는 중기(4, 5단계)에서는 공평하고 건설적으로 싸우는 법 배우기를 비롯하여 새로운 가족의 규칙과 전통 세우기, 가족행사 계획하기 등을 주요 과제로 제시하였다. 끝으로 재혼가족 체계를 공고히 하는 후기(6, 7단계)에서는 성숙한 계부모로서의 역할 확인하기, 충성심의 갈등이 재등장하는 것을 적극적으로 줄이기, 그리고 가족원들이 '우리'라는 의식을 느낄 수 있도록 가족 시간 가지기 등을 제안하였다(Papernow, 1993. 정현숙, 유계숙, 2001에서 재인용).

재혼가족의 적응을 다룬 국내 연구가 극히 드문 상황에서 재혼가족의 성인을 대상으로 재혼생활과 부부관계의 질을 조사한 유계숙, 임춘희, 전춘애, 천혜정(1998)의 연구는 재혼가족의 적응과 역동적 측면을 구체적으로 파악하였다. 이 연구결과에 따르면, 재혼생활의 질에 가장 중요한 영향을 미치는 요인은 부부관계로서 성공적인 재혼생활을 위해서는 무엇보다도 견고한 부부 하위체계와 강력한 부부 유대감이 필요한 것으로 나타났다. 또한 부부가 모두 재혼인 경우가 한쪽만 재혼인 경우보다 갈등이나 부정적 감정을 더 잘 다루며, 결혼만족도도 높은 것으로 나타났는데, 이는 양쪽 모두 재혼인 부부가 전혼해체와 재혼경험을 공유함으로써 부부관계에 긍정적인 영향을 미친 것으로 풀이된다(정현숙, 유계숙, 2001).

계자녀와 관련된 적응요인을 살펴보면, 계자녀가 없는 사람이 계자녀가 있는 사람에 비하여 결혼만족도가 높았으며, 계자녀가 있는 경우는 계부모로서의 위치와 역할이 명확히 설정될수록 계자녀와 원만한 관계를 유지하는 것으로 나타났다. 계모의 경우 국외의 연구결과와 마찬가지로 자신의 역할에 대해서 내면적으로 상당한 갈등과 부담을 느끼고 있지만, 실제 계자녀와의 관계에서는 계모에 대한 사회의 부정적 시각에 대처하는 방편으로서 오히려 계부보다도 계자녀와 더 좋은 관계를 유지하는 것으로 나타났다(정현숙, 유계숙, 2001).

한편 전혼자녀가 없는 사람은 전혼자녀가 있는 사람에 비하여 계자녀와 더 좋은 관계를 유지하지만, 결혼만족도는 전혼자녀가 있거나 동거하는 사람보다 낮은 것으로 나타났다. 즉, 전혼자녀의 존재는 재혼자에게 심리적 안정감을 제공해 준다고 할 수 있다. 그 밖에도 재혼해서 출산한 자녀(mutual child)가 재혼생활에 미치는 영향을 살펴보면, 재혼해서 출산한 자녀는 새로 구성되는 재혼가족의 모든 성원들과 혈연관계를 맺고 있기 때문에 재혼가족의 통합에 도움이 된다는 국외의 연구결과(Baer, 1972; Rosenbaum & Rosenbaum, 1977)와 대조적으로 재혼 후 부부 사이에 자녀를 출산하지 않은 경우가 더 높은 결혼만족도를 나타냈다. 이러한 결과는 결혼만족도가 낮은 재혼부부의 경우 부부관계를 유지하기 위한 수단으로 자녀를 가질 수 있다는 가능성을 간접적으로 시사하는 것이다. 그러나 재혼남성과 결혼한 초혼여성이나 출산경험이 없는 여성에게는 자녀출산이 적응과정에서 도움과 의지가 될 수 있으며, 혈연을 중시하는 우리 사회에서 재혼 후 자녀를 출산하는 것은 친족(특히 시가)으로부터 가족의 일원으로 인정받는 계기가 되기도 한다(정현숙, 유계숙, 2001).

이상에서 살펴본 바와 같이 재혼가족의 적응은 상당한 노력이 필요하며 하루아침에 이루어지는 것이 아니다. 행복한 가족생활을 영위하기 위해서는 당사자인 재혼가족의 노력 이외에도 재혼가족에 대한 지원이 보다 활성화되어 이들의 적응을 도와야 할 것이다. 일반적으로 재혼가족을 형성하는 사람들은 새로운 부부관계나 재혼가족에 대한 준비가 거의 없는 상태에서 결혼을 하게 되는데, 초혼의 경우와 마찬가지로 재혼에서도 결혼에 대한 서로의 기대를 확인하지 않은 채 재혼을 하는 것은 재혼생활에 대한 실망과 부부간의 갈등만 불러올 뿐이다.

실제로 서구의 임상가들에 의하면, 재혼가족이 당면하는 대부분의 문제는 예방이 가능하다고 하며(Ganong & Coleman, 1994), 재혼가족에서 문제가 발생하는 주요인은 새로운 결혼과 가족관계를 위해 가족 내의 지위와 역할에 대한 계획과 준비가 부족했기 때문이라고 한다. 준비 없는 결혼이 가져오는 문제는 초혼의 경우보다 재혼에서 더욱 심각하다. 그것은 재혼가족이 초혼가족보다 훨씬 더 복잡한 체계를 가지고 있기 때문이며, 특히 자녀가 개입된 경우는 문제가 더욱 복잡해진다. 따라서 이미 재혼가족을 형성한 사람을 대상으로 가족관계 향상을 위한 교육을 실시하거나 재혼가족에서 발생한 문제를 해결하기 위해 상담과 같은 치료적 개입도 필요하지만, 재혼을 앞둔 사람들을 대상으로 체계적인 정보를 제공함으로써 재혼에 따른 문제를 사전에 예방하고 성공적인 재혼을 위한 준비를 돕는 상담과 교육적 개입이 보다 효율적이라 할 수 있다(정현숙, 유계숙, 2001).

한편 2008년부터 호주제도가 폐지되고 호적제를 대신하여 가족관계등록제가 시행되면서 재혼가정에서 자녀의 성과 본을 바꿔 달라는 신청이 법원에 쇄도하고 있다. 2008년 1월 한 달간 접수된 성·본 변경 청구는 6,181건이다. 그런데 이 중 법원에서 허가한 것은 208건으로 3.4%에 불과하다. 신청 대부분은 재판부가 서류를 첨부할 것을 요구하는 등 검토가 진행 중인 상태이며, 친부의 동의 여부를 확인하는 데에는 적지 않은 시간이 걸린다. 신청자의 대부분을 차지하는 재혼여성들은 "내 아들, 내 딸이 하루라도 빨리 새 아버지와 성이 다른 고통에서 벗어나게 해 달라." "이러다 새 학년이 시작되면 책임질 거냐."라는 항의를 한다. 이에 대해 법원에서는 성과 본의 변경이 '자(子)의 복리를 위해 필요할 때'라고 개정 민법에 규정되어 있는 만큼 자녀에게 실제로 좋을지를 종합적으로 따져 보는 것이 필요하다는 입장이다. '친아버지와 따로 살고는 있지만 자녀와 친하게 지내는 사례도 적지 않은데, 갑자기 성을 바꾸는 게 과연 아이에게 좋을지', '엄마가 재혼을 했다가 얼마 안 돼서 다시 이혼을 하면 아이의 성을 또 바꿔야 할지' 등의 우려에 따라서 법원별로 가사사건 담당 판사들이 모여 허가기준을 만들었다. 친부의 동의서, 인감증명서, 어머니와 새 아버지(계부)의 혼인관계증명서 등을 첨부서류로 요구하기로 방침을 정했다.

지금까지 나온 결정을 보면 친부가 동의했거나 동의 여부를 따질 필요가 없는 경우가 대부분이다. 서울가정법원이 꼽는 대표적인 허가 사례들은 다음과 같다.

> 〈사례 1〉 대학 입학을 앞둔 19세. 초등학교 입학 전 부모가 이혼. 지난 10년간 계
> 부와 살아옴. 성이 다른 여동생이 있음. 학교에서 놀림을 받으며 자랐
> 고, 대학 들어가기 전에 성을 바꾸고 싶어 함. 친부의 동의를 얻었음.
> 〈사례 2〉 3세짜리 꼬마. 미혼모에게서 태어났음. 친부가 자식으로 받아들이지 않
> 아 어머니 성을 따름. 계부 밑으로 입양을 마친 상태.

한편 광주지법 가정지원이 허가한 4건 역시 부모가 이혼한 뒤 친부의 소식이나 주
소를 알지 못하는 경우다. 그러나 친부와 자주 만나고, 친부와 함께 사는 친형제 세
명과 같은 학교에 다니고 있는 아이에 대해서는 신청을 기각했다. 아이에게 더 큰
고통을 줄 수도 있다는 취지였다.

법원이 친부와 자녀의 친밀도를 따질 때 중시하는 잣대는 양육비를 제대로 지급해
왔는지 여부, 그리고 자녀와 정기적으로 만나고 있는지 여부다. 친부와 자녀의 친밀
도가 높은 상태에서 친부가 성·본 변경에 반대할 경우엔 양쪽을 불러 직접 의견을
묻는다. 친부가 반대한다고 해서 변경신청을 기각하는 것은 아니지만, 재혼여성으로
서는 전남편과 대면해야 하는 일이 여간 곤혹스럽지 않다. 또 어머니와 새 아버지의
혼인기간이 지나치게 짧다면 변경 여부를 까다롭게 판단하겠다는 것이 법원의 입장
이다. 기간을 정확히 못 박기 어렵지만, 1년 이상은 되어야 하지 않느냐는 의견이
적지 않다. 아이가 계부나 성이 다른 형제와 얼마나 친한지, 성이 다른 형제와 같은
학교에 다니고 있는지, 친부가 사망했을 경우 친가의 제사나 명절 때 참석하는지, 변
경청구에 어머니의 '보복 감정'이 숨어 있는 것은 아닌지도 들여다본다. 서울가정법
원 측은 '자녀가 중학생 이상이면 본인의 의사를 묻는다.'며 '초등학교 저학년 등 나
이가 어릴수록 허가할 가능성이 커지고, 성년을 앞둔 고등학생에 대해서는 조심스럽
게 판단한다.'고 설명했다. 자녀의 성·본이 바뀌더라도 가족관계증명서에는 여전히
친부가 '부'로 표시되기 때문에 친족관계에는 변함이 없고, 상속관계도 그대로이다.
계부 재산은 상속받을 수가 없다. 그러나 계부가 아이를 '친양자'로 입양할 경우에는
재판 확정과 동시에 친아버지와의 법적 관계가 완전히 끊어져 상속관계도 정리되고,
성과 본도 바꿀 수 있다. 따라서 재혼한 여성의 자녀를 진정 자기 자식으로 여기는
계부라면 친양자로 입양하는 것이 바람직하다(중앙일보, 2008. 2. 3. 자세한 내용은 한봉
희, 2007, 228-229 참조할 것).

제3장
가족 관련법—가족법—의 이해

Ⅰ. 가족법과 가족정책에 대한 이해

1. 가족법의 의의와 내용

1) 의 의

가족법이란 실질적으로는 가족적·친족적 공동생활에 있어서 가족 신분상의 생활 관계와 이에 기초한 재산의 관리·귀속과 상속관계를 규율하는 사법(私法)의 전 체계를 말한다.

그렇지만 형식적으로는 민법전 제4편 친족(제767조~제996조)·제5편 상속(제997조~제1118조)에 관한 규정을 의미하는 것이다.

2) 가족법의 내용

가족법의 내용은 [그림 Ⅰ-12]와 같이 구성되어 있다.

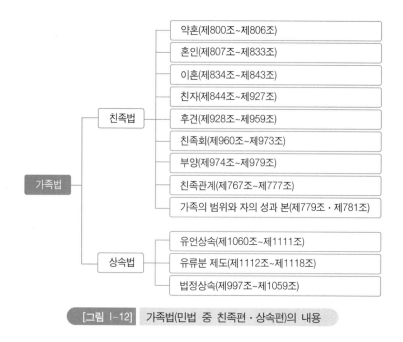

[그림 I-12] 가족법(민법 중 친족편·상속편)의 내용

3) 가족법의 필요성

(1) 혼인으로 가족이 형성되고 그 가족은 사회구성의 단위다. 그러므로 혼인은 사적인 결합이긴 하지만 사회제도이기도 하다. 따라서 혼인은 사회적 규제, 즉 법적 규제를 받게 되는 것이며, 그 혼인에 대한 국가의 규제인 혼인·가족정책의 기본이념은 [그림 I-13]과 같이 헌법에 규정하고(헌법 제36조 제1항, 제37조, 제10조, 제11조 등), 그 이념의 구체적인 실현을 위한 규범이 곧 가족법(민법 중 친족편·상속편)인 것이다.

(2) 그 가족의 범위는 배우자, 직계혈족 및 형제자매(당연가족)와 직계혈족의 배우자, 배우자의 직계혈족 및 배우자의 형제자매(이상은 생계를 같이 하는 경우에 한한다: 생계공동가족)까지다(민법 제779조).

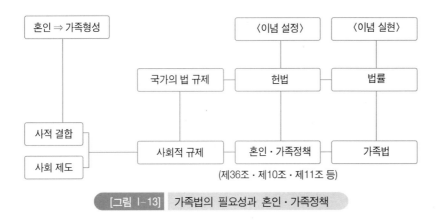

[그림 I-13] 가족법의 필요성과 혼인 · 가족정책

2. 혼인 · 가족정책의 이념 [3)]

1) 혼인 · 가족정책의 의의

혼인 · 가족정책 이념에 관하여 헌법(제36조 제1항)은 다음과 같이 규정 · 선언하고 있다.

> 혼인과 가족생활은 개인의 존엄과 양성의 평등을 기초로 성립되고 유지되어야 하며 국가는 이를 보장한다.

[그림 I-14] 혼인 · 가족정책의 이념

혼인 · 가족정책이란 가족의 형성 · 유지면에서 국가가 영향을 미치려고 하는 제 조치의 총체이다. 넓게 이해하면 국가권력을 담당한 지배계층이 정치적 · 경제적인 규제와 배려에 적합한 가족과 그 질서를 유지 · 발전시키기 위한 정책의 총체라고 할

---

3) 가족정책 이념에 관한 자세한 설명은 이희배(2006). 144-154.

수 있다. 이러한 가족정책의 최종목적은 훌륭하게 기능을 수행할 수 있는 능력이 있
는 가족을 창조하는 일이다.

　가족법은 이러한 가족정책의 기간부분을 뽑아내어 체계화한 총체이며 가족정책의
기본 이념은 '개인의 존엄'과 '양성의 평등'인 것이다.

2) 가족정책 이념 설정의 역사적 의의

　이러한 기본 이념을 설정한 역사적 의의는, 전통적 가부장제 가족제도를 기본으로
하는 호주제도와 남계 · 부계 혈족 중심의 혼인 · 가족생활로부터 개인의 존엄 · 양성
평등을 기초로 한 근대 산업화 · 정보화 사회에 적합한 혼인 · 가족생활로 전환하기
위한 기본이념을 헌법에 규정함으로써, 가족정책의 대상인 '혼인과 가족생활'에서 가
부장적 가족의식과 제도의 개혁을 의도한 것이다.

3) 가족정책 이념

　개인의 존엄 · 양성 평등의 '제1의 이념'은 평등하고 자유로운 인격자로서의 개인의
의사를 최대한으로 존중하고, 그것에서 혼인의 자유가 비롯되는 것이다. '제2의 이념'
은 어떠한 약자도 개인으로서 존중되고 보호되는 장으로서의 가족을 확립하려는 것
이다.

　이렇게 하여 가족법은 '가족'을 자유 · 평등의 인격과 그와 같은 인간관계를 형성하
는 장(場)인 한편, 약자를 보호하는 생존권 보장의 장으로 포착하여 전개되어야 하고,
따라서 가족법의 기본이념은 가족보호법적 성격을 띤다는 데에 있는 것이다.

3. 가족정책 이념 구현을 위한 국가의 과제

1) 적극적 과제와 소극적 과제

　국가는 '개인의 존엄 · 양성 평등'이라는 가족정책 이념을 구체적으로 실현할 책무
가 있으며, 그 책무의 내용은 가족법을 제정 · 개정하여 일부일처의 혼인과 부부 중

심의 가족을 '제도'로써 보장하는 것이다. 따라서 국회(입법권)는 가족법을 제정·개정함에 있어서 ① 혼인과 가족생활에 대한 외부로부터의 침해(중혼 등)를 막을 수 있고(방어형), ② 혼인과 가족생활을 적극적으로 조장(일부일처의 혼인 등)·뒷받침해 줄 수 있는(지향형) 가족법을 제정·유지할 의무를 진다(적극적 과제). ③ 국가권력은 혼인과 가족생활을 되도록 간섭하지 않으며(혼인의 자유 등)(불간섭), ④ 부득이 간섭하여야 할 경우에는 합리적 최소한도의 간섭(근친혼 금지 등)에 멈출 수 있도록(헌결 1997. 7. 16. 95헌가6 내지 13: 합리적 간섭) [그림 I-15]와 같이 세심한 주의를 하여야 한다는 과제(소극적 과제)를 안고 있는 것이다.

[그림 I-15] 제도보장과 입법권의 과제

Ⅱ. 혼인에 관한 법의 이해

1. 약 혼

1) 약혼의 의의

약혼이란 장차 부부가 되고자 하는 합의, 즉 혼인 신분관계를 창설하려는 계약이다. 따라서 약혼은 다음의 비교표와 같이 정혼·사실혼·동서관계·부첩관계와 구별된다.

	혼인의사	사회적 정당성	부부공동체	혼인신고	법규제
약 혼	있음	있음	없음	전제	약혼효
사실혼	있음	있음	있음	지체	준혼적 효력
혼 인	있음	있음	있음	신고필	완전한 보호
부첩관계	없음	없음	있음	불가능	불법행위

〈표 I-13〉 약혼·사실혼·혼인의 비교

2) 약혼성립의 요건

약혼이 성립하려면 다음과 같은 실질적 요건이 갖추어져야 한다.

(1) 당사자 사이의 부부가 되고자 하는 합의(민법 제815조 참조)
(2) 약혼 최저연령(남성 만 18세·여성 만 18세)에 도달(민법 제801조)
(3) 당사자 사이에 8촌 이내의 근친관계가 아닐 것〔민법 제809조: 혼인성립요건 2-2〕
(4) 조건부·기한부 약혼은 사회질서에 위배되지 않을 것
(5) 배우자 있는 사람과의 약혼 또는 이중의 약혼이 아닐 것

약혼성립의 형식적 요건에 관하여는 일정한 형식을 필요로 하지 않고 약혼식과 약혼예물교환은 약혼성립의 요건은 아니다. 가정의례준칙에서는 혼인관계증명서와 건강진단서를 첨부한 약혼서의 교환을 권장하고 있다.

3) 약혼의 법적 효과

(1) 약혼당사자의 의무

약혼당사자는 신의칙에 좇은 성실한 교제와 혼인성립을 위해 노력할 의무를 진다. 그렇지만 이 의무를 위반하더라도 혼인성립을 강제할 수는 없고(민법 제803조) 상대방은 손해배상을 청구할 수 있을 뿐이다(민법 제806조).

(2) 약혼당사자의 지위

약혼한 신분상의 지위는 제3자에 대하여도 보호되어야 하므로, 제3자가 이 지위를

부당하게 침해하면 손해배상의 책임을 지게 된다.[4]

약혼당사자 사이에서는 친족적 신분관계는 발생하지 않으며 동서의 권리·의무도 발생하지 않는다.

4) 약혼해제와 피해자 보호

(1) 약혼해제의 방법

약혼은 사망, 합의, 일방적 의사표시에 의하여 해소될 수 있고 당사자의 과실 유무와 관계없이 해소될 수 있다. 다만 일방에게 약혼해제의 '정당한 사유'가 없는 경우에는 약혼을 해제한 타방에게 손해배상의 책임이 발생하게 될 뿐이다(민법 제806조, 제804조).

(2) 약혼해제의 정당한 사유

약혼을 해제하여도 손해배상의 책임이 발생하지 않는 약혼해제의 정당한 사유는 다음과 같다(민법 제804조).

① 약혼 후 자격정지 이상의 형의 선고
② 약혼 후 금치산·한정치산의 선고
③ 성병, 불치의 정신병, 기타 불치의 악질
④ 약혼 후 타인과 약혼 또는 혼인
⑤ 약혼 후 타인과 간음
⑥ 약혼 후 1년 이상의 생사불명
⑦ 정당한 이유 없이 혼인 거절, 그 시기 지연
⑧ 기타 중대한 사유가 있는 때

(3) 피해자 보호

약혼이 해제된 때에는 당사자 일방은 과실 있는 상대방에 대하여 재산상 손해와 정신상 고통에 대한 위자료 등 손해배상의 청구와 예물반환의 청구를 할 수 있다(민법 제806조).

---

4) 대판 1961. 10. 19. 4293민상531, 법원행정처(1985a). 1213.

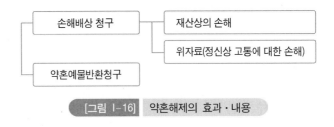

[그림 I-16] 약혼해제의 효과 · 내용

2. 혼 인

1) 혼인의 의의와 본질

(1) 혼인이란 당사자의 가정창설의 의욕을 실현하기 위한 1남 1녀의 도덕상 · 풍속상 정당시되는 성적 결합관계이며, 국가의 법질서에 의하여 승인된 영속적인 결합관계이다. 따라서 자손번식은 혼인의 부수적인 결과에 불과한 것이다(대판 1960. 8. 18. 4292민상995).

(2) 이러한 혼인의 본질은 육체적으로 동거하고 경제적으로 서로 부양하며 정신적으로 서로 협조하는 종생적인 공동생활체인 것이다(민법 제826조).

2) 혼인성립의 요건

(1) 실질적 요건과 형식적 요건

혼인이 성립하기 위해서는 법률이 정한 기준인 실질적 요건을 구비하여야 하며, 이 요건의 구비여부를 확인 · 심사하기 위하여 '가족등록법'에 따라 신고를 받는 것이 혼인성립의 형식적 요건인 것이다. 그 구성은 [그림 I-17]과 같다.

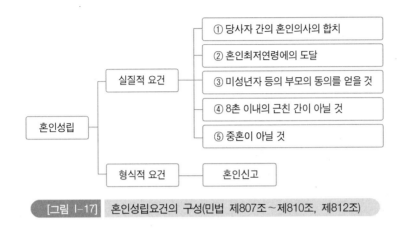

[그림 I-17]   혼인성립요건의 구성(민법 제807조~제810조, 제812조)

(2) 신고방법

혼인신고의 방법에는 합의에 의한 신고와 조정·재판에 의한 신고 및 특별법에 의한 신고의 방법이 있다(민법 제812조, 가족관계등록법 제72조).

※ 동성동본인 혈족의 '혼인에 관한 특례법'은 1978년과 1988년, 1996년 각각 1년간의 한시법으로서, 지금은 그 시행이 종료된 법이다.

[그림 I-18]   혼인신고의 방법

(3) 근친혼 금지로 전환 5)

동성동본인 혈족 사이에는 혼인하지 못한다는 민법 규정(2005. 3. 31. 개정 전 민법 제809조 제1항)에 관하여는 헌법재판소가 1997. 7. 16. 헌법불합치결정(이른바 위헌결정)을 함으로써, 위 민법 규정은 즉시 그 효력이 정지되었고 1998. 12. 31.까지 개정

---

5) 이에 관한 자세한 것은 이희배(2005b). 159-186; 이화숙(2005). 48-57.

하지 않으면 1999. 1. 1.자로 법규정의 효력이 상실되게 되었다.

이러한 헌법불합치결정에 의하여 동성동본인 혈족 사이의 혼인금지규정의 효력이 정지됨에 따라 법원행정처에서는 9촌 이상의 동성동본인 혈족 사이에는 혼인을 할 수 있도록 호적예규(제535호)를 제정하여 1997. 7. 30.부터 시행한 바 있다.

(4) 그 후 2005. 3. 31. 동성동본 혈족 간의 혼인금지제도(구민 제809조 제1항 등)는 8촌 이내만 금지하는 '근친혼 금지제도'로 개정되었다(민법 제809조). 그 금지범위는 다음과 같다. ① 8촌 이내의 혈족(친양자의 입양 전의 친족 포함), ② 6촌 이내의 혈족의 배우자와 ③ 배우자의 6촌 이내의 혈족 및 ④ 배우자의 4촌 이내의 혈족의 배우자인 인척 또는 인척이었던 자, ⑤ 6촌 이내의 양부모계의 혈족이었던 자와 ⑥ 4촌 이내의 양부모계의 인척이었던 자 사이에서는 혼인하지 못한다.

3) 혼인의 무효와 취소

⑴ 혼인관계의 소멸

혼인관계가 소멸하는 원인은 [그림 Ⅰ-19]와 같이 '혼인의 무효·취소'와 사망·실종선고·이혼 등으로 인한 '혼인의 해소'와 같이 5가지로 유형화할 수 있다.

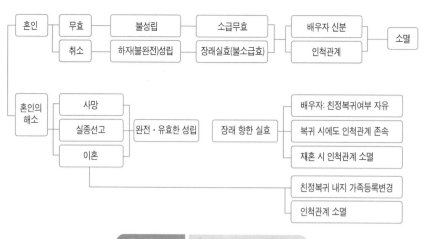

[그림 Ⅰ-19] 혼인관계의 소멸유형

(2) 혼인의 무효

혼인의 무효란 성립 당초부터 불성립하여 형식적으로 혼인이 존재하지만 실질적인 혼인의 효과가 처음부터 발생하지 않는 이른바 소급무효가 되는 경우이다. 그 무효의 원인은 ① 혼인의 합의가 없는 때, ② 8촌 이내의 혈족, ③ 직계 인척, ④ 양부모계의 직계혈족관계가 있었던 때이다(민법 제815조).

(3) 혼인의 취소

혼인의 취소란 일단 유효하게 성립된 혼인을 그 성립과정에 있는 하자를 이유로 소송에 의하여, 장래를 향하여 소멸시키는 것이다. 혼인취소의 사유는 ① 혼인이 제807조 내지 제809조(제809조의 규정에 의하여 혼인의 무효사유에 해당하는 경우를 제외한다.) 또는 제810조의 규정에 위반한 때, ② 혼인 당시 당사자 일방에게 부부생활을 계속할 수 없는 중대한 사유가 있음을 알지 못한 때, ③ 사기 또는 강박으로 인하여 혼인의 의사표시를 한 때 등이다(민법 제816조, 제825조).

4) 혼인의 효과

혼인하여 부부가 되면 일반적인 효과와 재산적 효과가 발생한다. 일반적 효과란 혼인에 의하여 부부간에 발생하는 효과 중 재산에 관한 효과를 제외한 일체의 효과를 말하며, 배우자신분의 발생 등 당사자 간의 효과와 친족관계의 발생 등 당사자 외적인 효과로 구분된다.

재산적 효과는 부부재산제로서 규정하고 있다. 즉, 혼인한 부부 사이의 재산문제에 관하여 당사자가 계약으로 정하는 '약정재산제도(부부재산의 약정)'를 우선으로 적용하고, 약정이 없을 때를 대비하여 미리 법률규정으로 재산문제를 정해 둔 법정재산제를 보충적으로 채택하고 있다.

이러한 혼인의 효과를 개괄하여 보면 [그림 I―20]과 같다.

[그림 I-20] 혼인의 효과

3. 이 혼(제2부에서 후술한다.)

4. 사실상 혼인관계

1) 사실혼의 의의와 성립요건

(1) 사실혼의 의의와 본질

사실혼이란 혼인에 합의하고 사실상 혼인 공동생활을 하고 있으면서 혼인신고를 하지 않은 관계로 법률상 혼인으로 인정되지 않는 남녀의 결합관계이다.

사실혼관계의 본질을 '혼인예약이론'에서 '준혼이론'으로 전환하였다. 즉, 사실혼 신분관계를 약혼관계가 아닌 혼인관계에 준하는 것으로 이해하고 그 신분관계에의 적용 법규를 약혼에 관한 법규 적용에서 혼인에 관한 법규에 준하는 것이며, 사실혼 관계의 부당한 해소 시에는 채무불이행으로 인한 손해배상을 청구할 수 있는 동시에 불법행위로 인한 손해배상을 청구할 수 있다고 이해된다.[6]

(2) 성립요건

사실혼의 성립요건은 혼인 성립요건보다 완화하여 [그림 I−21]과 같이 혼인최저연 령의 미달, 부모 동의 없는 사실혼은 법률상 보호받을 수 있다고 이해하며, 중혼적 사실혼, 무효가 되는 정도의 근친혼적 사실혼이 아닌 한 보호의 대상으로 하여야 할 것이다. 사실혼이라 하기 위해서는 주관적으로는 '혼인의사의 합치'가 있고, 객관적 으로는 '부부공동의 생활실체'가 있어야 한다.[7]

---

6) 대판 1970. 4. 28. 69므37, 대판집, 제18권 제1집, 민 359.
7) 대판 1987. 2. 10. 86므70, 판례월보(이하 '월보'로 약칭함), 1987. 4, 제199호. 이 판결의 연구는 이희배(2007). 480 참조.

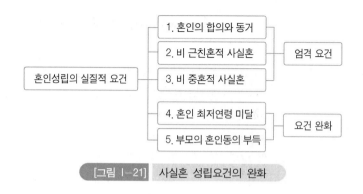

[그림 I-21]   사실혼 성립요건의 완화

⑶ 신고의무

사실혼 당사자는 혼인신고의 의무가 있으므로, 일방이 이 신고의무 이행에 협력하지 않을 경우에 그 의무 이행을 확보하기 위하여 '사실상 혼인관계 존재확인의 소'를 제기할 수 있다(가소법 제2조 제1항 나류 1호 참조).

2) 사실혼의 효과

사실상 혼인관계의 효과 중 신분상의 효과는 사실혼의 존속 중에는 준혼적 효과를 인정하지만 혼인신고와 관련되는 효과는 준혼적 효과가 인정되지 않는다(민법 제826조~제828조 참조).

재산상의 효과는 부부재산 약정의 등기를 제외하고는 거의 준혼적으로 인정된다. 혼인신고를 전제로 하는 효과, 예컨대 가족관계 등록법에 의한 신분변동, 친족관계, 성년의제 등의 효과는 발생하지 않는다(민법 제829조~제833조 참조).

3) 사실혼 부당파기와 피해자 보호

사실혼 관계가 일방적으로 파기되는 경우 유책자에게 상대방에 대한 손해배상의 책임이 부과된다. 사실혼 해소의 정당 사유의 유무는 이혼원인과 혼인취소의 원인이 참고가 될 수 있다. 그 해소에 관하여는 제2부(제4장 I, 1~4)에서 후술한다(민법 제840조~제843조).

Ⅲ. 부모와 자녀에 관한 법의 이해

1. 친자관계의 종류와 효과

1) 종 류

친자관계는 친생친자관계와 법정친자관계로 구분되고 친생친자는 혼인 중의 출생자, 혼인외의 출생자로 나누어진다.

법정친자는 양친자가 있으며 계모자와 적모서자관계는 1990년 민법 개정으로 폐지되었다. 이를 분류하면 [그림 I-22]와 같다.

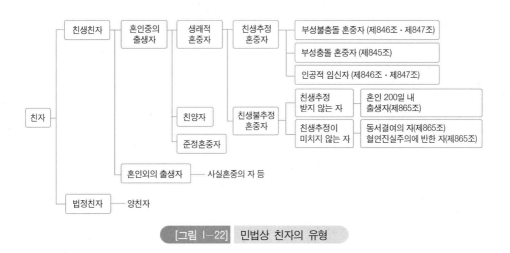

[그림 I-22] 민법상 친자의 유형

2) 발생원인

친자관계의 발생은 모자관계는 출생과 동시에 발생하고, 부자관계는 처가 혼인중에 포태한 자는 남편의 자로 추정하며, 혼인외의 출생자는 인지에 의하여 발생하도록 되었다. 양친자관계는 입양신고를 한 때에 발생한다.

3) 친자관계의 효과

친자관계로 인한 민법상의 중요한 효과는 친권, 부양의 권리의무, 상속권 등이 있다(민법 제909조, 제974조, 제1000조).

4) 자녀의 성과 본

(1) 자는 부의 성과 본을 따른다.

(2) 모의 성과 본을 따르는 경우는 다음과 같다. 즉, 부모가 혼인시고 시 모의 성과 본을 따르기로 합의한 경우, 부가 외국인인 경우, 부를 알 수 없는 경우다.

(3) 성과 본을 창설하는 경우로서 부모를 알 수 없는 자는 법원의 허가를 받아 성과 본을 창설한다. 그 후 부 또는 모를 알게 된 때에는 부 또는 모의 성과 본을 따를 수 있다.

(4) 인지된 자는 부모의 협의에 따라 종전의 성과 본을 계속 사용할 수 있다. 협의할 수 없거나 협의가 이루어지지 않는 경우, 자녀는 법원의 허가를 얻어 종전의 성과 본을 계속 사용할 수 있다.

(5) 자녀의 복리를 위하여 성과 본을 변경할 필요가 있는 경우에는 부, 모, 자녀의 청구에 의하여 법원의 허가를 받아 변경할 수 있다.

자녀가 미성년자이고 법정대리인이 청구할 수 없는 경우에는 제777조의 규정에 따른 친족 또는 검사가 청구할 수 있다(민법 제781조 제6항). 신설된 '성 변경제도'는 전래의 '혈통주의의 폐지'냐 하는 문제점이 제기되기도 한다. 그렇지만 '성 사용의 기준'은 '부성주의를 원칙'으로 하고 있기 때문에(헌결 2005. 12. 22. 2003헌가5·6), 성 변경제도의 신설이 곧 혈통주의를 폐지한 것이라고 해석하기 어렵다. 다만, 혈통주의를 유지하는 의지이면서도 '자의 복리'를, '혈통주의'에 우선시키려는 의도가 아닌가 이해된다. 또한 이 성 변경에는 친자의 가족신분관계의 형성이 수반하지 않는 경우가 있을 수 있다는 점에서 문제점이 있다. [8]

---

8) 자녀의 성과 본에 관한 자세한 설명은 이희배(2005a). 34-45.
  서울가정법원의 '성·본 변경허가 심리지침'(법률신문, 2008. 3. 13, 제3633호)에 의하면, 서울가정법원은 2008년부터 재혼가정 자녀의 성·본 변경제도가 시행됨에 따라, 그 허가 기준을 담은 '성·본 변경신청허가에 대한 심리지침'을 마련하였다고 한다.

2. 친생자

1) 혼인중의 출생자

친생자에는 혼인관계가 있는 부모로부터 출생한 '혼인중의 출생자'와 '인공임신에 의한 출생자' 그리고 혼인관계가 없는 부모로부터 출생한 '혼인외의 출생자'로 나누어 진다. 혼인중의 출생자는 친생자추정을 받는 혼인중의 자와 친생자추정을 받지 못하는 혼인중의 자(친생불추정자)로 나뉘며(민법 제844조), 이들에 대한 친자관계를 다투는 소송의 방법에는 [그림 I-23]과 같이 '친생부인의 소', '부 결정의 소', '친생자관계존부확인의 소'의 방법이 있다. 친생부인의 소는 남편이나 처가 다른 일방 또는 자를 상대로 그 사유 있음을 안 날부터 2년 내에 제기하여야 한다(민법 제847조).

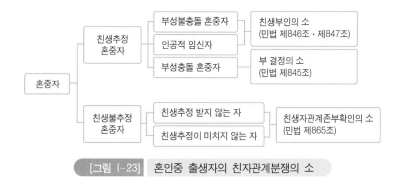

[그림 I-23]   혼인중 출생자의 친자관계분쟁의 소

(가) 새 아버지의 성으로 바꾸는 경우: ① 어머니가 재혼한 경우 새 아버지와 동거기간을 참고하며, 계부가 입양하여 장기간 양육 시는 폭넓게 인정한다. ② 자녀와 생부와의 관계(면접교섭, 양육비 지급 등)가 심리기준이 되며, 생부의 의견진술기회를 준다. ③ 자녀가 중학생 이상이면 본인의사가 중요시된다.

(나) 모의 성으로 바꾸는 경우: ① 성변경신청의 구체적인 동기, ② 생부와 자녀와의 관계(양육비 지급, 면접교섭, 자녀폭행 경험 유무 등), ③ 자녀의 의사 등을 심리 후 신중하게 판단하기로 하였다.

(다) 입양아에 대한 성·본 변경의 경우: ① 생부의 의견청취절차를 생략하고, ② 중학생 이상인 자녀의 의견을 청취한 후 원칙적으로 허가한다.

(라) 부모의 성이 아닌 '다른 성'으로 변경의 경우: 계부나 모의 성이 아닌 부모의 성을 합친 것 같은 '제3의 성'으로 변경하는 경우, 자의 의견청취 후 신중한 판단을 한다.

위와 같은 '심리지침'에 비추어 볼 때, 서울가정법원은 '혈통주의'를 유지하고, '친자의 신분형성'을 전제로 하는 입장인 듯 하다.

2) 인공임신의 자

인공임신의 자는 부의 친생추정을 받는 혼인중의 자로 취급된다.

인공임신이라 함은 부부간의 자연적 성결합에 의하지 않고 인공적으로 난자와 정자를 결합하여 자녀 출산의 수단으로 하는 의술이다. 이는 인공수정, 체외수정, 대리모에 의한 임신을 포괄하는 개념이다. 인공임신의 유형은 난자·정자의 결합 장소와 생명 창조의 요소인 난자·정자·자궁 제공자의 신분에 따라, [그림 I-24]와 같이 분류할 수 있다.

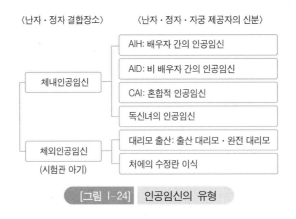

〈난자·정자 결합장소〉   〈난자·정자·자궁 제공자의 신분〉

체내인공임신
- AIH: 배우자 간의 인공임신
- AID: 비 배우자 간의 인공임신
- CAI: 혼합적 인공임신
- 독신녀의 인공임신

체외인공임신 (시험관 아기)
- 대리모 출산: 출산 대리모·완전 대리모
- 처에의 수정란 이식

[그림 I-24] 인공임신의 유형

3) 혼인외의 출생자

혼인외의 출생자라 함은 혼인하지 않은 남녀 사이에 출생한 자이다. 예컨대 사실혼·무효혼·부첩·사통관계 등으로부터 출생한 자이다. 그 유형과 법적 지위는 인지된 후에는 친권·부양·상속에 있어서 혼인중의 출생자와 동일한 지위를 갖는다.

4) 성전환과 가족등록부 정정

성 구별은 '성염색체 구성'으로 판별하고, 성전환수술로 외부성기의 구비 여부에 따라 부녀로 보지 않는다는 '성염색체설'에 입각하였던 태도[9]를 바꾸었다. 즉, 최근

---

9) 대결 1996. 6. 11. 96도791, 월보, 1996. 10, 제313호. 이 판결의 연구는 이희배(2007).
   109-111 참조.

대법원은 전원합의체결정에서 '종합적 고려설'에 입각하여 행복추구권, 질서유지, 공공복리에 반하지 않는 한, 성전환자의 호적상(가족관계등록부상) 성별 정정을 인용하기에 이르렀다.[10]

3. 양자와 친양자

1) 양자제도

입양은 가족관계 등록법에 정한 바에 의하여 서면으로 신고함으로써 그 효력이 생긴다(민법 제878조). 입양이 성립되기 위해서는 당사자 사이에 입양의 합의가 있어야 하며, 양친은 성년자이어야 한다. 양자될 자가 15세 미만인 경우에는 법정대리인이 대신 입양을 승낙하여야 한다. 양자될 자는 성년이더라도 부모의 동의를 얻어야 한다. 배우자 있는 사람은 공동으로 양자를 하여야 하고 양자가 될 때에는 다른 일방의 동의를 얻어야 한다(민법 제869조~제878조).

2) 입양의 효과

양자는 입양한 날로부터 양친의 혼인중의 출생자의 신분을 취득한다. 따라서 양자와 양부모 및 그 혈족·인척 사이의 친계와 촌수는 입양한 때로부터 성이 변하지 않는 것을 제외하고는 혼인중의 출생자와 동일한 것으로 본다. 양자는 양부모의 친권에 따르며, 양자와 양부모 및 그 혈족 사이에는 서로 친권·부양·상속관계의 효과가 발생한다. 그렇지만 양자의 친생부모 기타 혈족과의 종래의 친자·친족관계에는 영향이 없고, 부양·상속관계 등 친족적 효과는 그대로 존속한다.

3) 파 양

유효한 양친자관계를 인위적으로 해소하는 것을 파양이라 한다. 파양은 협의에 의하여 할 수 있고 일정한 요건이 갖추어지면 재판에 의해서도 할 수 있다. 파양을 하면 입양으로 인한 양친자관계·양친족관계는 종료한다.

---

10) 대결(전) 2006. 6. 22. 2004스42, 판례공보(이하 법원공보와 판례공보는 모두 '공보'로 약칭함), 2006. 8. 1, 제255호. 이 판결의 연구는 이희배(2007). 111-114 참조.

4) 친양자[11]

(1) 친양자제도의 신설

현행 양자제도를 유지하면서 계약형 양자에서 허가형 양자로, 불완전양자에서 완전양자형으로 바뀌는 양자제도이다.

(2) 친양자의 성립요건

다음 사항을 증명하여 법원의 심판을 받아야 한다.

① 양친은 3년 이상 혼인 중의 부부일 것(다만 배우자의 친생자를 친양자로 하는 경우는 1년 이상의 혼인 중의 부부일 것)
② 양자될 자는 15세 미만일 것
③ 친생부모의 동의와 법정대리인의 입양승낙이 있을 것
④ 그 밖의 입양요건을 구비할 것

(3) 친양자입양의 효력

양부의 성과 본을 따르고 양친의 혼인중의 출생자로 보며, 친양자의 입양 전의 친족관계는 입양이 확정된 때에 종료한다.

(4) 취소 · 파양

친양자의 입양은 취소청구할 수 있고 파양청구할 수 있다(민법 제908조의 4~8 참조).

---

11) 친양자제도에 관한 자세한 설명은 한봉희(2006). 180-189.

4. 친 권[12]

1) 친권제도와 친권자

(1) 친권이란 미성년자를 보호하고 교양할 권리의무를 말한다.

(2) 부모는 미성년자인 자의 친권자가 되며, 양자는 양부모가 친권자가 된다.

(3) 친권은 부모가 공동으로 행사한다. 그렇지만 의견이 일치하지 않는 경우에는 당사자의 청구에 의하여 가정법원이 이를 정한다. 부모의 일방이 친권을 행사할 수 없을 때에는 다른 일방이 이를 행사한다.

(4) 혼인외의 자가 인지된 경우와 부모가 이혼한 경우에는 부모가 협의로 친권자를 정하여야 하고, 협의할 수 없거나 협의가 이루어지지 않는 경우에는 가정법원은 직권으로 또는 당사자의 청구에 따라 친권자를 지정하여야 한다. 다만, 부모의 협의가 자의 복리에 반하는 경우에는 가정법원은 보정을 명하거나 직권으로 친권자를 정한다(민법 제909조 제4항).

(5) 가정법원은 혼인의 취소, 재판상 이혼 또는 인지청구의 소의 경우에는 직권으로 친권자를 정한다.

(6) 가정법원은 자의 복리를 위하여 필요하다고 인정되는 경우에는 자의 4촌 이내의 친족의 청구에 의하여 친권자를 다른 일방으로 변경할 수 있다(민법 제909조).

2) 친권의 내용

친권의 내용은 [그림 I-25]와 같이 자의 신분에 관한 것과 자의 재산에 관한 것으로 나뉜다. 친권은 의무ㆍ책임적 성격이 강하기 때문에 임의로 포기하거나 양도할 수 없으며, 그 친권행사를 간섭ㆍ방해할 수 없다(민법 제913조).

12) 개정 친권제도에 관한 자세한 설명은 이희배(2005b). 159, 173-175.

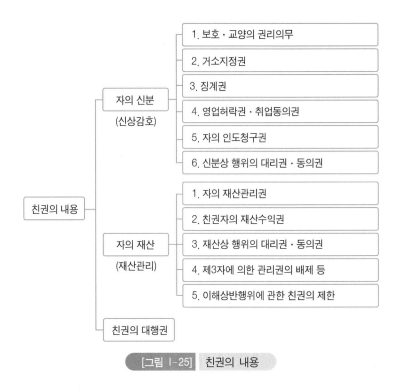

[그림 I-25] 친권의 내용

3) 친권의 상실 · 제한

친권은 미성년자의 사망 · 성년도달로 절대적으로 소멸한다. 친권을 남용하거나 현저한 비행, 기타 친권을 행사시킬 수 없는 중대한 사유가 있는 때에는 판결 선고에 의하여 친권이 상실될 수 있다(민법 제924조). 법정대리인인 친권자가 부적당한 관리로 인하여 자의 재산을 위태롭게 한 때에는 법원은 청구에 의하여 친권자의 법률행위의 대리권과 재산관리권의 상실을 선고할 수 있다(민법 제925조).

4) 이해상반행위

친권자와 자 사이 또는 친권에 따르는 수인의 자 사이에 이해상반되는 행위를 함에는 친권자는 법원에 그 자의 특별대리인의 선임을 청구하여야 한다(민법 제921조).

Ⅳ. 후견 · 부양 · 친족관계에 관한 법의 이해

1. 후견제도

1) 후견제도의 의의

후견이란 친권에 의하여 보호를 받을 수 없는 미성년자와 한정치산자 · 금치산자를 보호 · 교양 · 감호하고 그의 법률행위를 대리하며 재산을 관리하는, 무능력자 보호를 위한 민법상의 제도다.

민법상의 무능력자의 후견사무집행기관은 [그림 Ⅰ-26]과 같이 친권자와 후견인이고, 그 감독기관은 친족회와 가정법원이 있다(민법 제928조).

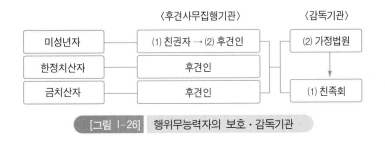

[그림 Ⅰ-26] 행위무능력자의 보호 · 감독기관

2) 후견인 13)

(1) 후견인의 순위

후견인은 1인에 한하며 지정후견인 → 법정후견인 → 선임후견인의 순위에 따라 결정된다. 지정후견인은 최후의 친권행사자가 유언으로 지정한 후견인이다. 법정후견인은 지정후견인이 없는 경우에 피후견인의 배우자 → 직계혈족 → 3촌 이내의 방계혈족의 순위로 된다. 선임후견인은 법정후견인이 없는 경우에 청구에 의하여 법원

---

13) 개정 후견인제도에 관한 자세한 설명은 이희배(2005b). 159, 175-176 참조.

이 피후견인의 친족 중에서 선임한 후견인이다(민법 제932조~제936조).

(2) 후견인의 변경

가정법원은 피후견인의 복리를 위하여 후견인 변경의 필요가 있다고 인정되는 경우에는 피후견인의 친족이나 검사의 청구 또는 직권에 의하여 후견인을 변경할 수 있다. 가정법원은 민법 제932조 내지 제935조에 규정된 후견인의 순위에 불구하고 4촌 이내의 친족, 그 밖의 적합한 자를 후견인으로 정할 수 있다(민법 제940조).

3) 후견인의 임무

후견제도는 친권의 연장의 색채가 짙으므로 후견사무에 관한 규정은 친권의 효력에 관한 규정과 유사하다. 후견사무는 피후견인의 신상·재산에 관한 사항으로 나누어진다. 후견은 미성년자 후견과 금치산자·한정치산자 후견이 있는데 신상에 관한 후견사무는 서로 다르지만 재산에 관한 것은 거의 유사하다(민법 제941조~제959조).

2. 부양제도

1) 부양의 의의와 부양정책

(1) 부양의 의의

부양이란 자기 개인의 힘으로는 생활을 유지할 수 없는 경우 누군가가 생존 수단이나 자원을 공급하는 것이다.

(2) 생존권 보장정책

신체장애자·질병·노령 기타의 사유로 생활능력이 없는 국민은 법률이 정하는 바에 의하여 국가의 보호를 받는 등 요부양자의 생존권은 국가가 그 법적 보장의 책임을 부담하는 것이 기본이다(헌법 제34조).

국가는 그 생존권의 보장을 위하여 공적부양 관계법인 '국민기초생활 보장법'에서는 '사적부양의 우선'을 규정하고 있으며 그 사적부양이 바로 가족법상의 부양인 것이다.

(3) 생존권 보장체계

국가는 국민의 생존권 보장책임 실현의 일환으로 [그림 I-27]과 같이 거출제의 사회보험을 운영하며 최근친자에게 사적부양의무를 부과하는 한편, 국민기초생활보장법상의 거출 없는 공적부조(생계급여 등)와 사회부조·사회복지 서비스를 준비하고 있다.

[그림 I-27] 국가적 생존권 보장(사회보장)체계

2) 부양의 유형과 부양당사자

(1) 사적부양당사자

가족법상 부양의 당사자와 부양의 유형은 다음과 같이 구분할 수 있다(민법 제826조, 제833조, 제913조, 제974조).

① 부부간의 부양
② 직계혈족과 그 배우자 간의 부양: 부모의 자 부양, 노친부양, 직계혈족과 그 배우자 간의 부양(직계인척 간의 부양), 이혼한 부모의 자의 양육, 혼인외의 자의 양육, 기타 직계혈족 간의 부양
③ 생계공동의 친족 간의 부양: 형제, 자매 등

(2) 국민기초생활 보장법상의 부양의무자

민법과 국민기초생활 보장법에서 규정하고 있는 '부양의무자'라 함은 수급권자(국민기초생활 보장법에 의한 급여를 받을 수 있는 자격을 가진 자)를 부양할 책임이 있는 자로서 수급권자의 '직계혈족 및 그 배우자, 생계를 같이 하는 2촌 이내의 혈족'을 말한다(국민기초생활 보장법 제2조 제5호).

3) 부양의 요건

(1) 신분관계와 자력요건

부양의 권리의무가 발생하기 위해서는 부양당사자 간에 배우자, 직계혈족과 그 배우자, 생계공동의 친족관계 등 '일정한 신분관계'가 있으면 추상적으로는 부양의 권리의무가 발생한다(추상적 요건). 그렇지만 이들 사이에 구체적인 부양의 권리의무가 발생하기 위해서는 '부양의 필요와 부양의 여력'이란 자력요건(구체적 부양요건)이 갖추어져야 한다(민법 제974조, 제975조~제977조).

(2) 부양의 필요와 부양의 여력

자기의 자력과 근로에 의하여 생활을 유지할 수 없는 이른바 '부양의 필요' 상태에 있어야 부양받을 권리자가 될 수 있고, '부양의 여력', 즉 문화적인 최저한도의 생활수준을 유지한 후의 여력이 있는 사람에게 '부양의 필요' 상태의 자가 있을 경우 부양의 의무를 이행할 책임이 있다(민법 제975조).

4) 부양의 효과

(1) 부양의 권리의무의 발생 시기

부양의 추상적 요건이 갖추어진 자 사이에 부양의 필요와 부양의 여력(구체적 요건)이 갖추어지면, 부양의 권리의무는 당연히 자동적으로 발생한다. 부양의 권리의무가 발생하였는데도 부양의무자가 스스로 부양의무를 이행하지 않을 경우, 그 부양의 순위·정도·방법에 관해서는 먼저 부양당사자 사이의 협정으로 정하고 당사자 간에 협정이 없는 때에는 청구에 의하여 가정법원이 그 부양의 순위와 정도·방법을 정하게 된다(민법 제977조).

⑵ 부모의 자 양육의무

부모의 자 양육의무는 '친자관계의 본질'로부터 발생하는 의무라 할 것이다. 그러므로 양육하는 일방은 상대방에 대하여 현재 및 장래에 있어서의 양육비 중 적정금액의 분담을 청구할 수 있음은 물론이고, 부모의 자녀 양육의무는 특별한 사정이 없는 한 출생과 동시에 발생하는 것이므로 과거의 양육비에 대하여도 상대방이 분담함이 상당하다고 인정되는 경우에는 그 비용의 상환을 청구할 수 있다.14)

3. 친족관계

1) 친족의 종류와 범위

⑴ 친족의 종류

친족의 종류에는 혈족·인척·배우자가 있으며, 이러한 친족관계는 [그림 Ⅰ-28]과 같이 출생·입양·혼인에 의하여 발생하고, 사망·파양·이혼 등에 의하여 소멸한다.

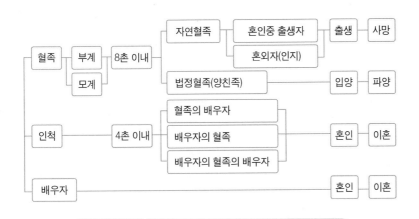

[그림 Ⅰ-28] 친족관계의 종별·범위·발생·소멸원인

14) 대판(전) 1994. 5. 13. 92스21, 월보, 1994. 9, 제288호. 이 판결의 연구는 이희배(2007).
    385-388 참조.

(2) 친족관계의 효과 범위

친족관계로 인한 법률상 효력은 민법이나 다른 법률에 특별한 규정이 없으면 8촌 이내의 혈족, 4촌 이내의 인척, 배우자에게 미친다(민법 제777조).

(3) 촌수의 의의·계산

촌수란 친족관계의 혈통연락의 원근을 측정하는 척도의 단위이다. 그 촌수의 계산 방법은 다음과 같다. ① 1세수는 1촌이다. 즉, 직계혈족은 그 세수가 곧 촌수이다. ② 방계혈족은 공동 조상으로부터 각자에 이르는 세수를 각각 합한 것이 곧 촌수이다. ③ 인척은 배우자의 혈족에 대하여는 배우자의 그 혈족에 대한 촌수에 따르고, 혈족의 배우자에 대하여는 그 혈족에 대한 촌수에 따른다. ④ 양자와 양부모 및 그 혈족·인척 사이의 친계와 촌수는 입양한 때로부터 자연혈족과 마찬가지로 계산한다(민법 제772조).

2) 친족관계의 효과

(1) 개별적 효과

친족관계로 인한 법률적 효과는 혼인금지·부양의무·상속 등 많은 경우에 다음과 같이 개별적으로 규정하고 있다.

> ① 생명침해로 인한 손해배상청구권: 사망자의 직계비속·직계존속·배우자 등 (민법 제752조)
> ② 친족 사이의 혼인금지: 8촌 이내의 혈족, 6촌 이내의 혈족의 배우자, 배우자의 6촌 이내의 혈족, 배우자의 4촌 이내의 혈족의 배우자인 인척이거나 인척이었던 자, 6촌 이내의 양부모계의 혈족이었던 자, 4촌 이내의 양부모계의 인척이었던 자(민법 제809조)
> ③ 후견인의 자격: 배우자, 직계혈족, 3촌 이내의 방계혈족
> ④ 부양의무: 배우자·직계혈족 및 그 배우자, 생계공동의 친족(민법 제974조)
> ⑤ 상속권: 배우자·직계비속·직계존속·형제자매, 4촌 이내의 방계혈족(민법 제1000조, 제1001조, 제1003조)

⑥ 기타 친족관계로 인하여 형벌이 면제되는 경우(예컨대 친족 일반, 동거 가족 등)와 형벌이 가중되는 경우(예컨대 자기 또는 배우자의 직계존속 등) 및 친고죄로 되는 경우 등이 있다.

(2) 일반적 효과의 범위

위와 같이 친족관계로 인한 법률적 효과를 개별적으로 규정한 경우에는 그 개별적인 규정이 우선 적용되고, 개별적인 규정이 없는 경우에는 다음과 같은 범위의 친족 일반에게 법률적 효과가 미친다(민법 제777조). ① 8촌 이내의 혈족, ② 4촌 이내의 인척, ③ 배우자.

(3) 친족 효과의 일반적인 범위

위와 같은 '친족의 범위'의 자에게 공통적으로 법적 효력이 인정되는 경우의 중요한 예는 다음과 같다. ① 친권상실선고청구권, ② 미성년자에 의한 법률행위의 대리권 및 재산관리권상실선고청구권, ③ 친권에 대한 실권회복청구권, ④ 후견인 선임청구권, ⑤ 피후견인의 재산상황조사청구권, ⑥ 친족회원의 선임청구권, ⑦ 친족회원의 자격, ⑧ 친족회원의 개임 · 해임 · 증원 선임청구권, ⑨ 상속인 없는 재산에 대한 관리인 선임청구권, ⑩ 후견인 해임청구권 등.

3) 친족회

(1) 친족회의 의의

친족회는 행위무능력자와 같은 특정인을 위하여 중요한 사항을 결의하는 친족적 합의기관으로서 행위무능력자의 후견감독기관이다(민법 제965조).

(2) 구 성

친족회의 회원은 최후의 친권행사자가 지정하는 회원이나 가정법원이 선임하며, 3인 이상 10인 이하의 회원과 대표자가 선임되면 친족회는 성립되고, 청구에 의한 가정법원의 소집에 의하여 법률상의 친족회가 구성된다(민법 제961조).

⑶ 기 능

친족회는 후견의 감독과 무능력자의 신분행위에 대한 동의를 할 수 있다.

V. 상속에 관한 법의 이해

1. 상속제도

1) 상속의 의의

상속이란 어떤 사람의 사망으로 그의 일정한 친족이 그 사망자의 재산 등을 포함하는 권리의무를 포괄적으로 승계하는 제도이다.

2) 상속제도의 변천

우리나라의 상속제도는 구민법 시대에는 신분상속(호주상속)·제사상속·재산상속의 3유형이었는데, 제사상속의 관념은 1933년부터 '도의상의 지위의 승계'에 불과하다고 취급되었다.

그래서 1960년 우리 민법상의 상속은 호주상속과 재산상속의 두 형태로 개선되어오다가 1990년 민법 개정에서 호주상속이 호주승계로 변형되어 민법의 상속편에서 친족편으로 옮겨서 규정하게 됨으로써, 1991년부터 상속에는 '재산상속'만이 남게 되었다. 그렇지만 호주승계도 2008년 1월에 폐지되었다

3) 상속의 형태와 상속법의 특색

⑴ 상속의 형태

상속의 형태는 다음과 같이 요약할 수 있다.

① 상속은 재산상속만 존재한다.

② 상속의 개시원인은 사망상속이 원칙이다.

③ 상속은 유언상속이 우선이며 유언이 없으면 법률규정에 의한 법정상속이 이루어진다.

⑵ 상속법의 특징

상속법의 특징은 다음과 같다.

① 상속은 재산상속·사망상속이다(민법 제997조).

② 유언이 없는 경우에만 2차로 법정상속에 따른다.

③ 임의상속·공동상속이다.

④ 본위상속과 대습상속제도를 채택한다(민법 제1000조, 제1001조, 제1003조).

⑤ 상속인의 범위를 혈족 4촌 이내로 축소하고, 여성의 상속권을 평등하게 확립하였다(민법 제1000조).

⑥ 상속분 균등원칙과 배우자 우대원칙을 채택하였다(민법 제1009조).

⑦ 상속권과 상속분에 있어서 남·녀, 적자·서자의 평등원칙을 채택하였다(민법 제1009조).

⑧ 기여분제도를 신설하여 상속분 산정에 있어서 형평성을 도모하였다(민법 제1008조의 2).

⑨ 특별연고자에 대한 상속재산분여제도를 신설하였다(민법 제1057조의 2).

⑩ 유류분제도를 신설하여 상속의 사회정책적 성격을 강조하고 있다(민법 제1112조~제1118조).

4) 상속재산 처리 개관

⑴ 피상속인의 재산인 상속재산은 상속인의 존재 여부에 따라 [그림 I-29]와 같이 다른 절차를 거쳐 처리된다.

⑵ 상속인이 존재하지 않으면 ① 유언처분 → ② 청산 → ③ 특별연고자에 대한 분여 → ④ 잔여재산의 국가 귀속의 과정을 밟는다.

⑶ 상속인이 존재하는 경우에는 ① 유언상속 → ② 협의분할상속 → ③ 법정상속의

과정을 밟는다.

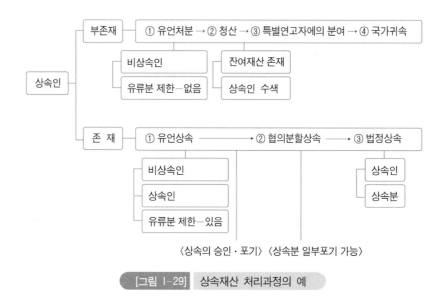

[그림 Ⅰ-29] 상속재산 처리과정의 예

5) 상속권과 상속회복청구권

(1) 상속권의 의의

상속권이란 [그림 Ⅰ-30]과 같이 3가지의 뜻으로 이해되어야 한다.

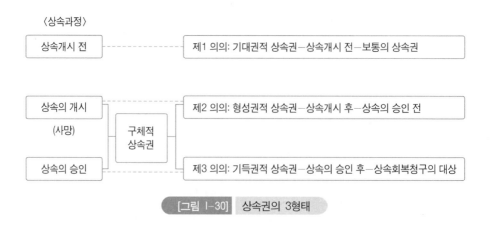

[그림 Ⅰ-30] 상속권의 3형태

첫째, 기대권적 상속권이다. 즉, 상속개시 전의 상속인이 가지는 보통의 상속권을 뜻한다.

둘째, 형성권적 상속권이다. 즉, 상속개시 후의 상속권으로서 상속을 승인함으로써 상속재산을 자기의 것으로 할 수 있는—상속의 승인 전 단계의—권리다.

셋째, 기득권적 상속권이다. 즉, 상속의 승인에 의하여 상속재산을 구성하는 권리의무를 승인·취득한, 즉 상속을 승인한 후의 단계의 권리다. 형성권적 상속권과 기득권적 상속권을 구체적 상속권이라고 볼 수 있다. 기득권적 상속권자만이 상속회복의 청구를 할 수 있다.

(2) 상속회복청구권

상속회복청구권이란 진정상속인이 참칭상속인에 대하여 자기가 정당한 상속권을 가진 자라는 것을 주장하여 참칭상속인이 점유·관리하고 있는 재산의 반환이나 등기의 말소를 구하는 청구권을 말한다. 이러한 상속회복청구권은 그 침해를 안 날로부터 3년, 침해행위가 있은 날로부터 10년을 경과하면 소멸한다(민법 제999조).

2. 유언상속과 유류분

1) 유언제도와 유언방식

(1) 유언제도

유언이란 표의자의 사망에 의하여 일정한 효과 발생을 목적으로 하는 상대방 없는 단독행위이다. 유언은 만 17세에 달하면 할 수 있다. 이를 유언능력이라고 한다. 유언의 용어는 제한이 없다. 그렇지만 유언의 내용은 법률이 특별히 규정하고 있는 다음과 같은 사항에 한하여 유효하다.

① 재단법인 설립을 위한 출연행위(민법 제47조~제48조)
② 혼인외의 자의 인지(민법 제859조 제2항)
③ 친생부인(민법 제850조)
④ 유증(민법 제1070조)
⑤ 신탁의 설정
⑥ 후견인의 지정(민법 제931조)

⑦ 상속재산 분할방법의 지정 또는 지정위탁(민법 제1012조)

⑧ 상속재산의 분할금지(민법 제1012조)

⑨ 유언집행자의 지정 또는 위탁(1093조) 등

(2) 유언의 방식

유언은 민법에서 정한 방식에 의하지 아니하면 효력이 생기지 않는다. 따라서 다음과 같은 방식에 따르지 않은 유언은 무효로 된다(민법 제1060조).

[그림 I-31] 유언의 방식

2) 유언의 효력과 유증

(1) 유언의 효력

유언은 유언하였을 때 성립되지만, 그 효력은 유언자가 사망한 때에 발생하고, 수익자의 승인 여부와는 관계가 없다(민법 제1073조).

(2) 유 증

유증이란 유언에 의하여 재산상의 이익의 무상 증여이다. 유증에는 포괄적 유증과 특정적 유증, 단순유증과 부담 있는 유증 및 조건부·기한부 유증이 있다(민법 제1073조).

3) 유언의 집행

(1) 의 의
유언의 집행이란 유언에 표시된 유언자의 의사를 법적으로 실현하는 절차다.

(2) 유언집행자 구분
유언집행자에는 유언자가 유언으로 지정하거나 그 지정을 제3자에게 위탁하여 결정된 지정 유언집행자가 있다. 지정에 의한 유언집행자가 없는 경우에는 상속인이 유언집행자가 되는 법정 유언집행자가 있다. 이들 유언집행자가 없는 경우에는 가정법원이 청구에 의하여 선임하는 선임 유언집행자가 있다.

(3) 임 무
유언집행자는 그 취임을 승낙한 때에는 지체 없이 그 재산목록을 작성하여 상속인에게 교부하는 등 유증의 목적인 재산의 관리 기타 유언의 집행에 필요한 행위를 할 권리와 의무가 있다.

4) 유류분제도

(1) 유류분
유류분이란 상속인이 상속에 있어서 법률상 취득이 보장되어 있는 상속재산의 일정비율이며, 피상속인이 상속에 있어서 유류분권자를 위하여 반드시 남겨 두어야 할 일정한 비율의 재산이다.

(2) 유류분권
유류분권이란 상속을 승인한 일정범위의 상속인이 상속개시 시 상속재산의 일정한 비율을 확보할 수 있는 지위를 말한다. 이 유류분권에서 유류분반환청구권이 파생된다.

5) 유류분의 범위

⑴ 유류분권자

유류분권자란 유류분을 가지는 피상속인의 직계비속·배우자·직계존속·형제자매로서 상속인의 범위보다 좁다. 선순위의 유류분권자가 있는 경우에는 후순위의 자는 유류분권을 행사할 수 없다.

⑵ 유류분율

상속인 중 유류분권자의 순위와 유류분은 [그림 I-32]와 같으며 그 유류분은 각 상속인의 법정상속분의 2분의 1 내지 3분의 1이다.

[그림 I-32] 유류분권자와 그 순위·유류분율

6) 유류분의 산정

⑴ 유류분액의 산정에 있어서는 우선 유류분 산정의 기초 재산을 확정한다. 즉, 피상속인의 상속개시 시에 있어서 가진 재산의 가액에 증여재산의 가액을 가산하고 채무의 전액을 공제하여 [그림 I-33]과 같이 산정한다(민법 제1113조).

[그림 I-33] 유류분 산정의 기초재산

(2) 유류분액의 계산은 [그림 I-34]와 같이 유류분 산정의 기초재산액에 유류분권자의 유류분율(상속분율×유류분율)을 곱한 것이다. 다만 유류분권자에게 증여 또는 유증이 행하여졌을 때에는 특별수익으로서 그 액만큼을 공제한다.

유류분 산정의 기초재산액 × (상속분율 × 유류분율) － 특별수익액 = 유류분액

[그림 I-34] 유류분액의 계산

(3) 유류분액의 개별적 계산의 예를 소개한다.

〈사례〉 유류분 산정의 기초가 되는 부의 재산은 1억 8000만 원이고 유가족은 미망인과 1남 2녀 및 부모가 있다.

〈유류분권자〉	〈상속분율 · 유류분율〉			〈기초재산액〉		〈유류분액〉
1. W 배우자	3/9	× 1/2	×	1억 8000만 원	=	3000만 원
2. S_1 장 남 3. D_1 장 녀 4. D_2 차 녀	각 2/9	× 각 1/2	×	1억 8000만 원	=	각 2000만 원

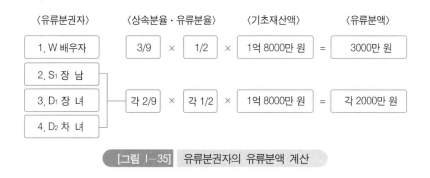

[그림 I-35] 유류분권자의 유류분액 계산

7) 유류분의 보전

(1) 유류분반환청구권

유류분반환청구권이란 유류분 권리자가 유류분의 부족한 한도에서 유증 또는 증여된 재산의 반환을 청구하는 권리이다. 유류분 부족액은 유류분액에서 유류분권자가 상속—특별수익액 포함—에서 취득한 '순 상속재산액'을 공제한 액이다(민법 제1115조).

(2) 순 상속재산액의 산정

여기서 '순 상속재산액'이란 그 상속인이 '상속에 따라 얻는 재산액'에서 상속채무

분담액을 공제하여 계산하는 것이다. 그런데 '상속에 따라 얻는 재산액'을 계산함에 있어서 특별수익을 고려한 '구체적 상속분'의 비율에 따라야 하는지, 아니면 이를 고려하지 않는 법정상속분의 비율에 따라야 하느냐가 논란의 초점이 된다. 이 점에 관하여 최근 하급심판결[15]은 '법정상속분'의 비율에 따라야 한다는 입장으로서 타당하다고 이해된다. 이에 대하여는 찬성하기 어렵다는 견해[16]가 있다.

(3) 청구권 소멸

유류분반환청구권은 유류분 권리자가 상속의 개시와 반환하여야 할 증여 또는 유증을 한 사실을 안 때로부터 1년 내에 하지 않으면 시효에 의하여 소멸한다. 상속이 개시된 때로부터 10년을 경과한 때에도 또한 같다.

3. 법정상속

1) 법정상속인

(1) 상속인

상속인의 의미는 ① 상속인으로 될 수 있는 자, 즉 법정상속인의 범위에 속하는 자(보통의 상속인), ② 최선순위의 상속인으로서 추정상속인(상속의 승인을 할 수 있는 자)와 ③ 상속을 승인한 자, 즉 상속권자의 의미가 있다. 보통 상속인의 범위·종류라고 할 경우에는 ①의 의미의 상속인을 뜻한다.

(2) 상속인의 범위

민법은 [그림 I-36]과 같이 혈족상속인의 범위를 4촌 이내의 혈족으로 규정하여 그 순위를 정하고 있으며, 배우자는 항상 상속인으로 되는 점을 명백히 하고 있다(민법 제1000조).

---

15) 서울행법판 2007. 6. 5. 2006구합44446, 법학, 제48권 제3호, 2007. 9, 250-255; 이희배 (2007). 745 참조.
16) 윤진수(2007). 250-277.

[그림 I-36] 법정상속인의 범위·순위

(3) 추정상속인

추정상속인이란 선순위의 상속인을 뜻한다. 선순위의 상속인이 없는 경우에만 후순위의 상속인이 추정상속인이 될 수 있다.

(4) 대습상속인

대습상속인이란 상속인이 될 직계비속 또는 형제자매가 상속개시 전에 사망하거나 결격자가 된 경우에 그 직계비속이 있는 경우에는 [그림 I-37]과 같이 그 직계비속이 사망하거나 결격된 사람의 순위에 갈음하여 상속인이 되는 것이다. 상속개시 전에 사망 또는 결격된 자의 배우자도 그 직계비속과 함께 공동상속인이 되며, 그 직계비속인 대습상속인이 없는 때에는 단독으로 상속인이 되는 것이다.

대습상속인의 상속분은 피대습상속인의 상속분의 한도에서 대습상속인의 법정상속분에 의하여 산정한다(민법 제1001조, 제1003조, 제1010조).

[그림 I-37] 상속인과 대습상속인의 관계

2) 상속분

(1) 상속분의 의의와 구분

상속분이란 각 공동상속인이 상속재산 전체에 대하여 갖는 권리의무의 비율(상속분율)을 의미한다. 그 표기에 있어서 상속재산에 대한 분배비율을 1.5, 1.0, 2분의 1, 3분의 1 등의 수치로 표현할 수 있다. 또 다른 의미로는 상속재산에 각 상속분율을 곱하여 산정한 공동상속인이 실제로 취득한 재산 가액(상속분액)을 뜻하기도 한다(민법 제1009조).

상속분에는 [그림 I-38]과 같이 유언상속의 경우에 유언에 의한 '지정상속분'과 협의분할상속의 경우의 '협의분할상속분' 및 법정상속의 경우의 '법정상속분'이 있다. '지정상속분'은 유류분에 의하여 제한되며 '협의분할상속분'은 법정상속분을 변경할 수 있고, '법정상속분'의 경우에는 생전증여분을 공제하고 유증과 기여분을 가산함으로써 구체적 법정상속분을 산출할 수 있게 된다고 할 수 있다.

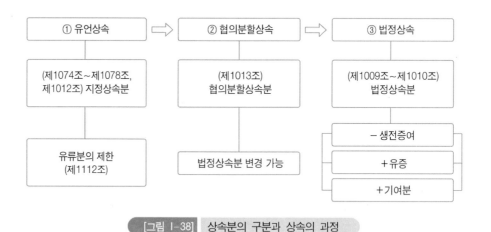

[그림 I-38] 상속분의 구분과 상속의 과정

(2) 법정상속분의 산정

법정상속분율의 산정은 공동상속인이 누구이냐에 따라, 그리고 상속분 균등의 원칙과 배우자 우대의 원칙에 따라 〈표 I-14〉에 나타난 바와 같이 '상속분'을 먼저 평가하고 그 상속분율을 분수로 표시할 수 있다.

〈표 I-14〉	법정상속분율의 계산			
피상속인	공동상속인	상속분	상속분율
• 夫의 사망 • 妻의 사망 • 대습상속: 장남 사망 후 父의 사망	妻 : 장남 : 2남 : 장녀 夫 : 빙부 : 빙모 母 : 장남(妻 : 子) : 장녀	1.5 : 1 : 1 : 1 1.5 : 1 : 1 : 15 : 10(6 : 4) : 10	3/9 : 2/9 : 2/9 : 2/9 3/7 : 2/7 : 2/7 15/35 : 10/35(6/35 : 4/35) : 10/35

(3) 특별수익자의 상속분

특별수익자(증여·유증받은 자)의 상속분이란 '공동상속인 중에 피상속인으로부터 재산의 증여 또는 유증을 받은 자가 있는 경우에 그 수증재산이 자기의 상속분에 달하지 못한 때에 그 부족 부분의 한도에서의 상속분'을 의미한다. 따라서 증여 또는 유증받은 재산이 상속분을 초과하는 경우라도 다른 공동상속인의 유류분권을 침해하지 않는 한 반환의 의무는 없는 것이다(민법 제1008조, 제1009조).

3) 기여상속인의 상속분

(1) 기여상속인의 상속분

공동상속인 중에 상당한 기간 동거·간호 그 밖의 방법으로 피상속인을 특별히 부양하거나 피상속인의 재산의 유지 또는 증가에 관하여 특별히 기여한 사람이 있을 경우에는 상속재산의 가액에서 기여상속인의 기여분을 공제한 것을 상속재산으로 보고 산정된 상속분에다 기여분을 가산한 액을 기여상속인의 상속분으로 한다(민법 제1008조의 2).

(2) 기여분의 결정

기여분은 공동상속인의 협의가 되지 않거나 협의할 수 없는 때에는 가정법원의 심판에 의하여 결정된다(민법 제1008조의 2).

4) 상속재산의 분할

(1) 상속재산의 분할방법

상속재산의 분할방법에는 유언에 의한 지정분할, 협의에 의한 분할, 조정·심판에 의한 분할 등이 있다(민법 제1012조).

(2) 협의에 의한 분할

'협의에 의한 분할'이란 공동상속인이 협의에 의하여 상속재산을 분할하는 것이다. 이 분할은 피상속인이 유언에 의하여 분할의 방법을 지정하지 않은 경우에 할 수 있다. 이 상속분은 공동상속인의 전원의 합의가 있으면 법정상속분에 구애되지 않는다 (민법 제1013조). 따라서 상속인의 구체적 상속분은 법정상속분 이외에 특별수익자의 상속분, 기여분, 협의분할상속분 등에 의하여 수정·결정될 수 있다.

상속재산의 분할은 상속이 개시된 때에 소급하여 그 효력이 발생한다. 따라서 협의분할에 의하여 자기의 법정상속분을 초과 취득한 부분이 있어도 피상속인으로부터 직접 상속받은 것이 되는 것이고, 다른 공동상속인으로부터 증여받은 것이 되지는 않는다(민법 제1015조).

5) 상속의 효과

(1) 상속의 효과로서 상속인은 상속이 개시된 때로부터 피상속인의 재산에 관한 포괄적 권리의무를 승계한다. 포괄적 승계란 적극·소극의 상속재산에 관한 권리의무뿐만 아니라 피상속인의 재산법적 지위도 당연히 승계되는 것이다(민법 제1005조).

(2) 공동상속의 경우에는 각자의 상속분에 응하여 상속개시와 동시에 피상속인의 권리의무를 당연히 승계한다(민법 제1006조~제1007조).

6) 상속의 승인과 포기

(1) 상속의 포기란 상속인이 자기를 위하여 발생한 상속의 효력을 부인하고 처음부터 상속인이 되지 않는 것으로 하는 의사표시이다. 상속의 승인은 상속의 포기를 하지 않는다는 의사표시이다.

(2) 상속의 승인에는 단순승인과 한정승인이 있으며, 상속인이 상속개시 있음을 안 날로부터 3월 안에 승인이나 포기를 하지 않으면 단순승인을 한 것으로 보도록 규정되어 있다(민법 제1026조 제2호). 이러한 규정은 상속인에 가혹하고 상속채권자를 지나치게 보호하여 그 형평성을 유지하지 못한다는 이유로 1998. 8. 27. 헌법재판소에서

위와 같은 '단순승인의제 규정'에 대하여 헌법불합치 결정을 하였다(96헌가22 등). 위 규정은 2000. 1. 1.부터 그 효력을 상실하였다. 그 후 위 헌법불합치결정에 따라 2002. 1. 14. 민법개정으로 상속인이 상속채무가 상속재산을 초과하는 사실을 중대한 과실 없이 상속개시 3개월 안에 알지 못하고 단순승인(의제 포함)을 한 경우에는 채무초과 사실을 안 날로부터 3월 내에 '특별한정승인'을 할 수 있게 되었고(민법 제1019조 제3항, 법률 제6591호의 부칙 제4항 신설: 법률 제7765호), 실효되었던 단순승인 의제규정(민법 제1026조 제2호)은 원래대로 부활 입법되었다(민법 제1019조, 제1026조 제2호).[17]

   (3) 상속의 단순승인이란 피상속인의 권리의무를 무제한·무조건적으로 승계하는 상속의 방법이다. 상속의 한정승인이란 상속으로 인하여 취득한 재산의 한도 내에서 피상속인의 채무와 유증을 변제하는 조건으로 상속을 승인하는 것이다. 상속의 포기 란 전술한 바와 같이 상속의 효과가 자기에게 귀속하는 것을 부인하는 것이다.

7) 상속재산의 계산

   (1) 공동상속인의 상속분율에 따라 받을 상속재산액을 계산하는 실례를 소개하여 본다.

   〈사례 I〉부모(F·M)와 처(W) 그리고 2남1녀(S_1·S_2·D_1) 및 동생 1명(B_1)과 같이
          살던 H가 교통사고로 유언 없이 사망하였다. H의 유산은 모두 3억 2000
          만 원인데 장례비·상속세·기타 부채를 정리한 후 2억 7000만 원이 남
          았다.
   〈질 문〉각 상속인과 그들이 받을 상속재산액은 얼마나 될까(다만 각 상속인이
          증여나 유증받은 재산은 없다.)?
   〈상속재산액 산정〉① 유언이 없으므로 법정상속분에 따라 계산한다. ② 각 상속
          인의 특별수익인 증여나 유증 받은 것이 없으므로 유산 총액은 2억 7000
          만 원이다.

---

17) 특별한정승인제도 신설에 관한 자세한 설명은 이희배(2001b). 97-107.

〈표 I-15〉   상속재산의 계산요령

(1) 유족 중 선순위의 공동상속권자를 결정하고, (2) 각 공동상속인의 상속분율에 따라 상속재산액을 계산한다.
(3) 그 계산요령은 다음과 같다.

i) 선순위 상속권자	제1순위 상속권자(부모·동생 제외)				
• 공동상속인	처	장남	차남	장녀	계
ii) 상속분의 결정	1.5	1.0	1.0	1.0	4.5
• 정수의 상속분	3.0	2.0	2.0	2.0	9.0
• 상속분율	3/9	2/9	2/9	2/9	9/9
iii) 유산 총액					2억 7000만 원
iv) 상속재산액 계산	2억 7000만 원×3/9	각 2억 7000만 원×2/9			
v) 각자의 상속재산액	9000만 원	6000만 원	6000만 원	6000만 원	2억 7000만 원

　(2) 생전증여가 있고 상속개시 후 상당 기간 후 상속재산을 분배하는 경우 상속재산을 계산하는 실례를 소개하여 본다.

　　　〈사례 II〉 처(W)와 두 자녀(S_1·D_1)를 가진 H가 유언 없이 사망하였는데 상속개시 시의 유산액은 2억 2000만 원이었고, S_1에 대한 생전증여액이 6000만 원이었으며 5년 후 상속재산을 분배할 당시의 상속재산 평가액은 3억 3000만 원이 되었다.
　　　〈질문〉 공동상속인이 취득할 상속재산액은?

〈표 I-16〉   상속재산액의 계산

(1) 상정상속재산액: 2억 2000만 원＋6000만 원＝2억 8000만 원
(2) 공동상속인: 처(W)·아들(S_1)·딸(D_1)
(3) 공동상속인의 취득할 상속재산액은 다음과 같다.

〈공동상속인〉〈상속분과 상속분율〉〈구체적 상속분율〉	〈취득할 상속재산액〉
W: 2억 8000만 원×3/7＝1억 2000만 원: 6/11	3억 3000만 원×6/11＝1억 8000만 원
S_1: 2억 8000만 원×2/7−6000만 원＝2000만 원: 1/11	3억 3000만 원×1/11＝3000만 원
D_1: 2억 8000만 원×2/7＝8000만 원: 4/11	3억 3000만 원×4/11＝1억 2000만 원
※ S_1에게는 따로 생전 증여액 6000만 원이 있다.	

8) 분묘·제사용 재산의 승계

(1) 제사용 재산의 승계

분묘관리와 제사주재를 위한 재산, 이른바 금양임야와 묘토(위토)의 소유권은 공동균분을 원칙으로 하는 상속의 법리에 의하지 않고 제사주재자가 승계한다. 제사주재자란 원칙적으로 "종손이 있는 경우에는 그에게 제사를 주재하는 자의 지위를 유지할 수 없는 특별한 사정이 있는 경우를 제외하고는 그가 해당된다고 할 수 있다."[18]

(2) 분 묘

분묘란 시체 또는 유골을 매장하는 시설이며, 분묘에 속한 금양임야란 벌목을 금지하고 나무를 기르는 임야, 즉 종중산을 의미한다. 묘토는 위토라고도 하며 제사와 관련사항을 집행·처리하기 위하여 설정된 토지이며 종중재산이라고도 한다(민법 제1008조의 3).

(3) 종 중

종중은 공동선조의 분묘수호와 봉제사 및 종원 상호간의 친목을 목적으로 형성되는 종족단체로서 공동선조의 사망과 동시에 그 후손에 의하여 자연발생적으로 성립하는 것이다. 공동선조와 성과 본을 같이 하는 후손은 성별 구분 없이 성년이 되면 당연히 종중구성원이 된다.[19]

(4) 제사용 재산의 범위와 승계

분묘에 속한 1정보(3000평) 이내의 금양임야와 600평 이내의 묘토인 농지, 족보와 제사도구의 소유권은 제사주재자에게 승계된다(민법 제1008조의 3).

---

18) 대판 1997. 11. 28. 96누18069, 공보, 1998. 1. 1, 제49호. 이 판결의 연구는 이희배(2007). 889-890 참조. 그 후 헌결 2008. 2. 28. 2005헌바7은, "제사주재자는 '호주'나 '종손'이 아니라, '실제로 제사를 주재하는 자'로서, 원칙적으로 공동상속인들의 협의에 따라 정해지고, 종손 이외의 차남이나 여자상속인을 제사주재자로 할 수도 있으며, 다수의 상속인들이 공동으로 제사를 주재하는 것도 가능할 것이다."라고 판시하고 있다. 신문, 2008. 3. 6, 제3631호, 4.
19) 대판(전) 2005. 7. 21. 2002다1178, 공보, 2005. 8. 15, 제232호; 대판 2007. 9. 6. 2007다34982, 공보 2007. 10. 1, 제283호. 1544. 이 판결의 연구는 이희배(2007). 58-61 참조.

9) 상속재산의 청산

(1) 상속재산의 청산과정

상속인의 존재 여부가 분명하지 아니한 경우에는 가정법원은 청구에 의하여 상속재산 관리인을 선임하고 공고하여야 한다. 관리인은 부재자의 재산관리인과 동일한 권리의무를 갖는다. 청산이 끝나고 잔여재산이 있는 경우에는 관리인의 청구에 의하여 가정법원은 상속인 수색의 공고를 한다.

(2) 특별연고자에 대한 상속재산의 분여

특별연고자에 대한 분여란, 상속인 부존재의 상속재산에 관하여 가정법원이 상당하다고 인정할 때에 피상속인과 생계를 같이하고 있던 자, 피상속인의 요양·간호를 한 자, 기타 피상속인과 특별한 연고가 있었던 자의 청구에 의하여 청산 후 잔여의 상속재산의 일부 또는 전부를 특별연고자에게 분여할 수 있는 제도다(제1057조의 2).

(3) 상속재산의 국가귀속

상속인 수색의 공고 기간(1년 이상) 내에 상속권을 주장하는 사람이 없고 그 후 2개월이 지나도록 특별연고자의 분여 청구가 없는 경우 및 분여 청구가 각하 또는 일부 분여의 심판이 있는 경우에는 상속재산(청산·분여 후의 잔여재산)은 국가에 귀속된다. 청산 후 잔여재산에 대하여 관리인은 지체 없이 관할 국가기관에 대하여 관리의 계산을 하여야 한다.

|1부 참고문헌|

김요완(2007). 이혼소송 중인 부부의 부부관계 와해과정 연구. 연세대학교 대학원 박사학위청구논문.

문소정(1995). 가족이데올로기의 변화. 여성한국사회연구회(편), 한국가족문화의 오늘과 내일. 사회문화연구소.

법원행정처(1985a). 대법원 판결 요지집. 민사·상사편 Ⅰ(민법).

여성가족부(2005). 가족실태조사.

여성한국사회연구회 편(1995). 한국가족문화의 오늘과 내일. 서울: 사회문화연구소.

유계숙, 임춘희, 전춘애, 천혜정(1998). 또 하나의 우리, 재혼가족: 재혼가족에 대한 실태연구와 재혼준비교육 프로그램 모형개발. 한국가족상담교육연구소 개소 5주년 기념 학술대회 논문.

유재성(2006). 한국의 이혼율 감소를 위한 제언: 이혼숙려기간도입 논의와 관련하여. 한국기독교상담학회지, 7, 385-407.

윤진수(2007). 유류분침해액의 산정방법. 서울대학교 법학연구소, 법학, 제48권 제3호, 통권 제144호.

이화숙(2005). 2005년 개정가족법 해설 및 평가. 서울: 새한출판사.

이희배(1995). 친족상속법요해. 서울: 제일법규.

이희배(2001). 가족법학논집. 서울: 동림사.

이희배(2001a). 가족과 사회·인간. 서울: 동림사.

이희배(2001b). 상속회복청구제도의 개선과 특별한정승인제도의 신설. 인천대 법학연구소, 인천법학논총, 제4집.

이희배(2005a). 호주제의 헌법불합치결정과 가족법개정 및 새 호적체계의 방향. 인천지방변호사회, 인천법조, 제7집.

이희배(2005b). 2005년 개정가족법 개관. 경희대 법학연구소, 경희법학, 제39권 제3호.

이희배(2006). 호주제의 헌법불합치결정과 개정가족법 개관. 서울가정법원조정위원협의회, 가사조정, 제8호.

이희배(2007). 가족법판례연구. 서울: 삼지원.

장혜경, 김혜영, 홍승아, 은기수, 이명진, 김영란, 주재선, 송치선(2005). 가족실태조사. 여성가족부 연구보고서.

전경근(2005). 적정한 양육비의 산정 및 확보방안. 여성가족부, 이혼시 자녀양육비 산정 및 이행 확보방안 마련을 위한 토론회 자료집.

정현숙, 유계숙(2001). 가족관계. 서울: 신정.

정현숙, 유계숙, 어주경, 전혜정, 박주희(2002). 부모학. 서울: 신정.

최재석(1981). 한국가족의 해체에 관한 연구. 한국정신문화연구원 위탁연구과제.

통계청(2007). 2006년 이혼통계 결과.

통계청. 사회통계조사보고서. 각년도.

한국가족학회 편(1995). 한국 가족문제: 진단과 전망. 서울: 하우.

한국여성개발원(1996). 이혼 가족을 위한 대책 연구.

한봉희(2006). 완전양자—친양자—란 무엇인가. 서울가정법원 조정위원협의회, 가사조정, 제8호.

한봉희(2007). 가족법. 서울: 푸른세상.

함인희(1995). 사회변화와 가족. 가족과 한국사회. 서울: 경문사.

Ahrons, C. R. (1980). Crises in family transitions. *Family Relations, 29,* 533-540.

Baer, J. (1972). *The second wife.* New York: Doubleday.

Baruch, G, Barnett, R., & Rivers, C. (1983). *Lifeprints: New patterns of love and work for today's women.* New York: McGraw-Hill.

Bloom, B. L., & Hodges, W. F. (1981). The predicament of the newly separated. *Community Mental Health Journal, 17,* 277-293.

Bohannan, P. (1970). *Divorce and after.* New York: Doubleday.

Booth, A., White, L. K., & Edwards, J. N. (1986). Divorce and marital instability over the life course. *Journal of Family Issues, 7,* 421-442.

Bumpass, L., Martin, T. C., & Sweet, J. (1991). The impact of family background and early marital factors on marital disruption. *Journal of Family Issues, 12*(1), 22-44.

Cherlin, A., & Furstenberg, F. F. (1988). The changing European family. *Journal of Family Issues, 9,* 291-297.

Cooney, T., & Uhlenberg, P. (1989). Family-building patterns of professional women: A comparison of lawyers, physicians, and postsecondary teachers. *Journal of Marriage and the Family, 51,* 749-758.

Ganong, L. H., & Coleman, M. (1994). *Remarried family relationships.* Thousand Oaks, CA: Sage.

Ganong, L. H., Coleman, M., & Fine, M. (1995). Remarriage and stepfamilies. In R. D. Day, K. R. Gilbert, B. H. Settles, & W. R. Burr (Eds.), *Research and theory in family science.* Brooks/cole.

Gecas, V., & Schwalbe, M. L. (1983). Beyond the looking-glass self: Social structure and efficacy-based self-esteem. *Social Psychology Quarterly, 46,* 77-88.

Glenn, N. D., & Supancic, M. (1984). The social and demographic correlates of divorce and separation in the United States: An update and reconsideration. *Journal of Marriage and the Family, 46,* 563-575.

Greenstein, T. N. (1990). Marital disruption and the employment of married women. *Journal* of Marriage and the Family, 52, 657-676.

Heaton, T. B. (1990). Marital stability throughout the childrearing years. Demography, 27(1), 55-63.

Keith, V. M., & Finlay, B. (1988). The impact of parental divorce on children's educational attainment, marital timing, and likelihood of divorce. Journal of Marriage and the Family, 50, 797-809.

Kitson, G. (1985). Marital discord and marital separation: A country survey. Journal of Marriage and the Family, 47, 693-700.

Kitson, G., & Morgan, L. (1991). Consequences of divorce. In A. Booth (Ed.), Contemporary families: Looking forward, looking back.

Levinger, G. (1979). A social psychological perspective on marital dissolution. In G. Levinger, & O. C. Moles (Eds.), Divorce and separation. New York: Basic Books.

Martin, T. C., & Bumpass, L. L. (1989). Recent trends in marital disruption. Demography, 26, 37-52.

McGoldrick, M., & Carter, B. (1989). Forming a remarried family. In B. Carter & M. McGoldrick (Eds.), The changing family life cycle: A framework for family Therapy (2nd ed.). Boston: Allyn & Bacon.

McLanahan, S., & Bumpass, L. L. (1988). Intergenerational consequences of family disruption. American Journal of Sociology, 94, 130-152.

Mills, D. (1984). A model for stepfamily development. Family Relations, 33, 365-372.

Mitchell, A. (1985). Children in the middle: Living through divorce. London: Tavistock.

Morgan, S. P., Lye, D., & Condran, G. (1988). Sons, daughters, and the risk of marital disruption. American Journal of Sociology, 94, 110-129.

Nock, S. L. (1979). The family life cycle. Journal of Marriage and the Family, 41, 15-26.

Papernow, P. L. (1993). Becoming a stepfamily: Patterns of development in remarried families. San Francisco: Jossey-Bass.

Ponzetti, J. Jr., & Cate, R. M. (1986). The development course of conflict in the marital dissolution process. Journal of Divorce, 10, 1-15.

Rosenbaum, J., & Rosenbaum, V. (1977). Stepparenting. Corte Madera, CA: Chandler & Sharp.

Schwartz, M. A., & Scott, B. M. (1994). Marriages & families: Diversity and change. Englewood Cliffs, NJ: Prentice Hall.

South, S. (1985). Economic conditions and the divorce rate: A time-series analysis of the postwar United States. Journal of Marriage and the Family, 47, 31-41.

Southworth, S., & Schwarz, J. C. (1987). Postdivorce contact, relationship with father, and heterosexual trust in female college students. American Journal of Orthopsychiatry, 57,

371-382.

Spanier, G. B., & Glick, P. C. (1981). Marital instability in the United States: Some correlates and recent changes. *Family Relations, 31,* 329-338.

Spanier, G. B., & Thompson, L. (1984). *Parting: The aftermath of separation and divorce.* Beverly Hills: Sage.

Spanier, G. B., & Thompson, L. (1988). Moving toward separation. In N. D. Glenn, & M. T. Coleman (Eds.), *Family relations: A reader.* Belmont, CA: Wadsworth.

Spanier, G. B., Lewis, R. A., & Cole, C. L. (1975). Marital adjustment over the family life cycle: The issues of curvilinearity. *Journal of Marriage and the Family, 37,* 263-275.

Spitze, G. (1988). Women's employment and family relations: A review. *Journal of Marriage and the family, 50,* 585-618.

Sweet, J. A., & Bumpass, L. L. (1987). *American families and households.* New York: Russell Sage Foundation.

Textor, M. R. (1994). *The divorce and divorce therapy handbook.* Northvale, NJ: Jason Aronson Inc.

Trovato, F., & Lauris, G. (1989). Marital status and mortality in Canada: 1951-1981. *Journal of Marriage and the Family, 51,* 907-922.

Vaughan, D. (1986). *Uncoupling: Turning points in intimate relationships.* New York: Oxford Univ. Press.

Wallerstein, J. (1986). Women after divorce: Preliminary report from a ten-year follow-up. *American Journal of Orthopsychiatry, 56,* 65-77.

Wallerstein, J., & Kelly, J. (1976). The effects of parental divorce: Experiences of the child in later latency. *American Journal of Orthopsychiatry, 46,* 256-269.

Wineberg, H. (1988). Duration between marriage and first birth and marital stability. *Social Biology, 35,* 91-102.

세계일보(2007. 7. 9). 서울가정법원 '면접교섭소' 국내 첫 개설.
세계일보(2007. 7. 17). 주 5일제 덕택에 이혼율 감소?
시사포커스(2007. 5. 7). 스킨십 단절되면 부부관계 끝장난다.
연합뉴스(2008. 1. 7). 이혼시 양육비 위자료 산정기준 첫 공개.
월간중앙(2007. 4. 28a). 국제결혼 커플의 이혼율도 심각.
월간중앙(2007. 4. 28b). 이슈진단: 황혼이혼이 번진다.
중앙일보(2007. 5. 8). 효과 나타난 '합의이혼 숙려제'.
중앙일보(2007. 8. 3). 여성, 남성보다 이혼 결행의지 '강하다'.
중앙일보(2008. 2. 3). '재혼했다가 또 이혼하면……' 신중한 법원.

학습개요

1. 이혼이란 완전·유효하게 성립한 혼인을 당사자의 생존 중 합의 또는 조정·판결에 의하여 장래를 향하여 해소하는 행위이다. 이혼은 '협의에 의한 이혼'이 이루어지지 않으면 '재판상 이혼'의 방법·절차가 있다. 재판상 이혼의 경우에는 먼저 '조정에 의한 이혼'절차를 경유하여야 한다. 즉, 이혼의 방법에는 협의상 이혼 → 조정이혼 → 판결에 의한 이혼의 세 가지의 절차가 있다.

'재판상 이혼'의 경우에는 판결절차 전에 당사자의 의견을 존중하는 '조정이혼'의 절차를 통하여 분쟁을 평화적으로 해결하려는 국가의 후견적 배려가 있다. 그런데 '협의이혼'의 경우에는 법원의 '이혼의 사확인'절차가 있지만, 당사자의 이혼의사의 형성과정에 신중을 기할 수 있도록 국가가 배려하는 절차가 없어서, 경솔한 이혼을 하게 될 우려가 없지 않다. 이를 예방하기 위하여 '이혼숙려기간'과 '이혼상담'제도의 입법이 필요하게 되었다. 이에 따라 정부의 '민법일부개정법률안(2006. 11. 7. 의안번호 제5283호)'과 '이혼절차에 관한 특례법안(2005. 11. 16. 의원입법 의안번호 제3365호)' 등이 국회에 제안되어 있었다.

한편 서울가정법원(2005. 2. 28. '협의이혼상담에 관한 내규' 제100호)과 인천지방법원(2006. 11. 23. '협의이혼절차에서의 의사확인기일지정 등에 관한 내규' 제186호) 등 각급법원(대전·수원·춘천·청주·대구·부산·울산·창원·광주·제주지방법원)[1]에서는 당해 지방법원의 내규에 의하여 잠정적으로 이혼상담제도를 운영하고 있는 실정이었다. 그런데 드디어 2007. 11. 23. 민법일부개정 법률안이 의결되고 2007. 12. 21. 공포되어(법률 제8720호) '이혼숙려기간과 이혼상담제도' 등의 입법이 이루어졌다.

---

1) 이상권(2007). 11−16.

제**2**^부

협의이혼과 재판이혼

2. 제2부의 제4장에서는 '이혼과 이혼숙려기간'의 이해를 위해 이혼의 방법과 절차의 비교, 이혼의 효과, 사실상혼인관계의 해소, 이혼숙려기간과 이혼상담제도의 타당성과 이혼숙려기간과 이혼상담제도의 입법내용에 관하여 다룬다.

3. 제5장에서는 '협의이혼의 과정'의 이해를 위하여 협의이혼 논의의 배경, 협의이혼의 절차 ― 이혼상담과 이혼의사확인 ― 와 이혼신고, 협의이혼의 효력을 다룬다.

4. 제6장에서는 판결에 의한 이혼 전의 '조정이혼의 과정'의 이해를 위하여 조정절차의 개시와 조정절차, 조정위원회의 조정실시, 조정절차의 종료와 심판이행을 다룬다.

5. 제7장에서는 '판결에 의한 이혼과 심판과정'의 이해를 위하여 판결에 의한 소송절차의 개시와 사전처분(소제기 등), 사실의 조사, 절차의 특징과 심리, 재판상 이혼원인, 유책배우자의 이혼청구 허용 여부, 이혼판결의 확정과 그 효력, 이혼에 관한 판결사례를 다룬다.

6. 제8장에서는 가사조정에서의 개선점과 전망에 관하여 제언한다.

주제어

이혼, 협의상 이혼, 이혼의사확인, 이혼숙려기간, 이혼 전 상담, 재판상 이혼, 조정이혼, 판결에 의한 이혼, 재판상 이혼원인, 이혼의 효과, 혼인의 해소, 사실상 혼인관계의 해소, 협의이혼의 효력, 조정위원회, 조정절차, 판결에 의한 이혼절차, 유책배우자의 이혼청구, 판결이혼사례, 재혼, 자의 양육, 친권, 면접교섭권, 재산분할청구권, 손해배상청구권, 사실상 혼인관계존부 확인

제4장
이혼과 이혼숙려기간

Ⅰ. 이혼법의 이해

1. 이혼제도와 방법

1) 이혼제도의 태동과 변천

(1) 이혼이란 법률상 완전·유효하게 성립한 혼인을 당사자의 생존 중에 합의 또는 조정·판결에 의하여 장래를 향하여 해소하는 행위다.

(2) 서양 특히 유럽사회에서는 "하나님이 짝지어 주신 것을 사람이 나누지 못할지니라(마태복음 19장 6절)."라는 그리스도교의 혼인사상에 근거하여 이혼을 금지하였다. 20세기 초까지는 이혼법은 혼인비해소주의를 벗어났지만 유책주의였다. 그러나 혼인관계는 유책사유만에 의하여 파탄되는 것이 아니므로 불치의 정신병 등 무책적 원인 내지 추상적·개괄적인 이혼원인을 생각하게 되었다(스위스 민법 제142조).

2) 유책주의에서 파탄주의로

이혼을 좌절·실패라고 하는 시각으로부터 새로운 인생에의 재출발이라고 하는 시각으로 이혼관이 변화하는 데 수반하여, 이혼은 유책배우자에 대한 처벌이라는 생각에서부터 불행한 혼인관계로부터 배우자를 구제한다고 하는 방향으로 이혼법이 변화해 간다. 이러한 관점에서 등장한 것이 파탄주의 이혼법이며, 혼인이 파탄하여 원만한 부부공동생활의 회복을 기대할 수 없는 경우에 그 파탄이란 사태를 그대로 인정하여 이혼을 선언하는 사고가 이혼파탄주의다. 오늘날 각국의 이혼법은 유책주의에서 파탄주의로 서서히 이행되고 있다.

3) 유교사상(동양)과 이혼제도

동양은 봉건적 가족제도의 요청으로 가장이 기처하는 남자전권의 이혼이 오랫동안 행하여졌다. 7개의 기처원인인 무자거 등 '칠거지악(칠출)'의 제도가 있었으며 이 경우에도 조강지처 등 기처가 허용되지 않는 삼불거사유가 있었다.

이와 같은 칠출·삼불거 이외에 법률상 강제로 이혼을 시키는 의절(10개항)이란 것이 있었다.

4) 우리나라 이혼제도와 이혼법의 특색

(1) 우리나라의 이혼제도는 오랫동안 칠출·삼불거와 의절의 제도가 답습되어 왔고 재판상 이혼이나 협의이혼은 1923년 일제침략 이후의 일이다. 1960년에 시행된 민법은 협의이혼제도를 채택하였지만 부의 축출이혼을 합리화하는 데 악용되어, 1963년 협의이혼신고의 심사제도를 도입하였다가 1977년 협의이혼신고에 대한 가정법원의 이혼의사확인제도로 개선하였다. 그 후 이혼숙려기간과 이혼상담제도가 2008년 6월 22일부터 시행되게 되었다.

(2) 재판상 이혼은 조정전치주의를 채택하고 있으므로 이혼에는 협의이혼 → 조정이혼 → 판결이혼의 3종의 방법이 있다.

협의이혼을 하려는 당사자는 이혼합의 → 숙려기간 경과 후 이혼의사확인 → 이혼신고의 절차를 밟는다. 재판상 이혼을 하려는 경우 조정을 경유하여야 한다. 그렇지 않고 바로 이혼의 제소를 하면 가정법원은 원칙적으로 직권으로 조정에 회부하게 된다(가사소송법 제50조).

조정이 성립하지 않는 경우, 조정신청자가 이혼을 희망하는 경우에는 조정신청인이 가정법원에 이혼의 제소신청 → 이혼판결·확정 → 이혼신고의 절차로 이혼할 수 있다.

2. 이혼절차 · 방법의 비교

1) 협의이혼 → 조정이혼 → 판결에 의한 이혼의 절차를 비교하면 [그림 Ⅱ-1]과
같다.

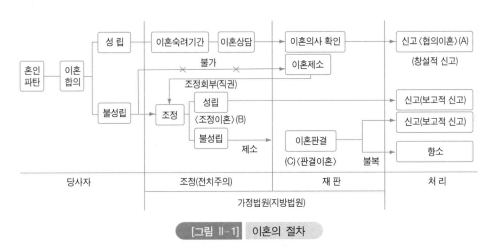

[그림 Ⅱ-1] 이혼의 절차

출처: 이희배(1995). 261.

2) 협의이혼

이혼하려는 당사자는 이혼합의를 시도하여 합의가 성립하면 당사자 일방이 가정
법원에 이혼의사확인신청을 한다. 가정법원은 '이혼안내'와 이혼의사결정에의 신중
을 기할 것을 함의하는 이혼숙려기간을 통하여 '이혼 전 상담'을 권고하는 조치를 취
한다. 법원은 이혼 전 상담결과를 참고로 하고 양육할 자가 있는 경우에는 양육사항
과 친권자 결정에 관한 '협의서'를 제출받아 이혼의사의 확인을 하게 된다. 이혼하려
는 사람은 확인서 등본을 교부 또는 송달받은 날로부터 3개월 이내에 이혼신고를 함
으로써(가족관계등록법 제75조 제2항), 협의이혼은 성립된다.

3) 조정이혼

이혼하려는 당사자가 이혼에 합의하지 못하는 경우에는 이혼조정을 신청할 수 있

다. 이혼조정을 신청하지 아니하고 바로 이혼소송을 제기하는 경우에는 가정법원은 그 사건을 조정에 회부하여야 한다. 이 경우에 조정위원회에서 이혼조정이 성립되면 조정성립 1개월 내에 이혼신고를 하여야 한다(가족관계등록법 제78조에 의한 같은 법 제58조의 준용).

4) 판결에 의한 이혼

조정위원회에서 조정이 성립되지 않는 경우에는 심판으로 이행된다. 이혼판결이 선고되어 그 판결이 확정된 경우에는 이혼은 성립된다. 소를 제기한 사람은 판결의 확정일로부터 1개월 안에 이혼신고를 하여야 한다(가족관계등록법 제78조, 제58조). 협의상 이혼신고가 창설적 신고인 데 반하여 판결에 의한 이혼신고와 조정이혼신고는 보고적 신고다.[2]

5) 이혼법의 성격

우리나라의 이혼법은 파탄주의 입법유형에 속한다고 볼 수 있다. 그렇지만 협의이혼에 대한 국가의 후견적 관여의 증대와 재판상 이혼에서 유책배우자의 이혼청구를 원칙적으로 부정하는 등 파탄주의의 제약의 기능 및 항소법원의 사회정의·형평의 이념, 가정평화의 유지를 위한 항소기각의 법리(가사소송법 제19조 제3항) 등에 비추어 볼 때에, 우리의 이혼법은 소극적 파탄주의에 머무르고 있다고 이해된다. 앞으로 재산분할청구권의 운용여하에 따라 적극적 파탄주의의 방향으로 변모될 수 있을 것이다.

3. 이혼의 효과

1) 이혼효과 개관

(1) 이혼을 하면 혼인이 해소되고 혼인에 의하여 발생한 권리의무는 장래를 향하여 전면적으로 소멸되며 인척이었던 자 사이에 혼인하지 못하는 장애적 효과만이 남는다

---

2) 대판 1983. 8. 23. 83도1430, 월보, 1983. 12, 제159호, 50-51.

(민법 제809조 제2항). 민법은 이혼으로 인한 중요한 효과를 협의이혼에서 규정하고(민법 제837조 내지 제839조의 3), 이들 규정을 재판이혼에 준용하고 있다(민법 제843조). 다만, 이혼으로 인한 손해배상청구권은 재판이혼의 경우에만 인정하고 있다(민법 제843조, 제806조). 그 이혼효과는 신분적 효과, 자에 대한 효과, 재산에 관한 효과로 [그림Ⅱ-2]와 같이 유형화할 수 있다.

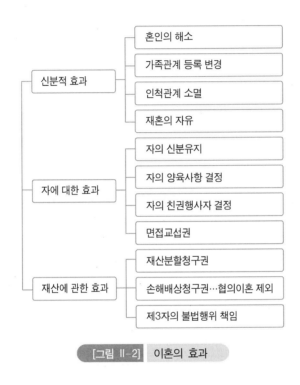

[그림 Ⅱ-2] 이혼의 효과

　(2) 조정에 의한 이혼의 효과에 관하여는 민법상 명문규정이 없지만 협의이혼의 효과에 관한 규정(민법 제837조 내지 제839조의 3)이 준용된다고 이해된다. 이를 참작한 '조정안내용'에 의하여 그 효과가 결정된다.

2) 신분적 효과

(1) 혼인의 해소

　혼인이 해소되면, 부부관계가 소멸한다. 즉, 동거·부양·협조·정조의무가 소멸한다. 부부재산관계 등 혼인에 의하여 발생한 부부간의 모든 권리의무가 소멸한다.

(2) 가족관계 등록 변경

가족관계 등록부에 등재된 혼인신분관계를 이혼을 원인으로 해소되었음을 변경 등재하여야 한다.

(3) 인척관계의 소멸

혼인에 인한 인척관계는 이혼에 의하여 소멸한다(민법 제775조 제1항). 다만, 6촌 이내의 인척이었던 자와는 혼인장애적 효과는 존속한다(민법 제809조 제2항·제3항).

3) 자에 대한 효과

(1) 자의 신분

부모의 이혼은 자의 신분에 영향이 없다. 즉, 부자·모자관계는 소멸하지 않는다. 혼인중에 처가 포태한 자는 이혼 후에 출생하더라도 그 부모의 친생추정을 받는 혼인중의 출생자이다(민법 제844조 제2항).

(2) 자의 양육에 관한 사항

① 의 의   '자의 양육에 관한 사항'이란 양육자와 양육비부담 및 면접교섭권의 행사 여부·방법 등 양육에 관한 필요한 사항이며, 당사자는 협의에 의하여 이를 정한다(민법 제837조 제1항). 협의가 되지 아니하거나 협의할 수 없는 때에는 가정법원은 당사자의 청구 또는 직권에 의하여 양육에 필요한 사항을 정하며, 언제든지 그 사항을 변경 또는 다른 처분을 할 수 있다(민법 제837조 제2항 후단).[3]

양육자지정청구와 양육비지급청구는 동시에 할 수 있으며,[4] 우선 조정절차를 밟아야 한다. 이혼, 혼인의 무효·취소판결의 당사자와 인지를 원인으로 하는 경우의 당사자도 청구의 적격이 있다(민법 제824조의 2, 제864조의 2, 가사

---

3) 대판 1985. 2. 26. 84므86, 공보, 1985. 4. 15, 제750호. 이 판결의 연구는 이희배(2007). 369-374 참조.

4) 대판 1988. 5. 10. 88므92·108, 월보, 1988. 7, 제214호.

소송법 제2조 제1항 마류 제3호).

가정법원은 미성년자의 복지를 우선적으로 고려하여야 하고(가사소송법 제58조 제2항), 자가 15세 이상인 때에는 그 자의 의견을 들어야 하며(가사소송규칙 제99조, 제100조), 자의 연령, 부모의 재산상황, 기타 사정을 참작하여 자의 양육에 관한 사항을 정하여야 한다(민법 제837조 제2항). 이 경우, 부모 중 일방을 양육자로 지정하거나 쌍방 모두에게 양육 사항을 나누어 부담하게 할 수 있다.[5]

② **양육자 결정**   양육자는 각 자녀의 양육자를 달리할 수 있으며 양육자와 친권 행사자는 일치하는 것이 자의 복리 면에서 합리적일 것이다.[6]

③ **양육의 내용과 양육비부담**   자의 성장발달에 필요한 보호양육이란 ⅰ) 양육(민법 제837조, 제923조)·교육(민법 제913조, 교육법 제8조 제5항)·보호·감호(민법 제913조, 제947조)와 ⅱ) 재산관리(민법 제916조, 제919조) 및 대리(민법 제920조~제923조), 그리고 ⅲ) 보호·교양에 필요한 비용의 부담, 즉 양육비[7] 부담의 3종의 보호 교양을 의미한다.

양육·부양의무의 종기에 대하여는 '통상의 부양'은 부양의 필요와 부양의 여력이란 자력요건에 따라 부·모의 생활수준의 평균치로서 그 수준을 정하여야 할 것이다. 고등교육학자금 등 '특수부양'[8]은 자의 자력이 없을 때에는 부모의 자력·지위에 상응한 생활유지 후의 여력으로 충당시는 부양으로, 불상응하는 자력으로 부담하면 특별수익(민법 제1008조)으로 취급될 수 있다. 부모의 자의 양육비를 부담하는 근거는 포태의사와 출산행위, 즉 '친자관계의 본질'로부터 발생한다. 이 의무는 자녀의 출산과 동시에 발생하는 것이므로 자의 과거의 양육비에 대하여도 상환을 청구할 수 있는 것이다.[9]

---

5) 대판 1991. 7. 23. 90므828·835, 월보, 1991. 12, 제255호.

6) 서울가정법원심판(이하 '서울가심'으로 약칭함) 1983. 7. 15, 82드5110, 월보, 1983. 12, 제159호; 대판 1985. 2. 26. 84므86(주 3) 참조.

7) 대결 1994. 6. 2. 93스11, 월보, 1994. 11, 제290호는 미성년자의 양육은 민법 제837조에, 성년의 자 부양은 민법 제974조 이하에 근거를 두고 있다.

8) 서울가심 1966. 3. 29. 65므00; 이희배(1989). 428-433.

9) 대판 1994. 5. 13. 92스21, 월보, 1994. 9, 제288호; 이 판례의 연구는 이희배(2007), 385-388.

양육에 관한 사항의 협정 또는 법원의 결정은, 양육에 관한 사항에 한정되며, 그 밖의 부·모의 권리의무에는 변경을 가져오지 않는다(민법 제837조 제3항).

(3) 자의 친권행사자의 결정

① 친권자와 친권을 행사할 자   부모는 모두 친권자다(민법 제909조 제1항). 이혼을 한 경우에는 부·모의 친권보유자인 지위에는 변경을 가져오지 않으며(민법 제837조 제3항), 다만 부모의 일방이 '친권을 행사할 자'로 지정된 경우 다른 일방이 가졌던 친권은 그 행사가 정지될 뿐이다.[10] 이와 같이 '친권자'와 '친권을 행사할 자'의 개념은 1990년 민법개정으로 구별되게 되었다.[11]

2005. 3. 31. 민법개정으로 민법 제909조 제4항 중 '친권을 행사할 자를 정하고'를, '친권자를 정하여야 하고'로 개정함으로써, '친권보유자' 개념과 '친권행사자' 개념을 '친권자'로 통합하였지만, 이와 같은 법개정에도 불구하고 위 두 종류의 개념은 실제적으로 그 존재를 부정할 수 없는 것이다. 이러한 개정 입법의 타당성은 의문이다.

② 친권을 행사할 자의 결정   혼인외의 자가 인지된 경우와 부모가 이혼하는 경우에는 부모의 협의로 친권을 행사할 자를 정하고 협의할 수 없거나 협의가 이루어지지 않는 경우에는 가정법원은 직권으로 또는 당사자의 청구에 따라 친권자를 지정하여야 한다. 다만 부모의 협의가 자의 복리에 반하는 경우에는 가정법원은 보정을 명하거나 직권으로 친권자를 정한다(민법 제909조 제4항, 가사소송법 제2조 제1항 마류 제5호). 이 경우 자의 복지가 우선적으로 고려되어야 하며(가사소송법 제58조 제2항), 자가 15세 이상인 때에는 자의 의견을 들어야 한다(가사소송규칙 제100조).

협의이혼의 경우에는 이혼의사확인 시까지 자의 친권자 결정에 관한 협의서를 제출하여야 하고(민법 제836조의 2 제4항), 이혼신고서에 친권을 행사할 자를 기재하도록 하고 있으며(가족관계등록법 제74조 제3호), 가정법원은 혼인의 취소, 재판상 이혼 또는 인지청구의 소의 경우에는 직권으로 친권자를 정한다(민법 제909조 제5항).

---

10) 서울민사지방법원 판결(이하 '서울민판'으로 약칭함) 1994. 5. 10. 93가합81276, 법률신문(이하 '신문'으로 약칭함), 1994. 6. 13, 제2318호, 13.

11) 박병호(1992). 126; 양수산(1998). 288-289; 조대현(1991). 14; 서울고등법원 판결(이하 '서울고판'으로 약칭함) 1994. 6. 7. 93르1022, 신문, 1994. 6. 30, 제2323호, 13.

③ **친권행사자의 변경·부활**   친권을 행사할 자가 정하여졌더라도 자의 복리를 위하여 필요하다고 인정되는 경우에는 가정법원은 자의 4촌 이내의 친족의 청구에 의하여 정하여진 친권자를 다른 일방으로 변경할 수 있다(민법 제909조 제6항).

친권행사자로 지정된 자가 사망·실종선고·친권상실·대리권과 관리권의 상실(사퇴)로 인하여 친권을 행사할 수 없게 되면 다른 부 또는 모가 있는 때에는 정지되었던 타방의 친권행사가 당연히 부활되고,[12] 후견이 개시되지 않는다(호적예규 제457항 제10조).

(4) 면접교섭권

① **의의와 입법의 배경**   면접교섭권(visiting right; Umgangsrecht; droit de visite)이란 친권행사자나 양육권자가 아니기 때문에 현실적으로 자를 보호·양육하고 있지 않은 부 또는 모와 그 자가 서로 면접·서신교환·전화접촉·방문·숙박 등을 할 수 있는 권리이며 방문권이라고도 한다.

면접교섭권은 자의 애정관계의 지속성이란 면에서 부정적인 견해가 있을 수 있지만, 부모와 자의 자연권이며 친자 간의 애정교류로 인격의 원만한 발달에 도움이 된다는 점에서 긍정설이 다수설이었다.[13] 이러한 필요성에서 판례도 민법 제837조에 근거하여 이미 면접교섭권의 입법화 이전인 1987년에 면접교섭권을 인정하는 판결을 한 바 있다.[14]

위와 같은 필요성에 따라 1990년과 2005년 민법개정에서 협의이혼을 할 경우

---

12) 서울민판 1994. 5. 10. 93가합81276(주 10 참조) 요지: 협의이혼 시 부모의 일방이 친권을 행사할 자로 지정된 경우, 다른 일방이 가졌던 친권은 그 행사가 정지될 뿐이고, 친권자로 지정되었던 일방이 친권을 행사할 수 없게 되면 정지되었던 타방의 친권행사가 당연히 부활된다고 할 것이다.

13) 김주수(2002). 215-216; 최진섭(1988). 195-209.

14) 서울고판 1987. 2. 23. 86르313 요지: 청구인(처)을 청구인과 피청구인(부) 사이에 태어난 청구외 A(자)의 양육자로 지정하되, 다만 피청구인은 위 A가 성년이 달할 때까지 그 주소에서 A의 학교 방학기간중인 매년 1월과 8월의 첫 일요일부터 토요일까지 1주일씩을 위 A와 동거하고, 매월 셋째 일요일을 기하여 피청구인이 청구인의 주소지로 위 A를 방문하며, 매년 설날과 추석날에는 위 A를 피청구인의 가에 보내어 다례 및 성묘에 참예하게 한다. 하급심판결집(이하 '하판집'이라 약칭함), 1987. 제1권, 502-506.

에는 '자를 직접 양육하지 아니하는 부모의 일방과 자는 상호 면접교섭권을 갖는다(민법 제837조의 2).'는 규정을 신설하였다(2007년 개선입법).

② 면접교섭권의 행사와 법적 성질   면접교섭권은 제837조의 특별규정으로 보아야 하므로 그 행사방법과 범위에 대하여는 부모와 자가 협의에 의하여 정하여야 하며 협의가 되지 아니하거나 협의할 수 없는 때에는 가정법원에 청구 또는 직권에 의하여 그 행사방법과 범위를 법원이 결정하게 될 것이다. 이때에는 먼저 조정을 신청하여야 한다(가사소송법 제2조 제1항 마류 제3호, 제50조).

면접교섭권의 법적 성질에 관하여는 견해가 다양하지만 부모에게 주어진 고유의 권리(自然權)인 한편, 자의 권리이기도 하며, 그 내용은 양육에 관련되는 권리(민법 제837조)의 실현이지만, 양육과는 독자적으로 병존하는 권리라고 이해된다. 부·모와 자 간의 권리의 조정·조화의 기준은 '자의 복리'다(민법 제912조 참조). 즉, 부·모의 양육·교육방침이 대립될 경우에는 가정법원은 당사자의 청구 또는 직권에 의하여 자의 복리를 위하여 필요한 때에는 면접교섭권을 제한하거나 배제할 수 있다(민법 제837조의 2 제2항, 가사소송법 제58조 제2항, 가사소송규칙 제99조, 제100조).

③ 면접교섭권의 내용·효과   면접교섭권은 양육권과 자의 권리를 침해해서는 안 되며 양육자는 면접행위를 용인·협조할 의무를 부담한다고 이해된다. 면접교섭권의 내용은 부모의 일방과 자가 서로 면접, 서신교환, 전화, 사진·선물의 교환, 주말의 숙박, 방학 중의 일정기간 체재 등을 들 수 있다. 서울고등법원 1990. 6. 30. 판결(89르4147)은 '8세의 남아인 사건본인에 대하여, 매년 1월과 8월 중, 각 10일간의 동거와 월1회(8시간)의 방문, 주1회의 서신왕래, 주 2회의 전화통화'를 각 인정한 서울가정법원 88드35667사건의 항소심에서 '연 2회 각 7일간의 동거'를 인정하는 내용으로 변경하여 판결한 바 있다.[15]

④ 준용과 유추   면접교섭권의 규정(민법 제837조의 2)은 혼인의 취소 또는 인지에 의하여 부·모 중 일방이 친권을 행사하게 되는 경우에도 준용된다(민법 제824조의 2, 제864조의 2, 가소법 제2조 제1항 마류 제3호). 혼인무효의 판결이 확정된 경우 이미 출생신고된 자는 인지의 효력이 인정되므로(가족등록법 제57조),[16] 위 인지의 경우와 같다.

---

15) 법조, 1992. 7, 제430호, 97.

사실상 혼인관계가 해소되는 경우에는 면접교섭권이 유추적용되며,17) 부부
가 별거상태에 있는 경우에는 부부간의 협조의무(가사소송법 제2조 제1항 마류
제1호) 또는 자의 양육에 관한 사전처분으로서(가사소송법 제2조 제1항 마류 제3
호 제62조), 면접교섭권이 인정되어야 할 것이다.18)

4) 재산분할청구권

(1) 의의와 입법의 취지

재산분할청구권이란 이혼당사자 일방이 다른 일방에 대하여 혼인중 당사자 쌍방
의 협력으로 이룩한 재산의 분할을 청구하는 것이다. 이 제도는 1990년의 민법개정
으로 채택 신설되었다. 즉, '협의상 이혼을 한 자의 일방은 다른 일방에 대하여 재산
분할을 청구할 수 있다(민법 제839조의 2).'고 규정하고 이 규정을 재판상 이혼(민법
제843조)과 혼인의 취소의 경우에도 적용되도록 하였다(가사소송법 제2조 제1항 마류 제
4호).

이 제도는 다음과 같은 입법의 의의를 갖는다. 첫째, 배우자의 가사노동을 평가하
여 이혼 시 부부공동경제의 청산에 있어서 부부의 양성평등의 혼인정책이념(헌법 제
36조 제1항)을 구체화하였다는 점이다. 둘째, 이혼 후 배우자의 생활보장을 통하여 이
혼의 자유 · 재혼의 자유를 실질적으로 보장하는 데 그 의의가 있다. 셋째, 입법추세
에 합치한다는 점이다. 즉, 세계 대부분의 나라들이 혼인중 부부가 협력하여 이룩한
재산은 부부공동재산으로 인정하고 이혼 시 재산분할청구권을 인정하는 입법추세(일
본 민법 제768조, 프랑스 민법 제1411조 이하, 스위스 민법 제154조, 중국 민법 제1057조)에
합치한다.

(2) 법적 성질

재산분할청구권의 법적 성질에 관하여는 청산설 · 부양설 · 청산 및 부양설 · 청산,
부양 및 손해배상설 · 상기 제 관념을 포함하는 불이익구제설 등이 있으며, 우리나라
는 부부재산관계의 청산과 이혼 후 부양설(한정설)이 다수설19)이며, 하급심 판례의

---

16) 대판 1971. 11. 15. 71다1983, 대판집, 제19권 제3집, 민 103.
17) 김주수(2002). 223; 박병호(1992). 131; 양수산(1998). 293.
18) 대판 1993. 8. 11. 신문, 1993. 9. 9, 제2247호, 1 참조.

경향이다.[20] 그러나 손해배상(위자료)도 포함한다(포괄설)는 대법원 판례가 있다.[21] 피해자보호 측면에서 '포괄설'의 태도는 합리적인 이론구성이라고 생각할 수도 있다. 그렇지만, 다수설(한정설)이 논리적으로는 타당하다. 왜냐하면 손해배상은 과책주의에 입각하고 있기 때문이다. 다만, 부양적 요소는 혼인의 여후효(餘後效)로서 다분히 목적론적 논리구성이라는 일면이 있다는 점에서 청산적 요소가 그 중핵을 이룬다고 이해된다.

이 청구권의 법리론적 근거는 공유이론이나 명의신탁이론이 주장될 수도 있겠지만 법률규정(민법 제839조의 2)에 의한 채권[22]인 법정청구권이다.[23]

(3) 재산분할청구권의 내용

① 부부의 일방이 혼인 전부터 가진 고유재산(민법 제830조 제1항 전문; 이른바 제1형 재산)과 혼인 중 자기명의로 취득한 재산 가운데 부부의 일방이 상속·수증·수유로 취득한 재산(민법 제830조 제1항 후문; 이른바 제1형 재산)은 원칙적으로 분할대상에서 제외된다.

② 부부인 당사자 '쌍방의 협력으로 이룩한 재산' 중 부부의 공유(민법 제262조) 또는 준공유(민법 제278조)로 취득한 재산(이른바 제2형 재산)과 부부의 누구에게 속한 것인지 분명하지 아니한 재산으로서 부부의 공유로 추정된 재산(민법 제830조 제2항; 이른바 제2형 재산)은 물권법상의 공유물분할(민법 제268조, 제269조)의 대상이라 이해되지만 편의상 이혼으로 인한 재산분할청구의 대상이 된다고 이해된다(민법 제278조 단서 참조).

혼인 전부터 가진 고유재산과 혼인중 상속·수증·수유로 인하여 일방의 명의로 취득한 재산으로부터의 혼인중 가치상승분 내지 증가재산(이른바 제3형 재산)은 타방의 기여정도에 따라 분할대상이 된다고 이해된다.[24]

---

19) 김주수(2002). 225-226; 박병호(1992). 133; 양수산(1998). 294-295; 한봉희(2007). 170.

20) 서울가판 1991. 6. 13. 91드1220, 하판집, 1991, 제2권, 490-501; 서울가판 1991. 7. 25. 90드12667·91드6515, 하판집, 1991, 제2권, 501-515.

21) 대판 2001. 5. 8. 2000다58804, 공보, 2001. 7. 1, 제133호.

22) 김주수(2002). 225.

23) 박병호(1992). 134.

24) 대판 1993. 5. 25. 90므501, 월보, 1993. 11, 제278호, 182-184.

부부인 당사자 쌍방의 협력으로 이룩한 재산 중 부부의 일방의 명의로 취득한 재산(민법 제830조 제1항 후문; 이른바 제3형 재산)은—법문상으로는 명의자의 특유재산이지만—실질적으로는 공유로 추정되므로 분할의 대상이 된다고 해석하는 것이 다수설[25]·판례[26]다.

판례는 가사노동의 분담 등 내조로 유지·증가한 재산,[27] 맞벌이 부부의 수입으로 형성된 재산,[28] 부부가 가업에 협력하거나 사업자금을 제공하여 이룩한 재산,[29] 일방의 수입으로 타방이 증식한 재산[30] 등을 분할대상재산으로 하고 있다. 문제는 그 이론구성을 어떻게 하느냐이다. 대체로 다음과 같은 세 가지 견해로 구성되고 있다.

첫째, 취득당시로부터 '공유재산으로 추정'하는 견해(민법 제830조 제2항의 확장해석)다. 즉, 제830조 제1항의 '혼인중 자기명의로 취득한 재산'에 대한 문리해석의 방법을 수정하여 부부의 일방명의의 재산이라 할지라도, 신설된 제839조의 2에 의하여 '당사자 쌍방의 협력으로 이룩한 재산'은 제830조 제2항의 '부부의 누구에 속하는지 분명하지 아니한 재산'으로 하여 부부의 공유재산으로 추정하자는 견해이다.[31] 그 근거는 '당사자 쌍방의 협력의 의미'는 처의 가사관리도 포함되는 것이므로 처의 지분을 명문으로 인정하는 것이기 때문이다.

둘째, '특유재산으로 추정'하는 견해다. 즉, 혼인중 일방의 명의로 취득한 재산은 제830조 제1항의 특유재산의 추정을 받으나 그 재산조성에 대한 타방협력의 반증으로 그 추정은 전복된다는 견해다.

셋째, 잠재적 지분의 청산인 '법정청구권설' 내지 '법률규정에 의한 채권설'이다.[32] 즉, 혼인중 일방의 명의로 취득한 재산에 대해 혼인중에는 공유관계를

25) 김주수(2002). 225-226; 박병호(1992). 133-134; 양수산(1998). 294; 한봉희(2007). 175.
26) 대판 1993. 5. 11. 93스6, 월보, 1993. 9, 제276호, 195-197; 이 판례의 연구는 이희배(2007). 408-411 참조.
27) 대판 1993. 5. 11. 93스6(주 26 참조).
28) 서울가판 1991. 8. 8. 90드63238, 하판집, 1991, 제2권.
29) 서울가판 1991. 8. 8. 90드63238(주 28 참조).
30) 대판 1990. 10. 23. 90다카5624, 신문, 1991. 2. 11, 제2004호.
31) 서울민지판 1988. 6. 9. 87가합3317, 신문, 1988. 6. 23, 제1760호.
32) 김주수(2002). 221; 박병호(1992). 135; 한봉희(2007). 171.

인정하지 않고 이혼 시 당해 특유재산형성에 협력이 있었음을 근거로 잠재적 지분의 청산인 분할을 청구할 수 있는 보장이 제839조의 2라는 견해이다.

특유재산추정설은 제830조 제1항의 문리해석에, 공유재산추정설은 제830조 제2항과 제839조의 2의 체계해석 내지 목적해석에 입각한 것이며, 법정청구권설은 바로 위와 같은 논쟁을 제839조의 2의 신설에 의하여 입법적·현실적으로 해결한 것이라는 점에서 이 견해가 타당하다고 본다.

의사·변호사 등 장래 재산취득능력·전문적 지위취득(New Property)에 대한 협력·공헌,33) 퇴직금34)이나 연금수급권의 취득, 영업상의 신용의 확립 등에 대한 공헌·협력에 대하여 재산분할을 인정하여야 한다.

재산분할 중에는 청산·부양청구와 함께 위자료가 포함된다는 적극설(포괄설)과 포함되지 않는다는 소극설(한정설) 및 재산분할청구와 위자료청구의 경합양태에 따라 중첩적 경합설과 비중첩적 경합설 등으로 나뉜다. 그런데 양 청구권은 법적 근거·책임성·제척기간·당사자적격 면에서 다르고 관할과 조정전치주의 면에서 동일하지만 피해자보호란 목적적 측면에서는 중첩적 경합설도 타당하지 않을까 생각한다.35)

③ 재산분할청구권의 행사와 분할비율   재산분할의 여부와 그 액수·방법은 당사자의 협의에 의하고 협의가 되지 아니하거나 협의할 수 없는 때에는 당사자의 청구에 의하여 가정법원은 "당사자 쌍방의 협력으로 이룩한 재산의 액수 기타 사정을 참작하여 분할의 액수와 방법을 정한다(민법 제839조의 2)." 이 경우에는 조정을 신청하여야 한다(가사소송법 제2조 제1항 마류 제4호).

재산분할청구에서 고려될 수 있는 기준은 첫째, 분할대상재산의 형성에 협력한 정도에 따라 부부재산관계를 청산하는 것이다. 그 '협력의 정도'는 3종으로 유형화할 수 있다.

제1형은 처의 가사노동과 부의 사회노동이란 통상적 가정의 균형있는 부부의 역할분담의 '역할균형형'이다. 제2형은 맞벌이 부부,36) 가업에서의 협력37)

33) 서울가판 1991. 6. 13. 91드1221, 하판집, 1991, 제2권, 490-501.
34) 대판 1995. 3. 28. 94므1584, 신문, 1995. 5. 8, 제2405호.
35) 서울가판 1991. 8. 8. 90드63238(주 28 참조); 대판 2001. 5. 8, 2000다58804(주 21 참조).
36) 서울가판 1991. 8. 8. 90드63238(주 28 참조).
37) 서울가판 1991. 8. 8. 90드63238(주 28 참조).

또는 기본자산의 증식[38])과 같이 역할균형형 이상 정도의 부부 쌍방의 협력인 '역할초과형'이다. 제3형은 실직·주색·인격장애 등 협조의무의 이행의지의 상실로 가정의 행복추구가 저해될 정도의 '역할저해형'이다.[39])

둘째, 이혼 후의 배우자의 부양이다. 부양의 필요와 부양의 여력의 한도에서 이혼배우자를 부양하는 것은 인도적으로나 혼인의 여후효로서 '기타사정(민법 제839조의 2 제2항)'에 포함시켜 해석하여야 할 것이다.

④ 재산분할청구권에 관한 민법(친족편·상속편)의 일부개정법률안(2006년 정부안 의안번호 제5283호)이 국회에 제안된 바 있으며 그 요지는 다음과 같다.

첫째, 혼인중의 재산분할 인정(안 제831조의 3 신설), 둘째, 이혼 시 재산의 균등분할원칙 선언(안 제839조의 2 제2항 「후단」 신설),[40]) 셋째, 재산분할청구권보전을 위한 사해행위취소권 신설(안 제839조의 3 신설) 등이다.[41])

이러한 개정법률안은 2007. 11. 23. 국회의결과정에서 '재산분할청구권 보전을 위한 사해행위취소권'만 신설·의결되었다(제839조의 3, 법률 제8720호).

⑤ 재산분할의 시기와 지급방법   재산분할산정의 시기에 대해서는 원칙적으로 최종의 사실심리가 끝날 당시의 당사자 쌍방의 재산상태를 기준으로 하여야 하겠지만 사정에 따라서는 별거 시나 이혼 시가 될 수도 있을 것이다. 지급의 방법은 금전급부나 현물급부에 의한다(가사소송규칙 제98조, 민법 제269조). 이행을 확보하는 방법은 민사소송법에 의한 강제집행방법 이외에 가사소송법상 보전처분(가사소송법 제62조, 제63조)과 이행확보제도가 있다(가사소송법 제64조, 제67조, 제68조).

⑷ 재산분할청구와 관련문제

재산분할청구권은 그 내용·범위가 불확정적이므로 이를 보전하기 위한 채권자대위권은 행사할 수 없으며, 재산분할액이 불상당하게 과대하거나,[42]) 특별한 사정이 없

---

38) 대판 1990. 10. 23. 90다카5624(주 30 참조).

39) 이희배(1993). 15; 이희배(1994). 161-184; 대판 1993. 5. 11. 93스6, 신문, 1993. 6. 10, 제2223호는 파탄유책자에게도 청구인 적격을 인정한다(주 26 참조).

40) 대판 1994. 12. 2. 94므1072는 전업주부의 재산분할비율이 부동산의 지분을 2분의 1로 함은 과다하다고 판시한다. 월보, 1995. 5, 제295호.

41) 정부안(2006), 의안번호, 5283.

는 한 사해행위가 되지 않는다고 이해된다.[43] 그렇지만, 부부의 일방이 다른 일방의 재산분할청구권행사를 해함을 알면서도 재산권을 목적으로 하는 법률행위를 한 때에는 다른 일방은 제406조 제1항을 준용하여, 그 취소 및 원상회복을 가정법원에 청구할 수 있다(민법 제839조의 3 참조).

상속세법(제29조의 2)에서 '재산분할을 청구하여 인적 공제액(상속세법 제11조 제1항 제1호)을 초과하는 재산을 취득하는 경우 그 초과부분은 증여세의 과세대상이 된다.'고 규정하는 것은 위자료를 비과세대상으로 규정한 점에 비추어 부당하다고 이해된다.[44]

재산분할청구에 관한 규정(민법 제839조의 2)은 재판상 이혼과 혼인취소의 경우에 준용되며(민법 제843조, 가사소송법 제2조 제1항 마류 제4호), 사실혼해소의 경우에도 유추적용되어야 할 것이다.[45]

(5) 재산분할청구권의 소멸

재산분할청구권은 이혼한 날로부터 2년의 제척기간경과로 소멸한다(민법 제839조의 2 제3항).[46]

5) 이혼위자료와 손해배상청구권

(1) 손해배상청구권

① 협의이혼을 하면 그 후에 별도로 손해배상청구를 할 수 없다고 이해되지만,

---

42) 대판 1984. 7. 24. 84다카68, 공보, 1984. 10. 1, 제737호, 8-9.

43) 대판 1995. 2. 3. 94다51338, 신문, 1991. 3. 20, 제2392호, 10; 대판 2000. 7. 28. 2000다14101, 공보, 2000. 10. 1, 제115호; 대판 2000. 9. 29. 2000다25569, 공보, 2000. 11. 15, 제118호.

44) 대판 1991. 6. 14. 90다11813: 헌법재판소는 재산분할로 취득한 재산 중 상속세 인적공제액을 초과하는 재산을 취득한 경우 그 초과부분에 관하여 증여세부과규정은 위헌[헌법재판소 결정(이하 '헌결'이라고 약칭함) 1997. 10. 30, 96헌바14, 헌법재판소판례집(이하 '헌재판집'으로 약칭함), 1997, 제9권 제2집, 454-474 참조]이라고 판시하였다. 이에 대한 판례연구는 이희배(2007), 64-67, 438-440 참조.

45) 대판 1994. 12. 22. 93다52068·93다52075, 법조, 1995. 5, 제464호, 266; 대판 1995. 3. 28. 94므1584, 신문, 1995. 5. 8, 제2405호, 9.

46) 대판 1994. 9. 9. 94다7536, 사법행정(이하 '사행'으로 약칭함), 1995. 1, 제1409호, 81.

재판상 이혼을 한 경우에는 별도로 청구할 수 있다(민법 제843조). 그러나 협의이혼의 과정에서 위자료를 지급받는 경우에는 후에 재판상 이혼을 하게 되더라도 위자료청구권은 소멸한 것으로 해석된다.[47]

② 재판상 이혼으로 인한 손해배상청구는 약혼해제의 경우와 같다(민법 843조에 의한 제806조 준용). 먼저 가정법원에 조정을 신청하여야 한다(가사소송법 제2조 제1항 다류 제2호, 제50조).

(2) 제3자의 불법행위책임

① 처에 대한 강간 또는 강간미수행위는 그 자체만으로 남편에 대한 불법행위가 된다.[48]

② 배우자의 일방과 간통한 자(예: 첩)는 타방배우자(예: 처)에 대한 불법행위가 된다.[49]

③ 제3자가 배우자 일방에 가담하여 혼인관계(사실혼관계)에 부당한 간섭으로 파탄에 이르게 한 행위는 타방에게 불법행위가 된다.[50]

4. 사실상 혼인관계와 그 해소

1) 사실혼관계 해소의 의의

사실혼관계는 당사자 일방의 사망, 사실혼해소의 합의 또는 일방의 파기에 의하여 해소된다. 또한 임의적인 혼인신고나 사실상혼인관계존재확인의 조정·재판에 의한 혼인신고에 의하여도 발전적으로 해소된다.

---

47) 대판 1983. 9. 27. 83므20·21, 월보, 1984. 2, 제161호.
48) 대판 1965. 11. 9. 65다1582·1583, 대판집, 제13권 제2집, 민 217.
49) 대판 1967. 4. 25. 67다99, 법원행정처(1985a). 1456; 대판 1993. 11. 25. 93가합623670, 신문, 1993. 12. 23, 제2275호, 12-13.
50) 대판 1965. 5. 31. 65므14, 대판집, 제13권 제1집, 민 177; 대판 1970. 4. 28. 69므37, 대판집, 제18권 제1집, 민 359.

2) 일방의 사망에 의한 해소

(1) 사망으로 인하여 사실혼이 해소되는 경우에는 생존배우자가 준혼공동생활체를 유지하는 데 필요한 범위 내의 법률관계의 존속을 인정하여야 한다. 즉, 생존배우자의 주거권은 사실혼부부의 공동주거권과 마찬가지로 사망자의 주택임차권과 채권적 전세권이 주택임대차보호법에 의하여 사실혼배우자에게 승계된다(주택임대차보호법 제9조, 제12조).

(2) 사실혼배우자에게 상속권은 긍정하는 견해[51]와 부정하는 견해[52]로 나뉘어져 있다. 입법조치가 없는 현실에서는 긍정설이 무리라고 이해된다.[53] 사실혼당사자 일방의 사망 시 그 상대방의 재산분할청구권은 인정하지 않는다.[54] 상속인부존재의 경우에는 피상속인과 생계를 같이 하고 있던 자로서 상속재산의 일부 또는 전부를 분여받을 수 있다(민법 제1057조의 2).

3) 사실혼의 합의해소

(1) 합의에 의하여 사실혼을 해소하는 데는 법률상 아무런 제한이 없다. 일방이 부부공동생활을 주장하는 경우에는 사실상혼인관계부존재확인을 가정법원에 청구할 수 있다(가사소송법 제2조 제1항 나류 제1호). 이 경우에는 유책배우자의 이혼청구의 기각의 법리는 적용이 없다고 이해된다.[55]

(2) 부부공유재산의 청산은 합의에 의하여 할 수 있고(민법 제269조), 재산분할청구[56](민법 제839조의 2)나 자의 양육에 관한 사항(민법 제837조, 제837조의 2)도 유추적용되어야 할 것이다(가사소송법 제2조 제1항 마류 제3호·제4호).

51) 정광현(1962). 154; 이경희(2006). 142.
52) 김주수(2002). 240, 243; 김용한(2002). 161; 서울행정법원 판결(이하 '서행판'이라 약칭함) 2001. 10. 11. 2001구4145, 신문, 2001. 10. 18, 제3019호.
53) 한봉희(2007). 129.
54) 대판 2006. 3. 24. 2005두15596, 공보, 2006. 5. 1, 제249호. 이 판례연구는 이희배(2007). 495-496 참조.
55) 대구지판 1972. 10. 27. 72드174.
56) 대판 1995. 3. 28. 94므1584, 신문, 1995. 5. 8, 제2405호.

4) 사실혼의 일방적 해소

(1) 사실혼의 해소는 자유이고 일방적으로 해소할 수 있다. 다만, 정당한 사유가 없이 해소한 경우에는 유책자에게는 상대방에 대하여 손해배상의 책임을 지우는 데 불과하다.[57]

(2) 사실혼해소의 정당사유의 유무의 판단기준은 사실혼을 준혼으로 다루는 관계로 후술하는 이혼원인(민법 제840조)과 혼인취소원인(민법 제816조)이 참고가 될 수 있을 것이다.

예컨대, 혼인 전 부정행위,[58] 연애행위,[59] 혼인순결성을 저버린 행위,[60] 성기능의 불완전,[61] 타인과의 사실혼[62] 및 폭행·학대·축출행위[63] 등은 사실혼해소의 정당사유가 된다.

그러나 여성의 임신불능[64]이나 출산불능,[65] 남성의 생식불능(무정자증)[66]이나 단순한 불화·가출행위[67]는 해소의 정당사유가 되지 않는다는 것이 판례다.

(3) 사실혼관계가 정당한 이유 없이 파기되었을 경우에는 당사자 일방은 과실 있는 상대방에 대하여 채무불이행 또는 불법행위로 인한 손해의 배상을 청구할 수 있다.[68] 손해배상의 범위는 재산상의 손해와 정신상의 고통을 포함하여야 할 것이다(민법 제806조). 재산적 손해에는 사실혼관계의 성립·유지와 인과관계 있는 모든 손해가 포함될 것이다.[69]

---

57) 대판 1975. 10. 14. 74므11.

58) 서울가심 1964. 11. 29. 64므320, 법전월보, 1965. 2.

59) 대판 1965. 5. 31. 65므14, 대판집, 제13권 제1집, 민 177.

60) 대판 1967. 1. 24. 66므39, 대판집, 제15권 제1집, 민 7.

61) 대판 1966. 1. 31. 65므65, 대판집, 제14권 제1집, 민 59.

62) 서울고판 1973. 10. 2. 73므23.

63) 대판 1983. 9. 27. 83므26, 공보, 1983. 11. 15, 제716호, 1594.

64) 대판 1960. 8. 18. 4292민상995, 대판집, 제8권, 민 123.

65) 대판 1991. 2. 26. 89므365·372, 공보, 1991. 4. 15, 제894호, 1089.

66) 대판 1982. 11. 23, 82므36. 대판집, 제30권 제4집, 행 62.

67) 대판 1966. 7. 26. 66므104, 대판집, 제14권 제2집, 민 209.

68) 대판 1970. 4. 28. 69므373, 대판집, 제18권 제1집, 민 359.

69) 대판 1989. 2. 14. 88므146, 공보, 제845호, 1989. 4. 1, 425; 대판 1984. 9. 25, 84므77, 공보, 1984. 11. 15, 제740호, 1726.

사실혼관계가 일방적으로 해소되는 경우에도 재산분할청구권의 규정(민법 제839조의 2)이 유추적용되어야 할 것이다.[70]

5) 자의 양육

사실혼해소 후의 자의 양육에 관한 사항에 관하여 제837조를 유추적용할 것이냐에 대하여 판례는 부정적이었다.[71] 그렇지만 사실혼해소의 경우는 이혼의 경우와 다를 바 없기 때문에, 자의 복리를 위하여 양육에 관한 사항(민법 제837조)과 면접교섭권에 관한 규정(민법 제837조의 2)은 사실혼해소의 경우에도 유추적용된다고 이해하는 것이 타당하다(가사소송법 제2조 제1항 마류 제3호).[72]

Ⅱ. 이혼숙려기간과 이혼 전 상담제도의 이해

1. 이혼숙려기간과 이혼 전 상담제도의 필요성 — 입법의 과정-

1) 협의이혼제도의 개선노력

⑴ 협의이혼 비율 추이

현행 이혼제도는 협의상 이혼과 재판상 이혼이 있다. 재판상 이혼은 1963년부터 조정전치주의에 의하여 당사자의 이혼의사를 존중하며 국가의 후견적 배려가 이루어지는 조정이혼절차를 경유하게 되어, 신중한 이혼과 자녀양육 내지 피해자 보호가 어느 정도 성과를 올릴 수 있다. 그런데 협의상 이혼의 비율이 1976년대 90.4%[73]라

---

70) 서울가판 1992. 10. 14. 신문, 1992. 10. 22; 대판 1995. 3. 28. 94므1584, 신문, 1995. 5. 8, 제2405호.
71) 대판 1979. 5. 8. 79므3, 대판집, 제27권 제12집, 행 18.
72) 서울고판 1989. 3. 13. 88르1998, 하판집, 1989, 제1권, 585; 대판 1989. 8. 8. 89므327, 공보, 1989. 10. 1, 제857호, 1361 참조.

는 압도적인 다수였기 때문에 1979년 법원의 이혼의사확인 제도를 신설 시행(민법 제836조 제1항)하였다. 그 후 협의이혼 비율이 1976년보다는 감소되었지만, 1980년 이후 그 비율은 점차 증가하여, 2006년에는 87.23%로 증가하고 있는 실정이다.[74]

(2) 이혼의사확인제도의 취약점과 개선의 필요성

2007년 민법 개정 전의 협의이혼은 당사자 사이에 이혼의사의 합치가 있고 미성년의 자에 대한 친권자를 정한 경우, 그 내용을 기재하여(민법 제909조 제4항, 호적법 제79조 제1항 제6호), 가정법원의 협의이혼의사확인을 받아 당사자 쌍방과 성년인 증인 2인이 연서한 서면으로 신고하도록 되어 있었다(민법 제834조, 제836조).

그러므로 협의이혼절차에서 국가(법관)의 후견적 배려는, 이혼사유의 정당성이나 자녀의 양육 및 위자료 등 손해배상 또는 재산분할의 여부 등에는 관여하지 않게 되는 등 이혼의사의 존부만을 다분히 형식적으로 확인하는 데 그치게 되어 있었다.

즉, 협의이혼은 당사자 의사존중이란 이념과 신속한 혼인의 해소에 초점을 두는 제도로서 이해되고 있었다. 따라서 이혼에 관련된 법적 절차와 그 효과를 숙지하지 못한 단계에서 자녀의 양육사항에 관한 협의가 없더라도 이혼이 가능하게 되어 이혼 후 그 자녀의 양육환경은 열악하게 될 수 있다. 또한 파탄 여부나 회복의 가능성 여부도 신중히 숙고하지 못하거나 심리적 평정을 유지하지 못한 채, 이혼만이 유일한 선택의 길이라고 속단한 나머지 이혼에 즈음하여 챙겨야 할 권리와 이익을 소홀히 취급하여, 이혼 후 가정의 안정을 회복하기 어렵게 될 수 있었다. 따라서 이 점에 관한 법원(국가)의 제도적 배려가 필요하게 된 것이며, 그 방안의 하나가 바로 이혼숙려기간과 이혼안내 및 상담제도의 입법이라 이해되어, 이 제도의 입법이 절실하게 된 것이다.

2) 협의이혼제도의 개선노력의 성과

(1) 위와 같은 신중하지 못한 협의이혼을 방지하고 이혼가정 자녀의 양육환경을 개선하기 위하여 서울가정법원과 가사소년제도 개혁위원회는 2004. 7. 5.부터 2005. 6.

---

73) 사법연감, 1977.

74) 협의이혼과 재판상 이혼의 비율은 1980년에 85.4% : 14.9%, 2004년에 86.25% : 13.74%, 2006년에 87.23% : 12.76%이다. 사법연감, 1981, 2005, 2007 참조.

까지 논의한 결과 '이혼절차에 관한 특별법안'을 마련하였다.[75] 이 안은 2005. 11. 16. 의원발의로 국회에 제안되었다.[76]

(2) 한국가족법학회는 2006. 6. 24. 「이혼절차에 관한 법안」을 주제로 학술대회를 개최한 바 있다.[77]

(3) 협의이혼제도의 문제점에 관하여는 1993년부터 학계에서 그 개선논의가 제기되어 왔다.[78] 법무부는 2006. 6. 29. 협의이혼개선방안에 대한 공청회를 갖고, 같은 해 7. 26. 이혼숙려기간의 도입과 협의이혼 시 자녀양육사항에 관한 합의를 의무화하는 등의 내용의 민법개정법률안을 입법예고를 경유, 2006. 11. 7. 민법일부개정법률안을 국회에 제안하였다.[79]

(4) 2005. 3. 2. 서울가정법원[80]을 비롯한 각 지방법원에서는 협의이혼 전 숙려기간 및 상담제도를 시범실시하였는데[81] 협의이혼 취하율이 시범실시 전보다 2배 이상 증가하는 것으로 평가되었다.[82]

2. 이혼숙려기간과 이혼 전 상담제도의 입법

1) 입법경위

이혼숙려기간 및 이혼 전 상담제도 도입에 관한 입법안(전술한 정부안과 이은영 의원 대표발의안)은 2007. 11. 22. 국회법제사법위원회(위원장)의 민법일부개정법률안(대안)으로 통합 조정되어, 같은 해 11. 23. 국회본회의에서 의결되고[83] 2008. 6. 22. 시행

---

75) 서울가정법원·가사소년제도 개혁위원회(2005). 48-53.

76) 이은영 의원 외(2005). 의안번호, 제3365호.

77) 김매경(2006). 1-9 참조.

78) 한봉희(1993). 83-126.

79) 정부(법무부)법률안, 2006, 1-27.

80) 서울가정법원(2005). '내규' 제100호 참조.

81) 한국가정법률상담소 인천지부(2007). 11-15참조.

82) 서울가정법원에서 시범실시 전의 이혼 취하율은 2005. 1.: 7.51%, 2005. 2.: 8.82%이던 것이 시범실시 이후인 2005. 3.: 15.45%, 2005. 4.: 18.7%, 2005. 5.: 16.56%로 증가하였다. 서울가정법원·가사소년제도개혁위원회 자료집, 2005, 21.

되게 되었다(법률 제8720호).

2) 입법의 내용과 재산분할청구권 보전

(1) 이혼숙려기간 도입(민법 제836조의 2 제1항 신설)

① 종래의 협의이혼제도는 전술한 바와 같이 당사자의 이혼의사의 합치 → 가정
   법원의 이혼의사확인 → 호적법에 의한 신고(호적법 제79조) 등 간편한 절차만
   으로도 이혼의 효력이 발생함으로써, 혼인의 보호보다는 자유로운 해소에 중
   점을 두어 신중하지 못한 이혼이 이루어지고 있다는 문제점이 있었다.

② 그런데 이혼숙려기간의 도입으로 협의이혼을 하려는 자는 이혼에 합의한 후
   가정법원이 제공하는 「이혼에 관한 안내」를 받아야 하고, 필요한 경우 가정
   법원은 「전문상담인의 상담」을 받을 것을 권고할 수 있다(민법 제836조의 2
   제1항).

③ 이혼의사의 확인을 신청한 당사자는 이혼숙려기간(이혼안내를 받은 날로부터
   양육하여야 할 자녀가 있는 경우는 3개월, 양육하여야 할 자녀가 없는 경우는 1개월)
   이 지난 후에 이혼의사의 확인을 받을 수 있다(같은 조 제2항). 폭력 등 이혼하
   여야 할 급박한 사정이 있는 경우에는 이혼숙려기간을 단축 또는 면제할 수
   있다(같은 조 제3항). 이렇게 함으로써 신중하지 아니한 이혼이 방지될 것으로
   기대된다.

(2) 자의 양육사항 및 친권자 지정합의의 의무화(민법 제836조의 2 제4항, 제837조,
    제909조 제4항)

① 개정 전 협의이혼제도는 당사자 사이에 자녀양육사항 및 친권자 지정에 관한
   합의 없이도 이혼이 가능함에 따라 이혼가정 자녀의 양육환경이 취약해지는
   문제가 있었다.

② 개정법은 2008년 6월 22일부터 협의이혼을 하고자 하는 부부에게 양육자의
   결정, 양육비용의 부담, 면접교섭권의 행사 여부와 그 방법이 기재된 양육사
   항과 친권자 결정에 관한 협의서 또는 가정법원의 심판정본을 이혼의사확인

---

83) 신문, 2007. 11. 26, 제3605호.

시 의무적으로 제출하도록 하였다. 이렇게 함으로써 이혼가정 자녀의 양육환경이 향상될 것으로 기대된다.

⑶ 이혼상담의 운영방향

서울가정법원이 협의이혼 전 이혼상담제도를 시범실시한 '협의이혼상담에 관한 내규'[84]에 의하면 '상담'이란 이혼 여부에 대하여 재고의 기회를 부여하고 이혼 후 파생될 수 있는 자녀양육문제 등에 대하여 원만한 합의를 도출할 수 있도록 도와주는 일체의 원조활동을 말한다(내규 제2조).

상담이란 counselling이라고 하고 조정이란 mediation이라고 이해되어 본질적으로는 다른 것이다. 상담위원은 심리학, 정신의학, 보건간호학, 사회복지학, 가족치료학, 상담학, 가족관계학 등 인간관계의 제 과학을 전공하고 상담분야의 전문가로서 덕망이 있는 인사이어야 한다(내규 제3조). 그런데, 전문상담인의 상담의 내용은 협의이혼의 과정에서는 ① 심리학·정신의학적인 원조활동이다. 그 이외에 ② '당사자의 이익과 이해관계인의 이익을 고려하고 분쟁의 평화적 종국적 해결을 이룩할 수 있는 방안을 마련하여야 하는 가사조정위원의 조정역할'(가사소송법 제58조 제1항 참조) 내용에 유사한 방안(자의 양육, 친권자 지정 등 해결을 위한 방안)을 당사자가 합의에 도달할 수 있도록 조력하는 것을 그 내용으로 한다고 이해할 수 있다(제2부 제6장 II. 3.∼5. 참조).

그렇지만 재판상 이혼(조정이혼)단계에서는 상담의 내용은 이혼 여부에 대한 재고를 포함한 심리학·정신의학적인 원조활동에 주안점을 두어야 할 것이다. 왜냐하면 법률적인 문제의 해결방안은 조정위원의 역할이기 때문이다.

⑷ 재산분할청구권보전을 위한 사해행위취소권의 신설(민법 제839조의 3)

　　① 재산분할정구권이 구체적으로 확정되기 전에 재산분할청구권을 피보전권리로 하고 사해행위취소권이 인정되는지의 여부에 대하여는 다툼이 있었다.[85]
　　② 개정법은 부부의 일방이 상대방 배우자의 재산분할청구권 행사를 해함을 알

---

84) 서울가정법원(2005). 주 80) 참조.
85) 대판 2000. 7. 28. 2000다14101, 월보, 2000. 12, 제363호; 대판 2005. 1. 28. 2000다58963, 공보, 2005. 3. 15, 제225호; 이 판결의 연구는 이희배(2007), 450-451, 444-445 참조.

고 사해행위를 할 때에는 그 상대방 배우자가 그 취소 및 원상회복을 법원에 청구할 수 있도록 함으로써, 재산분할청구권을 보전하기 위한 사해행위취소 권을 인정하고 있다(민법 제839조의 3).

③ 이로써 재산의 명의자가 아닌 배우자의 부부공유재산에 대한 잠재적 권리보 호가 강화될 것으로 기대된다.

3) 자의 면접교섭권의 주체성 인정(민법 제837조의 2 제1항)

개정 전에는 부모에게만 면접교섭권을 인정하고 있어서 자녀는 면접교섭권의 객 체로 인식되는 문제점이 있었다. 개정법에서는 자를 직접 양육하지 않는 부모의 일 방과 자는 상호 면접교섭할 수 있는 권리를 가진다고 규정하였다. 이는 유엔아동권 리협약상 아동이익 최우선의 원칙을 실현한 것으로서 아동의 권리가 한층 강화될 것 으로 기대된다.

제5장
협의이혼의 과정

Ⅰ. 협의이혼 논의의 배경

1. 부부는 협의에 의하여 이혼할 수 있다(민법 제834조). 협의이혼이란 당사자 간에 이혼에 합의하고 가정법원의 확인을 받아 가족관계등록법(제75조)에 정한 바에 의하여 신고함으로써 그 효력이 발생하는 이혼형태다(민법 제836조 제1항). 그 원인·동기는 묻지 않는다. 이혼의사의 확인을 받으려면, 이혼숙려기간이 경과하고 자의 양육사항과 친권자 결정의 협의서를 제출하여야 한다(민법 제836조의 2 참조).

2. 협의이혼은 재판상 이혼과 비교할 때 당사자의 이혼의사가 존중되고 이혼기간이 단축되며, 부부간의 정서적 갈등도 완화되고 경제적 부담도 경감할 수 있다는 잇점을 가지고 있긴 하다. 그러나 당사자가 이혼절차에 관한 소양이 부족하고, 이혼과정에서의 권리와 책임의식을 갖추지 못한 경우에는 사회적 약자는 권리침해를 당할 수 있고 경솔한 이혼이 될 수 있다는 결함이 있다.

3. 재판상 이혼의 경우에는 조정전치주의를 채택하여 당사자의 무책임하고 경솔한 이혼을 어느 정도 예방할 수 있는 제도적 장치가 있다. 이에 반하여 종래의 협의이혼의 경우에는 법원의 이혼의사의 진정성확인절차 외에는 거의 당사자 의사존중과 '이혼의 자유'란 명분하에 신중하지 아니한 이혼이 우려될 수 있다. 이러한 우려를 예방하고 이혼가정 자녀의 양육환경을 향상시키기 위한 이혼숙려기간과 이혼의 안

내 및 이혼상담을 권고하며 자의 양육사항 및 친권자 결정에 관한 협의서 제출을 의무화하는 입법이 2008. 6. 22. 시행되게 되었다(법률 제8720호).

　　4. 이혼숙려기간이 경과하고 자녀의 양육사항 등에 관한 협의서의 제출을 전제로 가정법원은 이혼의사확인을 한다. 이혼의사확인 후 3개월 내에 이혼신고를 하지 않으면 이혼의 효력이 발생하지 않고 그 법원의 확인은 실효하게 되는데[86](가족등록법 제75조), 이는 신중한 이혼을 기대하고 자유주의 이혼경향의 억지장치라고 이해된다.

Ⅱ. 협의이혼의 절차와 요건

1. 협의이혼절차에 관한 '대법원 규칙'과 '예규 등'의 개정

　　2007. 12. 21, 법률 제8720호로 공포된 '민법' 중, 일부 개정법률이 2008. 6. 22.부터 시행되어, 협의이혼절차에는, 이혼에 관한 안내와 상담권고, 이혼숙려기간 등이 도입되고, 미성년인 자녀가 있는 경우, 양육과 친권자 결정에 관한 협의서 또는 심판정본의 사전 제출의무가 도입되었다. 이에 따라 '가족관계의 등록 등에 관한 규칙' 중, '제7장 협의이혼의사의 확인'(제73조 내지 제78조)규정이 개정되었다(2008. 6. 5. 대법원규칙 제2181호). 이에 따라 '가족관계등록예규' 제276호 '협의이혼의 의사확인사무 및 가족관계 등록 사무 처리지침'(이하 '협의이혼예규'라 약칭)을 개정하게 되었다(2008. 6. 11. 결재). 즉, 이 개정은 '가족관계 등록 등에 관한 규칙'의 개정과(제2181호) 이와 관련된 '가사소송규칙'의 개정(2008. 6. 5. 대법원 규칙 제2177호)에 따른 것이다.

　　가사재판, 가사조정 및 협의이혼절차의 상담에 관한 예규(상담제도운영과 관련된 사무처리요령)는 2008. 6. 16. 재판예규 제1234호(이하 '상담예규'라 약칭)로 마련되어 시행되었고, 이에 따라 대법원, 가족관계등록예규 제168호는 폐지되었다.

---

86) 대판 1983. 7. 12. 83므11, 월보, 1983. 11, 제158호; 이 판결의 연구는 이희배(2007). 290-291참조

2. 협의이혼절차 개관

1) 이혼숙려기간과 이혼의사확인과정은 [그림 II-3]을 참고하기 바란다.

2) 이혼의사확인과정은 ① 이혼상담을 희망하지 않은 경우와 이혼상담을 희망하는 경우로서 ② 미성년자녀가 없는 경우와 미성년자녀가 있는 경우에 따라 구별된다.

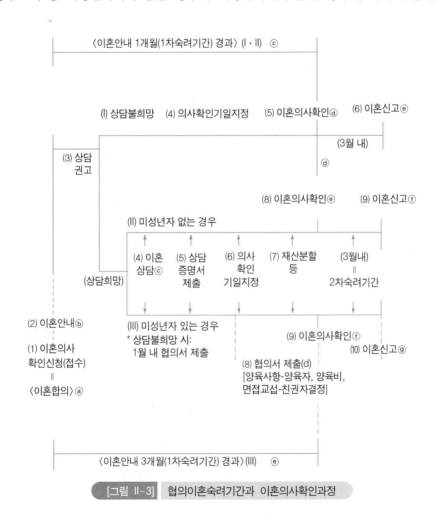

[그림 II-3] 협의이혼숙려기간과 이혼의사확인과정

(1) 이혼상담을 희망하지 않는 경우 중 미성년자녀 없는 경우는 ① 이혼의사확인신청 → ② 이혼안내 → ③ 이혼안내 1개월 후 이혼의사확인 → ④ 이혼신고의 절차를 밟는다.

(2) 미성년자녀가 있는 경우는 ① 이혼의사확인신청 → ② 이혼안내 → ③ 양육사항, 친권자 결정의 협의서 제출(확인기일 1월 전) → ④ 이혼안내 3월 후 이혼의사확인 → ⑤ 이혼신고의 절차를 밟는다.

(3) 이혼상담을 희망하는 경우 양육자녀가 없는 경우는 ① 이혼의사확인신청 → ② 이혼안내 → ③ 이혼상담 → ④ 이혼안내 1개월 후 이혼의사확인 → ⑤ 이혼신고의 절차를 밟는다.

(4) 양육자녀가 있는 경우는 ① 이혼의사확인신청 → ② 이혼안내 → ③ 이혼상담 → ④ 양육사항, 친권자 결정의 협의서 제출(확인기일 1월 전) → ⑤ 이혼안내 3개월 후 이혼의사확인 → ⑥ 이혼신고의 절차를 밟는다.

3) 혼인을 계속하기 어려운 중대한 사유 등 이혼사유가 있어서 당사자 간에 ① 이혼하기로 합의하고 가정법원에 ② '이혼의사확인신청'을 하면, 가정법원이 제공하는 ③ 이혼에 관한 안내를 받아야 하고, 가정법원은 필요한 경우 ④ 전문상담인의 상담을 권고할 수 있다(민법 제836조의 2 제1항). 미성년인 자가 있는 경우에는 양육과 친권자 결정에 관하여 상담위원의 상담을 받도록 권고하여야 한다(협의이혼예규 제4조 제1항).

당사자가 법원의 이혼의사의 확인을 받으려면 ⑤ 이혼상담을 받은 자는 그 상담증명을 제출하고, ⑥ 이혼숙려기간(1개월 또는 3개월)이 경과하여야 한다. 양육하여야 할 미성년자가 있는 경우에는 상담의 실시 여부와 관계 없이 ⑦ 자의 양육사항(양육자결정, 양육비 부담, 면접교섭권의 행사 여부 및 그 방법 등)과 친권자 결정에 관한 협의서 또는 가정법원의 심판정본을 의무적으로 제출하여야 한다(민법 제836조의 2 제2항 내지 제4항, 제837조의 2).

그 상담의 내용은 전술한 부부상담과 이혼상담 중 '협의서 제출'에 관한 내용으로 제한하고, 현재의 상담인의 실정에 비추어 '재산분할' 등 재산적인 문제에 관하여는 제한하는 것이 바람직하다(상담예규 제6조 제3항 단서).

위와 같은 ① 내지 ⑦의 요건이 갖추어지게 되면 가정법원은 이혼의사의 확인기일에 ⑧ 이혼의사의 진정성을 확인하고 그로부터 어느 경우이거나 3월(이른바 '제2차 숙려기간'이라 할 수 있다.) 안에 ⑨ 협의이혼신고를 하게 된다(가족등록법 제75조).

3. 협의이혼 성립의 요건

1) 당사자 사이에 이혼의사의 합치가 있을 것(민법 제834조)

(1) '이혼의사'의 해석에 관하여는 '신고의사'라는 '형식의사설'(소수설)[87]과 혼인의 실체를 해소할 의사라는 '실질의사설(다수설)', 가장이혼신고라는 증거가 없으면 법률상 이혼할 의사를 인정하는 '수정의사설',[88] 그리고 일시적이나마 법률상 부부관계를 해소하려는 의사라는 '법률적 정형설'[89] 등 다양하다. 그렇지만 이혼의사란 부부로서의 결합을 영구적으로 해소할 의사로서 자유롭고 무조건·무기한적이어야 한다(실질의사설). 이러한 이혼의사는 이혼신고서의 작성·제출·수리 시까지 존재하여야 한다.[90]

(2) 금치산자는 부모 또는 후견인의 동의를 얻어야 한다. 이혼의사의 합치에는 의사능력이 필요하므로 금치산자도 의사능력이 있으면 부모 또는 후견인의 동의를 얻어 이혼할 수 있다(민법 제835조, 제808조 제2항). 후견인이 없거나 동의할 수 없는 때에는 친족회의 동의를 얻어 이혼할 수 있다(민법 제835조, 제808조 제3항).

2) 당사자가 이혼의사확인신청을 할 것(민법 제836조 제1항, 가족등록법 제75조 제1항, 같은 규칙 제73조)

(1) 협의상 이혼하려는 사람은 서면이나 구술로 등록기준지 또는 주소지를 관할하는 가정법원에 함께 출석하여 이혼의사확인신청을 하여야 한다(가족관계등록규칙 제73조 제1항 제2호 서식). 부부 중 일방이 재외국민이거나 수감자로서 출석하기 어려운 경우에는 다른 일방이 출석하여 제출할 수 있다(협의이혼예규 제2조 제1항. 가족관계등록규칙 제73조 제2항). 재외국인의 경우에는 그 지역을 관할하는 공관장에게 이혼의사확인을 신청할 수 있다(부록 5. 제8호 서식 참조).

---

87) 대판 1993. 6. 11. 93므171, 공보, 1993. 8. 15, 제950호, 2021; 이 판결의 연구는 이희배 (2007). 213-214 참조.
88) 대판 1975. 8. 19. 75도1712, 대판집, 제23권 제2집, 형 76.
89) 대판 1983. 7. 12. 83므11, 월보, 1983. 11, 제158호.
90) 대판 1994. 2. 8. 93드2860, 월보, 1994. 7, 제236호.

(2) 가정법원은 이혼의사확인신청을 받으면 당사자에게 이혼에 관한 안내와 필요한 경우 전문상담인의 상담을 권고할 수 있고 이혼의사확인기일 1개월 전에 자녀의 양육사항과 친권자 결정에 관한 협의서를 제출하도록 한다(민법 제836조의 2, 제837조 제2항, 제3항, 협의이혼예규 제10조 제3항, 제12조 제1항 참조).

3) 이혼안내를 받고, 상담권고를 활용할 것(민법 제836조의 2 제1항)[91]

(1) 협의이혼을 하려는 자는 가정법원의 법원사무관 등 또는 가사조사관이 제공하는 이혼안내를 받아야 한다(협의이혼예규 제4조). 그 내용은 이혼절차, 이혼의 결과(재산분할, 친권, 양육권, 양육비, 면접교섭권 등), 이혼이 자녀에게 미치는 영향 등이다(협의이혼예규 제4조 제1항 및 제8호 서식). 그리고 가정법원이 권고하는 전문상담인과의 상담을 활용할 수 있다.

(2) 이혼숙려기간은 이혼안내를 받은 날로부터 기산되며 이 기간 동안 양육할 미성년자가 있는 경우에는 자의 양육사항과 친권자 결정에 관한 합의를 하여야 한다.

4) 이혼숙려기간이 경과하여야 한다(민법 제836조의 2 제2항 내지 제4항)

(1) 이혼숙려기간은 양육하여야 할 자(포태 중인 자를 포함한다)가 있는 경우에는 이혼안내를 받은 날부터 3개월, 그 이외의 경우에는 1개월이다. 이 기간이 지난 후에 이혼의사의 확인을 받을 수 있다(민법 제836조의 2 제2항).

(2) 위 기간은 폭력 등 급박한 사정이 있는 경우에는 단축 또는 면제할 수 있다(같은 조 제3항, 협의이혼예규 제6조, 제7호 서식 참조).

---

[91] '전문상담인'이란 가사재판 등을 관할하는 법원장 등이 '가사소송규칙' 제12조의 2 및 '가족관계의 등록 등에 관한 규칙' 제75조 제5항에 따라 심리학, 정신의학, 보건간호학, 사회복지학, 가족치료학, 상담학, 가족관계학 등 상담과 연관된 분야의 전문적 지식을 가지고 있고 가사재판 등 관련 상담 분야의 경험이 있는 사람으로서 상담위원으로 위촉하여 상담을 담당하게 하는 것이다(상담예규 제2조, 제4조 제3항 참조).

5) 자의 양육사항과 친권자 결정에 관한 협의서 또는 가정법원의 심판정본을 제출하여야 한다(민법 제836조의 2 제4항, 제837조, 제909조)

(1) 자의 양육사항과 친권자 결정에 관한 '협의서'는 양육하여야 할 미성년자녀가 있는 경우에는 상담 여부에 관계 없이 이혼의사확인기일 1개월 전까지에 제출하여야 하고 심판정본 및 확정증명서는 확인기일까지 제출할 수 있다(협의이혼예규 제2조 제3항).

(2) 양육사항의 협의서에는 ① 양육자의 결정, ② 양육비용의 부담, ③ 면접교섭권의 행사여부 및 그 방법이 포함되어야 한다(민법 제837조 제2항, 협의이혼예규 제2조 제3호 서식). 자를 양육하지 않는 부모의 일방과 자는 상호 면접교섭할 수 있는 권리를 갖는다(민법 제837조의 2 제1항).

(3) 자의 양육에 관한 협의(민법 제837조 제1항)가 자의 복리에 반하는 경우에는 가정법원은 보정을 명하거나 직권으로 그 자의 의사·연령과 부모의 재산상황, 그 밖의 사정을 참작하여 양육에 필요한 사항을 정한다(같은 조 제3항). 보정명령에 응하지 않는 경우 담당판사는 '불확인' 처리한다(협의이혼예규 제13조 제8호 서식).

(4) 양육에 관한 사항의 협의가 이루어지지 아니하거나 협의할 수 없는 때에는 가정법원은 직권으로 또는 당사자의 청구에 따라 이에 관하여 결정한다. 이 경우 가정법원은 제3항의 사정을 참작하여야 한다(민법 제837조 제4항).

(5) 가정법원은 자의 복리를 위하여 필요하다고 인정하는 경우에는 부·모·자 및 검사의 청구 또는 직권으로 자의 양육에 관한 사항을 변경하거나 다른 적당한 처분을 할 수 있다(같은 조 제5항).

(6) 민법 제 837조 제3항부터 제5항까지의 규정은 양육에 관한 사항 외에는 부모의 권리의무에 변경을 가져오지 않는다(같은 조 제6항).

(7) 혼인외의 자가 인지된 경우와 부모가 이혼하는 경우에는 부모의 협의로 친권자를 정하여야 하는데, 이 경우 친권자가 결정되면 그 협의서를 이혼의사확인기일 1개월 전에 가정법원에 제출하여야 한다(민법 제909조 제4항 및 민법 제836조의 2 제4항). 협의할 수 없거나 협의가 이루어지지 않는 경우에는 가정법원은 직권으로 또는 당사자의 청구에 따라 친권자를 정하여야 한다. 다만, 부모의 협의가 자의 복리에 반하는 경우에는 가정법원은 보정을 명하거나 직권으로 친권자를 정한다(민법 제909조 제4항 및 민법 제836조의 2 제4항 후문 단서).

(8) 가정법원은 혼인의 취소·재판상 이혼 또는 인지청구의 소의 경우에는 직권으

로 친권자를 정한다(민법 제909조 제5항).

(9) 가정법원은 자의 복리를 위하여 필요하다고 인정되는 경우에는 자의 4촌 이내의 친족의 청구에 의하여 정하여진 친권자를 다른 일방으로 변경할 수 있다(민법 제909조 제6항).

6) 가정법원의 이혼의사확인을 받아야 한다(민법 제836조 제1항, 제836조의 2)

(1) 협의이혼을 하고자 하는 자의 이혼의사확인신청을 받은 가정법원(법원사무관 등)은 이혼의사확인 기일을 지정한다. 즉, '법원사무관 등'은 매달 20일경 담당판사로부터 그 다음 달 실시할 협의이혼의사확인기일을 협의이혼의사기일지정부(제1호 서식)에 미리 지정받아야 한다. 부부 사이에 미성년자녀(포태 중인 자 포함)가 있는 경우 확인기일의 지정은 '민법' 제836조의 2 제1항 제1호를 준수하되, 이혼에 관한 안내를 받은 날이 미성년인 자녀가 성년도달 전 1개월 이내에 해당하는 경우, 1개월이 지난 후로 확인기일을 지정하고 성년도달 1개월 후부터 3개월 이내에 해당하는 경우, 성년에 달한 날 이후로 확인기일을 지정한다(협의이혼예규 제1조 제1항, 제2항).

(2) 당사자 쌍방이 출석하여 신청서를 제출하는 때에는 법원사무관 등은 이혼에 관한 안내를 받은 부부에 한하여, 신청당사자에게 협의이혼의사확인기일지정부에 예정된 기일 중에서 그 기일지정 기준에 따른 이혼의사확인기일 2개를 일괄하여 고지하여 준 후, 신청서의 '확인기일'란에 제1회 및 제2회 기일을 기재하여야 한다(협의이혼예규 제5조 제1항). 신속히 이혼을 하여야 할 급박한 사정이 있는 경우, 이혼의사확인까지 필요한 기간의 단축 또는 면제사유서를 제출할 때에는 법원사무관 등 또는 가사조사관은 상담위원의 상담을 통하여 사유서를 제출하도록 권고하고, 담당판사는 상담위원의 의견을 참고하여 이혼의사확인기일을 지정할 수 있다. 상담받은 날 다음 날부터 7일(상담을 받은 경우) 또는 안내받은 날 다음 날부터 7일(상담을 받지 않은 경우) 이내에 새로운 확인기일의 지정통지가 없으면, 최초에 지정된 확인기일이 유지된다(협의이혼예규 제6조 제1항, 제2항).

(3) 어느 경우이든 이혼의사확인기일은 이혼숙려기간을 지나야 하며, 자의 양육사항과 친권자 결정에 관한 협의서를 의사확인일 1개월 전까지 제출하여야 한다.

(4) 가정법원은 이혼의사확인기일에 당사자 쌍방이 출석하여 진술을 한 경우에는 반드시 '진술조서'(제10호 서식)를 작성하여야 한다. 그 조서에는 이혼당사자확인, 협의

이혼의사의 존부확인, 당사자 사이에 미성년인 자녀가 있는지 여부와 그 자녀에 대한 양육과 친권자 결정에 관한 협의서 또는 가정법원의 심판정본 및 확정증명서의 제출 여부, 판사의 보정명령요지와 보정여부, 기일지정 등을 각각 기재한다(협의이혼예규 제9조 제1항).

(5) 국내에 거주하지 않는 경우에 그 확인은 서울가정법원의 관할로 한다(가족등록법 제75조 제1항 단서). 부부 중 한쪽이 재외국민이거나 수감자인 경우는 재외공관이나 교도소의 장에게 확인을 촉탁하여 처리할 수 있다(가족관계등록규칙 제75조 제3항). 부부 양쪽이 재외국민인 경우에는 그 거주지 관할 재외공관의 장에게 이혼의사확인신청을 할 수 있다(같은 규칙 제75조 제1항, 제4항). 서울가정법원은 가족관계등록규칙 제75조 제1항부터 제3항까지의 경우에 이혼의사의 유무를 확인하여야 한다(같은 규칙 제76조 제4항).

(6) 이혼의사를 확인할 수 없는 경우로서는 ① 출석한 쌍방이 이혼의사가 없음을 진술한 경우, ② 이혼의사확인기일에 2회에 걸쳐 불출석한 경우다(협의이혼예규 제11조). 불확인 처리하는 경우로서는 ③ 협의서 또는 심판정본 및 확정증명서 등을 2회 기일에도 제출하지 않는 경우(협의이혼예규 제12조)와 ④ 협의서의 보정명령에 응하지 않는 경우(협의이혼예규 제13조) 등이다. 불확인 처리를 받은 경우에는 재판상 이혼 또는 재판상 친권자 지정 등을 청구할 수 있다(제8호 서식).

7) 이혼신고를 하여야 한다(민법 제836조 제1항, 제837조)

(1) 협의이혼은 가정법원의 확인을 받아 가족관계등록법에 정한 바에 의하여 신고함으로써 효력이 생긴다(가족관계등록법 제75조).

(2) 이혼신고는 가정법원의 확인을 받은 날로부터 3월 이내에 하여야 하며(가족관계등록법 제75조 제2항), 확인에 따른 이혼신고를 하지 않으면 이혼의 효력은 발생하지 않는다.[92] 또한 이혼의사확인이 있었다는 것만으로는 재판상 이혼사유가 되지 않으며,[93] 확인을 받은 날로부터 3월이 경과한 때에는 그 확인은 효력을 상실한다(가족관계등록법 제75조 제2항). 따라서 이 신고기간 3개월은 제2의 숙려기간으로 이해할 수 있다.

---

92) 대판 1983. 7. 12. 83므11, 대판집, 제31권 제4집, 행 39.
93) 대판 1988. 4. 25. 87므28, 월보, 1988. 7, 제214호.

Ⅲ. 협의이혼의 무효와 취소

1. 협의이혼의 무효

1) 협의이혼의 무효란 이혼신고가 수리되었으나 당사자 간에 이혼의 합의 또는 가정법원의 이혼의사의 확인이 없는 등 다음과 같은 경우를 말한다. 이는 가사소송법상의 개념이다(가사소송법 제2조 제1항 가류 제2호).

① 당사자 일방 또는 쌍방의 의사에 반하여 제3자가 이혼신고한 경우 [94]
② 이혼신고서의 수리 이전에 가족관계 등록 공무원에게 이혼의사를 철회한 경우 [95]
③ 심신상실자가 이혼신고시에 의사능력이 없었을 경우
④ 어떤 목적·방편을 위하여, 즉 채권자의 집행을 면하거나(판례는 가장이혼의 인정에 객관적 증거를 요함),[96] 혼인외의 자를 혼인중의 자로 하기 위하여,[97] 혼인한 여성이 상속을 위하여[98] 가장이혼의 신고를 한 경우에는 원칙적으로 무효이다.

2) 협의이혼의 무효는 당연무효이며 가정법원에 무효확인의 소를 제기할 수 있다(가사소송법 제2조 제1항 가류 제2호, 제22조~제25조).

---

94) 대판 1956. 8. 4. 4289민상235, 법원행정처(1985a). 1841.
95) 대판 1994. 2. 8. 92드2860, 월보, 1994. 7, 제286호.
96) 대판 1975. 8. 19. 75도1712, 대판집, 제23권 제2집.
97) 대판 1961. 4. 27. 4293민상536, 법원행정처(1985a). 1501.
98) 대판 1967. 2. 7. 66다2542, 대판집, 제15권 제1집, 민 98.

2. 협의이혼의 취소

사기 또는 강박으로 인하여 이혼의 의사표시를 한 자는 그 취소를 가정법원에 청구할 수 있다(민법 제838조, 가사소송법 제2조 제1항 나류 제3호). 취소를 하려면 조정을 신청하여야 하며 조정이 성립되지 않으면 제소신청을 할 수 있다(가사소송법 제50조, 제49조, 민사조정법 제36조). 그 취소청구권은 사기를 안날 또는 강박을 면한 날로부터 3월을 경과하면 소멸한다(민법 제839조, 제823조).

이혼이 취소되면 소급효가 인정되어야 하며,[99] 당사자가 이혼신고 후에 재혼하였으면 취소에 의하여 중혼이 된다.[100]

Ⅳ. 협의이혼의 효력

1. 혼인효과의 소멸

협의이혼을 하면 동거·부양·협조·정조의무와 같은 혼인의 본질적 효과의 소멸 등 일반적인 효과와 자의 양육·친권행사자의 결정 및 면접교섭권, 재산분할청구권이 발생하며, 자의 신분관계가 유지되는 것은 재판상 이혼의 경우와 동일하다. 따라서 이 점에 관하여는 '재판상 이혼'에서 함께 설명한다. 다만, 협의이혼의 경우에는 특약이 없는 한 이혼으로 인한 손해배상청구권은 발생하지 않는다.

---

99) 김주수(2002). 194; 이근식·한봉희(1981). 122.
100) 대판 1984. 3. 27. 84므9, 월보, 1984. 9, 제168호.

2. 재산분할청구권 보전을 위한 사해행위 취소권

부부의 일방이 다른 일방의 재산분할청구권 행사를 해함을 알면서도 재산권을 목적으로 하는 법률행위를 한 때에는 다른 일방은 민법 제406조 제1항을 준용하여 그 취소 및 원상회복을 가정법원에 청구할 수 있다. 위 청구권은 취소원인을 안날로부터 1년, 법률행위 있는 날로부터 5년 내에 제기하여야 한다(민법 제839조의 3, 제406조 제2항).

3. 협의이혼의 예약 등

협의이혼의 예약의 사실은 이혼사유가 되지 않으며 무효이다.[101] 예약의 사실은 이혼원인에 관련하여 고려사항이 될 수 있는 경우가 있을 것이다.[102] 사실상의 이혼은 사실상의 혼인과 반대개념으로서 존재할 수 있으며, 혼인신고주의 채택과 모순되지 않는 범위 내에서 그것에 협의이혼의 효과를 준용하는 것이 좋을 것이다.[103]

---

101) 대판 1965. 7. 27. 65므21, 법원행정처(1985a). 1506.

102) 김주수(2002). 183.

103) 김주수(2002). 183-185.

제6장
판결이혼 전 조정이혼의 과정

Ⅰ. 가정법원의 관장사항과 가사조정의 특수성

1. 가정법원의 구성과 재판사항

1) 가정법원의 구성

가정법원은 지방법원과 동급으로서 판사와 조정위원회가 있다. 가사재판은 단독판사관할과 합의부관할이 있으며 재판은 판사가 한다. 조정위원회는 조정장 1인과 조정위원 2인 이상으로 조직되며, 조정장 또는 조정담당판사는 가정법원장 또는 가정법원지원장이 그 법원의 판사 중에서 이를 지정한다(가사소송법 제52조 제1항). 조정위원은 학식과 덕망이 있는 자로서 매년 미리 가정법원장 또는 가정법원지원장이 위촉한 자 또는 당사자가 합의에 의하여 선정한 자 중에서 각 사건마다 조정장이 이를 지정한다(가사소송법 제53조 제2항).

2) 재판사항

(1) 가사소송법은 재판사항을 다음 [그림 Ⅱ-4]와 같이 가사소송사건과 가사비송사건으로 나누고, 각 성질에 따라 가사소송사건을 '가'류 사건(6개 항목), '나'류 사건(12개 항목), '다'류 사건(3개 항목)으로 나누고, 가사비송사건을 '라'류 사건(제45개 항목), '마'

류 사건(10개 항목)으로 나누어, 가정법원의 전속관할로 한다(가사소송법 제2조).

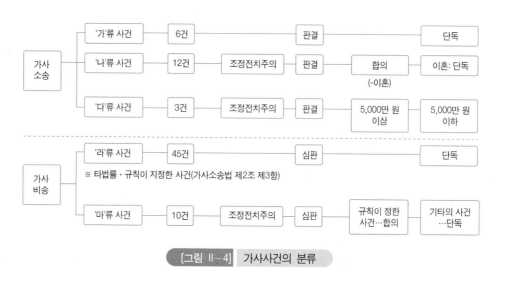

[그림 Ⅱ-4] 가사사건의 분류

(2) 가사소송사건 중 '나'류, '다'류 사건과 '마'류 가사비송사건에 대하여는 조정전치주의에 의하여 조정을 거쳐 재판을 한다(가사소송법 제50조).

2. 가정법원의 관장사항과 가사조정

1) 관장사항의 변동

(1) 가사사건에 관하여는 제한적으로 열거하는(가사소송법 제2조 제1항) 외에 다른 법률 또는 대법원 규칙에서 가정법원의 권한에 속하게 한 사항도 가사사건이 된다(가사소송법 제2조 제2항). 예컨대, 부재선고 또는 그 취소(부재선고등에관한특별조치법 제6조), 국외입양의 입양인가(입양특례법 제8조), 사실혼확인(혼인신고특례법 제2조), 국적취득자의 창성허가(가족관계등록법 제96조), 후견인의 순위확인과 민법 제1014조의 규정에 의한 피인지자 등의 상속분에 상당한 가액의 지급청구(가사소송규칙 제2조 제1항 제1호, 제2호) 등이 있다.

(2) 종전의 가사사건이 민사사건으로 된 것

　① 상속의 무효, 상속의 회복, 상속의 순위 및 상속분에 관한 청구, 상속권쟁송
　　중의 재산관리에 관한 처분
　② 후견인의 결격, 친족회원의 순위·결격, 친족회결의의 무효(다만, 후견인의 순
　　위확인사건은 가사사건임: 가사소송규칙 제2조 제1항)
　③ 유언의 무효

(3) 종전의 민사사건이 가사사건으로 된 것

　① 제3자에 대한 약혼해제 또는 사실혼관계부당파기로 인한 손해배상청구
　② 혼인의 무효·취소, 이혼의 무효·취소, 또는 이혼을 원인으로 하는 손해배상
　　청구(제3자에 대한 청구를 포함) 및 원상회복의 청구
　③ 입양의 무효·취소, 파양의 무효·취소 또는 파양을 원인으로 하는 손해배상
　　청구(제3자에 대한 청구를 포함) 및 원상회복의 청구
　④ 피인지자 등의 상속분에 상당한 가액의 지급청구(민법 제1014조)

(4) 가사사건으로 추가된 것

　① 민법 제839조의 2 제2항의 규정에 의한 재산분할에 관한 처분(재판상 이혼,
　　혼인취소의 경우 포함: 가사소송법 제2조 제1항 '마'류 제4호)
　② 민법 제909조 제2항 단서의 규정에 의한 친권행사방법의 결정(가사소송법 제2
　　조 제1항 '라'류 제8호)
　③ 민법 제909조 제4항 및 제6항(혼인의 취소를 원인으로 하는 경우를 포함)의 규정
　　에 의한 친권자의 지정과 변경(가사소송법 제2조 제1항 '마'류 제5호)
　④ 민법 제1008조의 2 제2항 및 제4항의 규정에 의한 기여분의 결정(가사소송법
　　제2조 제1항 '마'류 제9호)
　⑤ 민법 제1057조의 2의 규정에 의한 상속재산의 분여(가사소송법 제2조 제1항
　　'라'류 제35호)
　　〈2005. 3. 31. 민법일부개정(법률 제7427호)에 의거〉
　⑥ 민법 제781조 제5항 규정에 의한 자의 종전의 성과 본의 계속 사용허가(가사
　　소송법 제2조 제1항 나목 (1)의 제4호의 2)
　⑦ 민법 제781조 제6항의 규정에 의한 자의 성과 본의 변경허가(가사소송법 제2조

제1항 나목 (1)의 제4호의 3)

⑧ 민법 제869조 단서의 규정에 의한 후견인의 입양승낙에 대한 허가(가사소송법 제2조 제1항 나목 (1)의 제5호의 2)

⑨ 민법 제899조 제2항의 규정에 의한 후견인 또는 생가의 다른 직계존속의 파양행위에 대한 허가(가사소송법 제2조 제1항 나목 (1)의 제7호의 2)

2) 가사조정의 의의와 성질 · 특수성

(1) 의의와 성질

① 가사조정이란 가사사건에 있어서 당사자 사이에 양보와 합의를 통해 분쟁을 자율적으로 해결하기 위하여, 관계전문가(조정위원회)에 의한 조언과 협력을 받아 평화적 · 종국적으로 분쟁을 해결하는 절차이다.[104]

② 가사조정의 특징은 재판상 이혼에 있어서 조정전치주의를 채용하고 있다는 것이다. 가사조정은 조정담당판사라고 하는 단독제법관의 조정(가사소송법 제52조 제2항)과 조정에 갈음하는 결정(민사조정법 제30조, 가사소송법 제49조)제도와 더불어 조정절차를 소송절차와 유사하게 규정하고 있다는 점에서 재판적 성격을 띠고 있다. 이러한 점에서 가사조정의 성질에 관하여 조정도 재판이라고 이해하는 '조정재판설'이 있다. 즉, 당사자의 합의가 성립되지 않거나 당사자 사이에 성립한 조정내용이 상당하지 아니하다고 인정된 경우에는 조정위원회는 조정당사자의 합의를 촉구하는 데 그치지 않고 당사자의 이익 기타 제반사정을 참작하여, 가장 적합한 방안을 마련하여 이를 수락하게 함으로써 사건을 종국적으로 해결하는 것이다. 다른 하나는 '화해알선설'로서 조정에 대한 전통적인 입장에서 당사자 사이의 원만한 합의를 유도하기 위한 절차라는 것이다.[105]

(2) 가사소송법의 특수성

① 가사사건을 그 성질에 따라 재분류하여 가사소송사건과 가사비송사건으로 준별하였다. 특히 법원의 후견적 개입이 요청되는 사건에 대해서는 그 성질

---

104) 김용욱, 김연(1995). 330-331.
105) 김용욱, 김연(1995). 331.

에 불구하고 비송사건으로 분류하였다(주로 '마'류 가사비송사건).

② 처리절차에 있어서는 가사소송사건에 대하여는 직권주의의 제한아래 민사소송법을, 가사비송사건에 대하여는 비송사건절차법을 각각 적용 또는 준용하도록 하였다(가사소송법 제12조, 제17조, 제34조).

③ 가사비송절차에는 종전과 같이 그 심리와 재판을 공개하지 아니하나(비송사건절차법 제13조), 가사소송절차에 있어서는 종전과 달리, 비공개의 결정을 하지 않는 이상(법원조직법 제57조 제1항 단서), 그 심리와 재판을 공개하여야 하고, 서면주의가 적용된다. 종국재판의 형식도 가사비송사건에 대하여는 종전과 같이 '심판'으로 하지만(가사소송법 제39조), 가사소송사건에 대하여는 '재판'으로 하여야 한다(가사소송법 제12조, 민사소송법 제183조).

(3) 조정전치주의의 강화

① 조정회부의 강제　가사소송법은 '나'류ㆍ'다'류 가사소송사건과 '마'류 가사비송사건에 대하여 조정전치주의의 원칙을 선언하면서 '공시송달에 의하지 아니하고는 당사자의 일방 또는 쌍방을 소환할 수 없거나, 그 사건이 조정에 회부되더라도 조정이 성립될 수 없다고 인정될 때'를 그 예외사유로 명백히 규정함으로써(가사소송법 제50조 제2항 단서), 조정전치주의가 적용되지 않는 요건을 좀 더 명백히 하여 가능한 한 조정전치주의의 원칙을 지키도록 하였다.

② 단독조정과 조정에 갈음하는 결정의 도입　민사조정법의 조정담당판사의 단독조정제도를 도입하여 신속한 조정을 할 수 있도록 하고, 조정위원회가 작성한 조정안을 어느 정도 강권하는 '조정에 갈음하는 결정'제도를 도입하였다(가사소송법 제49조, 제52조, 민사조정법 제30조). 그렇지만 가사조정은 조정위원회의 조정을 원칙으로 하는 것이 민사조정과 다른 점이다.

③ 조정위원의 역할 강화　조정위원은 조정에 관여하는 외에 당해사건 및 다른 조정사건에 관하여 촉탁에 따라 단독으로 사실조사, 감정 등을 행할 수 있게 하여 전문적 지식과 능력의 이용이 가능하도록 하였다(가사소송법 제54조).

④ 조정위원회의 후견적 기능 강화　조정의 원칙으로서 친권행사자의 지정ㆍ변경 등의 경우에는 자의 복지를 우선으로 하여야 한다는 선언적 규정(가사소송법 제58조 제2항) 이외에, 조정안을 미리 마련하게 하고(가사소송법 제58조 제1항), 소송절차로 회부되는 때에는 의견을 첨부하도록 하는(가사소송법 제61조)

등 후견적 기능을 강화하였다.

(4) 이행확보제도의 강화

① 종래의 가사심판법상 실효성이 없던 의무이행권고제도(구 가사심판법 제38조)
를 없애고 의무이행명령의 실효성이 있도록 과태료를 증액하였다(가사소송법
제67조).

② 의무 중 현실적으로 강제집행이 용이하지 아니한 정기금지급명령과 유아인
도명령에 대한 의무이행에 대하여는 각각 3기 또는 30일의 불이행시에는 30
일의 범위 내에서 그 의무이행이 있을 때까지 감치를 할 수 있도록 하여 실제
적인 강제이행이 되도록 하였다(가사소송법 제68조).

③ 인지사건 등에서 피청구인이 혈액감정 등 신체감정에 응하지 아니하는 경우
에 과태료 처분은 물론, 30일의 범위 내에서 감치에 처할 수 있도록 함으로써
(가사소송법 제67조), 심리에 철저를 기할 수 있도록 하였다.

(5) 자의 친권자규정의 개선과 민법규정의 보완

① 후견인과 피후견인 사이, 수인의 피후견인 간의 이해상반행위의 경우에 특별대리
인 선임   이에 대하여 민법에는 준용규정이 없으나 제921조를 준용하여 특
별대리인을 선임하도록 하였다(가사소송법 제2조 제1항 '라'류 사건 제11호).

② 혼인취소와 인지의 경우의 자의 양육자 지정 등   혼인외의 자의 인지의 경우에
는 1990년 개정민법상 부모 중 일방(또는 쌍방)을 '친권을 행사할 자'로 지정하
도록 규정되어 있었는데(제909조 제4항), 2005년 개정민법에서 혼인의 취소
또는 인지의 경우에도 이혼의 경우처럼 친권을 행사할 자와 양육자를 분리하
여, 친권을 행사할 자의 지정과는 별도로 양육자와 면접교섭권 등 양육에
관한 사항을 정하도록 하였다(민법 제824조의 2, 민법 제864조의 2, 가사소송법
제2조 제1항 '마'류 사건 제3호).

③ 재판상 이혼 시, 혼인취소청구 시, 인지청구 시, 혼인무효청구 시의 친권행사자의
지정   개정민법은 혼인외의 자가 인지된 경우와 부모가 이혼한 경우에는
부모의 협의로 친권자를 정하여야 하고, 협의할 수 없거나 협의가 이루어지
지 아니하는 경우에는 가정법원은 직권으로 또는 당사자의 청구에 따라 친권
자를 지정하여야 한다. 다만 부모의 협의가 자의 복리에 반하는 경우에는

가정법원은 보정을 명하거나 직권으로 친권자를 정한다(2005년 개정민법 제909조 제4항).

가정법원은 혼인의 취소, 재판상 이혼 또는 인지청구의 소의 경우에는 직권으로 친권자를 정한다(2005년 개정민법 제909조 제5항).

자의 복리를 위하여 필요하다고 인정되는 경우에는 자의 4촌 이내의 친족의 청구에 의하여 정하여진 친권자를 다른 일방으로 변경할 수 있다(2005년 개정민법 제909조 제6항).

협의이혼의 경우에는 2007년 12월 21일 이혼숙려기간을 신설하는 민법개정에 의하여 이혼의사확인 시까지 민법 제837조에 따른 자의 양육과 민법 제904조 제4항에 따른 자의 친권자 결정에 관한 '협의서'를 제출하여야만 이혼의사확인을 하여주는 방법을 택하고 있다(민법 제836조의 2). 가정법원은 혼인의 취소나 재판상 이혼의 청구를 심리할 때에는 그 청구가 인용될 경우에 미성년자인 자의 친권을 행사할 자에 관하여 부모에게 미리 협의하도록 권고하여야 한다. 가정법원이 혼인무효의 청구를 인용하는 경우에 부와 부자관계가 존속되는 미성년의 자가 있는 경우에도 같다(가사소송법 제25조).

④ **혼인취소에 대한 이혼규정의 준용** 민법은 제837조 및 제837조의 2의 규정은 혼인취소의 경우에 자의 양육책임과 면접교섭권에 관하여 준용하고 있지만(민법 제824조의 2), 재산분할청구에 대하여는 준용규정을 두지 않았다. 가사소송법은 이 경우에 그 준용됨을 명백히 규정하였다(가사소송법 제2조 제1항 '마'류 사건 제4호).

위와 같이 민법규정을 일부 보완하는 가사소송법의 개정은 법체제상으로는 희망스럽지 못하지만, 개정민법의 운영상의 혼란과 어려움을 해소하기 위한 불가피한 조치라고 이해된다.

3) 조정기관과 조정당사자

(1) 관할법원

가사조정사건은 그에 상응하는 가사소송이나 가사비송사건을 관할하는 가정법원 또는 당사자가 합의로 정한 가정법원이 관할하고 있다(가사소송법 제51조). 따라서 가사조정사건의 법정관할은 본안사건의 관할법원이 이를 가지게 된다. 당사자가 법정관할법원 이외의 법원을 합의로 정하여 이 법원에서 조정이 개시되었는데, 조정이 성립하지 않아 소송절차로 이행되는 경우에는 법정관할법원으로 사건이 이송된다(가사소송법 제60조 후문).

(2) 조정기관

가사조정기관은 조정위원회와 조정담당판사다. 조정위원회는 1인의 조정장과 2인 이상의 조정위원으로 구성된다. 가정법원에서는 조정위원회를 미리 구성해 두는 것이 아니라, 가정법원장 또는 지원장이 법관 중에서 조정장을 지정하며(가사소송법 제53조 제1항), 조정위원은 미리 위촉된 인사 중에서 각 사건마다 지정된 조정장이 지정하거나 당사자의 합의에 의하여 선정된 자 중에서 조정장이 지정한다(가사소송법 제53조 제2항).[106)]

(3) 조정기관의 역할

① 가사조정에 관하여는 가사소송법에 특별한 규정이 있는 경우를 제외하고는 민사조정법의 규정을 준용한다(가사소송법 제49조).

② 조정담당판사는 스스로 조정을 할 수도 있고 사건을 조정위원회에 회부할 수도 있는(민사조정법 제7조 제2항 본문) 제1차적 조정기관이다.

③ 가사조정사건에서는 조정위원회가 원칙적으로 조정사건을 담당하는 것이다(가사소송법 제52조 제1항). 비합리성·윤리성이 지배하는 가사조정은 될 수 있으면 조정의 성격을 강조할 필요가 있기 때문이다. 따라서 조정담당판사가 조정을 담당하는 경우는 상당한 이유가 있고 당사자가 반대의사를 명백하게 표시하지 않는 경우로 제한되어 있다(가사소송법 제52조 제2항).

④ 조정담당 판사가 조정을 하는 경우에는 스스로 조정에 관한 사건 전체를 전부 담당하게 된다. 그렇지만 조정위원회가 조정을 하는 경우에는 조정장판사가 조정절차를 지휘하고(민사조정법 제11조), 기타 사항은 조정위원회가 이를 분담하게 된다(민사조정법 제40조).

---

106) 미리 위촉된 인사를 '조정위원'(민사조정법 제10조), 각 사건마다 참가하는 인사를 '조정위원회를 구성하는 조정위원'(같은 조의 2, 가사소송법 제53조 제2항)이라고 이해할 수 있다.

이때 조정위원회가 작성하는 조정안 — 결정서 — 등에는 조정위원회를 대표하여 조정장판사가 기명날인한다(가사소송규칙 제120조).

⑷ 조정당사자

① 가사조정사건에 있어서의 당사자는 본안으로 되는 가사소송사건 내지 가사비송사건의 당사자와 일치한다. 본안절차에서 적극적 당사자로 되는 자를 신청인, 그 상대방을 피신청인이라고 한다. 조정절차에도 당사자능력, 소송능력이 필요하며(민사소송법 제47조, 민사조정법 제38조) 이에 관한 민사소송법의 일반원칙이 준용된다. 소송대리인을 선임할 수도 있다(가사소송법 제7조 제2항, 제3항 참조). 신청인이 피신청인을 잘못 지정한 것이 명백한 때에는 조정위원회 또는 조정담당판사는 신청인의 신청에 의하여 피신청인의 정정을 허가할 수 있다(민사조정법 제17조).

② 일방당사자가 검사인 사건(민법 제864조 등)은 조정을 거칠 필요가 없이, 바로 심판청구나 소제기가 가능하다고 이해된다.

③ 조정의 결과에 대하여 이해관계가 있는 자(자의 양육 또는 면접교섭권에서의 자, 가사소송법 제2조 제1항 '마'류 제3호 참조)는 조정위원회 또는 조정담당판사의 허가를 얻어 조정에 참석할 수 있다(민사조정법 제16조 제1항). 조정위원회 또는 조정담당판사는 상당하다고 인정하는 때에는 조정의 결과에 관하여 이해관계가 있는 자를 조정에 참가하게 할 수 있다(같은 조 제2항).

Ⅱ. 조정의 개시와 조정의 실제

1. 조정신청과 사실의 조사

1) 조정신청과 조정개시

가사소송사건 중 '나'류·'다'류 사건과 '마'류 가사비송사건에 대하여 가정법원에 소를 제기하거나 심판을 청구하고자 하는 자는 먼저 조정을 신청하여야 한다(조정전 치주의: 가사소송법 제50조 제1항). 위의 사건에 대하여 조정을 신청하지 않고 소를 제기하거나 심판을 청구한 때에는 공시송달에 의하지 아니하고는 당사자의 일방 또는 쌍방을 소환할 수 없거나, 그 사건이 조정에 회부되더라도 조정이 성립될 수 없음이 명백한 것이 아닌 한, 가정법원은 그 사건을 조정에 회부하여야 한다(가사소송법 제50조 제2항). 조정절차는 이와 같은 신청과 처분에 의하여 개시된다.

조정의 신청은 서면이나 구술로 할 수 있다(가사소송법 제55조, 제36조 제2항). 조정의 목적인 청구의 원인과 동일한 사실관계에 기초하거나 그 당부의 전제가 되는 '나'류·'다'류·'마'류 가사사건의 청구는 병합하여 조정신청할 수 있다(가사소송법 제57조 제1항). 당사자 간의 분쟁을 일시에 해결함이 필요한 때에는 당사자는 조정위원회 또는 조정담당판사의 허가를 받아 조정의 목적인 청구와 관련 있는 민사사건의 청구를 병합하여 조정신청할 수 있다(같은 법 제57조 제2항).

2) 사실의 사전조사

조정장 또 조정담당판사는 특별한 사정이 없는 한, 조정을 하기 전에 기한을 정하여 가사조사관으로 하여금 사건에 관한 사실의 조사를 하게 하여야 한다(가사소송법 제56조). 조정장, 조정담당판사 또는 가사조사관은 사실의 조사를 위하여 필요한 때에는 경찰 등 행정기관 기타 상당하다고 인정되는 단체 또는 개인에게 사실의 조사를 촉탁하고 필요한 사항의 보고를 요구할 수 있다(가사소송법 제8조)(자세한 설명은 제2부 제4장 Ⅰ. 4. 참조).

2. 사전처분

가사조정의 신청이 있는 경우에 조정위원회 또는 조정담당판사는 필요하다고 인정한 때에는 직권 또는 당사자의 신청에 의하여 상대방 기타 관계인에 대하여 현상을 변경하거나 물건을 처분하는 행위의 금지를 명할 수 있고, 사건과 관련된 재산의 보존을 위한 처분, 관계인의 감호와 양육을 위한 처분 등 적당하다고 인정되는 처분을 할 수 있다(가사소송법 제62조 제1항)(자세한 설명은 제2부 제7장 I. 2. 참조).

3. 조정의 원칙

1) 조정위원회가 조정을 함에 있어서는 당사자의 이익 외에 조정으로 인하여 영향을 받게 되는 모든 이해관계인의 이익도 고려하고, 분쟁의 평화적·종국적 해결을 이룩할 수 있는 방안(예컨대 조정안)을 마련하여 당사자를 설득하여야 한다(가사소송법 제58조 제1항). 자의 친권을 행사할 자의 지정과 변경, 양육방법의 결정 등 미성년자인 자의 이해와 직접 관련되는 사항을 조정함에 있어서는 자의 복지가 우선적으로 고려되어야 한다(가사소송법 제58조 제2항, 민법 제912조).

그 방법으로 조정위원은 조정위원회의 조정에 관여하는 외에 가정법원·조정위원회·조정담당판사의 촉탁에 따라 다른 조정사건에 관하여 전문적 지식에 따른 의견을 진술하거나 분쟁의 해결을 위하여 사건관계인의 의견을 듣는다(가사소송법 제54조).

2) 조정기일에 당사자와 이해관계인의 진술을 듣고 조사관의 조사보고서 및 증거조사 등에 의하여 사실의 진상을 명확히 하여, 실정에 적합하고도 타당한 해결을 할 수 있도록 쌍방을 설득·호양을 권고하고 혹은 해결방안(조정안)을 제시하여 그 수락을 촉구하는 등 과정을 거쳐서 행한다.

3) 이러한 조정은 기일에 가정법원이나 그 밖의 장소에서 당사자와 이해관계인을 출석시켜 비공개로 한다. 대석을 필요로 하지 않고 개별적으로 의견을 들은 후에 적절한 처리를 할 수도 있다.

4) 원숙한 조정위원이 되기 위해서는 다음과 같은 '3행의 원칙'과 '10계의 원칙'을

유의하여야 한다. 즉, ① 잘 들어야 하고 ② 깊이 생각하여야 하며 ③ 설득하는 말을 잘 하여야 한다(3행의 원칙). 하지 말아야 할 10계는 ① 불출석을 하지 말아야 한다. ② 조정의 대가인 척 하지 말아야 한다. ③ 사실의 인정을 소홀히 하지 말아야 한다. ④ 당사자로 되지 말아야 한다(불공평성). ⑤ 다른 조정위원을 무시하지 말아야 한다. ⑥ 상대방은 이렇게 말하고 있다고 들고 나오지 말아야 한다. ⑦ 자신의 의견이나 감상을 쉽게 말하지 말아야 한다. ⑧ 조정안의 합의의 성립에 안주하지 말아야 한다. ⑨ 주심조정의 결과를 조정장에게 장황하게 이야기하지 말아야 한다. ⑩ 차회의 기일 고지를 한 후에는 남아 있지 말고 일방당사자의 대화요청을 들어주지 말아야 한다(10계의 원칙).[107]

4. 조정위원회의 조정 실시

조정위원은 조정신청서와 조사관의 조사보고서를 기초자료로 하여 주심담당 조정사건의 ① 사실관계를 파악하고, ② 이혼사건인 경우 당사자의 혼인·가족생활의 실상과 파탄 여부 및 그 귀책성을 판단하고 부부재산을 파악한 후(조정 1단계: 사실관계와 문제점의 탐지), ③ 조정방향을 구상하고, ④ 당사자와 조정을 실시한다. ⑤ 임의조정의 가능성(강제조정의 가능성 포함) 및 조정불성립의 대상을 판단하고 조정이 가능한 경우 그 조정내용을 항목별로 구체화한다(조정 2단계: 조정안의 책정). ⑥ 조정장에 그 경위와 조정안(가안)을 제시하여 조정장이 주재하는 조정위원회에서 최종적인 조정을 시도한다(조정 3단계: 조정합의서 형성). 그 자세한 내용은 다음과 같다.

1) 사실관계의 파악

⑴ 당사자관계와 관련자를 파악한다

① 당사자인 신청인과 피신청인의 인적사항, 연령, 국적, 교육정도, 결혼방법, 직업, 사회적 지위, 재산정도, 동거·별거기간, 사건발생원인, 직계가족, 부양가족 등을 파악한다. ② 사건본인인 자녀의 연령과 양육실태와 ③ 그 밖의 관련자를 파악한다.

107) 서울가정법원 가사조정실무연구회(이호원, 손왕석, 정승원, 한숙희, 전연숙, 최정인, 김소영)(2008). 334-340.

(2) 청구취지와 청구원인을 파악한다

① 청구취지는 이혼, 위자료 내지 손해배상, 자의 양육사항, 친권자지정, 재산분할 등에 관한 것이다. ② 청구원인은 각 청구취지 항목별로 청구취지를 정당화하는 기술이다. 예컨대 '청구인과 피청구인은 이혼한다.'는 청구취지를 정당화하기 위한 기술로서 재판상 이혼원인(민법 제840조)이 피청구인에게 있다는 기술인 것이다. ③ 반소가 있는 경우에도 같은 방법으로 사실관계를 파악한다.

2) 혼인·가족생활의 실상과 파탄여부 및 부부재산의 파악과 판단

(1) 당사자의 신분이 혼인신분인가 사실혼신분인가 아니면 그 밖의 관계인인가를 파악한다.

(2) 생활실상은 동거여부, 동거기간, 별거기간, 부양여부, 자의 양육실상을 파악한다.

(3) 파탄여부와 그 귀책성을 판단한다. 혼인·가족생활의 파탄여부 판단의 기준은 혼인의 본질적인 기능 — 부부로서의 동거·부양·협조의 기능(민법 제826조) — 이 수행되고 있느냐의 여부로 판단한다(제1차의 법적 판단). 그 파탄의 원인은 재판상 이혼사유들이다(민법 제840조). 즉, ① 배우자에게 부정한 행위가 있었을 때, ② 배우자가 악의로 다른 일방을 유기한 때, ③ 배우자 또는 그 직계존속으로부터 심히 부당한 대우를 받았을 때, ④ 자기의 직계존속이 배우자로부터 심히 부당한 대우를 받았을 때, ⑤ 배우자의 생사가 3년 이상 분명하지 아니한 때, ⑥ 기타 혼인을 계속하기 어려운 중대한 사유가 있을 때 등이다. 위와 같은 사유들로 인하여 동거·부양·협조가 이루어지지 않는 것이 바로 혼인파탄인 것이다. 그 원인을 일으킨 당사자가 파탄의 귀책자인 것이다. 당사자의 행위가 이러한 파탄원인에 해당하느냐. 즉, 귀책자이냐를 판단하여야 한다(제2차의 법적 판단).

(4) 부부재산의 실상을 파악한다. 즉, 혼인 중 '당사자 쌍방의 협력으로 이룩한 재산의 액수'를 파악하고 판단한다(민법 제839조의 2 제2항, 제830조 참조)(제3차의 법적 판단).

① 부부재산에는 고유재산(특유재산)과 공유재산, 공유로 추정되는 재산, 그 밖의 무형적(잠재적) 재산인 '전문의 자격' 등 신종재산(New property)[108](민법 제830

---

108) 서울가판 1991. 6. 13. 91드1220, 하판집, 1991, 제2권; 서울가판 1991. 8. 8. 90드63238,

조 참조)을 파악한다.

② 이러한 부부재산 중 이혼에 따른 재산분할의 대상이 되는 재산과 대상이 되지
않는 재산을 파악하고 판단하여야 하며(제4차의 법적 판단),[109] 그 자세한 설명
은 전술한(제4장 I. 3.-4.)의 (3) 재산분할청구권의 내용 —'분할대상재산' —
을 참조하기 바란다(민법 제830조 참조).

(5) 위에서 파악한 사실관계와 혼인생활실태파악에서의 의문점 등 '질의사항'을
미리 마련하여 둔다. 즉, 당사자관계와 청구취지와 청구원인 및 혼인·가족생활의
실상 — 파탄여부·귀책성·부부재산 특히 재산분할의 대상여부와 쌍방협력의 정도 —
등에 관한 질의 사항을 미리 정리해서 질의(석명)준비를 해 둔다(이상 조정 1단계).

3) 조정구상과 조정안(가안)준비

(1) 조정방향을 구상한다. ① 재결합의 가능성여부, ② 혼인공동체가 해체될 경우
자의 양육사항 — 양육자, 양육비 부담, 면접교섭권의 행사여부 및 그 방법 — 친권자
결정과 위자료 내지 손해배상청구, 재산분할청구 등 청구취지내용에 대한 구체적 조
정구상을 한다.

(2) 조정안(1차 가안)을 구상하여 주심조정위원 간에 미리 의견조율을 한다.

4) 주심조정위원의 조정의 실시

(1) 당사자에게 조정제도의 취지를 안내·설명한다. 즉, 조정제도는 당사자의 의견
을 존중하고 신속하고 비밀을 보장하면서 분쟁을 서로 양보하여 평화적·종국적으로
해결할 수 있다는 점 등을 설명한다. 이 조정이 성립되지 않으면 소송으로 이행하여
장기간과 고비용이 소요되고, 사생활의 비밀이 보호되기도 어렵다는 점을 안내·설득
한다.

(2) 질의(석명)를 통하여 사실관계와 재산관계 중 의문점을 명확히 한다.

하판집, 1991, 제2권; 대판 1998. 6. 12. 98므213, 공보, 1998. 9. 15, 제62호 참조.
109) 그 자세한 설명은 이희배(1995). 287-290 참조.

(3) 당사자와 소송대리인의 의견을 청취하여 당사자의 희망과 양보할 수 없다고 생각하고 있는 한계점을 확인하여 둔다.

(4) 정리된 조정안(2차 가안: A안)을 마련한다. 즉, 조정장과의 조정의 실제에 임하기 전에 주심조정위원간에 조율하였던 조정안(1차 가안)을 다시 다듬어 아래의 같은 내용의 조정안(2차 가안: A안)을 (별실에서) 성안한다.

① 이혼   혼인파탄이 확인되어야 한다.
② 위자료 내지 손해배상   파탄의 귀책자에게 과실책임원칙에 따라 부담시킨다
   (민법 제806조와 843조: 제2차의 법적 판단 참조).
③ 자의 양육사항   양육하여야 할 미성숙자녀가 있을 때 양육자결정과 양육비
   의 부담 및 면접 교섭권의 행사여부 및 그 방법을 포함한다(민법 제837조, 제
   837조의 2 참조: 제5차의 법적 판단).
④ 재산분할   당사자의 특유재산으로부터의 수익재산, 공유재산, 공유추정재
   산, 전문의 자격 등 신종재산 등 가운데 재산분할의 대상이 되는 재산, 즉
   혼인 중 당사자 쌍방의 협력으로 이룩한 재산을 분할 대상으로 판단하고(위
   제4차의 법적 판단 참조) 그 분할대상재산의 분할비율을 정한다(제6차의 법적
   판단). 그 분할 비율은 특정재산마다 분할비율을 정할 수도 있지만[110] 최근의
   판례는 분할대상재산별로 분할비율을 달리하는 것을 허용하지 않고 있다.[111]
   그 재산분할비율에 관하여는 '당사자 쌍방의 협력으로 이룩한 재산을 균등하
   게 분할함을 원칙으로 한다.'는 입법론이 있기는 하였다.[112] 이러한 입법론은
   2007. 11. 23. 국회의결에서 채택되지 않았다.[113] 합리적인 재산분할의 비율
   은 쌍방의 협력정도에 따라 부부간의 '역할균형형'과 '역할초과형' 및 '역할저
   해형'에 따라 그 분할 비율을 달리 하여야 할 것이다.[114] 예컨대 맞벌이 부부

---

110) 서울가판 1991. 8. 8. 90드63238(주 108 참조).
111) 대판 2002. 9. 4. 2002므718, 공보, 2002. 10. 15, 제164호; 이희배(2007). 459-460 참조.
112) 정부안, 2006, 제839조의 2 제2항 후단 참조.
113) 2007. 12. 21. 공포 시행한 민법일부개정법률 제8720조 참조.
114) 대판 1994. 12. 2. 94므1072는 전업주부의 분할비율을 2분의 1로 함은 과다하다고 판시한
   다. 월보 1995. 5, 제296호; 이희배(2007). 453-454. 그 자세한 내용은 이희배(2001).
   1071, 1082-1091 참조.

등 '역할초과형'은 '균등분할비율'에 근접하고, 전업주부인 '역할균형형'은 '균등 이하의 비율'로 하고, 재산탕진 등 '역할저해형'은 '격차가 큰 비율'로 하는 방안이다.

분할방법은 분할대상 재산이 금전이거나 금전으로 쉽게 평가할 수 있는 경우(예: 가분재산인 경우)는 '가액 또는 지분 분할의 방법'으로 할 수 있다. 각자 명의의 재산이 분할비율에 근접하는 경우에는 당사자에게 귀속된 재산의 현상을 유지·동결하고서 분할비율에 따라 과부족분을 조정하는 방안('현상동결 후 조정방안')으로 할 수 있다. 그리고 각자 명의의 재산이 분할비율과 격차가 크거나 명의대로 귀속시키는 것이 합리성이 없는 경우에는 부부 쌍방의 재산을 통합·합산하여 분할대상으로 하고 합리적인 분할비율에 따라 분할하는 방안('통합·합산 후 분할방안') 등이 있다.

5) 조정안의 책정

조정안(2차 가안: A안)을 제시하여 설명하고 수락을 설득한다. 즉, ① 이혼 후 생활안정과 자의 복리를 우선하여 마련되었으며 분쟁을 신속하고 평화적·종국적으로 해결할 수 있는 조정안임을 설득한다. ② 조정안(A안)에 대하여 당사자의 동의가 없으면 조정안에 대한 당사자의 의견을 요청하여 '당사자의 조정안($B_1 \cdot B_2$)'이 제시되면 (A)안과 ($B_1 \cdot B_2$)안을 절충하여 절충안(2차 가안: C안)을 마련하고, 그 수락을 설득한다. 그 절충안(가안: C안)에 당사자가 합의하면 '임의조정'이 성립될 수 있다. 당사자 일방은 동의하는데 타방 당사자가 정당한 이유 없이 반대하여 당사자의 합의가 이루어지지 않으면 '조정에 갈음하는 결정'(이른바 '강제조정')을 할 수 있다(이상 조정 2단계).

6) 조정위원회의 조정형성의 시도

(1) 절충안(C안)이 마련되면 조정장에게 그 경과와 조정안(가안: C안)을 제시하고 조정장의 주재하에 당사자가 그 절충안(가안: C안)에 합의하는 것을 조정장이 확인하면 임의조정이 성립되는 것이다.

(2) 만약 그 절충안(가안: C안)에 당사자 일방은 동의하는데 타방이 정당한 이유 없이 합의하지 않으면 조정장과 주심조정위원이 다시 당사자의 의견을 청취하고 또 다시

새로운 조정안(3차 가안: D안)을 마련하여 제시하여도 설득·수락이 되지 않으면 '조정에 갈음하는 결정'을 하든지 조정불성립으로 하여 소송으로 이행하게 된다(이상 조정 3단계).

(3) 조정에 갈음하는 결정을 한 경우 그 결정문이 송달된 날로부터 2주일 안에 이의신청을 하지 않으면(민사조정법 제30조, 제34조), 그 조정안은 확정된다.

5. 이혼조정과 이혼상담의 비교

1) 상담과 상담위원의 위촉

(1) 상담의 의의

'상담'이라 함은 가사재판, 가사조정 및 협의이혼의사확인(이하 '가사재판 등'이라고 한다)절차에서 혼인생활의 유지·개선을 위하여(예: 부부상담) 또는 이혼 후 건강한 적응과 미성년인 자의 양육 및 친권자지정에 관한 사항 등 이혼에 따른 제반문제의 협의를 돕기 위하여(예: 이혼상담) 심리학·정신의학·사회복지학·가족치료학·가족관계학 등 전문적인 지식과 경험을 활용하여 하는 일체의 원조활동을 말한다(대법원 재판예규 제1234호; '상담예규' 제1조, 제3조, 제4조 제3항).

(2) 상담제도 운영과 상담위원의 위촉

가사재판을 관할하는 각급법원, 지원 또는 시·군 법원은 전문상담인을 상담위원으로 위촉하는 방식으로, 외부상담기관을 지정하여 상담을 담당하게 하는 방식 또는 위 두 가지를 병행하는 방식으로 상담제도를 운영할 수 있다(상담예규 제2조). 각급법원장, 지원장(이하 '법원장 등'이라 한다)은 지방자치단체, 건강가족지원센터 등 직능단체 또는 자치단체에 추천을 의뢰하거나 공모 등의 방법으로 상담위원으로 위촉할 사람을 물색하여, 상담과 연관된 분야의 전문적 지식을 가지고 상담분야의 경험있는 사람 중에서 상담위원을 위촉하여야 한다(상담예규 제4조 제3항 참조).

2) 상담제도 운영의 기본방향

상담제도는 가사재판 등 절차에서 법원이 당사자에게 전문상담인의 상담을 받을 것을 권고함으로써, 자의 양육에 관한 사항과 친권자지정이 자의 복리를 위하여 가장 바람직한 방향으로 협의되도록 하고 당사자의 가정 그 밖의 자의 양육환경을 조정하여 분쟁을 원만하게 해결하는 등 가정문제를 근본적으로 치유할 수 있도록 운영되어야 한다(상담예규 제3조 참조).

3) 상담의 실시

(1) 재판·조정에서의 상담
　① 재판장의 상담권고에 따라 당사자가 상담받기를 희망하는 경우 법원사무관 등은 상담일이 지정된 후 바로 당사자와 상담위원에게 적절한 방법으로 기일을 통지한다.
　② 상담위원은 당사자로 하여금 상담 전 질문지를 작성하게 할 수 있다.
　③ 상담위원은 당사자와의 사이에 문답을 통하여 문제의 원인을 분석하고 가정문제에 대한 객관적 접근을 통하여 당사자의 가정환경 등을 조정할 수 있도록 노력한다. 다만 분쟁의 법률적 해결의 원조는 담당하지 않는다.
　④ 재판상 이혼, 혼인의 취소·무효 등 사건에서 당사자에게 양육하여야 할 미성년자녀가 있는 경우에는 양육에 관한 사항, 이혼 후 의사소통을 통한 자의 복리증진에 관한 사항을 상담내용에 포함시켜야 하고 양육에 관한 사항, 친권자지정에 관한 사항에 관하여 당사자들이 자의 복리에 충실한 협의를 할 수 있도록 도움을 주어야 한다(상담예규 제6조 제1항 내지 제4항 참조).

(2) 협의이혼에서의 상담
　① 협의이혼의사확인신청사건의 당사자는 법원사무관 등 또는 가사조사관의 상담권고(협의이혼예규 제4조)에 따라, 상담받기를 희망하는 경우 법원사무관 등은 상담일이 지정된 후 바로 당사자와 상담위원에게 적절한 방법으로 상담일을 통지하여야 한다.
　② 협의이혼에서의 상담에 관하여 그 성질에 어긋나지 않는 범위내에서 위 상담예규 제6조 제1항부터 제4항까지를 준용한다(상담예규 제7조 참조).

(3) 협의이혼 시 '이혼상담'의 내용

요컨대 협의이혼의사확인신청 시의 상담(이혼상담)할 내용으로서는 ① 이혼숙려기간채택의 입법취지와 관련하여 이혼합의의 신중한 재검토와 ② 양육할 자녀가 있는 경우에는 자녀의 양육사항(양육자, 양육비용 부담 및 면접교섭권의 행사여부와 방법)과 친권자 결정에 관한 협의서의 제출문제를 원조하는 상담이라고 할 수 있다. ③ 그 밖에 이혼의사확인을 받은 뒤의 처리와 그 효력 등을 들 수 있다. 이와 같이 혼인생활에서 고통을 겪고 있는 사람들에게 혼인상담과 같은 전문적 원조를 주어야 하는 것은 '문화적 명령(cultural imperative)'이라고 말할 수 있다.[115]

(4) 상담위원은 상담을 마친 때에는 상담보고서를 작성하여 담당재판부에 제출하여야 한다(상담예규 제8조 참조).

4) 이혼상담과 이혼조정의 비교 · 요약

이혼상담과 이혼조정을 비교하면 같은 점은 '이혼과정에서의 국가의 후견적 배려와 원조'이고, 다른 점은 다음 〈표 II-1〉과 같이 요약할 수 있다.

〈표 II-1〉 이혼상담과 이혼조정의 비교

구 분	적용단계	선택성 · 필수성	담당기관	역할 · 기능	성과(효과)
이혼상담	협의이혼	법원의 상담권고 (선택적) 이혼숙려기간 중	전문상담인	〈협의이혼 단계〉 ① 심리학 · 정신의학적 원조—이혼여부의 재고 기회. ② 자의 양육사항과 친권자 결정에 관한 협의서 작성 등의 원조	① 소 취하: 이혼의사 철회 ② 이혼에 따른 양육사항 등 협의서 제출
	재판상 이혼 (조정이혼)	법원의 상담권고(선택적)	전문상담인	〈조정이혼 단계〉 ① 심리학 · 정신의학적 원조—이혼 여부의 재고 기회 원조	① 소 취하: 이혼의사 철회
이혼조정	재판상 이혼 (조정이혼)	필수적: 조정전치주의	조정위원(회)	① 이혼에 따른 법률문제의 '조정안' 작성 · 설득 → 분쟁의 평화적 · 종국적 해결 원조 ② 심리학 · 정신의학적인 원조—이혼여부의 재고의 기회	① 조정성립: 화해의 효과 ② 조정불성립: 소송이행 ③ 소 취하

---

115) Mudd & Goodwin. (1963). Marriage Counseling. *The Encyclopedia of Mental Health*, *Vol. 3*, 979-980. 한봉희(1976). 115에서 재인용

5) 이혼상담과 이혼조정의 비교 이해

일반적으로 상담 활동은 이혼소송 중에 있는 부부 또는 이혼이나 별거에 관계 없이 혼인생활에 곤란을 겪고 있는 부부들을 원조하는 것을 목적으로 하고 있다.[116] 그런데 서울가정법원이 협의이혼 전 이혼상담제도를 시범실시한 내규[117]에 의하면 '상담'이란 이혼여부에 대하여 재고의 기회를 부여하고 이혼 후 파생될 수 있는 자녀양육문제 등에 대하여 원만한 합의를 도출할 수 있도록 도와주는 일체의 원조활동을 말한다(내규 제2조).

협의이혼의 과정에서의 전문상담인의 상담의 내용은 〈표 II-1〉에서 기술한 것과 같이 ① 심리학·정신의학적 원조활동이다. 그 이외에 ② 자의 양육사항과 친권자지정에 관한 협의서 제출에 관하여 '당사자의 이익과 이해관계인의 이익을 고려하고 분쟁의 평화적·종국적 해결을 이룩할 수 있는 방안을 마련하여야 하는 가사조정위원회의 조정역할(가사소송법 제58조 제1항 참조)에 유사한 활동으로―분쟁의 법률적 해결을 제외한―분쟁 당사자가 합의에 도달할 수 있도록 조력하는 것을 그 내용으로 한다고 이해할 수 있다.

그렇지만 재판상 이혼(조정이혼) 과정에서는 상담의 내용은 이혼여부에 대한 재고를 포함한 심리학·정신의학적인 원조활동에 주안점을 두어야 할 것으로 이해된다. 왜냐하면 이혼에 의하여 파생되는 법률적인 문제는 조정위원회의 조정으로 해결될 과제라고 보기 때문이다.

---

116) 한봉희(1976). 106-107
117) 서울가정법원(2005). 내규 제100호.

Ⅲ. 조정절차의 종료와 소송·심판으로의 이행

1. 조정절차의 종료원인

1) 조정절차는 조정신청의 각하·취하·조정의 성립, 조정에 갈음하는 재판, 조정을 하지 않기로 하는 결정, 조정불성립의 결정 등에 의하여 종료된다.

2) 조정담당판사 또는 조정위원회는 사건의 성질상 조정을 함에 적당하지 않다고 인정하거나 부당한 목적으로 조정신청을 한 것임을 인정하는 때에는 조정을 하지 않는 결정으로 사건을 종결시킬 수 있다(민사조정법 제26조 제1항).

2. 조정의 성립

1) 조정담당판사 또는 조정위원회가 제시한 조정안을 조정당사자 쌍방이 동의하면 조정이 성립되게 된다. 그 조정안은 가급적 합의내용이 구체적으로 정해질 필요가 있다.

2) 당사자 사이에 합의된 사항을 조정조서에 기재하면 조정이 성립된다. 조정 또는 확정된 조정에 갈음하는 결정은 재판상 화해와 동일한 효력이 있다. 다만 당사자가 임의로 처분할 수 없는 사항에 대하여는 그러하지 아니하다(가사소송법 제59조).

3) 조정안의 내용은 적법성·타당성이 요구된다. 따라서 당사자 사이에 합의가 있다고 하더라도 그 내용이 상당하지 않은 경우에는 조정위원회 또는 조정담당판사는 조정불성립을 선언하거나 조정에 갈음하는 결정을 할 수 있다(민사조정법 제27조, 제30조 참조).

3. 조정에 갈음하는 재판

1) 조정에 갈음하는 결정이란 합의가 성립되지 아니한 사건 또는 당사자 사이에 성립된 합의의 내용이 상당하지 않다고 인정되는 사건에 관하여 조정위원회 또는 조정담당판사가 직권으로 조정에 갈음하여 하는 재판이다. 가급적 합리적인 결론을 도출하고 이를 당사자에게 어느 정도 강행하기 위한 것이다(민사조정법 제30조 참조).

2) 조정에 갈음하는 재판에 대하여는 당사자가 조서의 정본이 송달된 날로부터 2주일 내에 이의를 신청할 수 있다. 조서 등본의 송달 전에도 이의를 신청할 수 있다(민사조정법 제34조 제1항). 이 기간 내에 이의신청이 없으면 조정에 갈음하는 결정은 재판상 화해와 동일한 효력이 있다(같은 조 제4항).

3) 이의신청이 있으면 조정에 갈음하는 결정은 효력을 상실하고 조정신청을 한 때에 소가 제기된 것으로 의제된다(민사조정법 제36조 제1항 제3호).

4. 소송·심판절차로의 이행

1) 조정사건에 관하여 조정을 하지 아니하기로 하는 결정, 조정이 성립되지 아니한 것으로 종결되면, 조정신청을 한 때에 소의 제기 또는 심판청구가 있는 것으로 본다. 조정에 갈음하는 결정에 대한 이의신청에 의하여 이 결정이 효력을 상실한 경우에도 같다. 이 경우에는 제소신청 없이 당연히 소송절차로 이행된다(민사조정법 제36조).

2) 조정사건이 소가 제기된 것으로 의제되거나 조정전치주의를 위반하여 조정에 회부된 사건을, 조정이 성립되지 않아 다시 가정법원에 회부할 때에는 조정장 또는 조정담당판사는 의견을 첨부하여 기록을 관할 가정법원에 송부하여야 한다(가사소송법 제61조).

제 **7** 장
판결이혼과 심판과정

Ⅰ. 소송절차의 개시와 사전처분

1. 소송절차의 개시

1) 가사소송절차에 관하여는 가사소송법에 특별한 규정이 있는 경우를 제외하고는 민사소송법의 규정에 의하고(가사소송법 제12조), 가사소송법과 가사소송규칙에 특별한 규정이 있는 경우를 제외하고는 민사소송규칙의 규정을 준용한다(가사소송규칙 제14조).

2) 절차의 개시

'가'류, '나'류, '다'류 가사소송절차는 가정법원에 소의 제기나 관할의 이송으로 절차가 개시된다.

(1) 소의 제기방법은 소장을 관할법원에 제출하여야 한다.
(2) '나'류, '다'류 가사조정사건에 관하여 조정을 하지 아니하기로 하는 결정이 있거나 조정이 성립되지 아니하고 조정에 갈음하는 결정이 없는 때에는 신청인은 조서등

본이 송달된 날부터 2주일 이내에 조정의 목적인 청구에 관하여 제소신청을 할 수 있다(가사소송법 제60조, 민사조정법 제36조). 적법한 제소신청이 있는 때에는 조정신청을 한 때에 소가 제기된 것으로 본다(민사조정법 제36조 제1항).

(3) 가정법원은 소송의 전부 또는 일부가 그 관할에 속하지 아니함을 인정한 때에는 결정으로 관할법원에 이송하여야 한다(가사소송법 제13조 제3항).

2. 사전처분

1) 사전처분의 의의

가사소송의 제기, 가사심판의 청구 또는 가사조정의 신청이 있는 경우에 가정법원·조정위원회 또는 조정담당판사는 사건의 해결을 위하여 특히 필요하다고 인정되는 때에는 직접 또는 당사자의 신청에 의하여 상대방 기타 관계인에 대하여 현상을 변경하거나 물건의 처분행위의 금지를 명할 수 있고, 사건에 관련된 재산의 보존을 위한 처분, 관계인의 감호와 양육을 위한 처분 등 적당하다고 인정되는 처분을 할 수 있다(가사소송법 제62조 제1항).

2) 사전처분의 절차

(1) 사전처분을 할 수 있는 자는 당해 가사사건을 담당하고 있는 가정법원·조정위원회 또는 조정담당판사다. 사전처분은 소제기·심판청구·조정신청 등 보다 앞서서 할 수 있는 것은 아니므로, 현재 사건 등을 담당하고 있는 법원 등이 아니면 이를 할 수 없다고 생각된다. 급박한 경우에는 재판장 또는 조정장이 단독으로 사전처분을 할 수 있다(가사소송법 제62조 제1항).

(2) 사전처분의 내용으로 법이 예시하고 있는 사항은 현상의 변경의 금지, 물건의 처분의 금지, 재산의 보존을 위한 처분, 관계인의 감호와 양육을 위한 처분 등 적당하다고 인정되는 처분이다.

(3) 사전처분의 효력은 그 의무자에 대하여 처분대로 이행할 의무만을 발생시키는 데 그친다. 그 의무위반의 행위가 무효로 되는 것은 아니며 사전에 그 의무이행을

강제로 실현시킬 수도 없다(가사소송법 제62조 제5항).

3. 가압류 · 가처분

1) 의 의

(1) 가정법원은 가사소송법 제62조(사전처분)의 규정에 불구하고 가사소송사건 또는 '마'류 가사비송사건을 본안으로 하여 가압류 · 가처분을 할 수 있다. 이 경우 민사집행법 제276조 내지 제312조의 규정을 준용한다(가사소송법 제63조). 민사소송법상의 가압류 · 가처분은 강제집행을 보전하기 위하여 특히 계속되는 권리관계에 관하여 현저한 손해를 피하거나 급박한 위험을 방지하기 위하여 쟁의 있는 권리관계에 관하여 임시의 지위를 정하는 잠정처분이다(민사집행법 제276조, 제300조).

(2) 가압류는 금전채무의 집행보전을 위한 처분이고, 계쟁물에 관한 가처분은 특정물의 집행보전을 위한 처분이나 임시의 지위를 정하기 위한 가처분은 권리의 보전을 위한 것으로서 집행보전을 위한 것에 한하지 않는다.

(3) 가사소송법이 인정하는 가압류 · 가처분은 전술한 것과 같이 사전처분(가사소송법 제62조)과는 별도로 가사소송사건이나 '마'류 가사비송사건을 본안사건으로 하여 할 수 있다. 가압류 · 가처분과 사전처분은 요건 · 대상 · 효과 · 불복방법 · 집행의 가부 등의 점에서 차이가 있다. ① 가압류 · 가처분은 사전처분에 비하여 절차가 복잡한 반면에 효과적인 방법이다. ② 가압류 · 가처분은 민사집행법상의 규정을 준용하므로(가사소송법 제63조 제1항) 민사집행법상의 절차(민사집행법 제276조~제312조), 가압류 · 가처분명령을 함에 있어서는 담보를 제공하지 않고 할 수 있다(가사소송법 제63조 제2항).

2) 가압류 · 가처분의 사전처분과의 차이

(1) 처분요건

사전처분은 법원이 필요성을 인정하면 신청이 없어도 직권으로 할 수 있으나, 가압류 · 가처분은 보전의 필요가 인정되어야 하고 직권으로는 할 수 없다.

⑵ 대 상

사전처분은 가사사건·비송사건·조정사건 등 어떤 사건에도 할 수 있으나, 가압류·가처분은 가사소송사건과 '마'류 가사비송사건에만 할 수 있다.

⑶ 시 기

사전처분은 소의 제기·심판청구·조정의 신청 등이 있어야 할 수 있지만, 가압류·가처분은 소제기 전에도 할 수 있다.

⑷ 역할·절차

사전처분에는 당사자의 역할이 별로 기대되지 않으며, 절차가 중요시되지 않는다. 가압류·가처분절차에서는 채권자는 소명 등의 역할이 필요하고, 절차가 매우 중요시된다.

⑸ 집행력

사전처분은 집행력이 없으나 가압류·가처분은 집행력이 있으므로 강제집행을 할 수 있다.

⑹ 불복방법

사전처분의 불복방법은 즉시항고이지만, 가압류·가처분은 항소, 이의, 각종 취소신청 등 불복방법이 넓게 인정된다.

4. 사실의 조사

1) 직권조사

⑴ 가정법원이 '가'류와 '나'류 가사소송사건을 심리함에 있어서는 직권으로 사실조사와 증거조사를 하여야 한다(가사소송법 제17조).

⑵ 재판장·조정장·조정담당판사 또는 가사조사관은 사실의 조사를 위하여 필요

한 때에는 공무소, 은행, 공사, 학교, 관계인의 고용주 기타의 자에 대하여 관계인의 예금, 재산, 수입, 교육관계 기타의 사항에 관하여 사전조사를 촉탁하고 필요한 사항의 보고를 요구할 수 있다(가사소송규칙 제3조).

2) 가사조사관 등의 사실조사

(1) 가정법원은 직권으로 사실을 조사한다. 보통은 가사조사관이란 특별조사기구에 의하여 행하여진다.

(2) 재판장·조정장·조정담당판사 또는 가사조사관은 사실의 조사를 위하여 필요한 때에는 경찰 등 행정기관 기타 상당하다고 인정되는 단체 또는 개인에게 사실의 조사를 촉탁하고 필요한 경우에 보고를 요구할 수 있다(가사소송법 제3조 제8조).

(3) 가사조사관은 재판장, 조정장 또는 조정담당판사의 명을 받아 사실을 조사하고 (가사소송법 제6조) 의무이행상태를 점검하며 당사자 또는 사건관계인의 가정 기타 주위환경의 조정을 위한 조치를 한다(가사소송규칙 제8조).

3) 조사보고서의 작성

(1) 가사조사관이 사실조사를 마친 때에는 조사보고서를 작성하여 조사를 명한 재판장·조정장 또는 조정담당판사에게 보고하여야 한다(가사소송규칙 제11조 제1항).

(2) 조사보고서에는 사건의 표시, 당사자의 성명 수명연월일과 조사사항으로 기본조사와 자료수집 및 조사경과를 기재한다(재판상 이혼청구에 대한 조사보고서 예시).

- 조사요건으로 조사일시, 대상, 장소 및 조사방법을 기재하고, 당사자의 인적사항으로서 성별, 직업, 교육정도, 촌수별, 결연별, 동거·별거기간, 사건발생원인, 발단의 원인, 재산정도, 재산청구액, 직계존·비속, 부양가족 수, 기타 특기사항 등을 조사·기재한다.
- 당사자의 주장 소명자료와 결혼 전의 생활내역, 결혼의 사정, 결혼 후의 생활내역, 분쟁의 과정과 현상에서 당사자의 쟁점을 정확히 파악하고 쌍방의 합의점에 도달할 수 있도록 조언과 최선의 해결방법을 찾는 등 조사관의 전 지식을 활용하여야 한다.

- 가정환경, 양가의 가정상황과 자녀 등의 인적사항을 조사하고, 경제상태, 쌍방의 재산정도와 재정수입(월수) 등의 생활능력상태를 기재한다.
- 심신상태, 쌍방의 건강상태를 기재한다.
- 끝으로 조사관의 의견이다.[118]

(3) 조사관은 사건 전체에 대한 이해력과 면접과정에서 예리한 감수성과 통찰력으로서 얻어진 조사결과를 요약하고, 청구원인이 법정사유(예컨대 민법 제840조의 각호 등)에 해당하는가, 당사자의 추구하는 것이 무엇인가 등 구체적이고 타당성 있는 의견을 제시한다.

Ⅱ. 재판상 이혼원인과 심리

1. 이혼재판의 심리

1) 재판은 조정의 경우와 마찬가지로 본인 또는 법정대리인이 출석하는 것을 원칙으로 하고, 특별한 사정이 있을 때에는 재판장의 허가를 얻어 대리인을 출석하게 할 수 있고 보조인을 동반할 수 있다.

2) 종전의 가사심판법에서는 심판의 선고 이외에는 비공개를 원칙으로 하였으나(구 가사심판법 제31조), 가사소송법은 이 규정을 삭제하여 공개를 원칙으로 하고 보도에 있어서만 비밀이 준수되도록 하고 있다(가사소송법 제10조).

3) 가정법원은 '가'류 또는 '나'류 가사소송사건을 심리함에 있어서는 직권으로 사실조사 및 필요한 증거자료를 조사하여야 하며(직권주의: 가사소송법 제17조), 변론주의가 제한되어 민사소송법상의 청구의 인낙·자백에 관한 원칙이 적용되지 않는다(가사소송법 제12조). 그리고 언제든지 당사자 또는 그 법정대리인을 심문할 수 있다(직접심리주의: 가사소송법 제17조).

---

118) 김종권(1991). 92-93.

2. 판결과 심판

1) 가사소송사건의 종국재판은 판결로써 하고(가사소송법 제12조, 민사소송법 제183조), 가사비송사건의 제1심 종국판결은 심판으로서 한다(가사소송법 제39조 제1항). 판결은 선고로 효력이 발생하며(가사소송법 제12조, 민사소송법 제190조), 심판은 이를 받은 자가 고지를 받음으로써 효력이 발생한다(가사소송법 제40조).

2) 가정법원의 판결에 대하여 불복이 있으면 항소할 수 있고(가사소송법 제19조 제1항), 항소법원의 판결에 대하여 불복이 있으면 상고할 수 있다(가사소송법 제20조). 심판에 대하여는 원칙적으로 항고할 수 없으나 대법원 규칙에 정함이 있는 경우에 한하여 즉시항고로써만 불복할 수 있다(가사소송법 제43조).

3) 가족신분관계에 관한 사항인 '가'류 또는 '나'류 가사소송사건의 청구를 인용한 확정판결은 제3자에게도 효력이 있다(가사소송법 제21조 제1항).

3. 재판상 이혼원인

1) 재판상 이혼 서설

(1) 재판상 이혼의 의의

재판상 이혼이란 정하여진 이혼사유가 있는 경우 부부의 일방의 청구에 의하여 가정법원의 조정 또는 판결로 이루어지는 이혼이다(민법 제 840조). 이혼사유가 있음에도 불구하고 일방이 협의이혼에 응하지 않는 경우에 하게 된다. 먼저 이혼조정을 신청하여야 한다(가사소송법 제50조).

(2) 재판상 이혼원인 각호의 성격

① 민법은 상대적 이혼원인주의를 채용하여 [그림 II-5]와 같은 개별적 이혼원인(민법 제840조 제1호~제5호) 이외에 '기타 혼인을 계속하기 어려운 중대한 사유'가 있을 때에는 이혼을 인정함으로써 이혼원인에 탄력성·타당성을 도모하고 있다.

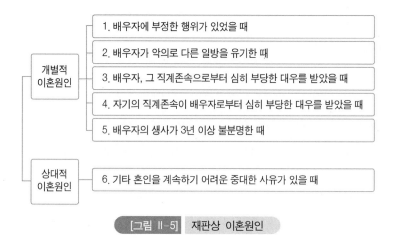

개별적
이혼원인
- 1. 배우자에 부정한 행위가 있었을 때
- 2. 배우자가 악의로 다른 일방을 유기한 때
- 3. 배우자, 그 직계존속으로부터 심히 부당한 대우를 받았을 때
- 4. 자기의 직계존속이 배우자로부터 심히 부당한 대우를 받았을 때
- 5. 배우자의 생사가 3년 이상 불분명한 때

상대적
이혼원인
- 6. 기타 혼인을 계속하기 어려운 중대한 사유가 있을 때

[그림 II-5]   재판상 이혼원인

② 위와 같은 제840조 제1호 내지 제5호의 사유는 절대적 또는 개별적·구체적 이혼원인이라 할 수 있고 제6호의 사유는 상대적·추상적 이혼원인이라고 할 수 있다. 제1호 내지 제5호의 사유는 각각 '혼인을 계속하기 어려운 중대한 사유' 중의 하나라고 볼 수 있는 '전형적인 것'이므로 그 중 어느 한 사유에 해당되는 것이 인정되면 바로 '혼인을 계속하기 어려운 중대한 사유'로 이혼청구가 인용되어야 한다.

③ 문제가 되는 것은 이혼청구권이 하나(민법 제840조)인가 6개(민법 제840조 제1호~제6호)인가 그리고 이혼원인이 6개라고 한다면 상호전환이 가능한가의 여부다. 판례는 이혼사유는 6개이므로[119] 상호전환성을 부정하고 있다.[120] 그렇지만, 청구인은 개별적인 이혼원인(예컨대, 부정한 행위)에 기인하여 혼인을 계속하기 어려운 중대한 사유를 원인으로 하여 이혼을 청구하는 것이므로 이혼소송물은 제840조 하나뿐이라고 이해된다.[121] 또한 이혼청구인의 청구취지는 이혼이므로 그 청구원인이 제1호든 제6호든 이혼에 이르는 방법에 불과하고 또한 소송경제면에서 볼 때에 제840조 각호 상호간의 전환성을 긍정하여야 할 것이다.[122]

---

119) 대판 2000. 9. 5. 99므1886, 공보, 2000. 11. 1, 제117호. 이 판결의 연구는 이희배(2007). 214-216 참조.

120) 대판 1963. 1. 31. 62다812, 대판집, 제11권 제1집, 50-52.

121) 박병호(1992). 119; 대판 1981. 12. 8. 81므48, 대법원가사판결원본, 제16집, 232.

122) 김주수(2002). 198; 박병호(1992). 119; 대판 1990. 8. 28. 90므422, 월보, 1991. 1, 제244호;

(3) 이혼원인의 변천·발전

구민법으로부터 현행 민법에의 이혼원인의 변천·발전은 다음과 같은 키워드 (Keyword)의 비교로 표현할 수 있다. 즉, 절대주의에서 상대주의로, 구체적·한정적 인데서 추상적·포괄적인 것으로, 제한열거에서 전형적 예시로, 유인에서 무인으로, 과실주의에서 무과실·목적주의로, 유책주의(책임주의)·제재이혼에서 무책주의·파 탄주의·구제이혼으로, 주관주의에서 객관주의로, 부부불평등주의에서 부부평등주 의로, 남자전권의 단의이혼에서 부부평등의 당사자주의로 변천·발전하였다고 할 수 있다.

2) 배우자의 부정한 행위(제1호)

(1) 의 의

'부정한 행위'란 간통을 포함하는 보다 넓은 개념으로서 간통까지는 이르지 않더라 도 부부의 정조의무에 충실하지 않는 일체의 행위가 포함된다.[123]

(2) 요 건

부정한 행위라고 하려면 외형적으로는 혼인의 순결성에 반하는 사실이 있고 내심 적으로는 자유로운 의사에 의하여 행하여졌다는 두 개의 요소가 필요하다.[124] 또한 부정한 행위에는 부·처의 경우에 따라 그 정도의 차이가 없으며, 혼인 후의 행위만 이 그 평가의 대상이 된다. 그러므로 약혼단계에서의 부정한 행위는 제840조 제1호 의 부정한 행위에 해당되지 않는다.[125] 그러나 혼인 전부터 부첩관계가 혼인 후까지 계속될 때에는 간통행위[126]의 반복으로서 그 성행위마다[127] 부정한 행위에 해당된다.

대판 1990. 12. 26. 90므453·460, 월보, 1991. 5, 제248호. 이 판결의 연구는 이희배(2007). 293-294 참조.

123) 대판 1963. 3. 14. 63다54, 대판집, 제11권 제1집, 민 187; 대판 1987. 5. 26. 87므5·6, 월보, 1987. 8, 제203호; 대판 1992. 11. 10. 92므68, 월보, 1993. 4, 제271호; 대판 1993. 4. 9. 92므938, 월보, 1993. 9, 제276호; 이 판결의 연구는 이희배(2007). 217-220 참조.

124) 대판 1976. 12. 14. 76므10, 대판집 제24권 3집, 행 70.

125) 대판 1991. 9. 13. 91므85. 91므92, 월보, 1992. 2, 제257호. 이 판결의 연구는 이희배 (2007). 275-276 참조.

126) 헌결 1990. 9. 10. 89헌마82, 월보, 1991. 1, 제244호; 헌결 2001. 10. 25. 2000헌바60,

(3) 이혼청구권의 소멸

① 배우자에게 부정한 행위가 있더라도 타방이 사전 동의나 사후 용서를 한 때에는 이혼을 청구하지 못한다(민법 제841조). 동의·용서의 대상은 1회적인 간통행위 등 부정한 행위이고 축첩행위 그 자체는 아니다.[128) 용서란 부정한 행위를 지실하고서 혼인관계지속의 의사로 악감정을 포기하는 것이다. 간통사실을 알고서 상대방으로부터 더 이상 안 만나겠다는 각서를 받는 것은 용서에 해당한다.[129) '용서는 해 주겠지만 다시는 만나고 싶지 않다.'는 등의 '표시주의이론'만으로는 부족하다.[130)

② 부정한 행위는 이를 안 날로부터 6월, 그 사유 있는 날로부터 2년을 경과한 때에는 이혼을 청구하지 못한다(민법 제841조). 다만, 축첩행위가 계속되는 한 이혼청구권은 소멸되지 않는다.[131)

3) 배우자의 악의의 유기(제2호)

(1) 의 의

악의의 유기라 함은 '배우자의 일방이 정당한 이유[132) 없이 상대방 배우자를 버리고 부부공동생활을 폐지'하고 있는 것이다.

(2) 악의·유기

악의란 부부공동생활을 할 수 없게 되는 사실을 알고서 그 사실을 인용하는 의사로서 사회적으로 비난받을 만한 윤리적 요소를 포함한다. 유기라 함은 민법 제826조의 동거·부양·협조의 의무에 위반하는 일체의 행위다. 즉, 유기하는 자가 상대방

신문, 2001. 11. 12, 제3025호; 이 결정의 연구는 이희배(2007). 61-64 참조.

127) 대판 1983. 11. 8, 83도2474, 공보, 1984. 1. 1, 제719호, 65.

128) 대판 1967. 10. 6. 67므1134, 대판집, 제15권 제3집, 민 195. 반대의 취지, 대판 1966. 3. 22. 66므2, 법원행정처(1985a). 1518.

129) 대판 1999. 8. 24. 99도2149, 공보, 1999. 10. 1, 제91호.

130) 대판 1991. 11. 26. 91도2409. 대판집, 제39권 제4집, 766.

131) 서울가심 1965. 0. 0. 00드00, 신문, 1965. 11. 22, 제653호.

132) 대판 1981. 12. 8. 81므48, 대법원가사판결원본, 제16집, 232; 대판 1959. 5. 28. 4291민상 190, 대판집, 제7권, 민 106.

을 두고 나가는 것, 내쫓는 것, 나가지 않을 수 없게 하고서 돌아오지 못하게 함으로써[133] 계속해서 동거에 응하지 않는 것으로서 상당기간의 계속을 필요로 한다.

판례는 악의의 유기라 함은 '배우자가 정당한 이유 없이 서로 동거·부양·협조하여야 할 부부로서 의무를 포기하고 다른 일방을 버린 경우를 뜻한다.'[134]고 판시하였다. 단순한 별거,[135] 친정에 갈 때마다 소지품을 가지고 간 사실,[136] 냉대받은 처가 가출한 경우,[137] 질병, 돈벌이를 위한 별거 등은 악의의 유기에 해당되지 않는다. 부부생활을 보호할 의사의 포기가 인정되느냐의 여부가 그 기준이 될 것이다.

4) 배우자 또는 그 직계존속에 의한 심히 부당한 대우(제3호)

(1) 의 의

심히 부당한 대우라 함은 혼인관계의 지속을 강요하는 것이 참으로 가혹하다고 여겨질 정도의 폭행이나 학대 또는 중대한 모욕을 받았을 경우를 의미한다.[138] '심히'란 혼인관계의 지속을 강요하는 것이 가혹하다고 할 정도를 의미한다.

(2) 판례는 와병중인 배우자에 정신적 고통을 주는 욕설·외출·외박행위, 허위의 간통고소·이혼청구 당하는 일,[139] 저능하다고 폭언·폭행하며 자살을 기도하자 친정에 축출당한 경우,[140] 식사차별, 돈의 사용처 추궁, 잠자리 간섭 등의 학대로 조 사산하자 낙태라고 고소당한 경우,[141] 지참금이 적다고 불만·폭행·구타하는 행위,[142] 결백한 처를 간통고소하고 제3자에게 거짓진술을 부탁하는 행위[143] 등은 심히 부당한

---

133) 조선고등법원판결 1931. 4. 17. 조선고등법원판례 요지유집, 1943, 318.

134) 대판 1986. 5. 27. 86므26, 월보, 1986. 7, 제190호.

135) 대판 1959. 4. 16. 4291민상571, 법원행정처(1985a). 1505.

136) 대판 1961. 11. 16. 4294민상122, 법원행정처(1985a). 1505.

137) 대판 1986. 5. 27. 86므26(주 134 참조).

138) 대판 1971. 7. 6. 71므17, 법원행정처(1985a). 1509-1510; 대판 1981. 10. 13. 80므9, 공보, 1981. 12. 1, 제669호, 14449.

139) 대판 1966. 1. 13. 65므56·57, 법원행정처(1985a). 1506-1507.

140) 대판 1969. 3. 25. 68므29, 대판집, 제17권 제1집, 민 373.

141) 서울고판 1978. 4. 17. 77르140.

142) 대판 1986. 5. 27. 86므14, 신문, 1986. 7. 7, 제1642호.

143) 대판 1990. 2. 13. 88므504·511. 공보, 1990. 4. 1, 제869호, 643.

대우에 해당한다고 판시하고 있다. 또한 시모와 남편이 처의 학력사기, 부정한 행위를 하였다고 괴롭히며 새장가 들겠다고 위협하거나,[144] 시모의 부당한 간섭으로 이혼에 직면하게 된 경우[145]는 부당한 대우에 해당한다고 판시한다.

그러나 음주 후 부부가 다투면서 모욕적인 언사나 약간의 폭행을 한 사실,[146] 시모의 학대와 폭행을 면하거나 분격으로 실경한 행위[147] 등은 심히 부당한 대우에 해당하지 않는다고 판시한다.

또한 75세의 처가 83세의 남편의 극도의 절약, 가부장적인 권위행사, 부정의 의심, 정신장애 증상 등을 부당한 대우라고 이혼청구한 것을 기각[148]하는 판시를 하였다.

(3) 심히 부당한 대우에 해당하는지 여부는 사회의 통념과 당사자의 신분·지위를 참작하여 구체적으로 판정하여야 할 것이다.

5) 자기의 직계존속에 대한 배우자의 심히 부당한 대우(제4호)

(1) 시부모가 며느리로부터, 처부모가 사위로부터 심히 부당한 대우를 받는 것을 의미하며, 그 부당한 대우의 내용과 정도는 위 제3호에서 설명한 바와 마찬가지이다.

(2) 판례는 처의 모를 폭행하였다고 허위로 고소하는 행위[149]는 부당한 대우가 아니며, 정신분열증의 자부가 시부에게 칼을 들이대고 오물을 끼얹으며 쇠젓가락으로 얼굴을 찌르는 행위는 부당한 대우에 해당되지 않는다고 한다.[150]

(3) 제840조 제3호는 효의 강제와 복종의 강요로부터의 자유를 보장한다는 면에서, 제4호는 노인학대·유기와 노친부양이 사회문제화되고 있는 현실하에서 그 존재의의

---

144) 대판 1990. 3. 27. 89므808·815, 월보, 1990. 8, 제239호. 이 판결의 연구는 이희배(2007). 248-249 참조.

145) 대판 2000. 11. 10. 2000므995, 신문, 2001. 2. 1, 제2951호. 이 판결의 연구는 이희배 (2007). 254-255 참조.

146) 대판 1981. 10. 13. 80므9, 공보, 제669호, 14449.

147) 대판 1986. 2. 11. 85므37, 공보, 1986. 4. 1, 제773호, 453.

148) 대판 1999. 11. 26. 99므180, 월보, 2000. 4, 제355호. 이 판결의 연구는 이희배(2007). 253-254 참조.

149) 대판 1958. 10. 16. 4290민상828, 법원행정처(1985b). 89.

150) 대판 1984. 8. 21. 84므40, 월보, 1984. 12, 제172호. 이 판결의 연구는 이희배(2007). 257 참조.

를 음미하여야 할 것 같다.[151)]

6) 배우자의 3년 이상의 생사불명(제5호)

(1) 생사불명이란 생존도 사망도 증명할 수 없는 상태가 계속되어 현재에도 생사불명일 것을 필요로 한다. 3년의 기산점은 잔존배우자에게 생존이 추정될 만한 최후의 사실이 있는 날이며, 보통은 최후의 편지가 있는 때라고 할 수 있고, 특별위난의 경우에는 위난이 종료한 때부터 기산하는 것이 타당하다(민법 제27조 제2항).

(2) 생사불명의 기간이 5년 이상인 경우에 실종선고에 의하여도 혼인이 해소되고 실종선고의 취소에 의하여 혼인이 부활될 수 있지만 제5호에 의한 이혼판결시는 생사불명자의 생환시도 혼인이 부활되지 않는다.

(3) 월남한 배우자가 미수복지구에 있는 잔존배우자와의 이혼청구에 관하여 판례는 '주소보정이 불가능한 만큼 이혼소송을 심리하여야 한다.'고 원심결정의 취소 및 환송결정을 한 바 있다.[152)]

최근 서울가정법원은 북한이탈주민이 청구한 이혼소송에서 탈북한 이래, 북한잔류 배우자가 3년 이상 생사불명이고 왕래와 서신교환이 부자유롭고 해소에 기약이 없이 혼인생활을 유지하도록 강요하는 것은 가혹하여 재판상 이혼사유가 된다고 판시한 바 있다.[153)]

(4) 북한이탈주민의 북한지역에서의 혼인의 효력인정, 관할권, 송달 및 소송절차의 진행 및 준거법 등에 관하여 논란이 되어 왔다. 그런데 2007. 2. 27. '북한이탈주민의 보호 및 정착 지원에 관한 법률'이 개정·시행되어 탈북자의 이혼소송에 관한 재판절차가 진행되게 되었다.[154)] 그 후 서울가정법원은 2007년 탈북여성이 북한에 있는 남편을 상대로 제기한 이혼소송에서 원고승소판결을 하였다.[155)]

---

151) 박병호(1992). 118.

152) 서울고판 1966. 7. 7. 법전월보, 1966. 10, 제27호.

153) 서울가판 2004. 2. 6. 2003드단58877, 신문, 2004. 2. 12, 제3242호; 이희배(2007). 257-261.

154) 법률 제8269호(2007. 1. 26.) 참조.

155) 서울가판 2007. 6. 22. 2004드77721, 신문, 2007. 6. 25, 제3565호; 법원도서관(2007). 각판공보, 2007. 10. 10, 제50호; 이희배(2007). 260 참조.

7) 기타 혼인을 계속하기 어려운 중대한 사유(제6호)

(1) 의 의

민법은 추상적·상대적 이혼원인으로서 '기타 혼인을 계속하기 어려운 중대한 사유'를 규정하고 있다(민법 제840조 제6호). 구체적인 내용을 가지고 있지 않으므로 개별적인 경우에 법원이 판단하게 된다. 그 판단의 추상적 표준을 들어 본다면, 객관적으로 누구나 혼인계속의 의욕을 상실하였을 정도로 혼인관계가 심각하게 파탄되어, 다시는 혼인의 본질에 상응하는 부부공동생활관계의 회복이 불가능한 사실이 있고, 그러한 혼인생활의 계속을 강제하는 것이 일방배우자에게 참을 수 없는 고통이 된다는 주관적인 요건을 들 수 있다.156) 이러한 사유는 일방의 유책행위일 필요는 없다.157)

(2) 중대한 사유의 유형

혼인을 계속하기 어려운 중대한 사유는 부부·가정에 따라 법관의 판단에 맡길 수밖에 없을 것이다. 선의의 중혼·배우자의 범죄는 이에 해당할 수 있으며(1960년 이전의 민법 제813조 제1호·제3호), 그 밖의 중대한 사유는 신체적, 윤리적·정신적, 경제적 파탄 등으로 유형화할 수 있다.

① 신체적 파탄사유로, 이유 없는 성생활거부,158) 성적 불능,159) 부당한 피임, 성병의 감염 등을 들 수 있겠다. 그렇지만, 임신불능·출산불능,160) 무정자증161) 등은 중대한 사유에 해당되지 않을 것이다.

② 윤리적·정신적 파탄사유로 불치의 정신병,162) 성격차이와 애정상실의 회복

---

156) 대판 1987. 7. 21. 87므24, 월보, 1987. 10, 제205호; 대판 1987. 8. 18. 87므33·34, 월보, 1987. 11, 제206호; 이 판결의 연구는 이희배(2007). 261-264 참조.
157) 대판 1970. 2. 24. 69므13, 대판집, 제18권 제1집, 민 170.
158) 서울가심 1964. 1. 7. 65드12.
159) 대판 1966. 1. 31. 65므65, 대판집, 제14권 제1집, 민 59.
160) 대판 1960. 8. 18. 4292민상995, 대판집, 제8집, 123; 대판 1991. 2. 26. 89므365·372, 월보, 1991. 7, 제250호.
161) 대판 1982. 11. 23. 82므36, 월보, 1983. 3, 제150호.
162) 대판 1991. 1. 15. 90므446, 월보, 1991. 6, 제249호; 대판 1991. 12. 24, 91므627, 월보,

불능,163) 장기간의 사실상의 별거,164) 혼인 전 부정으로 인한 갈등,165) 신앙차이,166) 광신,167) 알코올중독,168) 마약중독,169) 장기복역,170) 회복불능의 조울증171) 등은 중대한 사유라고 할 수 있다.

③ 경제적 파탄사유로 가계를 돌보지 않는 처의 난맥행위,172) 무절제한 낭비습벽,173) 처의 외박, 계속적인 도박행위,174) 불성실행위,175) 지나친 사치, 부의 방탕 등은 경우에 따라 6호의 중대한 사유가 될 수 있을 것이다.

④ 그 밖의 단순한 감정의 갈등·균열·대립,176) 단순한 이혼합의,177) 어쩔 수 없는 끽연행위,178) 부정의 해명을 타방이 수용한 경우179) 등은 6호의 중대한 사유로 볼 수 없을 것이다.

1992. 5, 제260호; 대판 1995. 5. 26. 95므90, 월보, 1995. 10, 제301호. 이 판결의 연구는 이희배(2007). 279-283 참조.

163) 대판 1981. 12. 8. 81므48, 법원행정처(1985a). 1513; 대판 1986. 3. 25. 85므72, 신문, 1986. 5. 5, 제1634호. 이 판결의 연구는 이희배(2007). 270-272 참조.

164) 대판 1983. 11. 22. 83므32·33, 월보, 1984. 4, 제103호.

165) 대구고판 1978. 5. 19. 77르11.

166) 대판 1970. 2. 24. 69므13, 대판집, 제18권 제1집, 민 170.

167) 서울가심 1965. 7. 13. 64드610.

168) 서울가심 1965. 11. 2. 65므445.

169) 서울지판 1962. 8. 14. 62가2063.

170) 대판 1974. 10. 22. 74므00, 공보, 501호, 8076.

171) 대판 1997. 3. 28. 96므608·615, 월보, 1997. 8, 제323호; 이 판결의 연구는 이희배(2007). 283-284 참조.

172) 대판 1966. 1. 31. 65므50, 대판집, 제14권 제1집, 민 32.

173) 서가심, 1965. 2. 9. 64드302.

174) 대판 1991. 11. 26. 91므559, 공보, 1992. 1. 15, 제912호, 303.

175) 서가심 1991. 8. 31. 71드2558.

176) 대판 1965. 9. 26. 65므104, 대판집, 제14권 제2집, 209-214.

177) 대판 1975. 4. 8. 74므28, 법원행정처(1985a). 1610.

178) 대판 1984. 6. 26. 83므46, 월보, 1984. 11, 제170호.

179) 대판 1986. 5. 27. 86므38, 월보, 1986. 7, 제190호. 이 판결의 연구는 이희배(2007). 68 참조.

(3) 중대한 사유판단 시 유의점

첫째, 혼인의 본질적 기능의 수행여부에 유의하여야 한다. 둘째, 가족구성원의 공동생활보호의 기능의 유지에 유의하여야 한다.[180] 셋째, 자의 이익과 이혼배우자의 생활보장에 유의하여야 한다.[181]

위와 같은 여러 사정을 고려하여 보아도 혼인의 본질에 상응하는 부부공동생활관계가 회복될 수 없을 정도로 파탄(회복의 불가능성)되어야 6호의 사유에 해당한다[182]고 할 것이다. 그 후에도 다시 유책배우자의 이혼청구의 허용여부의 문제가 있다.[183]

(4) 제소기간

6호의 중대한 사유는 다른 일방이 이를 안 날로부터 6월, 그 사유 있은 날로부터 2년을 경과하면 이혼청구권이 소멸한다(민법 제842조). 이러한 제척기간은 이혼파탄주의와 모순된다는 점에서 혼인을 계속하기 어려운 중대한 사유가 이혼청구 당시까지 존속하고 있는 경우에는 제842조가 적용될 여지가 없다고 보며,[184] 따라서 이 제척기간규정은 필요 없다고 이해된다.[185]

---

180) 대판 1991. 1. 15. 90므446, 월보, 1991. 6, 제244호. 이 판결의 연구는 이희배(2007). 273-274 참조.

181) 대판 1987. 7. 21. 87므24, 월보, 1987. 10, 제205호. 이 판결의 연구는 이희배(2007). 298-299 참조.

182) 대판 1982. 7. 13. 82므4, 대판집, 제30권 제2집, 행 193; 서가심 2002. 10. 2. 2001드단 100286, 신문, 2002. 10. 14, 제3114호.

183) 대판 1991. 7. 9. 90므1067, 공보, 1991. 9. 1, 제903호, 2158.

184) 대판 1996. 11. 8. 96므1243, 월보, 1997. 3, 제318호.

185) 서울고판 1972. 9. 5. 71르71은 반대의 취지이다. 대판 2001. 2. 23. 2000므1561, 공보, 2001. 4. 15, 제128호 참조.

4. 유책배우자의 이혼청구

1) 문제의 소재와 동향

(1) 혼인이 파탄된 데 대하여 전적으로 주로 책임이 있는 당사자(유책배우자)가 이혼의 소를 제기한 경우 원고승소의 판결을 받을 수 있느냐에 관하여는 명문규정이 없다(다만, 가사소송법 제19조 제3항 참조).

(2) 학자의 견해는 유책배우자의 이혼청구를 배척하여야 한다는 소극설(부정설)과 인용하여야 한다는 적극설(긍정설)이 있고 청구배척의 법리를 엄격히 좁히고 일정한 요건이 갖춰진 경우에는 청구를 인용하여야 한다는 이른바 제한적 파탄주의가 다수설이다.[186]

(3) 판례는 유책배우자의 이혼청구를 허용하지 않는 부정설이 기본입장이다.[187] 그렇지만 1980년 후반부터 엄격유책주의를 완화하는 이른바 제한적 파탄주의로 전환하고 있는 것 같다.[188]

2) 유책배우자의 이혼청구 허용여부

(1) 기각의 이유와 인용의 가능성

유책배우자의 이혼청구는 축출이혼과 혼인의 도덕성·신의칙에 반하는 권리남용이며 이혼가정의 자의 이익에 반하고 이혼배우자의 생활보장법제의 미비란 관점에서 배척하는 명분을 찾으려고 하였다. 그렇지만 혼인관계가 파탄되어 동거·부양·협조를 통하여 행복창출이라는 혼인의 본질적 기능[189]을 감당하지 못하는 혼인을 법

---

186) 김주수(2002). 212-215; 박병호(1992). 120-122; 양수산(1998). 293-295; 한봉희(2007). 160-161.

187) 대판 1965. 9. 21. 65므37, 대판집, 제13권 제2집, 민 148; 대판 1981. 7. 14. 81므26, 공보, 1981. 9. 15, 제664호, 14209; 대판 1986. 9. 23. 86므24, 신문, 1986. 10. 27, 제1657호.

188) 대판 1987. 4. 14. 86므28, 월보, 1987. 7, 제202호; 대판 1996. 6. 25. 94므741, 월보, 1996. 11, 제314호; 대판 2004. 9. 24. 2004므1033, 공보, 2004. 11. 1, 제313호. 이 판결의 연구는 이희배(2007). 331-334와 340-342 참조.

189) 대판 1999. 2. 12. 97므612, 공보, 1999. 4. 15, 제180호; 이 판결의 연구는 이희배(2007). 249-252 참조.

률상 존치시킨다는 것은 혼인과 가족생활을 적절히 보장하여야 할 법(국가)의 역할을 외면하는 것이 될 수 있다.

또한 1991년 개정가족법의 시행으로 이혼모의 친권인정(민법 제909조 제4항)과 자의 양육에 관하여 부모와 자의 의사가 존중될 수 있게 되었고(민법 제837조, 가사소송법 제58조 제2항), 부모와 자의 면접교섭권도 인정됨으로써(민법 제837조의 2, 제843조) 자의 이익을 어느정도 보호할 수 있으며, 또한 재산분할청구권(민법 제839조의 2, 제839조의 3, 제843조)이 신설됨으로써 이혼배우자의 생활보장문제도 어느 정도 개선되게 되었다.

따라서 상대방배우자의 지위 내지 명예를 현저히 저해하지 않고, 평화로운 가정생활의 안정 내지 보존·유지의 방해란 문제가 존재하지 않는 등, 이른바 사회정의와 형평의 이념에 배치되지 않거나 가정평화와 미풍양속의 유지와 관계없는 경우(가사소송법 제19조 제3항)에는 유책배우자의 이혼청구를 인용하여도 무방할 것이다. 1990년 가족법개정 이후부터는 유책배우자의 이혼청구에 대하여는 적극적으로 인용하는 방향으로 전환되어야 할 것이다.[190]

⑵ 인용할 수 있는 구체적인 경우

상대방 배우자의 이혼의사의 유무에 따라 구분할 수 있다.

첫째, 피청구인의 이혼의사가 객관적으로 명백한 경우, 예컨대 ① 내심으로는 부와의 혼인을 계속할 의사가 없으면서 오로지 오기나 보복적 감정에서 표면적으로 이혼에 불응하고 있을 뿐이며, 실제에 있어서는 혼인의 계속과는 도저히 양립할 수 없는 행위를 하는 경우,[191] ② 이혼의사가 반소로서 제기되고 있는 경우이다.[192] 이 경우에는 유책배우자의 이혼청구(본소)를 인용할 것이 아니고 피청구인의 반소를 인용하여야 할 것이다.[193]

---

190) 이에 관한 자세한 논의는 이희배(1997). 207-232 참조. 서울가판 1999. 5. 27. 98드32995, 신문, 1999. 6. 24, 제2799호.

191) 대판 1987. 4. 14. 86므28, 월보, 1987. 7, 제202호; 대판 1996. 6. 25. 94므741, 월보, 1996. 11, 제314호; 대판 2004. 9. 24. 2004므1033, 공보, 2004. 11, 제213호. 이 판결의 연구는 이희배(2007). 331-342 참조.

192) 대판 1987. 12. 8. 87므44·45, 월보, 1988. 3, 제210호; 대판 1990. 7. 10. 87므631·648, 대판집, 제38권 제2집, 1990.

193) 대판 1991. 2. 26. 89므365·372, 월보, 1991. 7, 제250호; 이 판결의 연구는 이희배(2007).

둘째, 피청구인에게 이혼의사가 없는 경우에 ① 상대방의 유책성과 비교형량하여 청구인 측의 유책사유가 피청구인 측의 그것에 비하여 크다고 할 수 없는 경우나 거의 같은 정도의 경우,[194] ② 청구인 측의 유책사유의 발생이 다른 사유에 의하여 그 혼인관계 파탄 후에 일어난 것과 같은 경우, 즉 파탄과 유책사유와의 사이에 인과관계가 없는 경우,[195] ③ 이혼청구를 인용하는 것이 현저히 사회정의에 반한다고 하는 특별한 사정이 인정되지 않는 경우 등에는 유책배우자로부터 이혼청구라는 한 가지 사유만으로 허용하지 않을 수 없다[196]고 해석된다.

Ⅲ. 이혼판결의 확정과 그 효력

1. 이혼판결의 확정

1) 이혼판결은 선고로서 효력이 생긴다(가사소송법 제12조, 민사소송법 제190조). 그렇지만 판결에 대하여 불복이 있으면 판결정본이 송달된 날부터 2주일 내나 판결정본이 송달되기 전에 항소할 수 있다(가사소송법 제19조 제1항). 항소법원에서는 가정법원의 소송절차에 따라 재판한다(가사소송법 제19조 제2항). 항소법원은 항소가 이유 있는 때에도 제1심판결을 취소하거나 변경하는 것이 사회정의와 형평의 이념에 배치되거나 가정평화와 미풍양속의 유지에 적합하지 않다고 인정할 때에는 항소를 기각할 수 있다(가사소송법 제19조 제3항). 항소법원의 판결에 대하여 불복이 있으면 판결정본이 송달된 날로부터 14일 내에나 판결정본의 송달 전에 대법원에 상고할 수 있다(가사소송

269-270 참조.

194) 대판 1986. 3. 25. 85므85, 월보, 1986. 5, 제188호; 대판 1991. 7. 9. 90므1067, 월보, 1991. 12, 제255호.

195) 대판 1988. 4. 25. 87므9, 월보, 1988. 8, 제214호; 대판 1991. 12. 24. 91므627, 월보, 1992. 5, 제260호; 이 판결의 연구는 이희배(2007). 279-280 참조.

196) 일본최고재 판결 1988. 2. 12. 昭 61才1001호, 判例タイムズ, 제662호, 1988. 8. 1, 80; 서가판 1999. 5. 27. 98드32995, 신문 1999. 6. 24, 제2799호.

법 제20조).

2) 이혼판결을 한 외국법원에 관할권이 없으면 그 이혼판결은 우리나라에서 효력이 없다.[197]

2. 이혼판결확정의 효력

1) 이혼판결이 확정되면 혼인은 해소되며 그 효력은 제3자에게도 미친다(가사소송법 제21조 제1항). 소를 제기한 자는 판결이 확정된 날로부터 1월 이내에 재판의 등본과 그 확정증명서를 첨부하여 이혼신고를 하여야 한다(가족관계등록법 제78조, 제58조). 이혼판결은 형성판결로서 이혼판결이 확정되면 혼인관계는 해소되고, 이에 기한 이혼신고는 기왕에 발생한 법률관계에 대한 보고적 신고다.[198]

2) 이혼판결의 효력은 판결확정 시에 발생하는 것이므로 협의이혼의 신고와 같이 창설적 신고가 아니고 사망신고와 같이 보고적 신고다. 이 신고와 관계없이 가정법원은 사건본인의 등록기준지 가족관계등록관서에 그 등재를 촉탁하여야 한다(가사소송법 제9조, 가사소송규칙 제5조 제16조). 이혼소송의 계속중 일방이 사망 시에는 이혼소송을 종료하고 이혼위자료청구권은 행사한 이상 양도·상속 등 승계가 가능하다(민법 제806조, 제843조).[199]

---

197) 대판 1988. 4. 12. 85므71, 월보, 1988. 6, 제213호.

198) 대판 1983. 8. 23. 83도1430, 월보, 1983. 12, 제159호; 김주수(2002). 208-209.

199) 대판 1993. 5. 27. 92므143, 월보, 1993. 11, 제278호.

Ⅳ. 이혼에 관한 판결사례연구

1. 재판상 이혼원인 — 배우자의 부정한 행위

[간통을 단정할 수는 없지만, 다른 남성과 가까이 지내는 것은 정조의무 위반 행위다(민법 제840조 제1호).]

—이혼 및 손해배상 · 상고기각(대판 1993. 4. 9. 92므938)

I. 사실관계

X(원고, 피상고인, Y_1의 남편)와 Y_1(원심피고, X의 처)부부는 Y_2(피고, 상고인, W_2의 남편)와 같은 교회에 출석하면서 1987.경부터 서로 가까이 지내는 사이가 되어 Y_1은 Y_2의 집에 자주 출입하고, 그 경영의 공장에 가서 일을 도와주기도 하여오다가, Y_1이 1990. 5.경 식당을 개업하면서 X와 떨어져 살게 되었는데, 그 무렵부터 Y_2는 수시로 식당을 드나들면서 자신의 차로 Y_1과 함께 식당에 필요한 식료품을 사러 다니는가 하면 Y_1에게 구두나 녹음기 등을 선물하기도 하고, 식당일을 마친 늦은 시간에 함께 나가는가 하면 식당에 딸린 방에 수십 분씩 함께 들어가 있거나 서로 껴안고 있다가 주위사람들에게 목격되기도 하였으며, Y_2가 1990. 8.경 자신의 집을 방문한 Y_1을 끌어안다가 W_2(Y_2의 처, 소외)로부터 항의를 받은 일이 있다.

이에 X가 Y_1을 추궁하여 $Y_1 \cdot Y_2$ 사이에 불륜관계가 있었다는 고백을 듣고 두 사람을 상대로 간통죄로 고소하여 두 사람이 구속 기소되었으며, 수사기관과 법정에서 Y_1은 간통사실을 자백하였으나 결과적으로 증거불충분으로 두 사람에 무죄가 선고된 사실이 있다.

이에 X가 Y_1을 상대로는 이혼을, Y_2를 상대로 손해배상청구의 소를 제기하여 대구고등법원은 1992. 10. 28. 92르199호로 이혼 및 손해배상의 판결선고를 하였고, 이에 Y_2가 상고하기에 이르렀다.

II. 판결이유의 요지 — 상고기각

1. 민법 제840조 제1호 소정의 재판상 이혼사유인 부정한 행위라 함은 간통에 이르지는

아니하였다고 하더라도 부부의 정조의무에 충실하지 아니한 것으로 인정되는 일체의 부정행위를 포함하는 보다 넓은 개념으로 파악하여야 할 것인데, 위 인정사실에 의하면 Y_2와 Y_1이 간통을 한 것으로 단정할 수는 없지만 Y_1이 피고 Y_2와 가까이 지내면서부터 부부간의 정조의무를 저버린 부정한 행위를 하였다고 보기에는 충분하며, 그 부정한 행위로 인하여 원고와 Y_1 간의 혼인관계는 파탄에 이르게 되었다고 하여, Y_2에 대하여 위 Y_1과 연대하여 원고에게 위자료를 지급할 것을 명하였다.

기록과 관계증거에 의하여 검토하면, 원심의 위와 같은 사실인정과 판단은 정당한 것으로 수긍되고, 그 과정에 채증법칙 위배로 인한 사실오인이나 부정한 행위에 관한 법리오해 등 소론이 지적하는 위법은 없다. 이 점을 지적하는 논지는 이유 없다.

2. 원심이 원고는 Y_1과 정상적인 부부생활을 영위함으로써 그 이전의 부정한 행위를 사후에 용서한 것이라는 Y_2의 주장에 대하여 이를 인정할 증거가 없다고 하여 배척한 조치는 기록에 비추어 정당한 것으로, 수긍되고, 거기에 채증법칙 위배 또는 사후 용서에 관한 법리오해의 위법은 없다. 소론이 드는 판례는 이 사건과 무관한 것이다. 이 점에 관한 논지도 이유 없다.

3. 원심이 그 판시의 여러 사정을 참작하여 Y_2가 원고에게 지급할 위자료의 금액을 금2,000만 원으로 산정한 것은 기록에 비추어 상당한 것으로 인정되므로, 그 금액의 과다를 주장하는 논지도 이유 없다.

4. 그러므로 상고를 기각하고 상고비용은 패소자의 부담으로 하여 관여법관의 일치된 의견으로 주문과 같이 판결한다.[200]

III. 해 설

(1) 이 판결에서의 논의점은 유부녀가 다른 남성과 가까이 지내는 것은 간통으로 단정할 수 없는 경우 부정한 행위에 해당하느냐 하는 점이다.

(2) 이 판결은 '부정한 행위'의 개념을 종래의 판례의 입장과 같은 입장인 '광의설'에 입각한 판결로서 간통이라 단정할 수 없더라도 부부간의 정조의무를 저버린 행위는 재판상 이혼사유인 '부정한 행위'에 해당한다는 판결로서 타당하다.[201]

---

200) 대판 1993. 4. 9. 92므938, 월보, 1993. 9, 제276호.
201) 이희배(2007). 219-220.

2. 재판상 이혼원인 — 악의의 유기 · 부당한 대우

[부부생활 폐지를 전제한 가출 아니면 유기가 아니며, 불화와 격화된 감정에서의
경미한 폭행 · 모욕은 부당한 대우 아님(민법 제840조 제2호 · 제3호)]
　　　　　　　　　　　　　　－이혼 및 위자료 · 상고기각(대판 1986. 6. 24. 85므6)

I. 사실관계

　이민 문제로 X(청구인, 상고인, Y의 처) 및 자녀들과 Y(피청구인, 피상고인, X의 남편)가
심히 반목하고 몇 차례의 경미한 폭행과 모욕적인 언사가 반복되다가 이에 Y가 더 이상
견딜 수 없어 집을 나온 이래, 상당기간 별거가 지속되자, X는 Y를 상대로 이혼 및 위자료
청구의 소를 제기하여, 서울고등법원은 1984. 12. 24. 84르162호로 청구인 패소의 판결을
하게 되자 X가 상고하기에 이르렀다.

II. 판결이유의 요지 — 상고기각

　청구인 대리인의 상고이유를 판단한다.
(1) 기록을 정사하여 보면 원심의 사실인정이 수긍이 되고 원심판결에 소론 채증법칙 위배
　　의 위법이 있음을 인정할 수 없으니 이 점을 탓하는 논지는 이유 없다.
(2) 악의의 유기라 함은 정당한 이유 없이 배우자를 버리고 부부공동생활을 폐지하는 것인
　　바, 피청구인이 이민문제로 인하여 야기된 가정불화가 심화되고 그로 인하여 청구인 및
　　그 자녀들의 냉대가 극심하여지자 가장으로서 이를 피하여 자제케 하고 그 뜻을 꺾기
　　위하여 일시 집을 나와 별거하고, 가정불화가 심히 악화된 기간 이래 생활비를 지급하
　　지 아니한 것뿐이고 달리 부부생활을 폐지하기 위하여 가출한 것이 아니라면 이는 민법
　　제840조 제2호 소정의 악의의 유기에 해당할 수 없다 할 것이니 논지는 이유 없다.
(3) 피청구인이 관광여행중 우연히 버스 안에서 여인을 만나 함께 사진을 찍었으며, 1일
　　관광여행을 한 후 각기 다른 숙소에서 잠을 자고, 그 다음날 상경하면서 동행하였으며
　　그 후 약 70여 일간 서로 아무 연락조차 없다가 청구인으로부터 그 여인과 사이에 불륜
　　관계가 있다는 등의 의심을 받게 되자, 이를 해명할 겸 대전에 업무차 들른 길에 보여
　　줄 것이 있다 하여 피청구인의 아파트에 같이 와 그 이름이 거론된 이혼심판청구서 등
　　을 보여 주다가 밤이 늦자 같은 아파트이긴 하나 각기 다른 방에서 따로 잠을 잤으면,

이러한 사실만으로서는 민법 제840조 제1호 소정의 부정행위에 해당한다고 볼 수 없으니 논지는 이유 없다.

(4) 배우자로부터 심히 부당한 대우를 받았을 때라 함은 혼인관계의 지속을 강요하는 것이 참으로 가혹하다고 여겨질 정도의 폭행이나 학대 또는 모욕을 받았을 경우를 말하고, 이 사건과 같이 몇 차례의 폭행, 모욕적인 언사는 가정불화의 와중에서 서로 격한 감정으로 오갔고 폭행이 비교적 경미한 것이라면 이는 민법 제840조 제3호 소정의 심히 부당한 대우를 받았을 때에 해당하지 않는다 할 것이다. 논지는 이유 없다.

(5) 이민문제를 둘러싸고 청구인 및 자녀들과 피청구인이 심히 반목하고 이에 피청구인이 더 이상 견딜 수 없어 집을 나온 이래 상당한 기간 별거하고 있고 청구인은 피청구인을 상대로 간통 또는 폭행 등 혐의로 형사고소를 하고 피청구인은 청구인을 상대로 경찰에 진정을 하는 등 하여 감정이 심히 악화되고 애정이 냉각되어 있기는 하나 20여 년 이상 평온하게 지속되어 온 혼인기간, 연령 및 자녀관계 등을 고려하고 피청구인은 아직까지 가정생활에의 복귀를 바라고 있다면 일시 내외간의 화합을 저해하는 일로 인하여 부부관계가 파탄되었다고 하더라도 이러한 사유만으로는 일생의 공동생활을 목적으로 하고 장애를 극복하기 위한 최선의 노력을 다하여야 하는 혼인관계의 본질에 비추어 이를 민법 제840조 제6호 소정의 이혼사유에 해당한다고 볼 수 없다.

그리고 원심 인정사실에 비추어 보면 이 사건 혼인생활의 파탄은 청구인의 소위로 인하여 일어났고 청구인에게 책임이 있다는 원심판단 또한 정당하다. 논지는 이유 없다. 그러므로 원심의 판단은 정당하고 거기에 소론과 같은 법리오해의 위법이 없다.

따라서 상고는 이유 없어 기각하고 상고소송 비용은 패소자의 부담으로 하여 관여법관의 일치된 의견으로 주문과 같이 판결한다.[202]

III. 해 설

(1) 이 판결에서의 논의점은 첫째, 이민문제로 갈등과 냉대를 피하기 위한 일시적인 가출이 악의의 유기에 해당하느냐 하는 점과, 둘째, 경미한 폭행·모욕적인 언사가 부당한 대우에 해당하느냐 하는 점이다.

(2) 가정불화가 심화되어 처와 자녀들의 극심한 냉대를 피하고 자제하며, 이민문제에 관한 처자의 뜻을 꺾기 위하여 일시 별거하며 생활비를 지급하지 않는 정도라면 부부생활 폐지를 전제로 한 것이 아니므로, 악의의 유기에 해당하지 않는다.

(3) 가정불화의 와중에 격해진 감정에서 경미한 폭행과 모욕적인 언행이 오갔다 하여도 심히 부당한 대우를 받았을 때에 해당하지 않는다는 이 판결은 타당하다.[203]

---

202) 대판 1986. 6. 24. 85므6, 월보, 1986. 8, 제191호.
203) 이희배(2007). 241-242.

3. 재판상 이혼원인 — 배우자 또는 그 직계존속으로부터 심히 부당한 대우

[시어머니와 남편이 학력사기, 부정행위 등 괴롭히며 새장가 들겠다는 위협은 부당한 대우임(민법 제840조 제3호)]

— 이혼 및 위자료 · 상고기각(대판 1990. 3. 27. 89므808 · 815)

I. 사실관계

X(청구인, 상고인, 반심피청구인, Y의 남편)와 M(청구외, X의 모)은 Y(피청구인, 피상고인, 반심청구인, X의 처)가 결혼하면서 학력을 속인 사실이 없음에도 불구하고 학력을 속였고 X와의 사이에서 잉태하였다가 1986. 11.경 유산한 아이가 다른 남성의 아이라고 하는 등 Y를 괴롭혀 왔으며 이로 인하여 Y는 정신이상 증세를 보여 1988. 7. 23.부터 같은 달 25.까지 사이에 H병원에 입원하여 정신과적 치료를 받았으며 X는 Y가 위 병원에서 퇴원하던 1988. 7. 25. Y에게 자식은 그의 누이에게 주어서 키우고 자신은 새장가를 가겠으니 Y의 머리카락을 잡아 끌어내기 전에 집을 나가라고 폭언하고 이를 말리는 A(X의 장모, 청구외)에게도 욕설을 퍼부었으므로, 이에 Y는 X와 자식을 남겨둔 채 대구에 있는 그의 친정으로 갈 수밖에 없었고, 같은 해 8월 초순경에는 X와 M이 전화로 Y에게 가재도구를 가져가라고 하면서 그렇지 아니하면 짐을 부쳐버리겠다고 하여 Y는 같은 달 3. X의 집에 돌아왔다가 X 등의 성화가 계속되므로 어쩔 수 없이 같은 달 10. 친정으로 돌아간 다음 같은 달 23. Y의 거처를 알면서도 경찰서에 Y에 대한 가출신고를 낸 후, 즉시 같은 달 27. Y의 무단가출을 사유로 하여 이 사건 본심판 이혼청구를 제기하였고, 이에 Y는 반심판이혼청구를 하였으며, 원심인 서울고등법원은 1989. 7. 3. 89르1452(본심) · 1469(반심)호로 X의 본심판이혼청구를 배척하고 Y의 반심판이혼청구를 받아들임에 따라, X가 상고하기에 이르렀다.

II. 판결이유의 요지 — 상고기각

위 인정사실에 의하면 피청구인은 청구인으로부터 민법 제840조 제3호 소정의 배우자로부터 심히 부당한 대우를 받은 때에 해당한다고 보아 본심판 이혼청구를 배척하는 대신

피청구인의 반심판 이혼청구를 받아들이고 나아가 청구인의 귀책사유로 인하여 혼인관계
가 파탄됨으로써 피청구인이 입은 정신적 고통에 대하여 당사자의 나이, 학력, 재산상태,
혼인경위, 자녀관계, 혼인생활의 계속기간, 혼인이 파탄에 이르게 된 경위 등을 참작하여
청구인은 피청구인에게 위자료로 금 500만 원을 지급함이 정당하다고 판단하였다.

　기록에 비추어 볼 때 원심의 위 인정과 판단은 이를 수긍할 수 있고 거기에 채증법칙위
반 또는 심리미진으로 인한 사실오인의 위법이 있다고 보여지지 아니한다. 논지는 이유
없다.

　그러므로 상고를 기각하고, 상고비용은 패소자의 부담으로 하기로 하여 관여법관의 일
치된 의견으로 주문과 같이 판결한다.204)

III. 해 설

(1) 이 판결에서의 논의점은 타인의 자를 임신하였다는 등으로 축출한 뒤, '무단가출'로 이
　혼청구하는 행위는 '부당한 대우'에 해당하느냐 하는 점이다.
(2) 다른 남자의 아이를 잉태했다는 등 배우자가 심히 부당 대우를 하면서 축출시킨 후,
　'무단가출'이라는 이유로 청구한 남편의 이혼청구를 배척하고, 처의 반소인 이혼심판 청
　구를 인용한 이 판결은 타당하다.205)

4. 재판상 이혼원인 — 기타 혼인을 계속하기 어려운 중대한 사유

　[불치의 정신병으로 가족 구성원 전체가 감당하기 어려운 고통을 받는다면 중대한
사유에 해당(민법 제840조 제6호)]

－이혼·상고기각(대판 1991. 1. 15. 90므446)

---

204) 대판 1990. 3. 27. 89므808·815, 월보, 1990. 8, 제239호.
205) 이희배(2007). 248-249.

I. 사실관계

X(청구인, 피상고인, Y의 남편)와 Y(피청구인, 상고인, X의 처)는 1982. 12. 10. 혼인신고한 부부인데 1985. 3. 8. Y가 둘째아들을 출산한 이후부터 정신이상의 증세를 나타내기시작하여 1986. 11.경 전문의사의 진찰결과 정신분열증 진단을 받고, 여러 차례 걸쳐 입원치료를 거듭하였으나 호전과 악화를 계속하더니 급기야는 시어머니에게 폭언을 퍼붓고 밤에 잠도 안자고 X와 자식들의 잠자는 모습만을 보고 앉아 있거나 무단가출도 여러 번 하고돈도 없이 택시를 타고 돌아다니는 등 그 증세가 악화되고, 두통, 수면장애, 망상, 부적절한 감정표현 등 정신분열증 증세로, 도저히 가정치료를 감당할 수 없어, 1988. 10. 김해요양원에 입원하여 현재까지 치료하고 있으며, Y의 증상은 정신분열증 증세에서도 심한 망상증상이어서 완치될 가망이 거의 없으며 호전되더라도 재발이 예상되어 정상적 가정생활은 어려우며, X는 동사무소에 근무하는 지방행정서기로 그 봉급이 유일한 생계수단이나두 아들을 부양하여야 하고 Y의 치료비까지 혼자 부담하여 극히 어려운 상태이어서 X는Y를 상대로 이혼청구의 소를 제기하였고 원심인 부산고등법원은 1990. 4. 27. 88르993호로 이러한 사정 아래에서는 Y가 아내와 어머니로서의 능력을 완전히 상실하여 혼인관계가파탄에 이르렀다고 할 것이며 X에게만 이러한 상태를 감내하고 살아가라고 하기에는 지나치게 가혹하고 두 아들의 양육을 위하여도 바람직하지 못하다고 설시하여 이는 재판상 이혼사유인 혼인을 계속하기 어려운 중대한 사유에 해당한다 하여, X의 이혼청구를 인용하였고, 이에 Y가 상고하기에 이르렀다.

II. 판결이유의 요지 ─ 상고기각

생각건대, 부부는 서로 협조하고 애정으로서 상대방을 이해하며 보호하여 혼인생활의 유지를 위한 최선의 노력을 기울여야 하는 것이기 때문에 혼인생활중 일방이 불치의 질환에이환되었다 하더라도 상대방은 이를 보호하고 애정과 노력을 다하여 부양하여야 할 책임이 있다고 하여야 할 것임은 소론의 주장과 같으나, 가정은 단순히 부부만의 공동체에 지나지 않는 것이 아니고 그 자녀 등 이에 관계된 모든 구성원의 공동생활을 보호하는 기능을 가진 것으로서 부부 중 일방이 불치의 정신병에 이환되었고 그 질환이 다른 질환처럼단순히 애정과 정성으로 간호되거나 예후가 예측될 수 있는 것이 아니고 그 가정의 구성원전체에게 끊임없는 정신적, 육체적 희생을 요구하는 것이며 경제적 형편에 비추어 많은 재정적 지출을 요하고 그로 인한 다른 가족들의 고통이 언제 끝날지 모르는 상태에 이르기까지 하였다면 온 가족이 헤어날 수 없는 고통을 받더라도 타방배우자는 배우자 간의 애정에터 잡은 의무에 따라 한정 없이 참고 살아가라고 강요할 수는 없는 것이라고 할 것이다.

같은 취지의 원심판단은 수긍이 되며 거기에 이혼사유에 관한 법리의 오해가 있다고 할 수는 없다.

한편 논지가 지적하는 바와 같이 혼인관계가 해소되면 피청구인이 앞으로 배우자로부터의 원조가 제한되게 됨에 따라 극심한 경제적 고통을 받게 되고 보호를 받을 수 없게 된다는 딱한 사정도 고려되어야 할 것이지만 이는 이혼당사자 간의 재산분할청구 등 개인 간 또는 사회적인 부양의 문제로 어느 정도의 지원을 기대할 수 있을 뿐이겠으니 그러한 사정이 있다 하여 청구인에게 일방적 고통을 감수하라고 강요할 수는 없을 것이다. 논지는 이유 없다.

그러므로 상고를 기각하고 상고비용은 패소자의 부담으로 하기로 관여법관의 의견이 일치되어 주문과 같이 판결한다.[206]

III. 해 설

(1) 이 판결에서의 논의점은 불치의 정신병은 넉넉지 않은 가정경제에 비추어 이혼사유에 해당하느냐 하는 점이다.

(2) 가정은 부부와 자녀 등 모든 구성원의 공동생활을 보호하는 기능을 가진 것으로서 부부의 일방이 불치의 정신병에 이환되었고, 그 질환이 애정과 정성으로 간호되거나, 예후가 예측할 수 있는 경우가 아니고, 경제적 형편에 비추어 많은 재정적 지출을 요하고 그로 인해 다른 가족원의 고통이 언제 끝날지 모르는 상태까지 이르렀다면 타방배우자에게 일방적으로 고통을 감수하라고 할 수는 없는 것이고, 그 혼인관계가 해소되는 경우 당사자 간의 재산분할청구 등 개인 간 또는 공적부조나 사회부조 등 사회적·공적부양의 문제로 어느 정도 지원을 기대할 수 있을 뿐이란 이유로, 청구를 인용한 이 판결은 특히 치료불가능한 정신병은 이혼사유가 된다는 취지로서 타당하다.[207]

---

206) 대판 1991. 1. 15. 90므446, 월보, 1991. 6, 제249호.
207) 같은 취지로는 대판 1995. 5. 26. 95므90, 월보, 1995. 10, 제301호; 이희배(2007). 282-283; 이희배(2007). 273-274.

5. 재판상 이혼 — 유책배우자의 이혼청구 인용의 가능성

[유책배우자의 이혼청구라도 상대방이 오기·반감에서 이혼반대 시는 허용되지만 오기·반감이 인정 안 되면 청구는 불허용(민법 제840조 제6호)]

　　　　　　　　　　　　　　 —이혼 등·상고기각(대판 2002. 10. 11. 2002므975)

I. 사실관계

X(원고, 상고인, Y의 남편)와 Y(피고, 피상고인, X의 처)와의 혼인생활은 30년이 넘는 장기간의 별거와 X의 F(소외)와의 장기간 동거 및 자녀출산 등으로 회복할 수 없을 정도로 파탄에 이르렀다고 주장하며, X는 Y를 상대로 이혼심판청구를 하였고, 원심인 부산지방법원은 2002. 6. 21. 2002르64호로 Y에게 '혼인을 계속할 의사가 없음이 명백한데도 오기나 보복적 감정에서 이혼에 응하지 아니할 뿐이란 특별한 사정이 인정되지 않는다.'고 X의 이혼청구를 기각하였고, 이에 X가 상고하기에 이르렀다.

II. 판결이유의 요지 — 상고기각

혼인생활의 파탄에 대하여 주된 책임이 있는 배우자는 원칙적으로 그 파탄을 사유로 하여 이혼을 청구할 수 없고, 다만 상대방도 그 파탄 이후 혼인을 계속할 의사가 없음이 객관적으로 명백한데도 오기나 보복적 감정에서 이혼에 응하지 아니하고 있을 뿐이라는 등 특별한 사정이 있는 경우에만 예외적으로 유책배우자의 이혼청구권이 인정된다(1999. 10. 8. 선고, 99므1213 판결 참조).

원심은 그의 채용증거들을 종합하여, 그의 판시와 같은 사실들을 인정한 다음, 원고와 피고 사이의 혼인생활은 30년이 넘는 장기간의 별거와 원고의 F와의 장기간 동거 및 자녀출생 등으로 회복할 수 없을 정도로 파탄에 이르렀다고 보이나, 이는 원고가 부부간의 동거·부양·협조의무를 저버린 채 배우자인 피고와의 동거를 일방적으로 거부하고 F와의 사통관계를 맺어 장기간 동거하면서 피고를 악의로 유기한 데 따른 것이라 할 것이므로, 이와 같이 혼인생활의 파탄에 대하여 주된 책임이 있는 원고의 이혼청구는 원칙적으로 허용될 수 없는 것이고, 달리 피고 역시 혼인을 계속할 의사가 없음이 명백한데도 오기나 보복적 감정에서 이혼에 응하지 아니할 뿐이라는 등의 특별한 사정이 인정되지도 않다고 하여 원고의 이혼청구를 배척하였다.

앞서 본 법리에 비추어 기록상의 증거들과 대조하여 살펴보니, 원심의 그 인정·판단은 정당한 것으로 수긍되고, 거기에 증거법칙에 위배하여 사실을 오인하였다는 위법사유나 민법 제840조 제6호의 재판상 이혼사유에 관한 법리를 오해하였다는 위법사유는 없다.

상고이유 중에 내세운 판결은 사안을 달리 하기에 이 사건에 원용하기에 적절한 것이 못된다.

상고이유의 주장들을 받아들이지 아니한다.

그러므로 원고의 상고를 기각하고, 상고비용을 원고의 부담으로 하기로 관여 대법관들의 의견이 일치되어 주문에 쓴 바와 같이 판결한다.208)

III. 해 설

(1) 이 판결에서의 논의점은 유책배우자의 이혼청구는 상대방의 오기·반감 등으로 이혼에 반대하고 있음이 증명되지 않는 경우 그 허용여부의 점이다.

(2) 유책배우자의 이혼청구의 상대방이 그 파탄 이후, 혼인을 계속할 의사가 없음이 객관적으로 명백한데도, 오기나 보복적 감정에서 이혼에 응하지 아니하고 있을 뿐이라는 등 특별한 사정이 있는 경우에만 예외적으로 유책배우자의 이혼청구권이 인정되지만, 오기 보복적 감정으로 이혼에 응하지 않는다는 특별한 사정이 인정되지 않으면, 이혼청구를 인용할 수 없다는 이 판결은 타당하다.209)

6. 이혼의 효과 ─ 자의 양육사항

[자녀양육의무는 출생과 동시에 발생하며 과거의 양육비 상환청구는 가능함(민법 제837조, 제974조)]

─양육자 지정 등·쌍방 재항고기각(대판(전) 1994. 5. 13. 92스21)

---

208) 대판 2002. 10. 11. 2002므975, 신문, 2002. 11. 7, 제3120호.

209) 같은 취지로는 대판 2006. 1. 13. 2004므1378, 공보, 2006. 2. 15, 제244호; 이희배(2007). 339-340.

I. 사실관계

X(청구인, 재항고인, Y의 처)와 Y(상대방, 재항고인, X의 남편)는 부부인데 협의이혼을 하면서, X가 S₁(X · Y의 자)을 양육하여 왔으나, S₁의 양육에 관한 사항에 대하여 협의가 되지 않아, X는 자신을 양육자로 지정해 줄 것과 '과거의 양육비(협의이혼신고가 된 달 이후의 양육비)' 및 장래의 양육비지급의 청구를 Y를 상대로 하였다. 이에 원심인 대구지방법원은 1992. 7. 16. 92브6호로 X를 양육자로 지정하고 Y에게 X와 Y가 이혼한 때부터 S₁의 양육비(과거의 양육비 포함)의 일부를 분담케 하면서, S₁의 양육에 소요되는 비용을 월 금 25만 원으로 인정하고, Y에게 그 중 약 3분의 1에 해당하는 월 금 8만 원의 부담을 명하는 결정을 하였다.

이에 X와 Y(Y는 특히 과거의 양육비 지급결정에 그 부당함을 주장)는 대법원에 재항고하기에 이른 것이다.

II. 판결이유의 요지 — 재항고기각

(1) 다수의견

부모는 그 소생의 자녀를 공동으로 양육할 책임이 있고, 그 양육에 소요되는 비용도 원칙적으로 부모가 공동으로 부담하여야 하는 것이며, 이는 부모 중 누가 양육권자이고 현실로 양육하고 있는 자인지를 물을 것 없이 친자관계의 본질로부터 발생하는 의무라고 할 것이다.

그러므로 어떠한 사정으로 인하여 부모 중 어느 한쪽만이 자녀를 양육하게 된 경우에, 그와 같은 일방에 의한 양육이 그 양육자의 일방적이고 이기적인 목적이나 동기에서 비롯한 것이라거나, 자녀의 이익을 위하여 도움이 되지 아니하거나, 그 양육비를 상대방에게 부담시키는 것이 오히려 형평에 어긋나게 되는 등 특별한 사정이 있는 경우를 제외하고는, 양육하는 일방은 상대방에 대하여 현재 및 장래에 있어서의 양육비 중 적정금액의 분담을 청구할 수 있음은 물론이고, 부모의 자녀양육의무는 특별한 사정이 없는 한 자녀의 출생과 동시에 발생하는 것이므로 과거의 양육비에 대해서도 상대방이 분담함이 상당하다고 인정되는 경우에는 그 비용의 상환을 청구할 수 있다고 보아야 할 것이다.

다만, 한쪽의 양육자가 양육비를 청구하기 이전의 과거의 양육비 모두를 상대방에게 부담시키게 되면 상대방은 예상하지 못하였던 양육비를 일시에 부담하게 되어 지나치게 가혹하여 신의성실의 원칙이나 형평의 원칙에 어긋날 수도 있으므로, 이와 같은 경우에는 반드시 이행청구 이후의 양육비와 동일한 기준에서 정할 필요는 없고, 부모 중 한쪽이 자녀를 양육하게 된 경위와 그에 소요된 비용의 액수, 그 상대방이 부양의무를 인식한 것인지 여부와 그 시기, 그것이 양육에 소요된 통상의 생활비인지 아니면 이례적이고 불가피하게 소요된 다액의 특별한 비용(치료비)인지 여부와 당사자들의 재산상황이나 경제적 능력과 부담의 형평성 등 여러 사정을 고려하여 적절하다고 인정되는 분담의 범위를 정할 수 있다고 볼 것이다.

(2) 반대의견 요지(소수)

양육에 관한 법원의 심판절차는 거의 예외 없이 상당한 시일을 필요로 하므로 양육에 관한 법원의 심판이 고지되기 전의 것이라도 양육에 관한 협의의 요청이 있었던 때부터 또는 심판청구서의 부본이 상대방에게 송달된 때부터 그 후의 것은 이를 상대방에게 부담하여도 좋을 것이지만, 협의의 요청이나 심판청구가 있기 전의 기간에 지출한 양육비에 대하여는 이를 법원의 심판으로서 상대방에게 그 부담을 명할 수 없다고 본다.

왜냐하면, 민법 제837조 제1항·제2항, 가사소송법 제2조 제1항 (나)목 (2) 마류 사건 제3호, 같은 법 제3편(가사비송)의 여러 규정을 종합하면, 이혼한 당사자의 아이의 양육에 관한 사항을 정하거나 이미 정하여진 사항을 변경하는 절차이지, 지나간 과거에 마땅히 이행되었어야 할 부양에 관한 사항을 정하거나 이미 지출된 비용의 분담에 관한 사항을 결정하는 절차가 아니기 때문이다.

(3) 보충의견 요지

민법 제837조에 의하면 이혼한 부부는 자의 양육에 관한 사항을 협의에 의하여 정하여야 하고, 협의가 되지 아니하거나 협의할 수 없는 때에는 가정법원이 당사자의 청구에 의하여 정하도록 규정되어 있는 바, 가사소송법은 제2조 제1항 (나)목 (2) 마류사건 제3호에서 민법 제837조의 규정에 의한 자의 양육에 관한 처분을 가사비송사건으로 규정하면서 그 처분의 대상이 되는 양육에 관한 사항을 장래의 것만으로도 한정하고 있지 아니하고, 민법이 이혼한 부부의 일방만이 자를 양육하여 온 경우에 다른 일방(이 뒤에는 '상대방'이라고 약칭한다.)과 사이에 과거의 양육비를 분담하는 비율을 정하는 데 관하여 달리 규정하고 있지도 아니하므로 이혼한 부부 각자가 분담하여야 할 과거의 양육비의 비율이나 금액을 장래에 대한 것과 함께 정하는 것도 민법 제837조 제2항에 규정된 자의 양육에 관한 처분에 해당하는 것으로 보아, 가정법원이 자의 연령 및 부모의 재산상황 등 기타 사정을 참작하여 심판으로 정하여야 할 것이지 지방법원이 민사소송절차에 따라 판정할 것은 아니라고 해석함이 상당하다.[210]

---

210) 대판(전) 1994. 5. 13. 92스21, 월보, 1994. 9, 제288호.

III. 해 설

(1) 이 판결에서의 논의점은 양육에 관한 협의 없이 부모의 일방이 자를 양육한 경우 '과거의 양육비' 상환청구를 할 수 있느냐와 그 과거의 양육비상환청구가 가사비송사건이냐 민사소송사건이냐의 문제이다.

(2) 이 결정은 '과거의 양육비' 상환청구를 인정하지 않았던 종래의 판례[211)를 변경하여 장래의 양육비뿐만 아니라, 과거의 양육비에 대하여도 그 상환청구를 인정하였다는 점에 커다란 의의가 있다.

그렇지만 3인의 대법관이 과거의 양육비 상환청구를 인정한 위 결정과정에서 반대의견을 제시하면서, 협의의 요청이나 심판청구가 있기 전의 기간에 지출한 양육비의 상환청구는 성질상 민사소송사항이고, 가사소송법이 정한 가정법원의 관할사항이 아니며, 가사소송사건과 민사소송사건을 1개의 소로 제기할 수는 있으나 가사소송사건에 민사소송을 병합할 수는 없는 것이라고 주장하고 있다.

이러한 반대의 주장에 대하여는 보충의견의 개진에서 이혼한 부부 각자가 분담하여야 할 과거의 양육비의 비율이나 금액을 장래에 대한 것과 함께 정하는 것도 민법 제837조 제2항에 규정된 '자의 양육에 관한 처분'에 해당하는 것으로 보아 가정법원이 심판으로 정하여야 할 것이지 지방법원이 민사소송절차에 따라 판정할 것은 아니라고 주장하고 있다.

(3) 과거의 양육비와 그 상환청구에 대하여는 판례는 본건 판결 이전까지는 일관되게 부정하여 왔지만,[212) 학설은 이러한 판례의 태도를 비판하여 왔다.[213) 그 후의 대법원은 성년에 달한 자의 치료비를 그 어머니가 지출하고 자의 아버지에게 구상청구를 한 데 대하여 과거의 양육비의 상환청구를 인용하였다.[214) 그렇다면 자녀에 대한 과거의 양육비 구상청구를 인용하여야 하는 이유는 무엇인가. 이 점은 미성숙자 부양의무의 근거, 즉 '친자관계의 본질인 포태의지와 출산행위'에서 찾을 수 있다.[215)

부모의 자에 대한 부양의무는 친자관계 그 자체에 의해서 기초된다. 부모가 그로부터 출생한 자의 부양을 위해 배려하여야 하는 것은 '자연법상의 공리'로서 미성숙자의 부양의무의 근거를 '친자관계의 본질'에서 구하는 것은 근대 입법의 대세다.

미성숙자부양의무의 근저에는 '인간의 자기 자신에 대한 의무'란 사상이 잠재해 있는 것이다. 즉, 부모는 그의 성적 공동태에서의 산출(출산)로 하여, 그 산출물인 자녀에 관해서 보호와 부양의 의무가 생긴다. 자녀들은 인격체로서 출생과 동시에 그들이 자기 자신이 생계를 세워 나갈 능력을 확보할 때까지 양친에 의해 부양받는다고 하는 근원적＝생득적인 권리를 가지며, 이를 위해 특수한 법적 행위를 필요로 하지 않는다.

이와 같이 "부모가 그 자의 부양급부를 하여야 할 의무는 자연법상의 원리다." 부양의무는 그의 성질, 그것 자체에 의해서 부모에게 부과되는 것이 아니고, "자를 세상에 내

보낸 그의 부모들 자신의 고유의 행위에 의해, 그 부모들에게 과해지는 것이다." 즉, "자를 창조한 자는 그 자를 양육하지 않으면 안 된다."(Loysel의 격언). 부모들은 단지 자에게 생명을 주는 것뿐이라고 한다면 부모는 자에 대해서 가장 가혹한 침해자가 될 것이다. 이를 예방하기 위한 것이 형법(제271조)상의 '유기죄'인 것이다. 그런 연유로 자를 출산한 것에 의하여 부모들은 자가 그들 사이에 있는 한, 그들이 부여한 자의 생명을 지탱하여 보존·유지하도록 노력하는 자기의 의사에 기한(voluntary), 윤리적 의식에 기초한 의무를 지게 되는 것이다. 그리하여 자는 그 부모로부터 부양을 받을 완전한 권리를 갖는 것이다.

이러한 견해는 친자의 혈연 그 자체를 가지고 부모의 부양의무의 근거로 한 것이 아니고, 부모가 자를 포태한다고 하는 그 행위 가운데 자신이 그 자의 생활을 보지할 의무를 진다고 하는 의무분담의 의사가 있고, 그 자유로운 의사야말로 부양의무의 근거가 된다고 하는 자연법학적 사고라고 말할 수 있다. 즉, 부모는 자가 생성될 것을 알고 내지는 알 수 있는 상태에서 성적관계를 가졌던 이유로, 자에 대해서 본원적 부양의무를 지는 것이다.[216] 이렇게 자의 출생과 동시에 부모로부터 부양을 받는 것은 생득적인 자의 권리이며, 그것은 부모와 같은 정도의 생활의 보장을 받는 '제1차적 부양'이다.

이와 같이 이해할 때, 미성숙자에 대한 부모의 부양의무 발생은 그 자가 '부양을 필요'로 할 때부터, 즉 출생과 동시에 자동적으로 발생하는 것이고, 청구와는 무관한 것이다. 그러므로 이 사례에서 '부양의 필요'상태인 협의이혼(신고)때부터 상대방인 부는 청구와 관계없이 부양의무가 발생한 것이다. 그러므로 청구 이전이라는 과거의 부양료도 당연히 부담하는 것은 '포태의사'와 '출산행위'란 그 부모의 의지에 근거하는 것이다.

이와 같은 이유에서 과거의 양육비구상청구를 인용한 이 판결은 획기적인 판결로서 타당하다 하겠다.

(4) 이혼한 부부 각자가 부담하여야 할 과거의 양육비의 비율이나 금액을 장래에 대한 그것과 함께 정하는 것도 민법 제837조 제2항에 규정된 '자의 양육에 관한 처분'에 해당하는 것으로 보아, 가정법원이 심판으로 정하여야 할 것이지, 지방법원이 민사소송절차에 따라 판정할 것은 아니라는 이 결정은 가사소송법 제2조 제1항 마류 제3호와 민법 제837조의 규정에 비추어 타당하다 할 것이다.[217]

---

211) 대판 1967. 1. 30. 66므40, 대판집, 제15권 제1집, 민 49; 대판 1967. 2. 21. 65므5, 대판집, 제15권 제1집, 민 107; 대판 1979. 5. 8. 79므3, 대판집, 제27권 제2집, 행 18; 대판 1976. 6. 22. 75므1, 대판집, 제24권 2집, 민 132.

212) 주 211)의 각 판례 참조.

213) 김주수(1964). 316; 김주수(1967). 164.

214) 대판 1994. 6. 2. 93스11, 월보, 1994. 11, 제290호, 133-134.

215) 이희배(1989). 223-234 참조.

7. 이혼의 효과 — 이혼 재산분할청구권

[전업주부의 재산분할의 비율이 부동산의 지분을 2분의 1로 함은 과다하다(민법 제843조, 제839조의 2).]

-이혼 등·파기환송(대판 1994. 12. 2. 94므1072)

I. 사실관계

X(원고, 피상고인, Y의 처)는 Y(피고, 상고인, X의 남편)와 결혼 이후 가사에 종사하면서 Y를 뒷바라지하고, Y는 1987.경 이 사건 건물을 신축함에 있어 건축자금이 부족하여 B(X의 친정오빠, 소외)로부터 금400만 원을 차용하여 건축하였는데, Y는 한편 농업협동조합으로부터도 180만 원을 차용, 건축비에 충당하였고, 완공된 건물의 전세계약에 의한 전세금으로 X의 친정오빠로부터의 위 차용금(400만 원)을 변제하기도 하였다. 그런데 평소 Y의 X에 대한 부당한 대우로 인하여 파탄하게 되자, X는 Y를 상대로 이혼 및 재산분할청구를 하였고, 원심인 광주고등법원은 1994. 7. 7. 94르30호로 이혼·위자료지급 외에 Y의 명의인 이 사건 건물에 대한 2분의 1지분의 소유권이전등기를 명하였다. 이에 Y가 상고하였고, 대법원은 그 건물의 2분의 1지분 소유권이전등기를 명한 것은 과다하다고 파기환송하였다.

II. 판결이유의 요지 — 파기환송

그러나 부부 일방이 혼인중 제3자에게 채무를 부담한 경우에 그 채무 중에서 공동재산의 형성에 수반하여 부담하게 된 채무는 청산의 대상이 되는 것이므로(당원 1993. 5. 25. 선고, 92므501 판결 참조), 부부일방이 위와 같이 청산의 대상이 되는 채무를 부담하고 있는 경우에 재산분할의 비율 또는 액수를 정함에 있어서는, 이를 고려하여 금전의 지급을 명하는 방식의 경우에는 그 채무액을 재산가액으로부터 공제한 잔액을 기준으로 지급액을 산정하여야 하고, 목적물의 지분을 취득시켜 공유로 하는 방식의 경우에는 상대방의 취득비율을 줄여 주는 등으로 분할비율을 합리적으로 정하여야 할 것이다.

그런데 원심이 배척하지 아니한 증인 A, B의 각 증언에 의하면, 피고는 이 사건 건물 신

---

216) 이희배(2001). 725-735 참조.
217) 이희배(2007). 385-388.

축 당시 원고의 친정오빠로부터 금 400만 원을 차용하고, 한편으로 농업협동조합으로부터 180만 원을 차용하여 건축비로 사용하고 건물이 완공된 뒤 위 건물에 관하여 타인과 전세계약을 체결하여 전세금을 받아 원고의 친정오빠로부터 빌린 금 400만 원을 갚았다는 것인바, 그것이 사실이라면 위의 경위로 피고가 부담하게 된 채무는 위의 공동재산인 이 사건 건물의 형성에 수반하여 부담한 채무라 하지 않을 수 없으므로, 앞에서 설시한 바와 같이 위 채무가 피고 일방에게 귀속하게 되는 사정을 고려하여 분할비율 등을 합리적으로 정하여야 할 것이다. 나아가, 원심이 인정한 사실과 기록에 의하여 알 수 있는 바와 같이, 이 사건 건물의 형성에 관한 원고의 기여행위가 가사를 전담하는 뒷바라지에 불과하고 별다른 경제적 활동은 없었다는 사정 등을 함께 고려하면, 원심이 재산분할로 피고에 대하여 원고에게 이 사건건물(기록상 건물부지는 재산분할대상재산에 포함되지 아니한 것으로 보인다)의 2분의 1지분 소유권이전등기를 명한 것은 과다한 것으로서 형평의 원칙에 현저하게 반한다고 하지 않을 수 없어 그대로 유지될 수 없으니, 이러한 점을 포함하고 있는 것으로 보이는 논지는 이유 있다.[218]

III. 해 설

(1) 이 판결에서의 논의점은 첫째, 이혼 재산분할청구에 있어서 부부의 일방이 청산대상의 채무를 부담하고 있는 경우, 그 분할의 방법 및 비율·액수를 정하는 적절한 방안은 무엇인가. 둘째, 분할대상 재산의 형성·유지에 처가 가사노동 등 내조로 기여한 경우 부명의 건물의 지분비율을 그 2분의 1로 한 것은 과다한 것이냐 하는 점이다.

(2) 부부의 일방이 청산의 대상이 되는 채무를 부담하고 있는 경우에 재산분할의 비율 또는 액수를 정함에 있어, 금전지급을 명하는 방식인 경우에는 그 채무액을 재산가액으로부터 공제한 잔액을 기준으로 지급액을 산정하여야 할 것이고, 목적물의 지분을 취득시켜 공유로 하는 방식의 경우에는 상대방의 취득비율을 줄여 주는 등으로 분할비율을 합리적으로 정하여야 할 것이다.

(3) 분할대상건물의 형성·유지에 있어, 처의 기여행위가 가사전담 등 내조가 있었을 뿐이고 다른 경제적 활동이 없는 경우라면 부명의의 건물의 2분의 1지분 소유권이전등기를 처에게 명한 것은 과다한 것으로서 형평의 원칙에 현저하게 반한다는 이유로 원심판결을 파기환송한 이 판결은 타당하다.[219]

---

218) 대판 1994. 12. 2. 94므1072, 월보, 1995. 4, 제295호. 이 판결의 연구는 이희배(2007). 415-416.

219) 서가판 1991. 6. 7. 89드58308은 '보험회사 외판원, 행상인인 주부가 남편명의의 재산형성에 기여비율은 부명의 부동산의 2분의 1지분을 인정함이 상당하다.'고 판시한 바 있다. 하판집, 1991, 제2권; 이희배(2007). 453-454.

제8장
가사조정에서의 개선점과 전망

1. 가정법원의 전국설치 운영

가사분쟁의 전문적인 사법서비스를 제공하기 위하여, 가정법원을 전국적으로 확대설치하여야 할 것이다. 1차적으로는 지방법원마다 가정지원 설치·운영, 2차적으로는 고등법원설치지역에 가정법원의 설치·운영, 3차적으로 전국의 본원급 법원지역에 가정법원을 설치·운영하는 것이다.

2. 가정법원의 독립청사 건립

인격의 존엄과 양성의 평등을 기본으로 하고 가정평화와 친족상조의 미풍양속을 유지·향상하기 위하여 설치된 가정법원이 그 설립목적에 부합하는 전문화되고 차별화된 서비스를 제공하기 위해서는 일반법원과 독립된 가정법원청사의 건립·운영이 절대적으로 필요하다.

3. 가정법원 법관의 전문화

가정법원 판사를 전문법관으로 구성하는 전문법관제도가 정착되어야 한다. 또한 법조경력이 10년 이상으로 가족관계법에 대한 연구와 열의가 있는 법관으로 충원되어야 한다. 또한 가정법원 판사는 전문법관제도에 걸맞는 국내외의 연찬의 기회가 우선적으로 주어져야 하며 인사에서도 특별한 배려가 주어져야 한다.

4. 조정위원의 전문성 강화와 연찬

1) 조정위원은 가사분쟁에 관련된 전문적인 지식과 문제해결능력을 가진 법률(특히 가족법) 전문가와 가족관계학자, 가족복지학자 및 전문상담가 등으로 구성하여야 한다.

2) 주심조정제도를 채택하는 체제하에서는 적어도 2인 중 1인은 법률전문가 특히 가족법에 대한 열의와 학식이 갖추어진 분으로 공동주심조정위원이 편성·운영되어야 한다.

3) 신규위촉 조정위원은 물론, 모든 조정위원은 조정위원 연찬프로그램(교재간행도 필요함)에 의한 지속적인 연찬과 국내외의 가사조정제도를 비교·연구하여 조정에 임하게 하여야 한다.

4) 모든 조정위원은 가족관계법의 규정에 부합하고 당해사건의 특수성에 적합한 조정안(가안)을 마련하는 역량을 자기계발과 연찬을 통하여 확보하도록 하여야 한다.

5) 조정위원의 임기를 2년으로 개선하여야 한다.

5. 조사관의 증원과 전문직조사관의 확보

1) 혼인과 가족생활은 국가가 이를 보장하도록 되어 있고, 그 국가의 후견적 기능을 주로 가정법원이 큰 비중으로 수행하고 있는 것이다. 그 첫 번째의 역할은 조사관의 역할로부터 시작된다고 할 수 있을 만큼 가사조사관의 역할과 기능은 매우 중요하다고 할 수 있다.

2) 따라서 조사관인력을 크게 증원하고 전문직조사관으로 조사관의 역량이 확충되어야 할 것이다.

6. 이혼안내원의 전문화와 안내내용의 정형화

1) 당사자 간에 이혼에 합의하고 가정법원에 협의이혼의사확인신청을 접수한 사람은 누구나 '이혼안내'를 받도록 규정되어 있다.

2) 이혼안내의 담당자는 '법원서기관, 법원사무관, 법원주사, 법원주사보'(이하 '법원사무관 등')로 규정하고 있는데(협의이혼예규 제1조, 제4조), '법원사무관 등' 중, 특히 가족관계법에 상당한 지식과 열의가 있는 자 중에서 임명되어야 할 것이다.

3) 이혼안내의 내용에 관하여는 ① 이혼절차, ② 이혼의 결과(재산분할, 친권, 양육권, 양육비, 면접교섭권 등), ③ 이혼이 자녀에게 미치는 영향, ④ 상담위원의 상담을 받을 것을 권고(특히 미성년자녀가 있는 경우에는 양육과 친권자 결정에 관하여 상담받을 것을 권고), ⑤ 양육 및 친권자 결정에 관한 협의서를 확인기일 1개월 전까지 제출할 수 없을 것이 예상되는 경우에는 심판청구할 것 등의 안내를 할 것을 규정하고 있다(협의이혼예규 제4조).

위와 같은 이혼안내 내용 외에도 ⑥ 위자료 등 손해배상청구, ⑦ 변호인의 조력을 받을 권리 등을 추가하여 안내하여야 하지 않을까?

|2부 참고문헌 |

곽배희(2006). 이혼숙려기간 및 이혼전상담제도화. 서울가정법원조정위원협의회, 가사조정, 8, 11-28.

김매경(2006). 협의이혼제도개선에 대한 소고. 한국가족법학회 자료집, 2006. 6. 24, 1-37.

김용욱, 김연(1995). 가사소송법. 서울: 고시연구사.

김용한(2002). 신 친족상속법론. 서울: 박영사.

김종권(1991). 실무가사소송법. 서울: 한국사법행정학회.

김주수(1964). 친족상속법. 서울: 법문사.

김주수(1967). 혼인외의 출생자에 대한 과거의 부양료, 법정, 통권 205, 164.

김주수(1988). 현대가족법과 가족정책. 서울: 삼영사.

김주수(2002). 친족상속법. 서울: 법문사.

박병호(1992). 가족법. 서울: 한국방송통신대학.

법원도서관(2007). 각급법원(제1, 2심) 판결공보.

법원행정처(1977). 사법연감.

법원행정처(1981). 사법연감.

법원행정처(1985a). 대법원 판결 요지집. 민사 · 상사편 Ⅰ(민법).

법원행정처(1985b). 대법원 판결 요지집. 민사 · 상사편 Ⅱ(민법).

법원행정처(2005). 사법연감.

법원행정처(2007). 사법연감.

사법협회(1943). 조선고등법원판례 요지유집. 사법협회.

서울가정법원 가사소년제도개혁위원회(2005). 가사소년제도개혁위원회자료집(I).

서울가정법원 가사조정실무연구회(이호원, 손왕석, 정승원, 한숙희, 전연숙, 최정인, 김소영) 역(2008). 이혼조정가이드북 (원저 '梶村太市, 離婚調停 ガイドブック' 2007. 3판), 서울: 사법연구지원재단.

서울가정법원(2005). 협의이혼상담에 관한 내규, 제100호.

양수산(1998). 친족상속법. 서울: 한국외국어대출판부.

이경희(2006). 가족법. 서울: 법원사.

이근식, 한봉희(1981). 신친족상속법. 서울: 일조각.

이상권(2007). 이혼 후 발생하는 문제점과 이혼숙려제도의 필요성. 한국가정법률상담소 인천지부, 이혼숙려제도 및 이혼전상담제도 심포지움 자료집, 11-16.

이은영 의원 외(2005). 이혼절차에 관한 특례법안, 2005. 11. 16, 의안번호 3365호.

이희배(1989). 민법상의 부양법리. 서울: 삼영사.

이희배(1993). 부 명의 재산의 분할청구의 대상여부. 법률신문, 1993. 12. 6, 2270호, 15.

이희배(1994). 재산분할청구의 대상인 재산의 범위. 고황법학교수회, 고황법학, 창간호, 161-184.

이희배(1995). 친족상속법요해. 서울: 제일법규.

이희배(1997). 유책배우자의 이혼청구 허용법리와 전망. 고황법학교수회, 고황법학, 제2권.

이희배(2001). 가족법학논집. 서울: 동림사.

이희배(2007). 가족법판례연구. 서울: 삼지원.

정광현(1962). 신친족상속법요론. 서울: 법문사.

정부(2006). 민법일부개정법률안, 2006. 11. 7, 의안번호 제5283호.

조대현(1991). 개정민법상의 친권자, 새로운 이념정립이 필요하다. 법률신문, 1991. 12. 14.

최진섭(1988). 이혼절차에서의 자녀보호방안. 김주수 화갑기념, 현대 가족법과 가족정책. 서울: 삼
    영사.

최진섭(2005). 이혼숙려기간도입에 대한 관견. 법률신문, 2005. 3. 10, 3445호.

한국가정법률상담소 인천지부(2007). 이혼숙려제도 및 이혼전상담제도 심포지움 자료집, 2007. 10.
    25.

한봉희(1972). 현행 협의이혼제도의 문제점. 법조춘추, 1992. 9. 14, 99.

한봉희(1976). 비교이혼법. 서울: 일조각.

한봉희(1993). 한국이혼법의 회고와 전망. 한국가족법학회, 가족법연구, 7, 83-126.

한봉희(2007). 가족법. 서울: 푸른 세상.

학습개요

　제3부 제9장 '부부선택의 역동이론'에서는 생물학적인 진화론, 유유상종의 이론, 상호욕구보완이론, 이마고 이론 등을 통해 남녀가 부부로 만나는 과정에서 어떤 의식적 · 무의식적인 기대와 열망을 가지고 부부로 시작하게 되는지 알아본다.

　제10장 '개인 내면세계의 역동성 이해'에서는 부부가 원가족에서 성장하면서 경험한 역기능적인 심리 내면의 도식들이 어떻게 부부관계에서 나타나는지를 보여 주는 내면의 역동성에 대하여 고찰하고자 한다. 개인마다 자신이 만들어 놓은 허상을 실제로 여기며 '마음속의 아이'로 살아간다. 10장의 내용은 억압된 자아, 내면의 '거짓자아', 애착이론과 부부의 역동, 부정적인 심리도식, 자기애성 인격장애 그리고 성인아이에 관한 것이다.

　제11장 '이혼상담의 실제'에서는 실제 협의이혼 시 가정법원에서 부부에게 제공하는 이혼 전 상담의 과정과 의의, 효과, 방법, 상담의 기술들을 제공하고자 한다. 법원외 이혼상담의 과정으로는 이혼의 과정, 이혼 전 상담의 과정, 이혼결정 단계, 이혼 이후 재적응하기, 이혼자녀를 위한 상담에 대하여 설명한다.

　제12장 '부부상담의 기술'은 이혼예방과 부부관계 회복을 위한 재구성 기술에 관한 내용이다. 건강한 부부관계, 부부의 갈등해결, 부부상담을 위한 기법으로서 이마고 부부치료의 상처 회복, 가트만의 부부상담, 내면아이 치유, 상호주관 정신분석적 해석, 부부 심상치료, 건강한 자아, 치료자의 자질과 대처 등에 대해 제시하고 있다.

제**3**부
이혼상담의 이론과 실제

주제어

부부선택의 역동이론, 개인 내면세계의 역동성 이해, 개인의 부정적인 심리도식, 자기애성 인격장애, 성인아이, 애착이론과 부부의 역동, 법원의 이혼 전 상담의 과정, 법원외 이혼상담의 과정, 이혼 후 재적응 단계, 이혼자녀 상담, 건강한 부부관계의 기능, 부부의 갈등해결, 이마고 부부치료의 상처 회복, 부부를 위한 심상치료, 내면아이치유, 가트만의 부부상담, 상호주관 정신분석적 해석, 유능한 상담자의 자질과 대처

제**9**장
부부선택의 역동이론

Ⅰ. 제3부에서 다루는 이론의 배경

　한국 가정에서 우리의 부모세대들이 자녀들을 애정과 관심과 사랑으로 양육하기에는 너무 힘든 시절이 있었다. 사회적으로 안전망이 구축되지 않은 상태에서 부모들이 생존을 위하여 고군분투하느라 대부분의 자녀들은 방치와 학대 속에서 제대로 양육을 받지 못하고 성장하였다. 그래서 우리 자녀들도 성인이 되어서 똑같은 실수를 반복하며 건강한 가정에 대한 모델을 형성하지 못한 경우가 많다. 자신의 결핍이나 상처를 치유하기도 전에 성인이 되어 결혼을 하게 되고 자신의 심리적인 상처나 열등감, 피해의식, 공허함 등을 상대방 탓으로 돌리며 상대방이 자신을 구원해 주기만을 바란다.

　가난뿐만 아니라 역기능적인 정신건강도 그대로 다시 자녀들에게 전수된다. 자신의 부정적인 성격과 결핍, 상처들도 고스란히 전달된다. 이러한 살아 움직이는 가족의 역동에 대해서 제대로 알 필요가 있다. 자신의 성격이 형성되고 부모의 가치와 생활방식이 모두 내면화되는 무의식적인 과정과 자신의 뿌리인 가족을 제대로 통찰하는 것이야말로 자신의 정체성을 새롭게 형성할 수 있는 길이다. 좀 더 성숙한 부모라면 자신의 부정적인 성격을 개선해 나가며, 자신도 모르게 부모로부터 물려받은 부정적인 심리도식과 행동들을 멈추려 할 것이다. 또한 자신의 미해결된 문제와 결핍, 상처들을 먼저 치료하는 적극성과 삶의 리더십을 보일 것이다. 그래야 자녀가 자기 확신과 자신감을 가지고 세상을 적극적이며 긍정적으로 살아갈 수 있는 안정적인 성격을 형성할 수 있다고 본다.

건강한 가정생활을 위해서는 가장 먼저 자신에 대한 깊은 이해와 통찰로 진정한 자신을 만나야 한다. 성장하면서 잃어버렸던 참 자아를 되찾고, 상처가 회복되는 과정을 통해 건강하고 기능적인 부부관계를 형성할 수 있다. 이런 의미에서 이혼상담은 개인의 적응적 측면, 부부관계에서 발휘하는 대처능력, 자존감과 역량 등을 정신역동적인 관점에서 다루는 것이라고 할 수 있다. 부부의 문제와 갈등은 개인이 성장과정에서부터 가져 온 자신의 상처나 결핍, 왜곡된 사고나 신념들이 부부관계에서 자극을 받을 때 더 확대되는 경향이 있다. 중요한 것은 배우자보다 배우자에 대한 자신의 마음이다. 자신의 습관이나 행동 속에는 의식하지 못하는 무의식의 마음이 작용하기 때문이다.

저자는 이혼상담의 범위로서 이혼 위기에 처한 이혼 전 결정 단계와 이혼으로 가는 이혼 단계, 부부와 이혼 후의 재적응 단계까지 다루고자 한다. 그리고 이혼상담에서 이혼의 위기에서 벗어나 문제해결, 관계회복을 위한 시도는 부부상담으로 연결짓고자 한다. 부부상담이라고 하면 부부들의 위기ㆍ갈등 극복과 문제해결에 초점을 둔 심리상담으로서 부부의 상호작용과 개인내면의 통찰을 돕는 과정이라고 할 수 있다. 치료의 시작은 개인내면으로부터의 변화에 초점을 두고 있다. 자신을 제대로 수용하고 이해하며 통찰하는 것이야말로 부부관계를 회복하는 길이며 가정을 살리는 것이기 때문이다.

저자는 이 책에서 가족치료이론들과 부부상담이론, 정신역동이론 등을 자유롭게 적용했으며, 가정법원의 조정위원 및 이혼 전 상담위원 그리고 가족치료전문가로 활동하면서 경험한 내용들도 포함시켰다.

Ⅱ. 부부선택의 역동이론

사랑하는 두 남녀가 있다.

그들의 만남은 심장이 멎을 듯한 충격으로 다가왔다.

그리고 정열적인 연애를 통해 행복한 시간을 함께 한다.

하지만 언제나 행복만이 있는 것은 아니다.

서로에 대한 오해, 질투 그리고 헤어짐…….

지상의 모든 연애와 사랑은 태어나서 성장하고 쇠퇴하며 결국 죽음을 맞게 된다.

혹, 로미오와 줄리엣처럼 죽음 앞에서도 사그라지지 않고 불멸의 신화가 되기도 한다.

화려한 모습 그리고 달콤한 향기…….

하지만 쓰라린 배반과 절망의 함정이 도사리고 있는 연애, 인간은 그 유혹에 빠져들어 깊은 상처를 받을지라도 끊임없이 갈구해 왔다.

－KBS1 TV. (2008. 3. 12). TV 책을 말하다.

과거의 결혼제도는 깰 수 없는 것으로서 강한 구속력을 가졌다. 과거의 결혼이 고정된 성역할, 경제적인 필요에 의해서 우리를 강하게 구속하였다면 현재는 결혼이 자유로운 해방을 맞은 시기에 와 있다. 오늘날 결혼을 유지하는 데에는 과거의 어떤 구속력도 큰 의미가 없고 개인 대 개인의 선택과 결정이 더 중요하게 되었다. 부부의 사랑에는 이제 사회적인 가치나 규범보다는 서로에 대한 이해와 애정이라는 변수가 더 크게 작용하며 개인의 성격, 기대, 가치나 신념, 삶의 대처방식, 성숙도와 의지가 무엇보다도 더 중요하게 되었다.

결혼이 사랑의 완성이라고 생각하는 순간 그 사랑은 죽음을 맞이할 것이다. 부부의 사랑은 자기 의지와 결단에서부터 출발하는 긴 여행이다. 그리고 이 여행이 지루하고 재미없을지 활기차고 즐거울지는 두 사람에게 달려 있다. 부부의 사랑은 두 사람이 적극적으로 관계를 만들어 가는 창의적인 작업이기 때문이다. 부부에 대한 이해를 돕고자 부부의 만남부터 다루고자 한다. 서로 어떤 기대를 가지고 만남이 일어나는지 살펴보자.

1. 생물학적인 진화론

진화생물학자들은 부부의 선택이 본능 혹은 생물학적인 진화의 법칙에 따르는 것이라고 말한다. "인간을 지배하는 것은 본성으로 인간도 더 좋은 유전자를 후세에 전달하고자 하는 욕망이 강하다."(동아일보, 2008. 1. 19). 남성은 육감적으로 아름다운 여성에게 끌리게 되어 있다. 깨끗한 피부, 날씬한 몸매, 풍만한 가슴, 맑은 눈과 붉은 입술 등을 가진 여성에게 매력을 느끼며, 한편으로는 출산을 잘 할 수 있고 자녀를 잘 돌볼 수 있는 자애로운 여성을 선호한다. 반면 여성은 과거에는 강한 남성을 선호하였다면 현재는 안정되고 높은 사회적 지위를 더 선호하며, 가족의 생존을 보장해 줄 수 있는 능력을 중요시하는 경향이 있다.

제인 오스틴의 소설『오만과 편견』(1813)은 결혼을 통하여 신분 상승을 꿈꾸는 인간의 본성을 아주 적나라하게 드러낸다. 소설에서 베넷 부인은 딸들을 돈 많은 독신 남성과 결혼시키려고 안간힘을 쓴다. 그런가 하면 동물 중 암컷 공작새는 가장 멋진 꼬리를 가진 수컷을 선택한다. 다음 세대에 자식이 멋진 꼬리를 가지길 바라는 본성 때문이다.

미국 뉴저지 주 럿거스 대학교 학자들의 연구결과에 의하면 남녀 간의 사랑에서는 두뇌와 오감이 고도의 협력작용을 해 짝을 찾도록 만든다고 한다. 연구에 의하면 특히 체외 분비성 물질인 페로몬 등의 냄새에 따라 무의식적으로 마음에 드는 이성을 찾는다고 한다. 청각도 결정에 영향을 미친다. 목소리가 굵고 자신감 넘치는 남성은 여성에게 인기가 있는데 이는 남성호르몬인 테스토스테론 수치가 높다는 것을 의미한다(동아일보, 2008. 1. 19). 여성은 강하고 남성미가 돋보이는 남성을 선호한다.

문학 작품 중에서 인간의 본능적인 특성인 질투를 잘 다룬 대표적인 작품이 윌리엄 셰익스피어의 비극인『오셀로』(1604)다. 베네치아의 원로 브라반쇼의 딸인 데스데모는 베네치아 부대의 사령관인 흑인 오셀로를 사랑하여 아버지의 반대도 무릅쓰고 결혼한다. 얼마 후 오셀로는 투르크 함대가 사이프러스 섬으로 쳐들어온다는 보고를 받고 아내와 그곳으로 떠난다. 오셀로의 부하 이아고는 부관의 자리를 캐시오에게 빼앗기자 앙심을 품고 오셀로에게 복수를 하기로 결심한다. 이아고는 사이프러스 섬에 도착한 캐시오에게 술을 먹여 소동을 일으키게 한다. 그래서 캐시오는 이아고의 생각대로 파면을 당하게 된다. 그 뒤 이아고는 오셀로의 아내를 이용하여 캐시오를

복직시키도록 노력하게 한다. 그런 다음 오셀로에게 두 사람의 관계가 심상치 않다고 보고한다. 오셀로가 아내에게 준 귀중한 손수건을 훔쳐서 캐시오의 방에다 떨어뜨려 놓고 그것을 증거로 제시한다. 그러자 오셀로는 이아고의 말을 믿고 아내가 정말 캐시오와 정을 통했다고 생각하고 아내를 아주 잔인하게 죽이고 자신도 자살하는 비극적인 내용이다. 셰익스피어는 질투를 '사람의 고기를 먹는 녹색 눈의 괴물'이라고 묘사하면서 "깊이 사랑하지만 의구심이 사라지지 않고, 의심하면서도 열렬히 사랑한다."라는 명언을 남겼다. 의심으로 인해 변질되는 본능적인 인간상을 표현한 말이지만 '남자는 그저 하나의 수컷이고 정자에 불과한 것'이다(Barach 저, 박중서 역, 2008).

진화론자들은 질투를 진화의 산물로 본다. 남자는 마음속에 자기 여자가 다른 남자와 관계를 가져서 그 사이에 태어난 아이를 키울지 모른다는 불안을 가지고 있다. 한편 여성은 혹시나 아이를 키우는 데 필요한 재화를 다른 여성에게 빼앗기지 않을까 하는 불안을 가지고 있다. 이것이 남녀가 서로 질투를 하게 되는 근원이라고 본다. 그래서 남자들은 아내가 다른 남자와 정서적으로 오랫동안 친밀감을 갖는 것보다도 단 한 번이라도 섹스를 했다면 질투심 때문에 용서하기 어렵다. 그러나 여성은 남편의 단순한 일회성의 외도보다는 오랫동안 다른 여성과 친밀한 관계를 유지하는 관계에 더 강한 질투를 느낀다. 만남이 오래 지속되면 그만큼 재화를 빼앗길 확률이 높기 때문이다(김혜남, 2008).

부부관계에서 실제로 병적인 질투는 무의식 속에서 일어난다. 자신이 외도하고픈 욕망을 상대에게 투사시켜 상대가 바람을 피우지 않는데도 의심하며 학대하는 의처증 혹은 의부증이 바로 그것이다.

한 명의 정자제공자는 수많은 난자를 만나 수태시킬 수 있다. 많이 교미할수록 많은 후손을 만들 수 있어서 수컷들은 많은 암컷을 찾는다. 그런데 수컷 한 마리만 그런 생각을 하는 것이 아니라 대부분의 수컷들은 서로 좋은 암컷을 차지하기 위하여 경쟁을 한다. 그러나 수컷만이 아니라 암컷도 생물학적인 특성 때문에 더 탁월한 파트너에 대한 열망이 강하다. 수컷들이 경쟁하는 동안 암컷은 더 나은 배우자를 선택하려는 욕망을 품는다. '흰눈썹울새' 수컷은 번식기에 목이 푸른색으로 변하는데 동물학자들이 수컷 한 마리의 목털에 푸른색으로 스프레이를 뿌려 푸른색을 만들었더니 이미 짝짓기를 한 새들도 이 수컷 주변에 몰려들어 혼외정사를 시도하였다(Barach 저, 박중서 역, 2008).

2. 유유상종의 원리

사회심리학적인 관점에서 재켈(Jaeckel, 1980)은 파트너를 선택할 때 비슷한 사람들
끼리 더 좋아하는 경향이 있다고 보고한다. 인종이나, 사회적 지위, 종교, 비슷한 나
이, 심리적인 특성, 개인적인 취향, 가치관, 관심과 흥밋거리들이 여기에 해당된다.
서로 전혀 모르는 두 사람이 만나서 동질성을 가진 주제로 대화를 나누다 보면 쉽게
친근감을 느끼게 된다. 또한 같은 취미활동을 하거나 관심 분야가 비슷한 사람들은
더 호감이 가고 쉽게 친해질 수 있게 된다. 세계관이나 가치, 종교적 이념이 같은
사람들은 정신적인 유대감을 더 강하게 느끼고 실존적인 가치와 의미를 부여하기도
한다. 부부들이 처음에는 자신과 비슷한 동질성 때문에 신뢰감과 친근감을 느끼고
결혼을 하지만 정작 결혼 후에는 새로운 것을 더 찾는 경향도 나타난다.

골먼(D. Goleman)은 자신과 어느 정도 비슷한 사람을 배우자로 선택하는 경향이
있다는 연구결과를 뉴욕타임스(1986. 6. 22)에 보고한 바 있다. 데이트하는 남녀 537
명을 대상으로 연구한 결과에 의하면 상대방이 자기보다 훨씬 월등하다고 생각하는
경우에는 불안과 죄책감을 느끼는 반면, 상대방이 자신보다 열등하다고 생각하는 경
우에는 분노감을 느낀다고 하였다. 그리고 상대방이 자신과 비슷하다고 생각하면 그
들의 관계는 비교적 갈등이 적고 안정적이었다.

3. 상호욕구 보완이론

부부선택이론으로 상호욕구 보완이론이 있다

인간은 누구나 자신의 욕구를 채우길 바라며 그것이 가능한 사람을 파트너로 선택
한다. 지배적인 경향이 강한 사람은 파트너로서 약하고 순응적인 사람을 더 선호한
다. 그리고 정서적으로 약한 남성은 어머니처럼 자상하게 챙겨 주고 베풀어 주는 모
성형을 더 선호하는 경향이 있다(Stroebe, 1977).

예를 들면 나이는 많으나 부유한 사업가가 젊은 미녀를 원하고, 미모를 가진 젊은
여성이 돈 많은 남성을 원한다면 서로가 자신의 욕구를 채워 줄 적임자라고 생각하

고 배우자로서 선택할 수 있다. 반대로 중년의 여성이 젊고 성욕이 왕성한 남자를 원한다면 그런 상대를 자신의 파트너로 찾을 것이다. 파트너의 선택에서는 자신의 욕구가 가장 중요시된다. 배우자를 통하여 자신의 심리적·정서적 욕구를 채울 수 있다고 생각한다. 그러나 어떤 부부라도 서로의 욕구를 채우기 위해서는 일방적인 관계가 아닌 균등한 힘과 평등한 관계의 부부가 되어야 한다(Gray-Little & Burks, 1983). 그리고 인간의 실존의 문제나 고독감, 허무감은 누구에 의해서 채워지지 않는 경우도 허다하다. 오히려 종교적·영적인 관계에서 자신의 삶의 의미를 찾는 것이 더 중요하다.

4. 이마고 이론

파트너의 선택에서 헨드릭스(Hendrix, 1998)는 무의식적인 '감정의 뇌'가 배우자에 대한 이마고(Imago)를 형성한다고 본다. 헨드릭스는 배우자를 선택하는 과정에는 이성적인 사고보다는 무의식 속의 사고가 더 크게 작동한다고 본다. 우리의 감정은 뇌의 변연계의 편도체에서 주로 관장하는데 관계적인 감성과 사랑의 정서적인 부분을 지각하고 복잡한 행동을 만들어 내며 원초적인 충동이나 자기 생존에 영향을 준 것들을 기억하고 있다. 주로 어린 시절 부모와의 상호작용 속에서 성장하면서 경험하였던 것들이 무의식 속에 잠재해 있다. 그래서 저장된 기억들은 두려움, 상처, 당혹감, 수치심, 분노, 열등감 등으로 다시 나타난다. 무의식의 사고는 시간에 대한 감각이 없기 때문에 현재의 두려움과 과거의 두려움의 차이를 명확히 잘 구분하지 못한다. 부부관계에서는 서로 간의 에너지가 감정의 뇌에서 더 많이 작동하게 된다(Luquet 저, 송정아 역, 2005).

배우자를 선택할 때 어린 시절 부모의 지배적인 성격의 특성을 지닌 사람을 찾는 경우가 많다. 자신의 부모와 비슷한 사람을 배우자로 선택하려는 것은 이 관계에서 안정감과 사랑을 얻으려고 하며 그 사람이 자신의 어릴 적의 상처를 치료해 줄 수 있는 유일한 사람이라고 확신하는 무의식적인 사고 때문이다. 무의식적인 기억 속에는 익숙한 삶의 패턴을 반복하려는 경향이 강하다. 프로이트는 이것을 '반복 강박'으로 설명하였다. 자신의 상처를 완전히 치료해 주고 수용해 줄 사람이라면 익숙함과 편안함을 느끼며 이끌리게 된다.

감정의 뇌는 현재에 대한 구체적인 인식이 부족한 가운데 과거의 어린 시절을 지금 재창조하려는 욕구를 가지고 있다. 배우자와 사랑에 빠진 근본적인 이유는 파트너가 직업이 좋아서, 외모가 뛰어나서가 아니라 감정의 뇌가 배우자와 부모를 같은 사람으로 혼동하였기 때문이다. 어린 시절에 받은 정서적 상처를 보상해 줄 이상적인 사람을 만났다고 믿은 것이다(Hendrix, 1998).

이처럼 배우자가 자기 부모와 유사한 이미지를 가지고 있을 때 그 사람이 자기 문제로부터 치유되도록 사랑과 정성으로 도와주고 싶어 한다. 그래서 헌신적인 마음이 가득한 로맨스가 시작된다. 심리적인 역동은 자신이 어린 시절에 이루지 못한 욕구들을 충족시켜 줄 것 같은 대상을 찾는다. 그래서 그런 사람을 발견하면 즉각적으로 관심을 기울이고 지속적으로 만나면서, 무의식적으로 유년기의 상처를 치료하고 싶은 절박한 자신의 욕구를 드러내는 것이다.

> p씨는 마음속에 전통적으로 얌전하고 청순한 여인상으로 엄마처럼 늘 나만을 이해해 주고 사랑할 수 있는 사람, 나를 도우려면 무능하면 안 되기 때문에 똑똑한 안내자, 오직 나만을 사랑해야 하기 때문에 청순한 여자로 나만을 위해 살되 자기주장을 하지 않을 것처럼 보이는 여성 K씨에게 이끌렸다. 마치 엄마처럼 외로움과 고독에 지친 여성 K씨를 사랑하게 되었다.
>
> 반면 K 여성은 아빠같이 자기의 외로움을 풀어 줄 수 있는 따뜻함, 자기를 이끌 수 있는 리더십, 평생 나를 보호해 주고 책임져 줄 수 있는 든든한 남자라고 P씨를 선택하였다. 그래서 연애와 결혼 초에는 어느 정도 이 부분을 서로 채워 주었으나 심리적 일치감 이후 이 부분이 실망과 분노의 요소로 작용하고 있으며 마음속으로 "왜 이것을 안 채워 주는 거야. 결혼 전에는 안 그랬잖아."라고 속상해 하고 있음을 발견하였다.
>
> −심수명(2006). 254.

결혼은 부모로부터의 경제적 독립이며 자립이다. 결혼하여 정신적으로 독립한다는 것이 부모의 영향으로부터 완전히 벗어나는 것을 의미하지는 않는다. 오히려 부모의 정신세계와 새롭게 형성된 자아가 상호보완적인 관계를 맺는 것이 더욱 중요하다. 이런 의미에서 융은 결혼의 무의식적 보상차원을 강조했다. 남성은 아내로부터 무의식적인 보완을, 여성은 남편으로부터 무의식적인 보완을 실현할 때 새롭게 태어난 가정은 인격적인 성숙을 이룰 수 있다. 그것은 그동안 알지 못한 무의식의 내용에 대한 두 사람의 끊임없는 관심과 인내와 결단을 통해서 이루어질 수 있다(Jung, 1953).

부부가 되는 동기나 과정은 매우 중요하다. 부부가 어디서, 어떻게 만났는지, 어떤 동기나 욕구가 작용하였는지, 왜 결혼하였는지, 개인마다 모두 다른 결혼의 스토리가 있다. 그리고 그 스토리 뒤에는 개인의 의식적, 무의식적 동기가 숨어 있다.

대부분 이혼은 신중하지 못한 배우자의 선택과 결정에서부터 비롯된다. 김요완(2007)에 의하면 '재판상 이혼절차 중인 부부'는 대체로 임신 등으로 어쩔 수 없어서 결혼을 하거나 성급하게 결혼을 하는 등 결혼 초반부터 자신의 결혼생활에 애착을 느끼지 못한 부부였다. 그리고 개인적이고 외부적인 요인들에 의하여 갈등을 경험하는데 그 갈등을 대화로 직면하지 못하고 회피하거나 무시, 부정함으로써, 오히려 갈등이 증폭되어 자존감 손상을 입는 경우가 많다. 건강한 부부의 길로 들어서는 첫 관문인 배우자의 선택에서 무엇보다도 자기를 객관적으로 볼 수 있는 자기이해가 선행되어야 하고 자신의 장점과 단점, 자신의 취향과 가치나 신념, 세계관, 종교관 등 자기인식의 지평이 확대되어야 한다. 또한 건강한 자아에 대한 자기정체성 확립과, 타인에 대한 배려와 존중, 의지와 결단, 자아실현의 욕구 등이 분명하게 형성되어 있어야 한다.

제**10**장
개인 내면세계의 역동성 이해

Ⅰ. 개인의 부정적인 표상모델

이 장에서는 부부관계의 많은 변수들 가운데 거시적인 사회정책이나 법, 경제상태 등 외적인 요인들은 다루지 않는다. 그보다 이혼상담에서 중요한 변수로 작용하는 내적인 요소들, 즉 개인의 대인관계능력, 성격의 차이, 적응력, 감정처리, 의사소통능력, 중독, 도박 등 부부관계에 영향을 미치는 개인내면의 역동과 상호작용에 더 관심을 두고자 한다.

부부관계에서 자존감의 손상이나 심리적인 상처와 학대, 술 중독 등 역기능적인 부분들이 궁극적으로는 정서적·법적 이혼으로 이어진다. 이러한 문제들 뒤에는 결혼 전부터 형성된 자신의 이상성격이나, 성인아이의 특성, 낮은 자존감, 열등감, 거짓자아 등이 숨어 있다. 부부를 이해하기 위해 먼저 성장과정에서 경험한 어떤 부정적인 심리표상들이 부부관계에서 작용하는지 알아보고자 한다.

1. 억압된 자아

'이마고(Imago)'는 라틴어로서 이미지 혹은 심상의 의미를 갖고 있다. 이는 우리 마음 한 가운데에 자리 잡고 있는 의식적·무의식적인 사고를 말한다. 어린 시절 부모에 대한 많은 정보들이 이 무의식 속에 저장되어 있어서 사람은 자신도 모르게 기억에 사로잡혀 생각하고 행동하곤 한다. 그리고 사회화과정에서 형성된 개인의 성격적인 특질이자 무의식 속에 자리 잡은 복합적인 심리표상으로서 대인관계에서 다양하게 나타난다.

아이는 먹을 것이라는 매개체를 통해 엄마와 긴밀한 관계를 유지한다. 아이에게 젖을 먹이는 방식은 나중에 아이의 식습관뿐 아니라 전반적인 감정에도 영향을 미친다. 아이는 주위 사람들이 자신의 행동에 민감하게 반응하고 자신의 신호를 올바르게 해석해 주면 긍정적인 감정을 계발하지만, 아이가 울 때마다 배가 고픈 거라고 해석하고 젖만 먹이면 아이는 자신의 신체적 욕구와 감정적 욕구를 제대로 알아차리기 어렵다. 예를 들어 아이가 안아 달라는 신호를 보낼 때마다 엄마가 젖만 먹이면 그 아이는 나중에 외로움을 식사와 간식으로 달래려고 할 것이다. 그런 아이는 성인이 되어서도 자기가 배가 고픈 것인지 외로운 것인지 구분을 못할 가능성이 크다(Wardetzki, 1991).

융(C. Jung)은 인간의 감각, 사고, 감정, 직관 등이 위기 시에 어떻게 대응할 것인지를 알려 주는 기제라고 보았다. 즉, 감각은 무엇인가가 존재하고 있음을 알려 주고, 사고는 그것이 무엇인가를 알려 주며, 감정은 그것이 유쾌한가 불쾌한가를 알려 주고, 직관은 그것이 어디서 와서 어디로 가는지를 알려 준다. 사고는 사물을 이해하는 지적 기능이다. 사고지배적인 사람은 논리적이고 객관적인 방법으로 분석하려고 한다. 일상적 경험의 의미를 이해하는 데 논리와 이성을 더 추구한다. 감정은 전적으로 주관적인 느낌이며 과정이지만 사고나 마찬가지로 이성의 법칙에 따라 진행되는 판단의 한 양식이며 합리적 기능으로 보았다. 직관이란 자신의 본능적인 감각에 의지하며 무의식의 심리적 사실을 인식하는 것이다. 직관적인 사람은 생활 속에서 일어나는 사건에 감각적으로 대처한다. 그리고 자신의 무의식적인 이미지, 상징, 감추어진 의미에 쉽게 반응한다(Hall & Nordby 공저, 김형섭 역, 2004).

온전한 자아는 네 가지 기능을 삶 속에서 유용하게 잘 활용하여 지혜롭게 문제에 대처하는 반면 불완전한 자아는 환경에 적응하며 사회화되는 과정 속에서 네 가지의 기능들을 조금씩 상실하기도 하고 차이성이 나타난다. 남성들은 감정표현과 감각표현을 더 상실하고 여성들은 사고능력과 직관적인 행동표현을 더 상실하게 된다.

우리는 사회화과정 속에서 우리의 진짜 감정을 억제하고 또는 억압하라고 배워 왔다. 그래서 환경에 적응하는 과정 속에서 감정을 상실하면서 현실 생활에 적응한다. 부모들은 자녀들에게 '너 그렇게 하면 안 돼.' '너는 제대로 하는 것이 하나도 없구나.' '너 그래서 시집이나 가겠니?' '너 하는 것이 그러면 그렇지.' 등의 표현을 자주 사용한다. 그러면 자녀는 '나는 제대로 할 수 있는 것이 하나도 없어.'라는 생각과 함께 스스로 행동할 수 있는 자신감을 상실하게 된다. 이렇게 자신감이 없고 자기 확신이 없으면 이성적이고 논리적인 뇌를 사용하기보다는 즉각적인 반응을 하게 된다. 그래서 부부관계에서도 과거의 익숙한 패턴들이 자극을 받게 되면 이런 자극을 위험한 것으로 해석하여 과거 패턴에 익숙한 도망가기, 싸우기, 숨기 등으로 나타난다.

우리의 무의식적인 사고는 시간을 잘 구분하지 못한다. 아이 때의 외상적인 학대는 극적으로 편도체에 강하게 입력되어 있다. 그래서 후에 고통스러웠던 처음의 순간과 비슷한 일이 생길 때 편도체는 유사성을 인정하고 사고의 뇌가 생각하는 시간을 갖기도 전에 반사적인 반응을 한다. 외상적 사건은 적절한 감정의 표현을 통해서 애도과정을 거칠 필요가 있다. 우리가 부정적인 감정을 억압한다면 그 감정들은 무의식 속에 저장되어 있다가 어느 순간에는 분노, 두려움, 슬픔의 감정으로 갑작스럽게 폭발하기도 한다.

미국정신의학회에서 발표한 캐나다의 멕길대학의 정신과 교수인 다반루 박사가 치료한 환자의 사례를 보면 다음과 같다. 30대 남성의 내담자로 마음속에서는 진짜 화가 났음에도 불구하고 오히려 복종적인 태도를 취하는 우울증 환자였다. 자신이 초라하고 못나 보여서 견딜 수가 없다고 했다. 평소 성격이 매우 소심하고 복종적인 사람이었다. 진료실에 들어서 나갈 때까지 그는 눈을 내리깔고 마룻바닥만 바라보았다. 감히 의사선생님을 쳐다볼 수 없었다. 의자 끝부분에 겨우 걸터앉아서 고개를 숙이고 있었다. 목소리도 떨고 있었다. 그러던 어느 날 다반루 박사가 그에게 "왜 나를 쳐다보지 못하십니까? 나를 쳐다보면 무슨 일이 일어날 것 같아서 두려워하시는 것 같은데요."라고 말하였다. 그는 몹시 당황하였다. 긴 침묵이 흐른 뒤 그는 자기 마음에 떠오르는 상상을 털어 놓기 시작하였다.

"제가…… 제가 선생님을 마주 쳐다보는 것은 아주 건방진 행동이에요. 선생님은 화나실 거예요. 그리고 제게 고함을 지르시겠지요. '버릇없는 놈'이라고요." 라며 그는 울상이 되었다. 다반루 박사는 다시 질문하였다.

"그리고요? 그때 당신은 어떻게 하십니까?" 그는 어찌할 바를 모르는 듯 마주 잡은 손을 부비고 비틀면서 한참동안 침묵을 지켰다. 마침내 그는 울음을 터트렸다. 울면서 큰소리로 말하였다.

"저도 화가 나요. 의자로 선생님의 머리를 후려쳐 버려요. 선생님의 머리는 박살이 나고 골이 흘러나와요. 선생님의 눈도 튀어 나왔어요." 그때 박사가 물었다.

"눈은 무슨 색이지요?"

"초록색이요."

이때 내담자는 깜짝 놀라며 "선생님 눈은 초록색이 아닌데요." 했다. 여기서부터 내담자는 안정을 찾는 것 같았다. 그는 초록색에 대한 기억을 떠올렸다. 아버지와 관련된 기억이었다.

아버지는 너무 차갑고 엄한 분이었다. 동생과 싸우면 억울하게도 그만 나무랬다. 아버지는 몸이 약한 어머니를 무시하고 자주 때렸다. 어머니가 불쌍했지만 아버지가 무서워서 어머니를 보호해 주지 못했다. 어머니를 때리는 아버지를 보며 자기가 커서 힘이 생기면 아버지를 죽여 버리겠다는 상상도 했다. 그러나 그런 상상은 무서웠다.

아버지는 그가 조금 잘못을 해도 서재에 불러놓고 수 시간씩 설교를 했다. 그런데 그 서재에 늘 걸려 있던 그림이 초록색이었다. 아버지 서재의 초록색과 튀어나온 눈알의 초록색이 같았다. 그는 다반루 박사를 아버지로 착각하고 있었다. 전이 현상이었다. 아버지 앞에서 주눅이 들듯이 박사 앞에서도 오금을 펴지 못했다. 그리고 박사를 증오하였다. 아버지에 대한 분노가 박사에게로 옮겨 간 것이다. 그는 상상 속에서 박사를 공격하고 살해했다. 그러나 실은 아버지를 공격하고 아버지를 살해한 것이다. 이 내담자의 숨겨진 분노가 얼마나 강했는지 알 수 있었다. 자기 마음속의 강한 분노를 박사에게 표출했지만 그것은 아버지에 대한 분노라는 사실을 알게 되었다.

-이무석(2006). 102-104.

억압된 자아는 강하고 지배적인 부모에게 단 한 번도 자기의 부정적인 감정을 표출할 수 없었던 아이, 부모의 편애로 혼자서 화를 삭혀야만 했던 아이, 무서운 어머니 앞에서 두려움에 떨어야만 했던 아이, 형이나 언니의 폭력에 시달리면서 한 번도 반항해 보지 못했던 아이들이다. 자신의 깊은 무의식 속에 있는 분노와 공격성을 자기에게로 내면화할 때 종종 우울증이나 자살로도 이어진다. 자신을 미워하고 증오하는 사람은 자기를 무가치하게 여기며 자기를 책망한다. 직접적으로 대상에 대한 분노의 화살을 쏘면 부모나 형제에게 죄책감을 느끼게 되므로 자기에게 향하는 것이 더 안전하다고 생각한다. 그래서 공격성을 자신에게 향하게 하고 자신을 파괴하는 음주와 중독으로 이어지며 자신의 정신과 육체를 가치 있게 여기지 못한다. 억압된 마음속의 분노와 공격성은 신체적 현상으로도 드러난다. 이런 현상을 정신분석에서는 신체화 또는 전환이라고 한다. 이유 없는 만성두통, 설사, 울화병, 불면증, 위 장애, 고혈압, 뇌졸중, 가려움증, 식욕부진 등이다.

억압된 분노를 밖으로 표출하는 사람은 자신에게 안전한 대상에게만, 예를 들면 부인이나 자녀, 부하 직원에게 화를 잘 낸다. 이런 억압된 분노는 언제, 어디서 터질지 모르는 시한폭탄과 같다. 자기 내면세계의 가해자에 대한 분노가 다른 사람에게 이동하여 표출된다. 유년기에 형성된 대상에 대한 두려움과 불안은 마음속에 내재되어 행동 패턴을 만들어 낸다. 아버지는 공격적이고 무서운 가해자 앞에서 위축된 피해자의 이미지를 무의식 속에 갖고 있다. 그래서 가정에서도 남편은 아내에게 피해자 이미지를 투사하고 자신은 무리한 요구를 하는 가해자가 되어 상대방을 지배하려고 한다.

또한 내면에 형성된 열등감 때문에 부인과 일상적인 대화 속에서도 쉽게 상처를 받고 과민반응을 한다. 내면의 불안과 두려움은 배우자를 믿지 못하고 의심하는 경우로도 이어진다. 때로는 자기회의감이나 깊은 열등감에 빠져서, 겉으로는 강한 척 위장하고 속으로는 외로움과 소외에 두려워하며 배우자에게 지나치게 의존하고 집착하는 경향도 보인다.

자신의 발달단계의 결핍을 모르고 주로 중요한 대상과의 관계에서 억압된 분노가 표출된다. 어린 시절 가정에서 화를 내면 벌을 받아야 했고 개인의 욕구는 이기적인 것으로만 알고 자랐다. 그래서 분노를 적절하게 처리하는 대화법을 배우기보다는 억압하게 되고, 그저 화를 억압하는 것으로 사라진 줄 알았지만 사라지지 않고 다른 형태의 화로 분출하게 된다.

2. 내면의 '거짓자아'

나르시스(Narcissus)와 자기의식(self-consciousness)의 배경에 관한 상징적인 유래를 볼 때, 인간이 거울이 없으면 자기가 누구인지 알지 못했을 것이다. 거울은 언제나 자기의 참모습을 비추어 준다. 아이에게 최초의 거울은 대부분 엄마나 양육자다. 특히 생후 3년간 아이를 돌보는 사람은 아이의 감정에 민감하게 반영해 주고 지지해 주고 감탄해 주어야 한다. 아이는 돌보는 사람의 얼굴에 반영된 것을 통해 자신의 본능적인 충동(구강욕, 배설욕구, 성욕)과 공격적인 욕구를 습득한다.

대상관계이론에서는 '나는 나다.'라는 반복적인 자의식의 경험으로 발달된 자기를 형성한다고 본다. 위니컷(Winicott, 1958)은 충분히 좋은 엄마가 유아의 전능환상을 충족시켜 주어야 유아의 '참자아'가 발달한다고 주장한다. '참자아'의 발달을 위해 ① 유아가 최초로 '통합되지 않음'에서 '통합'으로 가는 상태에서 어머니가 유아를 신체적으로 안아 주어야 한다. ② 이때 유아는 자발적인 몸짓으로 충동을 표현하며 그 몸짓은 '참자아'의 표현이다. ③ 유아의 주관적 대상인 엄마는 유아의 자발적인 몸짓에 반응함으로써 전능성을 충족시켜 주어야 한다. 위니컷은 생애 초기 구강기부터 만 3세에 이르기까지 파편화된 불완전자아가 반복적인 자의식의 경험을 통해 '참자아 (true self)'로 발달한다고 하였다. 유아는 정서적인 자극들을 기억하지 못하지만 전이를 통하여 외부 현실에 표현된다. 3세 이후에는 어떤 정신적인 내용들이 어떻게 투사되는지를 분석함으로써 초기 대상관계를 밝혀 내는 것이 대상관계이론의 특성이다. 분명한 것은 돌보는 사람에게 높은 수준의 안전감, 자신감, 완전성이 있어야 한다는 것이다. 밀러(Miller, 1983)에 의하면 부모가 어떻게 반응하느냐에 따라서 아이는 '참자아'로 발달할 수 있고 또는 '거짓자아'로 발달할 수 있다고 본다. 발달과정에서 '참자아'의 아이는 공격적인 충동을 가질 수 있고, 자율성과 자발성을 추구할 수 있으며, 자신의 진짜 자아(자신의 실제의 감정, 필요, 지각, 생각, 상상)를 경험할 수 있어야 한다.

생후 초기에 아이는 한없이 많은 의존의 욕구를 가지고 있다. 처음 몇 년간은 아이에게 항상 부모의 시간, 관심, 지도가 필요하다. 많은 부모들이 자녀들에게 적절한 양육환경을 제공하지 못하는데 이는 부모 자신이 그런 욕구가 있었던 때에 그 욕구를 제대로 채울 수 없었기 때문이다. 자신이 받지 않은 것을 자녀에게 줄 수는 없다. 양육하는 사람 자신이 건강한 자기애를 채우지 못했다면 만족을 얻을 수 있는 가장 손쉬운 방법은 자신의 자녀들을 통해서다. 부모는 자녀를 자신의 통제하에 두고 자녀는 부모에게 복종할 것이다. 복종하지 않는 것은 죽음을 뜻하기 때문이다. 자녀는 결코 부모를 버리지 않을 것이며, 자신의 성과와 업적, 능력과 과시를 통해서 부모의 삶을 확장시켜 줄 수도 있다. 자녀는 부모의 잃어버린 자기애적 만족을 돌려줄 수 있는 유일한 소유물이다. 그래서 아이는 부모의 의지와 소망, 희망의 도구가 된다. 이렇게 되면 아이의 참자아는 버림받고 거짓자아가 만들어진다.

거짓자아는 참자아에 의해서 고통받은 상처를 은폐하고 있다. '나는 인간으로서 무슨 흠이 있는 것이 틀림없어.' '나는 부모의 시간과 관심을 받을 만한 가치가 없어. 나는 무가치해.' 자신의 존재를 무가치하게 여기는 핵심도식으로 브래드쇼는 '내면화된 수치심(internalized shame)'을 제안했다(Bradshaw 저, 오제은 역, 2006). 이런 도식을 가진 사람은 어떠한 관계에서도 자신에 대해 만족을 못 느끼고 내면의 깊은 공허함을 채우기 위하여 보상심리가 작용한다. 그래서 스트레스 상황의 긴장감, 두려운 상황, 심리적인 울적함을 달래기 위하여 알코올, 도박, 명성, 돈, 소유욕, 영웅적 행위, 성, 폭력 등에 빠지기 쉽다. 자신의 깊은 내적인 열망을 모른 채 외부에 에너지를 쏟지만 그 어떤 집착이나 중독, 성공도 잃어버렸던 내적 열망을 대체하기는 어렵다. 한국의 가정폭력 가해 남성들은 알코올중독과 피해의식, 열등감에 사로잡혀 부인을 학대하고 가정을 역기능적으로 만든다.

독일의 심리치료사 바르데츠키(Wardetzki)는 코헛(Kohut)의 개념인 '거짓자아'가 부부관계에서 자신을 희생하려고 한다고 주장한다. 부모의 마음에 들기 위하여 필사적으로 노력하며 적응하는 아이들은 '거짓자아'로 가면을 쓰게 된다. 어린아이들은 성장하면서 순종과 희생을 요구당하며, 착한 아이로 성장하기 바라는 부모의 기대에만 부응하려고 하였다. 절대적인 권력자인 아버지 앞에서 자기 생각이나 감정, 원하는 것을 표현하는 것은 아버지의 권력에 대항하는 것이고 나쁜 아이가 되는 것이다. 어린 나이에 가면을 쓰기 시작하면 점차적으로 진정한 자아는 모습을 잃어간다. 그러면 어른이 되어서도 자신이 처한 상황이나 감정, 욕구를 솔직하게 말하고 표현하기 어렵다. 본인 스스로 자기 감정을 분명히 알아차리지 못하기 때문에 자기의 진짜 원함이나 욕구를 채우기가 어려워 불평과 불만을 상대방에게 전가하는 형태로 나타난다. 또한 남에게 전달할 용기가 없기 때문에 자신의 감정을 억압하고 자신의 문제가 신체화로 나타난다(Wardetzki, 1991).

감정을 솔직하게 표현하지 않는 가정, 사랑을 표현하지 않는 가정에서 자란 아이들은 어른이 되어서도 친밀한 관계를 형성하는 데 어려움을 겪는다. 사랑의 감정이나 존중감, 애정, 인정, 감사 등 감정표현을 적절하게 할 줄 모를 뿐 아니라 거부당할 수 있다는 두려움이 더 크기 때문이다. 그래서 자신의 감정을 회피하고 자신의 정서적 욕구를 아예 드러내지 않는 편이 훨씬 안전하다고 생각한다.

밀러는 '거짓자아'를 '마치 그런 척-인격(Als-Ob-Persoenlichkeit)'이라고 설명하였다. 아이는 부모의 관심과 사랑을 잃지 않기 위해 자기 감정도 숨기고 드러내지 않는다. 아이가 부정적인 감정을 드러내고 화를 내면 부모는 당황하고 어쩔 줄 몰라 하며 위협을 느낀다. 그러면 아이의 안정감은 상당히 위협을 받게 된다. 그래서 무의식적으로 아이는 화내고 울고 싶은 자기 감정을 숨기고 늘 아닌 척 위장하며 엄마가 원하는 쪽으로만 표현한다. 어린 시절 참자아 발달과정의 실패는 유아의 초기 전능성이 성취되지 못할 때 환경에 순응하는 구조로 형성된 자기방어다. 그래서 모성결핍으로 형성된 거짓자아는 때로는 높은 지적능력을 사용하여 순응함으로써 부모의 관심을 불러일으킨다.

주위의 요구와 바람에만 순응하는 아이는 칭찬이나 착한 아이, 모범생으로 관심을 한 몸에 받지만, 이는 자신의 진짜 욕구나 감정을 희생시킨 대가다. 이런 자아는 정서적으로 분화되고 자기 성장의 기회를 놓치며 생동감이나 활기를 잃고 결과적으로 자기소외, 고독, 정서적인 빈약함을 경험하게 된다(Miller, 1979).

독일의 심리학자 바르데츠키(Wardetzki, 1991)에 의하면 어린 시절 '거짓자아'의 경험으로 인해 자기 자신과의 관계에서도 편안함을 잃어버리게 된다. 즉, 자기 자신을 진정으로 사랑하고 자기 가치를 느낄 수 없다는 것이다. 어린 시절 아이는 엄마의 정서적인 공감과 반영 체험이 부족했고 부모들의 요구나 기대만 채우려고 하는 탓에 자신의 감정이나 행동에 자신감을 갖지 못한다. 남들에게 거부당할 수 있다는 두려움이 훨씬 더 크게 작용하기 때문에 부부관계에서도 자신의 감정에 솔직하거나 자신이 생각하는 대로 행동하기보다는 순응하는 착한 여성, 착한 남성이 되려고만 한다. 맹목적인 순응이나 순종에 길들여진 사람은 파트너에게도 이러한 순응을 강요하고 상대방의 생각이나 의지를 꺾으려고 한다. 생존방식이 자신을 희생하는 것이므로 사람됨을 조종하는 법을 배운 것이다. 이들은 자기 자신을 돌보기보다는 방치하고 포기한 경우가 많았다. 진짜 자기를 버림으로써 살아남은 것이다. 이런 경우 부부관계에서도 배우자를 위해서 자신을 포기하는 것이 자신을 도덕적으로 우월하게 만든다. 배우자를 돌보는 것이 자신의 힘을 느끼게 하는 방법이며 자신이 꼭 필요한 사람이라고 생각한다. 자신이 선하고 의롭다는 느낌이 들도록 한다. 그러나 이는 위장된 자기만족일 뿐이며, 자신의 공허함과 무력감을 극복할 수 있는 방법일 뿐이다.

3. 애착이론과 부부의 역동

1) 불안정애착아

존 볼비(Bowlby, 1969, 1988)의 애착이론에 의하면 아동과 양육자의 관계, 그리고 성인들의 사랑의 관계는 유사성이 있다고 한다. 애착이론은 사회심리학자인 셰이버(Shaver & Mikulincer, 2002)와 부부 및 가족치료자들에 의해 발전 적용되었다.

중요한 대상과 가까워지고 접촉을 유지하는 것은 인간의 타고난 본성으로 전 생애를 통해 지속된다. 긴밀한 유대관계를 형성하려는 심리적인 유대관계는 친밀한 관계의 핵심이며 부부치료에서도 주된 관심사다. 인간은 누구나 소외나 상실에 대한 강한 두려움을 갖게 된다.

마치 어린아이가 엄마의 반응과 접촉을 느끼지 못하면 분노와 항거, 매달림, 우울, 절망감이 순차적으로 나타나 결국은 분리로 이어지는 것처럼 친밀한 관계에서의 분노는 접근할 수 없는 대상에 대한 접근의 시도이며 개선을 원하는 갈망의 표현이다. 부부상담자는 부부의 요구에 철회로 반응하는 패턴을 분리고통의 두려움과 불안의 시각에서 볼 수 있어야 한다.

부부관계에서 대상이 반응이 없을 때 불안정애착아가 대응하는 방식은 크게 불안반응과 회피반응으로 나타난다(Alexander, 1993).

- 불안반응은 중요한 사람과의 관계가 위협을 받고는 있지만 아직 단절되지 않았을 때 사랑하는 사람을 통제하고 반응을 얻기 위한 시도다. 공격성을 표출하며 강한 비난이나 감정적인 요구를 하는 것은 애착관계를 잃는다는 두려움에 대한 반응으로 볼 수 있다. 불안유형은 배우자에게 강한 분노를 표현하는 경향이 강하다.
- 회피반응은 상대방이 애착반응을 보여 줄 것이라는 희망이 보이지 않을 때 애착욕구를 억누르는 것이다. 강박적인 집착을 보이거나 애착대상과의 정서적인 연결을 회피하는 행동을 한다. 회피형은 상대방이 고통을 표현하거나 지지해 줄 것을 요구하면 적개심을 느끼는 경향이 있다. 사회적인 관계 기술은 있으나 실제로 애착이 필요할 때는 정작 요구하지도 못하고 피하고

만다. 회피형은 난잡한 성행위를 일삼는 경향이 있다. 화를 내며 상대를
비난하는 행동은 상대방에게 접근하기 어려운 상황을 개선해 보려는 시도
다. 배우자로부터 멀어지고 버림받게 될 것이라는 지각이 생길 때 나타나
는 자기방어로 볼 수 있다. 불안과 회피유형은 부부관계에서 순환적인 관
계를 통해 무의식적으로 패턴화되기 쉽다.
- 회피적인 철회는 상호작용을 방해하려는 시도이며 파트너로부터 거절당
하거나 자신의 사랑스럽지 못한 부분이 들킬까 봐 두려움을 조절하는 시
도이기도 하다. 한편으로는 친밀감을 원하면서 막상 친밀감이 허락되면
회피반응을 보이는 것은 유아기 때 경험한 혼돈불안정애착아에서 비롯된
것이다. 성인에게는 공포회피형으로 애착대상이 자신에게 두려움의 대상
이었으며 또한 두려움을 해결해 주는 혼란스러운 외상적인 불안정 애착경
험자다.

불안유형과 회피유형은 불안이나 두려운 상황에서는 경직된 각성상태를 보이고
절망감에 빠져 자신을 방어하지 못한다. 부부의 상호작용 패턴이 경직되고 친밀감과
유대감 형성에서 부정적인 상호작용을 한다. 성인애착이론에서는 부부의 반응적인
상호작용 부족이 불화의 시작이라고 본다. 개인의 갈등과 불화를 유발하는 것은 분
리에 대한 두려움과 거리감을 느끼고 자신의 애착욕구가 충족되지 못했기 때문으로
본다.

- 회피불안정애착아는 애착대상인 엄마와의 이별·재결합 과정에서 거의
감정을 드러내지 않고 자기 활동에만 관심을 보이는 것처럼 사회적인 상
호작용과 정서적인 조절에서 자기 본위적인 패턴을 보이고 하나의 정서를
다른 것으로 과장하거나 축소하는 방식으로 정서를 표출한다(Alexander,
1993).

인본주의 심리학자 로저스(Rosers, 1961)는 인간은 근본적으로 소속감을 원하고 타
인으로부터 인정받고 싶어 하며 관계를 통해서 가치와 의미를 부여하는 사회적 존재
라고 본다. 그래서 치료자의 무조건적인 수용과 공감반응은 자신의 경험을 다시 처
리하고 새로운 의미를 만들며 새로운 힘을 얻게 한다. 부부상담에서도 배우자가 경

험한 중요한 부분을 무시하지 않고 섣부른 판단으로 해석하지 않으며 배우자의 경험을 그대로 인정해 주려는 의식적인 노력은 심리적인 안정감을 확보하게 한다. 부부들의 정서적인 연대와 안전감을 회복하는 것이 부부상담에서 가장 중요하다고 본다.

2) 안정애착아

안정애착을 형성하는 사람은 안전한 상호의존성으로 자율성과 자기확신을 갖게 되고 분명하고 긍정적인 자기상을 갖게 된다. 안정애착은 정서적으로 안전기지를 제공하여 세상을 탐색하고 긍정적인 개방을 할 수 있게 한다. 즉, 관계성에서 안전감을 확보한 사람은 타인에게 접근하여 지지할 수 있고 갈등과 스트레스를 긍정적으로 다룰 수 있다. 배우자와 안정된 정서적 연결은 심리적인 안식처가 되는 것이다. 이런 부부들은 서로에 대한 배려나 지지, 공감이 가능하며 서로의 성장을 도와주고 밀어준다. 부부의 관계회복의 핵심은 이런 정서적인 연결에 대한 것이다(Mikulincer, 1998).

두려운 상황이나 스트레스 상황에서 인간은 애착욕구를 더 활성화시킨다. 안전한 애착관계에서 위협을 받아 개인생활에 위협이 따르면 강한 정서가 나타나고 위로받고 싶고 정서적으로 더 연결되고 싶은 욕구가 증가한다. 부부관계에서 이런 욕구나 갈망이 채워지지 않으면 일차적인 자기보호가 확보되지 않으므로 더 공격적으로 반응한다. 그래서 부부들의 갈등이나 불화는 스트레스 상황에서는 긴장과 두려움으로 정서적인 안전감이 결핍되어 있는 경우에 생긴다(Mcfarlane & van der Kolk, 1996).

애착대상과 안정된 관계를 유지하는 유아나 성인은 자기 확신과 안정감을 갖기 때문에 스트레스 상황도 쉽게 극복할 수 있다. 안정애착형은 다른 사람에게 접근이 가능하고 반응할 수 있다는 확신이 있으며, 행복감은 증가되고 우호적으로 변하고, 관계가 부정적일 때도 인내할 수 있다. 두렵고 마음이 아프고 고통스러울 때 성인이나 아동은 사랑하는 사람과 접촉하며 위로와 지지를 받고 싶어 한다. 나이를 불문하고 애착대상을 상실하면 큰 두려움과 고통이 따른다. 애착대상과의 재결합은 큰 즐거움과 위로를 주며 포옹이나 껴안기 등 신체적 스킨십을 원하게 되고 서로의 욕구에 관심을 가진다. 연인관계, 아이와 부모관계에서도 관심과 칭찬, 보살핌을 통하여 큰 기쁨을 누린다.

애착이론에서 부부는 지속적인 상호작용을 통하여 보살피는 사람이 어떤 사람인가에 따라서 질적으로 다양한 관계를 맺으며 애착유형이 변화될 수 있다고 본다. 볼

비는 애착은 교정이 가능하며 항상 새롭게 변화될 수 있다고 보았다. 변화는 정서, 사고 그리고 특정 상호작용에서 일어난다. 불안정애착형 배우자가 안정을 찾기 위해서는 자신의 과도한 경계심과 쉽게 실망하는 성향을 알아야 하고 사랑하는 사람과 안전하게 연결되는 것을 요구하고 새로운 경험을 지속적으로 할 수 있어야 한다 (Johnson 저, 박경덕 역, 2006).

애착이론은 의사소통의 맥락과 패턴 등 행동에 초점을 둔 체계이론이다. 또한 애착이론은 정서조절과 타인을 지각하는 방식에 초점을 두는 개인역동 모델이라고 할 수 있다(Holmes, 1996).

애착이론에서는 부부가 정서를 다루는 방식, 자기와 타인에 대한 정보를 처리하고 조직하는 방식 그리고 사랑하는 사람의 의사소통을 통합한다. 단편적인 문제해결에만 초점을 두지 않고, 상호작용기술을 가르치기보다는 정서적인 안정과 애착을 형성할 수 있도록 격려한다. 그래서 정서적으로 안정적이고 편안한 부부는 서로의 욕구를 잘 알아차리고 반응하며 지지하고 자기 주장을 부드럽게 잘 할 수 있다. 감성지수와 사회성지수로 잘 알려진 대니얼 골먼(Goleman, 1995)은 "다른 사람과 조화를 이루기 위해서는 자신의 평온을 먼저 회복하여야 한다."라고 주장한다.

애착이론에서는 부부가 서로를 구속하는 태도, 제한된 자각, 경직된 행동반응으로 경험을 조직하고 처리할 때 문제가 발생하고 또한 유지된다고 본다. 그래서 정서 중심적인 애착이론에서는 부부들의 경험을 처리하는 태도를 확대하고 자신의 욕구와 목적에 맞게 경험을 의사소통하게 하며 배우자를 포함한 자신의 환경에 새롭게 반응할 수 있도록 돕는다. 부부들의 정서적인 반응은 개인의 욕구와 소망을 알아차리게 해 주며 또한 욕구를 충족하기 위해서 협상이 가능하므로, 정서적인 지각은 건강한 관계의 전제조건이 된다. 변화의 과정은 자신의 경험에 깊이 다가가고 바람직한 행동을 유도하는 새로운 경험과 의미를 만드는 것이다(Johnson 저, 박경덕 역, 2006).

정서적으로 안정된 개인과 개인이 서로 안전한 환경을 창조하며 배우자에 대한 배려성과 감수성으로 건강한 상호의존성을 유지해 나갈 때 성숙한 부부관계를 형성할 수 있다.

4. 부정적인 심리도식

1) 심리도식

영(Young, 1990, 1999)은 고질적인 성격장애자들을 다루는 데 전통적인 인지행동치료만으로는 한계를 느끼고 '심리도식치료(Schema Therapy)'를 개발하였다. 그는 볼비(J. Bowlby)의 애착이론이나 벡(Beck)의 인지행동치료, 정신역동치료, 호로비치(Horowitz, 1997)의 '인간도식이론'이나 '역할관계모형'에서 공통적인 부분들을 찾을 수 있을 정도로 매우 통합적인 치료방법들을 사용한다. 호로비치는 인간도식이란 개념에 대해 "하나의 표상모델로 대개 무의식적이며 자기 및 타인에 대한 견해로 구성되며 아동기 경험에 대해 남아 있는 기억으로부터 형성된다."라고 설명한다(Horowitz, 1997). 개인의 심리도식은 기억, 정서, 신체감각, 인지구조물로 자아정체감을 형성하게 한다.

개인이 처한 삶의 환경과 상황에 따라서 심리도식의 형성도 다양하고 동일한 심리도식일지라도 반응하는 양식이 다를 수 있다. 심리도식치료에서는 아동기의 초기경험과 부모의 양육방식을 중요시한다. 그래서 자신의 가족의 어떤 배경에서 심리도식이 형성되었는지를 알 수 있도록 사정 · 평가한다. 그리고 불편감이나 불안을 유발하는 내담자의 아동기 경험과 관련하여 다양한 체험적 작업을 할 수 있도록 한다. 또한 부적응적인 정서, 인지, 대처능력을 극복하는 데 치료적 관계를 중시한다.

심리도식을 바꾼다는 것은 개인의 가치, 신념, 행동방식도 해당하므로 쉽게 포기하고 변화되는 것이 아니다. 심리도식이 변한다는 것은 역기능적인 대처방식을 바꾸는 것으로서, 부적응적인 대처방식이 적응적인 행동패턴으로 되는 것이다. 개인의 행동반응은 대처방식으로 인지적 · 정서적 · 행동적으로 반응한다. 대처방식을 바꾼다고 심리도식이 완전히 달라진 것은 아니다(김혜숙, 2008).

개인이 초기 대상관계에서 특별히 문제가 있었다면, 예를 들어 엄마로부터의 유기, 방치, 학대, 분리문제의 경험은 실제로 자아기능의 모든 부분에서 어려움을 초래할 가능성이 많다. 물론 초기 경험만이 유일하게 자기 가치감에 영향을 주는 것만이 아니라 생의 전반에 걸쳐서 영향을 받는다. 초기 경험이 가학적이었을지라도 나중에 긍정적이고 지지적인 상호작용을 충분히 경험한다면 개인 내면의 심리도식이 어느 정도 변화하리라고 본다(Cashdan 저, 이영희 외 공역, 2005).

심리도식의 특성으로는 일단 한 번 형성된 심리도식은 인지적 왜곡을 통해 더 꾸준히 지속되는 경향이 강하다는 점이 있다. 심리도식에 의하여 사실을 축소하거나 확대하고 때로는 강화하는 방식으로 상황을 잘못 지각하거나 해석하기도 한다. 정서적인 측면에서는 자신의 심리도식과 연결된 정서는 차단하거나 회피하므로 자신의 심리도식을 의식적으로 알아차리기가 쉽지 않다. 무의식적으로 자신의 심리도식을 촉발하거나 지속하는 인간관계를 더 선택하며 유지하는 식의 자기패배주의적 패턴을 갖게 된다. 대인관계 측면에서는 다른 사람들로부터 부정적인 반응을 유도하는 투사적 동일시가 작동하는 방식으로 관계를 맺는다(Young, Klosko, & Weishaar 공저, 권석만 외 공역, 2003). 예를 들면 자신이 부부관계에서 정서적으로 어려움을 느끼는 불편한 감정을 상대방 탓으로 돌려서 화를 내고 상대방을 자극해서 관계를 더욱 악화시킨다. 그래서 자신의 부정적인 심리도식은 오히려 지속시키며 강화하게 된다.

2) 부정적인 심리도식 유형

부정적인 심리도식은 인간으로서 누구나 원하는 핵심적인 정서들이 채워지지 못하고 좌절함으로 인해 발생하는 부적응적인 대처방식이다. 영(Young, 1999)은 보편적이며 누구나 원하는 핵심적인 정서적 욕구를 ① 타인과의 안정애착으로 안정감과 돌봄, 수용과 스킨십, 적절한 반응, ② 자율성과 유능감, 정체감, ③ 타당한 욕구와 감정을 표현하는 자유, ④ 자발성과 즐거움, ⑤ 현실적 자기한계와 자기 통제력으로 보았다. 아이가 타고난 기질과 초기 환경 사이에서 이러한 핵심적인 정서욕구가 충족되지 못하므로 심리도식 형성을 촉진하게 된다고 분석하였다(Young, Klosko, & Weishaar 공저, 권석만 외 공역, 2003).

(1) 타인과의 안정애착욕구 충족결핍

부모의 부재나 양육자의 박탈로 아이에게 정서적인 돌봄이나 지지, 애정이 결핍되고 애착대상이 부재한 경우다. 감정이나 욕구가 예상대로 충족되지 못하고 분리, 냉담, 거절, 억제, 소외 경험이 많으며 정서적으로 폭발적이고 예측이 어렵고 학대하는 가정에서 흔히 볼 수 있다.

초기 경험에서 아이의 애정욕구가 심하게 좌절되는 경우 아이는 유기/불안정, 불신/학대, 정서적 결핍, 결함/수치심, 사회적 고립/소외도식이 형성된다.

로이라는 아이는 아홉 살에 소아정신과에 와서 이유 없이 분노를 표출하고 사람들을 매우 경계하며 다루기 힘든 아이로 양부모에게 욕설을 퍼붓고 쓰레기들을 주워 먹는 이식증(pica)의 섭식장애자였다. 이 아이는 생후 초기부터 부모의 돌봄을 거의 받지 못하였다. 로이를 출산한 엄마는 시간제 창녀로 아이를 두고 떠나 버렸다. 아버지는 알코올중독자로 아이를 방치하였다. 세 살 난 아이는 여러 명의 양육자들을 거쳤지만 결국 혼자 버려진 채 발견되었다. 발견 당시 로이는 부엌바닥에서 쓰레기 봉지들을 뒤져 먹고 벽의 회반죽가루들을 긁어서 죽처럼 먹고 있었던 것이다.

-Cashdan 저, 이영희 외 공역(2005). 62.

⑵ 자신의 욕구가 채워지지 못하고 자율성 및 기능적 역할 부족

성장과정에서 심각한 질병이나 강한 공포를 경험하고 외상충격을 받거나, 자율성이 손상되고 과잉보호나 과잉침범으로 자신의 능력에 대한 잘못된 지각이 형성되거나, 자립과 독립적인 기능을 방해받은 환경에서 자란 아이는 '의존/무능감, 위험/질병에 대한 취약성, 융합/미발달된 자기, 실패도식'이 발달된다.

⑶ 자신의 욕구와 감정의 무분별한 경계성

자신의 욕구와 감정의 무분별한 경계성으로 인해 내적인 책임감이나 한계설정이 어려운 경우다. 아이가 좌절한 경험이 거의 없으며 만족한 경험만 많이 하고 자랐을 때 나타나기 쉬운데 욕구가 충족되지 않은 상황이 거의 없었기 때문에 자신의 노력이 필요 없는 경우다. 이런 사람은 타인과 깊은 친밀감을 나누기 어렵고 적절한 경계설정이 힘들다. 모든 것을 허용하고 우월감만 제공한 부모 슬하에서 자라 인내심, 참을성을 전혀 기르지 못한 경우다. 때로는 적절한 통제나 훈계를 받지 않고 방치된 아이에게도 무분별한 경계성이 나타난다. 이런 아이는 부족한 자기통제/자기훈련, 특권의식/과대성도식의 경향이 높다.

⑷ 자발성과 즐거움의 욕구좌절로 인한 타인 중심의 자기희생

타인과의 관계에서 사랑과 인정, 수용을 받고 싶어서 자신의 욕구는 숨기고 희생한 채 다른 사람만을 위한 욕구나 감정에만 민감하다. 아이의 감정이나 욕구보다는 부모의 욕구가 더 중요한 가정에서 자라나며 자신의 분노나 원함은 모두 억압되어 있다. 이런 아이는 '복종, 자기희생, 승인추구/인정추구도식'을 형성하게 된다.

(5) 자신의 욕구나 감정을 억제하고 윤리, 도덕, 완벽성을 강조

자신에게 매우 엄하고 요구적이며 처벌적인 가족의 환경에서 성장한다. 즐거움, 유머보다는 기능과 역할만 강조한다. 완벽주의, 규칙, 역할 강조로 매사에 세심하고 철저해야 모든 일이 제대로 된다고 생각한다. 이런 아이들은 '부정적/비관주의, 정서적 억제, 엄격한 기준과 과잉비판, 처벌도식'을 형성하게 된다.

3) 심리도식의 부적응 대처방식

동물들이 생명에 대한 위협상황에서 나름대로 본능적으로 대처하는 방식은 싸우기, 도망가기, 꼼짝하지 않고 죽은 척 하기 등이 있다. 이런 의미에서 인간에게도 초기 발달단계에서 위협이 있으리라고 본다. 위협은 '핵심적인 정서적 욕구'(Young, 1999)가 충족되지 못한 좌절의 경험들이다. 위협에 대한 심리도식은 세 가지 반응으로 나타난다. 죽은 척 하는 것이 굴복하는 것이고 도망치는 것이 회피이며 싸우는 것이 과잉보상이라고 볼 수 있다. 이 세 가지 대처방식은 대체로 무의식수준에서 일어나며 아동기에는 적응적인 생존기제라고 보았지만 성장하면서는 부적응적인 것이 된다. 지금은 상황이 다르고 개인에게 더 나은 선택권이 주어졌음에도 불구하고 과거 자신에게 익숙한 대처방식을 거의 무의식적 수준으로 사용한다. 이러한 부적응적인 대처방식이 자신을 심리도식 안에 가두는 역할을 한다.

영(Young, 1999)은 초기 심리도식에 대한 반응으로 3가지 부적응 대처방식을 정교하게 개발하였다.

- 심리도식 굴복자: 자신의 심리도식에 맞서 싸우지 않고 그대로 순응하는 방식을 취한다. 정서적인 고통을 감수하며 자신이 어떤 심리도식 패턴을 반복하고 있는지도 잘 모른다.
- 심리도식 회피자: 자신의 심리도식을 보고 싶지도 않고 만나고 싶지도 않다. 의식하지 않고 심리도식이 촉발될 수 있는 심상이나 사고를 차단해 버린다. 정서적인 감정도 회피하며 느낌이 의식으로 떠오르면 차단해 버린다. 대인관계에서는 정상적으로 보이지만 약물이나 술에 의존하거나, 난잡한 성관계를 하거나, 강박적으로 행동하기도 하고 일중독자가 되기도 하며 섭식장애로 나타날 수도 있다.

• **심리도식 과잉보상자**: 심리도식의 정반대가 진실인 것처럼 느끼고 행동한다. 어렸을 때에 무가치하게 느끼고 성장하였다면 과잉보상자는 지금은 완전히 자기가치감을 느끼기 위하여 지나치게 과장하여 자기를 드러내려고 한다. 심리도식 과잉보상자는 자신의 열등감이나 피해의식을 감추기 위하여 더 반대의 성향으로 행동한다. 과잉보상자는 다른 사람을 지나치게 통제하거나 오만하게 행동하므로 오히려 관계를 파탄에 이르게 한다. 과잉보상자는 성장하면서 결핍되고 부족한 것들을 오히려 강하게 느끼기 위하여 대처하는 것이다. 자기애적 내담자들은 외적으로는 성공적으로 보이지만, 내적으로는 상처와 두려움으로 조화를 이루지 못한다. 기질적으로 공격적인 사람들은 과잉보상 쪽으로 대처하고, 수동적이고 소극적인 사람들은 굴복과 회피성향을 나타낸다.

〈표 Ⅲ-1〉 심리도식과 연관된 부적응 대처방식의 유형들

심리도식	굴복자	회피자	과잉보상자
유기/불안정	가능하지 않은 상대나 변덕스러운 상대를 선택한다.	유기에 대한 두려움으로 친밀한 관계를 완전히 회피한다.	매달리거나 소유하려 하거나 혹은 통제하려는 행동을 통해 상대가 멀어지도록 한다.
불신/학대	믿음직하지 않은 상대를 선택한다. 상대가 의심하고 과잉경계한다.	개인적이든 사업상이든 타인들에게 깊게 연루되기를 꺼린다. 다른 사람을 신뢰하거나 자기 공개를 하지 않는다.	타인을 혹사시키거나 착취한다. 과도하게 신뢰하는 태도를 보인다.
정서적 결핍	차갑고 불리한 상대를 선택한다. 상대가 정신적으로 대하지 못하게끔 만든다.	철회하고 고립된다. 가까운 관계를 피한다.	타인에게 자신의 모든 욕구를 충족해 달라는 비현실적인 요구를 한다.
결함/수치심	비판적인 상대를 선택한다. 자신을 평가절하한다.	거절이 두려워서 수치스런 생각과 느낌을 상대와 나누길 꺼린다.	타인에게 비판적이거나 우월한 방식으로 행동한다. 완벽한 모습으로 보이려 한다.
사회적 고립/ 소외	집단의 일부분이 되지만 주변에 머문다. 완전하게 참여하지 않는다.	사회화되기를 꺼린다. 대부분의 시간을 혼자 보낸다.	집단에서 소외당하지 않기 위해 '가면'을 쓴다. 그러나 여전히 다른 사람과 다르고 소외된다고 느낀다.
의존/무능감	도움을 과도하게 요청한다. 타인에게 결정을 확인받는다. 모든 것을 해 주는 과잉보호자를 선택한다.	결정을 미룬다. 독립적으로 행동하는 것이나 정상적으로 책임을 지는 것을 회피한다.	타인에게 의존하는 것이 비정상적이라고 생각하여 건강한 상황에서도 지나칠 만큼 자기신뢰를 보인다.

심리도식	굴복자	회피자	과잉보상자
위험, 질병에 대한 취약성	재난이 자신에게 일어날 것을 계속 염려한다. 타인에게 반복적으로 확인한다.	위험한 상황에 대해 공포적인 회피를 보인다.	마술적 사고나 강박적인 의식을 보인다. 무모하게 위험한 행동을 한다.
융합/ 미발달된 자기	중요한 타인의 행동을 따라하고 밀착대상과 가까운 접촉을 유지한다. 자기만의 취향으로 정체성을 개별화시키지 않는다.	밀착보다는 개별성이 중요하다고 하는 사람들과의 관계를 피한다.	과도한 자율성을 보인다. 혼자서도 모든 것이 가능하다고 큰소리 친다.
실 패	능력을 발휘하지 않고 일을 함으로써 태만해 한다. 자신의 성취를 타인의 성취와 비교해서 평가 절하한다.	일을 지연시킨다. 새롭거나 어려운 관계를 회피한다. 능력에 맞지 않는 목표를 세운다.	타인의 성취를 무시한다. 실패했다는 느낌을 보상하기 위해 완벽주의적인 기준을 맞추려고 노력한다.
특권의식/ 과대성	상대를 배려하지 않고 불평등한 관계를 맺는다. 이기적으로 행동한다. 타인의 욕구와 감정을 무시한다. 잘난 척 행동한다.	자신이 뛰어날 수 없는 상황을 피한다.	이기적인 행동을 보상하기 위해 지나친 선물이나 기부를 한다.
부족한 자기통제/ 자기훈련	지루하거나 불편한 일을 대충 처리한다. 감정조절을 하지 못한다. 지나치게 먹거나 마시고 도박하거나 마약을 사용한다.	직장생활이나 학교생활을 직면하지 못한다. 장기적인 직업 목표를 잡지 못한다.	업무를 완성하거나 자신을 통제하기 위해 단기간 집중적인 노력을 기울인다.
복 종	위압적이고 통제적인 대상을 선택한다. 타인의 요구에 순응한다.	모든 관계를 회피한다. 자신의 욕구와 상대의 욕구가 다른 상황을 회피한다.	수동 공격적으로 행동하거나 반항적으로 행동한다.
자기희생	자기를 희생한다. 상대를 위해 너무나 많은 것을 하면서 자기 자신을 돌보지 않는다.	친밀한 관계를 피한다.	고마워하지 않는 상대에게 분노한다. 더 이상 다른 사람을 위해서는 아무것도 하지 않겠다고 결심한다.
부정적 비관주의	좋은 일을 최소화하고 나쁜 일을 과장한다. 최악의 상황을 예상하고 준비한다.	많은 것을 바라지 않고 기대수준을 낮춘다.	비현실적일 만큼 긍정적으로 행동한다(드문 편이다).
정서적 억제	감정보다 이성과 질서를 강조한다. 매우 통제되고 무미건조한 방식으로 행동한다. 자발적인 감정이나 행동을 보이지 않는다.	감정적으로 자기를 표현하는 행동(이를테면 사랑/두려움의 표현)이나 춤같이 억제되지 않는 행동을 피한다.	억제하지 못하고 충동적으로 행동한다(때로는 술 같은 약물에 취하여).
승인추구/ 인정추구	지위와 관련된 자신의 업적으로 타인들의 주의를 끌어들인다.	존경받는 인물들의 인정을 받지 못할까 봐 그들과의 관계를 피한다.	존경하는 사람들의 비난을 받기 위하여 더 나쁘게 행동한다.

심리도식	굴복자	회피자	과잉보상자
처벌	중요한 사람들에게 매우 처벌적이고 엄하게 대한다.	징계의 두려움에서 벗어나고자 평가받는 상황을 피한다.	내면으로는 화가 나고 처벌하고 싶지만 지나치게 관대하게 행동한다.
엄격한 기준/과잉 비판	완전하게 행하려고 애쓴다. 자신과 타인에게 매우 높은 기준을 세운다.	일하기를 피한다. 늑장을 부린다.	높은 기준을 완전히 무시하고 평균 이하의 수행을 받아들인다.

출처: Young, Klosko, & Weishaar 저, 권석만 외 공역(2003), 197-199.

4) 부부관계에서 도식의 변화

부부관계에서 개인의 도식은 관계성에서 자극을 받으며, 부부는 자신의 대처방식이 위기를 느낄 때 상대방을 비난하고 공격성을 표출한다. 자신의 부적응적인 대처방식이 상대방과 다르게 나타나는 차이성의 예를 들면 부인은 굴복자로, 남편은 회피자로 반응할 때 굴복자는 상대방의 정서적인 회피와 무관심에 불만이 쌓이고 자신의 순종적인 보상과 기대에 미치지 못한 것에 화가 나고 회피자는 자신의 방식에 시비를 걸고 화를 내는 파트너를 더욱 멀리하고 도망가게 된다.

불신과 학대도식을 갖는 내담자는 세상을 살아가는 최선의 방법으로서 학대하는 사람들을 멀리하고, 필요한 경우 자립하며, 믿을 수 있는 사람들과 관계를 맺는 데 집중한다. 배우자에게 더욱 지속적이며 일관성 있는 방식으로 신뢰를 경험하며, 신뢰하는 사람과 함께 있을 때 지속적이고 반복적인 도식의 경험으로 다르게 행동할 수 있다. 기꺼이 의심을 버리고 덜 경계하며, 다른 사람을 실험하지 않고, 더 이상 자신을 속일 것이라고 생각해서 다른 사람을 속이지 않는다. 그러면서 배우자나 가까운 친구들에게도 더욱 진솔해진다. 즉, 자신의 많은 비밀을 나누어도 불안하지 않고 기꺼이 약점을 드러낼 수도 있는 관계를 형성한다. 그래서 솔직하게 행동했을 때 사람들은 대체로 잘 수용해 줄 것이라는 것을 알게 된다.

배우자의 정서적 결핍도식은 자신의 정서적 욕구를 자각하도록 돕는 것이다. 한쪽 배우자는 정서적 욕구가 충족되지 않은 채 내버려 두는 것이 너무나 자연스럽기 때문에, 무언가가 잘못되었다는 사실조차 자각하지 못한다. 그러나 다른 쪽 배우자는 충족되지 못한 정서적 결핍으로 상대방에게 요구하고 불만을 토로하여 결국은 포기하고 정서적으로 단념하고 만다. 이런 배우자는 자신의 욕구를 알아차리는 것부터가 중요하므로, 욕구를 표현하는 것이 자연스럽고 정상적인 것임을 받아들이도록 도와야 한다. 모든 아이가 양육과정에서 공감과 지지를 필요로 하듯이 어른인 우리 또한여전히 이러한 것들을 필요로 한다. 만일 배우자가 자신이 필요한 것을 적절한 방식으로 요구하는 법을 배울 수 있다면, 자신의 정서적인 욕구를 충족시킬 수 있게 된다. 정서적인 결핍도식을 형성하는 것은 다른 사람들을 통해서 자신의 욕구가 주로좌절되는 것을 반복적으로 경험해 왔기 때문이다. 아니면 자신의 욕구를 정서적으로충족시켜 줄 수 있는 공감적이고 지지적인 애착대상을 상실하였기 때문이다(Young, Klosko, & Weishaar 저, 권석만 외 공역, 2003).

부부의 결함은 실제적인 결함이 아니라 자신의 결함에 대한 자신만의 느낌이며 인식의 오해이거나 지나치게 과장된 것들이다. 인간은 누구나 불완전하고 결점이 있는것 자체가 인간의 본성이다. 인간의 결함을 현실적인 관점에서 바로 본다면 부부는자신의 '결함'을 고칠 수 있는 능력이 있다. 부부가 서로에 대한 깊은 관계의 경험을통하여 자신이 사랑받을 만하며 존경받을 만하다고 생각함으로써 자존감을 향상시킬 수 있다. 자존감이 높으면 타인에 대해 덜 판단적이고 보다 수용적으로 생각하며개방적이 될 수 있다. 배우자의 관심이나 칭찬을 보다 자연스럽게 받아들이고, 더 이상 배우자나 다른 사람이 자신을 함부로 대하도록 내버려 두지 않는다. 또한 자신과다른 사람들에 대해 덜 방어적이고 덜 완벽주의적이며 자신을 사랑하고 잘해 주는사람을 인정하고 존중하게 된다. 그리고 타인이 자신을 비판하고 거절할 때도 자신의 자존감에 큰 영향을 받지 않는다.

5. 자기애성 인격장애의 역동

1) 자기애성 인격장애의 특성

자기애성 인격장애의 근본원인은 대부분 잘못된 모자·모녀관계에서 많이 찾는다. 아이가 엄마의 애정을 충분히 받지 못해서 엄마와 공감대를 형성하지 못한 경우, 혹은 엄마가 너무 지나치게 감싸고 과잉보호하거나 방치한 경우도 아이는 있는 그대로의 모습으로 받아들여지지 않고 외로움을 느낀다. 과보호되거나 방치된 아이는 자기자신에 대한 실망감을 이른 나이에 경험한다. 이는 유년기에 양육자나 부모의 마음에 들기 위하여 필사적으로 노력하며 적응하는 것으로, 본인의 진짜 감정을 알지 못하며 자신의 감정을 남에게 전달할 용기가 없다(Wardetzki, 1991).

자기애성 인격장애의 아동기 환경을 ① 외로움과 고립, ② 불충분한 제재, ③ 이용당하거나 조종당한 성장사, ④ 조건적 수용 등 네 가지 측면으로 본다. 자기애성 인격장애자들의 특징적인 양식에는 외로운 아동양식, 자기과장양식 그리고 분리된 자기위로자양식 등이 있다. 자기애성 인격장애의 핵심적 도식은 정서적인 결핍과 결함이며 특정의식도식은 자기과잉보상과 과장양식이다(Young, 1995).

자기애성 인격장애를 지닌 사람은 우월감과 열등감이 동전의 양면과도 같이 병존하는데, 우월감에 빠진 여성은 어느 날 갑자기 열등감으로 추락하지 않도록 조심해야 한다. 또 열등감에 시달리는 여성은 자기상실감과 연계된 깊은 상처에 빠지지 않도록 주의해야 한다. 우월감을 지니려면 끊임없이 남들로부터 칭찬을 받아야 한다. 자기애를 충족시켜 주던 요인, 누구나 갈망하던 외적 조건, 자신의 존재 가치를 드높여 주던 사람, 남들로부터 칭찬을 받을 수 있던 근거들이 사라지면 우울증이나 절망감이 고개를 든다. 따라서 이들은 칭찬과 애정을 동일한 것으로 생각하고, 칭찬 없이는 사랑받을 수 없다고 믿는다(Wardetzki, 1991).

자기애성 인격장애 여성들은 우월감에 빠져 있을 때는 열등감은 분리되어 떠올리지 않는다. 하지만 누군가로부터 야단을 맞으면 즉시 우울증에 빠지면서 보잘것없고 못난 자기 모습으로 인해 열등감을 느끼고 괴로워하며 자신의 우월감을 부인한다.

대인관계에서 선한 사람, 악한 사람의 평가도 순식간에 달라진다. 지금까지 선하다고 믿었던 사람이 한 번이라도 실망스러운 행동을 하게 되면 즉시 악한 사람으로 취급해 버린다. 그래서 오늘은 좋던 사람이 내일은 나쁜 사람이 되고 다음 날은 다시 착한 사람이 된다.

생후 최초 몇 개월 동안 충분한 보살핌과 애정을 받지 못한 결핍과 상실감이 대인관계나 남녀관계에 영향을 주어 '절망과 열광' 사이를 자주 오가며 산다(Lowen, 1979). 예를 들면 마음에 든 남자를 만나면 "이 남자는 운명적인 남자야."라고 열광하며 자신의 모든 것을 건다. 이 남자와 함께라면 모든 것을 극복해 낼 것 같고 인생이 완전히 다를 것 같이 생각한다. 그러나 원하는 욕구나 보상이 채워지지 않으면 순간적인 도취는 쉽게 무너지고 실망의 정도는 완전히 바닥으로 떨어진다. 처음에는 상대방을 비난하다가 나중에는 자신의 무능함과 보잘것없음을 자책한다. 이렇게 실망하면서 누구도 자신을 알아주지 못한다고 확신하고 감정의 문을 꼭꼭 닫아 버린다. 내면의 공허감과 갈망은 더 커지고 파트너에 대한 기대치는 더 높아간다.

이런 악순환은 반복된다. 문제는 '내가 굳이 말하지 않아도 내 마음을 알아서 채워 줄 사람을 찾을 수 있다.'는 환상 속에서 헤어나지 못한다는 것이다. 이런 악순환의 고리를 끊을 수 있는 사람은 바로 자신밖에는 없다. 자신의 욕구와 감정을 분명히 수용하고 표현함으로써 악순환을 끝낼 수 있다(Johnson, 1988, Stauss, 1988).

2) 경직된 우월감

경직된 우월감에 빠진 사람은 성공과 노력, 강인함을 통하여 사람들의 관심과 사랑을 받을 수 있다고 믿는다. 좀처럼 자신의 약한 모습이나 부족한 면, 감정의 표출 등은 드러나지 않는다. 감정을 드러내면 남들이 자신을 무시하고 얕잡아 볼 거라고 생각하기 때문에 경직되어 있고 완벽한 모습만 보이려고 한다.

일반적으로 나타나는 '경직된 우월감'의 유형은 다음과 같다(Lowen, 1979).

- 완벽주의
- 거짓 독립성 및 욕구상실
- 성공과 권력, 일, 강인함
- 지나친 적응
- 특별한 존재가 되려고 함
- 쉴 새 없는 활동과 에너지 소진
- 평범한 일상의 가치 저하

'구두적인 우월감'은 '말로만 권리를 주장하고 만족을 모르는 것'이다. 예를 들면 진정으로 자신의 욕구나 원함을 알지 못하고 채우는 방법도 잘 모르는 경우가 있다. 자신에게 필요한 것을 남들이 파악해 주기를 기대하며 즉시 채워 주기를 바란다. 이들은 어린 시절에 충분한 수용과 애정을 받지 못한 채 방치된 경험이 많고 잃어버린 것들에 대한 마음속의 보상심리가 무의식적으로 작용한다. 자신이 원하는 모든 것을 이제는 보상으로 가져야 한다고 하지만 대개는 적극적으로 행동을 취하지는 않는다 (Lowen, 1979). 이들은 부부관계에서도 적절한 대화나 감정의 표현보다는 상대방이 알아서 해 주기를 바란다. 자신은 좋은 부부관계를 위해서 적극적으로 노력하지 않

으면서 상대방에게 비난으로 일관한다. 또한 아무리 많은 관심을 받고 성공을 하여
도 진정으로 만족할 줄 모른다. 이런 욕구불만은 중독으로 이어질 위험이 크다. 예를
들면 섭식장애, 알코올중독, 일중독 등이 될 수 있다.

열등감에 빠지면 자신의 신체 및 성별에 대해 폄하하고 방어하며 자기 스스로 큰
병에 걸렸다고 느끼는 증세(각종 질병, 나약함)나 수치심, 죄책감의 특성이 나타나기도
한다(Kohut, 1976; Johnson, 1988; Stauss, 1988).

3) 의존적 공생관계

의존적 공생관계, 사람중독, 섹스중독은 자기애성 인격장애 및 대인관계와 밀접한
관계를 가진 세 분야다. 남편을 중독으로부터 구해 내려는 목적으로 아내가 남편에
게 극도로 매달리는 상태가 바로 의존적 공생관계다. 그러나 안타깝게도 그러한 '선
의'는 오히려 남편을 더욱 심각한 중독 상태로 몰고 가는 결과를 낳는다. 의존적 공
생관계에 빠진 사람은 자신의 도움이 필요한 사람들만 찾아 헤맨다. 그래야 안심이
된다. 사람중독은 크게 두 가지로 구분된다. 그중 첫 번째는 상대방이 누구이든 간에
누군가를 계속 필요로 하는 상태고, 두 번째는 특정한 한 사람에 대해 중독된 경우
다. 그런데 사람중독인 사람에게 있어서 사랑은 고통과도 같은 의미다. 대부분은 단
한 번도 만족스러운 남녀관계를 가져보지 못한다. 섹스중독은 모든 것을 섹스와 연
관시키고, 모든 인지대상과의 관계를 성적인 시각으로 조명하는 등 모든 것이 섹스
에 집중된 상태를 말하며, 이들의 대인관계는 병리적이고 파괴적이다. 또 하나는 '낭
만중독'을 말할 수 있는데, 로맨스에 중독된 사람들은 자신의 환상 속에서 상대방에
대한 이상과 확대로 그 사람과의 관계를 그려나가기에 여념이 없다. 상대방의 실체
에 대해서는 관심이 없다(Wardetzki, 1991).

의존적 공생관계는 자기 눈에 이상적으로 보이는 파트너와 융합, 자기와 같은 생
각, 같은 감정, 같은 의지를 지닌 비슷한 파트너를 찾아 헤매는 행위로 끊임없이 칭
찬과 인정을 바라는 마음을 특징으로 한다. 공생관계를 바라는 마음속에는 자신 및
상대방을 미화하는 마음이 포함되어 있다. 바르데츠키는 우월감 관점에서 보이는 의
존적인 공생관계와 열등감 관점에서 거리를 두려는 관계를 서로 비교·설명하였다
(Wardetzki, 1991).

의존적 공생관계에서는 "너 없이 못 살겠어. 그런데 너 때문에 못 살겠어!" "우린

〈표 Ⅲ-2〉　부부관계에서 우월감 관점과 열등감 관점의 특성

부부관계에서 열등과 우월적 관계		
	거리를 두려는 관계(열등감 관점)	의존적 공생관계(우월감 관점)
파트너에 대해	보잘것없는 사람, 쓸모없는 사람, 중요하지 않은 사람으로 이해	세상에서 제일 잘난 사람, 자기를 행복하게 해 주는 것이 존재의 유일한 목적인 사람으로 이해
자신에 대해	무가치한 존재, 너무 뚱뚱하고 못생긴 인생의 실패자, 사랑받을 자격이 없는 사람	• 어린 시절에 공주(왕자) 대접으로 자신의 욕구가 충족된 경험이 그대로 유지됨 • 파트너를 진정으로 사랑하는 사람은 이 세상에 자기 하나밖에 없고, 자신이 그 사람에게 반드시 필요한 존재라고 믿음 • 세상에서 가장 멋진 여자(남자)
관계성의 특징	• 거리를 두고 싶어 함 • 혼자 있고 싶어 함 • 관계를 조정하려 함 • 나는 네가 없어도 살 수 있다는 식의 태도	• 의존적 공생관계를 유지하고 싶어함 • 이상적이라 여기는 파트너와의 융합 • 자기와 비슷한 파트너를 찾아 헤맴(같은 생각·감정·의지를 지닌 사람) • 끊임없는 관심과 칭찬에 대한 욕구가 강함 • 파트너가 거리를 두거나 독립적으로 행동하면 두려움을 느낌
자기 방어의 감정들	• 따스함과 온기를 향한 갈망 • 존재에 대한 두려움(난 태어나지 말았어야 해)	• 자립과 분리에 대한 두려움 • 존재에 대한 두려움(넌 태어나지 말았어야 해)
행동양식	• 권력다툼과 시비 • 불평불만이 많음 • 질타가 심함	• 의존적임, 독립적이지 못함, 매달리는 태도, 유아적 행동 • 모든 사고와 감정이 파트너에 집중됨 • 남자(여자)를 자신의 전유물로 만들려 조종함 • 자신을 희생해서라도 완벽한 파트너가 되어 주려 함 • 지나친 이타주의와 욕구 부재를 통한 상황 조작
결과	• 고독 • 우울증	• 자아상실에 대한 두려움 • 관계가 자신을 집어삼킬 것에 대한 두려움 • 열등감으로 인해, 혹은 사랑받을 권리를 상실함으로 인해 우월감이 무너질 것에 대한 두려움
관계에서 거리를 두려는 시도	증오, 다툼, 비판, 분노, 거부, 자신과 상대방을 비하, 남자의 부정적인 면 폄하	
다시 가까워지려는 시도	유혹, 이성적 행동, 당당한 태도, 애교, 매력, 날씬한 몸매, 강인함, 실수를 만회하려 함, 특히 더 얌전하게 행동함, 더 많은 적응력을 보임	

출처: Wardetzki(1991). 240.

같이 살 수 없어. 하지만 떨어져서 살 수도 없어."와 같은 대화가 오간다. 두 사람의 대단히 불안정한 관계를 알 수 있다.

정신역동 가족치료자 보웬(Bowen, 1984)은 이러한 관계를 지속하는 사람은 '자아 분화가 낮은 사람'으로 공의존성이 높은 사람이며 이미 부모와의 관계에서 경험한 패턴을 대인관계에서도 반복한다고 말한다. 자존감이 낮은 사람들은 완벽주의, 거짓 독립성, 성공, 강인함, 인위적인 감정, 자만심, 쉴 새 없는 활동 등을 통하여 열등감을 극복할 수 있다고 믿는다. 때로는 정도가 지나치기도 하다.

자존감이 낮은 사람들은 자기가 남들보다 더 뛰어나고 매력적이고 일을 잘하고 재미있고 아는 게 많아야 사랑받을 수 있다고 믿는다. 그래서 자신의 열린 마음이나 감수성, 사랑할 수 있는 능력보다는 자신의 이상적이고 완벽한 외모나 사회적인 성공이 훨씬 더 중요하다고 믿는다. 궁극적인 문제의 원인은 자기 자신, 자신의 두려움, 자신의 욕구에 있다. 따라서 이 사실을 깨닫지 못하는 한 똑같은 타입의 상대를 만나고 똑같은 문제를 겪고 결국 헤어지는 악순환은 끝나지 않는다.

6. 성인아이

1) 성인아이의 성장배경

부부가 서로에 대한 실망과 분노를 제대로 처리하지 못하고 의심과 싸움으로 번지면서 좌절을 경험하는 것을 브래드쇼(Bradshaw)는 발달단계에서 적절한 의존 욕구가 채워지지 못한 '성인아이(adult childern)'라고 말한다. 부모가 세상의 시선을 의식하고 좋은 대학이나 좋은 직장만을 위하여 자녀의 욕구나 감정을 무시하고 억압한 가정에서 자란 아이도 성인아이라고 말할 수 있다(Bradshaw 저, 오제은 역, 2006).

1995년 빌 클린턴 대통령은 자신이 "의붓아버지가 알코올중독자였고 나는 성인아이이다."라고 고백해서 더 유명해졌다.

가정폭력의 피해를 입은 자녀들은 부모의 학대나 방치 속에서 건강한 자아를 형성하지 못하고 성인아이로 성장할 수 있다. 한국가정법률상담소가 서울가정법원 등에서 상담의뢰를 받은 폭력 남편 215명과 피해 아내 85명을 대상으로 조사를 실시해 발표한 결과에 따르면 남편의 경우 응답자의 58%, 아내는 응답자의 73.5%가 자녀를 때린 경험이 있다고 답했다. 폭력의 피해자인 아내가 가해자인 남편보다 자녀에게 폭력을 행사한 경험이 15.5%나 높게 나타난 것이다. 상담소는 이에 대해 '가정폭력 피해 여성의 심리·사회적 손상은 부모-자녀관계에까지 확산돼 자녀에게 체벌을 일삼거나 일관되지 않은 양육태도를 보일 수 있다.'고 지적하고 '아내가 남편보다 자녀 교육에 더 많은 책임을 가지고 자녀와 함께 보내는 시간이 많기 때문에 상대적으로 자녀 폭력률이 높을 수 있다.'고 분석했다.

성장기의 폭력 피해 경험이 부모가 된 뒤 자녀에 대한 폭력 행사에 영향을 미친다는 결과도 나왔다. 자녀를 때린 경험이 있는 부모 가운데 성장기에 자신의 부모에게 맞은 적이 있는 사람이 65.5%로 그렇지 않은 사람(34.5%)보다 두 배 가량 높게 나타났다. 또 자녀에게 폭력을 행사한 사람 중 어린 시절 부모 간의 신체 폭력을 본 적이 있는 사람(69.9%)도 그렇지 않은 경우(30.1%)보다 두 배 이상 높았다. 아내에게 폭력을 휘두른 남편 중에서도 성장기에 부모에게 맞거나 부모 간 신체폭력을 목격한 경험이 있는 사람이 50% 이상을 차지했다. 이밖에 전체 응답자의 69.4%가 자녀가 정서적으로 불안해 하는 모습을 본 적이 있고 53.3%가 자녀가 부모에게 적개심을 드러낸 적이 있다고 답해 부부 간 폭력이 자녀의 정서에 좋지 않은 영향을 미치는 것으로 나타났다.

특히 폭력가정의 부모들은 성장과정에서 기본적인 보살핌을 받지 못해 자아상이 빈약하고 공감성이 부족하며, 열등의식이나 피해의식에 사로잡혀 있는 경우가 많았다. 또한, 자신을 자책하며 학대하고 갈등이나 문제 상황을 부인하며 사랑과 애정욕구를 채우지 못한 사람으로서 아이가 자신의 기대나 욕구를 채워 줄 것이라는 비현실적인 기대감을 갖는다. 부모는 아이들이 자신의 필요를 채워 주지 못하는 경우 거절당했다고 해석하고 분노와 좌절을 보인다. 자녀는 공포심과 두려움으로 학대가해자와 연합하게 된다. 자신의 실체를 잃어버리고 가해자처럼 동일시하는 것이다. 또한 피해자인 자녀와 배우자는 성인아이 같은 가해자의 통치 아래서 대체적으로 순응된 무기력감으로 인해 다른 어떤 상황에서도 변화가 불가능하다고 생각한다. 다른 대안이 없으며 자신의 운명이라고 받아들이고 체념하게 되는 패턴을 갖게 된다. 자신의 삶에서 일어나는 다른 사건들도 자기가 스스로 통제할 수 없는 외적 요인으로 단정해 버린다. 아내는 남편의 강압에서 벗어날 수 없다고 생각한다. 어린 아이들은 엄마의 억압된 분노의 희생자 역할을 감당한다. 이들은 어른이 되어서도 자기 삶을 주도적으로 살아가기 힘들다.

적절한 양육과 지도를 받으면서 의존욕구가 채워지고 스스로 성취감을 형성한 아이는 긍정적인 자아감을 가지며 자율성을 가진 성인으로 성장할 수 있다. 그러나 알코올중독가정, 학대가정, 폭력가정에서 부모로부터 만성적인 시달림을 당해야만 하는 아이는 신체적·정신적 폭력의 상처를 지닌 채 어른이 된다. 어린 나이에 가족을 돌보는 사람으로 심리적 부담감을 가지고 성장하고, 어머니의 한탄과 눈물을 가슴에 안은 채 어머니의 한맺힌 언어들이 자기에게 내면화되어 자란다. 자신을 이 세상에 필요 없는 존재로 지각하거나 자신을 희생해서라도 어머니를 구해 주어야 하는 전사가 되려고 한다. 그래서 어른이 되어도 자존감은 낮고 열등의식과 피해의식이 강하며 자기상실감이나 내면의 공허감을 느끼기도 한다. 이런 공허감을 채우기 위하여 알코올중독, 연애중독, 강박증상, 도박이나 게임중독에 빠지고 불안감과 우울증을 나타내기도 한다(大村政男 저, 박선무 외 공역, 2002).

한 여성 내담자는 세 명의 남자와 결혼하였는데 모두 알코올중독자였다. 그녀는 상담 중에 남자들이 술을 마시고 난폭하게 굴고 화를 내는 것 등을 모두 정상적인 것으로 생각하였다고 고백하였다.

아이가 성장하면서 부모로부터 무시나 학대 또는 버림을 받았을 때는 부모는 보통 다음의 세 가지 중 하나의 방법으로 처리하여 자녀를 현혹시키며 진짜 감정들을 무시하게 한다(Bradshaw 저, 오제은 역, 2006).

① 버림받음을 설명하기 위해 의미를 부여한다. 이는 아이의 진짜 감정을 억압하기 위한 것이다. 진짜 감정은 아이 내면의 자기의 핵심이다. 하지만 역기능적인 가족에서 정서적으로 자녀를 방치한 일중독 아버지에 대하여 어머니가 "아버지는 너를 사랑하시는 거란다."라고 설명해 주는 것은 자녀의 저항과 반발을 부채질한다. 오히려 아버지의 바쁜 상황을 솔직하게 이야기해 주어야 한다.

② 버림받음에 대한 이유로 아이가 이해할 수 없고 아이에게 수치심을 주는 내용을 말해 준다. 부모의 신체적·정신적 학대에 대하여 합리화하는 것이다. 예를 들어, "내가 널 사랑해서 그렇게 하는 거야." 또는 "너보다 내 마음이 더 아파."라고 말하는 것이다.

③ 아이가 느끼는 감정, 즉 두려움, 상처(슬픔), 분노 등을 표현해서는 안 된다고 이야기해 준다. 감정적으로 차단된 부모는 아이의 감정을 제대로 다루지 못

한다. 자신의 슬픔이 아이의 울음으로 자극을 받게 되면 어머니는 스트레스를 받고 흥분과 두려움을 느끼므로 아이가 울지 못하게 한다.

성인아이 중 상당수가 자신의 감정을 제대로 인식하지 못한다. 또한 상대방에게 강한 정서적 의존성을 드러내며 사랑하는 사람에게 무거운 책임을 떠넘긴다. 행복은 자기가 만들어 가고 느끼는 것으로 어떠한 상황이 닥쳐도 스스로 해낼 수 있다는 자신감과 연결되어 있다. 자기 마음속에 어떤 감정이 있다는 것을 인식하는 사람은 자신의 욕구와 내면상태를 알아차리고 문제를 해결하기 위하여 어떤 행동을 취할지도 판단하고 행할 수 있게 된다. 그리고 다른 사람의 감정이 자신에 대한 것이 아니라는 것을 인식하면 다른 사람이 어떤 감정을 드러내도 적절하게 반응할 수 있다. 그러나 성인아이는 성인임에도 자신의 감정을 잘 인식하지 못하고 의존적이며 상대가 알아서 내 감정을 대신 처리해 주기를 기대한다. 자신의 감정과 상대의 감정도 잘 구분하지 못한다. 그래서 대화 속에서 진짜 내면의 의도를 알아차리지 못하고 혼자서 무시, 학대, 모멸감 등으로 해석하고 단정해 버린다.

감정을 부인하는 행동은 중독증상이 있는 사람에게서 흔히 나타난다. 자신이 심각한 질병에 걸렸다는 사실을 알게 되었을 때, 사랑하는 사람이 죽었을 때, 자신의 아들이나 딸에게 나쁜 일이 생겼을 때 그런 태도가 나타난다. 아이의 심리상태에 문제가 있다고 하면 부모들은 "당신이 아무리 그래도 우리 아이는 정상이야. 아무 문제 없어."라고 말한다. 이런 반응은 인정받고 싶은 욕구가 손상될 위험으로부터 자신을 보호하는 것이다. 자신이 눈을 감기만 하면 자신의 나약함이 현실로 드러나는 것을 직면할 필요가 없기 때문이다.

감정을 드러내는 가장 흔한 방어는 자신의 경험을 남의 탓으로 돌리는 것이다. 이는 공격성으로, 침묵으로, 신체적·정서적 위축으로, 수동공격적으로 나타나기도 한다. 부모가 자신의 감정을 자기 것으로 받아들이고 그 감정이 무엇을 의미하는지 정확하게 해석하고 자신의 느낌이라는 것을 분명하게 밝히며 말하는 훈련을 해야 한다. 감정을 억누르거나 자신의 감정을 남의 탓으로 돌리거나 비난하는 부모 밑에서 자란 아이는 부모처럼 똑같은 방어적인 말만 하게 된다. 그래서 가족들은 서로 상처만 주고 결국에는 소외와 고립·단절 생활을 한다(Humphreys 저, 윤영삼 역, 2006).

2) 수동적 · 공격적 태도

성인아이의 의존성은 부부관계에서도 수동적으로 지배하려는 태도와 공격적으로 지배하려는 태도로 나타난다. 이런 의존적인 태도는 모두 자신의 그림자(부정적인 면), 부모에게 인정받고 싶은 욕구, 삶에 대한 공포로 인한 내면적인 갈등에서 발생한다. 부부관계에서 수동적으로 지배하려는 태도는 갈등에서 나오는 분노와 좌절감을 참는 행동이다. 공격적으로 지배하려는 태도는 분노와 좌절감을 분출하는 행동이다.

결혼한 부부가 또는 성인이 원가족을 좋은 상태에서 떠나지 못하는 나약함이 서로 다른 방식으로 나타나지만 그 밑에 숨어 있는 진짜 이유는 가족이 서로 관계를 맺고 있는 방식에서 생겨난 것이다. 어른이 되어도 자신에게 너무나 큰 상처와 고통과 의존성을 가져다 준 바로 그 관계를 재현하며 살아가려고 한다.

스위스의 임상심리학자 토니 험프리스(T. Humphreys)가 말하는 성숙하지 못한 어른의 수동적 태도와 공격적 태도의 특성들은 아래 표와 같다(Humphreys 저, 윤영삼 역, 2006). 원 자료를 한국적인 상황에 맞게 재구성하였다.

① 성인아이의 수동적 태도
- 결혼을 하여도 여전히 부모 밑에서 의지하며 산다.
- 부모나 다른 사람의 기대, 가치, 도덕, 믿음, 소망에 순응한다.
- 다른 사람들의 비위를 맞추려 한다.
- 교묘하게 사람을 속이려고 한다.
- 자존심이 없다.
- 부끄러워하고 내성적이고 조용하며 수동적이다.
- 어려운 일과 책임지는 일을 피한다.
- 낯선 사람, 낯선 상황에서 불안에 떤다.
- 부모나 다른 사람에게 거절하지 못한다.
- 부모의 행복을 책임진다.
- 다른 사람이 집안일에 간섭하거나 개입하도록 그냥 허용한다.
- 부모나 다른 사람의 의견이나 생각에 의존한다.
- 자신을 위해서는 요구하지 않는다.

- 지나치게 양심적이거나 성실한다.
- 다른 사람의 욕구를 자신의 욕구보다 항상 더 우위에 둔다.
- 자주 죄책감을 느낀다.
- 약물이나 술에 의존한다.
- 외모나 겉모습, 성공에 의존한다.
- 비난에 지나치게 민감하다.
- 두통, 등 통증, 관절염, 가슴압박, 위 장애, 정신적인 신체적 질병이 있다.
- 남들에게 비웃음 당할까 봐 두려워한다.
- 강박적인 확인, 강박적인 청소, 강박적인 시간엄수
- 자주 우울해 하고 무기력을 느낀다.
- 자신의 느낌이 무감각하고 욕구를 무시하는 습관이 있다.
- 자살하겠다고 생각하거나 시도한다.

② 성인아이의 공격적 태도
- 자신의 나약함이나 무능력에 대해 배우자를 탓하며 비난한다.
- 배우자를 지배하고 통제하려고 한다.
- 생활의 무책임과 회피가 강하다.
- 자신의 나약함을 부정하고 아무 문제도 없는 척 가장한다.
- 배우자에게 과도하게 무리한 것들을 요구한다.
- 자기 의견에 동조하지 않은 사람을 공격하고 모욕한다.
- 변덕스럽게 화를 잘 내고 늘 싸우는 듯한 태도
- 폭력적인 반응을 보인다.
- 다른 사람과 지나치게 경쟁한다.
- 배우자에게 같이 있어 달라고 끊임없이 요구한다.
- 자신의 신체적, 정신적 욕구를 무시한다.
- 술을 자주 과도하게 마신다.
- 강박적으로 도박이나 경마를 즐긴다.
- 배우자에게 논쟁이나 시비를 자주 건다.
- 다른 사람과 잘 협력하지 못하고 혼자다.
- 배우자를 의심하고 추적한다.
- 비언어적으로 냉소하며 빈정거린다.

- 자해를 통하여 자기의 뜻을 알리려 한다.
- 다른 사람의 의견이나 비판을 잘 수용하지 못하고 방어한다.
- 대화를 하려다가 큰소리치고 싸운다.

부모는 자신의 인식의 한계 내에서 최선을 다했을 뿐이다. 그러나 의도하든 의도하지 않든 부모의 역기능적인 양육방식은 자녀의 삶에 지대한 영향을 미치고 있다. 자신에게 실제로 무슨 일이 있었는지 그 실체를 부정할 필요는 없다. 그러나 학대받은 내담자들은 자신의 부모를 이상화하고 자신의 부모를 강박적으로 보호하려고 하며 행위 자체도 부정하려고 한다. 자녀가 부모의 행위 그 자체를 비판하는 것은 부모와의 관계를 단절하는 것이 아니며, 행위 자체가 나에게 어떤 영향력이 있었는가를 분명히 통찰하기 위해 필요하다. 자신의 무의식 속에서 부인하고 있는 것과 방어하는 것을 변화시키기기는 매우 어렵다.

테리 겔로그(Terry Kellogg)는 "과거와 접촉하여 학대받은 것을 사실로 인정하게 되면 당신은 학대로 입었던 상처와 고통을 표현할 수 있다, 분노와 슬픔을 표현함으로써 당신은 수치심의 고통을 덜어낼 수 있다. 그렇게 되면 당신의 많은 행동들이 학대의 경험 때문이지 자기 자신 때문이 아니었다는 것을 이해할 수 있게 된다."(Bradshaw 저, 오제은 역, 2006) 라고 하였다.

자신의 성장 배경에서 자신의 결핍이 무엇이며, 상처가 무엇이고 또한 어떤 부정적인 심리도식이 형성되었는지를 알 수 있어야 한다. 성장하면서 경험한 것들은 감정적인 기억을 불러일으킨다. 기억이 부정적인 감정을 불러일으킬 때는 우리의 생각도 부정적으로 바뀐다. 자신의 무의식 속에 프로그래밍된 것들에 의해 자신을 합리화하거나 자기를 방어하기에 급급하다. 처음 가졌던 감정의 의미를 변화시키려면 먼저 그때 느꼈던 감정을 제대로 인식하여야 한다. 그리고 자신의 감정을 합리화하는 내면의 대화에 주의를 기울여야 한다. 과거의 경험을 통해 스스로 쌓아온 생각들을 다시 생각해 본다. 내담자 자신의 다양한 체험적 작업을 할 수 있도록 해야 한다. 부적응적인 정서, 인지, 대처능력을 극복하는 데 치료적 관계 또한 중요하다. 부부관계에서 발생하는 심리적인 역동에는 외부에서 오는 스트레스 요인들도 많이 작용하지만 개인의 신념, 행동, 감정 등도 문제를 일으키는 상호작용 요인들이다.

부부의 관계에 부정적인 에너지로 사용하였던 것을 이제는 스스로 행복한 삶을 만들어가도록 긍정적으로 사용할 수 있는가? 어떻게 해야 할까? 삶의 질을 결정하는 것은 외부의 누구도 아니고 자신의 내면상태와 가치관의 정립 그리고 신념이다.

부부들이 이혼의 과정에서 겪게 되는 부부의 갈등 처리 문제나 폭력을 정당화하는 행동, 신체적 · 정신적인 학대, 언어폭력, 중독문제, 책임회피, 성적학대 등은 이미 결혼 전부터 가져온 자신의 인격적인 특성들이 부부관계에서 자극을 받음으로써 더 강하게 표출되거나 왜곡되고 확대되는 경향이 강하다. 마찬가지로 부부의 관계에서 개인의 이해와 수용이 가능하고, 애정과 인내로 배우자를 존중할 수 있다면 배우자의 상처와 왜곡된 심리도식 또한 상호작용 속에서 기능적으로 변화할 수 있다고 본다. 현재 처한 상황에서 부정적인 영향과 스트레스를 받더라도 과거의 경험을 근거로 마음속에 심어둔 씨앗이 어떠하냐에 따라서 달라질 수 있다. 그리고 그 씨앗을 어떻게 키우느냐는 개인 자신의 몫이고 자신의 삶에 대한 진지한 물음이며 성찰이다. 이런 의미에서 부부상담자의 역할이 더욱 중요하고 빛을 발할 수 있으리라 본다.

제**11**장
이혼상담의 실제

Ⅰ. 가정법원의 이혼상담

1. 가정법원의 이혼 전 상담의 배경

우리나라 이혼의 형태는 양 당사자 간의 합의로 이루어지는 협의이혼이 85%를 차지한다. 그리고 약 15%가 법적인 분쟁이나 다툼을 통해서 조정과 판결로 이어지는 재판이혼에 해당된다(이강원, 2005).

2004년 12월 27일 서울가정법원과 가사소년제도 개혁위원회에서 협의이혼의사확인절차와 관련하여 숙려기간제도 및 상담제도를 도입하기로 의결함에 따라 서울가정법원에서는 2005년 3월부터 숙려기간 및 상담을 시범적으로 실시하였다(서울가정법원 가사소년제도개혁위원회, 2005).

과거에는 부부가 협의이혼 시 오전에 접수한 사건은 바로 당일에 그리고 오후에 접수한 사건은 다음날 오전에 판사로부터 협의이혼의사확인을 받을 수 있었다. 그래서 한국에서 이혼은 번개처럼 빠르다는 비난을 받았다. 그러나 2005년 3월부터 서울가정법원에서는 협의이혼 신청 후 1주일간의 숙려기간을 두어 경솔한 이혼의 예방을 방지하고 이혼결정에 심사숙고하도록 이혼 전 상담을 실시하였다. 특히 미성년의 자가 있는 부부가 협의이혼하는 경우는 자의 안정된 생활을 도모하기 위하여 친권과 양육에 관한 사항을 상담을 통해 미리 합의하도록 하는 것이 중요하다고 판단하였다. 부부가 상담을 통하여 자녀양육의 책임을 다하도록 하며 부부의 재산분할, 양육비, 위자료 등 이혼으로 인하여 야기되는 경제적 문제를 원만히 해결하고 나아가 건강한 가족관계의 기틀을 마련하기 위해서다. 가정폭력 등 불가피한 사정이 있을 때는 숙려기간을 단축·면제할 수 있도록 하였다.

처음 실시한 2005년에는 이혼신청자 쌍방이 당일 상담을 받으면 현행과 같이 당일 또는 다음날 이혼확인을 받도록 하고 상담을 받지 않으면 일주일 후에 확인을 받도록 하였다. 그리고 2006년부터는 협의이혼 신청자인 부부가 함께 상담을 받으면 1주일의 숙려기간을, 상담을 받지 않으면 3주간의 숙려기간을 시행하였다.

'이혼절차에 관한 특별법안'이 국회 본회의에서 의결됨에 따라 2008년 6월부터는 3개월의 이혼 전 숙려기간이 실시된다. 자녀가 없는 경우는 1개월의 이혼 전 숙려기간을 가진 후 이혼의사확인을 받을 수 있게 된다. 그리고 자녀가 있는 경우 법원은 필요 시 이혼상담을 권고할 수 있다. 새롭게 변화된 협의이혼의 절차와 요건, 이혼상담제도에 대한 내용은 제2부 제4장 '이혼과 이혼숙려기간'과 제5장 '협의이혼의 과정'을 참고하기 바란다. 현재 서울가정법원과 지방법원에서는 매일 오전 10~12시, 오후 2~5시까지 이혼상담을 무료로 진행하며 상담위원은 심리학, 상담학, 목사, 스님, 사회복지·간호학 분야의 대학교수와 정신과 의사, 전문상담가로 구성되고 있다.

2. 이혼 전 상담의 효과

부부상담 전문가들에 의하면 이혼에 이르게 되는 근본적 원인은 대부분 결혼하기 전, 즉 배우자를 만나기 훨씬 전부터 이미 잠재해 있다고 본다. 많은 사람들이 자신의 의사소통방식, 가치관이나 세계관, 문제해결능력, 대인관계방식, 감정에 대처하는 능력 등에서 무엇이 문제인지 모르고 배우자를 만난다. 이혼을 하는 사람들은 자신의 문제의 핵심이 정작 무엇인지 알아차리지 못한 채 이혼 후 재혼하고 또 이혼하게 되는 것이다. 그러므로 실질적인 이혼예방이나 건강한 이혼을 위해서는 이혼 전 숙려기간과 상담의 제도화를 통해서 무엇보다 부부 각자가 안고 있는 문제를 발견하고 치유할 수 있도록 도울 수 있는 상담 프로그램이 실시되어야 한다. 서구 선진국에서는 협의에 의한 이혼신청인 경우에도 3~18개월 사이의 이혼숙려기간을 법제화하고 있으며 친권, 면접교섭, 자녀의 부양 등 자녀에 관련된 문제를 비롯하여 재산분할, 전 배우자에 대한 부양과 같은 배우자 사이의 문제를 포함한 합의서 제출을 의무화하고 있다(곽배희, 2004; 유계숙, 2006).

　서울가정법원에서는 시범적으로 이혼숙려기간을 일주일 실시하면서 법원에서 이혼 전 상담을 받도록 권유하였다. 2005년 3월부터 11월까지 9개월간 협의이혼 신청 후 일주일의 숙려기간을 거쳐 처리된 4,109쌍의 부부들 가운데는 787상의 부부가 이혼신청을 취하하여 19.2%의 평균 취하율을 기록하였다. 같은 기간 서울가정법원 상담위원회가 상담을 실시한 1,323건의 협의이혼 신청사건 중 157건이 이혼신청을 취하하여 11.9%의 평균 취하율을 기록하였다. 총 5,432쌍의 협의이혼 신청사건 중 944쌍이 숙려기간을 거치거나 상담을 통하여 이혼의사를 철회하여 평균 취하율은 17.4%로 지난해 이혼신청 취하율 9.9%에 비해 거의 2배 가까이 증가하였다(우윤근, 2006).

　또한 2006년 10월부터 2007년 9월까지 이혼 전 상담과 일주일의 숙려기간을 실시한 서울남부지방법원의 경우에도 총 5,740건의 협의이혼 신청사건 중 940건이 상담사건이며 그중에 174건이 이혼신청을 철회하여 18.51%의 평균 취하율을 보였다(문주형, 2007).

　2004년 3월부터 9월까지 서울가정법원에서 상담을 받은 200쌍의 부부들을 대상으로 상담 전후 설문지를 통하여 조사한 결과에 의하여 상담을 통하여 도움이 되는 것에 대한 자료를 보면 다음과 같다(송성자, 2006).

- 상담과정에서 '이혼 후의 문제를 구체적으로 생각하는가?'라는 문항에 대하여 50% 이상의 부부가 그렇다고 응답하였다. 이것은 부부가 이혼 후의 문제에 대하여 구체적이고 현실적인 문제를 객관적으로 좀 더 구체적으로 이야기할 수 있었다는 것을 의미한다.
- 상담과정에서 '복잡한 감정을 이야기할 수 있었는가?'라는 문항에 대하여 조사대상 중 60%의 부부가 상담과정에서 자신의 복잡한 감정을 이야기할 수 있었다고 응답하였다. 배우자 앞에서 복잡한 감정을 표현한다는 것은 부부가 서로 이해하는 계기가 되며 그동안 쌓인 감정을 해소함으로써 좀 더 객관적이고 현실적으로 생각할 수 있는 심리상태를 회복하는 데 도움이 되었다고 볼 수 있다.

- 한편 상담과정에서 '배우자와 대화를 할 수 있었다.'고 응답한 비율은 전체의 40% 이상으로 나타났으며 자기의 입장과 고집만 고수하는 배우자들이 다른 배우자의 말에도 경청을 하였다는 것으로서 상담의 효과를 알 수 있다.
- 상담과정에서 '이혼 후 자녀문제를 좀 더 구체적으로 생각하게 되었다.'라는 문항에는 61%가 긍정적으로 답하여 자녀양육이나 양육비, 자녀 학교문제 등 이혼 후에도 자녀에 대한 지대한 관심을 보이고 있음을 알 수 있다.
- '이혼상담이 이혼 후 재적응에 도움이 될 것 같은가?'라는 문항에 53% 정도가 긍정적으로 응답하였다.

  이는 이혼을 결심했다 하더라도 막연하고 불안한 심리상태에서 좀 더 현실적이고 구체적인 협의내용과 자녀양육문제를 다루는 것이 도움이 되었다는 것으로 해석된다. 이것은 이혼 후의 재적응에 도움이 될 수 있도록 하는 상담의 목표와 부합하는 것이다.
- 남성(24.6%), 여성(17.0%)가 '이혼 전 상담과정에서 이혼 여부를 좀 더 생각하였다.'고 응답한 것은 고무적인 결과이며, 이는 이혼에 관하여 먼저 생각하는 쪽이 대부분 여성이기 때문에 이혼 전 상담을 받고 비로소 이혼에 대해 심각하게 생각하는 계기가 되었다고 응답한 남성의 비율이 상대적으로 높게 나타난 것으로 풀이된다.
- 한편 '이혼 전 상담의 필요성'에 대해서는 남성의 경우 62.2%, 여성의 경우 56.2%가 상담이 필요하다고 응답함으로써 이혼 전 상담이 효과적이었음을 알 수 있었다.

　법원에서 비록 1시간의 상담이었지만 이혼하는 부부에게는 자신의 문제를 좀 더 현실적이며 구체적으로 생각할 수 있었고 지금까지 말할 수 없었던 마음도 표출할 수 있는 계기가 되었다고 볼 수 있다. 이혼 당사자는 심리적으로 복잡한 감정과 혼란스러움, 심리적인 상처나 배반, 미래에 대한 불확신, 이혼 후 자녀의 문제나 경제적인 문제 등 많은 어려움을 겪고 있으므로 이혼 전 상담을 통하여 부부들로 하여금 결혼의 의미와 이혼의 의미를 재정립할 수 있도록 해야 한다. 특히 이혼하는 당사자들의 심리적인 위축이나 죄책감, 불안감 해소는 이혼 후 재적응에도 중요하기 때문이다.

　이혼의 숙려기간(3개월)과 이혼 전 상담은 이혼당사자들이 좀 더 이성적이며 합리적으로 이혼여부를 결정하게 하며 감정적인 이혼을 예방할 수 있다는 긍정적인 취지가 강하다. 또한 부부의 문제와 갈등을 전문가의 도움으로 좀 더 객관적인 관점에서 통찰할 수 있는 계기가 될 수 있다. 그리고 많은 아내들이 남편 앞에서 할 수 없었던 말을 전문가의 도움으로 표출하는 기회가 되며 진정한 자기의 원함이나 욕구를 드러낼 수도 있는 기회가 되기도 한다.

이혼 전 상담이 다양한 영역에서 긍정적인 효과를 나타낸 것으로 볼 때 이혼 전 상담은 한 번만이 아니라 지속적으로 이루어지는 것이 훨씬 더 많은 효과를 가져오리라 본다.

3. 가정법원 이혼 전 상담의 과정

가정법원에서 실시하는 이혼 전 상담은 1회기로, 한 명의 상담자가 한 쌍의 부부에게 1시간을 소요한다. 그래서 주어진 시간 안에 상담을 진행하기 위해서는 구조화하여 진행하는 것이 더 효과적이다. 가정법원에 오는 부부들은 상담동기가 약하고 거의 이혼을 결정하고 오기 때문에 이혼을 당사자들의 결정과정으로 여기고 상담에 임하는 것이 좋다. 그리고 이혼 후의 상황이나 친권, 자녀양육권 문제, 재산에 대한 합의 등 장래 대책들에 대하여 논하는 것도 바람직하다.

1) 가정법원 이혼 전 상담의 목적

① 부부들이 협의이혼의 결정이나 이혼취하를 이성적으로 현명하게 판단하여 후회 없는 결정을 하도록 돕는다.
② 자녀의 복리를 도모하고자 친권, 양육권의 지정과 양육비 이행에 관한 사항들을 부부들이 협의하여 잘 수행하도록 돕는다.
③ 이혼을 결정한 후 자녀문제와 새로운 생활에 대한 적응 및 해결방안 모색에 도움을 준다.
④ 가능하면 부부들이 이혼신청을 취하하고 다시 재결합할 수 있는 방안이나 해결책을 찾을 수 있도록 돕는다.

2) 1회기 이혼 전 상담의 과정

(1) 상담과정 오리엔테이션(10분)

부부가 '상담 전 질문지'(부록 5. 11호 서식)를 각각 작성해서 함께 상담실로 들어온다. 상담 전 질문지에는 개인의 신상정보(이름, 나이, 직업, 월수입), 결혼 연도, 자녀 나이, 이혼사유, 이혼 후 걱정되는 문제들, 이혼에 대한 심경, 이혼결정까지 배우자 및 가족 중 누구와 의논했는지, 이혼 후의 문제(자녀문제, 법적 문제, 사회적 평판, 경제적 문제, 심리적 문제, 대인관계), 자녀양육에 대한 상의여부에 표시하기로 되어 있다.

① 상담자는 사전에 질문지를 꼼꼼하게 모두 검토하여 사전정보를 어느 정도 숙지하고 상담에 임한다.
② 치료자 소개, 부부 소개, 상담과정에 대한 소개 후 법적으로 주어진 시간이 1시간임을 알려 준다. 그래서 빨리 끝내기를 바라는 형식적인 상담이 이루어지지 않도록 해야 한다.
③ 협의이혼에 대한 간략한 소개, 협의이혼절차에 대한 소개와 이혼취하과정, 부부의 현 위치는 어디에 있는지 알려 준다. 상담을 받은 후 일주일 후에 판사로부터 이혼의사확인을 받을 수 있다(통상적으로 3주 숙려기간이나 2008년 6월부터는 3개월 또는 1개월의 숙려기간이 소요됨).

(2) 이혼에 대한 부부사정(20～25분)

① 부부들이 이혼에 대한 각자의 동기나 입장을 분명하게 표현하도록 기회를 준다. 그리고 혹시 어떤 상황 변화가 있다면 이혼을 보류하거나 취하할지도 물어본다.
  이혼을 결심하기까지의 과정, 복잡하고 혼란스러운 감정들을 표현할 수 있도록 상담자는 편안하게 지지와 공감을 해 주고 내용적인 반영을 잘 해 준다.
② 남편과 아내 각각 10분씩 개별면담을 통하여 이혼의사를 확인하며 그동안 시도했던 문제해결방법, 노력한 점, 결혼생활의 의미와 이루지 못한 기대나 열망에 대하여 대화를 나눈다.
③ 상담자는 부부 가운데 한쪽이라도 이혼보류의사가 있으면 현재 상황이나 어떠한 조건의 변화를 위한 전제로 다른 배우자에게 조정을 시도해 볼 수 있다.

④ 부부가 이혼에 대한 보류나 취하 가능성이 있을 때 상담자는 부부의 현실적인 문제해결에 초점을 두고 상담한다. 어떤 문제나 갈등이 구체적으로 조정과 협상으로 이루어져야 하는지, 과거의 미해결 과제는 어떻게 다룰 것인지, 부부상담의 동기가 더 가능한지, 부부의 삶의 목표나 희망이 무엇인지에 대하여 이야기를 나누도록 한다.

⑤ 상담자는 지속적인 부부상담을 위하여 법원외상담을 안내해 줄 수 있다.

(3) 이혼결정에 따른 대안 결정하기(15분)

① 부부 두 사람의 이혼의사가 확고하다면 친권자, 양육권, 양육비, 면접교섭권, 재산분할, 위자료 등 기타사항에 대하여 의논을 하고 각자의 권리를 주장하면서 합의를 이끌어 내도록 돕는다.

② 특히 미성년의 자녀가 있는 부모는 '자의 양육과 친권자 결정에 관한 협의서' (부록 5. 3호 서식) 작성 시 양육자, 양육비, 면접교섭권의 행사 여부 및 방법에 대하여 구체적으로 작성하여야 한다. 만약 부부 사이에 양육에 대한 합의가 이루어지지 않는 경우는 법원은 직권 또는 청구에 따라 결정할 수 있다.

③ 상담자는 합의된 내용들을 부부가 책임감을 가지고 잘 이행할 수 있도록 요약해서 확인해 준다.

④ 부부가 서로 헤어지더라도 그동안의 결혼생활에 감사하고 파트너에 대한 좋은 감정으로 끝낼 수 있도록 각자 짧은 고백들을 하도록 권면한다.

(4) 요약과 종결하기(5분)

① 상담자는 상담의 전체 과정을 간결하게 요약해 주고 종결한다.

② 상담자는 부부에게 마지막으로 하고 싶은 말이나 질문이 있는지 확인한다.

③ 상담자는 부부에게 '상담 후 기록지'(부록 5. 12호 서식)를 나눠 주고 설문지에 응답하도록 한다.

④ 상담자도 '상담위원 기록지(부록 5. 14호 서식)의 질문지에 답하고 협의이혼 상담보고서(부록 5. 13호 서식)의 내용을 작성한다. 상담자가 상담 내용에 대한 것을 간략히 기록한다.

⑤ 부부는 다시 협의이혼 사무실에 가서 상담 전 질문지, 상담 후 기록지, 상담위원 기록지를 제출하고 1개월 또는 3개월 후 협의이혼의사확인 날짜를 숙지한 후 귀가하도록 안내된다.

앞의 자료들은 판사가 이혼확인을 위한 자료로 사용하며 법원에서는 이혼상담 현황과 특성들을 위한 통계자료로 활용한다.

〈표 Ⅲ-3〉	이혼 전 상담에서 질문내용

• 각자가 생각하는 이혼의 핵심적인 문제는 무엇이라고 보나요?
• 처음으로 이혼을 요구한 사람은 누구이며, 어떤 배경이 있었나요?
• 이혼하기까지 어떤 촉발사건이 있었는가요?
• 이혼이 현재 어떤 문제를 해결한다고 보나요?
• 이혼을 하면 어떤 문제가 또 발생하리라고 보나요?
• 이혼 외에 다른 해결방안은 무엇이라고 보나요?
• 그동안 문제를 해결하기 위하여 시도한 것들은 어떤 것들이 있었나요?
• 당신이 시도한 것들이 부부관계에 어떤 영향을 미쳤다고 보나요?
• 이혼에 대한 각자의 감정은 어떠한가요?
• 이혼에 대한 각자의 입장은 어떤가요?
• 현재 가장 힘이 드는 것은 어떤 것이라고 보나요?
• 이혼결정에 가장 영향력을 행사한 사람은 누구인가요?
• 이혼결정에 대하여 가족 중 누가 반대하고, 누가 찬성하나요?
• 이혼 후 얻는 이득이 있다면 어떤 것인가요?
• 이혼 후 손실이라고 생각하는 것은 어떤 것인가요?
• 자녀에게 이혼사실을 알리셨나요?
• 이혼에 대한 자녀의 반응은 어떤가요? 자녀의 반응에 어떻게 반응하셨나요?
• 이혼사실을 알리지 않았다면 언제 어떻게 말할 수 있나요?
• 남편(아내)의 강점이나 좋은 점은 무엇이라고 보나요?
• 남편은(아내는) 결혼생활을 잘 유지하기 위해서 어떤 노력들을 하셨나요?
• 부부가 결혼생활에서 함께 이룬 업적은 무엇이라고 보나요?
• 그동안 남편(아내)에게 감사하게 생각하는 것은 무엇인가요?
• 결혼생활에서 아쉬움이나 미련이 있다면 어떤 것인가요?
• 결혼생활에서 누가 더 많이 주었다고 보나요? 누가 손해 보았다고 생각하나요? 어떤 점에서 그렇다고 생각하는지요?
• 부부가 정상궤도에 오르기 시작한 첫 번째 신호가 무엇인가요?
• 부부가 다시 재결합을 한다는 것은 어떻게 달라지는 것인가요?

- 혹시 남편(아내)의 어떤 것을 보면 달라진 것을 알 수 있을까요?
- 다시 재결합을 위하여 가장 먼저 남편이(아내가) 해결해야 할 과제는 어떤 것인가요?
- 만약 재결합을 위해서 아내가(남편이) 남편과(아내와) 꼭 타협해야 하는 것은 무엇인가?
- 두 분이 서로 존중할 때 어떻게 다르게 행동하나요?
- 두 분이 사이가 좋을 때 무엇이 좀 다른가요?
- 남편은(아내는) 행복하다고 느낄 때 평소와 무엇이 다른가요?
- 혹시 남편은(아내는) 사과해야 할 것이 있다면 지금 여기서 가능하겠어요?
- 이혼 후 자녀들 양육권은 누가 책임지나요? (공동 가능함)
- 자녀에 대한 친권자는 누구로 결정하셨나요? (공동 가능함)
- 양육비는 누가 얼마를 언제까지 어떻게 지급하시기로 결정하셨나요?
- 자녀에 대한 면접교섭권은 어떻게 하기로 결정하셨나요? (매주, 매월에 몇 번, 몇 시부터 몇 시까지, 누가 자녀와 동행, 방학 때, 명절 때, 자녀 생일은? 입학식이나 졸업식은? 기타)
- 부부가 재산이나 채무에 대한 결정은 어떻게 하였나요? (부부재산분할 및 채무의 여부)
- 혹시 부부가 위자료에 대해서는 어떤 결정을 하셨나요?
- 마지막으로 남편은(아내는) 부인(남편)에게 하실 부탁의 말씀이 있으면 하시겠어요?

Ⅱ. 이혼 전 부부관계의 특성

1. 결혼생활의 대처부족

　부부의 이혼 전 단계는 상당히 주관적인 의미를 가지고 있으며 사회문화적 맥락에서 이혼당사자들이 자신의 경험을 어떻게 해석하고 구성하느냐가 중요하다. 남편과 경제적인 문제나 성격차이로 갈등을 겪어도 문제를 직면하고 함께 해결하고자 하는 의지가 있다면 재구성이 가능하기 때문에 이혼을 방지할 수 있다. 그러나 부부가 누적되어 온 문제나 갈등으로 생긴 상처와 분노 때문에 더 이상 희망을 찾지 못할 때는 이혼으로 해결하려고 한다.

　최정숙의 연구논문(2006)에서 나타나는 여성들의 이혼사유의 특성을 보면, 참여자들은 '빗나간 결혼생활'에 대하여 다음과 같이 언급하였다. '① 결혼 시작부터 잘못되었다. 동정심으로 성급하게 결혼하였다. ② 남편의 무책임한 생활태도, 생활 무능력, 열등감, 피해망상증, 의처증, 음주문제, 여자문제, 상습적 폭력, 언어폭력, 성적 갈등, ③ 일방적인 관계, 배려 부족, ④ 정신적 증상인 화병, 남편에 대한 두려움과 강한 적대감, 경제적 피해를 감당키 어려움, 아이에게까지 피해를 끼침, ⑤ 여자문제로 배신감, 남편의 유도로 이혼에 내몰림, ⑥ 돈문제 갈등으로 이혼 요구당함, 잦은 구타로 이혼, 처자식 부양 부담으로 이혼요구' 등이다.

위의 내용에서 보듯이 이혼 전 단계의 부부들은 결혼생활에 대한 대처능력과 역량, 기능적인 측면이 상당히 결핍되어 있다. 이는 결혼에 대한 남편의 역할 부족이나 책임감 부재로 나타나며 이런 요인들은 부부관계를 악화시키고 긴장시키며 무력감으로 몰아간다. 결혼 처음부터 갈등의 연속이었으며 이혼으로 내몰리는 과정이 14년 간 걸쳐 진행되었다고 고백한 여성, 남편의 외도로 원치 않게 1~2년 만에 이혼으로 유도당한 여성, 우울증과 화병으로 더 이상 삶이 어려운 여성 등 한국 여성들이 이혼으로 가는 과정은 주로 한계에 봉착한 상태이며 자신의 의도와 상관없이 내몰리는 경우도 있었다. 이런 사례들을 살펴볼 때, 여성들이 환경에 적응하면서 발생하는 무력감을 해소하고, 자기 삶에 대한 부적절한 대처방안을 개선하며, 자신에 대한 적극적이며 의식적인 자아정체성을 확립할 필요가 있다고 본다.

따라서 부부문제는 관계적·개인적 욕구의 측면에서 정의되어야 하며, 부부의 상호작용 패턴을 평가하고, 어떠한 문제와 욕구가 관계를 악화시키는지 명료화하도록 도와주어야 한다. 상담자는 내담자 부부의 관계 악화 정도에 따라 부부상담을 할 것인지 혹은 이혼상담을 할 것인지 여부를 결정해야 한다. 부부가 역기능적인 부부관계를 개선하기를 원하거나, 변화하고자 하는 동기 수준이 높고, 이혼을 결정적으로 생각하지 않는다면 상담의 방향은 바로 결혼유지를 위한 부부상담이 될 것이다. 그러나 한쪽 배우자 혹은 부부 양쪽이 상담을 해 보고 효과가 없으면 이혼하겠다는 의사를 가진 경우, 그리고 자신들의 결정을 아직 하지 못한 상황에서 상담자는 부부의 결혼생활이 얼마나 기능적이며 역기능적인지, 부부의 만족도검사나 결혼생활의 현 상태, 만족도, 스트레스, 우울, 갈등정도, 변화가능성 등을 고려하고자 내담자의 동의에 의하여 사정평가를 할 수도 있다(유계숙, 2006).

2. 부부싸움의 방식

가트만(J. M. Gottman)은 동료와 함께 수행한 부부에 대한 인터뷰(oral history inter-view: OHI)를 통하여 부부관계의 지속여부를 예측할 수 있었다(Gottman & Krokoff, 1985). 그의 질문내용은 주로 부부들이 관계를 갖게 된 역사(history)에 관한 것과 부부관계에 대한 개인의 철학이나 이념 등이었다. 그리고 다정함과 좋아함의 표현, 부부간의 우리라는 느낌, 서로에 대한 반감, 공동의 문제해결능력을 관찰함으로써 3년 뒤의 부부관계를 예측할 수 있었는데 그의 예측결과가 94%의 적중력을 보여 대단한 관심을 모았다.

가트만은 부부관계의 지속 여부에는 싸움의 빈도가 중요한 것이 아니라 싸움의 방식이 더 중요하다는 것을 발견하였다(Gottman 저, 임주현 역, 2003). '배우자를 변화시키기 위해서 어떤 방법을 사용하는가?' '부부간에 친밀감과 거리감을 어떻게 조절하는가?'에 따라서 부부관계가 지속적인지 이혼으로 가는지 결정된다는 것이었다. 부부관계가 지속적으로 유지되는 것은 싸움과 사랑과 열정이 균형을 이루고 있는 경우였다. 행복한 부부들은 상호작용에서 긍정적인 행동(신체적 접촉, 미소, 칭찬, 서로 보고 웃기)과 부정적인 행동(비난과 비판, 소리 지르기, 무시나 질타)의 비율이 최소한 5:1의 비율인 반면 이혼으로 가는 부부들은 1.25:1의 비율로 나타났다.

16년 동안 애정연구소에서 부부들을 연구한 가트만은 이혼으로 가는 지름길을 부부들의 대화방식에서 찾았다. ① 상대방의 행동이나 방식, 인격에 대하여 비난하는 대화의 방식, ② 상대방에게 모멸감이나 무시를 느끼도록 하는 경멸적인 대화의 방식, ③ 자기방어나 합리화로 상대방을 비판하고 책임을 전가하는 자기방어방식의 대화, ④ 대화를 하자고 하면 아예 단절과 회피로 마음의 문을 닫고 도망가는 담쌓기 방식이다(Gottman 저, 임주현 역, 2003).

부부 사이에 서로의 행동방식이나 불평에 대하여 비난으로 대응할 때 배우자의 협조를 얻어내기보다는 오히려 감정적으로 자극하여 자기방어를 하게 만든다. 힘들어도 부부가 서로에 대한 태도를 바꿀 필요가 있다. 보기 싫은 배우자의 말을 잘 들어주는 것도 대단한 용기와 인내가 필요하고, 무책임한 배우자에게 비난의 언어를 구사하지 않는 것도 용기가 필요하다. 배우자는 서로 양보하면서 함께 협상을 이끌어 내야 한다. 그렇지 않으면 부부의 갈등이나 충돌은 피하기 어렵다.

배우자에게 비난을 하는 다른 이유는 자기 자신의 삶이 만족스럽지 못하기 때문이다. 늘 마음속에서 뭔가 부족하고 채워질 수 없는 것에 에너지를 쏟으며 스스로 불평불만이 많은 것이다. 배우자와 함께 이룬 것들에 대한 감사보다는 부족한 것, 없는 것, 단점들만 생각한다. 그리고 어릴 때부터 비난과 무시, 경멸을 받아온 사람은 다른 사람에게 그대로 해도 되는 것처럼 생각한다. 그리고 비난이나 무시, 경멸적인 태도를 불러일으키도록 상대방을 자극한다. 또한 정신역동이론에서 말하는 강한 투사와 투사적인 동일시를 사용한다.

3. 부부의 악순환의 상호작용

쉰들러와 그의 동료들(Schindler, Hahlweg, & Revenstorf, 1998)은 부부들의 상호작용에 관심을 가지고, 언어적 요소와 비언어적인 요소들이 만족스러운 부부와 만족스럽지 못한 부부들의 특성을 다음과 같이 설명한다. 부부의 언어적 행동에서 10가지 주

〈표 III-4〉 만족스러운 부부와 만족스럽지 못한 부부의 상호작용의 특성		
부부의 유형과 상호작용의 특성	언어적인 면	비언어적인 면
만족스러운 부부	• 각자의 생각, 느낌 그리고 욕구에 대하여 자주 이야기하였다. • 배우자에게 그의 말을 인정한다는 것을 자주 표현하였다. • 적절한 문제해결책, 긍정적인 가치관으로 접근하였다.	• 스킨십 • 서로 자주 쳐다보기 • 미소짓기 • 따뜻하고 상냥한 목소리
만족스럽지 못한 부부	• 각자의 소망과 느낌에 대하여 표현하는 것이 드물었다. • 자신의 생각을 말하는 것이 드물고 그 대신 상대방을 비판하였다. • 상대방의 말을 비하하였다. • 자신의 행동은 합리화하고 상대방의 설명에 동의하는 것이 드물었다. • 언어적·비언어적으로 부정적인 반응을 나타냈다.	• 서로 쳐다보는 일이 드묾 • 미소짓기가 별로 없음 • 목소리가 날카롭고 차갑고 언성이 높았다. • 배우자와 반대되는 태도를 취하였다.

출처: Schindler et al. (1998).

요 영역으로 자기개방, 긍정적인 해결, 수용, 인정, 배우자 행동에 대한 부정적 평가, 합리화, 부정적 해결, 일치하지 않음, 문제서술, 메타커뮤니케이션 등이 있다.

쉰들러와 그의 동료들(Schindler et al., 1998)의 연구에서 부부관계를 만족스럽게 이끄는 삶의 만족요인으로 제시한 것은 ① 사랑과 관심, ② 배려와 솔직성, ③ 사회적 지지와 주고받음의 공평성, ④ 현실감, ⑤ 자기발전과 번영에 대한 준비, ⑥ 유연성, ⑦ 성적 매력, ⑧ 서로에게 충실함 등이다.

반면 만족스럽지 못한 부부관계로 이끄는 요인은 ① 비판, 무시, 방어적 태도, ② 정리되지 않은 과거의 이성관계, ③ 시댁이나 처가와의 갈등, ④ 불안감, ⑤ 지나치게 예민함, ⑥ 질투, ⑦ 독단적인 행동, ⑧ 대화 부족, ⑨ 부채, ⑩ 낭비, ⑪ 무자녀, ⑫ 공동재산이 없음, ⑬ 위기상황 등이다.

이혼 전 단계에서 부부의 갈등에 대한 대처방식은 악순환의 고리로 연결되어 있다. 부부가 서로의 갈등이나 문제들을 제대로 처리하지 못하고 억압하고 쌓아 두다가 어느 날 갑자기 폭발하여 언어폭력이나 학대 등으로도 이어진다. 부부간의 긍정적인 상호작용이 줄어들고 서로에 대한 관심이나 다가가려는 행동이 줄어들면 긴장과 위기감을 느끼며 상대방에 대한 공격과 회피와 같은 자기방어전략으로 대응한다. 부부의 상호작용이 부정적으로 순환되는 과정을 보면 아내는 남편과 함께 하고 싶고 친밀한 관계를 원하지만 자신이 불행하고 불만족스럽다고 느끼게 되어 남편에게 비난하는 식으로 말하게 된다. '당신은 도무지 나와 아이들 생각을 하기나 해?' '당신은 오직 일뿐이야. 나에게 눈길 한 번 주기나 했어?' 그러면 남편은 아내의 공격성으로부터 자기방어하기 위해 변명과 더 강한 수위의 공격을 가한다. 그래서 두 사람은 서로 불쾌한 자극을 주고받으면서 점점 더 부정적이고 공격적인 관계로 서로 간의 깊은 상처와 실망과 좌절을 경험하게 된다. 이런 부부의 상호작용은 결국 갈등해결이나 타협을 하기가 어렵게 만든다. 그래서 정서적으로 단절하게 되며 마음을 닫아버리고 담쌓는 단계로 진행된다. 부부가 서로에게 혐오감을 느끼며 더 이상 참기 어려운 존재로 지각된다.

두 사람이 만들어 낸 상호작용 패턴은 이제 이혼의 길로 가고 있고 두 사람만으로는 더 이상 해결점을 찾지 못하여 갈등이 최고조에 달한 상태라고 보면 된다. 부부는 상담의 현장에서도 자신들의 역기능적인 상호작용 패턴을 그대로 재현하게 된다. 바로 이런 시점이 부부에게는 변화를 위한 새로운 시점이며 상담자가 개입할 수 있는 절호의 기회가 된다. 이들은 다른 새로운 방법을 찾아내기까지는 유사한 자신들의

상호작용 패턴에서 딜레마에 빠지게 된다. 이런 딜레마의 상황이 부부에게는 이전과
는 다른 새로운 방법을 시도할 수 있는 기회가 될 수 있다. 이혼위기에 있는 부부들
의 복잡하고 갈등이 많은 문제들을 다루면서 그들의 역기능적인 상호작용인 비난하
기, 무시하기, 항거하기, 냉소적으로 반응하기 등 습관처럼 되어 버린 대처방식에 치
료자가 적절한 시점에 개입할 수 있다. 두 사람 사이에 일어나는 모든 상황들을 그대
로 반영하며 새로운 해석으로 의미부여를 할 때 부부는 자신들의 문제를 조금씩 다
른 관점으로 보기 시작한다. 상담자의 이러한 개입기술은 개인과 개인 간의 상호작
용 방식에서 변화를 이끌어 낼 수 있다.

　이혼위기의 부부들은 갈등의 최고조 상태인 호된 시련을 통해서만 변화를 시도한
다. 물론 부부들 가운데는 자신의 강한 지배적인 태도나 절대적인 신념에 따라 혹은
자존심의 문제 때문에 상호작용의 방식을 거부하는 부부도 있다. 이런 경우 상담자
는 이 시점이 상담의 지속여부를 알려 주는 신호가 될 수 있다는 점을 감안할 수 있
다. 상담에서 개인의 변화는 강제에 의한 것이 아니라 자발적인 선택과 자기결정권
에 의해 이루어지기 때문이다.

Ⅲ. 법원외 이혼상담

1. 이혼에 대한 국내연구

　국내에서 이혼에 대한 연구는 다음과 같다.

　① 이혼의 실태, 원인, 이혼에 대한 태도 등 사회 인구학적 특성을 고려하여 조
사ㆍ분석한 연구로는 최재석(1982) 등이 있고, 법원이나 법률상담소의 자료를 통해서
이혼의 원인, 재산분할권, 자녀양육권 기타 이혼소송을 다룬 것으로는 변화순(1996)
등이 있으며, 1990년대 여권론적 관점에서 이혼 사례연구를 통해 이혼경험을 살펴본
것으로는 김혜련(1995), 곽배희(1994), 변화순(1995) 등이 있다.

　② 이혼과정에 대한 연구로는 질적인 연구방식으로 사회복지분야에서 성정현(1998a,

b)이 성역할 태도와 이혼 후 적응과의 관계를 연구한 것이 있으며, 이혼과정의 경험을 토대로 연구한 것으로는 김정옥(1993), 장정순(1994), 신성자(2000), 김수정과 권신영(2001), 최정숙(2006), 김요완(2007) 등이 있다.

또한 국내에서 이혼 후 재적응 프로그램들을 다룬 연구로는 성정현(2002), 정현숙(2003), 문현숙과 김득성(2002, 2003), 가정을 건강하게 하는 시민의 모임(2004), 정문자와 김은영(2005), 김순옥(1997) 등이 있다. 이와 같은 연구에서 소개된 프로그램들은 이혼 후 자기에 대한 이해와 이혼이 자녀에게 미치는 영향, 자존감 높이기, 용서와 의미 찾기, 건강한 홀로서기 등 재적응을 돕고 사회에서 자신의 삶을 창조적으로 만들어 갈 수 있는 용기와 자신감을 심어 주는 프로그램들이다.

③ 재혼가정에 대한 연구 및 재혼준비교육 프로그램으로는 임춘희(1994), 정현숙(2003), 전춘애와 유계숙 외(1998), 한경혜(1997), 임춘희와 정옥분(1997), 한국가족상담교육단체협의회와 한국가족상담교육연구소(1998) 등이 있다.

④ 이혼 전 단계에서 부부의 갈등과 불만을 해소하는 이혼 전 상담 및 치료 프로그램 관련 연구로는 유계숙, 최성일(2005), 천안시건강가정지원센타(2007), 한국가정법률상담소(2006), 한국성폭력상담소(2007) 등이 있으며 부부갈등해결 프로그램 관련 연구로는 최규련(1994, 1997), 송정아(1993) 등이 있고 가정폭력피해자에 대한 대처프로그램 관련 연구로는 한국여성개발원(1993), 신은주(1995), 이원숙(2002) 등이 있다.

⑤ 이혼가정의 자녀에 대한 연구로는 정현숙(1993), 한국가족관계학회(1996), 채규만(1997), 전명희(2001), 주소희(2003) 등이 있다.

저자는 이혼 전 단계에서 좀 더 많은 부부들이 의사소통하는 능력과 부부의 문제해결능력을 향상시키고, 자신에 대한 통찰들을 키울 수 있는 이혼 전 상담과 전문적인 치료 프로그램이 매우 중요하다고 본다.

한국의 많은 부부들이 이혼에 이르기까지는 결혼의 시작부터 잘못된 경우가 있는가 하면 결혼생활 도중에 발생하는 남편의 무책임이나 폭력, 도박, 중독, 외도, 피해망상증, 의처증, 음주문제, 언어폭력과 학대, 성폭력, 성격 차이, 경제파탄, 가치관 차이, 시부모와의 갈등, 성적 갈등 등 다양한 문제와 갈등 속에서 대처능력이 떨어지고 참고 살다가 우울증, 화병, 신체적·정신적 증세가 나타나고 더 이상 결혼생활을 지속하기 어려운 경우도 있다. 앞으로 한국에서도 부부문제를 연구하고 이혼에 대한 다각적인 측면들을 연구·개발해야 한다. 예비부부를 위한 교육과 프로그램, 이혼위기 극복을 위한 프로그램, 재혼가정을 위한 프로그램, 중독가정을 위한 프로그램 등이 전문적인 서비스로 제공되어야 할 것이다.

2. 외국의 이혼상담과 조정

한국에서는 아직까지는 이혼위기에 있는 부부들이 자발적인 선택이나 가족들의 권유로 이혼상담을 받는 경우가 많다. 이혼상담이 미국이나 유럽에서처럼 공적 서비스로 제공되지는 않고 있었으나 2008년 6월 이후부터는 미성년자녀가 있는 부부들이 협의이혼을 할 때는 3개월의 숙려기간 동안 이혼상담을 받을 것을 법원에서 권유하게 되었다. 그리고 법원은 법원 상담인, 법원외 상담인과 상담기관을 연계하여 이혼상담을 의뢰하게 되었다. 다음 내용에서는 외국의 이혼상담과 조정절차에 대해 알아본다.

1) 독일은 이혼 시 자녀를 보호하는 아동복지 차원의 상담조정에 큰 비중을 두고 있다. 가정법원은 미성년자녀가 있는 부부에게 자녀의 양육과 면접교섭에 대한 사항을 상담기관에서 상담할 수 있다는 사실과 그 지역의 상담기관을 고지해 주어야 하고, 아동복지기관에 이혼소송이 제기되었다는 사실을 통지해야만 한다. 그리고 가정법원에서 통지를 받은 아동복지기관은 부모에게 상담과 지원에 관한 모든 정보를 제공해 주어야 할 의무가 있다. 아동복지기관이 제공하는 상담을 받을 경우와 이혼당사자의 합의가능성이 있는 경우는 가사재판절차를 중단할 수 있고 직권으로 친권, 면접교섭 등에 관한 사전처분을 할 수 있다. 독일의 아동복지기관(Staatliche Kinder und Jugendamt)은 친권의 절차나 과정에서 직권으로 심사가 가능하며 결과를 법원에 통보하고 가정법원은 자녀를 보호하기 위한 조치(친권상실선고)가 가능하다(김상용, 2008).

2) 미국에서도 이혼의 경우 상담(counselling)과 조정(mediation) 서비스가 활발하게 이루어진다. 1980년도에는 자녀의 양육 및 면접교섭에 대한 분쟁이 있는 부부에게 이혼 전에 조정을 요구하는 필수조정법이 성립되었고 법원 내에서 상담과 조정 서비스를 무료로 제공하고 있다. 각 주마다 야간의 차이는 있으나 미시간 주는 가족상담 서비스(family counselling service)를 제공하는데 법원외부상담을 원칙으로 한다. 다만 ① 법원 외부의 민간기관이나 공공기관이 양질의 서비스를 제공하지 못할 때, ② 직접 서비스를 제공하는 것이 비용 면에서 효과적이라고 결정될 때, ③ 법원이 직접적인

상담 서비스 제공 프로그램을 가지고 있을 경우, 법원이 직접 서비스를 제공할 수 있다.

플로리다 주의 경우 이혼부부에게 미성년자녀가 있거나 일방 배우자가 회복할 수 없는 혼인파탄을 부인할 경우, 법원은 3개월을 초과하지 않는 기간 내에서 이혼절차를 중단하고 부부 일방 또는 쌍방에게 결혼상담가, 심리학자, 정신과의사, 목사, 신부, 랍비 또는 그와 동등한 자격을 갖춘 다른 사람에게 상담할 것을 명할 수 있다.

펜실베이니아 주에서도 협의이혼인 경우 회복할 수 없는 파탄이 이혼원인이 되고 16세 미만의 자녀가 있는 경우 법원은 최대 3회에 걸친 상담을 받도록 명령할 수 있다. 법원은 다른 사유로 이혼하려는 부부들에게도 상담이용을 고지하고 상담자의 명단을 제공한다(김매경, 2006).

3) 오스트리아는 1999년 개정된 혼인법에서 법원은 일방의 당사자에게 변호사인 소송 대리인이 없는 경우 상담에 관하여 알려 주어야 하고 부부에게 상담조정에 관하여 안내하며 당사자가 원하는 경우 상담조정을 받을 수 있는 시간을 확보할 수 있도록 출석 기일을 연장하는 등 상담과 조정을 법제도의 영역에 편입시켰다. 협의이혼의 경우 친권, 면접교섭, 자녀의 부양, 배우자부양, 이혼의 결과를 문서로 작성하여 법원에 제출하도록 한다(김매경, 2006).

4) 뉴질랜드의 가사절차법은 상담과 조정을 따로 규정하고 법률조언자에게 화해와 조정의 의무를 부여하며 법원에서도 이혼당사자의 화해와 조정을 시도할 의무를 부여하고 있다. 상담은 법원의 위탁을 받은 지역의 상담기관이나 개인상담인이 담당한다. 가정법원은 뉴질랜드의 상담인협회, 사회복지사협회 회장들과 함께 상담의뢰, 비밀유지, 상담인의 선정기준 및 선정절차, 상담인의 의무, 보고서 작성, 상담인 명단의 작성, 개편 및 관리 업무 등에 관하여 협의하고 시행문을 채택하여 2001년부터 시행하고 있다(http://rang.knowledge-basket.co.nz/gpacts/public/text/1980/se/094se39.html).

5) 영국은 1996년 이혼숙려기간을 도입하여 상담과 조정제도의 강화, 이혼결과에 대한 합의의 의무화 등을 특징으로 하는 이혼법을 시행하고 있다. 이혼절차 개시 전에 이혼에 대한 안내 모임에 의무적으로 참가하고 나서 3개월이 지난 후에야 부부 쌍방 또는 일방이 혼인파탄의 진술을 법원에 제출할 수 있다. 그리고 9개월의 숙려기간을 거쳐 이혼에 대한 합의사항을 제출하여야 이혼판결을 받을 수 있다. 숙려기간 동안 이혼하려는 부부는 상담기관을 방문하여 상담을 받고 자녀양육문제, 이혼결과에 대한 전반적인 합의서를 제출하여야 한다. 상담의 방법, 절차, 상담인의 자격 및 임명은

대법원 규칙에서 정한다(Family Law Act, 1996. 김매경, 2006에서 재인용).

외국 가정법원 판사들은 가족의 문제해결을 위하여 가족의 특수성을 이해하고 가족의 분쟁을 법적으로 처리하기보다는 협의에 의하여 해결하도록 조정이나 상담의 기능을 강화하고 있다.

외국의 이혼상담에 대한 절차나 내용을 살펴볼 때 한국의 가정법원도 점차적으로 이혼 후 미성년자녀의 복지와 당사자의 보호를 위하여 적극적으로 대처하려는 것으로 보인다. 이혼 전 상담은 이혼하려는 부부들에게 감정적인 대처보다는 이성적인 대화로 원만한 합의점을 이끌어 내고 자녀양육에 대한 공동책임을 지도록 하며 이혼이 자녀에게 미치는 영향들에 대하여 심사숙고하도록 해야 할 것이다.

한국의 가정법원도 가사사건의 특성을 고려한 전문법관이 필요하며 판사도 아동상담과 복지, 심리상담과 가족에 대한 전문성을 키워야 한다. 또한 가사조사관의 다양한 역할로 전문성을 더욱 확보하는 것이 필요하다. 부모의 경제적인 상황을 고려하여 자녀양육사항에 관한 합의를 이끌어 내고 저소득층 부모들을 위한 사회복지기관과의 연계로 모부자가정에 대한 지원 서비스를 받도록 해야 한다. 이혼 후 자녀양육에 관한 사항, 양육비와 면접교섭권의 이행에 대한 법적 절차에 대하여 교육하며, 이혼 후 양육비의 채무의 불이행에 대하여 법원은 후견적 차원에서 개입하여 이행을 강조할 필요가 있다. 자녀면접교섭의 이행에 대해서도 법원은 사후 확인을 하지 않기 때문에 부모들의 의지에 의존할 수밖에 없다.

3. 이혼의 과정

이혼은 부부가 법률적으로 유효하게 성립한 혼인에서 당사자가 서로의 합의나 조정, 판결로 부부관계를 해소하는 것이다. 이혼으로 인하여 발생하는 문제점들은 다양하지만 일단 법적으로 권리나 의무들은 소멸된다. 제2부 7장에서 구체적으로 '신분적 효과', '자에 대한 효과', '재산에 대한 효과'를 설명하고 있다.

부부들이 이혼할 수 있는 과정은 협의이혼 외에 조정과 판결에 의한 재판이혼이 있다. 이혼은 부부관계에서 서로에 대한 갈등과 불만이 증가함에 대한 문제해결의 한 방법으로 보기도 한다. 그리고 합리적이고 만족스러운 삶을 다시 시작할 수 있다는 점에서 긍정적인 평가를 할 수도 있다. 이혼한 사람 가운데 일부는 비교적 이혼에 대한 고통이 없었으며 단지 감정적인 혼란만 있었고 이혼이 가족의 스트레스 상황을 해결하고 새로운 관계를 형성할 수 있는 기회로 보았다(Albrecht, 1980). 그러나 부모의 이혼이 자녀에게 부정적인 영향을 미쳤다는 결과와 이혼자 중 2/3가 이혼과정에서 대체로 높은 수준의 감정상 스트레스를 경험하고 개인의 사회적 · 성적 역할 수행의 어려움을 호소하였다는 부정적인 측면도 있다. 특히 심리적인 분노, 불안, 양가감정, 고통, 무기력, 무능력, 외로움, 실패의식, 자아상실감, 자녀양육문제의 어려움을 경험하였다는 연구가 있다(Berman & Turk, 1981).

부부가 별거나 이혼으로 가는 갈등단계에서 다음과 같은 행동특성을 보일 때는 부부상담이 필요하다.

첫째, 부부가 별거나 이혼으로 가는 과정에 대하여 심각하게 고민한다.

둘째, 부부의 현존하는 문제(외도, 경제적 파탄, 성격차이)나 갈등을 원만하게 해결하고자 한다.

셋째, 부부가 갈등이나 잦은 싸움으로 적대적이며 별거중이다.

넷째, 부부가 성격차이나 갈등으로 언어적 폭력과 신체적 폭력을 행사한다.

다섯째, 이혼 및 자녀양육권에 대한 법적 소송을 제기한다.

여섯째, 이혼과정에서 자녀의 감정과 문제를 어떻게 다루어야 할지 혼란스러워 한다.

일곱째, 배우자에 대하여 강한 분노, 상처, 적개심을 가지고 있다.

여덟째, 이혼충격으로 인한 신체적 · 정신적 증세로 우울증이나 대인기피증 등 어려움을 호소하고 있다.

이혼의 과정은 학자에 따라서 다양하게 설명하는데 발스윅(Balswick)은 이혼의 과정을 4단계로 구분하여 ① 별거 이전 기간에는 감정적인 이혼이 이루어지고 사랑이 식어가며 부정, 분노, 환멸, 분리결심, 협상이 일어나고, ② 실제적인 별거시점에서는 협상, 좌절, 동요, 죄책감, 후회를 경험하며, ③ 별거와 법적인 이혼 사이에는 법적분쟁으로 재산문제, 자녀양육의 문제, 위자료문제, 생활방식에 따른 새로운 방향설정, 자신의 정체성과 감정적 기능 발휘에 대한 초점 맞추기 등이 포함되고, ④ 마지막 적응기간에는 새로운 활동과 목표가 포함되어 자신들의 삶을 재구성하는 개인적 회복기라고 할 수 있다(최정숙, 2006). 이혼의 과정은 연속적인 사건으로서 감정적 · 정신적으로 복잡한 감정과 혼란을 초래하며 이혼에 대한 개인의 반응과 대처방식들을 포함한다. 따라서 이혼상담은 별거나 이혼을 고려하거나 경험하는 개인, 부부 및 가족들로 하여금 보다 만족스러운 생활양식을 확립하도록 도와주는 과정이다(Brown, 1976). 저자는 이혼상담의 범주를 이혼의 과정으로 가는 이혼 전 단계, 이혼 단계, 그리고 이혼 후 재적응 단계까지로 보고자 한다.

4. 이혼 전 상담의 목적

이혼 전 상담에서는 이혼을 요구하는 배우자나 이혼요구를 당하는 배우자가 감정적으로 흥분과 긴장상태라면 좀 더 이성적으로 생각하고 결정하도록 돕는 과정에 초점을 맞춘다. 부부가 이혼을 초래하게 되는 배경이나 문제에 대하여 직면하도록 하며, 부부가 불만족스러운 관계를 청산하고 별거나 이혼을 결정할 것인지 아니면 서로가 문제를 직면하고 적극적으로 해결하고자 하는 의지가 있는지 심사숙고하도록 원조한다. 이혼 전 상담에서 내담자는 이혼결정의 과정과 이행, 또는 부부로서 다시 관계를 유지하고자 하는 과정으로 두 가지 관점으로 볼 수 있다.

일반적으로 다룰 수 있는 이혼 전 상담의 목표를 제시하면 다음과 같다.

- 상담의 과정에서 이혼에 대한 자신의 입장이나 결정을 잘 할 수 있도록 돕는다.
- 부부간의 갈등과 문제를 해결할 수 있는 가능성을 평가해 보고 결정한다.
- 이혼결정 시 자녀양육문제에 대한 친권, 양육자, 양육비, 면접교섭권에 대한 합의와 이혼 후 자녀양육방법 그리고 삶의 대처방안에 대하여 논의한다.
- 부부가 관계를 유지하고자 한다면 부부상담으로 서로가 문제를 직면하고 해결하는 데 초점을 맞춘다.
- 이혼하지 않고 결혼을 유지하는 것의 협상조건과 장단점을 검토해 본다.
- 부부의 정서적인 부분인 상처, 고통, 분노의 감정을 경험하며 그 경험의 의미를 재해석한다.
- 부부의 의사소통방식과 문제대처방식들을 다양하게 논의한다.
- 부부의 개인적 · 심리적 · 사회적 스트레스 요인이나 위기상황들을 점검하며 극복할 수 있는 방법들을 강구한다.
- 부부의 장점과 역량을 강화하여 기능적인 부부관계를 도모한다.

5. 이혼상담자의 역할과 태도

한국에서도 부부를 위한 이혼상담이 공적인 서비스로서 법원내 상담과 그리고 법원외 상담으로 활발하게 진행되리라 본다. 이혼상담은 부부의 정서와 인지행동 등을 다루는 상담자의 전문적인 영역으로 자리 잡고 상담자의 역할이 점점 강조되리라 본다. 이혼상담자에 대한 전문적인 자질향상을 위하여 전문적인 상담교육과 상담의 과정 및 사례연구와 슈퍼비전을 통한 지속적인 연구가 활발하게 이루어져야 된다고 본다. 테일러(Taylor, 1994)는 이혼상담사에게 특별히 강조되는 전문적인 지식과 기술을 다음과 같이 요구한다.

① 일반적인 그리고 특정한 문제에 대한 갈등해결기술
② 이혼에 관한 법률지식(이혼특례법, 가족법 등)
③ 성인과 아동 그리고 가족의 정상적인 발달 패턴과 역기능에 대한 이해
④ 임상적인 면접, 사례관리, 다른 지원 집단과 공조체계 유지, 문서정리, 내담자·변호사 및 다른 가족들과 원만한 대인관계기술

이혼상담자는 부부의 많은 문제들이 복합적으로 연결되어 있는 가운데 현재 상황에서 가장 우선적으로 해결되기를 바라는 욕구가 무엇인지 파악하기 위하여 탐색질문을 잘 하여야 한다. 부부가 이혼을 고려한다면 자기성찰과 상대방의 이해를 통한 신중하고 후회 없는 이혼 여부 결정에 협력하여야 한다. 부부가 서로의 심리적 갈등을 해결하고 관계증진과 성장에 초점을 둔다면 이혼상담보다는 부부상담으로 전환하여야 한다. 이혼결정이 이루어진 부부들에게는 심리사회적인 현실적인 적응문제나 해결에 조력해야 한다. 상담자는 이혼에 따른 법절차에 대한 안내와 재산문제, 양육문제, 자녀문제 등에 대한 조정 및 협력을 담당할 수 있어야 한다.

이혼상담 시 일방 또는 쌍방이 상담자로 하여금 상대 배우자에게 영향을 미치도록 조정과 협상을 요구하기도 한다. 내담자는 상담자를 자기에게 유리한 쪽으로 끌어들이려고 하고 상대방의 문제를 확대하려는 경향이 있다. 그러나 상담자는 객관적인 입장을 취하며 중립성을 유지하여야 하는 제삼자로서의 조정자 역할을 해야 한다.

부부가 갈등에 대하여 침묵으로 일관하거나 또는 극단적으로 반응할 때 상담자는

부부가 자신의 의사를 잘 표현하도록 수용해 주며 공감하여 대화의 촉진자 역할을
해야 한다. 상담자는 이혼 부부들이 처해 있는 역기능적인 문제들과 정서들을 다루
게 되는데 객관적인 관찰자의 역할로 부부가 표출하는 감정이나 사고 등을 거울처럼
비추어 주면서 상호작용의 문제나 상황에 대해 객관적으로 해석해 줄 수 있어야 한
다. 이혼하려는 부부가 감정적으로 극단적이고 서로 의사소통이 어려운 경우는 개별
상담으로 한쪽 부부의 협상조건이나 원하는 것을 다른 쪽 배우자에게 중재할 수 있
는 중재자의 역할이 필요하다(강문희, 박경, 강혜련, 김혜련, 2006).

이혼상담자가 역할을 수행하기 위하여 가져야 할 태도와 기술은 다음과 같다(송성
자, 2006).

① 모든 사람들은 강점과 자원을 가지고 있다는 건강한 가족적 관점을 기초로
하며, 부부 각자가 해결방법이 다르고 결과적으로 성공하지 못하였다 하더라
도 가족을 위해 노력하고 기여한 바가 있다는 것을 전제로 한다.
② 이혼상담에서 상담자가 가져야 할 가장 중요한 태도는 불안하고 높은 수준의
스트레스를 갖고 있는 부부에게 부드럽고 정중한 태도를 취하는 것이다.
③ 상담자는 적극적으로 경청하는 자세를 가져야 한다.
④ 상담자는 비심판적이며 중립적인 태도를 취해야 한다.
⑤ 부부 각자가 현재까지 결혼생활을 위해 노력한 것을 인정해 주어야 한다.
⑥ 부부가 협의한 사항에 대해 인정해 주어야 한다.
⑦ 부부가 서로 자녀문제에 대한 책임감과 함께 최선을 다할 것이라는 신뢰감을
갖도록 도와야 한다.
⑧ 이혼 이후에도 상대방에 대하여 염려하고, 필요할 때에는 협조할 수 있는
애정과 책임의식이 있을 것이라고 전제한다.

6. 이혼 전 상담의 과정

첫 회기에서 상담자는 부부 쌍방을 동시에 면접하는 것이 중요하다. 처음에는 상
담자와 내담자에 대한 소개를 하고 정서적인 라포 형성을 위하여 상담자는 가벼운
질문 등으로 편안한 분위기를 조성한다. 상담자는 상담과정에 대하여 안내하고 상담

자 및 내담자의 역할과 상담의 규칙에 대해서도 이야기해 준다.

1) 상담절차에 대한 안내

이혼상담을 하려고 오는 부부들은 심리적으로 긴장과 불안한 상태이므로 상담자는 초기상담에서 친절하고 세심하게 앞으로의 상담절차에 대하여 다음의 사항들을 안내하도록 한다(김혜숙, 2003).

① 부부 개인과 상담자 간의 간단한 소개
② 상담이 어떠한 방식으로 진행되며, 상담자가 한 명인지 혹은 공동으로 두 명 이상이 진행하는지 소개한다.
③ 혹시 상담과정을 녹화할 경우 녹음하는 것의 필요성에 대한 설명과 동의를 구한다.
④ 상담시간(보통 회기당 1시간~1시간 30분), 상담회수와 간격(매주 한 번씩 한 달에 네 번, 2주일에 한 번), 상담에 참여해야 하는 사람(부부, 부모와 자녀, 개인별 상담 등), 상담비용, 비밀보장, 상담과정에서 지켜야 할 규칙, 치료계약에 대해서 설명하고, 상담 참가 서약서를 작성한다.

2) 부부에 대한 사정과 개입

상담 시작 전에 상담자는 부부의 신상에 대한 정보나 부부가 생각하는 문제, 해결하고 싶은 것, 방문목적 등에 대하여 구체적으로 쓰도록 하며 질문지를 활용하는 것도 좋다. 혹시 부부문제에 대한 정확한 사정이 이루어져야 할 부분이 있는 경우는 가족 중에 알코올중독(부록 5. 진단도구 참조), 약물중독, 정신이상자, 심각한 정신질환자가 있는지 그리고 가족원에 대한 신체적·정신적 폭력이나 학대의 유무, 가족 안에서의 살인이나 근친상간의 여부, 심각한 우울증의 상태사정(부록 5. 진단도구 참조), 신체질환의 여부, 자살여부 등에 대한 사전 조사가 필요한 경우도 있다.

부부의 문제가 지금 당장 위기개입이 필요한 정도이면 상담사는 적절한 위관기관과 연결해야 하고 정신질환이 있는 경우는 정신과에 의뢰를 요청하며 알코올중독자는 알코올 상담센터로 연계하는 등의 적절한 조치를 취해야 한다. 또한 자살이나 살인의 위협에 노출되는 내담자의 경우 좀 더 구체적으로 나타나는 사고방식, 감정, 행동 등에 주의를 기울일 필요가 있으며 경험이 많은 전문가에게 자문을 구하는 것도 중요하다.

존 헤이네스(John Haynes)는 문제해결중심 상담에서 이혼상담에 요구되는 상담의 과정을 다음의 다섯 단계로 설명한다(Haynes, 1994).

① 정보수집하기
② 정보로부터 문제 정의하기
③ 문제해결에 대한 여러 대안들을 제시하기
④ 개별적 관점에서 상호작용적인 관점으로 문제를 재정의하기
⑤ 상호동의에 도달하기 위한 여러 제안들을 협상하기

상담자는 회기에서 구조화된 방식으로 질문지를 활용하거나 체크리스트를 주거나 사전검사지를 활용하여 정보를 얻고 부부가 주장하는 문제에 대한 관점과 정의, 언제부터 어떻게 발생하였는지, 문제에 대한 각자의 대처방식, 갈등의 촉발사건 등에 대한 자연스런 대화를 통해서 정보를 얻기도 한다.

상담자는 내담자가 표출하는 감정에 공감하며 반영한다. 그리고 부부 쌍방이 면접 시는 각각에 대한 답변 시간이나 질문에 대하여 공정하게 안배가 이루어져야 한다. 그리고 필요하다면 개별상담을 20~30분씩 진행한다. 한쪽 배우자는 상담 동안 밖에서 기다리도록 정중하게 부탁하면 부부가 서로 대면상황에서 말할 수 없는 내용이나 자신의 진짜 욕구들을 말할 수 있도록 기회를 줄 수 있고, 감정적으로 극한 대립상황에서 부부가 잠시 심리적 안정을 취하게 할 수 있다.

상담자는 부부의 상호작용 유형에 관심을 두며 역기능적인 관계의 패턴에 주목하고, 적절한 시기에 개입이 가능하고 긍정적인 상호작용 모델을 보여 주며 긍정적이고 심층적인 공감으로 반영해 준다. 유능한 상담자는 부부의 갈등에 적절히 중립적인 관점을 취한다. 그리고 실제에 대한 왜곡을 막고 좀 더 현실적인 사고를 하도록 이끈다. 부부 각자가 문제되는 행동을 통해 표현되는 욕구와 감정을 이해하고 거기에 적응할 건강한 방법들을 찾도록 돕는다.

부모와 자녀관계에서도 명확하고 직접적으로 의사소통하는 방법을 가르친다. 아이들은 이혼위기 시 부모의 환심을 사기 위하여, 물질적 이득을 얻기 위하여, 자신의

화나 긴장감을 완화시키기 위하여 부모 양쪽에 다르게 이야기를 하고 갈등을 부추길 수도 있다. 자녀의 이야기에 전적으로 의존하지 않고 두 사람이 직접적인 의사소통을 하도록 한다. 상담자는 이러한 대화를 촉진하는 사람이다. 그리고 자신만의 입장을 완강하게 고수하는 의도를 심층적으로 수용해 주면서 부부가 상호작용적인 관점에서 입장 차이를 줄여 나갈 수 있도록 협상하는 방법을 가르친다.

　상담의 과정 가운데 부부는 이혼에 대한 결정을 할 수도 있고 이혼을 보류하고 관계를 바람직하게 바꿀 수도 있다는 전제를 하고 상담에 임한다. 종결 시에는 부부들의 반응과 피드백을 듣고 오늘 상담에서 어떤 점이 도움이 되었는지를 확인하며 마무리짓는다. 앞으로의 상담에 대한 목표와 우선적으로 다루어야 할 것들에 대한 이야기를 나누고 상담기간 동안 자신의 대처방안에 대해서도 생각하게 한다.

(1) 이혼 단계 탐색

- 상담과정에서 부부의 관계양상을 파악할 수 있는 질문으로서 다음의 ①~⑤ 가운데 자신에게 해당되는 것은 무엇인지 질문한다. 부부관계가 어떤 상태인지, 서로를 어떻게 보고 있는지에 대한 탐색이다. 부부관계를 ① 협조적 친구관계, ② 서로 싸우는 동료관계, ③ 상처를 주고받는 고통스러운 동료관계, ④ 사나운 원수, ⑤ 무관심한 사람 중 무엇으로 보는지 묻는다.

- 부부가 현재 속한 이혼의 단계를 파악하기 위하여 다음과 같이 질문지에 답하도록 한다. 자기가 처한 상황에서 정서적으로, 사고적으로, 행동적으로 가장 먼저 다루어야 할 것은 무엇이고 이미 다룬 것은 무엇이며 앞으로 다루어야 할 것은 무엇이지를 연속적으로 생각하게 할 수 있다.

　"다음 중 자신이 처한 현재 상황에 가장 적합한 것에 답하시오. ① 과업은 감당하기 어렵다. ② 이 과업에 대해 현재 작업 중이다. ③ 이 과업은 마무리했다. ④ 이 과업은 미래에 할 것이다." "현재 당신이 속한 이혼단계는 어디인가요?" "이혼단계에서 가장 적합한 4가지 과업은 무엇입니까?"와 같은 질문을 통해 내담자는 자신의 현재 상태를 알 수 있고 지금 상담에서 다루어야 할 과업들을 우선적으로 다룰 수 있게 된다.

<표 III-5>   이혼의 단계 파악

제1단계	제2단계	제3단계	제4단계
현실문제와 부부갈등에 직면하기	부부의 기능과 책임성	부부의 실제적인 갈등과 문제 다루기	관계를 새롭게 구축하기
내 상처와 자존감문제 다루기	부부의 현실적인 당면 문제	부부의 관계 재정립하기	새로운 관심사 개발하기
이혼결정문제	이혼의 법적 문제 진행	가치와 신념 재구조화하기	개인적 책임 수용하기
현재의 고통에서 벗어나기	부부의 과거와 현재의 감정처리	법적 절차 마무리하기	새로운 삶 수용하기

출처: Rich 저, 서진환 외 공역(2007). 30 참고.

(2) 결혼생활에 대한 탐색

결혼생활에 관한 몇 가지 주제나 관심에 대해 생각해 볼 수 있는 질문들은 다음과 같다.

다음 질문들을 통해 배우자와 함께 고민한 문제와 배우자가 결혼에 미친 영향뿐 아니라 당신의 자신이 결혼에 미친 영향에 대해서도 생각해 볼 수 있다(Rich 저, 서진환 외 공역, 2007).

① 결혼생활에서 당신을 힘들게 한 것은 무엇인가요?

② 결혼생활의 어려움 중에서 가장 중요한 것은 무엇인가요? 그 문제의 원인이 배우자에 관한 것입니까? 함께 살아감으로써 생길 수 있는 일반적인 것입니까, 아니면 당신에 관한 것입니까?

③ 보다 만족스러운 결혼생활을 위해 배우자가 가장 변화했으면 하는 점 세 가지를 쓰시오. 배우자가 얼마나 변화할 것 같은지 각각 해당되는 숫자에 표시하시오.

　　전혀 변하지 않는다(1) 거의 변하지 않는다(2) 변한다(3) 거의 변한다(4) 완전히 변한다(5)

④ 보다 나은 결혼생활을 위해 당신 자신의 변화가 가장 필요한 것 세 가지를 쓰시오. 자신이 얼마나 변화할 것 같은지 각각 해당되는 숫자에 표시하시오.

　　전혀 변하지 않는다(1) 거의 변하지 않는다(2) 변한다(3) 거의 변한다(4) 완전히 변한다(5)

⑤ 일반적으로 결혼생활에서 가장 변화하였으면 하는 점 세 가지는 무엇인지

쓰시오. 얼마나 변화할 것 같은지 각각 해당되는 숫자에 표시하시오.

전혀 변하지 않는다(1) 거의 변하지 않는다(2) 변한다(3) 거의 변한다(4) 완전히 변한다(5)

⑥ 결혼 이후 부부관계에 나타난 가장 큰 변화는 무엇인가요?

⑦ 결혼생활에서 가장 큰 만족감이나 성취감을 가져온 변화는 무엇인가요?

⑧ 결혼생활이 나아질 수 있다고 생각하나요? 무엇이 어떤 면에서 가능하다고 보나요?

⑨ 결혼생활이 더 이상 희망이 없다고 생각한다면 어떤 점이 그러한지, 무엇이 가장 어려운 점인가요?

(3) 치료자의 개입 방안

이혼 전 상담에서 부부를 대상으로 상담자가 매회기마다 목표를 설정하고 개입할 수 있는 방안들에 대하여 다음과 같이 설명한다(O'Leary, Heyman, & Jongsma 공저, 박현민 역, 2007).

① 신혼기부터 현재까지 부부관계의 발달사를 평가한다.

② 부부의 현재 갈등이나 문제에 대한 탐색을 직면시킨다.

③ 이혼에 대한 수용 정도를 평가하기 위하여 심리검사를 실시한다.

④ 부부만족도 검사를 실시해 봄으로써 불만족의 척도들에 대하여 논의한다.

⑤ 부부의 원가족의 배경을 탐색하며 자기의 상처나 분노, 미해결 문제를 해결하도록 한다.

⑥ 부부간의 외도, 신체적 · 성적 · 정서적 학대나 폭력, 위협 행위 등에 대하여 탐색하며 반응양식을 지각하도록 한다.

⑦ 부부 각자가 상대편 배우자에게 자신이 부부관계의 악화에 어떠한 기여를 했으며, 관계를 개선하고자 어떠한 노력을 기울였는지 탐색한다.

⑧ 부부 각자가 이혼과 관련하여 자신의 정서적 안정, 신체적 건강, 직업상 만족, 종교적 갈등에 대해서 사실과 느낌을 표현하도록 한다.

⑨ 결혼관계의 유지, 별거, 이혼에 대한 부부 각자의 찬반 입장을 솔직히 표현하도록 한다.

⑩ 부부간의 갈등이 심화되기 전에 정서적 · 치료상 · 직업상 중요한 문제가 발생한 경우라면, 이러한 문제들이 해결되기 전까지 이혼이나 별거를 연기하도록

합의를 도출한다.

⑪ 이혼을 할 경우 개인, 자녀, 가족, 사회적 관계에 어떠한 영향이 미칠지 말해 보도록 하고 부부간의 이해와 공감을 증진시키기 위해 상대방이 말한 것을 자신의 말로 바꿔서 설명해 보도록 한다.

⑫ 부모의 이혼이라는 불안정한 시기를 거치는 과정에서 자녀에게 미칠 영향을 예상하게 함으로써 자녀의 생각, 요구, 느낌에 최대한 민감하도록 한다.

⑬ 다가올 부모의 별거나 이혼에 대하여 자녀에게 무엇을 어떻게 말할지 합의한 후, 역할극을 통하여 연습하도록 한다.

⑭ 자녀에게 부모의 별거나 이혼에 대하여 말한 경험을 상담자에게 보고하도록 하고 추가 설명이나 어떠한 지지가 필요한지 부부가 탐색한 후 이에 합의하 도록 한다.

⑮ 부부 각자가 통제하지 않은 분노의 표출이 상대 배우자에게 불필요한 고통을 가져다주었음을 인식하고, 효과적인 분노 조절의 필요성에 대하여 합의하도 록 한다.

⑯ 부부 각자가 소리를 지르고 위협하거나 상대방에게 두려움을 주지 않은 상태 에서 향후 두 사람 관계와 부모역할에 대해 협상하기 위하여 분노조절기술 (예: 분노가 점차 강해지는 것을 파악하고, 타임아웃 기법을 사용하며, 직접적인 문제 에 다시 초점을 맞춘다.)을 익히도록 한다.

7. 이혼결정 단계

1) 이혼결정의 6단계

부부가 이혼 갈등상황에서 이혼을 결정하기란 쉽지 않다. 이혼결정은 부부마다 차 이가 있겠지만 몇 달에서부터 몇 년이 지속되기도 한다. 이혼의 결정은 한쪽 배우자 가 요구하기도 하고 자신이 먼저 요구한 경우도 있지만 결론적으로는 둘 다 힘든 상 황을 거쳐야 한다. 이 결정이 누구에 의한 것인가, 이 결정을 어떻게 알게 되었는가 에 따라 반응이 달라진다. 배우자의 갑작스런 요구에 의한 결정이라면 충격과 배반 과 분노가 따를 것이고 이혼이 자신의 결정이었다면 슬픔과 함께 배우자와 가족들을 실망시킨 것에 대한 죄책감을 더 갖게 될 것이다. 합의에 의해서 결정하는 부부들도 패배감과 환멸을 느끼며 인생에 대한 실패감처럼 수치심을 경험한다. 또한 합의가 되지 못해서 결국은 재판으로 이어지는 부부들은 강도 높은 싸움을 해야 되기 때문에 더 많은 상처와 분노와 실망을 안게 된다.

다음 내용에서는 전문상담자와 합의점을 이끌어 내면서 결정을 할 수 있도록 이혼 결정 6단계를 단계별로 설명한다(Textor, 2004; 이남옥, 2005).

① 1단계   이혼이나 별거, 동거 결정에 대한 자신의 해결 의지가 있는지 확인한다. 결정을 방해하는 요소들은 무엇인지 원인들을 탐색한다. 예를 들어 부모의 반대, 부모에게 상처 주기 싫어서, 종교적인 이유, 경제적인 종속, 배우자에게 상처주기 싫어서, 다른 사람들의 평가가 두려워서, 배우자의 자살, 폭력에 대한 위협, 혼자 사는 것에 대한 두려움 등 방해하는 요소들이 현실적으로 타당한지 심사숙고하도록 한다.

③ 2단계   여러 가지 결정에 대한 장점과 단점을 검토한다. 당장 이혼 시, 이혼 연기 시, 별거 시, 이혼을 안 할 경우에 해당되는 결정에 따른 장점과 단점들을 구체적으로 열거하여 분석해 본다. 배우자에게 어떻게 할 것인지, 앞으로의 경험이 어떨 것인지, 반년이나 1년 뒤에는 어떤 감정이 들 것인지 예상해 보고 여러 가지 대안들을 검토해 본다.

③ 3단계   각 결정에 대한 장점, 단점을 검토한다. 어떤 후속결과가 따를 것인지에 대한 검토도 한다. 이혼 시 법적인 절차나 경제적인 문제, 자녀문제, 별거 시 아파트 마련 등 각 결정이 현실적으로 무엇을 의미하는지를 알아보는 것이다.

④ 4단계   전 단계에서 밝혀진 결정의 후속 결과들이 어떤 장점과 단점을 가지고 있는지 다시 한 번 검토한다.

⑤ 5단계   이전 단계의 검토를 거쳐 가장 적절한 결정을 선택하고 실천 계획을 세운다. 만약 별거를 결정했다면 배우자와 자녀에게 어떻게 알리고 그에 대한 반응에는 어떻게 임할 것인지를 예상해 본다. 별거 시 어떻게 새로운 집을 구하거나 직장을 구하고 이사를 하거나 변호사를 찾으며 자녀들을 어떻게 할 것인가 등 계획을 세운다. 자신의 결정을 타인들에게 알리는 계획을 수립하기 위하여 행동에 옮기기 시작한다. 이때 특정 친지들이 당사자의 결정에

반대할 수 있으며, 이러한 주위의 반대를 두려워하면 종종 다음 행동을 주저
하게 되어 사람들의 반대를 회피할 새로운 방법을 모색하는 데 관심을 쏟게
된다.

⑥ 6단계   마지막 계획을 실천하는 단계로 두 가지 양상이 나타날 수 있다.
이혼을 안 하기로 결정했다면 부부관계 개선을 위하여 어떤 시도를 할 것인
지 적극적·구체적인 행동으로 실천하는 단계다. 변화에 대한 어떤 소망과
희망이 있는지, 둘이서 함께 바람직한 관계를 어떻게 실천하는지 등이다.
다른 한 가지는 이혼을 결정한 경우다. 결정을 어떤 상황에서 어떻게 알릴
것인지, 배우자나 가족들의 부정적인 반응을 어떻게 감당할 것인지에 대한
심리적인 불안감, 회의, 죄책감, 두려움 등은 이혼결정을 번복하게도 한다.
그럴 경우 다른 대안을 생각하게 하며 장점과 단점들을 검토해서 다시 한
번 이야기하도록 한다. 이혼에 대한 결정 시 부부가 마찰을 일으키는 과정에
서 더 심한 관계로 악화되는 경우도 있다. 그러나 아이 때문에 다시 재결합할
수도 있으므로 끝까지 인내를 갖고 미래지향적으로 원하는 결정에 도달하도
록 한다.

위 모든 단계를 실천할 때 부부가 각자 결정하는 것보다는 함께 해결방안을 모색
하는 것이 중요하다. 그리고 이혼 전문상담자와 함께 진행하는 것도 좋다. 상담자는
내담자가 이러한 과정을 패배로 인식하기보다는 인생의 중요한 결정을 하는 데 있
어서 필요한 경험이며 정상적이고 발달적인 방식이라고 받아들이도록 도와주어야
한다.

이혼상담자는 부부가 서로에 대한 부정적인 감정에서 벗어나도록 하며 이별에 대
한 불안을 극복하고 결혼파탄에 대한 각자의 책임을 지도록 하는 것이 바람직하다.
그리고 부부 각자가 서로 긍정적인 측면도 있었다는 것을 인정하고 서로 용서를 함
으로써 건설적으로 헤어지는 것이 가능하며 다툼이 없는 이혼이 가능하도록 원조한
다. 바람직한 이혼이란, 서로에 대한 공격성과 비난이 없고, 한때 있었던 적대감이나
호감이 지금은 거의 영향을 미치지 않으며, 재결합할 거라는 환상이 없고, 전 배우자
는 더 이상 나의 섹스 파트너 혹은 동반자가 아니며 단지 아이들의 아빠이고 엄마일
뿐 내가 의존할 대상이 아니라는 것을 지각하고 감정적으로나 충동적으로 만나고 싶
은 생각이 없어지는 것이다.

　신중한 의사결정과정을 거쳐 부부가 최적의 그리고 가장 공정한 해결책에 대한 합의를 도출했다면 이를 실행에 옮기는 계획을 수립해야 한다. 만일 부부가 결혼생활이 회복될 수 있도록 이혼을 보류하고 부부관계를 변화시키는 해결책에 합의했다면 이혼의 보류나 철회는 문제의 해결이 아니라 새로운 과정의 출발이므로 지금까지의 삶에서 나타난 문제가 오히려 변화시켜야 할 목표가 될 수 있도록 이혼 전 의사결정 단계의 가족상담을 종결하고 일반적인 부부상담을 통하여 새로운 목표와 대처방안을 설정하도록 도와야 한다. 또한 부부관계를 향상시킬 수 있는 전략을 세우도록 하고, 미래의 삶에 대하여 기대하는 내용을 표현하며 희망을 만들어 가도록 도와야 한다(김소야자, 송성자, 김윤희, 양수, 2006).

2) 이혼결정과 자녀양육에 대한 정의

(1) 이혼 고려하기

　이혼을 고려하는 부부에게 다음 질문을 통해 현재의 문제에 대해 숙고하고 이혼의 결과와 영향을 고찰하도록 한다(Rich 저, 서진환 외 공역, 2007).

① 지금 이 순간 진정으로 원하는 것이 무엇인지, 당신의 정서적인 욕구를 반영하고 있는 것을 선택하시오.

> 존중감, 이혼, 경제적인 안정, 고통으로부터의 자유, 갈등으로부터 해방, 신뢰감 회복, 자유의 욕구, 만족스러운 생활, 혼자만의 시간, 돈으로부터 해방, 자녀와 함께 생활, 학대나 폭력으로부터 탈출, 상대방의 경제적인 자립, 만족스러운 성생활

② 현재 당신이 원하는 목적을 이루기 위하여 현실적으로 가능한 방법은 무엇이라고 생각하나요?
③ 당신이 원하는 것을 이루기 위하여 당신의 어떤 것들이 변화하여야 한다고 생각하나요?
④ 당신이 결혼을 유지할 만한 가치는 어디에 두고 있으며 꼭 유지해야 할 이유는 어떤 것들이 있나요?
⑤ 당신이 결혼생활보다 우선시하는 가치는 무엇이며 결혼생활을 그만두어야

할 이유들은 어떤 것들인가요?

⑥ 만약 당신이 이혼을 하지 않고 생활한다면 앞으로의 5년간의 인생이 어떠할지 상상해 보시고 이야기해 주세요.

⑦ 이제 당신이 원하는 이혼을 하고 나서 5년 후의 당신의 모습은 어떠한지 상상해 보시고 이야기해 주세요.

(2) 이혼결정 시 협의해야 할 사항들

① 부부의 합의로 이혼을 하는 방법과 합의가 되지 못하는 경우는 조정절차를 거쳐서 진행되는 재판이혼에 대한 안내를 한다.

이 책의 제2부 제5장 '협의이혼의 과정'과 제6장 '판결이혼 전 조정이혼의 과정'의 내용을 참고하기 바란다. 법적인 절차나 과정, 부부의 재산분할, 위자료, 재판이혼에 대한 안내는 중복을 피하고자 여기에서는 다루지 않을 것이다.

② 협의이혼에 대한 안내   민법 제836조의 2에 따르면 가정법원은 필요한 경우 당사자에게 전문상담기관의 상담을 받을 것을 권고할 수 있다. 또한 법원 내에서도 전문상담위원을 위촉하여 상담을 실시하고 있다. 양육자녀가 있는 경우는 3개월간의 숙려기간을 거치며 다음과 같은 절차를 밟는다.

> 이혼의사확인신청(법원) ⇨ 이혼안내 ⇨ 이혼상담 ⇨ 양육사항, 친권자, 면접교섭권 결정(협의서 제출) ⇨ 이혼신청 3개월 후 이혼의사확인(판사) ⇨ 이혼신고의 절차(3개월 이내)

미성년의 양육자녀가 있는 부부가 이혼상담을 받은 경우 '자의 양육과 친권자 결정에 관한 협의서'(부록 5. 3호 서식 참조) 또는 가정법원 심판 정본을 의무적으로 제출하여야 한다.

이혼하려는 부부가 양육자녀가 없을 경우 이혼상담 여부와 상관없이 1개월의 숙려기간이 지난 후 이혼신고를 할 수 있다. 그 과정은 다음과 같다(이희배, 2007).

> 이혼의사확인신청(법원) ⇨ 이혼안내 ⇨ 이혼상담(부부의 의사결정에 따라) ⇨ 신청 1개월 후 이혼의사확인(판사) ⇨ 이혼의 신고절차(3개월 이내)

③ **자의 친권에 대한 결정**   부부는 자의 친권자를 결정해야 한다. 친권자는 미성년자의 법정대리인이 된다(민법 911조). 친권의 효력에서 친권자는 자를 보호하고 교양할 권리의무가 있다(민법 913조). 친권자의 지정한 장소에 거주한다(민법 914조). 친권자는 자녀를 보호 및 교양하기 위하여 필요한 경우 징계할 수 있다(민법 915조). 자녀의 재산은 특유재산으로 친권자가 관리한다(민법 916조). 부모의 협의로 친권자를 결정하도록 하지만 협의가 어려운 경우 가정법원은 직권으로 친권자를 지정할 수 있다(민법 909조). 친권자는 부 또는 모 일방으로 또는 부·모 공동으로 지정할 수 있다.

예를 들면, '모 ○○○는 사건본인 △△△의 친권자로 협의하여 결정하기로 한다.'와 같다.

④ **자녀 양육에 대한 합의**   부부는 자녀의 양육에 대한 합의를 하여야 하며 '자의 양육과 친권자 결정에 관한 협의서'에는 양육자와 양육비 액수가 명시되고, 양육비 지급방식이 포함되어야 한다.

양육자에 대한 합의가 이루어지지 않는 경우 가정법원은 미성년자의 복리를 우선으로 하고 자가 15세 이상인 경우는 자녀의 의견을 들어야 하며 자의 연령, 부모의 재산상황, 기타 사정을 참작하여 자의 양육에 관한 사항을 정한다. 부모 중 일방을 양육자로 지정하거나 쌍방에게 양육사항을 나누어 분담시킬 수 있다(이희배, 2007).

앞으로 협의이혼과정에서 양육사항에 대한 협의서는 매우 중대한 사항으로 이혼신청과 동시에 확인기일 전까지는 꼭 제출하여야 한다. 그리고 법원은 협의서 내용이 자녀의 복리에 반하는 경우는 보정을 명할 수 있고 보정에 응하지 않으면 불확인처리된다.

예를 들어 다음과 같이 작성할 수 있다. "모 ○○○는 사건본인 △△△의 양육자로 합의하며 부 □□□는 사건본인 △△△에 대한 양육비로 매월 30만 원을 매월 말일, 자가 성년이 되는 2018년 12월까지 모에게 지급한다. 자녀의 병원 입원 및 치료비, 대학등록금은 이혼한 부부가 절반씩 나누어 부담한다."

⑤ **면접교섭권에 대한 합의**   양육하지 않는 한쪽 부모는 자녀와 면접, 서신교환, 전화, 선물의 교환, 주말의 숙박, 방학 중의 일정과 휴가, 명절에 대한 체류 등을 할 수 있다. 면접교섭권은 자녀의 권리를 침해해서는 안 되며 양육자는 면접행위를 용인하고 협조해야 할 의무가 있다.

가정법원은 자의 복리를 위하여 필요한 때는 당사자의 청구에 의하여 면접교섭을 제한하거나 배제할 수 있다(민법 837조의 2).

개정된 법안(민법 제837조의 2 제1항)에는 자녀의 면접교섭권 주체성을 인정한다. 자녀를 양육하지 않는 한쪽 부모와 자녀는 상호면접교섭을 할 수 있는 권리를 가진다. 다음은 면접교섭권의 행사에 대한 예시다.

"7세 여아인 사건본인에 대하여 양육하지 않는 부는 월 2회 둘째, 넷째 주말인 토요일 오후부터 일요일 오후 6시까지 상호면접이 가능하며 주 3회의 전화통화와 매일 문자메시지를 나눌 수 있다. 추석과 설 명절에는 1박 2일의 동거가 가능하며 방학 중인 1월과 8월에는 5일간의 동거를 허락한다. 부는 자녀 면접 시, 동거 시 자녀를 약속한 시간에 데리러 오고 집에까지 안전하게 데려다 주어야 한다. 양육하는 모는 자녀의 학교생활의 성적표나 입학식, 졸업식을 부에게 문자로 고지해 준다."

만일 부 또는 모가 협의서에 작성한 내용들을 이행하지 아니하면(특히 양육비 부담) 별도의 재판절차를 통하여 과태료, 감치 등의 제재를 받을 수 있고, 강제집행을 할 수 있다.

〈표 Ⅲ-6〉　이혼하는 부부, 자녀 친권·양육 공동책임

이혼하는 부부에게 자녀의 양육을 공동으로 책임을 지고 자녀에 대한 친권도 함께 갖게 하는 법원의 판결과 조정이 잇따라 나왔다. 친권은 부모가 미성년자녀에 대해 갖는 신분, 재산상의 각종 권리이다.

서울가정법원 가사10단독 최정인 판사는 A씨가 남편 B씨를 상대로 낸 이혼 및 친권자 지정 청구소송에서 이혼하게 해 달라는 A씨의 청구는 받아들였지만 세 자녀에 대한 친권자 및 양육자로는 A씨와 B씨 둘 다 지정했다고 5일 밝혔다. 공동 친권과 공동 양육을 인정한 것이다.

재판부는 "A씨 부부의 세 자녀들은 현재 어려운 가정형편 때문에 아동 보호소에서 양육되고 있는데 A씨와 B씨는 이혼 후에도 자녀들을 직접 양육할 것으로 보이지 않는다."며 "자녀를 정기적으로 방문해 양육 상황을 확인하는 것이 부모로서의 최소한의 도리이고 자녀들의 성장과 복리를 위해서도 두 사람을 공동 친권자 및 공동 양육자로 정할 필요가 있다."고 밝혔다.

같은 법원 가사4부(부장판사 정승원)도 최근의 1명의 미성년자녀를 둔 C씨 부부의 이혼 소송에서 "친권은 아버지가 갖되 월요일 오후부터 금요일 오전까지는 엄마가 자녀를 돌보도록 하라."며 공동 양육의 조정안을 냈고 이를 부부가 받아들여 조정이 성립됐다.

출처: 동아일보(2008. 3. 6).

3) 자녀양육권에 대한 평가자의 역할

자녀양육권에 대한 분쟁이 심할 경우 아동복지 전문가나 상담자는 법원에서 자녀양육에 대한 결정권을 요구하는 평가자의 역할을 해야 할 수도 있다. 상담자와 달리 양육에 대한 평가자는 구체적인 세부사실을 알아내고 모순을 분석하며 분쟁당사자의 신뢰성을 평가하는 역할을 한다. 또한 전문적인 인터뷰나 심리검사를 실시하고 해석을 하여 부모 중 누가 자녀를 따돌리고 의도적인 조종을 함으로써 양육권에 유리한 방향으로 몰고 가는지를 알아내서 양육권에 대한 판결을 공정하게 처리하도록 판사의 업무를 돕는다.

미국과 독일은 자녀양육권 결정에 평가자의 전문적인 소견을 활용하기도 한다. 평가자는 다음과 같은 전문성과 역량을 확보해야 한다(Warshak 저, 황임란 역, 2002).

- 내담자 가족들을 존중하고 공정하게 대한다.
- 가족들의 관계를 알기 위하여 꼼꼼하게 조사하며 충분한 시간을 갖는다.
- 상담자는 가족에 관한 정보를 알기 위하여 가족 외 다른 사람과도 인터뷰를 가진다.
- 부부관계, 부모-자녀관계를 위하여 면접상담과 직접적인 관찰과 심리적 도구를 활용한다.
- 심리검사를 한 경우는 정확히 관리하며 점수를 매기고 해석한다(전문가가 상담자의 자료를 재검토할 수 있어야 한다.).
- 자녀에 대한 부모의 학대 여부나 가정폭력에 대한 주장을 면밀하게 검토하여 조사한다.
- 아이를 따돌림에 빠지게 한 요인들을 종합적이고 상세하게 이해하려고 한다.
- 양쪽 부모들에 대한 장점과 단점들에 대해서 균형 있는 관점을 지킨다.
- 아이에게는 부모 양쪽과 관계를 유지하는 것이 중요하다는 것을 인식시킨다.
- 아이를 이용해서 배우자를 힘들게 하고 상처를 주는 행위는 양육권 분쟁에서 마이너스로 작용한다는 것을 상기시킨다.

- 평가에 영향을 미칠 수 있는 개인적 · 성적 · 문화적 편견을 허용하지 않는다.
- 결론과 권고의 뒷받침이 되는 요인들을 명확히 설명한다.
- 평가에서 수집한 정보들과 일치하는 결론을 이끌어 낸다.
- 결론에서 종합적으로 나오는 권고안을 제시한다.

평가자가 이러한 기준들을 잘 지키면서 자녀양육권자에 대한 결론을 권고한다면 분쟁의 해결을 위한 객관성과 타당성을 갖추었다고 볼 수 있다.

법원은 상담과정과 내용에 대한 정보를 얻을 수 있도록 한다. 만약 부모가 법원의 명령을 따르지 않을 경우는 명시적이고 구체적인 처벌을 규정한다(예: 벌금형, 금전적 처벌, 법정에서 사과문 발표하기). 법원은 한쪽 부모가 법원의 명령에 협조하지 않고, 자녀들을 세뇌시켜서 다른 쪽 부모를 만나지 못하도록 방해할 경우 이런 부모의 만남을 엄격히 제한하고 자녀의 양육권자를 바꿀 수도 있다는 것을 암시해 주어야 한다. 그래야 양육권자를 바꾸지 않아도 아이들과 다른 편부모의 긍정적인 관계가 회복될 수 있다(Warshak 저, 황임란 역, 2002).

8. 이혼 후 재적응 단계

부부는 이혼과정을 통하여 정도가 서로 다른 다양한 부정적 감정을 동시다발적으로 경험하게 된다. 이혼경험자들은 대체로 대상에 대한 분노와 적대감, 우울증, 자존감의 저하, 사회적 고립감, 버려짐과 같은 감정들을 경험하며, 이러한 감정들은 이혼 후 첫 1년간 가장 강하기 때문에 이 기간의 정서적 적응이 매우 중요하다고 본다(Kolevzon & Gottlieb, 1983). 이혼자들은 흔히 부인, 분노, 우울함, 현실과 타협, 수용이라는 일련의 감정과 행동을 나타내며, 이혼의 슬픔에서 벗어나 회복하는 과정은 경제적 안정, 신체적 · 정서적 건강, 과거의 이혼경험이나 위기 사건의 경험, 가족들의 압력, 결혼과 이혼의 의미에 대한 기대 및 정의, 개인의 심리적 요인, 방어기제, 가치관, 종교적 신념 등과 불가분의 관계에 있다고 한다(Crosby, Gage, & Raymond, 1983).

따라서 상담자의 목적은 이혼 후 내담자에 대한 정서적인 개입으로 내담자가 자신의 감정을 수용하고 이해하며 그것을 조절하도록 도움으로써 이혼 후 감정적으로 대처하는 것이 아니라 이성적으로 현실을 직시하고 새로운 삶의 목표와 자신을 재창조

하는 과정으로 나아가도록 하는 데에 그 목적이 있다. 상담자는 내담자의 심리적인
상태와 환경적인 요인, 현재의 상황들을 적절하게 사정평가하고, 상담과정에서 내담
자의 미해결된 부정적인 감정들을 직면시키며 내담자의 심리사회적인 적응과 자존
감 증진을 도모해야 한다.

1) 재적응 단계의 목표

- 이혼 후의 상처, 두려움, 분노 등의 감정들을 정리하고 승화시킨다.
- 이혼 후 자신의 인생의 비전을 그리며 새로운 목표를 설정한다.
- 이혼 후 독립적이며 자립적인 생활양식을 실천할 수 있도록 한다.
- 부부 두 사람의 변화된 관계에서 새로운 경계를 명확히 설정하고, 가능한
  접촉 형태(예: 자녀들의 활동과 관련된 계획하기)와 금지된 접촉 형태(예: 추후
  성적 접촉 금지)에 대하여 합의하도록 한다.
- 이혼 후 자녀양육문제와 자신의 문제를 잘 처리할 수 있는 자존감향상 능력
  을 키운다.

2) 내담자에 대한 사정평가

내담자의 이혼 후 적응에 영향을 미치는 요인들을 사정평가하고, 내담자가 이혼의
과정에서 보이는 적응이 정상적인가를 평가하기 위하여 이혼 후 회복을 위한 상담으
로 초기에 ADAP(A Divorce Assessment Proposal)를 이용하여 6가지 영역을 평가할 수
있다(Ferreiro, Warren, & Konanc, 1986).

〈표 Ⅲ-7〉   이혼 후 상담에서의 6가지 사정 영역

1. **별거와 이혼일정**(separation and divorce timeline)
   - 별거 논의, 물리적 별거, 이혼 계획을 자녀·부모·친지에게 말하기, 법적절차 시도,
     법적 이혼의 일정
   - 이혼 일정이 확실해지면, 상담자는 부부의 구애 및 결혼사를 포함하는 일련의 사건들
     (첫 만남-데이트 시작-약혼-결혼-임신과 출산-별거-이혼-다른 사람과 데이
     트 시작-재혼)을 통하여 스트레스 시점과 정도 및 부부의 의사결정 스타일에 관한
     정보를 얻을 수 있다.

- 시간이 흐르면서 변화하는 이혼에 대한 반응

2. 가족지도와 가족기능(family map & family functioning)
- 가계도(genogram) 평가
- 특정 성원을 가족의 범주에 포함/제외하느냐와 그 이유
- 전 배우자를 어떻게 대할지 모르는 경우 혹은 전 배우자 간의 양가적 관계는 스트레스의 주원인이다.
- 조정된 각자의 부모 역할의 이익과 비용은 무엇인가?
- 각자가 처한 현실적 제약을 고려할 때, 부모 역할과 관련하여 무엇을 변화시키고 싶은가?
- 부모–자녀관계는 어떠한가?
- 의사소통(누가, 누구에게, 어떻게, 언제, 무엇에 대해서 의사소통을 하는가?)
- 이혼 후 역할의 변화
- 양가 부모 및 친족들과의 관계는 어떠한가?

3. 이혼 이야기(the divorce story)
- 내담자가 보는 이혼의 원인(무슨 일이 있어났고, 누구의 책임인가?)
- 별거나 이혼결정이 어떻게, 누구에 의하여 이루어졌는지 그 과정: 대부분의 이혼의 경우 '떠나는 자(죄책감을 가짐)'와 '남겨진 자(상처와 분노를 가짐)'로 양분됨.
- 이혼에 대한 죄책감이 계속되면 내담자의 이혼에 대한 신념(예: 종교적 신념)과 가치관을 탐색해야 한다.
- 이혼결정은 갑작스럽게 이루어졌는가, 혹은 기대하고 있었는가?

4. 이혼합의 및 법적 쟁점(divorce agreement & legal issues)
- 자녀에 대한 친권 및 양육권, 자녀양육비, 면접교섭권, 재산분할과 관련된 결정은 어떻게 이루어졌는지, 어떻게 이행되고 있는지, 자신들의 합의와 이행에 대해서 만족도는 어느 정도인지에 대한 정보를 통하여 자기통제감(locus of control), 자기주장, 공정하다는 느낌, 가족성원들의 복지에 대한 관심, 전배우자를 벌주거나 그로부터 벌을 받고 싶은 욕구를 평가할 수 있다.

5. 애착문제와 애도과정(attachment issues & the grief process)
- 전 배우자 간의 정상적인 정서적 유대와 병리적 속박 정도
- 와이스(Weiss)는 부부간의 애착형성에 대개 2년 정도 걸리며, 일단 애착이 형성되면 애착강도는 결혼 연수와 관계가 없다고 가정함. 어떤 부부들은 결혼 후에도 부모와의 애착이 지속됨으로써 부부간의 애착이 형성되지 못함.

- 애착의 측정은 인지적, 정서적 행동적 sign이나 자기보고 설문을 통해 측정됨. 별거 시 무력감, 배우자와 접촉하지 못할 때 공황상태, 수면장애 및 식욕 감퇴
- 애착을 나타내는 인지적 sign의 예: 배우자에 대한 긍정적(부정적) 회상, 배우자에 대한 호기심, 재결합(또는 복수)에 대한 환상, 과거 속에 사는 것
- 애착을 나타내는 정서적 sign의 예: 애정이나 미움이 남아 있으며, 전 배우자의 새로운 관계에 대해서 들었을 때 질투심을 느낌.
- 애착을 나타내는 행동적 sign의 예: 대화에서 전 배우자의 얘기를 자주 함.
- 지나치게 높거나 낮은 수준의 애착은 이혼과 관련된 합의를 도출하는 데 어려움을 가져옴.

6. 손익 평가서(the balance sheet of gains & losses)
- 경제적 상태, 거주지, 학교, 친구집단, 사회적 역할, 취업 등에서 자신과 가족원들의 손익평가를 해 보도록 한다.
- 심리적인 손익도 평가해 보도록 하고, 전 배우자의 심리적 손익도 추측해서 자신의 것과 비교해 보도록 한다.

출처: Ferreiro, Warren, & Konanc. (1986). 439-449

3) 심리적인 안정과 자기수용

이혼 이후 경험하는 자기상실감, 혼란스러움, 분노와 슬픔은 자연스러운 감정이다. 이혼의 현실을 정서적으로 경험하게 하며 감정을 완화시키고 생각과 감정을 표현함으로써 잘 대처하도록 한다.

자신의 마음속에 있는 감정을 만나는 것은 자신을 이해하는 방법이 된다. 감정에 대해 인식하고 생각하는 과정은 감정을 조절할 수 있도록 도와준다. 그래서 자신의 감정에 적절하게 대응하고 대처가 가능하게 된다. 자신도 모르게 감정에 압도당하지 않기 위해서는 힘든 순간에도 자신이 어떻게 느끼고 사고하고 행동하는지를 분명하게 볼 수 있어야 한다. 자신의 감정을 이성적으로 다룰 수 있도록 하는 것은 그 감정을 어떻게 다루느냐 하는 것이다. 특히 다루기 힘든 감정을 경험할 때는 피해야 할 행동에 대해서도 생각할 수 있어야 한다. 감정에 대한 건강한 적응을 다음과 같이 설명한다(Rich 저, 서진환 외 공역, 2007).

감정을 자각한다: 내면에 어떤 일이 일어나고 있는지를 자각한다.
감정을 확인한다: 감정을 이해하며 그 감정이 무엇인지 가리킬 수 있다.

감정을 직면한다: 감정에서 도망치기보다는 수용하며 이해한다.

감정에 대처한다: 감정이 나를 통제하기보다는 내가 감정을 통제하도록 한다.

감정을 이해한다: 감정과 그 감정의 원인을 연결시킨다.

- 지금 당신이 마음에서 느끼는 감정들을 열거해 보세요. 그리고 그 감정을 왜 그렇게 느끼는지 생각해 보세요.
- 당신이 느끼는 감정 중에 처리하기 어려운 감정들에 대하여 말해 보세요.
- 그 감정을 다루는 것이 왜 그렇게 어렵습니까? 방해되는 것은 어떤 것들인 가요?
- 그 감정을 느낄 때 어떻게 행동하고 싶은 충동을 느끼시나요?
- 그렇게 느낄 때 하면 안 된다고 생각하는 것은 무엇입니까? 그 이유는 무엇입니까?
- 그 감정에 부적절하게 반응하는 경우에는 어떤 결과가 발생하나요?
- 당신이 그 감정을 다루는 데 도움이 되는 방법은 어떤 것이 있는지 아래 목록 표에서 골라 보세요. 자신이 사용하는 방법이 없으면 추가로 쓰세요.

① 친구와 대화 ② 혼자서 울기 ③ 집안에서 지내기 ④ 산책이나 운동하기 ⑤ 글쓰기 ⑥ 악기 연주 ⑦ 상담 및 치료 ⑧ 기도하기 ⑨ 사회활동하기 ⑩ 무엇인가 만들기 ⑪ 책 읽기 ⑫ 산행 ⑬ 쇼핑하기

- 당신이 생각하기에 가장 적합하고 건강한 대처방식은 어떤 것입니까?
- 지금 당신이 그 감정으로 인해 겪고 있는 어려움에 가장 큰 영향을 미치고 있는 스트레스 요인이나 사건은 무엇입니까? 그것에 어떻게 대처하고 있습니까?

4) 감성훈련과 새로운 자아 발견하기

일상생활 속에서 경험하는 모든 것들에 관심을 갖고 이제까지 느끼지 못한 것들, 생각하지 못한 것들을 발견하는 시간이다. 또한 어떻게 살아 왔는지, 현재 어디로 가고 있는지를 알려 주는 단서들을 발견하기 위한 시간이다. 자신의 주변과 생활 속에서 그리고 자신의 내부에서 일어나는 것들을 더 잘 알아차리면서 자신의 자아상을 발견해 가고 인식하는 것이다. 내담자로 하여금 아래의 내용들을 일주일 동안 기록하고 상담자와 나누는 시간을 갖게 한다(Rich 저, 서진환 외 공역, 2007).

① '생활에서 중요한 것' 발견하기   일상생활에서 특별한 의미를 주는 어떤 것들을 발견하고 간단하게 기록한다. 일상의 약속, 만나는 사람, 의류, 보석, 신발, 먹는 것, 자신의 소지품, 화장품, 마시는 커피, 음악, 야외활동 등 당연하게 여기는 것들 가운데 중요하다고 생각하는 것에 의미부여를 하고 기록한다.

② '생활의 상징물'   생활 속에서 개인의 정체성을 나타내고 있는 것들이 상징물이다. 자신과 신념이 무엇인지를 나타내기 위해서 입는 옷일 수도, 행동일 수도, 가지고 다니는 성경책일 수도 있다. 그런 것들에 대하여 기록한다.

③ '생활의 흥미로운 귀퉁이'   주변에 항상 존재하고 있었지만 보려고 하지 않아서 보지 못한 것들을 발견하는 것이다. 아침햇살, 숨 쉬는 공기, 환상적인 식물의 꽃, 미풍, 창밖의 나무들, 집안의 배치, 아늑한 소파 등을 찾아서 기록한다.

④ '생활 속의 사진'   하루에 한 장씩의 사진을, 반드시 한 장만 찍어야 한다. 이 연습은 사물을 창의적으로 보기 위한 것이다. 자신에게 영향을 미친 것으로서 표현하고 싶은 것을 사진에 담아서 보관한다. 그리고 왜 이 사진을 찍었고 무엇을 발견하였는지 기록한다.

⑤ '생활 속의 선택'   사람은 생활 속에서 하루하루 많은 선택을 하고 지낸다. 해야 할 일과 하면 안 되는 일, 만날 사람과 만나서는 안 될 사람, 먹을 것과 먹지 않을 것 등 스스로 선택한 것에 대해 기록하는 것이다.

⑥ '생활에 대한 반성적 고찰'   매일 하는 이 연습은 자신의 생활을 검토하면서 배운 것, 반성할 것, 자신을 새롭게 고찰한 것을 기록하는 과정이다.

위의 내용들을 내담자가 원하면 일주일에서 한 달 단위로, 일 년 단위로 할 수도 있다.

〈표 Ⅲ-8〉 감성훈련과 새로운 자아 발견

날짜: 월 일	기록 내용
생활에서 중요한 것	
생활의 상징물	
생활의 흥미로운 귀퉁이	
생활 속의 사진	
생활 속의 선택	
생활에 대한 반성과 고찰	

5) 자신의 가치와 자아존중감 회복

죄책감, 무기력증, 무력감, 삶의 동기 상실, 막막함 등 이혼 후의 감정들은 대체적으로 부정적이다. 내담자는 이러한 자신의 부정적인 감정을 인식하고 수용하면서 그 감정에서 서서히 빠져 나올 수 있다. 이혼으로 인하여 상실된 자신의 자존감과 자기 가치감, 자기존재의 중요성을 회복하는 것이 중요하다.

인간은 누구나 불확실한 상황에 접하게 되면 한두 가지 이상의 비정상적인 신체적 불쾌감의 증세가 나타난다. 불면증, 소화불량, 현기증, 눈의 기능저하, 두통, 구강건조, 두근거림, 두려움, 불안, 걱정, 분노 등이 신체화로 표현되는 것이다. 신체적 증상들은 몸의 솔직한 표현이지만 고통을 느끼게 되어 또 다른 두려움과 불안을 동반하게 한다. 마음을 만족시키면 몸은 따라온다. 몸과 마음은 서로 불가분의 관계로 연결되어 있고 우리의 언어도 몸과 마음에 대해 수많은 복잡한 방법으로 서로 영향을 주고받고 있다. 예를 들면, 우리는 '그 일 때문에 속이 탄다.' '그 사람을 보는 순간 숨이 멎을 뻔했어.' 등의 표현을 흔히 사용하곤 한다. 인간은 자신의 내재된 불안이나 긴장감을 관리하고 제어하는 방법을 지속적으로 배워서 훈련을 한다. 즉, 자신에 대한 가치와 소중함을 인식하기 위하여 건강한 식생활과 규칙적인 생활, 운동, 취미생활, 자기 몸에 대한 지각, 몸의 언어를 알아차리기 등 자기인식의 훈련을 하는 것이다. 이는 자신의 깊은 생각과 믿음을 확인하는 능력을 키우고 기억이 어떤 식으로 자신에게 영향을 미치는지 알아차리며 자신의 삶의 패턴을 형성하는 생각들을 인식하는 데 목적이 있다.

다음은 자신의 가치와 자아존중감을 회복하기 위한 연습이다.

연습 1) 몸은 마음의 거울이다

① 자신에게 사용하는 언어와 단어에 신중을 기하고 바꾸어 본다.

자신의 내면의 목소리를 자신의 사고를 표현하는 자아의 일부로 받아들이고 의식적으로 긍정적이고 해결 가능한 언어로 바꾸는 것이다. 자기 자신에게 어떻게 말하고 있는지 주의 깊게 주목하며 자신에게 친절하게 대하는 것이다.

② 확신이란 자신을 인정하고 지지하며 자신의 힘과 행복을 강조할 수 있도록

스스로 반복하는 긍정적인 말이다. 자기강화기법으로 자신에게 의미를 주는 확신의 말을 쓰고 기억하고 마음으로 되새기는 것이다. 확신에 찬 자기긍정의 언어, 자신의 소망을 담은 글, 자신의 신체적·감정적 욕구를 지지하는 말과 글을 적고 또 적고 반복해서 읽는다.

③ 마음은 자신의 과거, 현재, 미래의 실체를 만든다. 따라서 자신의 마음을 훈련함으로써 목표를 구체화하고, 긍정적인 확신을 여러 번 반복함으로써 새로운 실체를 형성하도록 한다. 예를 들면 한 여성 내담자는 자신의 모든 걱정거리를 반감시키는 긍정적인 사고와 반복의 원리로 자신의 건강, 일상생활의 목표, 직장에서 성취하고자 하는 목표를 구체적으로 정리하여 반복적으로 적고 읽으면서 자신의 삶에서 확신과 자신감을 찾았다. 그녀가 자신의 긍정과 감정과 소망을 담은 글을 소개한다.

나 ○○는 세상에서 가장 가치로운 존재이며 사랑받을 만한 충분한 가치가 있는 여성이다. 나 ○○는 작은 일상 속에서도 남편과 아이들에게 감사함을 느끼고 행복함을 느끼며 산다. 그런 내가 자랑스럽고 든든하다. 나의 가장 큰 소망은 상담공부를 계속하는 것이며 해외여행을 하는 것이다. 나의 마음은 점점 확신과 자신감으로 차오르고 나의 신체와 정신은 서로 조화를 이루며 균형을 유지한다.

연습 2) 자기인식훈련(자기만의 소중한 공간에서 편안하고 안정적인 분위기에서 시작한다.)

① 두 눈을 감고 몸을 편안히 한다. 자신의 삶에서 매우 중요한 누군가의 이름을 반복적으로 불러 본다. 그 사람의 이미지나 이름을 생각만 해도 기쁨이나 슬픔, 분노 등의 강렬한 감정이 일어날 것이다. 우리 몸은 솔직해서 그런 감정이나 기억에 대한 반응으로 어떤 신체적인 감각을 만들어 내야 할지 잘 안다. 그대로 몸이 반응하는 대로 느낀다. 크게 울어도 된다.

② 자신의 이름을 긍정적인 생각으로 이용한다. 거울을 들여다보면서 "나는 …… (자기 이름)을 사랑하고 이해해. 왜냐하면 …… 때문이야. 왜냐하면 …… 하기 때문이야."라고 큰소리로 말한다. 이유를 많이 대면 댈수록 좋다.

-Levine 저, 박윤정 역(2004).

6) 과거의 상처 치유와 자신감 회복

때때로 과거의 상처는 사소한 것에도 반응하며 되살아나 나를 괴롭힌다. 과거는 지나갔지만 우리 뇌는 종종 과거와 현재를 명확히 잘 구분하지 못하고 인식으로부터 자유롭지 못하다. 반복적이고 혼란스러운 생각의 끝없는 고리 안에 갇혀 있다면 바로 강박관념에 빠져 있는 것이며, 걱정거리를 안고 실제 문제에 맞서서 싸우기를 회피하는 것이다. 또한 자신감 부족과 상황을 변화시킬 수 없을 거라는 무기력함에 길들여진 결과다.

과거의 상처가 되살아나고 정신적인 충격을 부정적인 의미로만 바라볼 때 다음과 같은 훈련을 해 본다(Eimer & Torem 저, 조은경 역, 2006).

① 상담자는 내담자를 믿을 만한 안전한 장소로 안내한다.
② 심신의 긴장과 스트레스를 풀어 버릴 수 있는 방법을 동원한다. 음악 듣고 이완하기, 호흡법으로 이완, 명상하기, 심상으로 상상하기, 후각을 이용하여 이완하기를 한다.
③ 안전한 자신만의 장소에서 상상력과 기억력을 동원하여 자신을 힘들게 만드는 과거의 경험을 회상해 본다. 과거의 무엇이 나를 괴롭히고 있는지에 대한 현재 나의 생각을 다루는 것이다. 자신을 괴롭히는 것을 억압하기보다는 당당하게 맞서서 싸우는 것이 건강한 대처법이다.
④ 고통스러운 상황을 지속적으로 연상하여 스트레스를 만드는 생각이 무엇인지 파악한다. 또한 자신의 핵심적인 사고와 신념을 찾도록 한다.
⑤ 지금까지 인정하고 있었던 자신에 대한 부정적인 결론들, 고통스러운 과거의 경험에 연관지었던 생각들을 재고하고 수정하는 시간을 갖는다. 이는 자신의 부정적인 결론들에 동의하지 않고 새로운 것을 찾아가는 과정이다. 다음과 같은 질문을 활용한다.

• 이 상황이 나에게 의미하는 것이 무엇인가?
• 이것이 사실이라는 것을 내가 어떻게 알 수 있을까?
• 내 생각이 오해일 수도 있을까? 그렇다면 실제는 어떤 것일까?

- 그것을 생각하는 다른 관점은 있을까?
- 친한 친구가 똑같은 일을 경험하고 있다면 어떤 말을 할 수 있을까?
- 어떤 생각을 하면 내 기분이 좀 좋아질까?
- 더 나은 결과를 상상할 수는 없는가?

⑥ 내담자 자신이 원하는 변화와 미래의 경험에 대하여 그리고 변함없이 간직하고 싶은 것에 대하여 기록해 보도록 한다. 자아존중감을 극대화시키도록 상상력을 최대한 동원한다.

7) 자신을 재구조화하기

불안감이 엄습하며 강박적으로 걱정과 문제 속으로만 자신을 밀어 넣는 내담자를 위해서는 문제를 일일이 분석하고 해결하려는 데 집중된 관심의 초점을 다른 곳으로 돌리는 것이 훨씬 더 효과적일 때가 있다. 스스로를 돌보는 책임은 자신에게 있으며, 내담자의 불안한 상태를 잘 극복하는 한 가지 방법은 의식적으로 과거에서 벗어나는 것이다. 자신을 재구조화하기 위해서는 자신의 사고의 핵심을 파악해야 한다. 이를 위해서는 다르게 사고하고 다른 감정을 느끼고 다른 것을 행할 수 있어야 한다. 뇌가 현재 인식하고 있는 것에 변화를 줌으로써 새로운 것에 집중하도록 한다. 마치 자신의 사고에 설정된 채널을 바꾸는 방법과 비슷하다.

자신의 문제를 해결하는 방법의 핵심은 현 문제를 '재정의'하고, 자신의 뇌를 '재교육'시키며, 관심사와 초점을 '재조명'하고, 다른 관점으로 '재구성'함으로써 나를 변화시키는 것이다.

심상을 통한 상상훈련은 내담자에게 '뇌의 자물쇠'를 여는 열쇠를 가져다준다(Schwartz, 1997). 저자가 내담자의 불안을 이완과 심상으로 이끌기 위해 사용하는 방법 중 하나를 소개한다.

눈을 감고 아주 깊이 호흡을 한다. 들숨과 날숨을 천천히 그리고 깊이 들이쉬고 내쉰다. 다시 한 번 반복한다.

눈의 힘을 빼고 몸이 공중으로 뜨는 듯한 기분을 느껴 본다. 아주 매력적인 남성(여성)과 낭만적인 데이트를 하며 춤을 추고 있는 모습을 상상해 본다. 멋지고 우아한 옷차림으로 둘이서 한 폭의 그림 같은 모습으로 춤을 추고 있다. 내가 아주 좋아하는 음악이 흐르며 상대방의 그윽하고 사랑이 흐르는 눈빛을 보며 미소를 지어 준다. 그 사람의 눈빛이 마치 영롱한 별빛처럼 맑고 나를 향해 비추고 있다고 생각한다.

상대의 따뜻한 손길이 내 손의 피부를 스치고 지날 때마다 온기가 느껴진다. 더 강한 전율의 느낌을 가져 보고 싶다. 상대가 풍기는, 그윽하고 코끝을 스치는 향이 아주 상쾌하고 시원하다. 그 향기를 더 깊게 느껴 본다. 이 모든 시각, 청각, 후각, 신체감각을 그대로 느끼면서 마음껏 즐기는 나를 본다. "아 나는 행복해."라고 말해 본다. 눈을 뜨고 다시 현실로 돌아와서 행복에 젖어 있는 나를 발견하라.

19세기 철학자 에머슨은 "네 자신을 최대한으로 활용하라. 왜냐하면 그것이 너의 전부이기 때문이다."라고 갈파하였다. 자신 앞에 놓인 불확실성에 대한 직면과 불안을 극복하기 위해서는 자신을 먼저 사랑하고 다른 사람에게 친절을 행하고 감사하는 생활을 하며, 너그럽게 수용해야 한다.

예를 들어 NLP(New-Linguistic Programming)이론에서 리소스(resource)로 가득 찬 자신의 상태를 기억하고 재생하는 것이 있다. 리소스란 자원, 자산 혹은 필요한 무엇인가를 의미한다. NLP에서는 원하는 상태를 손에 넣는 데 필요하며 앞으로 가질 수 있는 모든 것들이 리소스라고 할 수 있다. 개인의 능력, 재능, 인맥, 돈, 실패경험도 모두 리소스에 해당된다. 내담자를 리소스풀(resourceful)한 상태로 기억하게 하는 것은 자신이 성취감을 맛본 것, 자신감이 넘쳐난 것, 기쁨에 넘쳐난 것 등이다.

사람은 심리적으로 만족스러운 상태가 되어서야 비로소 현재 처해 있는 문제에서 벗어나 자신이 바라는 상태로 나아갈 수 있다.

상담자는 내담자로 하여금 리소스풀한 상태를 기억하고 재생하도록 하기 위하여 다음과 같이 진행한다.

① 당신의 삶 속에서 가장 행복했던 상태나 기뻤던 상태, 벅찬 감격을 느꼈던 상태를 기억에서 떠올려 보세요.
② 그 당시로 돌아가서 당신이 체험한 것들을 보고, 듣고, 다시 그대로 느껴 보세요.
③ 아래 질문에 구체적으로 답해 보세요.

- 그때 어떤 그림이 보입니까?
- 움직이는 이미지 속에는 누가 있습니까?
- 당신이 보는 이미지들은 무엇입니까?
- 주변에서 들리는 것은 무엇입니까?
- 누구의 목소리가 들립니까?
- 느끼는 당신 몸의 감각은 어떻습니까?

④ 심호흡을 하며 확실하게, 깊이 그 감각들을 느껴 보세요. 그리고 언제라도 이런 감각들을 다시 재생할 수 있도록 꾸준히 반복하여 연습해 보세요.

－堀井 惠 저, 심교준 역(2006). 63.

저자는 내담자에게 아래의 기도문을 하루에 한 번씩 크게 소리 내어 읽도록 권한다. 자신의 내면의 긍정성과 자기가치감, 자기 존재의 중요성을 느끼는 데 도움이 되도록 하기 위함이다.

침묵의 기도(Tobias Message) 중에서

내 마음 깊은 곳에서, 나는 내가 완전한 존재임을 압니다.
내가 원했던 기쁨이 내 삶 속에 이미 존재하고,
내가 희구했던 사랑이 내 안에 이미 존재하며,
내가 구했던 평화가 이미 나의 실재임을 압니다.

내가 추구했던 풍요로움이 내 삶을 이미 가득 채우고 있음을 압니다.
나는 진실로, 내가 완전한 존재임을 받아들입니다.
나의 삶 안에 존재하는 모든 것은
나 스스로 창조한 것이기에
그 모든 것은 나에게 책임이 있음을 압니다.
나는 내 안에 있는 영의 권능을 알고,
우주 만물 모두가 있어야 할 제자리에 있음을 압니다.

나는 나의 지혜 안에서, 내가 완전한 존재임을 받아들입니다.

내가 배우는 인생의 과목들은
나의 진정한 자아가 신중하게 선택한 것들이며,
나는 경험을 통해 그것들을 충분히 배우고 익힙니다.
나는 신성한 목적을 가진 성스러운 여정 위에 있으며,
내가 경험하는 것들은
있는 그대로의 모든 것인 신의 한 부분을 이룹니다.

나는 나의 앎 안에서, 내가 완전한 존재임을 받아들입니다.
이 순간, 나는 나의 황금 의자에 앉아
나 자신이 바로 빛의 천사임을 압니다.
나는 영의 선물인 황금빛 후광을 바라보면서
내가 바라는 모든 것들을 이미 성취되었음을 압니다.

나는 나의 진정한 자아에 대한 사랑 안에서
내가 완전한 존재임을 받아들입니다.
나는 나의 진정한 자아에 대해 어떠한 판단도 하지 않으며
어떠한 짐도 지우지 않습니다.
나는 과거의 모든 것이 사랑 안에서 주어졌음을 받아들입니다.

⋮

8) 이혼적응 프로그램

이혼경험자들이 과거의 상처를 극복하고 새로운 현실에 적응하도록 돕는 집단프로그램에 참가하는 것도 도움이 된다. 이혼적응 프로그램은 과거 이혼의 상처와 손상된 자존감을 회복하고 현실적응력을 키우며 특히 자녀들과의 관계에서 자신감 있는 부모의 역할을 잘 수행하도록 돕는다. 미래의 자신의 삶에 대한 준비와 새로운 삶의 희망과 동기를 부여함으로써 자신의 삶을 창의적으로 재구성하는 데 그 목적이 있다. 이혼적응 프로그램의 내용을 살펴보면 [그림 Ⅲ-1]과 같다.

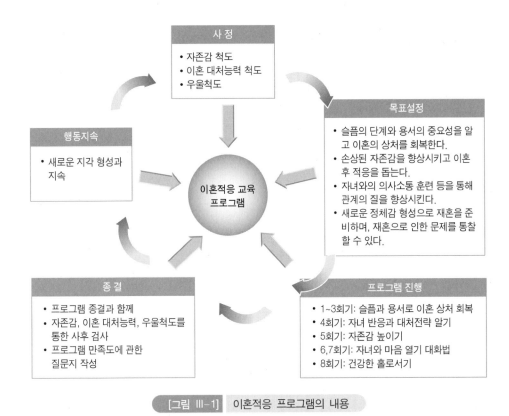

[그림 III-1] 이혼적응 프로그램의 내용

출처: 유계숙(2006). 50.

미국에서 실시되고 있는 대표적인 이혼적응 프로그램의 실시주체 및 개발자, 대상과 회기, 주요내용에 대한 안내는 〈표 III-9〉와 같다(문현숙, 김득성, 2002).

이러한 프로그램 중에서 GRASP 프로그램은 미성년자녀를 둔 부모 중에서 이혼을 원하는 부모와 이혼소송 중에 있는 부모들을 대상으로 하고 있다. 이혼에 대한 전반적인 정보, 공동후견, 슬픔의 단계가 이혼부모와 자녀에게 어떻게 관련되는지에 대한 지식을 제공하며 이혼하는 가족들이 당하는 고통을 비디오로 보여 주고 있다. 교육은 법원에 의해 위임되며 2시간, 1회 프로그램으로 구성되어 있고, 부모는 프로그램 참가 후 참가증명서를 받아 이혼서류에 포함시키도록 한다. 재판이혼에서도 이혼소송 서류 제출 후 가능한 빨리 이 프로그램에 참석하도록 요구하고 있으며 법원의 최종 판결 전에 교육이 완료되어야 한다(Roeder-Esser, 1994).

〈표 Ⅲ-9〉	미국 내 주요 이혼적응 교육 프로그램			
프로그램명	실시주체 및 개발자	대상	방법 (회기)	주요내용
GRASP	Johnson County Mental Health Center	미성년자를 둔 이혼소송 중인 부모	1회	이혼에 대한 전반적인 정보, 공동후견, 부모와 자녀가 겪는 슬픔의 단계에 대한 이해
HCSD	Flanklin Domestic Realations Court	이혼부모	1회	부모의 이혼과 지속적인 갈등이 자녀에 미치는 영향, 부모-자녀관계의 강화, 협력적인 공동부모역할, 자녀문제 예방을 위한 대처전략
RD	Woman's Place	이혼부모	6회	별거/이혼의 정서적인 영향, 이혼의 법적 측면, 재정관리, 편부모 됨
ODP	Child and Family Services	이혼신청 중인 부모	5회	부모의 이혼에 대한 자녀의 반응과 대처전략, 공동부모역할, 부모-자녀관계 향상을 위한 의사소통기법, 전 배우자와의 갈등관리 및 협상기법
BE	Josephin Stewart	이혼한 카톨릭 교인	1회	이혼 후 스트레스 극복, 독신생활의 적응, 하나님에 대한 신뢰 회복
DSFPW	Children Of Commerce	별거/이혼한 아버지	6회	이혼 후 아버지 됨의 경험, 자녀부양비 지급, 부모-자녀관계 향상을 위한 의사소통법
CFP	Children First Program Foundation	이혼부모	2회	부모-자녀의 적응, 부모-자녀관계의 질, 공동부모관계의 질, 이혼가족의 자원이용
CIM	Domestic Realation Court	이혼부모	1회	이혼 후 스트레스 관리, 자녀 어려움/욕구에 대한 이해, 부모 됨의 기술

GRASP: General Responsibilities As Separating Parents; HCSD: Helping Children Succeed After Divorce; RD: Realities of Divorce; ODP: Orientation for Divorcing Parents; BE: Beginning Experience; DSFPW: Divorced/Separated Father's Parenting Workshop; CFP: Children First Program; CIM: Chldren-in-the-Middle.

9. 이혼 후 자녀를 위한 상담

1) 이혼 후 자녀를 위한 상담의 목표

① 이혼에 대한 자녀의 심리적인 불안정과 상실감을 위로하며 지지해 준다.
② 전 배우자와의 죄책감, 분노, 상처, 두려움, 복수심의 감정을 표출하여 재구조화한다.
③ 전 배우자와 함께 자녀의 최대 복리를 위하여 서로 최선을 다하는 방안들을 모색한다.
④ 자녀의 이상행동이나 신체화의 증세에 민감하게 반응하고 치료를 행한다.
⑤ 자녀를 끌어들이지 않고 전 배우자와 문제를 해결하도록 한다.
⑥ 부(모)의 심리적인 안녕은 부(모) 책임이므로 자녀가 개입하지 않도록 한다. 자녀가 부(모)의 정서적인 책임을 지지 않도록 한다(부모-자녀 경계선 확립).
⑦ 부모 모두와 의미 있는 시간을 보낼 수 있고 양쪽 부모를 모두 좋아해도 된다는 사실을 확신시켜 준다.
⑧ 자녀가 사랑받고 있다는 확신과 소중한 존재라는 느낌을 심어 준다.

2) 자녀에게 심리적인 안정감 제공

부모의 이혼은 아동에게는 애착관계에서 형성된 소중하고 절대적인 의존자의 상실을 의미하기 때문에 위협을 가하는 위기상황이자 외상충격으로 받아들여진다.

그러나 이혼갈등 속에 있는 부모들은 자녀들의 심리상태나 욕구에 민감하게 반응하지 못할 뿐 아니라 방치하고 유기하기도 한다. 이럴 때 자녀들은 심리적인 고통을 경험하고 이러한 고통은 다양한 형태로 표출된다. 아동은 이혼한 부모에 대한 상실감도 경험하며 깊은 그리움도 갖는다. 또한 분노를 가지고 있으면서 동시에 분노를 가진 자신에 대한 죄책감 때문에 심리적으로 불안과 우울의 문제를 호소하기도 한다. 부모의 이혼으로 인해 자녀들의 반응은 우울, 불안, 수면문제, 징징대기, 말 안 듣기, 공격적 행동, 비행 등으로 자신들의 고통이 언어로 표현되기보다는 행동으로 먼저 표현된다.

부모가 이혼을 함으로써 학령기 자녀들은 생존에 위협을 느끼고 아동은 유기불안과 자기비난, 재결합에 대한 환상을 갖게 된다(Wallerstein, 1986). 아동은 자기를 비난하며 죄책감을 갖고 이혼의 책임감도 느껴 부모의 재결합에 대한 환상을 갖지만 현실에서 자신들의 시도와 노력이 헛됨을 알고 더 좌절하고 절망하게 된다. 따라서 부모들은 자녀에게 솔직하고 충분한 대화와 설명을 해야 하고, 지속적으로 자녀들을 사랑할 것이라는 재확신을 통해 안정감을 갖게 해야 한다.

"엄마는 너희들도 그런 힘든 시간을 보내고 있었다는 사실을 이제야 조금 알게 된 것 같아." "이제부터라도 너희들의 아픔을 달래 주고 싶어." "너희들이 엄마 아빠가 헤어진 것에 대해서 궁금한 것이 있으면 무엇이든지 물어봐도 돼." "혹시 이혼이 너의 잘못이라고 생각하지는 않았니?" "혹시 너 때문에 엄마 아빠가 헤어졌다고 생각한 적 있었니?" 또한 "혹시 엄마가 너를 버리고 갈까 봐 걱정하지는 않았니?"라는 질문을 하도록 한다. 이러한 질문은 자녀들의 유기불안과 자기비난의 문제를 다루어 줄수 있다.

부모가 앞으로도 사랑해 주고 보호할 것이라는 재확신은 자녀가 정서적으로 안정감을 갖는 데 도움을 줄 수 있다. 끝까지 사랑할 것이고 절대로 버리지 않을 거라는 확신과 믿음을 꾸준히 심어 준다.

3) 부모의 분명한 역할 제시

이혼과정이나 이혼 후 부모는 자녀가 고통받을 것이라는 사실에 가장 두려워한다. 부모가 정서적으로 안정적이지 못하고 불안하고 고통을 경험하기 때문에 그 감정이 고스란히 자녀에게 전달될 경우가 많다. 부모 자신의 문제를 자연스럽게 자녀가 떠안아 스트레스를 받고 증세로 나타나는 경우도 종종 보게 된다. 부모는 자녀의 문제와 자신의 문제에 분명한 한계를 정해서 말하고 행동해야 한다.

이혼 후 부모로서 자녀에게 해야 할 것과 해서는 안 되는 일에 대하여 지침을 두고 실행하도록 한다. 그리고 실천이 어려운 방해요인들에 대하여 상담에서 나누면서 적절한 해결방안들을 모색해 본다. 다음은 부모로서 하지 말아야 할 일과 부모로서 해야 할 일에 대한 내용이다(Rich 저, 서진환 외 공역, 2007).

① 부모로서 하지 말아야 할 일
- 자녀에게 부모 중 한쪽을 선택하도록 강요하는 일
- 자녀에게 이제 한쪽 부모만 있다고 느끼도록 하는 일
- 부모 사이의 이혼분쟁에 자녀를 끌어들이는 일
- 자녀로부터 정서적 지지를 박탈하는 일
- 자녀로부터 금전적 지지를 박탈하는 일
- 무언가 일이 잘되지 않으면 자녀를 비난하는 일
- 자녀의 일상생활방식의 급격한 변화를 강요하는 일
- 부모의 정서적 안녕에 대해 책임지도록 함
- 이혼으로 인해 자녀의 사회생활과 친구관계에 지장을 주는 일

② 부모로서 해야 할 일
- 자녀에게 부모 중 한쪽 편을 들 필요가 없다는 것을 확신시켜 주는 일
- 자녀에게 양쪽 부모 모두와 의미 있는 시간을 보낼 수 있음을 확신시켜 주는 일
- 자녀를 끌어들이지 않고 전 배우자와 문제를 해결하는 일
- 자녀가 사랑받고 있음을 확신하도록 도와주는 일
- 자녀의 금전적 욕구를 충족시키는 일
- 이혼문제에 대해 자녀를 비난하지 않는 일
- 이혼 때문에 자녀의 생활에 너무 심한 변화가 일어나지 않도록 하는 일
- 자녀에게 부모의 안녕은 부모의 책임임을 알려 주는 일
- 자녀가 친구들과의 생활을 유지할 수 있도록 격려하는 일

4) 이혼적응척도 질문지 활용

이혼적응척도(부록 5. 진단도구 참조)는 아동의 이혼적응에 영향을 미치는 부모의 특징과 과정을 측정하고자 개발된 42문항, 5점 척도의 질문지로, 양육권을 가진 부모가 이혼 후 아동의 적응영역과 관련된 지각을 평가하도록 되어 있다.

다음은 이혼 전후 과정에서의 이혼의 적응정도와 이혼 후 자녀의 적응에 영향을 줄 수 있는 양육태도를 볼 수 있는 척도다. 자녀 양육자는 각각의 문항을 체크한 후에 이러한 문제가 자신의 이혼 후의 적응과 자녀의 적응에 부정적인 영향을 주고 있

다는 사실을 인식할 수 있다. 이혼부모들이 자신들의 적응상태와 자녀들의 적응상태는 비례한다는 것을 고려한다면 한번쯤 부(모) 자신의 태도를 점검해 보는 것이 의미가 있다.

① 양육부(모)가 자녀 욕구에 더 많은 관심을 기울일 필요가 있다면 어떤 부분에서 자기의 방식이 부족하고 더 노력해야 하는 것들이 무엇인지 이야기하게 한다.
② 자녀의 삶과 생활에 더 많은 관심을 기울이려면 부(모)는 어떻게 해야 하는지에 대하여 논의한다.
③ 자녀의 복리를 위하여 전 배우자에게 어떤 식으로 협조를 요청하고 최선의 방법이 되는 것은 어떤 것들이 있는지 논의한다.
④ 자녀의 욕구와 이익을 최대한 고려할 때 자신이 느끼는 가장 어려운 점은 무엇인지 논의한다.

5) 전 배우자에 대한 감정전이

부모는 이혼 후 배우자에 대한 분노의 감정이나 원망, 복수심 등 불편한 감정들을 무의식적으로 자녀에게 전가한다. 배우자에 대한 적대감이나 분노, 상처들은 자신의 것이므로 자녀와는 상관이 없다. 자녀를 양육하는 부모는 상담을 통해서 자신의 불편한 감정과 혼란스러운 감정들을 제대로 정리하고 수용하는 과정을 가져야 한다. 이 작업을 하지 않으면 양육자는 힘이 없고 무력한 자녀에게 무의식적으로 정서적인 학대를 하게 된다. 정서적으로 학대를 받고 자란 자녀는 자기수치심과 무가치함, 존재의 불필요성을 느끼며 정서적인 불안감이 공격성으로 표출되어 나타난다.

① 자녀는 이혼한 부모가 서로에 대해서 나쁘게 말할 때 가장 심리적으로 고통스러우며 당혹스러워한다. "너의 엄마(아빠)는 엄마(아빠) 자격이 없단다." "너의 엄마(아빠)는 감정도 없는 동물이란다." "너는 엄마(아빠)가 말하는 것은 무엇이든 해서는 안 돼." "너와 함께 살 수 있는 사람은 나밖에 없어, 너의 아버지는 술주정뱅이잖아." 이런 식으로 부모가 말하게 되면 자녀들은 고통을 받는다. 부모 사이에 갈등이 계속되면, 자녀의 학교성적이 떨어지거나 친

구들과 잘 어울리지 못하거나 교사나 다른 권위 있는 인물에게 반항적으로 대하거나 부모에게 복종하지 않는 문제행동들이 나타날 수 있다(한국사회복지사협회, 2007).

만약에 부모가 이혼 후에도 지속되는 부부간 갈등으로 인하여 자녀에게 화풀이를 한다면 자녀의 성격이나 적응에 부정적 영향을 준다. 부모가 자녀들의 욕구에 민감하게 반응하지 못하고 공감적이지 못하면 자녀는 자존감에 상처를 받고 위축되며 불안하고 자기가치감을 느끼지 못하게 될 것이다.

② 양육부(모)는 별거중인 모(부)와 아이들이 친하게 지내는 경우 서로 연합한 삼각관계로 생각하여 더욱 부정적으로 자녀들을 다룰 수 있다. 자신의 피해의식이나 열등감이 자녀에게 전이되어 감정적으로 아이들을 다룬다면 자녀들은 부(모)의 부정적인 이미지를 자신의 한 부분으로 내면화한다. 지속적인 부모 사이의 갈등은 자녀로 하여금 부모에 대한 나쁜 상(image)을 자신의 한 부분으로 여기게 만든다. 다시 말해서 부모가 서로 갈등하여 싸우게 되면 자녀는 부(모)의 특성을 오히려 자신에게 내면화하고 계속 상처받게 된다. 부모가 싸울 때 아이들은 눈과 귀를 막고 도망치고 싶어 한다. 부모가 서로 미워하고 싸우게 되면 자녀들은 마음에 근심을 갖게 되고 자녀가 경험한 모든 두려움은 상처로 남게 된다(한국사회복지사협회, 2007).

③ 이혼 후에도 아이에게는 그리운 부모다. 부모들이 갈등이 심했던 경우일지라도 한쪽 부(모)는 다른 쪽 모(부)와 자녀가 만나지 못하게 하거나 자녀가 자신 앞에서 전 배우자에 관해 이야기하지 못하게 해서는 안 된다. 그리고 양육부(모)가 비양육모(부)를 비난하거나 욕하는 것은 그만두어야 한다. 전 배우자는 당사자에게는 이혼해서 보기 싫은 사람이지만 아이들에겐 여전히 마음속에 살아 있고 연결되어 있는 아빠(엄마)다. 부모들이 서로 미워하고 분노하기 때문에 자녀들은 같이 살지 않는 부(모)가 보고 싶어도 혼자서 감정을 은폐하며 억압한다.

학령기 아이들은 따로 살고 있는 부모에 대해서 궁금해 하고 걱정한다. 어디에 살고 있는지? 무엇을 하고 있는지? 내가 보고 싶지는 않은지? 그러면서 한편으로는 나에 대해 무관심한 비양육부(모)에 대해 화가 나기도 한다. 그러나 그런 생각을 아무에게도 이야기하지 못하고(그런 말은 해서는 안 될 것 같아서) 혼자 생각하고, 혼자 궁금해 하고, 혼자 화내고, 혼자 원망하며 그리워한다. 그런 상태에 있는 자녀 앞에서 이혼한 전 배우자에 대해서 비난하고 전 배우자가 자녀에게 관심이 없다거나, 말을 듣지 않으면 아빠(엄마)에게 보내 버린다고 협박하거나, 홧김에라도 '내가 무슨 부귀영화를 바라고 널 키우는지 모르겠다.'는 등의 말을 하면 자녀들은 절망하게 되고, 사랑받을 만한 소중한 존재라고 느끼기보다는 원치 않은 존재, 부모에게 짐이 되는 존재, 태어나지 말았어야 하는 존재로 자신을 바라보게 된다.

6) '부모따돌림 증후군'에 대한 정서적인 지침

미국의 리처드 A. 가드너(Richard A. Gardner) 박사는 1980년대 아이의 양육권 분쟁 문제와 관련된 심각한 이혼해독 사례를 많이 접하면서 자녀가 부모 중 한쪽과 연합하여 다른 쪽 부모를 거부하고 모독한 사례들을 종종 보았다. 이런 가정들을 연구하면서 한쪽 부모에 대해 거부감을 갖는 아이는 부모 한 사람뿐만 아니라 부모의 전체 가족에게도 증오심을 드러낸다는 것을 발견했다. 그리고 전에 사랑했던 사람을 이제는 왜 싫어하냐고 하면 대부분 사소한 이유를 대거나 이치에 맞지 않게 대답하였다. 아이들이 한쪽 부모에게 강한 거부감을 보이는 공통적인 행동 패턴을 보여 주었기 때문에 그는 새로운 용어로 이혼해독에 의한 '부모따돌림 증후군(Parental Alienation Syndrom)'으로, 줄여서 PAS라고 불렀다. 이 증세에 대한 기원과 전개과정, 징후에 대한 가드너 박사의 상세한 해석은 판사, 아동상담사, 심리치료사에게 개입지침과 더불어 큰 관심을 끌었다. 한쪽 부모가 자녀로 하여금 다른 한쪽 부모에게 거부감을 갖도록 계획적으로 조장하고 세뇌교육함으로써 아이의 정서에 해독을 끼칠 수 있다는 것이다. 번역서로 가드너의 『이혼가정 자녀를 위한 심리치료』(박영희 외 역, 양서원)를 참고하길 바란다.

아이들을 불필요한 스트레스와 파괴적인 의사소통에서 보호하기 위해서는 안정된 언행을 유지해야 한다. 그러나 이혼위기에 있는 부부는 배우자에 대한 문제나 약점들을 여과 없이 감정적으로 자녀들에게 노출하고 자녀들의 감정에는 민감하게 반응하지 못한다.

이혼 후 부모는 전 배우자에 대한 험담이나 욕설, 결점 같은 노출로 자녀들이 나쁜 영향과 상처를 받지 않도록 해야 한다. 다음은 자녀에게 말하기 전에 무엇을 어떻게 해야 하는지를 알려 주는 지침이다(Warshak 저, 황임란 역, 2002).

(1) 이 정보를 자녀들에게 밝히는 실제 이유는 무엇인가

이 물음은 자신이 복합적인 동기가 있다는 것을 알게 해 준다.

아이들에게 말하기로 결정하면 최상의 이익을 주는 것 외에는 다른 동기는 없는지 성찰해 보아야 한다. 배우자에 대한 악의적 동기에 의한 것이 없는지 살펴보아야 한다.

특히 이혼의 이유를 말하거나 잘못을 배우자 탓으로만 돌릴 때는 그 책임을 전가하고자 더 확대하여 말한다. 그러나 이혼을 전적으로 상대방 책임으로 돌리고 싶다고 해도 그것은 자신의 욕구이지 자녀들의 욕구와는 관계가 없다. 상대방을 비난하고 싶은 마음은 적어도 책임에서는 벗어나고 싶은 욕구이고 결혼실패의 책임을 받아들이고 싶지 않은 것이며 전 배우자를 응징하고 싶은 의도다. 즉, 전 배우자를 나쁜 사람으로 만들어서 아이가 전 배우자에 대해 화를 내고 적이 되고 자기와 한편이 되어 주기를 바라는 의도인 것이다.

아버지는 부인이 외도를 해서 이혼을 할지라도 아이에게는 자기 엄마를 거부하지 않도록 하는 것이 더 좋다. 아버지는 전 배우자를 용서하지 못할지라도 자신이 결혼기간 동안 어머니를 충분히 행복하게 해 주지 못했다고 설명할 수 있다.

(2) 내가 비판하려는 전 배우자의 행동 때문에 자녀들이 해를 입고 있는가, 혹은 그에 대한 정보가 없어서 해를 입고 있는가

전 배우자의 행동 때문에 자녀들이 상처를 입는 것이 아니라면 그 불만을 아이들과 공유할 필요는 없다. 예를 들어 남편이 아이들을 데리러 올 때 아이들이 항상 초조하게 창밖을 보며 기다려야 하는 상황에서 엄마가 화가 나서 "너희 아버지는 왜 이렇게 항상 늦은지 모르겠어! 오고 싶지 않은데 억지로 오는 것은 아닌지 모르겠다."라고 이야기를 하면 아이들은 해를 입는다. 실망감을 느끼고 걱정하게 될 뿐 아니라 자신들이 중요하지 않다고 생각하게 되므로 아이의 자존감에도 상처를 준다.

(3) 내가 하려는 말을 듣는 것이 자녀에게 어떤 도움이 될까

이 방식은 아이들이 다른 사고방식을 갖는 데 도움이 될 수 있도록 개방적인 토론을 하여 건강한 대처방식을 찾도록 한다. 전 배우자가 전적으로 잘못했다는 사실을 들음으로써 아이가 얻게 될 명확한 이익이 무엇인지 알기 어렵다. 부(모)의 폭로는 오히려 자녀를 어른들의 갈등 속으로 끌어들이고 비양육모(부)에 대한 존중감을 떨어뜨리게 하는 것일 수 있다.

(4) 자녀들에게 사실을 밝혀서 얻을 수 있는 이익이 장차 초래될 수 있는 위험보다 더 가치가 있는가

어머니가 아버지를 비판했을 때 아이들은 불안을 느끼고 상처를 받을 수도 있다. 부(모)가 무엇을 어떻게 말할지 결정할 때는 아이들의 나이를 염두에 두고 말해야 한다.

진실을 밝히는 것이 아이에게 이익이 될 수 있는 상황도 많지만 또한 해로울 수도 있다. 배우자에 대한 비판을 아이와 공유하고 싶다면 이익은 최대화하고 해로움은 최소화하는 방식으로 해야 한다.

(5) 배우자와 행복한 결혼생활을 하고 있을 때, 그리고 자녀들과 배우자의 관계를 지키고자 했을 때는 상황을 어떻게 다루었는가

부모가 이러한 최소한의 이런 배려를 자녀들에게 한다면 부부의 갈등상황에서 최소한 아이가 자기 잘못이 아니라는 것을 재확인할 수 있을 것이다. 부부의 갈등 속에서 누구 편에 서라고 강요받지도 않을 것이다. 아이들은 부모 중 한쪽 편을 나쁜 사람으로 볼 필요가 없다. 또한 부모가 이것을 조장해서는 안 된다.

행복한 결혼생활을 하고 있을 때는 가능한 한 아이와 부모의 관계를 훼손시키지 않고 그 문제에 관해 논의하는 방법, 즉 부모에 대한 아이들의 일반적인 존경심과 호감을 손상시키지 않는 방법을 찾았다면 이혼 후에도 이러한 사려 깊은 태도가 필요하다(Warshak 저, 황임란 역, 2002).

7) 자녀의 경험 수용과 공감하기

자녀를 자신의 소유물이 아닌 한 명의 인간으로 존중한다는 것은 자녀의 감정, 사고, 행동을 평가하거나 판단하지 않은 상태에서 있는 그대로 받아들이는 것을 말한다. 자녀가 심리적으로 안정되고 존중받고 있다고 느끼는 것은 긍정적인 자아상 형성에 영향을 미치며 그런 자신감은 결국 새로운 세계나 사물, 인간에 대한 호기심과 모험심으로 이어진다.

건강한 아이는 자기 세계와 다른 세계에도 관심을 보이므로 대인관계를 잘할 수

있는 바탕이 된다. 부모가 자녀의 모습을 어떠한 조건 없이 수용적인 태도로 받아들일 때 자녀는 자신이 존중받고 있다는 느낌을 갖게 된다. 그래서 자신은 소중하고 가치 있는 사람이라고 생각한다. 부모는 자녀의 경험과 감정을 자유롭게 체험하고 표현할 수 있도록 공감과 반영을 함으로써 원활한 의사소통관계가 이루어질 수 있다.

자녀의 모습을 받아들이기 위해서 양육 부(모)는 다음과 같은 태도를 취해야 한다(한국사회복지사협회, 2007).

① 자녀의 경험, 사고, 감정을 있는 그대로 수용해 주고 공감해 준다.
② 부모 자신의 평가기준을 자녀에게 개입시키지 않도록 한다.
③ 자녀의 말뿐만이 아니라 비언어적 행동에도 관심을 갖도록 한다.
④ 진실로 자녀의 마음을 알아보려는 태도와 감정을 이해하는 능력을 길러본다.
⑤ 태도 자체가 중요한 것이며 표현기법은 이러한 태도의 자연스러운 결과다.

부(모)는 자녀에게 일방적으로 명령, 지시, 판단, 비난, 거부, 요구하는 말들을 하지 않도록 조심해야 한다. 부모는 일단 자녀의 마음을 잘 읽어 주고 공감해 주어야 한다.

무의식적으로 아이들을 평가하거나 비판, 혹은 조롱하는 말이나 남과 비교하는 말도 심리적인 좌절감과 반항심을 불러일으키게 되므로 하지 않는 것이 좋다. 먼저 부모 자신의 대화 패턴을 제대로 아는 것이 중요하다. 자신이 주로 사용하는 판단, 비난, 거부, 비교 등의 방식을 알고, 점차적으로 지지하고 공감능력을 키우는 것이다. 아이의 말에 그대로 '엄마가 ……해서 ……했구나.' 정도로 반영하는 기술을 연습한다. '그래서 너의 감정이 ……했구나. 그래서 너는 어떻게 하면 좋을까 생각해 보았니? 그래서 너 자신이 만족스러웠어? 다음에 또 그런 상황이 오면 어떻게 하고 싶니? 하면서 질문을 하고, 아이가 답하도록 유도한다.

엄마가 혼자 결정을 할지라도 아이의 의견을 물어보고 아이의 느낌, 생각을 표현할 수 있는 기회를 주도록 한다. 그리고 일치되지 않았을 때는 각자의 입장과 생각들을 말해서 협력하는 방향으로 함께해 준다. 누구나 자신의 생각이 인정된다고 느껴지면 상대방에게 친밀감을 느끼고 자신의 생각에 대해서는 자신감을 갖기 마련이다. 부모와 공감적이고 지지적인 대화를 나누는 아이는 정서적으로 안정적이며 다른 아이들과도 이런 식의 대화가 가능해서 대인관계를 잘할 수 있는 기초가 된다. 부(모)는 먼저 자기 감정을 잘 통찰하고 조절함으로써 내 자녀에게 감정을 지각하는 것,

대처하는 법 등을 코치할 수 있어야 한다. 아이의 발달단계에 따른 자녀양육법에 대한 지침서나 부모코칭, 대화법에 관한 책을 읽도록 권한다. 먼저 부(모)의 자기성찰을 위한 질문은 다음과 같다.

① 자녀와 대화할 때 나의 대화방식은?
② 자녀와의 대화를 어렵게 만들고 방해하는 요소는 무엇이라고 보는가?
③ 자녀와 지지와 공감을 나눈 적은 언제였나?
④ 나는 누구로부터 존중과 지지를 받아 본 적이 있는가? 그때는 내 감정이 어땠는가?
⑤ 자녀를 수용하고 공감하기 위하여 내 마음의 조건이나 상태는 어떠해야 하는가?

다음 표에서 이혼이 자녀발달에 어떠한 영향을 미치는지 유아기-전학령기-학령전기-10대 이후로 나누어 살펴보고 부모의 역할에 대하여 알아보았다.

⟨표 III-10⟩   이혼이 자녀발달에 미치는 영향과 부모의 역할

발달 단계	이혼의 영향	부모들의 역할
유아기	• 가장 많은 혹은 최소한의 영향을 받는 시기 • 부모와 관계형성이 잘 되었으면 새로운 환경에 잘 적응하고 덜 영향을 받는다. 그러나 부모가 불안해 하면 행동적, 신체적으로 반응한다. • 울고 부끄러워 하고 부모에게 매달린다(매우 정상적 반응임). • 수면장애를 보이는데 이는 격리불안에 대한 두려움의 표현 • 격리불안으로 안 떨어지려고 함 • 퇴행을 보이는데 이것에 신경을 쓰기보다는 최근에 성취한 것에 관심을 기울이도록 한다.	• 가능한 정상적인 생활을 유지시켜 주는 것이 가장 중요 • 보통보다 많은 사랑과 관심을 주고 일상적인 것을 유지하고 일관성을 가질 것 • 양부모와 빈번한 접촉 필요(부모문제, 자녀문제 분리필요) • 인형, 그리기 장난감 이용하여 이해하기 쉽게 이혼에 대한 정보전달 필요 ⇨ 아이의 연령에 맞게 이혼에 대한 설명 중요

전학령기	• 유기에 대한 두려움이 크다. • 퇴행, 떼쓰기, 울기, 잠을 못자고 악몽을 꾸기도 한다. • 오이디푸스 콤플렉스와 환상적 사고가 연계되어 부모의 이혼에 대한 죄책감이 생기고 ⇨ 부모 재결합에 대한 환상 가짐	• 퇴행, 자위행위 증가, 손가락 빨기 등을 보임 ⇨ 이는 관심을 요하는 증거, 끊임없이 부모의 사랑을 확인시켜 주라. • 이혼에 대한 설명을 반복해서 해 주라. • 일상적인 패턴을 유지시켜 주라. • 비양육부(모)와 지속적인 만남을 갖도록 하라. • 매일 아침 자녀와 일정을 검토하기 ⇨ 유기불안 감소 위해
학령전기	• 슬픔과 불행의 감정 • 좌절경험으로 무기력감 • 재결합 환상으로 좌절감을 느낀다. • 재혼에 대한 두려움을 갖는다. • 비양육부(모)를 그리워 함 • 학교에서 집중하지 못해서 학업수행의 문제, 또래와의 문제 보임	• 한편에 서도록 강요하지 말라. • 부모의 사랑을 확인시켜 주라. • 이혼의 사실을 솔직히 알려 주고 환경이 변화될 것임을 알려라. • 교사에게 가정의 변화를 알리고 성적이나 행동이 나빠지면 전문가의 도움을 받도록 하라. • 조부모와의 만남을 장려하라. • 생활의 변화를 아이들에게 경제적인 것으로 보상하지 말라. • 자녀와 경제적인 문제를 논의하지 말라. • 부모의 부재로 인한 외로움을 느끼므로 감정을 표현하도록 하라.
10대 이후	• 분노, 비난, 슬픔, 미래에 대한 불확실성을 느끼는데 이것을 우울, 공격성, 거짓말, 도벽 등으로 표현한다. • 부모가 계속 갈등하면 이런 환경으로부터 도망하려 한다. ⇨ 가출, 비행, 약물남용, 중퇴, 여자의 경우 사랑하고 받는 느낌을 갖기 위해 임신할 수도 있다. • 도덕적이고 판단적인 경향 때문에 한부모를 속죄양으로 만들 수 있다 ⇨ 그러나 이성에 대한 부정적 인식을 가질 수 있다. • 잘 적응하는 것 같지만 고통과 당혹감이 크다. 부모의 감정에 상처를 입히지 않으려고 혼자 해결하려고 한다. • 자신의 미래에 대한 두려움과 자신의 결혼이 실패할 것 같은 두려움을 느끼고 딸은 부(모)로부터 거부당했다는 느낌을 갖고 미래의 남성과의 관계에서 어려움 느낌.	• 의사소통기술을 학습하고 실천하라. • 공감적이고 경청적인 대화를 해라. • 독립성과 외부활동에 관심을 갖도록 장려해라. • 학교에 행사가 있을 때 반드시 참석하라. • 합리적 기준과 규칙을 합의하여 만들어라. • 자녀가 보이는 반응들(부인, 우울, 가출 등)에 대해 민감해져라. • 부모 모두를 사랑해도 된다는 확신을 주라. • 교사나 상담사와 어려움을 이야기하고 해결한다. • 의사결정에 협의해라.

출처: 한국사회복지사협회(2007)에서 재인용.

제**12**장
부부상담의 기술

Ⅰ. 건강한 부부관계의 기술

　지속적으로 사랑과 유대관계를 잘 유지하는 부부를 보면 쉽게 저절로 만들어지지 않았음을 알 수 있다. 두 사람이 서로 위기를 거치고 어려움을 당하면서도 함께 하고자 하는 의지와 결단이 먼저 있었고 어려운 과정 속에서 더욱 바람직한 대처능력을 발휘하여 그 관계가 견고해진 것이다. 두 사람이 한 사연을 공유하면 둘이서 함께한 많은 시간만으로도 특별한 의미를 갖는다. 그래서 부부가 '함께 늙어간다.'는 것은 수천 번의 강렬한 연애를 해도 얻을 수 없는, 단 한 사람과의 사랑 속에서 이루어지는 끈끈한 정과 강한 유대감이라는 핵심이 있다. 부부가 노년기에 머리를 마주하고 저무는 태양을 바라볼 수 있는 여유로움도 그동안 함께 겪어온 세월이 있었기에 누릴 수 있는 특권이다.

　모든 부부들이 결혼을 할 때는 이혼하리라고 예상하지 않지만 상당수가 부부간의 위기나 갈등, 스트레스, 학대나 폭력 속에서 어려움들을 잘 극복하지 못하고 관계의 종말을 맞는다. 삶의 에너지원이어야 할 가정이 고통의 장이고 상처의 장이라면 분명 역기능적이다. 기능적인 부부관계를 이루기 위해서는 새로운 학습과 기술이 더욱 요구된다. 시대의 발전과 함께 부부들의 기대는 높아지고 욕구는 다양해지고 있으며 부모로부터 물려받은 학습만으로는 관계를 잘하기가 어렵다. 나의 상처를 보는 것, 나의 감정을 만나는 것, 나 자신을 좀 더 객관적으로 통찰하는 것부터가 관계 회복의 첫걸음이다.

이 장에서는 부부의 이혼을 예방하고 좀 더 원만한 관계를 유지하기 위한 방법과 전략으로서 건강한 부부관계의 특성, 갈등해결방법, 상처를 회복하는 기술, 심상을 통한 부부치료, 가트만의 부부상담, 내면아이치유, 정신역동적 의미치료에 대해서 알아보고자 한다.

1. 위기는 기회다

부부의 생활이 안정되었다는 것은 심리적인 편안함과 안락을 주지만 고인 물처럼 변화가 없는 상태이기도 하다. 부부의 경직된 균형을 깨는 것이 바로 위기가 찾아왔을 때다. 외도의 사건이나, 배우자의 질병의 위기, 죽음의 위기, 자녀의 문제로 인한 위기, 직장상실 등은 서로가 얼마나 중요하고 의지하면서 살아온 대상인지 그때서야 바로 알아차리고 그동안 얼마나 소홀히 하고 서로에 대해 무관심하며 최선을 다하지 못했는지 깨닫게 해 준다.

"부부는 위기를 겪어 봐야만 다람쥐 쳇바퀴 돌듯 반복되는 습관의 굴레에서 벗어날 수도 있고 나와 배우자의 능력도 세심하게 가늠해 볼 수 있으며 공동의 삶 속에서 존재하는 새로운 가능성도 발견할 수 있다. 위기는 관계유지가 불가능하다든지 헤어져야 한다는 틀에 박힌 단계에서 그 만큼 한걸음 더 앞으로 내디딜 때가 왔다는 신호다."(Jellouschek 저, 김시형 역, 2007).

한 남편 K씨는 자신의 4년 전의 악몽과 같았던 일을 뒤돌아보며 지금은 담담하게 말한다. "정말 힘들었어요. 그래도 지금은 그런 일이 생긴 걸 오히려 다행으로 여겨요. 안 그랬으면 제가 이렇게 달라질 기회도 없었겠지요."라며 자신에게 일어난 일에 대하여 긍정적으로 해석하고 중요한 교훈을 얻었다고 말한다. 자기 아내에게 남자친구가 생긴 일로 충격을 받았지만 이 남편은 그것을 계기로 자신의 삶을 되돌아보게 되었다. 그전까지는 자기관리나 건강, 승진을 위한 자기계발 등은 신경조차 쓰지 않고 거의 매일을 마구 닥치는 대로 살았다고 한다. 거의 매일 친구들과 2차, 3차까지 술을 마시다 새벽이 되어서야 들어오고 다음날 아침 출근하는 등 거의 집에 있는 시간이 없었다. 아이들 문제나 집안일은 부인이 알아서 잘하리라 믿었다. 그런데 집안일이 잘 돌아가기는커녕 아내는 남자친구를 만나고 다니느라 자녀들을 방치한 적도 있고 자신의 외모에만 신경을 썼다. 남편은 이런 사실 아는 순간 아찔하고 피가 거꾸로 돌고 죽고 싶었다고 한다.

그러나 이 남편은 자신의 감정을 잘 진정시키고, 정말 이혼할까 생각하고 또 생각하다가 혼자서 상담을 하면서 자신을 되돌아보았다. 자신이 그동안 어떻게 살았는가를 평가해 보았다. 그리고는 내린 결론이 "너 정말 꼴 한 번 좋구나, 네가 한 것에 비하면 그래도 약과지." "부인이 죽는 것보다는 훨씬 낫잖아." "그래 내가 너무한 것도 있어." 등이었고, 이 남편은 자신의 삶을 반성하기 시작하였으며, 자신의 변화를 위하여 하나하나 노력하기 시작한다. 이 남편은 부인의 문제를 보기보다는 해결 중심으로 모든 에너지를 투자하기 시작한다. '내가 어떻게 하면 아내 마음에 다시 들 수 있을까?'에 초점을 맞추도록 하였다. 자주 먹던 술도 서서히 끊게 되고, 술 친구들과도 어울리는 횟수를 점차적으로 줄여 나가고, 외근직에서 내근직으로 직장도 바꾸면서 주말이면 부인과 등산을 가기로 합의를 하고 열심히 다녔다.

그러면서 이 남편은 부인의 남자친구에 대해서는 아는 순간부터는 부인에게 말을 하지 않았다. 남자친구와 관계는 어떤지, 어느 정도의 관계였는지, 얼마나 자주 만났는지 등에 대해서도 묻지 않고 오로지 자신의 일만 열심히 했다. 주말에는 그래도 분을 삭히며 올라오는 감정을 추스리고 부인과 함께 열심히 등산을 다녔다. 처음에는 침묵으로 일관하던 남편도 오고 가는 길에 마음을 가다듬고 부인의 미래의 꿈이 무엇인지, 무엇을 하고 싶은지, 자녀들이 크면 서로 함께 하고 싶은 것들은 무엇인지 등 주로 미래에 대한 이야기를 함으로써 희망을 잃지 않으려고 노력하였다. 자신의 감정을 통제하기 어려운 순간들도 많았지만 이성적으로 대처했던 자신의 노력이 결코 헛되지 않았고 결국은 부인을 다시 되찾을 수 있었다. 남편에게 중요한 것은 자신과 부인의 회복된 관계였다. 이 남편은 삶의 위기를 회피하지 않고 직면해야 할 도전이라 믿고 분명하게 행동으로 보여 준 아주 특별한 사람이다. 이 부부는 더 큰 사랑으로 서로를 신뢰하며 새로운 경험을 통해 부부관계를 회복할 수 있었다.

많은 부부들 가운데 배우자가 불치병에 걸려도 죽음에 맞서 함께 싸우는 부부가 더욱 큰 사랑으로 강하게 성장하는 것을 본다. 그들은 "만약 당신에게 그 일이, 그 병이 없었더라면 우리는 결코 그것을 경험하지 못했을 거예요."라고 고백한다.

부부의 위기는 실제로 극복이 잘 되면 비 온 뒤에 땅이 더 굳어지는 것처럼 훨씬 더 긍정적인 효과가 있다. 하지만 오히려 위기 때문에 관계가 더 악화되고 경직되며 지금까지 이루어진 모든 것들이 사라지는 경우도 발생한다. 위기로 인하여 부부가 더 큰 상처와 고통 속에서 부부관계의 마지막 장을 내려야 하는 비극도 연출된다.

부부관계의 위기 가운데 성장하고 싶다면 옐루셰크(Jellouschek 저, 김시형 역, 2007)가 부부의 중요한 태도와 행동방식에 대해 다음과 같이 설명한 것을 참고하라.

1) 부부가 어떤 위기에 봉착한 상태여서 지금은 앞이 보이지 않고 불확실하지만 분명히 출구가 있을 것이라는 긍정적인 믿음과 확신을 갖는 것이 중요하다.

2) 위기를 겪고 나면 위기 전의 상태로 다시 되돌리기는 힘들다. 위기 전의 상태와는 결별을 해야 한다. 때로는 자신의 소중한 것들을 잃어야 하는 아픔과 고통의 경험이 따르기도 한다. 하지만 작별의 과정을 거치고 나면 이제 부부관계의 새로운 가능성을 찾게 된다. 위기를 통하여 더 성장하고 나아갈 수 있는 기회가 된다.

3) 새로운 변화를 위해서는 부부에게 창의력과 적극적인 용기가 필요하다. 힘들다고 단념하거나 포기하면 안 된다. 자신의 에너지를 긍정적으로 사용하여 과거의 것을 청산하고 새 출발을 시도한다.

4) 현재 처한 위기에 저항하고 감정적으로만 대처하지 말고 새 생각과 새 길을 찾는데 전념하는 투지가 필요하다. 사례의 남편 K씨처럼 "내가 할 수 있는 것은 오직 아내의 마음에 드는 남편이 되는 것이라고 생각하고 행동했죠." 병든 아내를 돌보아야 하는 남편의 상황도 마찬가지다. "내 손으로 아내를 다시 건강하게 할 수는 없지만 그 병으로 인하여 아내가 진짜 뭘 원하는지 알 수 있었지요. 지금까지 받는 데에만 익숙한 내가 이제는 아내에게 주어야 할 때가 왔다는 것을 깨달은 것입니다."

5) 위기를 맞은 부부는 함께 힘을 합하여 서로 지원하고 뒷받침해 주는 한 팀이 되어야 한다. 즉, 같이 견디고 같이 성장하는 것이다. 용서하기 어려운 배우자라도 어느 정도 존중하면서 공정하게 대한다면 상대방 역시 현실적이고 현명한 판단을 하려고 한다. 상대방을 적대시하고 아예 신경도 안 쓰고 무시해 버리면 함께 극복하는 것도 어려워진다. 그러나 함께 협력함으로써 새로운 결속과 우정이 생길 수 있다. 그리고 우리가 해냈다는 자부심도 가질 수 있게 된다.

2. 부부의 공정한 권력행사

부부의 권력은 관계에 적지 않은 영향을 미친다. 권력이란 곧 상대에게 영향력을 행사하는 것이다. 사적인 관계에서 매일, 매시간 크고 작은 권력을 사용한다. 관계성에서 권력을 피할 수는 없으므로 권력을 어떻게 사용하느냐가 중요하다. 세상에는 부부관계를 더 악화시키고 해치는 불공평한 권력행사가 난무하는 반면, 부부관계를 더 유익하게 하는 공정한 권력행사도 있다.

1) 권력투쟁형

이 유형에 속하는 부부들은 매사에 어떤 주제나 상황에 상관없이 권력투쟁을 벌인다. 이 권력투쟁은 양쪽이 각자 어떤 사실에 대한 자기 시각을 상대방에게 들이밀면서 그것을 따르도록 요구하되 상대 의견에는 결코 고개를 숙이지 않겠다고 거부하는 방식으로 나타난다.

2) 지배종속형

이 유형은 한 사람이 의사결정에서 판단하고 결정하고 다른 사람은 거기에 순응하고 따라가는 스타일이다. 한 사람이 거의 지배적이며 우월한 영향력을 행사한다면 다른 쪽은 아래에 놓이는 식이다. 부부가 불평등한 권력구조로 양쪽 다 불만이 많은 관계구조로 발전한다. 위에서 결정하는 사람은 고립됐다는 느낌이 강하고 아래쪽은 자신이 무시당하고 존중받지 못한다는 느낌을 갖게 된다. 그래서 은폐된 방식으로나마 권력게임, 조작, 수단을 써서라도 자기 입지를 넓히려고 한다. 예를 들어 남편을 모시고 받들어야 하는 부인은 아프다는 핑계로 누워서 아무 일도 하지 않음으로써 남편에게 자신의 권력을 행사하려고 한다(Revenstorf, 1996).

3) 공정한 유형

서로 사랑하며 존중하는 부부간에 상대방에게 설 자리를 주고 포용하는 것이다.

즉, 상대방의 의견에 함께 동조하며 상대방의 기쁨이나 불안이나 어려움에도 공감해 주고 잠시나마 상대편의 입장에서 느끼는 것을 말한다. 배우자의 말에 공감하고 수긍하는 것은 관계에서 매우 중요하다. 그러나 항상 이의를 제기하고 반대의견을 말해야 직성이 풀리는 사람은 관계를 망가뜨리는 결과를 낳는다.

상대에게 공감하는 방식만큼 중요한 또 다른 것이라면 자신의 입지를 당당하고 힘 있게 지키는 방식을 들 수 있다. 매사에 동의만 하고 따라가는 스타일은 다루기 쉬운 배우자로서 길게 보면 두 사람의 관계는 경직되고 정체되기 쉽다. 이런 배우자는 자신의 부부관계에서 자율적으로 자극을 불어넣지 못하고 상대방이 자기 위에서 군림하도록 허용하게 된다.

4) 불공정한 권력행사

불공정한 권력행사의 원천은 다양하다. 돈의 사용에 있어서 남편이 모두 지배하고 아내에게는 분배를 하지 않는다면 아내는 무시당한 느낌을 갖고 알게 모르게 반작용으로 다른 부분의 권력을 더 강하게 갈망하게 된다. 예를 들면 아들과의 관계에서 독점과 정서적인 밀착으로 남편보다 우위를 차지하고 남편을 소외시키는 것이다. 관계도 역시 중요한 권력행사의 원천이다. 남편은 아들에게 다가설 권한이 없으니 무력감에 빠지고 그 반동으로 자기가 휘두를 수 있는 영역들에서 더 강하게 고수하게 된다. 아내도 다른 방식으로 무기를 사용하여 방어경쟁이 반복된다.

돈과 아이들 말고도 권력의 원천으로 사용되는 것은 남자들의 경우 물리력, 폭력이다. 여자들의 경우 성적 매력을 들 수 있고, 양성 모두에게 해당되는 것으로는 정보와 사회적 관계와 부모나 인맥 등이 있다. 자신에 유리한 것들을 사용함으로써 상대방의 접근을 차단하고 배제하며 권력을 휘두른다. 그러므로 부부는 자존심이 상하고 서로에 대한 애정은 식어간다.

5) 공정한 권력행사

건강한 부부들은 각자가 사용하는 권력들을 서로 나누며 자신의 권력원천을 따져 보고 얼마나 접근을 허용하는지 혹은 배제하는지 검토하며 집안일에 대한 것, 아이 양육, 돈의 사용 등에 대해 서로 많은 의견을 나누고 공유한다. 그러므로 두 사람의 관계에서 신뢰가 커지며 관계에서 균형을 이루고 평등성을 유지하므로 불만이나 억압이 적게 발생한다.

건설적인 권력싸움은 부부가 권력에 대한 제한권을 행사하는 것이다. 즉, 상대의 요구에 맞서 자신의 영역을 지키는 것이다. 예를 들면 운전을 할 때 옆에서 남편이 잔소리를 하면 자신의 방식대로 할 수 있도록 잔소리를 멈추게 하는 것이다. 남편이 아이를 재울 때 아내가 간섭하려고 하면 "내 방식대로 아이를 재울 테니 당신은 나가 있어 줘요."라고 말할 수 있다.

또는 대화중에 끼어든다면 "내가 끝까지 말 좀하게 해 줘요. 자꾸 내 말에 끼어들지 말고요."라고 말하면서 제한을 하는 것이다. 부부관계에서 분명한 한계를 정하는 것은 서로를 침범하지 않는 자유권을 보장하는 것이다.

권력행사의 또 다른 형태는 권력의 이행권이다. 무엇을 함께 하자고 건의하는 것, 함께 무엇을 먹자고 제안함으로써 상대방에게 행동의 자유권을 제공하는 것이다. 이행권을 사용하기 위해서는 물론 상대방의 의견을 존중하면서도 세심하게 신경을 써야 한다. 때로는 두 사람에게 모두 유익하며 창의적인 제3의 방법도 유익하다. 즉, win-win 방식으로, 둘 다 패하지 않는 방식으로 하는 것이다.

이는 관계 안에서 부부가 건설적인 방식으로 상대방에게 영향력을 행사하여 자신의 한계를 일깨우고 새로운 영역들을 할 수 있도록 해 주는 멋진 경험을 하게 해 주는 것이다. 권력게임은 마치 시소게임처럼 양쪽이 한 번씩 위로 올라가기도 하고 내려오기도 하며 끊임없이 움직여야 재미가 있다. 시소가 움직이지 않는 정지상태는 관계가 경직된 것이며 고착상태다.

- 부부 사이에 자신의 관심사를 옹호할 권리를 고수하고 상대방도 자기 관심사를 주장할 권리를 인정해 준다.
- 부부가 배우자에 대항할 다른 사람(부모, 자녀, 친구)과 동맹관계를 결성하는 것은 당장은 우위에 위치하나 장기적으로는 관계를 무너뜨리는 행위다.
- 상대방이 위로부터의 권력(권위적, 지배적)을 사용하면 곧 상대방이 아래로부터 가하는 권력(아프다, 우울감, 수동 공격적, 은폐나 조작)에 반격을 당한다.

-Jellouschek 저, 김시형 역(2007).

3. 부부의 안정성과 자극

독일의 많은 부부들이 결혼 전에는 연애를 하고 열정적인 사랑의 관계를 잘 유지하다가 일상적인 동거의 생활로 접어들어 함께 살거나 결혼을 하게 되면 일이년도 지나지 않아서 별거를 하거나 성적인 문제로 호소하는 경향이 많다. 부부 양쪽이 모두 정상인데 단지 의욕이 생기지 않고 상대에게 별로 성적인 욕구도 느끼지 못한다고 호소한다.

그러나 성생활에는 신체적인 기능만이 작용하는 것이 아니다. 삶의 전체적 측면과 자신의 상황들, 정신세계, 신체활동까지도 성생활에 영향을 미치는 요인이 된다. 성적인 욕구가 조금 떨어졌다고 신체적인 기능이상을 찾으려 하기보다는 부부의 전체 삶의 모습들을 속속히 파헤치는 것이 가장 올바른 방법이다. 자신들의 상황이 자유롭게 성적인 관계를 발휘할 수 있는 환경이 되는지 아니면 주변사람이나 상황들이 욕구를 억압하게 만드는 것인지 그리고 생활의 조건이나 상황들, 마음가짐, 태도도 중요하다. 특히 아이의 출산이나 결혼 후의 안정적인 일상생활의 평범함은 성적인 욕구를 줄어들게 한다.

부부치료자인 레벤스토르프(Revenstorf, 1996)는 인간의 두 가지 서로 상충하는 욕구에 대하여 근본적인 측면을 설명한다. 안정을 추구하는 욕구와 자극과 흥분을 쫓는 욕구가 동시에 존재한다는 것이다. 처음에는 익숙하지 않고 낯선 자극들이 점차적으로 안정을 찾게 되면 지루함과 권태를 느끼게 만든다. 너무 안정적인 부부관계는 한편으로는 너무 편하고 익숙해서 지루하기까지 할 수 있다. 물론 부부는 내적인 유대감을 갖고 서로에게 익숙하고 편해야 한다. 그렇지만 서로가 약간의 낯선 측면인 자신의 개성을 잃어서도 안 되며 자신만의 고유성으로서 독자적인 개성을 지속적으로 발전시켜야 한다. 자신의 취미나 관심분야, 자기만의 세계를 만들어 가야 한다.

특히 여성들의 경우 자녀를 출산하고 양육하느라 누구의 아내나 누구의 엄마로만 정체성을 한정하다 보면 남편도 아내를 볼 때 매력이 감소하고 다른 여성에게 자극을 찾고 싶어 하게 된다. 남성들도 예외는 아니다. 자신의 관심을 직장생활과 가정에만 한정하여 살다 보면 어느 사이 다람쥐 쳇바퀴 도는 기계적인 생활 속에서 자신의 고유성과 개성을 상실한 채 고립된 자신을 보게 되며 열정이나 창의성은 사라진 지 오래다. 고유성과 개성이 사라진 부부는 안정감은 획득하지만 자극은 잃어버리고,

감각이 살아 있지 못한 경우 당연히 성적인 감각도 무뎌질 수 있다.

부부의 성적인 욕구가 감소하는 데에는 두 사람 사이에 '부모-전이'가 발생하는 경우가 많다. 부부가 서로에게 익숙하고 편하다 보면 남편이 아내에게 어머니 같은 이미지를 느끼고 아내는 남편에게 아버지 같은 이미지를 느끼게 된다. 그러면서 서로 부성애적인, 모성애적인 배려나 기대를 갖고 살게 된다. 부부가 서로 이러한 엄마 역할, 아빠 역할을 수용하면서 지내다 보면 가족 내의 근친상간에 대한 금기가 심리적으로 작용하여 성적인 욕구가 억압당한다. 주로 아내가 남편에게 모성애적인 배려와 보살핌의 욕구로 엄마 역할을 하는 것은 성적인 파트너로서의 매력을 잃게 하는 요인이 된다(Jellouschek 저, 김시형 역, 2007).

아이가 생기면 호칭에서도 배우자에게 '~아빠', '~엄마'라고 부르는데 심리적으로 부모가 되면 서로를 부모로 인식하기 때문에 당연히 상대방에 대한 성적 욕구가 줄어든다.

'부모-전이' 관계에서 남편이 아내를 대할 때 아들처럼 행동하거나 아내가 남편을 대할 때 딸처럼 행동하는 것도 부부 사이에서는 미세한 권력차를 일으킨다. 마치 한쪽이 위이고 다른 한쪽은 아래와 같은 느낌을 갖게 되는 것이다. 비록 무의식적이긴 하지만 약자는 자기 쪽에서 강자를 향해 일어나는 성욕을 차단하게 된다. 아내에게서 어머니 모습만 보는 남편, 남편을 대할 때 딸이 된 느낌만 받는 아내는 상대방에 대해 성적인 욕구를 느끼지 못한다. 심리적으로 상대방으로부터 자신을 지키고 자신의 권리를 빼앗기지 않아야 한다는 생각이 더 강하게 작용하기 때문이다.

부부들의 성적인 욕구를 감소시키는 또 하나의 요인으로는 바쁜 일상을 들 수 있다. 부부들이 너무 바쁘고 업무에 시달리다 보면 성적인 욕구는 들어설 자리가 없다. 일과 의무 속에서 완벽하게 일처리를 해야 한다는 부담감은 섹스에 대한 관심도 사라지게 한다. 따라서 부부가 때로는 휴가를 즐기며 여유로운 일상을 만들어야 에로틱한 열정도 자연스럽게 되돌아온다. 이런 관능적인 사랑은 인생을 여유롭게 즐기고 느긋한 사람에게 주어지는 축복이다.

두 사람의 억압된 성적 욕구는 대개 쫓기는 일상생활 속에서 욕구를 억누른 쪽으로 흘러간다. 따라서 무엇이 어떻게 부부들을 그렇게 만들었는지 탐색하고 변화를 추구한다면 새로운 열정은 다시 불꽃처럼 활활 타오를 수 있을 것이다.

〈표 Ⅲ-11〉	성적 관심을 불러일으키는 질문

1. 우리 부부의 생활이 '안정'과 '자극' 사이에 놓인 저울 위에서 너무 안정(익숙함, 평범함, 일상) 쪽으로 치우친 것은 아닌가? 언제부터인가? 어떻게 하면 약간의 '새로움'(호기심, 낯설음, 흥미)을 우리 사이에 불러올 수 있을까? 그것을 위하여 나는 어떤 것을 할 수 있을까?
2. 남편인 나는 아내에게 아이 엄마, 주부 외의 다른 면도 발견할 수 있는가? 아내인 나는 남편에게서 아이 아빠, 부양자의 측면 말고 다른 부분도 찾아 볼 수 있는가? 내가 당신에게, 당신이 나에게 여전히 매력적인 여자 혹은 남자로 보이게끔 하려면 어떻게 해야 할까?
3. 일과 의무 이외에 '쾌락과 향유의 섬'이 우리 부부에게 있는가? 없다면 그것을 만들거나 찾을 수 있는 방법은 무엇인가?
4. 나는 내 남편이(아내가) 하루 종일 무슨 일을 하고 어떤 생각을 하며 어떤 감정을 느끼고 사는지 잘 아는가?
5. 내 남편은(아내는) 나에게서 이해받고, 뒷받침받는다는 느낌을 얻는가?
6. 나는 당신에게 궁금한 것이 있는가? 당신은 나에게 궁금한 점이 있는가?

출처: Jellouschek 저, 김시형 역(2007). 219.

4. 가족의 질서

독일의 심리치료사인 베르트 헬링거(Bert Hellinger)는 관계에서 사랑이 오래 지속되고 뿌리를 내리려면 '사랑의 질서'인 관계성의 내적인 법칙을 따라야 한다고 주장한다(Hellinger, 2000). 부부관계에서 그리고 부모-자녀관계에서 지켜야 할 질서를 지키지 못할 때 그 관계는 부작용을 낳게 된다.

① 부모와 자녀 차원   아이에게는 발달과정에서 적절한 양육과 보호가 필요하며 엄마의 자애로운 사랑과 아버지의 엄격한 통제력은 세상에서 행동하는 한계나 분명한 경계를 알게 해 준다. 그러나 양육과정에서 아버지가 밖에서 일만 하고 자녀와의 관계가 소원하면 자연스럽게 자녀는 엄마와 더 밀착되고 자녀의 욕구는 엄마의 욕구대로 조종·통제되며 자신의 욕구나 발달보다는 엄마의 욕구에 더 신경을 쓰게 된다. 자녀는 정서적으로 엄마의 감정을 살피

고 엄마를 위로하는 엄마의 '남편'역을 떠맡게 된다. 이렇게 자녀가 부모의 한쪽 역할을 감당하게 되는 것을 '부모화'라고 말한다. 너무 이른 나이에 성인의 역을 감당함으로써 이겨 내기 어려운 좌절과 무기력감을 경험하면서 자신감 부족, 낮은 자존감, 삶에 대한 에너지 부족 등이 나타난다.

부모들이 자녀에게 줄 수 있는 최대의 선물은 좋은 성격을 만들어 주는 것이다. 자녀가 점점 성장하여 대인관계를 형성하고 자신의 삶을 살아갈 수 있도록 최대한의 가능성을 열어 주고 싶다면 가장 좋은 방법은 자녀들에게 물질보다도 더 값진 좋은 성격을 물려 주는 것이다. 부모는 자신의 어두운 면을 자녀에게 전가해서는 안 되며 자녀에게 깨끗한 유산을 주어야 한다. 부모 자신의 짐과 고통은 자기가 지고 가야 한다. 부모는 자기세대에서 마쳐야 하고 자녀는 자기 삶의 의무와 권리를 이행할 수 있어야 한다.

다음은 헬링거의 '부모에 대한 감사의 글'이다. 자녀는 부모에게 아래의 글처럼 고백할 수 있어야 한다.

부모에 대한 감사의 글

사랑하는 어머니(아버지), 당신께서 주신 것은 무엇이나 기쁘게 받겠습니다.
그 결과가 어떻든 당신이 주신 모든 것을 기꺼이 받아들입니다.
당신이 비싼 대가를 치른 것처럼 저도 그 값을 모두 치르겠습니다.
어머니(아버지), 당신에 대한 아름다운 기억 속에서
당신에게 감사하고 당신을 경외하는 마음으로
당신이 주신 모든 것을 값지게 쓰렵니다.
당신의 사랑을 헛되이 만들지 않도록,
제 가슴 속 깊이 간직하렵니다.
그리고 당신이 하신 것처럼,
저 역시 자녀들에게 그 사랑을 전달해 주고 싶습니다.
당신은 저의 어머님(아버지)입니다.
그리고 저는 당신의 아들(딸)입니다.
당신이 저에게 단 한분뿐인 어머니(아버지)인 것처럼
저는 당신의 하나뿐인 자식입니다.
당신은 크고, 저는 작습니다.
사랑하는 어머니, 당신은 주고 저는 받습니다.
그리고 어머니가 아버지를 남편으로 맞아들여서 얼마나 기쁜지 모릅니다.
어머니와 아버지, 두 분만이 저에게 가장 소중한 부모님입니다.

-Hellinger(1996).

② 부모 차원과 부부 차원   아내와 남편은 가정에서 독립된 개인으로 존재할 뿐만 아니라 하나의 雙을 이룬다. 부부라는 이름의 한 雙이기도 하고 자녀를 키우는 부모로서 한 雙이기도 하다. 자녀와 함께 공동으로 양육하며 책임을 지는 것이다. 두 사람은 아이 앞에서 상대방을 고립시키거나 배제시키지 않으며 서로를 존중해 주어야 한다. 그러나 부모들의 대부분이 양육방식에서 함께 있을 때는 마찰이 생기고 갈등이 증가한다. 즉, 양육에서 한 雙의 역할이 아니라 서로 다른 두 사람으로서 자기 방식만을 고수하고 상대방의 방식은 배제하는 것이다. 부부가 모든 면에서 일치할 수는 없지만 최소한 상대가 부모로서 택한 방식을 인정해 주고 존중해 주어야 한다. 매사에 상대방의 방식에 시비를 걸고 따지고 바뀌도록 요구하는 것은 상대방에 대한 존중감의 결핍으로 나타나고 자녀는 그 방식을 그대로 답습한다는 것이다(Hellinger, 2000).

'부부로서의 한 雙'이 되려면 부모의 역할만이 아니라 부부로서 함께 공유하여야 할 영역들이 분명하게 있어야 한다. 서로 간의 관심과 친밀감의 표현, 성적인 욕구와 긴장이 살아 있어야 한다. 부부관계에 파탄이나 문제가 생기면 대체적으로 자녀가 부부 사이로 끼어 들어오게 된다. 그러면 아이의 위치가 부부보다도 더 우위에 있게 되므로 자녀도 심리적인 부담감을 갖는 반면 부부는 자신을 돈만 벌어오는 존재로 혹은 일만 하는 존재로 느끼게 되면서 부정적인 관계를 이루게 된다. 아내는 '나를 여자로 매력 있게 봐 주는 남자'를 필요로 하고 남편은 '내 남자로서의 매력을 알아주는 여자'를 필요로 하므로 그 느낌을 충분히 갖도록 만들어야 한다. 부부간의 많은 갈등은 자신의 정체성에서 여자로서, 남자로서의 역할이 제대로 인정을 받지 못할 때 생긴다. 부부가 서로의 필요성을 강하게 느끼고 가치감을 느끼게 하는 것도 바로 이 부분이다.

부부가 자신들만의 공간을 확보하기 위해서는 아이들과는 분리된 두 사람만의 시간과 공간 확보를 위하여 노력하여야 한다. 그래서 이 시간만큼은 아무에게도 방해받지 않는 자유로움 속에서 둘만이 즐길 수 있어야 한다. 아이들도 부모가 둘만의 강한 정서적인 유대감을 갖고 부모와 자신과의 분명한 경계를 느낄 때 안정감을 갖는다. 그렇지 않고 언제나 모든 것이 가능하면 아이는 오히려 불안과 위험을 느끼기 쉽다(Jellouschek 저, 김시형 역, 2007).

5. 건강한 부부의 특성

부부가 처음 만나서 생긴 연애감정은 결혼생활의 토대다. 스위스의 부부치료사 빌리(J. Willi)는 처음 열렬히 사랑하고 사랑받았던 기억들과 서로에 대한 초기의 강한 유대감과 결속감은 결혼생활에서 어려움이나 힘든 과정을 거쳐도 견디게 해 주는 면역기능과 같다고 말했다. 연애라는 감정이 있었기에 서로 다른 두 사람이 생소함과 낯설음을 극복하고 친숙한 사이로 발전하게 된다. 그리고 부부만의 세계로 인도되고 강렬한 사랑의 포로가 되어 새로운 세대전수가 가능해진다. 부부가 서로를 이상화하고 서로의 부족을 채워 줄 대상으로 착각하게 만든 것들이 이제는 실제로 서로가 부단히 노력하면 현실적으로 실현될 수 있다. 부부관계에서 서로의 원가족에서 경험한 상처들을 감싸 주며 애정과 인내로 치유되어 새롭게 태어난 부부들은 관계의 소중함을 충분히 지각하며 행복감을 느끼며 산다. 그러나 이런 부부들도 관계의 기술들을 부단히 노력하여 이루어 낸 것이다. 건강한 부부들이 되기 위한 방법을 여러 학자들의 견해를 중심으로 다음과 같이 정리해 본다(Gottman & Silver 공저, 임주현 역, 2003; Hellinger, 2000; Jellouschek 저, 김시형 역, 2007).

① 부부가 소중한 추억을 간직하며 나누는 것이다. 부부가 처음 만나 느꼈던 연애감정은 나중에도 부부를 지켜 주고 에너지를 부여해 주는 중요한 자원이다. 우리 부부는 과연 처음 만남부터 연애과정과 결혼 후 신혼기에서 지금까지 서로 얼마나 많은 추억들을 만들었는가? 그때를 생각하면 배우자에 대한 사랑의 열정이 솟아나는가? 기억에 남은 가장 소중한 추억들은 무엇이 있는가? 부부의 소중한 추억은 종종 관계성에 대한 재정의와 에너지를 만들어 낸다. 결혼식의 기쁨과 환희, 집을 마련해서 이사할 때의 마음, 자녀 출산 시의 벅찬 감동, 아이들의 학교생활에서 함께 겪은 것들, 여행의 추억들, 병이 회복된 후의 기쁨, 함께 승진의 기쁨을 나눈 것 등이다.

② 부부가 서로 비슷한 점을 찾아 내어 함께 공유하기다. 많은 부분에서 서로 비슷한 부부가 오랜 세월을 같이 할 수 있는 가능성이 크다. 연령대, 교육, 종교, 국적, 기호 등에서 큰 차이가 나지 않는 편이 더 좋다. 우리 부부는 어떤 부분에서 많이 닮았는가? 서로 비슷해지기 위하여 서로가 함께하는 영

역은 무엇이며 얼마나 자주 함께하며 지내는가가 중요하다.

③ 부부가 서로 오래도록 행복하게 지내려면 자신의 독자성을 유지하며 성장이 이루어져야 한다. 자신만의 개성을 유지하기 위하여 취향이나 재능을 살리고 때로는 배우자를 놀라게 하는 부분이 있어야 한다. 부부의 관계성에서 안정성과 새로운 자극을 주는 두 가지 조화를 이루는 것이 중요한 것처럼 자신과 배우자의 독자성도 잘 지켜 주고 자신의 성장과 자아실현의 욕구를 실현하는 것이다.

④ 부부의 질서는 주고받음의 공평성에 있다(Hellinger, 1996). 서로 잘 주기도 하고 잘 받기도 해야 한다. 양자 간에 주고받음이 불평등하면 심리적인 힘이나 권력으로 조절을 하려고 노력한다. 부부가 서로 주고받음이 더 풍부해지기 위해서는 균형성을 가져야 한다. 균형성은 부부관계를 지탱하게 하는 뿌리와 같다.

⑤ 부부관계에서 서로가 역지사지하는 것이다(Jellouschek 저, 김시형 역, 2007). 상대방 입장이 되어 생각해 보고 상대방이 살고 있는 세계를 이해하는 자세야말로 결혼을 오래 지속하는 비결이다. 나와 남편은(아내는) 서로의 입장을 충분히 수용하며 이해하려고 노력하는가? 내가 고수하는 관점을 남편은(아내는) 어떻게 생각하며 어떻게 받아들이는가에 대해 물어보고 주의를 기울이는 태도는 상대방을 매우 존중하는 태도이다.

⑥ 부부가 win-win 협상을 잘 하는 것이다. 부부는 각자 개성이 있고 성격이 다르며 사물을 보고 이해하는 관점도 다를 수밖에 없다. 그래서 상대방의 의견을 진심으로 존중하면서 동시에 내 입장을 분명히 전할 줄 아는 협상능력이 필요하다. 건강한 부부는 탁월한 협상가로서, 효과적이고 서로에게 win-win 하는 만족스러운 해결책을 이끌어 낼 수 있다. 부부가 공정하게 싸우는 기술은 갈등의 근원을 파악하고 직면하며 권력이나 힘의 통제 없이 해결책을 이끌어 낼 수 있다.

⑦ "행복한 부부는 깊은 우정관계를 유지하는 것이다(Gottman & Silver 저, 임주현 역, 2003)."라는 간단한 명제가 통한다. 우정이란 부부가 서로 협조자로서 사랑과 존경을 나누는 것이다. 부부가 서로에 대하여 친밀감을 느끼며 상대방에 대하여 관심을 갖고 상대방이 좋아하는 것, 싫어하는 것, 습관, 방식, 인생에 대한 희망이나 꿈도 이해하며 일상적인 삶 속에서 구체적으로 표현하며

함께 나누는 것이다. 부부가 서로 의논하는 태도와 존중하는 마음, 협력하는 마음은 관계에서 정서적인 통장을 차곡차곡 쌓이게 하여 어려운 상황이 발생하여도 극복이 가능하게 한다.

⑧ 가트만(Gottman & Silver 저, 임주현 역, 2003)은 부부가 서로의 꿈과 공동의 꿈을 실현하는 장이 되도록 돕는 데 의미를 둔다. 부부의 공동목표나 관심사는 희망을 부여하며 서로를 통해 에너지를 얻고 관계를 튼튼하게 해 준다. 그것이 정치가 됐든 사회운동이나 공동의 집짓기이든 직업에서의 성공이든 종교가 됐든 마찬가지다.

Ⅱ. 부부의 갈등해결

부부의 갈등은 관계를 유지하고 차이를 표현하는 과정에서 자연스럽게 발생한다. 부부의 주된 갈등은 '누가 누구에게 어떤 상황 하에서 무엇을 말해야 하는지' 그리고 '누가 권력을 가져야 하는지'에 대한 문제에 집중된다(Haley, 1964). 부부는 각각의 상황을 누가 통제할 것인지에 관한 규칙을 정하고 역할을 담당한다. 통제이슈는 공간, 돈, 자녀 같은 자원에 대한 것으로 가치나 방식으로 서로의 차이성을 협상하기보다는 승자와 패자로 나뉠 때 한쪽은 무가치함을 느끼고 좌절을 경험하게 된다. 스트레스가 적은 배우자보다는 스트레스가 많은 배우자가 좀 더 높은 수준의 갈등, 부정적인 정서, 불편하기, 위축 등을 보고하였다. 부부의 갈등해결 능력이 부족하면 친밀감이 떨어지고 정서적으로 단절될 수 있기 때문에 갈등을 회피하지 않고 직면하여 잘 다룰 수 있도록 해야 한다.

1. 융의 관점에서 본 부부갈등

어두움이 없는 빛은 아무런 가치가 없다. 또한 여성성 없는 남성성이란 의미가

없다. 돌봄의 가치는 버림받음 없이는 찾기 어렵다. 진실은 항상 다른 두 대극의
상으로 이루어져 있고 누구든 실체와 조화를 이루려면 이 대극을 견뎌 내야 한다.

-Johnson 저, 고혜경 역(2006). 94.

융의 분석심리학적 관점에서는 자신의 내면의 부정적인 그림자가 부부생활에서
갈등으로 나타난다고 본다. 융은 우리가 어떤 심리적인 성향을 강하게 나타낼 때 그
반대되는 요소가 우리 마음에서 사라지지 않고 내면 깊숙이 자리 잡으며 은폐된 형
태로, 즉 그림자로 살아 있다고 말한다. 그림자란 내가 인정하고 싶지 않은 나의 부
정적인 모습으로서 어두운 측면을 말한다. 부부는 배우자에게 자신의 어두운 측면인
그림자를 투사하여 그 사람을 비난한다. 남편의 습관이나 태도에서 도저히 참기 어
려운 점이 있다면 그것은 거꾸로 내가 그에게 투사한 나의 그림자일 경우가 많다.
남편이 지나치게 깔끔해서 참을 수 없다면 자신이 그러한 성향을 억압하고 일부러
정반대로 행동하는 것일 수 있다. 그래서 부부간의 갈등은 자신의 그림자를 배우자
에게 투사하는 것으로 본다.

자신의 그림자를 배우자에게 투사하면 두 가지 면에서 잘못될 수 있다. 첫째, 자기
의 어두움을 배우자에게 전가하여 배우자에게 해를 끼친다. 그렇지 않으면 자기 안
의 밝은 면을 전가해서 자기 대신 상대방이 영웅이 되어 주기를 원한다. 이 경우에도
상대방에게 대단히 무거운 짐을 지우게 된다. 둘째, 자기 그림자를 내던져 버림으로
써 스스로 황폐해진다. 이렇게 되면 자신의 성장과 변화의 기회를 상실하게 되며 자
기를 자학하고 파괴하게 된다(Johnson 저, 고혜경 역, 2006). 융은 자신의 부정적인 측
면인 그림자에 대한 통찰과 자기자각은 성격통합의 첫걸음이라고 말한다.

우리는 자신의 발전을 위해서 자신의 어두운 측면과 직면하고 연결될 필요가 있
다. 불편하고 원하지 않는 감정을 남에게 전가시키는 것이야말로 가장 비겁한 행위
다. 자신의 내면의 천국과 지옥을 만남으로써 진정한 자신을 발견할 수 있고 최고의
창의력을 발휘할 수 있다. 어떻게 하면 자신의 내면에 있는 걱정과 불편함을 대면할
수 있을까? 연구해야 한다. 자신의 그림자와 자아는 충돌을 통하여 본래의 전일성을
되찾을 수 있다. 자신의 그림자를 회복하여 거부하였던 특질을 부활시키는 것이 자
신의 과제이다. 자신의 삶의 균형을 이루기 위해서는 자신의 그림자를 직면하고 통
합하는 과정이 필요하다. 자신의 긍정성, 부정성 모두를 수용한 후에야 자기완성을
이룰 수 있다.

한 여성이 있다. 그녀는 은퇴를 한 남편이 그림자를 투사하기 시작하자 매일 눈물로 세월을 보냈다. 이 여성은 상담을 통해 남편의 그림자를 거부하는 법을 훈련받았다. 결코 맞서 싸우지도 말고, 얼음장 같이 싸늘하게 대하여 고독하게 만들지도 말며, 그저 단지 자신의 모습을 굳건히 지키도록 훈련받았다. 아내가 더 이상 남편이 던지는 미끼를 물지 않자 처음 며칠간은 남편의 그림자가 집안을 흔들었다. 그러다 마침내 남편은 자기가 무슨 짓을 하고 있는지 깨닫게 되었고 그 후 부부는 대화다운 대화를 나눌 수 있었다. 그림자가 맨 처음의 자리로 돌아가 아주 건설적인 귀결을 맞은 것이다. 타인의 그림자가 노출된 곳에서 대응을 하지 않는다는 것은 천재적인 능력이다. 이 세상 누구도 타인에게 자기 그림자를 내려놓을 권리가 없다. 그리고 우리 모두 자기를 보호할 권리가 있다. 그러나 여전히 이런 공격이 얼마나 쉽게 일어나는지, 또 이런 일이 얼마나 인간적으로 보이는지도 우리는 잘 알고 있다. 때때로 한 발 물러서서 다른 사람의 경우를 보면 '나도 저랬을 텐데.'라고 생각할 수도 있다. 융은 원수에게 감사하라고 말하곤 했다. 이는 그들의 어두움을 통해서 우리 자신의 어두움으로부터 달아날 수 있게 해 주기 때문이다.

-Johnson 저, 고혜경 역(2006). 53.

2. 원가족에서의 갈등경험

현재 내가 겪고 있는 갈등경험은 지금 현재의 문제만이 아니라 과거 나의 원가족에서부터 경험한 것들이다. 즉, 지금의 갈등의 강도나 내용, 형태들은 내가 성장하면서 가장 싫어하고 미워했던 대상과 경험했던 것들이 아주 비슷하게 다시 나타난 것이다. 프로이트는 이것을 '반복강박증'이라 하였으며, 무의식적인 반복의 심리라고 말할 수 있다. 현재의 갈등과 과거 자신의 갈등의 경험을 해결하지 않으면 다시 갈등상황은 반복적으로 일어난다.

원가족에서 경험한 유사한 갈등의 대상을 찾아내고 그 대상에게 묶여 있는 긴장에너지를 풀어내는 작업은 매우 중요하다. 먼저 원가족에서 깊은 갈등관계를 형성했던 사람을 찾아보라. 불안이나 두려움, 분노와 미움, 슬픔과 좌절의 감정들을 겪게 했던 인물은 주로 누구였는가?

그 인물에 대하여 자유롭게 이야기해 보도록 한다. 그 대상에 대한 생각, 느낌, 감정, 환상들을 풀어 가면서 지금 자신이 겪는 갈등인물과 유사한 점들을 발견하게 된다. 유사한 점들을 하나하나 점검해 나가면서 이야기하다 보면 갈등생각과 긴장 에너지가 언어로 표출되면서 몸과 마음이 가벼워지고 담담함을 느끼게 된다.

자신이 경험했던 가족의 갈등인물에 대하여 많은 것들을 이야기한 후 대상에 대한 표상이 달라진다는 것을 알게 된다. 과거에는 상상할 수 없었던 새로운 단어나 이미지가 떠오르고 의식은 새로운 것으로 채워지게 된다. 언어적인 충분한 정화과정과 대상에 대한 재정리가 되면 나의 갈등 처리방식을 다루게 된다. 나의 대처방식에는 어떤 모습이 있으며 앞으로의 갈등관계는 어떻게 해결할 것이지를 생각해보게 한다.

다음은 원가족에서 자기 부모들의 화나 분노에 대한 기억들을 다룰 수 있는 질문들이다(Young & Long 공저, 이정연 역, 2003).

- 당신의 부모는 화 또는 갈등을 어떻게 다루었는가?
- 당신은 부모가 화 또는 갈등을 처리하는 것을 보았는가?
- 당신의 가족 성원이 화가 났을 때, 다른 사람들은 어떻게 반응하였는가?
- 당신은 부모로부터 분노에 대해 무엇을 배웠는가?
- 부모가 당신에게 화가 났을 때, 당신은 무엇을 느끼고 어떤 행동을 했는가?
- 당신이 화가 났을 때, 누가 당신의 이야기를 들어 주거나 들어 주지 않았는가?
- 당신의 가족 성원은 당신이 화가 났을 때 어떻게 반응하였는가?
- 당신의 가정에서 누가 화를 내는 것이 허락되지 않았는가?
- 당신의 가정에서 분노에 대한 기억 중 가장 좋은 기억은 무엇이고, 가장 나쁜 기억은 무엇인가?
- 당신의 가족에서 어떤 사람이 화를 낼 때 심하게 상처를 받는 사람이 있었는가?

이러한 질문을 통해 원가족에서 분노에 대한 표현 또는 금지를 포함하여 가족에서의 유형이 드러난다. 그리고 이런 유형이 배우자가 현재 갈등을 다루는 방식에 어떤 영향을 주는지를 알고자 할 때, 그것을 도울 수 있다.

갈등과 분노는 밀접하게 연결되어 있다. 우리들 대부분은 분노를 두려워한다. 왜냐하면 분노는 통제력을 상실하고 파괴적이 되는 것을 연상시키기 때문이다. 그러나 분노는 하나의 신호이고 주의를 기울여 들을 가치가 있는 표시이다. 분노는 상처를 받았고 권리가 침해되었으며 욕구나 필요가 적절히 만족되지 않았다는 의미이고, 또는 어떤 것이 옳지 않다는 단순한 메시지일 수 있다(Leuner, 1985). 문제가 되는 것은 분노가 아니라 그것을 어떻게 표현하느냐 하는 것이다.

부부관계에서 분노를 잘 다룰 수 있도록 배울 수 있다. 분노의 유형은 대부분 두가지 원천으로부터 온다. 즉, 배우자와의 경험과 원가족으로부터 오는 것이다. 분노는 원가족에서 경험한 방식들을 다시 사용한다. 부부가 화나는 느낌을 다루는 전형적인 방법을 탐색하기 위해 다음과 같은 질문을 하게 한다(Young & Long 공저, 이정연 역, 2003).

- 분노란 무엇인가?
- 당신이 화가 난다면 그것은 무엇을 의미하는가?
- 당신이 배우자에게 화가 난다면 그것은 무엇을 의미하는가?
- 당신의 배우자가 화를 내면 그것은 무엇을 의미하는가?
- 당신의 배우자가 당신에게 화를 내면 그것은 무엇을 의미하는가?
- 배우자가 분노할 때 당신은 어떻게 반응하는가?
- 당신은 화가 날 때, 어떻게 반응하는가?
- 당신은 화가 난 사실을 당신의 배우자에게 어떻게 알리는가?
- 당신은 화가 나면 보통 얼마 동안 지속하는가?
- 어떤 다른 느낌이 분노와 연결되는가?

자존감이 낮은 사람은 상처도 쉽게 받으므로 분노로 대처하는 경우가 많다. 그래서 심리적인 자립심을 심어 주고 긍정적인 자기수용을 가능하게 하는 것이다. 다시 말해 통합된 자아와 안정적인 자존감을 심어 주고 자신을 사랑하고 자신의 가치를 올바르게 평가하게 만들며 절망적 감정에 대처하는 방법과 한계를 수용하는 방법, 무기력하게 남에게 집착하지 않는 방법 등을 가르쳐 주는 것이다. 따라서 자립심을 갖는다는 것은 책임 있는 관계를 유지하고 책임 있는 태도로 문제해결을 하는 것을 말하며, 한계를 인정하며 독립적 인격체가 될 때 어디까지가 자기 자신이고 어디부터가 외부인지 그 경계를 파악하는 능력을 갖게 되므로 쉽게 분노하지 않고 심리적인 안정성을 확보하게 된다.

3. 갈등해결방법

부부의 갈등해결방법으로는 가장 먼저 의사소통기술을 익히고 문제해결모델을 익히는 것이 있다. 그리고 해결중심적 토론에 의하여 성공적인 의사결정을 만들어 가는 것이다. 부부의 성공적인 의사결정은 개인내적인 미해결문제나 억압된 분노나 상처 등의 외부의 방해 없이 평등성을 가지고 공정한 싸움을 위한 규칙 안에서 이루어진다. 즉, 부부가 같은 생각을 하는 것이 아니라 함께 생각하는 것이다. 나-진술문의 사용, 방해받지 않고 말하기, 해결은 두 사람의 조정에 의한 것을 수용하도록 하며 공정한 협상이 이루어지도록 한다.

성공적인 문제해결을 위한 모델은 다음과 같다(Young & Long 공저, 이정연 역, 2003).

- 문제에 대한 공동정의를 명확히 하라.
- 문제해결을 위한 다양한 가능성을 브레인스토밍한다(너무 비현실적인 것, 지나치게 터무니없는 것은 피한다.).
- 가능성에 우선순위를 두어라.
- 첫 번째 가능성을 선택하라. 만약 그것이 효과가 없다면 두 번째 것을 시도하도록 준비한다.
- 세부항복들을 결정하라(누가, 무엇을, 언제, 어디서, 어떻게). 결과에 대한 각자의 책임을 가정하기보다는 분명히 언급되어야 한다.
- 각자 실행하라.
- 시도된 해결의 효율성을 평가하라.
- 만약 상황이 해결되지 않으면 두 번째를 선택하여 시도한다.

갈등해결에 대한 부부간의 차이를 설명하기 위해 건설적인 갈등해결과 파괴적인 갈등해결로 나누어 비교하였다. 부부가 각자 어떤 영역에서는 건설적으로 갈등을 해결하는 반면 어떤 영역에서는 파괴적으로 갈등을 해결하는지 차이성을 인식하도록 한다.

〈표 3-12〉	건설적 갈등해결과 파괴적 갈등해결	
영 역	건설적 갈등해결	파괴적 갈등해결
문 제	현재의 문제를 명확히 한다.	과거를 들추어낸다.
감 정	긍정적, 부정적 감정을 모두 표현한다.	부정적인 감정만을 표현한다.
정 보	있는 그대로의 정보를 제공한다.	제한된 정보만을 제공한다.
초 점	사람보다는 문제에 초점을 둔다.	문제보다는 사람에게 초점을 둔다.
책 임	모두에게 책임이 있음을 인정한다.	상대방에게 모든 책임을 전가한다.
인 식	유사성에 초점을 둔다.	차이에 초점을 둔다.
변 화	변화를 추구한다.	변화에 저항한다.
결 과	두 사람 모두 이긴다.	한 사람이 지거나 두 사람 모두 진다.
태 도	신뢰가 형성된다.	의심을 낳는다.
친밀감	갈등해결을 통해 친밀감이 높아진다.	갈등을 증폭시킴으로써 친밀감이 낮아진다.

출처: 정종진(2005). 123.

부부의 갈등을 건설적으로 잘 해결하기 위해서는 부부가 몇 가지 규칙을 설정해 두고 어떻게 하면 이 문제를 해결할 수 있는가에 초점을 두며 대화에 임하는 것이 바람직하다. 다음은 부부들이 서로 지켜야 할 규칙들이다.

① 공정하고 서로 동의할 수 있는 규칙을 갖는다.
② 시기, 장소, 다른 사람, 신체적인 조건, 질병에 관한 상황들을 잘 파악한다.
③ 성격이 아닌 행동에 초점을 맞춘다.
④ 양방적인 의사소통을 한다.
⑤ 문제에 대한 규정을 명확히 한다.
⑥ 상대방 말의 내용을 다시 재 진술함으로써 명확히 이해한다.
⑦ 과거가 아닌 현재 당면한 문제에 초점을 맞춘다.
⑧ 상대방의 약점이나 감정, 자존심을 건드리지 않는다.
⑨ 상대방과 타협할 준비를 한다.
⑩ 때로는 인내심을 발휘하여 참는다.

부부의 갈등해결을 위하여 다음과 같이 10단계로 나누어 예를 들어 설명한다. 부부의 갈등들을 단계별로 실행할 수 있도록 한다(정종진, 2005).

1단계-논의할 시간과 장소 정하기

　　예 이번 주 토요일 오후 2시에 부부가 겪고 있는 문제에 대해 30분 정도 공원에서 이야기하기로 한다.

2단계-문제를 명료화하기

　　예 부부가 논의하기로 한 문제는 남편의 불평이다. 남편의 불평은 지금까지 몇 차례 부부관계에 긴장을 가져왔다. 남편은 아내가 자신의 의견을 듣지도 않고 항상 혼자 결정을 내린다고 생각했기 때문에 불평했다고 말했다.

3단계-문제에 대한 각자의 책임에 대해 이야기하기

　　예 아내는 남편의 생각을 물어보지 않고 결정을 내렸음을 인정하고, 남편은 가끔 자신이 결정을 내리지 못하며 아내가 결정을 더 잘한다는 점을 인정한다.

4단계-과거의 잘못된 문제해결방식을 기록해 보기

　　예 아내는 남편이 매번 너무 늦게 결정하기 때문에 자신이 모든 결정을 했었다. 남편은 자신의 생각을 말하려 했지만 이미 아내가 결정을 내려서 말하기가 어려웠다.

5단계-문제해결을 위한 10가지 새로운 방식을 브레인스토밍하기

　　예 앞으로 아내는 남편의 의견을 묻지 않고는 중요한 결정을 하지 않기로 한다. 남편은 자신이 원하는 것을 좀 더 적극적으로 표현하기로 한다. 또한 부부는 성급하게 결정을 내리지 않기로 한다. 저녁식사 후 부부는 앞으로의 계획에 대해 논의하기로 한다. 그들은 계획에 대해 서로에게 확인하고 재확인하기로 하며, 다음 주에는 어떤 새로운 계획도 세우지 않기로 결정한다.

6단계-가능한 대안에 대해 논의하고 평가하기

　　예 부부는 각각의 대안에 대해 이야기하고 그것을 좋아하는지 아니면 싫어하는지 서로 이야기한다.

7단계-한 가지 대안에 동의하기

　　예 부부는 저녁식사 후 매일 밤 서로 앞으로의 계획을 이야기하기로 결정

한다.

8단계-대안을 실행하기 위해 각자 무엇을 어떻게 할 것인지에 대해 동의하기

  예 아내는 앞으로 남편의 의견을 묻지 않고는 어떤 계획도 세우지 않기로 하며, 남편은 계획에 대해 적극적으로 자기주장을 하기로 한다.

9단계-변화를 논의하기 위한 다음 만남 정하기

  예 부부는 계획을 실천한 후 자신들이 어떻게 느끼는지를 이해하기 위해 다음 주 토요일 오후 2시에 다시 논의할 시간을 갖기로 한다.

10단계-문제해결을 위한 각자의 노력에 대해 시상하기

  예 부부는 문제를 해결하려는 자신들의 노력에 대한 시상으로 외식을 하기로 한다.

4. 변화의 요구를 효율적으로 다루는 방법.

건강한 부부는 주고받는 것이 공평하고 힘의 균등한 분배에 기초하여 이루어진다. 그래서 자존감이 낮은 배우자는 상대방에게 요구하는 방법이나 자신의 의견을 관철시키는 방법들을 잘 모른다. 또한 자신의 욕구나 감정이 중요한만큼 상대방의 감정이나 욕구도 중요하다는 것을 잘 인식하지 못한다. 그래서 파트너와 친밀한 유대관계를 유지하기가 어렵다. 자신에 대한 사랑과 친밀감이 없기 때문이다. 자신의 미해결된 의존욕구나 열등감, 집착들은 발달상의 결핍과 상처들로 인하여 생긴 것들이다. 결혼생활에서 부부는 자신의 미해결된 욕구들을 다시 꺼내 놓고 상대방에게 일방적으로 요구하며 상대방에게 변화를 요구한다. 자신은 변화하지 않으면서 자신의 행동방식이나 틀에 맞추도록 요구하는 것은 바람직하지 않다. 부부관계에서 균등한 권력행사는 일방적이고 지배적인 관계로부터 자신을 지켜 준다. 부부는 균등한 권력행사를 위해서 다음의 사항들을 지켜야 한다(Jelloushek 저, 김시형 역, 2007).

 ① 부부가 자기 의견을 잘 관철할 수 있는 방법과 배우자의 의견을 수긍하는 법을 잘 알아야 부부 사이의 권력남용을 피할 수 있다.

 ② 자신의 의견이나 이해 관심사를 대변하고 옹호할 권리를 고수할 줄 알며 또한 배우자가 자기 관심사나 의견을 주장할 권리도 인정해 주어야 한다.

③ 배우자에게 대항하려고 자기 친인척이나, 자녀, 다른 사람과 연합하는 것은 당장의 위치는 강하게 만드는 것처럼 보이지만 결국은 관계를 파탄으로 이끈다.

④ 한쪽 배우자가 돈, 대인관계, 정보 등 권력원천에 접근하지 못하게 하면 자신의 권력은 강해지긴 하지만 지속적인 관계를 유지하는 데에는 도움이 되지 않는다.

⑤ 위에서부터의 권력(힘, 권위, 통제)을 배우자에게 사용하면 상대방에게 수동공격적인 방어(회피, 무시, 조작하기, 아픈 척하기)를 당하게 된다.

⑥ 부부 중 한쪽은 항상 이기고 한쪽은 항상 패한다면 그 관계는 지속적이기 어렵다. 부부는 서로 한 발씩 양보하고 한 발씩 전진하는 타협방식을 사용한다. 그래서 서로가 win-win이 될 수 있는 제3의 해결책을 만들어 간다.

상대방이 변하기를 바라는 소망이나 욕구가 있다면 그것을 깎아내리거나 쓸데없는 것으로 무시해 버리는 오류를 범해서는 안 된다. 상대방의 원하는 소망을 비록 들어줄 수 없더라도 그 요구를 정당한 것으로 공감해 주고 인정해 주는 것이 배우자의 마음을 상하게 하지 않는 길이다. 상대가 변화하기를 바라는 쪽에서는 구체적으로 어떤 행동이 어떻게 변화하기를 바라는지를 말해 주어야 한다. 배우자의 어떤 상황에서의 특정행동인지, 불만에 대한 반응인지, 아니면 근본적으로 사람 자체가 달라져야 하는 것인지, 성격이 완전히 달라져야 하는지 명확히 하는 것이 중요하다.

예를 들어, 요구하는 사람의 희망사항이 남편이 식사 후에 자기 방으로 들어가는 것 대신에 함께 대화를 나누는 것이라면 어느 정도 가능하지만 남편이 사람 자체가 달라져야 한다는 소망은 실현되기 어렵다. 그리고 말수가 적은 남편이 자상하게 배려해 주는 대화형으로 변하는 것은 하루아침에 당장 이루어질 수는 없다. 남편이나 아내가 인내심을 가지고 꾸준히 대화의 분위기를 만들고 지속적으로 노력할 때만이 가능하다. 그리고 아내는 자상하고 배려하며 소통과 공감을 중시하는 대화형의 남편을 원하는데도 왜 말수가 적고 무뚝뚝한 남편을 배우자로 선택했는지, 그때는 어떤 의미가 있었는지를 심사숙고해 보아야 한다. 그 선택에는 다른 여러 가지 이유도 있겠지만 어쩌면 자신의 아버지가 무뚝뚝해서 딸로서 관심과 애정을 충분히 받지 못했기 때문에 그런 무뚝뚝한 아버지를 떠올리며 그때 받은 상처와 손해들을 배우자에게 보상받으려 하는 건 아니었는지 내면의 성찰이 필요하다.

상대방에게 요구하는 배우자는 혹시 자신이 배우자를 통해서 이상적인 인간상을 보고 싶어서 변화를 요구하지는 않는지도 자문해 보아야 한다. 자신이 배우자를 있는 그대로 보지 못하고 자신에게 없는 것을 짜 맞춰서 이상형으로 만들려고 하지는 않는지, 상대방에게서 왜곡된 방식으로 내 모습을 찾으려고 하지 않는지, 부부는 스스로 검토해 보아야 한다. 그래야 부부가 상대방에게만 잘못을 찾지 않고 자신을 더 돌아보면서 대립적인 상황도 훨씬 더 부드러워질 수 있다. 그러면 상대의 요구나 거절에도 공감이 가능하고 상대방에 대한 배려가 묻어나는 대화가 가능하다. 내 자아를 넘어서 상대방과 소통하고 교감을 나누는 것이 중요하다.

다음은 부부 사이에 변화와 변화의 요구를 효율적으로 다루기 위한 기술이다 (Jellouscheck 저, 김시형 역, 2007).

- 진심으로 배우자가 변하기를 바란다면, 내가 그의 인격 자체는 충분히 받아들이고 존중하며 인정한다는 사실을 느끼게 해 주어야 그 소망이 실현될 가능성이 높다.
- 배우자의 변화요구를 아예 처음부터 말도 안 되는 것이라고 치부하기 전에 이것만은 반드시 기억해 두자. 누군가와 함께 살려면 배우자의 성격과 바람에 어느 정도 맞춰 주는 적응력이 있어야 한다. 언제든 적응력을 실제로 입증해 볼 자세를 갖추자.
- 배우자가 변하기를 바라기 전에 자신을 진단하는 질문을 던져 보자. 혹시나 스스로 져야 하는 책임을 상대방에게 떠넘기고 있는 건 아닌가?
- 행동을 바꾼다는 건 원래 간단하지 않다. 바라는 쪽에서든 바뀌는 쪽이든 상당한 배려와 인내가 필요하다.
- 배우자가 변화를 요구할 때 그것을 받아들이든 못 받아들이든 일단 공정하게 인정해 주어야 한다. 요구 자체를 폄하하고 비웃거나 하면 아무리 그 요구를 정말 받아들여 주었다 하더라도 상대방은 큰 상처를 입는다.

5. 긍정적인 의사소통 '화자-청자 기법'

부부들의 '화자-청자 기법'으로 말하는 사람과 듣는 사람의 방식을 학습하여 실천하도록 한다.

1) 말하는 사람의 규칙

- 간결하게 두 문장으로 말한다. 하고 싶은 말의 본질적인 내용을 간결하게 말한다.
- 구체적으로 하라. "청소 좀 해 주세요."보다는 "지금 청소기로 안방 좀 돌려 주시면 좋겠어요."라고 한다.
- 비난, 모욕, 경멸은 금물이다. 비난하지 않고 해결방법을 제시한다.
- 절대화시키지 않는다. 항상, 결코, 절대로 등의 단어를 사용하지 않는다.
- 긍정적으로 말한다. "당신이 언제 나 도와준 적 있어요?"보다는 "당신이 설거지 좀 도와주시면 참 좋겠는데요."라고 한다.
- 배우자의 의도를 함부로 추측해서 해석하고 판단하지 않는다.

2) 듣는 사람의 규칙

- 주의 깊게 경청할 것
- 듣고 있다는 신호를 언어적 · 비언어적으로 보여 줄 것
- 상대방의 말에서 긍정적인 의도와 핵심을 파악할 것
- 방어적으로 자기 변명이나 합리화를 하지 말 것
- 배우자의 동기를 분석하지 말 것
- 배우자의 말 중에서 일치되지 않는 것만 아니라 일치되는 것도 찾아서 반영해 준다. "당신 말이 맞아. 그날은 내가 술을 많이 마셨어."
- 배우자의 마음을 상하게 했다면 사과해서 관계를 회복하라.
- 배우자가 어떤 의미로 말한다고 생각하는지 요약해서 공감해 줄 것
- 부부가 상대방의 말을 듣고 다시 반복해서 내용과 감정을 반영해 준다. 그

리고 내용이 맞는지 확인한다(그러니까 당신이 어제는 일이 많아서 힘들었다는 것이지요. 당신 말을 내가 맞게 이해했나요?).

부부가 대화의 기술들을 익혀서 긍정적인 감정과 부정적인 감정도 서로 나누고 표현할 수 있어야 한다. 부부 가운데 한쪽이 불공정한 대우로 억울하다고 호소하면 다른 한쪽은 이해해 주면서 공감해 주는 대화로써 억울한 감정을 풀어나갈 수 있다. 부부가 자기를 표현하는 방식, 상대방을 이해하고 수용하는 방식을 익히고 상처를 어루만져 주고 이해해 줄 때 치유의 회복이 일어난다.

다음은 부부 각자가 기록함으로써 서로 충분한 시간을 갖고 대화하는 훈련방식이다.

〈표 III-13〉   부부 한 쌍의 대화

- 내가 오랫동안 당신에게 하고 싶었으나 하지 못한 말은 _____다.
- 나는 당신이 _____할 때 두려웠다. 그때 일을 생각하면 지금도 _____다.
- 나는 당신이 _____할 때 외롭기 짝이 없었다. 그때 일을 생각하면 지금도 _____다.
- 나는 당신이 _____할 때 가장 실망했었다. 그때 그 일을 생각하면 지금도 _____다.
- 나는 당신이 _____할 때 가장 자존심이 상했다. 지금도 그때 일을 생각하면 _____다.
- 나는 당신 가족들 중 특히 _____가 _____할 때 가장 자존심이 상했다. 지금도 그 일을 생각하면 _____다.
- 나는 당신과 _____할 때 가장 힘들고 어려웠다. 그때 일을 생각하면 지금도 _____다.
- 나는 당신 가족들 중 특히 _____ 가 _____할 때 가장 화가 났다. 그때 그 일을 생각하면 지금도 _____다.
- 나는 당신 가족들 중 특히 _____가 _____할 때 가장 화가 났다. 지금도 그 일을 생각하면 _____다.
- 나는 _____을 생각할 때마다 분노를 느낀다. 지금 당신에게 하고 싶은 말은 _____다.
- 나는 당신 가족 특히 _____가 _____할 때 가장 분노를 느낀다. 지금도 그때 그 일을 생각하면 분노를 느낀다.
- 내가 당신에게 간절히 바라는 것은 _____다.

> • 나는 당신이 (언제 어디서) _____할 때 마음이 흐뭇했었다.
>
> • 나는 당신이랑 (언제 어디에서) _____할 때 가장 행복했었다.
>
> • 나는 당신 가족과 함께 (언제 어디에서) _____하던 때가 그립다.
>
> • 나는 당신이 (언제 어디에서) _____할 때 당신이 사랑스러웠다.
>
> • 나는 당신이 (언제 어디에서) _____할 때 당신이 자랑스러웠다.
>
> • 나는 당신이 (언제 어디에서) _____할 때 당신이 멋있었다.
>
>
> • [한 쌍의 대화를 모두 마치면서 지금 내가 느끼는 것은 _____다.

출처: 연문희(2006), 201-209에서 재인용.

Ⅲ. 부부상담의 기법

1. 이마고 부부치료의 상처 회복

브래드쇼는 부부의 진짜 갈등은 각자의 어린 시절에 채워지지 않은 욕구와 상처, 학대, 수치심, 의존성 등이 치유되지 못한 채 어른이 되고 남편이 되고 아내가 되어 해결되지 않은 내면의 감정들이 고스란히 다시 반복되는 것이라고 보았다.

이마고 부부치료의 헨드릭스는 부부가 결혼하게 된 진짜 배경은 부모로부터 받지 못한 사랑과 애정, 관심을 배우자로부터 대신 받고자 하는 욕구와 기대 때문이라고 보았다(Luquet 저, 송정아 역, 2005). 하지만 배우자 역시 상처와 학대 속에서 성장하였다면 그 기대를 채우기는 매우 어렵다. 그러므로 부부의 실망이나 갈등은 자신의 원함이나 기대가 채워지지 않았을 때 발생한다고 볼 수 있다. 배우자에게서 자신의 부모님의 상을 투사하며 자신의 결핍과 의존 욕구와 상처를 배우자가 대신 치유해 주기를 바란다면 그 기대만큼 실망하고 좌절하게 된다. 그래서 서로에게 향한 미움과 원망과 불편이 적대적인 감정으로 발달하게 된다. 따라서 부부가 서로 어린 시절의 상처, 부모님에 대한 분노, 두려움, 원망, 수치심, 절망과 좌절 경험 등이 치유되도록 협력함으로써 부부관계의 회복이 가능하며 온전해질 수 있다.

이마고 부부치료의 원리(Luquet 저, 송정아 역, 2005)는 부부가 가장 먼저 심리적인 안전성을 확보하는 것이다. 심리적인 안전성은 공격ㆍ방어를 주관하는 파충뇌의 반응에 의해서가 아니라 이성적이고 논리적인 포유뇌의 사용에 의해 가능하다. 치료과정에서 치료자는 부부의 안정성 확보를 위하여 부부대화법으로서 반영하기, 인정하기, 칭찬하기, 공감하기를 사용한다. 부부의 갈등상황에서도 한 사람은 직면하여 그들의 관심을 반영하고 인정하고 공감하도록 한다면 안전성을 유지할 수 있게 된다. 부부가 함께 이런 대화법이 이루어질 때까지 훈련하고 학습을 하도록 한다. 부부가 이제까지는 서로 귀 기울이지 않고, 서로 들을 수 없는 방법으로 말하였다는 점은 분노하게 하고 소리 지르게 하고 좌절하게 하였다. 이런 경험들은 부부가 서로 발전시켜야 할 것이 무엇인지 더욱 명확히 알게 해 준다. 부부가 정서적으로 안전한 상태에서 자신의 감정이나 원함이나 욕구를 표현하게 하고 상대방의 요구를 들을 수 있게 하는 것이다.

부부의 행동변화요구 단계는 그동안 부부관계에서 느꼈던 좌절을 바탕으로 배우자가 다른 배우자의 어린 시절의 상처나 사회화과정에서 상실된 것들을 어떻게 재구성할 것인가에 대하여 요구하는 것이다. 한쪽 배우자가 다른 배우자에게 "당신은 감정도 없어요?"라는 좌절감의 말 대신 소망으로 바꾸어 "나는 당신의 감정이 필요해요."라고 말하면 아주 구체적으로 행동변화를 요구하는 것이 된다. 그래서 좌절감은 사라지고 상대방은 배우자의 욕구가 충족될 수 있도록 행동을 수정하게 된다.

예를 들어 "오늘 아이들과 얼마나 힘들었는지 몰라요."라고 말할 때는 "당신은 정말 힘든 하루를 보냈군요."라고 생각하며 들어 주기를 바라고 내가 어떤 기분이었는가를 인정해 주기를 바라는 것이다. 말하는 사람의 요구는 듣는 배우자의 상실된 부분이기 때문에 항상 듣기 힘들다. 예를 들어 남편들 가운데 행동적인 사람은 성장하면서 사회화과정에서 감정적인 부분이 결핍되어 있는 경우가 많다. 행동변화 요구에서는 배우자의 요구와 자신의 상실된 부분을 재구성하는 것이 필요하다. 배우자가 당신에게 원하는 행동을 제시할 때 당신이 상실하였던 부분임을 알고 실행한다면 상실된 부분이 회복될 것이다. 즉, 반영과 공감, 인정하는 대화법은 상대방의 감정 부분을 성장시키는 데에 출발점이 될 것이다.

부부가 서로 각자의 원함에 대해 말할 때 긍정적이고 측정 가능하고 행동 가능한 것을 이야기하도록 한다. 또한 배우자가 요구하는 사항은 자신의 성장기에 결핍된 부분들임을 깨달아야 한다. 변화는 즉각 일어나지 않지만 서로 존중하고 배려하는 것을 느끼게 하며 배우자의 요구에 관심을 갖도록 하는 것이다.

'배우자의 이미지 재구성'하기는 부부가 서로 공격하며 적으로 생각하고 비인간화했다면 이제는 서로 성장하고 치유되어야 할 대상으로 보는 것이다. 배우자의 상처들을 서로가 볼 수 있도록 표출하고 안아 주고 감정이입하도록 한다. 배우자의 고통을 정확하게 이해함으로써 긍휼히 여기며 아픔을 함께 느끼고 도와주고자 하는 마음이 생기도록 한다.

화를 표현하는 것은 보통 감정뇌의 반응으로서 공격 반응이며 생존기제다. 화를 표현하는 사람들은 냉담, 숨기, 회피, 복종으로 반응하는 배우자를 만나는 경향이 있다. 분노는 부부가 서로의 말을 듣지 않아서 내면에 억눌린 감정으로 '억압된 화', '표현되지 않는 화'라고 볼 수 있다. 화나 분노를 처리하는 가장 좋은 방법은 화의 본성과 협력하는 것을 배우는 것이다. 이마고 치료에서 배우자는 화를 내는 배우자의 감정을 인정해 주고 공감해 주며 수용함으로써 감추어진 상처가 표출되도록 돕는다. 배우자가 화를 표출하도록 하되 다음과 같은 규칙에 대한 동의가 이루어져야 한다.

첫째는 때리지 말 것, 둘째는 물건을 부수지 말 것, 셋째는 단계가 끝날 때까지 자리를 떠나지 않기다. 부부는 누가 먼저 분노를 표현하고 누가 수용할 것인지를 결정한다. 들어 주는 배우자는 심리적인 안정을 먼저 확보해야 한다. 그렇지 못하면 분노를 표현하는 사람이 자신의 깊은 상처를 꺼내지 못하고 상처에 대해 화만 낼 수 있다. 들어 주는 사람은 말하는 사람의 말만 들어 주고 반영만 하게 된다. 그래서 부부 모두에게 분노가 무엇인지를 알게 하기 위해서다. 반영하는 사람은 자기 감정을 잘 통제하면서 말하는 사람이 화를 표출할 수 있도록 "좀 더 이야기해 주시겠어요?" "더 크게 말해 주시겠어요?" 등의 질문을 한다. 말하는 사람은 자신의 억압된 감정이나 불만이나 상처들이 충분히 표현되도록 안전한 분위기를 조성한다. 화를 내는 사람의 고통을 볼 수 있을 때에 배우자는 공감하며 배우자의 분노나 상처에 애정을 가질 수 있게 된다. 들어 주는 배우자는 마음껏 분노를 표현하는 배우자를 안아 주며 자기감정에 그대로 머물 수 있도록 한다. 이때 치료자는 "더 흐느끼셔도 됩니다." "분노를 더 쏟아 내세요." "힘껏 안아 주세요." 등의 표현으로 배우자의 분노에 대한 이해가 증진되도록 한다.

그리고 휴식 단계에서 충분히 휴식을 한 후에 분노를 표현한 배우자가 다른 배우자에게 행동변화요구를 말하도록 한다. 즉, 긍정적이고 구체적이며 실현 가능한 자신의 요구 한두 가지를 배우자에게 말하게 한다. 배우자는 요구하는 내용들을 실천하려고 노력하며 그 요구들은 수용과정에서 보았던 상처들이고 결핍이므로 수용 가능하게 된다(Luquet 저, 송정아 역, 2005).

배우자 중 한 사람이 첫날 분노를 표현하고 분노를 수용한 사람은 다음날 표출한다. 분노를 수용한 사람은 배우자에게 그의 화나 분노를 이해한다는 피드백을 주어야 한다. 매일 일어날 수 있는 작은 사건들은 분노수용 전환을 사용하는 것이 좋다. 이런 훈련을 배우자는 3개월간 하게 된다. 다음 아래 표는 분노수용 기록에 대한 안내다.

〈표 III-14〉 분노수용 기록하기

날짜:	분노표현자:	분노수용자:

1. 분노를 표현하는 사람이 분노표현 약속을 한다. 분노를 수용하는 사람은 수용과정 약속에 동의한다.
2. 분노를 표현하는 사람은 화가 난 후 또는 좌절한 사건을 한두 문장으로 진술한다. 수용하는 사람은 심리적 안정감으로 공감하며 반영한다.
3. 감정표출단계: 분노를 표현하는 사람은 화를 표출하며 수용하는 사람은 듣고 더 화를 내도록 한다. 더 많이 더 크게 이야기하라고 주문한다, 10분 이내로 한다.
4. 감정폭발: 화가 슬픔으로 변한다. 어린 시절의 상처를 이야기한다. 분노를 수용하는 사람은 배우자를 안아 주고 공감과 감정이입으로 반영한다.
5. 분리와 휴식을 취한다.
6. 분노를 표현한 사람은 배우자에게 두세 가지 행동변화요구를 말한다. 분노를 수용하는 배우자는 받아쓰고 반영하며 헌신할 수 있는 행동변화요구 하나를 선택한다.

• 행동변화요구 목록

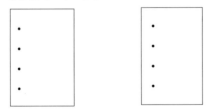

7. 분노를 표현하는 사람은 즐거움의 전환이 되도록 놀이를 한다. 다른 배우자가 함께 참여한다.
8. 후에 분노를 수용한 사람은 행동변화요구 하나를 선택하여 실천한다. 분노를 표현한 사람은 배우자의 행동변화요구를 수용해 준 것을 감사로 표현한다.

출처: Luquet 저, 송정아 역(2005), 282에서 재인용.

〈표 III-15〉   어린 시절 집 회상하기

치료자는 내담자에게 먼저 편안한 상태에서 아래와 같이 천천히 말한다.

눈을 감고 편안하게 마음에 떠오르는 어린 시절 자기 집을 머릿속에 그림으로 그려보세요. 무엇이 보입니까? 누가 보입니까? 어떤 물건이 보입니까? 집에서는 무엇을 하고 있나요? 화단도 보이나요? 집안의 동물들도 보이나요? 엄마는 어디 계시지요? 아버지는 무엇을 하고 계신가요? 그대로 눈을 뜨시고 당신이 보고 느꼈던 것을 그림으로 그려 보겠습니다.

• 자기 집에 대한 해석원리

① 집을 그릴 때에 집안을 그리는지 집 구조를 그리는지 살펴보세요.
② 마음을 붙이고 좋아했던 공간이 어디인가요?
③ 구조와 환경을 어떻게 느끼는지, 왜 그런지요?
④ 그 당시 집안분위기는 어떠했나요?
⑤ 이때 정서적으로 가장 가까운 사람은 누구였나요?
⑥ 기억할 수 있는 것 중에서 가장 생생하게 떠오는 것은 무엇인가요? 그때의 기분은?
⑦ 이 기억 속에 흐르는 주된 테마는 무엇이며 이 테마를 통해 드러나는 당신의 관심은 무엇인가요?
⑧ 가족의 관계(부모와 나, 형제자매)를 말한다면?

위 질문들은 당신에 대한 중요한 정보들인 성격특성, 삶의 테마, 선호도, 인생에 대한 태도, 감각양식을 파악하는 데에 도움이 될 것입니다. 자신과 연결하여 어떤 점들이 있는지 탐색하시오.

출처: 심수명(2006).

〈표 III-16〉   자기 부모상과 연결하기

[주제 1] 어린 시절 부모님의 기억들을 떠올려 보세요. 현재의 부모님이 아니라 어린 시절의 부모님입니다. 부모님에 대한 기억을 긍정적인 특성과 부정적인 특성들을 형용사적인 단어로 떠올려 보세요. 그리고 글로 써 보세요.
[주제 2] 어린 당신의 모습은 몇 살 때 모습인지, 부모님과 무엇을 하고 있는지, 당신이 부모님께 가장 원했던 것은 무엇인지 떠올려 보시고 그 다음 기록하세요.
[주제 3] 어린 시절의 좌절경험에 대하여, 아무도 자신을 인정해 주지 않고 자기 말도 들어주지 않아서 좌절했던 기억이나 슬펐던 기억을 떠오르는 대로 글로 써보세요. 그때 또한 자신의 반응은 어떠했는지도 기록하세요.
[주제 4] 어린 시절 부모와 경험했던 좋은 기억, 행복했던 기억들은 무엇이 떠오르나요? 그때 당신은 몇 살이고 어떻게 행동하고 반응했는지 기록하세요.

출처: Gottman & Silver 공저, 임주현 역(2003).

〈표 Ⅲ-17〉	자기 배우자와 연결하기

[주제 1] 분노, 슬픔, 두려움, 긍지, 사랑 등 자신이 느끼고 있는 것이나 감정 표현에 대한 당신 나름의 생각이나 방법은 무엇인가요? 솔직하게 희로애락의 감정을 배우자에게 표현하는 데에 두려움이나 걸림돌은 무엇인가요? 그것을 극복할 수 있는 방법은 무엇이라고 생각하는가요?

[주제 2] 감정을 표현하는 데 당신과 배우자는 어떤 부분에서 서로 차이가 있는가요? 그 차이에 대해서 어떻게 생각하고 반응하는가요?

출처: Gottman & Silver 공저, 임주현 역(2003).

2. 분노의 감정 다스리기

부정적인 감정 가운데 '화'는 책임져야 할 대상이나 죄를 범한 대상을 찾아내고자 하는 욕구에서 발생한다. 자기가 화를 내는 것은 그 대상 때문이라는 것이다. 또한 화는 자신을 탓함으로부터 발생하기도 한다. 자기비난은 죄책감이나 수치심과도 연결된다. 화나 분노의 감정은 반드시 충족되어야 한다고 믿는 욕구가 충족될 수 없었던 것을 다른 사람 탓으로 전가하는 반응이다.

매튜 맥케이(Mckay, Rogers, & Mckay, 1989) 박사는 화내는 것에는 몇 가지 기능이 있다고 말한다.

① 화의 표현은 긴장을 푸는 수단이 될 수 있다. 불확실성에 대한 인내력을 갖기 위해서는 좌절극복을 경험해야 하고, 만족이 지연되는 것을 참아 낼 줄 알아야 한다. 자신의 욕구가 전부 충족될 수는 없다는 것도 알아야 한다.

② 화를 표출하는 것은 불안, 상처, 죄의식 같은 고통스러운 감정들을 인식하지 않게 할 수 있다. 이런 고통스러운 감정들 모두는 만성적인 불확실성에서 유발한다. 즉, 자신의 욕구가 예측할 수 있는 즉각적인 방법으로 충족되어야만 한다는 신념에서 발생하는 것이다. 불안을 경험하는 사람이 자신의 불편함에 대해 다른 사람 탓을 하며 화를 내는 것이다.

③ 화를 내고 표현하는 것은 고통이나 불편함과 같이 내재된 신체적 감각을 덮어 버리거나 사라지게 할 수 있다. 의식이란 한 번에 한정된 단 몇 가지 것에만

집중할 수 있기 때문에 화의 표출로 인한 긴장의 일순간적인 해소는 사람의 고통을 차단할 수 있다.

④ 화의 표출은 좌절이나 충족되지 않은 욕구와 연관된 스트레스를 방출하는 역할을 할 수 있다.

⑤ 또한 화의 표출은 실제의 혹은 잠재적 위협에 대항하는 자기방어적인 대처방식일 수 있다. 많은 사람들은 불확실성에는 실제적 또는 잠재적인 위협이 담겨 있다고 인식한다.

그러나 화에 이런 기능이 있다고 해도 화내는 것은 기능적인 반응이라고 볼 수 없다. 오히려 기능적인 반응은 기쁨과 자신이 만족스럽다고 여기는 인생으로 이끌어주는 능력을 갖추기 위해 목표를 성취하는 쪽으로 유도하는 것이다. 그래서 자기 자신과의 조화, 즉 몸과 마음의 조화를 이루고 다른 사람과도 조화를 이루는 것이다(Eimer & Torem 공저, 조은경 역, 2006).

화나 분노를 다루는 핵심은 어떤 대상을 탓하거나 비난하거나 복수하는 것을 줄이는 것이다. 어떤 상황에서도 화의 표출은 자기의 선택이며 자기 감정이라는 것을 인정하는 것이 중요하다.

자기 안전에 위협을 느낄 때에, 자존심에 타격을 받았을 때에 자동반사적으로 화를 내는 경우가 있다. 이런 반사적인 반응은 주로 뇌의 변연계와 관련된 것으로서, 변연계는 사람 외에 다른 포유류도 갖고 있다. 변연계는 감정의 뇌라고도 불리며, 어떤 위협을 재빨리 인식하도록 신경전달물질인 노르에피네프린과 스트레스 호르몬인 코르티솔을 분비하여 경고하는 시스템이다. 이것은 자기를 보호하고 방어하기 위한 것이다. 그러나 자주 스트레스 상황에 노출되면 습관적으로 다른 사람들의 행동을 위협으로 잘못 인식하고 상황에 부적절하게 대응하기도 한다. 인간의 뇌 가운데 신피질이라는 영장류의 뇌는 새롭게 분화된 뇌로 감성의 부분을 교육시키고 이성적인 판단과 인식의 기능을 하도록 한다. 감정의 강도를 조절하고 통제하며 경험을 언어적·신체적으로 표현하는 것을 조절하는 것이다(Luquet 저, 송정아 역, 2005).

보통 화가 난 사람은 다른 사람의 말을 듣지 못하고 다른 사람에게 굴복하도록 위협적인 제스처를 행한다. 그리고 습관적으로 화를 내는 사람은 자기의 감정을 부적절하게 표현하여 소외되며, 관계의 풍성함을 모르고, 절친한 친구가 없다는 감정에 휩싸인다.

부정적인 감정을 경감하는 방법 가운데 한 가지는 용서하는 것이다. 보통 용서란 받아 줄 수 없는 행위를 수용해 주는 것으로 알고 있지만 참된 용서란 자신의 내부에서 진정으로 새롭게 생각하고 느끼고 행동하는 방식을 말한다. 화나게 하고 분노를 느끼게 하는 대상에 대한 자신의 사고, 감정, 행동을 다루는 것이기 때문이다.

화가 날 때마다 무엇에, 누구에게 화를 내는지를 파악한다. 그리고 정확하게 어떤 일이 일어났으며, 그 사람이 자신을 화나게 하기 위해 어떻게 했는지 생각해 본다. 그 사람의 행동이 의도적이었는가? 만약 그렇다면 그 상황이 특별히 나에게 해를 끼치기 위하여 만들어졌는가? 아니라고 답한다면 용서를 택하는 것이 훨씬 더 편해진다.

그리고 혹시 누군가 나에게 모욕감을 주고 화를 내야 하는 상황이라면 개인적인 안전을 보호하고 자신을 방어하기 위해서라도 적절한 행동을 할 수 있다. 그러나 한편으로는 이성적인 뇌가 작동하여 책임 있게 행동하라는 신호를 보내고 화라는 해악을 떨쳐버리도록 맑은 머리로 반응할 수도 있다. 다음과 같이 자신에게 독백으로 말하게 한다.

> 나를 위해, 그보다는 내 몸을 위해 화를 방치해 두는 것은 해악이다. 나는 살기 위하여 내 몸이 필요하다. 따라서 나는 그만한 가치가 있는 내 몸을 보호하고 존중해야 한다. 그것은 해악을 내 몸에서 머리, 내 몸 밖으로 멀리 내보내는 것을 원한다. 내가 나의 몸을 보호하기를 원하고 존중하는 한, 화를 내어 격분하는 일을 피할 것이다. 이것이 내 몸, 내 마음, 영혼, 정신을 이롭게 할 것이다.
>
> -Eimer & Torem 공저, 조은경 역(2006).

지속적이고 반복적으로 몸과 건강에 대한 해독을 방지할 때 무의식 속에 저장되어 있던 습관적인 화가 사라지고 용서의 도구로 바뀌어 나타난다. 화가 날 때마다 간단한 문장으로 자기 뇌에게 말하는 것이다. 처음에는 상대방에게 말하고 다음 문장은 자신에게 말하는 것이다.

> "나는 너(상대방)를 용서한다. 너에게 화를 내지 않기로 결심함으로써 나는 자유로워질 수 있다. 이것은 나 자신을 위해서 그리고 내가 사랑하는 사람을 위해서다." "나는 너(자기 이름) 또한 역시 용서한다. 너(자기 이름)는 인간이다. 한 인간으로서, 사람으로서, 너는 완벽하지 않다. 나는 그것을 인정한다."
>
> -Eimer & Torem 공저, 조은경 역(2006).

3. 가트만식 부부상담 프로그램

1) 첫 회 상담: 상담과정 설명(1시간 30분)

① 상담자는 내담자에게 상담의 진행과정, 내담자의 권리, 비밀보장, 상담비, 상호 규칙에 대한 설명을 해 준다.

② 상담자는 부부와 자연스럽게 대화를 진행한다. 예를 들어, "당신들의 결혼에 대하여 이야기해 주실 수 있습니까?" "현재 당신들의 결혼생활이 어떤지, 그것에 대하여 각자가 어떻게 보고 계시는지, 어떻게 상담에 오시게 되었는지, 그밖에 어떤 것이든 당신들이 생각하고 있는 것들을 이야기해 주시겠어요?"

③ 부부들의 관계성의 역사와 삶의 방향이나 가치들에 대하여 이야기하도록 한다.

④ 부부의 대화 모습을 자연스럽게 10분간 녹화한다. 상담자는 최소한 10분간은 부부들만 대화하도록 한다. 대화가 흥미진진할 때는 10분 이상을 녹화할 수도 있다. 상담자는 비디오카메라 뒤에서 부부의 상호관계에서 보이는 강점과 약점을 관찰해서 기록한다.

- 과제로 부부가 소형 녹음기로 대화하는 모습들을 녹음하도록 하기도 한다.
- 몇 개의 질문지를 나누어 주고 다음 세션까지 답을 해서 가져오도록 한다.

2) 2회와 3회 상담: 개별면담(45분)

부인과 남편을 개별적으로 면담한다.

이때 개별면담에서 이야기되는 모든 내용들은 비밀이 아니며 상담자가 필요할 경우 배우자에게 공개할 수 있다는 것을 미리 알려 준다. 개별면담에서는 각자가 생각하는 결혼생활에 대하여 이야기하게 한다.

① 결혼생활에서 어떤 동기가 있었는가?
② 무엇을 기대하고 결혼하였는가?

③ 결혼생활에서 얻은 것은 무엇이고 그 대가로 치르는 것은 무엇인가?

④ 이 상담에서 얻고 싶은 것은 무엇이고, 또한 두려움은 어떤 것인가?

⑤ 부부가 신체적인 폭력 경험이 있었는가?

⑥ 부부 가운데 누가 외도 경험이 있었는가?

⑦ 최근 스트레스 요인들은 어떤 것들이 있었는가?

⑧ 부부간에 어떤 고통스러운 사건이나 이슈들이 있었는가?

⑨ 부부가 생각하는 서로의 불만이나 욕구들은 무엇인가?

⑩ 그 외 부부의 성격장애나 정신병리가 있는지 살펴본다.

-김준기, 공성숙(2006)

3) 4회 및 5회 상담: 요약과 치료 가능한 개입(1시간 30분)

(1) 부부의 결혼생활 평가(30분)

강점과 개선해야 할 점들을 요약해서 부부의 결혼생활에 대한 평가를 내려 준다. 전체적인 평가는 첫 면담, 개별면담, 비디오카메라 녹화, 설문지 등을 통하여 얻은 정보들을 활용하여 순차적으로 자연스럽게 진행한다.

부부에게 마지막으로 상담자가 중요한 사항을 빠뜨리지 않았는지 그리고 상담자가 평가한 내용 가운데 덧붙이고 싶은 것은 무엇인지 선택의 기회를 제공한다.

(2) 접촉과 첫 번째 치료의 과정(1시간)

① 부부의 분노, 슬픔, 실망감, 고통, 아픔, 좌절과 절망감 등 서로가 경험한 감정들을 표현하도록 한다. 치료자의 개입이 갈등을 해결하는 것이 아니며 갈등을 해결하는 방식의 대화가 중요하다는 것을 강조해야 한다.

② 자신들의 싸움의 방식들을 분석하고 이해할 수 있도록 한다.

③ 갈등의 사유들 가운데 해결 가능하고 현실적인 것이 무엇인지 이해하도록 한다.

④ 어느 정도에서 부부가 타협과 수용이 가능한지 대화하도록 한다.

⑤ 해결할 수 없는 갈등에서는 상대방이 주장하는 입장의 의미를 대화로 밝혀내고 이해하도록 돕는다. 대개 타협이 어려운 갈등 이면에는 과거 원가족의 관계성과 영향력이 작용한다.

⑥ 대화를 통하여 갈등의 이면에 숨어 있는 행동방식, 기대, 가치, 습관 등의 상징적인 의미들을 밝혀내도록 한다.

⑦ 부부가 관계를 조금이라도 회복시킬 수 있는 가능성이나 희망을 찾아볼 수 있도록 상담자는 적극적으로 개입한다.

(3) 부부의 갈등 속에서 희망 다루기

① 부부는 서로 부부생활에서 가장 중요한 핵심문제와 갈등이 되는 것을 이야기할 수 있다. 그러나 문제를 해결하려고 해서는 안 된다.

② 각자가 갈등 상황에서 찾고자 하는 희망이나 원함을 다음 아래의 항목에서 찾아서 상대방에게 설명한다.

〈표 III-15〉   희망사항의 예

자유로운 삶, 평화로운 생활, 자연 속의 삶, 자신에 대한 탐구, 모험을 시도하는 것, 영적 여행, 존경받는 삶, 내면의 치유, 가족을 잘 아는 것, 명예를 가지는 것, 권력을 가진 느낌, 과거 상처를 극복하는 것, 더 능력 있는 삶, 좀 더 수용적이 되는 것, 잃어버린 나를 찾는 것, 나에게 중요한 무엇인가를 하는 것, 콤플렉스를 극복하는 것, 누군가와 작별을 하는 것, 돈과 물질적인 여유를 누리고 싶은 것.

③ 부부는 서로 규칙 안에서 20분간 듣는 사람과 말하는 사람이 된다. 남편이 20분간 이야기하면 아내는 듣기만 한다. 아내가 20분간 말할 때는 남편이 들어 주는 사람이 된다. 말하는 사람은 가능한 솔직하고 분명하게 자신의 입장, 관점, 희망을 이야기한다. 상대방을 비난하지 않고 상대방이 이해되도록 이야기한다.

듣는 사람은 판단을 하지 않고 있는 그대로 수용하며 경청한다. 상대방에 대한 변명이나 반론, 회피를 하지 않는다. 그런 후 다음의 질문을 상대방에게 한다.

• 당신은 이 핵심 갈등에 대하여 어떤 믿음을 가지고 있나요?
• 당신이 진정으로 원하는 것이 무엇인가요?

• 당신에게는 그것이 어떤 의미인지 더 이야기해 주실 수 있나요?
• 당신은 이 문제에 대하여 어떤 감정을 갖고 있나요?
• 이 문제에 대하여 당신이 이룰 수 있는 목표를 어떻게 생각하나요?

-김준기, 공성숙(2006)에서 재인용.

이런 대화과정에서 부부는 감정에 머무르며 상대의 진실과 원함을 수용 가능하도록 한다. 이 훈련은 부부가 갈등과 부정적인 감정 속에서 자신이 바라는 대로 되지 않는다고 상대방을 이기려 들지 말고 진정으로 상대방의 원하는 것이 무엇인지를 알아가는 과정이다. 그래서 부부가 서로의 원함이나 꿈을 지지해 줄 수 있는 결혼생활을 영위하기 위함이다.

가트만은 부부가 갈등 속에서도 솔직하게 서로의 원함이나 꿈을 이야기할 수 있다면 미래의 희망이라는 단단한 구심점이 있어서 서로가 필요로 하는 존재이고 지지받는 느낌이 들기 때문에 갈등은 자연스럽게 사라질 수 있다고 보았다(Gottman & Silver 공저, 임주혁 역, 2003).

(4) 타협과 행동하기

부부는 서로 상대방의 원함이나 희망사항의 의미를 이해하고 나눈 후 그것을 어떤 방식으로 수용하고 존중할 것인가를 논의하게 한다. 다음과 같은 부부의 타협과정을 통하여 대화한다(김준기, 공성숙, 2006).

① 첫째, 자신이 도저히 양보할 수 없는 최소한의 핵심적인 부분을 제시한다. 둘째, 자신이 상대방을 위하여 양보할 수 있는 영역은 어떤 부분인지 제시한다. 셋째, 서로의 꿈을 실현하기 위하여 타협과 협상을 간구한다.
② 부부가 상대방의 원함을 어디까지 수용할 수 있고 존중할 것인지를 결정하게 한다. 예를 들면 상대방의 원함을 이해하고 방해하지 않는 정도인지, 원함이 실현되도록 구체적으로 목표를 세우고 경제적인 지원도 가능한지 결정한다. 상대방의 원함에 배우자가 함께 합류하는 것도 가능하다.
③ 일상생활 속에서 원함이 실천될 수 있도록 행동지향적인 과정을 논의한다.

부부의 핵심갈등은 대화를 하면서 결국 갈등 이면에 숨겨진 상대방의 진짜 원함

을 이해하고 수용해 주고 존중해 가는 과정이라는 것을 부부가 함께 알아 가는 과정
이다.

4) 치료자의 자세와 태도

① 치료자는 부부를 수용하고 지지하며 마음 편한 분위기를 조성한다.
② 한 사람이 이야기하면 상대방은 진지하게 경청하여야 한다.
③ 해결에만 초점을 두지 말고 상대방의 관점, 입장, 감정에 대한 이해를 돕기
  위하여 질문을 한다.
④ 부부가 자신들의 꿈이나 희망을 잘 알지 못할 수도 있지만 인내심을 가지고
  기다린다.
⑤ 치료자는 부부 사이에서 중립을 지키며 어느 한쪽으로 치우치지 않아야 한다.

5) 치료적인 개입을 할 때 고려해야 할 사항

① 혹시 내담자가 열등의식에 사로잡혀 있는지
② 애착의 손상이 있는지
③ 만성적인 질병이나 우울증에 시달리고 있는지
④ 심리적으로 혹은 정서적으로 불안감이나 두려움이 있는지
⑤ 부부가 서로에 대한 강한 적개심이 있는지
⑥ 개인적인 치료나 약물이 필요한지

6) 부부에 대한 치료적인 개입이 실패한 경우

① 부부가 이혼하는 쪽으로 마음이 많이 기울어 있을 때
② 부부가 감정적으로 서로 단절되어 떨어져 있을 때
③ 부부가 이미 상대방에 대한 믿음이나 신뢰, 긍정성이 전혀 없을 때
④ 부부가 이미 자신들의 관계를 지나치게 부정적으로만 생각하고 있을 때
⑤ 개인의 신체적, 정신적 병리가 심하여 관계에 지속적으로 부정적인 영향만을
  미치고 있을 때

4. 상호주관 정신분석적 해석

부부들이 갈등으로 인한 깊은 내면의 상처들을 어떻게 회복할 수 있는가? 줄리아 크리스테바(Julia Kristeva)는 프랭클(V. Frankl)의 실존주의 심리치료에서 강조하는 '의미'의 개념에 대하여 자신에게 질문하여 풀어 낼 수 있는 '기호해독'을 강조한다. 모든 사람들은 삶 속에서 좋은 경험뿐만 아니라 불편하고 고통스러우며 원하지 않은 경험도 하게 된다. 그런데 어떤 경험들은 이해할 수 없고 어떻게 이해하여야 하는지 혼란스러울 뿐이다. 문제는 자신의 비참한 경험들이 왜 일어나는지, 그 경험이 주는 메시지가 무엇인지를 모른다는 것이다. 내담자의 고백 속에서 '나는 지금 너무나 혼란스럽다.' '왜 내가 이런 고통을 당해야 하는지 모르겠다.' '도무지 앞이 캄캄하고 어떻게 해야 할지 모르겠다.'는 말을 종종 듣는다. 자신의 감정이나 경험과 행동들을 이해하지 못하는 절박함을 표현하는 것이다. 의미치료에서는 경험을 해석하고 의미를 찾아가는 과정을 중요시한다.

프랭클은 아우슈비츠 수용소에서 죽음과 같은 처절한 생활 속에서도 에너지를 찾고 생명력을 유지하며 죽음 앞에서도 인간적인 품위를 저버리지 않는 개인을 보면서 그들의 삶의 의미에서 해답을 발견한 것이다(Frankl, 1959). 현재의 상황에서 의미를 찾을 수만 있다면 자신의 경험이 아무리 고통스럽고 힘들어도 고통이 아니며 오히려 희망으로 볼 수 있다. 프랭클은 인간이 비참한 상황에서 벗어나는 것보다 자신의 삶과 상황에서 어떤 의미를 발견하고 부여하는 것이 더 중요하다고 강조한다. 이런 의미에서 인간의 잠재력과 창의성은 어떠한 상황이나 환경을 극복해 낼 수 있는 의지와 결단만 있다면 자신의 새로운 삶을 건설할 수 있다고 본다.

크리스테바는 자신의 주관적인 경험에서 '기호해독불능'상태는 마음을 혼란스럽게 만들어 서서히 무기력과 우울증으로 빠진다고 설명한다. 그래서 개인의 정신병리의 원인이 되기도 한다는 것이다. 다음과 같은 질문에 스스로 답을 해 봄으로써 자신의 의미를 찾을 수 있다(김병훈, 2005).

- 내게 왜 이러한 상황이 벌어지는 것일까?
- 이 경험은 도대체 내게 어떤 의미가 있는 것일까?
- 무엇 때문에 이와 비슷한 상황들이 내 인생에서 반복되는 것일까?

- 갈등이 일어나고 분노가 솟아오르고 결국에는 결별을 선언하는 이 속상한 관계의 역동은 어디서 시작되었고 어디로 나를 끌고 가는 것일까?

이런 질문에 스스로 명료한 해답을 찾아나가는 과정이다. 의미를 찾고 이해하는 이 정신적 과정은 자신의 갈등에 대한 인식을 제대로 통찰할 수 있도록 도와준다. 자신의 갈등의 깊은 뿌리를 인식하지 못하면 문제는 더 깊어지고 혼란을 초래한다. 또한 과거의 상처와 올무 속에서 발버둥 치고 빠져나오질 못하며 불행한 인생의 연속이 된다.

갈등을 해결하기 위해서는 긴장 에너지의 해소, 생명표상의 강화, 그리고 '정신적 산소'의 창출이 필요하다. 비슷한 종류의 갈등상황, 관계 속에서의 충돌이 일어나면서 반복될 때 개인은 무척 힘들어 하며 좌절을 경험한다. 개인은 자신의 과거나 환상 속에 자리 잡은 갈등과 긴장의 뿌리를 찾아내야 한다. 갈등에서 나오는 감정들은 대개는 불편하고 그 감정의 경험을 피하기 위한 행동화나 과민반응으로 나타난다. 마음의 평안을 위해서는 '긴장 에너지의 방출'이 곧 마음의 정화기능으로 작용해야 한다. 무의식 속에 긴장감이 가득한 사람들의 경우 몸이 먼저 알고 신호를 보낸다. 이것이 신체화 증세다. 수면장애, 두통, 가슴 아픔, 결림 등의 증세로 나타난다. 그러나 긴장 에너지를 풀어 내면 몸이 훨씬 가볍고 상쾌하며 현실적인 삶에서 활력과 살아 있음을 느끼게 된다.

치료자와 함께 안정적인 환경 속에서 자신의 경험을 함께 풀어 나가는 과정은 자신의 경험을 해석하는 과정이다. 자신의 어떠한 경험이 자신에게 주는 메시지를 분명하게 파악해 내는 것이 바로 개인을 혼란에서 안정으로, 캄캄한 세계에서 환한 세계로 안내한다. 치료적 관계의 핵심은 내담자에 대한 공감과 이해 속에서 이루어진다. 인간에 대한 이해에 대하여 버스키(Buirski, 2001)는 '두 사람이 함께 서로의 경험에 대하여 서로 마음이 통하는 느낌'이라고 말한다. 내담자는 치료자와 함께 자신의 경험에 대해 이야기하고 탐색하고 분석하는 과정에서 자신의 경험을 더욱 분명하게 찾아 간다. 그리고 명료함은 자신의 삶에 대한 의미를 찾고 부여하므로 더 큰 확신으로 안정감을 찾게 된다.

내담자는 자신의 몸 속에 내재되어 있는 그리고 무의식 속에 들어 있는 자신의 언어들을 자유롭게 상대할 수 있어야 한다. 자신의 의식은 성공과 행복을 추구하지만 무의식은 실패와 좌절과 억압의 언어로 가득 차 있다면 그의 사고와 행동은 성공보다는 실패 쪽으로 더 기울어진다. 지금까지 많은 좌절과 실패를 거듭해도 깨닫지 못하고 자신의 의지와 상관없이 반복적으로 일어난다. 자신의 무의식 속의 언어들이 자신을 지배하며 거기에 이끌려 다닌다. 자신 안에서 움직이는 생명의 언어들을 새로운 경험을 통하여 위로의 언어, 힘이 되는 언어, 자신감을 심어주는 언어들로 바꾸어 주어야 한다(김병훈, 2005).

스톨로로(Stolorow & Atwood, 1992)는 상호주관 정신분석학에서 코헛(Kohut, 1994)의 자기심리 정신분석학의 '정신적 산소'의 개념을 추가하였다. 정신적 산소란 정신적으로 꼭 필요하며 유익한 경험을 말한다. 정신적 산소로서의 자기대상의 경험은 자기의 내면세계를 풍요롭게 해 주는 대상의 경험으로 총애경험, 존경경험, 일체감경험의 심리적 기능을 말한다. 작은 개인이 큰 세상과 더불어 살아가자면 많은 스트레스 상황과 갈등을 감수해야 한다. 자신의 갈등이나 아픔, 상처, 고통 등을 극복하기 위해서는 자신의 내적인 힘을 강화하여야 한다. 개인의 내적인 힘은 관계성에서 총애경험, 존경경험, 일체감경험에 의하여 더욱 풍성하고 단단해진다.

개인의 기력이 충분치 않으면 쓰러지듯이 정신적 산소는 개인의 정신적인 경험으로서 삶의 활력과 생기를 부여해 주는 것이다. 자신의 삶 속에서 이런 정신적 산소 경험을 충분히 하였는가? 결핍되었는가? 상담자가 내담자의 정신적 산소를 점검하며 공급하고 있는가는 내담자의 자아개념과 자아회복에도 매우 중요하다. 정신적으로 산소공급을 충분히 받은 풍요로운 사람은 쉽게 좌절하지도 않고 타인의 자극에 쉽게 영향을 받지 않으며 자아존중감이 높은 사람이다. 그러나 정신적 산소가 빈곤한 사람은 외부의 자극에 쉽게 과민반응하고 갈등 속에서 헤어나오지 못하며 쉽게 포기하고 만다.

심층심리학적인 관점에서 김병훈(2005)은 마음의 행복을 찾는 치료과정에 대해 먼저 개인의 경험을 ① 몸의 언어로 경험하기, ② 경험들을 씻어내기, ③ 경험들을 명료하게 이해하고 해석하기, ④ 위로의 말 찾기, ⑤ 창조적인 활동하기로 설명한다. 자신이 피하고 싶고 거부하고 싶은 자신의 삶을 그대로 경험하고, 의미를 이해하고, 또 그 경험을 통한 위로의 메시지를 발견하고 마지막으로 실존적이며 창조적인 활동을 용기 있게 한다면 자신의 삶이 훨씬 충만함과 행복감으로 재발견될 것이다.

5. 내면아이의 '수치심 외면화'하기

성장하면서 소유한 자신의 수치심, 무가치함 등이 어디서 왔는지 밝히는 과정이다. 다른 사람에게서 온 것이면 되돌려주고 수치심을 줄여야 한다. 우리가 어떻게 버림받았는지 깨닫고 거기에 대한 감정을 표현하는 것이다. 이는 자신에 대한 애도 작업이다. 어린 시절의 자기 자신을 잃어버린 것과 그때의 의존 욕구들을 잃어버린 것에 대하여 슬퍼해야만 한다. 개성을 지닌 존재로 발달하는 것을 가로막았던 사람에 대한 분노를 소화하는 작업이다.

자신을 양육하던 사람이 슬퍼하거나 분노하지 못하도록 하였기 때문에 회피나 자기방어를 발달시키게 된다. 그래서 억압된 감정은 무의식 속에서 움직이며 강한 자기통제로, 강박적으로, 완벽을 추구하는 것으로, 의존적으로 상대를 투사함으로써 내 잘못이나 결핍을 다른 사람에게 결핍이 있다고 보는 것 등으로 표출된다.

자신의 진짜 자아를 찾으려면 미처 표출하지 못한 욕구를 표출하는 작업이 우선되어야 한다. 지금까지 쓰고 있던 가면을 벗고, 파트너를 통해 안정감을 얻으려는 자세를 버려야 한다. 그런 다음 단계적으로 옛 상처를 치유하고 대인관계에서 긍정적 경험을 쌓으면서 자아를 확인하고 자존감을 구축해야 한다.

> 만일 어떤 사람이 자신이 어렸을 때에 자신의 모습 그대로는 결코 사랑받지 못했고 자신의 성취, 성공, 좋은 자질 때문에 사랑받았다면 …… 이 사랑을 얻기 위하여 자신의 어린 시절을 희생했다는 것을 경험할 수 있다면 그의 마음은 아주 많이 흔들릴 것이다.
>
> -Bradshaw 저, 오제은 역(2006).

내담자가 아동기에 심리내적 표상모델을 형성시켜 준 사람이나 현재 생활에서 자신의 생활양식을 강화시켜 준 사람과 심상으로 대화를 하면 부정적인 부모의 양육방식에 반응하고 스트레스 요인들에 대하여 부모에게 화나 분노를 표출해 봄으로써 과거의 고통스러운 사건에 대한 정서적 결핍을 해결하도록 도울 수 있다. 심상 속에서 충격적인 사건이나 슬픔의 상황들을 표현하고 치료자가 이를 공감해 주고 수용해 준다면 더 이상 과거 속에 머물지 않고 현재의 건강한 자아로 성장할 수 있게 된다.

영(Young & Long 공저, 이정연 역, 2003)은 심상의 주제를 약한 내면아이, 건강한 어른, 역기능적인 부모로 실시한다. ① 눈을 감고 상처받은 내면아이로 하여금 부모와 함께 있는 자신을 떠올려 보게 한다. ② 그리고 강한 감정, 부정적인 분노의 감정을 부모에게 표현해 보게 한다. ③ 잘못된 내면화된 부모의 목소리를 외재화한다.

내담자들이 부모에게 분노를 표현해 보는 것은 부모를 나쁜 사람으로 몰아가는 것이 아니라 다만 부모의 양육방식 중에서 잘못된 부분에 대하여 화를 내는 것이라고 말해 준다. 내담자가 어린 시절에 경험한 슬픔 속에는 거의 항상 분노가 숨어 있다. 슬퍼하는 과정을 거치는 것은 내담자의 내면화된 내적 표상모델이 진실인 것처럼 느꼈던 과거의 것들이 더 이상 진실이 아니라는 알게 해 준다. 그리고 슬퍼하는 것은 부모가 변할 거라는 비현실적인 기대를 털어버리고 부모의 좋은 면들을 인정할 수 있도록 돕는다(Young, Klosko, & Weishaar 공저, 권석만 외 공역, 2003).

브래드쇼의 내적치유에서 사용하는 방법으로 부부를 대상으로 적용해 보면 아래와 같다.

부부 가운데 한 사람이 자신의 영유아기를 회상하고 그 시절 상처나 채워지지 못한 욕구들을 다루게 된다. 아이들은 각 발달 단계마다 필요한 신뢰감(0~2세), 탐험과 모험(2~4세), 힘과 경쟁(4~6세), 관심과 호기심(6~9세), 또래집단과 자아정체성형성(청소년기) 등을 충족하는 과정을 거쳐 성인기로 발달하게 된다. 그러나 많은 사람들이 발달 단계에서 적절한 양육을 받지 못하고 채워져야 할 욕구들이 충족되지 않고 결핍된 채 성인이 된다. 그래서 우리의 무의식적 사고는 아직도 충족되지 못한 욕구들을 파트너를 통해서 이루고자 한다(Luquet 저, 송정아 역, 2005).

어린 시절의 자기 모습을 그리게 하며 충족되지 못한 욕구들을 배우자를 통해서 혹은 집단원들을 통해서 작은 가족처럼 보살펴 주는 일을 하도록 한다. 개인마다 특정 단계에 적합하고 다양한 종류의 반영과 피드백을 주도록 한다. 예를 들면 갓난아기에게는 따뜻함과 전폭적인 신뢰감을 줄 수 있어야 한다. 그 내용으로는 "이 세상에 온 것을 환영한다." "네가 세상에 와 줘서 너무 기쁘구나." "내가 널 위해 여기 있어 줄게, 날 믿어도 된다, 아가야." "네가 딸(아들)이라 기쁘구나." "난 너를 만져 주고 안아 주고 먹여 주고 네가 필요한 것들을 채워 줄게." "난 너를 있는 그대로 받아 줄게." "난 네 모든 것이 다 좋아."라고 한마디씩 말해 주도록 한다. 아기처럼 토닥거려 주기도 하고 쓰다듬어 주기도 하면서 진행한다(Bradshaw 저, 오제은 역, 2006).

누구나 자신의 아픈 상처를 건드리면 그것을 깊이 느끼게 된다. 각 발달 단계마다 체험적 교정작업을 하다 보면 강한 감정으로 자신을 만나게 된다. 개인마다 필요한 방법들을 다양하게 시도할 수 있는데 성인아이가 새로운 모험을 시작할 때는 친구, 후원자, 지지그룹으로서 옆에 있어 주고, 때로는 외식으로 풍부한 영양공급을 해 주거나, 갖고 싶었던 선물을 주기도 하고, 원하는 욕구들을 채울 수 있도록 자신의 내면아이를 돌보고 재양육하는 방법으로 적용한다.

성인아이 부부는 심상을 통하여 자신의 내면아이와 접촉하도록 한다. 마음속으로 심상을 통하여 그 아이를 느껴 보고 만날 준비를 한다. 그리고 내면의 아이에게 "나는 너의 미래에서 왔으며 네가 어떻게 지내 왔는지 누구보다도 잘 알고 있단다."라고 말한다. 그리고 다시 내면아이에게 "일생 동안 만나는 모든 사람 중에서 너를 떠나지 않은 사람은 오직 너뿐이야."라고 말해 준다. 또 마지막으로 내면아이에게 "나는 너를 절대로 떠나지 않도록 최선을 다할게."라고 덧붙인다. 왜냐하면 무가치함, 수치심 때문에 자기 자신을 포기하였고 자신의 내면의 아이를 버렸기 때문이다. 이러한 작업은 상담 중에도 가능하며 상담이 끝난 후에도 내담자 부부들이 명상을 하면서 자신의 어릴 때의 사진을 보면서 위 내용의 지지의 언어를 사용하도록 권한다. 특히 부부관계에서 좌절을 경험할 때, 대상에 대한 경계심을 느낄 때, 내 안에서 놀라고 두려운 아이에게 긍정의 언어, 힘과 지지의 언어를 줌으로써 진정한 자아로 회복될 수 있다.

자신을 수용한다는 말은 어린 시절에 주입된 부정적 가치관과 절대 해서는 안 될 일, 반드시 해야 할 일 등에 대한 강박관념을 버리는 것을 뜻한다. 그런 부정적 가치관과 강박관념이 오늘날 자신을 옥죄고 중독증으로 내몰고 있기 때문이다. 이럴 때는 "실수할 수도 있어." "그저 평범한 사람으로 사는 것도 괜찮아."라는 말을 하며 자기 자신에게 조금 너그러워질 필요가 있다. 진정한 의존은 자신의 한계를 잃지 않고 상대에게 자신을 맡길 수 있는 능력이다. 자기를 맡길 때 자기의 정체성을 잃지 않는다면, 그는 진정한 자아를 만들어 가고 있는 것이다. 또한 그러기 위해서는 자신과 타인에게 자기 모습을 솔직하게 보여 주고 전달하는 것이 필요하다.

6. 부부를 위한 심상치료

1) 심상체험의 목적

심상을 통한 체험적 기법은 부부들이 정서적 수준에서 심리도식을 탐색하고 부적 응적인 대처방식을 수정·통합하도록 돕는 과정이다. 이 체험적 과정에서는 심상을 통하여 어린 시절의 관계 경험으로 심리도식을 탐색하고 현재의 문제들과 어떤 연관 성이 있는지 연결하도록 한다. 심상을 체험하게 할 때는 초반에는 안전한 장소에서 부터 괴로운 장소로, 어린 시절의 경험이나 사건에서부터 현재의 모습을 이미지로 표출화한다.

치료자는 좋은 부모처럼 건강한 어른 역을 해 준다. 내면의 아이를 보살펴 주고 인정해 주며 지지해 준다. 또한 내담자가 자신의 부적응적인 대처와 싸우도록 함께 해 주며 변화를 시도한다. 내담자가 처음에는 치료자의 방식을 내면화하여 따라서 하도록 돕는다.

체험적 기법에서는 약한 내면의 아동심상, 역기능적인 부모심상, 건강한 어른심상 의 주제로 심상에서 대화를 하도록 한다. 치료자는 내담자의 약한 내면아이의 심상 속에서 재양육하기 위한 건강한 어른 역을 하므로 내담자가 새로운 방식들을 내면화 하도록 한다. 그리고 부부가 서로를 재양육하는 역을 통하여 어린 시절의 상처나 열 등감, 불신이나 복종, 희생, 고립과 소외, 회피나 불안정 도식에서 건강한 성인으로 지지받고 인정받도록 돕는다. 성장과정의 상처들을 배우자를 통하여 회복될 때에 서 로가 강한 연결된 결속력을 느낀다(Luquet 저, 송정아 역, 2005).

이러한 기법은 배우자의 좌절경험을 희망으로 바꾸는 데 초점이 있다. 배우자의 분노 이면에 있는 것들을 이해하고 수용하고 지지해 줌으로써 심상 속에서 안아 주 고 요구를 들어 주고 공감해 주는 것이야말로 부부의 상처를 회복하고 친밀감을 나 눌 수 있는 것들이다.

심상치료의 변화과정은 다음과 같다.

① 내담자의 부적응적 대처방식과 현재문제나 증상과 연결하기
② 내담자의 심리적 도식을 수정하고 변화의 장단점과 방해물에 대한 것들 규

명하기

③ 내담자는 심상 속에서 약한 내면아이로 들어가고 치료자는 다가가기를 시도하기(치료동맹)

④ 배우자의 과거 상처, 불신, 억압 심상에서 다른 배우자가 성인역으로 공감, 지지, 수용해 주기, 안아 주기

⑤ 내담자가 실제생활에서 변화된 적응적 방식으로 대처하도록 행동목록 작성하기

2) 치료자와 내담자의 치료적 관계

① 치료자와 내담자는 심리도식을 극복하도록 하기 위하여 치료적 동맹관계를 맺는다.

② 치료자는 내담자의 심리도식이나 부적응적인 대처방식 등이 치료관계에서 나타날 때 이를 잘 관찰하고 수정하는 다양한 절차를 활용한다.

③ 치료자는 내담자에게 재양육의 기능을 한다. 치료적 관계에서 정서체험을 하도록 심리도식과 싸우고 직면할 때 치료자는 '건강한 성인'으로서 내담자가 새로운 방식들을 내면화하도록 한다.

④ 치료자는 내담자 부모의 역기능적인 양육방식의 영향력을 해석하는 방식으로 대한다.

⑤ 치료자의 공감적 직면은 내담자의 반응이나 대처방식에 대하여 반영하는 방식으로, 왜곡된 측면이나 역기능적인 것을 지적하면서 동시에 내담자의 심리도식에 함께 공감해 주는 역할을 한다.

⑥ 치료자의 재양육은 치료과정에서 내담자가 어린 시절에 부모로부터 욕구충족이 되지 않았던 것들 또는 배우지 못했던 것들을 재양육하는 과정이다(Young, 1995).

3) 심상체험의 과정

심상체험은 내담자의 정서적인 수준에서 강하게 체험하는 방법이다. 심상체험 기법을 사용함으로써 어렸을 적에 자신에게 일어났던 일들에 대한 분노와 슬픔을 표현

하게 하고 아동기 경험을 이해하게 하므로 현재의 문제와 갈등을 통찰하게 하는 방법이 된다. 먼저 치료자는 내담자의 눈을 감게 하고 이완으로 이끌며 호흡과 신체감각들을 천천히 내려놓게 하면서 어떤 주제를 주어서 심상을 떠올려 보도록 할 수 있다. 이런 심상체험의 목적은 내담자가 아동기의 대상경험과 심리적 상처나 억압과 슬픔 등의 감정을 체험하고 현재의 문제와 어린 시절의 내적 표상모델들을 연결시키는 것을 돕는 데 있다. 심상체험의 과정은 다음과 같다(Young, Klosko, & Weishaar 공저, 권석만 외 공역, 2003; Leuner, 1985; 김혜숙, 2008).

① 먼저 내담자에게 심상체험의 전체과정을 소개하며 이론적 근거를 교육한다. 대개 5분 정도 심상체험의 배경과 이유를 설명하며 내담자의 불안이나 기대에 대답해 준다. 25~30분 정도가 심상체험 시간이며 끝나고 나서 20분 정도는 심상체험에서 일어난 일들에 대하여 이야기하는 시간이라고 설명해 준다.

② 심상체험을 실시하는 것에 대한 내담자의 의견을 묻는다.

③ 처음과 마지막은 자각명상훈련이나 이완훈련 같은 정서조절기법으로서 안전하고 편안한 곳으로 인도한다. 예를 들어, "눈을 감으세요. 당신은 지금 편안합니다. 가장 안전한 장소에 있는 당신의 모습을 그려 보세요. 당신의 몸과 마음은 지금 가장 편안한 상태입니다. 자, 머리부터 목, 어깨, 팔, 다리, 발끝까지 당신의 몸이 완전히 이완되도록 힘을 쭉 빼세요. 당신의 호흡이 조용하고 규칙적인 호흡이 되도록 하세요. 깊게 들이 마시고 길게 내쉬는 호흡이 아주 규칙적이 되도록 합니다. 자, 당신은 지금 가장 편안하고 안전한 모습입니다. 단어나 생각이 아닌 그림을 떠올려 보세요. 심상이 자연스럽게 떠오르도록 내버려두세요. 절대 강요하지는 마세요. 무엇이 보이는지 제게 말해 보세요."라고 한다.

④ 심상체험의 주제는 처음에는 자유롭게 편안하고 안전한 장소를 주제로 시작하고 마무리한다. 그리고 회기가 증가할수록 간단한 것부터 시작하고 점차적으로 좀 더 불안을 유발하는 심상으로 진행한다. 심상체험의 주제는 아동기의 부모와의 관계경험이나 학대, 유기사건, 청소년기에 만난 중요인물, 정서체험이나 신체증세도 가능하다(Young, 1995).

• 아동기와 관련한 불쾌한 상황이나, 부모님의 모습, 정서와 연관된 심상을

주제로 시작할 수 있다(두려움, 불안, 불신, 슬픔, 외로움, 분노, 외상경험 등).

- 현재 상황과 관련된 불안이나 불쾌감 상황을 심상체험의 주제로 시작해서 과거로 거슬러 올라가면서 이와 비슷한 상황을 떠오르게 할 수 있다(자신의 현재 모습의 심상에서 과거 청소년기나 아동기로).
- 내담자의 현재 나타나는 신체화나 증상들을 심상체험의 주제로 시작할 수 있다. 예를 들어 "당신의 머리가 아픈 것을 상상해 보시겠어요?" "당신의 모습은 어떠한가요?" "당신의 두통이 무엇이라고 말을 하나요?" "두통을 강렬하게 더 깊이 느껴 보세요." "당신의 몸이 어떤 느낌인가요?" 등을 주제로 할 수 있다.
- 내담자가 체험하는 심상들을 자연스럽게 떠오르도록 하며 그것을 다음과 같이 현재 시제로 말해 달라고 한다. "무엇이 보입니다." "누가 보입니다." "어떻게 느낍니다."
- 치료자는 내담자에게 다음과 같은 질문을 함으로써 더 상세하고 명확한 심상이 되도록 도움을 줄 수 있다. "어떤 그림이 보입니까?" "무슨 소리가 들립니까?" "거리는 어느 정도입니까?" "심상 속에 당신 모습은 어떠합니까?" "무엇을 생각하고 느낍니까?" "신체적 반응은 어떠합니까?" "누가 또 보입니까?" "그 사람은 무엇을 합니까?" "그 사람에게 무어라고 말하고 싶은가요?" "무엇을 기대하고 원하나요?" "한번 큰소리로 말해 보시겠어요?"

⑤ 내담자의 회피적인 부분이나 저항하는 부분에 대하여 치료자는 대화를 시도한다. 내담자의 긴장감이나 불안감을 편안한 감정으로 바꾸도록 돕는다. 심상체험에서 내담자는 말을 걸어보게 하고 생각하고 느끼는 것을 표현하도록 하며 원하는 것을 말하도록 하게 한다. 예를 들어 치료자는 다음과 같은 질문으로 내담자를 도울 수 있다. "부모님이 당신에게 뭐라고 하시나요?" "그 다음에 어떤 일이 일어나지요?" "부모님이 당신을 좀 더 자유롭게 해 주시기를 바라시나요?" "당신이 원하는 것이 무엇인가요, 한번 말씀해 보시겠어요?"

⑥ 내담자에게 과거 상황과 동일하게 느껴지는 현재의 삶이나 상황과 관련된 심상으로 옮겨 오라고 요청한다. 아동기 심상을 탐색한 후 치료자는 내담자에게 그와 유사한 상황에서 느낀 경험이나 대상에 대하여 심상을 해보도록 하게 한다. 부모에게 느꼈던 정서적인 결핍이나 무관심을 현재 배우자에게도

비슷하게 느낄 수 있다. 치료자는 내담자와 배우자가 함께 있는 심상을 그려보도록 할 수 있고 심상 속에서 배우자에게 말을 건네 보게 하고 자신이 원하는 것을 표현해 보도록 할 수 있다.

⑦ 떠오른 심상을 지우고 다시 안정한 장소로 눈을 뜨고 편안하게 되돌아오도록 한다. 심상을 마친 내담자는 대부분 차분해지고 안정적이 된다. 그러나 외상체험 후나 불안감이 있는 내담자에게는 상담실 주변을 돌아보면서 무엇이 보이는지 무슨 소리가 들리는지 말하도록 한다. 그리고 상담이 끝난 후 어디로 갈 것인지, 무엇을 할 것인지 일상적인 것들을 말해 보게 한다. 내담자가 심리적으로 안정을 되찾고 고통스러운 감정에서 벗어나 일상으로 다시 돌아가도록 한다. 심상체험 후 내담자가 분노, 두려움, 불안 등을 느끼는 상태로 나가게 하는 것은 바람직하지 못하다. 부정적인 감정들이 때로 밖에서 충동적인 행동을 유발할 수도 있기 때문이다. 치료자는 때로는 심리적으로 연약한 내담자에게는 밤에 전화해서 심리상태를 확인해 보기도 한다. 일단은 안정을 되찾은 후에 심상체험 내용에 대하여 이야기하는 것이 좋다. "오늘 심상체험이 당신에게는 어떠했습니까?" "그 심상들이 당신에게 어떤 의미가 있습니까?" "심상주제가 무엇인가요?" "어떤 심리적 표상모델과 관련이 있나요?" 내담자가 자신의 심리적 표상모델을 이해하고 정서적 수준에서 체험하며 공감을 받고 현재의 문제나 갈등을 이해할 수 있도록 돕는다.

⑧ 다음 회기에 대하여 이야기하며 종결을 한다.

내담자는 치료자와 심상으로 역할연습을 함으로써 건강한 행동을 연습할 수 있다. 문제상황에 대한 심상으로 연습하고 그 상황에 대한 역할연습을 한다. 부부가 심상을 통하여 서로 상황을 다루는 방식들을 미리 이미지로 떠올려 보며 연습하여 실제 상황에서도 어려움을 극복하도록 한다.

7. 건강한 자아

개인의 자아통합은 분리된 자신의 열등감이나 우월감이 통합되고 자기와 세상 모든 것들이 연결되어 있음을 인식하며 자기 관점에서 타인 관점으로 변화되는 과정이다. 자기의 한계성과 자기의 장단점을 인식하고, 자기 자신을 그대로 수용하며 다른 사람에 대해서도 부정적인 면, 긍정적인 면의 수용과 포용이 이루어지는 것이다.

자기애적 여성들이 특히 자신이나 다른 사람들의 부정적인 면에 극히 민감하게 반응하고 수용하지 못하며 극단적으로 단절하는 방식으로 대처해 버렸다면 서로의 장단점들을 수용하고 통합할 수 있다. 이것은 자신의 정체성에 대한 확신이 서 있다는 것이다. 자신의 만족을 느낄 수 있고, 자신의 행복을 찾을 수 있고, 자신의 즐거움을 누릴 수 있다는 것이다. 의존적인 대인관계에서 자립적이고 책임감 있는 관계로 되는 것이다. 자신의 정체성을 상대방에서 찾으려고 해서는 계속 실패만 거듭하게 된다. 나는 내 감정을 느낄 권리가 있고 있는 그대로 내 모습으로 존재할 권리가 있다. 내 모습만으로도 나는 충분한 가치가 있다고 생각할 수 있어야 한다. 이런 권리야말로 자존감이 낮은 여성들에게는 아주 필요하다.

볼프(Wolf)는 건강한 자아란 '자기성(selbstheit)에 대한 느낌으로 지각되고 인식되는 심리적 구조'라고 말한다. 자기 자신에게 가치를 느끼고 소중함을 인식하며 안정적인 구조로 어제의 내 모습이 오늘과 같고 내일이 된다고 해서 내가 완전히 달라지지 않는다는 느낌이다.

볼프는 '진정한 자아체험이란 완전하다는 느낌을 주는 모든 심리적 현상을 뜻한다.'고 보았다. 모든 종류의 진짜 감정, 욕구, 소망이나 열망, 나아가 인간이 가지는 동기, 본능, 호기심, 창의성, 지성 등도 포함한다. 진정한 자아와 맞닿아 있는 사람이라면 자신을 둘, 또는 다른 여러 사람으로 느끼지 않고 온전한 사람으로 체험한다. 이것이 바로 자기라는 느낌, 시간이 지나도 변하지 않는 정체성이다(Wardetzki, 1991).

건강한 자아는 자기 감정에 솔직하고 기분이 좋을 때는 웃고 즐거워하며 슬플 때는 눈물을 흘리고 자기가 하고 싶은 일을 마음껏 표현할 수 있다. 나아가 두려움, 상처, 아픔이나 불안의 마음, 위로받고 싶은 마음이나 기대도 자유롭게 표현할 수 있는 것이다. 특히 불확실성에 대한 불안을 참을성 있게 견디며, 욕구가 즉각적으로 해결되지 않는다고 분노를 표출하는 것이 아니라 긍정적으로 해결방안을 만들어 간다. 온전한 자아로 향하는 것은 올바른 자신의 감정, 한계, 욕구를 먼저 분명히 아는 것이다. 자신의 한계를 아는 것은 즐거움의 한계, 식탐의 한계, 성적인 욕구의 한계, 신체적인 한계, 욕망의 한계를 올바로 아는 것부터 출발한다. 또한 '예'와 '아니오', '좋습니다', '싫습니다', '행복하다', '불행하다'를 분명하게 상황에 맞게 표현할 수 있어야 한다(Wardetzki, 1991).

부부가 온전한 자아로 향하는 길은 자신에게 강하면서도 남에게 도움을 청할 수 있고 또 다른 사람을 도울 수 있는 여유로움, 자신의 정체성을 잃지 않으면서도 상대방과 진정으로 즐거움과 애정을 나누며 사랑할 수 있는 관계, 자기 감정과 의견을 분명히 알아차리고 표현할 수 있고 상대방으로부터 거절당한다고 내 자신이 모두 거절당한 것이 아니라는 것을 아는 것, 상대방에게 지나치게 의존함으로써 존재를 드러내기보다는 자기 내면의 진짜 원함을 알아차리고 채워 나가는 과정이다.

부부의 여정 역시 '인간이 주를 찾아 안식할 때까지 우리의 심장은 잠시도 안식하지 못한다.'고 고백했던 아우구스티누스의 말처럼 신과의 합일에서야 우리의 갈구가 끝이 보이는 것과 유사하다.

부부가 육체적으로 혹은 정신적으로 몰입하였을 때 나의 경계가 깨지며 '너와 나의 합일'을 경험한다. 발터 슈바르트(Walter Schubart)는 이를 '작은 것에서 일어나는 우주의 화합'이라고 표현하였다. 어떤 대상을 찾아 갈구하고 성적인 열망을 느끼고 추구하는 순간 우리는 자기만족에서 벗어나 상대방을 향한 열정으로 빠져 간다. 머리와 가슴만이 아니라 모든 감각까지도 상대방에게 향한다. 이것이 몰입이고 헌신이다. 사랑하는 사람이 열정에 빠지고 의지하여 이성을 망각하고 감정에 휩싸여 황홀경 속으로 자아를 뛰어넘는 경험은 어쩌면 신과의 합일과 비슷한 상태가 아닐까 생각해 본다. 물론 모든 부부들이 깊은 차원의 성적 열망을 강도 있게 채우지는 않아도 성적인 관계를 통해 자신의 성이 받아들여지고 이해되었다는 감정을 경험한다. 남자는 여자의 관능을 통하여 자신의 남성성이 깊이 인지되고 확인받았다는 느낌을 받고 여자는 남자의 정열을 통하여 자신의 여성성이 인지되고 확인받았다는 확신을 얻는다. 이런 강하고 깊은 감정을 체험할 때가 가장 행복하게 여겨지는 순간일 것이다. 자신의 가장 중요한 핵심이 무조건적으로 수용되고 받아들여진다는 점에서 남성과 여성의 에로틱한 사랑은 무한한 가치를 발휘한다.

진정한 부부관계를 통하여 자기의 진짜 모습을 발견하고 부족한 것들을 채워 가며 당당하고 자신감 있는 모습으로 사는 것이다. 또한 자아에 대한 인식도 정신적으로, 심리적으로, 육체적으로 확장되며 진정한 자아를 발견하고 건강한 자존감을 만들어 가며 자아실현의 욕구들을 실천할 수 있다. 부부의 여정에서 개인은 자신에 대한 솔직한 용기와 결단과 의지력을 가져야 한다. 자기 변화를 추구하는 결단과 헌신을 통해 자기 문제를 자발적·적극적으로 해결할 때 문제해결이 가능해진다. 자신의 내부에서 존재가치를 찾을 수 있다는 것은 자아가 통합되고 심리적인 안정감을 찾을 수 있다는 것이다. 건강한 사람은 자신을 소중히 여기고 사랑하며 자신의 가치를 올바르게 평가하고 절망적인 상황에서도 꿋꿋하게 대처할 수 있으며 자신의 꿈과 희망을 실현시키는 유능함이 돋보이는 사람이다.

마지막으로 이 연습의 핵심은 건강한 자아로 가는 자신의 내면의 목소리에 대한 반응을 찾아내는 것이다. 이 반응은 자신의 죄의식, 자아비난, 무력감의 감정을 줄여 줄 수 있다. 매일 경험하는 어떤 생각, 감정, 새로운 아이디어를 기록하는 습관을 기르도록 한다. 무력감, 짜증, 근심, 걱정이 일 때는 앉아서 호흡을 하고 동시에 떠오르는 부정적인 사고나 감정을 일기에 적는다. 그리고 천천히 숨을 내쉬면서 다음과 같이 확신을 주는 글을 적어서 읽어 본다.

> 나는 ○○○이며(본인의 이름을 적을 것), 다른 사람들과 마찬가지로 기쁨, 즐거움, 걱정, 지루함, 화, 평온, 평화, 고통과 같은 감정 그리고 그 외의 사람이 느낄 수 있는 모든 영역의 감정을 느낄 수 있는 자격이 있다. 감정이란 사람의 인간성의 일부이며 인생을 살아오면서 많은 감정들을, 느낌을 안다. 그러나 나의 감정이 나의 전부는 아니다.
>
> 나는 모든 사람들을 생각한다. 어떤 것은 즐겁고, 어떤 것은 고통스럽다. 어떤 생각들은 미래에 대한 희망으로 가득 차 있고 어떤 것은 절망으로 가득 차 있다. 어떤 생각은 창의적이며 어떤 생각은 우둔하다. 사람으로서 나 역시 모든 종류의 사고를 한다. 어떤 것은 자기비난적이며 어떤 것은 자기확신에 관한 것이다. 그러나 비록 많은 생각을 갖고 있다 해도, 어떤 생각은 유쾌하지 않고 고통스럽다 해도, 나의 생각이 나의 전부가 아니라는 것을 반드시 기억해야 한다. 나는 그 이상의 존재이다.
>
> 나는 인생의 근본을 믿으며, 절대자와 연결되어 있다는 것을 믿는다. 그 절대자는 세상을 선과 희망으로 채운다. 모든 사람이 불완전하다는 것을 믿으며, 사람이기에 나 역시 완벽하다는 것과는 거리가 멀다는 것을 믿는다. 그러나 나는 바르고, 현재 내가 살고 있는 방식에서 더 발전하기 위해 계속 노력할 수 있다는 것을 안다.
>
> 내가 혼자 있을 때 혹은 다른 사람들과 어울릴 때, 내 마음은 점점 더 맑아지고 사고는 점점 더 명확해진다. 나의 감정은 점점 더 긍정적인 것으로 변화된다. 나의 몸은 정신과 밀접하게 작용하여 내가 치유와 회복의 여행을 하는 동안 나의 온 조직과 세포 전체에 원초적인 치유 능력을 작용시킨다.
>
> 이제 나는 살아 있을 가치가 있다는 것을 안다. 인생은 처음부터 아름다운 것임을 알며, 일상의 경험에서 오는 방향과 신비에 대해 감사하는 법을 배운다. 다른

사람들을 위해 베푸는 친절한 행동에 감사하는 법을 배우며 다른 사람에게 내가
친절한 행동을 베푸는 것처럼, 다른 사람이 나에게 친절을 베풀 때 그것에 감사하
는 법을 배운다.

　불확실의 시기가 나를 불안하게 하고 절망하게 하고 무력하게 할지라도, 그러한
감정들이 일시적인 것이며 나의 근본은 순간의 감정을 넘어선다는 것을 안다. 나
는 강하며 회복력이 있다. 나는 매일 매일의 삶에서 충분한 에너지, 힘, 활력 그리
고 생산적인 기능을 되찾을 수 있다.

-Eimer & Torem 공저, 조은경 역(2006).

8. 유능한 상담자의 자질과 대처

1) 유능한 상담자의 자질 키우기

　유능하고 탁월한 상담자는 타고난 것이 아니다. 훌륭하고 유능한 상담자의 모델을
잘 익히고 훈련을 하는 것이 중요하다. 누구나 익히고 연습하면 자신의 잠재력을 키
울 수 있다. 특히 상담자는 다른 사람의 말에 경청을 잘 하며 평소에도 존중하는 대
화법이나 칭찬하는 대화법이 몸에 익혀 있어야 한다. 내담자의 무의식을 다루면서
자신의 무의식적인 말이나 행동에도 민감하게 잘 볼 수 있어야 한다. 다음 내용은
통합적인 상담자로 잘 알려진 코리(Corey 저, 조현춘, 조현재 공역, 1999)가 주장하는 유
능한 상담의 자질과 특성이다.

- **상담자가 된 동기 탐색하기**: 자신이 어떤 동기와 어떤 이유로 상담자가 되었
는가? 자신에 대한 분명한 동기를 탐색한다.
- **치료과정에 대한 믿음과 신뢰**: 자신이 하는 일에 대하여 믿고 내담자가 변화
할 수 있는 능력을 가지고 있다고 믿는 것이다.
- **선의, 순수 그리고 배려성, 존중감**: 내담자에 대한 존중성과 배려성을 가지며
순수한 의도로 임해야 한다.
- **현존성**: 내담자와 함께 현재에 머물러 있다는 것이 중요하다. 현존하기는
다른 사람의 고통, 어려움, 기쁨에 영향을 받지만 그 고통을 내 것으로 만들
지 않는 것이다.

- 용기: 상담자도 내담자로부터 상처를 받을 수도 있고, 자신의 불안정성과 불확실성을 인정하고 내담자와 함께 위기감에 처할 수도 있다는 것을 직면하는 것이다.
- 비전을 지니고 꿈을 따라가기: 자신의 비전을 정하여 목표를 세우고 꿈이 이루어지도록 노력한다.
- 모델이 되려는 자발성: 내담자를 위한 좋은 모델로서 본보기 역할이 중요하다.
- 자신의 경험을 자발적으로 추구하며 확대하기: 자신의 개인적인 관심사를 인식하고 다룸으로써 인간의 노력에 관해 배우는 것이 중요하다. 치료자는 자신이 아는 것, 탐색하는 것까지만 내담자를 안내할 수 있다. 자신의 인식의 확장을 위하여 고정관념이나 가치관을 점검하며 수정하기도 한다.
- 개인권력과 힘: 개인권력은 자신의 확신감, 자신감에서 자연스럽게 우러나온다. 진정으로 힘이 있는 사람은 자신의 약점도 인식하고 수용한다.
- 육체적이고 정신적인 에너지의 조화: 자신의 과도한 스트레스나 육체적인 긴장감을 잘 조절하며 육체와 정신과 영혼이 조화를 이루도록 한다.
- 자기인식 능력: 자기 자신을 안다는 것, 인식한다는 것은 아주 중요하다. 자신의 정체성, 문화, 목표, 가치관, 동기, 욕구, 한계, 장점과 단점, 감정 등을 민감하게 알아차린다.
- 유머감각: 긴장을 해소하고 즐거움을 느끼는 감각을 개발한다.
- 창의성: 내담자와 함께 지금-여기에서 일어나는 경험을 바탕으로 내담자에게 새로운 방법을 시도해 보고 가장 적합한 방법을 찾아 가는 과정은 치료자의 창의성과 재구성 능력이 요구된다.
- 개인적인 헌신과 책임: 헌신적인 전문가는 겸손함을 지니며 피드백과 아이디어를 열린 마음으로 받아들이고 끝까지 자신의 행위에 대한 책임도 인식한다.

2) 상담자의 소진에 대처하기

상담자는 매우 가치 있는 일을 하면서도 때로는 자기 일에 대하여 회의를 갖는 경우도 있다. 자신의 생활이 너무 스트레스에 노출되어 있거나 갈등이 많으면 힘들고 내담자에게 내적인 투사가 발생하여 내담자를 객관적으로 만나서 상담에 임하기가 어렵다. 자신의 정신건강과 신체건강이 조화를 이루도록 매사에 신경을 써야 한다. 상담자가 자신의 소진상태를 예방할 수 있는 아래 내용들을 참고하여 잘 대처하도록 한다.

(1) 상담자가 되면 자기 자신이 미처 해결하지 못한 갈등이나 개인적인 약점들을 피하지 못하고 직면하게 된다. 이런 문제들이 내담자와 함께 할 때 어떤 어려움으로 나타나는지를 명확히 알고 정기적으로 슈퍼비전을 받는다.

(2) 개인적인 한계성, 대인관계, 조직의 갈등 등의 요인들이 겹쳐서 상담자의 소진으로 나타난다. 이 요인들을 이해하고 하나하나 해결할 수 있는 방법들을 강구한다.

(3) 자신의 감정이나 대처방안을 통제할 수 있다. 스트레스 상황이나 사건을 통제할 수는 없지만 사건이나 상황을 대처하는 방법이나 자신의 태도나 감정은 통제할 수 있다.

(4) 개인적으로, 직업적으로 생동감을 유지하는 방법을 행한다.

- 자신이나 타인의 한계성을 인식한다.
- 자신의 육체적 · 정신적 안녕을 취하는 방법을 잘 안다.
- 자신에 대한 배려도 잘한다.
- 즐거움을 주는 취미활동을 한다.

(5) 의욕상실 예방을 위한 개인적인 전략들을 적극적으로 행한다.

- 직업 이외의 다른 흥밋거리를 찾는다.
- 적절한 수면, 운동, 명상이나 이완을 함으로써 건강을 유지한다.
- 자신이 원하는 것을 구할 수 있도록 한다.
- 놀고 여행하며 새로운 경험을 통하여 의미를 찾는다.
- 목표나 과제가 실현 가능한 것인지 평가한다.
- 좌절감을 솔직히 표현할 수 있는 지지집단을 가진다.

| 3부 참고문헌 |

가정법률상담소(2006). 가정폭력상담사례집.

가정을 건강하게 하는 시민의 모임(2004). 이혼 후 적응프로그램 —가족생활 교육 프로그램 매뉴얼 시리즈 2. 서울: 도서출판 하우.

강문희, 박경, 강혜련, 김혜련(2006). 가족상담 및 심리치료. 서울: 학지사.

곽배희(1994). 상담소 창구를 통해서 본 가정문제 진단. 전병제 외 공저, 위기에 선 가족: 한국가족 변화와 전망. 서울: 다산출판사.

곽배희(1996). 이혼가족을 위한 대책연구. 서울: 한국여성개발원.

곽배희(2004). 이혼 전 상담제도의 필요성. 보건복지부, 이혼 전 상담제도 자료집.

권중돈, 김동배(2005). 인간행동과 사회환경. 서울: 학지사.

김매경(2006). 각국의 이혼제도 개관. 제2회 전국상담전문가 교육대회 자료집, 고급, 43-61.

김병훈(2005). 부부갈등해결 체험프로그램. 전국상담전문가 교육대회 이혼상담전문가 교육 자료집, 5-44.

김상용(2008). 독일 가정법원의 기능과 역할. 한국가족법 학회 하계학술대회 자료집.

김소야자, 송성자, 김윤희, 양수(2006). 3회기 이혼상담모델. 한국상담전문가 연합회, 전국상담 전문가 교육대회 자료집, 고급.

김수연, 김득성(2001). 부부폭력과 결혼불안정의 관계. 한국가정관리학회지, 19 (1), 53-62.

김수정, 권신영(2001). 이혼과정에 있는 여성에 대한 사회적 지원의 필요성 —상담사례를 중심 으로. 한국가족복지학, 8, 41-74.

김순옥(1997). 이혼과정 및 이혼 후 적응교육의 기초. 한국가족관계학회, 가족생활교육표 연수 교재.

김순옥(1998). 이혼에 대한 긍정적·부정적 시각 정립을 위한 고찰. 성균관대학교 생활과학연구소, 창간호, 147-166.

김요완(2007). 이혼소송중인 부부의 부부관계 와해과정. 연세대학교 대학원 박사학위청구논문.

김정옥(1993). 이혼원인의 실증적 연구. 한국가족학연구회, 이혼과 가족문제. 서울: 하우.

김준기, 공성숙(2006). Gottman의 가족치료 모델의 이해와 활용. 한국상담전문가연합회, 제3회 한국상담전문가 교육대회 자료집.

김혜남(2008). 서른 살이 심리학에게 묻다. 서울: (주)웅진씽크빅.

김혜련(1995). 남자의 결혼 여자의 결혼. 서울: 또 하나의 문화.

김혜숙(2003). 가족치료 이론과 기법. 서울: 학지사.

김혜숙(2008). 가족치료 이론과 기법(제2판). 서울: 학지사

문주형(2007). 협의이혼 전 상담의 실시에 관하여. 서울남부지방법원. 미간행.

문현숙, 김득성(2002). 이혼 후 적응을 위한 장기교육 프로그램의 모형개발. 대한가정학회지, 40

(6).

문현숙, 김득성(2003). 이혼적응 교육프로그램 실시 및 효과검증 ─ 집단마라톤식 과정으로 ─, 대한가정학회지, 41(11), 201-214.

변화순(1995). 가족해체와 재구성. 여성한국사회연구회(편), 한국가족문화의 오늘과 내일. 서울: 사회문화연구소.

변화순(1996). 이혼가족을 위한 대책연구. 한국여성개발원 연구보고서.

서울가정법원 가사소년제도개혁위원회(2005). 가사소년제도개혁위원회 자료집(1). 가사소년제도 개혁위원회 백서.

서울가정법원 상담위원회(2005). 가사상담제도 법률 강의 자료집, 3월.

서울가정법원 조정위원회(2004). 가사조정연구 연찬회 자료집, 12월.

성정현(1998a). 이혼여성들이 경험하는 심리사회적 문제와 대처전략. 사회복지연구, 11, 53-77.

성정현(1998b). 성역할태도와 이혼여성의 적응에 관한 연구. 서울대박사학위논문.

성정현(2002). 이혼 후 적응을 위한 집단프로그램의 개발. 한국가족복지학, 9, 31-53.

송성자(2006). 이혼상담법제화를 위한 제2회 한국상담전문가 교육대회 자료집, 고급, 한국상담 전문가 연합회.

송성자, 어주경, 양혜원, 서혜정(2005). 가정폭력 피해자 치유프로그램 매뉴얼. 여성가족부.

송정아(1993). Marriage Encounter 프로그램. 한국가족학연구회, 제1기 가족생활교육 연구과정 연수교재.

송정아, 전영자, 김득성(1998). 가족생활교육론. 서울: 교문사.

신성자(2000). 이혼과정에 있는 부부들을 위한 학제간 팀 이혼중재에 관한 연구. 한국가족치료학 회지, 8(1), 31-58.

신은주(1995). 아내학대에 대한 페미니스트 접근에 관한 사회사업적 분석. 서울대 박사학위 논문.

심수명(2006). 한국적 이마고 부부치료. 서울: 도서출판 다세움.

연문희(2006). 참 만남을 위한 한 쌍의 대화. 서울: 학지사.

우윤근(2006). 이혼상담법제화를 위한 제2회 한국상담전문가 교육대회 자료집, 고급, 225-238. 한국상담전문가 연합회.

유계숙(2006). 이혼 전·후 가족상담 운영매뉴얼. 서울: 중앙건강가정지원센터.

유계숙, 최성일(2005). 이혼 숙려 부부들을 위한 상담프로그램 모형 개발. 한국가족관계학회지, 10(2), 57-92.

유은희, 정현숙(1995). 신혼부부를 위한 부부교육프로그램. 한국가족상담연구소 연구보고서, 2권, 45-58.

이강원(2005). 협의이혼 전 상담의 시범실시에 관하여. 서울가정법원, 서울가정법원 가사상담제도 법률 강의.

이남옥(2005). 이혼상담(하). 서울가정법원 상담위원회 자료집.

이무석(2006). 30년 만의 휴식. 서울: 비젼과 리더십.

이원숙(2002). 쉼터 거주 아내학대 피해여성을 위한 지지집단 프로그램에 관한 연구: 페미니스트 접근의 쉼터를 중심으로. 정신보건과 사회사업, 제12집.

이희배(2007). 가족법판례연구. 서울: 삼지원

임춘희(1994). 재혼가족연구의 시각과 연구 성과에 관한 문헌고찰. 대한가정학회지, 32(2).

임춘희, 정옥분(1997). 초혼 계모의 재혼가족생활 스트레스와 적응에 관한 경험적 연구. 대한가정학회지, 35(5).

장정순(1994). 왜 이혼 못 하는가: 이혼한 여성들의 건강한 삶이야기. 서울: 현민 시스템.

전명희(2001). 이혼 후 자녀의 양육현태 형성과정에 관한 연구. 연세대 박사학위논문.

전춘애, 유계숙 외(1998). 재혼가족에 대한 실태연구. 한국가족상담교육연구소 개소 5주년 기념학술대회자료집.

정문자, 김은영(2005). 이혼 부모와 자녀의 건강한 사회적응을 위한 통합적 집단치료 모형 개발. 대한가정학회지, 43(4).

정종진(2005). 나를 찾아 떠나는 심리여행. 서울: 시그마프레스.

정현숙(1993). 이혼과 자녀들의 적응에 관한 실증적인 연구. 한국가족학연구회(편), 이혼과 가족문제. 서울: 하우.

정현숙(2003). 재혼가족: 또 하나의 가족. 한국가정법률상담소, 1차 한국가정법률상담소 심포지엄 자료집.

주소희(2003). 부모이혼 후 아동의 적응에 영향을 미치는 변인에 대한 연구. 성균관 대학교 대학원 박사학위논문.

채규만(1997). 이혼이 자녀에 미치는 영향과 심리치료적인 접근방법. 이혼과 적응: 심리, 사회, 법률적 조명. 제4회 한국 인간발달학회 학술 심포지엄.

천안시건강가정지원센터(2007). 이혼 전·후 가족상담사 양성과정. 자료집.

최규련(1994). 가족체계의 기능성, 부부간 갈등 및 대처방안과 부부의 심리적 적응과의 관계. 대한가정학회지, 33(12).

최규련(1997). 부부대화법 프로그램의 한국에서의 적용효과. 한국가족관계학회, 2.

최성애(2006). 부부 사이에도 리모델링이 필요하다. 서울: 해냄.

최재석(1982). 현대가족연구. 서울: 일지사.

최정숙(2006). 여성의 이혼과정: 분리의 혼돈에서 삶을 재구축해 나아가기. 한국가족치료학회지, 149(1), 111-141.

한경혜(1993). 한국이혼부부의 적응과 관련 변인에 관한 실증적인 연구. 한국가족학연구회(편), 이혼과 가족문제. 서울: 하우.

한경혜(1997). 이혼 후 재혼가정의 부모자녀적응. 이혼과 적응이혼과 적응: 심리, 사회, 법률적 조명. 제4회 한국 인간발달학회 학술 심포지엄.

한국가정법률상담소(2004). 이혼숙려기간의 제도화에 관한 의식조사 및 이혼과정의 실태에 관한 연구. 한국가정법률상담소 이혼숙려기간 및 이혼 전 상담 제도화를 위한 심포지엄 보고서.

한국가정법률상담소(2006). 가정폭력상담사례. 사랑으로 희망으로. 한국가정법률상담소.

한국가족관계학회(1996). 늘어나는 편부모가정 — 그들의 행복과 삶의 질 향상을 위한 과제. 가정복지세미나.

한국가족상담교육단체협의회, 한국가족상담교육연구소(1998). 또 하나의 우리, 재혼가족 — 재혼가족에 대한 실태연구와 재혼준비 교육 프로그램 모형개발.

한국사회복지사협회(2007). 이혼가정사례. 미간행.

한국성폭력상담소(2007). 성폭력 상담사례.

한국여성개발원(1991). 가족상담 활성화방안에 관한 연구.

한국여성개발원(1993). 가정폭력예방과 대책에 관한 연구.

堀井 惠 저, 심교준 역(2006). NLP행복코드로 세팅하라. 서울: 한언.

大村政男 저, 박선무, 고선윤 공역(2002). 3일 만에 읽는 심리학. 서울: 서울문화사.

Albrecht, S. L. (1980). Reacction and adjustment to divorce: Difference in experience of males and females. *Family Relations, 29,* 59-68

Alexander, P. C. (1993). Application of Attachment Theory to the Study of sexual Abuse. *Journal of Consulting and Clinical Psychology, 60,* 185-195 .

Barach, P. B. 저, 박중서 역(2008). 보바리의 남자 오셀로의 여자. 서울: 사이언스북스.

Becker, P. & Minsel, B. (1986). *Psychologie der seelische Gesundheit.* Goettingen, Toronto: Zuerich.

Berman, W. H. & Turk, D. C. (1981). Adaptation to divorce: Problems and coping strategies. *Journal of Marrige and the Family, 43*(1), 179-189.

Bowen, M. (1984). *Family Therapy in clinical Practice.* New York: Jason Aronson, Inc.

Bowlby, J. (1969). *Attachment and loss: Vol. 1. Attachment.* New York: Basic Books.

Bowlby, J. (1988). *A secure base.* New York: Basic Books.

Bradshaw, J. 저, 오제은 역(2006). 가족. 서울: 학지사.

Brown, D. (1981). *to Set at Liberty: Christian Faith and Human Freedom.* New York: Maryknoll.

Brown, E. M. (1976). Divorce Counseling. In D. H. L. Olson (Ed.), *Treating Relationships.* Lake Mills, IA: Grahic Publishing Co.

Buirski, P., & Pamela, P. (2001). *Making Sens Together: the Intersubjective of Flow in Consciousness.* New York: Cambridge University Press.

Cashdan, S. 저, 이영희, 고향자, 김해란, 김수형 공역(2005). 대상관계치료. 서울: 학지사.

Corey, G. 저, 조현춘, 조현재 공역(1999). 심리상담과 치료의 이론과 실제. 서울: 시그마 프레스.

Crosby, J. F., Gage, B. A., & Raymond, M. C. (1983). The grief resolution process in divorce. *Journal of Divorce, 7*, 3-18.

Eimer, B. N., & Torem, M. S. 공저, 조은경 역(2006). 불안을 없애는 10가지 방법. 서울: 생각하는 백성.

Ferreiro, B. W., Warren, N. J., & Konanc, J. T. (1986). ADAP: A divorce assessment proposal. *Family Relations, 35*(3), 439-449.

Fisher, H. E. (1992). *Sacred Pleasure.* New York: harper San Francisco.

Frankfurt, L., & Alexander, L. (1988). *Bio-Energetik. Therapie der Seele durch Arbeit mit dem Körper.* Reinbek.

Frankl, V. E. (1959). *Man's Search for Meaning: an Introduction to Logotherapy.* New York: Simon & Schuster.

Goleman, D. (1995). *Emotional Intelligence.* New York: Bantam Books.

Gottman, J. M., & 남은영 공저(2006). 사랑의 감정코치. 서울: 한국경제신문사.

Gottman, J. M., & Krokoff, A. (1985). *Oral history Interview.* Seattle: University of Washington, unpublisched manuscript.

Gottman, J. M., & Silver, N. 공저, 임주현 역(2003). 행복한 부부 이혼하는 부부. 서울: 문학사상사.

Gray-Little, B., & Burks, N. (1983). Power and statisfaction in marriage: A review and critique. *Psychological Bulletin, 93,* 513-538

Haley J. (1964). Reach on Family Pattens: an instrument Measurement. *Family Process, 3*(1), 65.

Hall, C., & Nordby, V. J. 공저, 김형섭 역(2004). 융 심리학 입문. 서울: 문예출판.

Halphrein, A. 저, 김용량 역(2002). 치유예술로서의 춤. 서울: 물병자리.

Haynes, J. (1994). *Parent-Teen Conflict: Winning.* Washington: State University of New York Press.

Hellinger, B. (1996). In. Weber, G. (Hrsg.). *Zweierlei Glueck.* Heidelberg: Carl-Auer-Systeme Verlag.

Hellinger, B. (2000). *Was in Familien krank macht und heilt.* Heidelberg: Carl-Auer-Systeme Verlag.

Hendrix, H. (1998). *Getting the Love you Want.* New York: An Owl Book.

Holmes, J. (1996). *Attachment, Intimacy and Autonomy: Using Attachment Theory in adult Psychotherapy.* NJ: Jason Aronson.

Horowitz, M. J. (1997). *Formulation as a basis for Planning Psychotherapy Treatment.* American Psychiatric Publishing, Inc.

Humphreys, T. 저, 윤영삼 역(2006). 가족의 심리학. 서울: 다산초당.

Jaeckel, U. (1980). *Partnerwahl und Eheerfolg.* Stuttgart: Enke.

Jellouschek, H. 저, 김시형 역(2007). 결혼수업. 서울: 교양인.

Johnson, R. A. 저, 고혜경 역(2006). 당신의 그림자가 울고 있다. 서울: 에코의 서재.

Johnson, S. M. (1988). *Der narzisstische Persoenlichkeitsstil*. Koeln.

Johnson, S. M. 저, 박경덕 역(2006). 정서중심적 부부치료. 서울: 학지사.

Jung, C. G. (1953). *Collected Works, 17* (pars. 324-327). NJ: Princeton University Press.

Kohut, H. (1976). *Narzissmus*. Eine Theorie der Psychoanalytischen Behandlung narzistischer Persoenlichkeitsstoerungen.

Kohut, H. (1994). *The Curve of Life: Correspondence 1923-1981*. Geoffrey Cocks, Chicago: University of Chicago Press.

Kolevzon, M. S., & Gottlieb, S. J. (1983). The impact of Divorce: A multivariate Study. *Journal of Divorce, 7*, 89-98.

Leuner, H. (1985). *Lehrbuch des Katathymen Bilderlebens*. Huber: Bern

Levine, B. H. 저, 박윤정 역(2004). 병을 부르는 말, 건강을 부르는 말. 서울: 산티.

Lowen, A. (1979). *Bio-Energetik. Therapie der Seele durch Arbeit mit dem Körper*. Frankfurt: Reinbek.

Luquet, W. 저, 송정아 역(2005). 이마고 부부치료. 서울: 학지사.

Maroone, M. 저, 이민희 역(2005). 애착이론과 심리치료. 서울: 학지사.

McFarlane, A. C., & van der Kolk, B. (1996). Trauma and its Challenge to Society. In B. van der Kolk, A. C. McFarlane, & L. Weisaeth (Eds.), *Traumatic Stress* (pp. 211-215). New York: Guilford Press.

Mckay, M., Rogers, P., & McKay, J. (1989). *When Anger Hurts: Quieting the Storm within*. Oakland, CA: New harbinger Publications.

Mikulincer, M. (1998). Attachment working models and the sense of trust: an exploration of interaction goals and affect regulation. *Journal of personality and social Psychology, 74*, 1209-1224.

Miller, A. (1979). Depression und Grandiositaet als wesensverwandte Formen der narzisstische Stoerung. *Psyche, 33*, 132-156.

Miller, A. (1983). *Du sollst nicht merken. Variation über das Paradies-Thema*. Frankfurt: Reinbek.

O'Leary, D., Heyman, R., & Jongsma, A. E. 공저, 박현민 역(2007). 부부를 위한 심리치료 계획서. 서울: 시그마프레스.

Osteen, J. 저, 정성묵 역(2007). 잘되는 나. 서울: 두란노.

Payne, John L. 저, 풀라 역(2008). 가족세우기. 서울: 산티.

Revenstorf, D. (1996). *Psychotherapeutische Verfahren Band IV. Gruppen-, Paar- und Familientherapie*. Stuutgart: Kohlhammer.

Rich, P. 저, 서진환 외 공역(2007). 이혼상담 워크북. 서울: 학지사.

Roach, A. J., Frazier, L. O., & Bowden, S. T. (1981). The marital satisfaction Scale: Development of Measure for intervention Research. *Journal of Marriage and the Family, 43,* 537-546.

Roeder-Esser, C. (1994). Families in transition: A divorce workshop. *Family and Conciliation Courts Review, 32*(1), 40-49.

Rogers, C. (1961). *On becoming a person.* Boston: Houghton-Mifflin.

Sanford, J. A. (1981). *Evil: The Shadow side of reality.* New York: Crossroad Classic.

Schindler, L., Hahlweg, K., & Revenstorf, D. (1998). *Partnerschafts-Probleme: Diagnose und Therapie.* Berlin: Springer.

Schwartz, J. M. (1997). *Brain Lock: Free Yourself from Obsessive-Compulsive Behavior.* New York: Bantam Books.

Seifert, T. (1989). *Schneewittchen.* Zuerich: Das fast verlorene leben.

Shaver, P. R., & Mikulincer, M. (2002). Attachment-related Psychodynamics. *Attachment and Human Development, 4,* 133-161.

Stauss, K. (1988). *Die Stationaere transaktionsanalytische Behandlung des Borderline-Syndroms.* Stuttgart: Groenenbach.

Stendhal 저, 권지연 역(2008). 새롭게 쓰는 스탕달의 연애론. 서울: 삼성출판사.

Stinnet, N., Stinnet, N., Beam, J., & Beam, A. 공저, 제석봉, 박경 공역(2004). 환상적인 가족 만들기. 서울: 학지사.

Stolorow, R. D., & Atwood, G. E. (1992). *Contexts of Bing: The Intersubjective Foundation of Psychological Life.* NJ: The analytic Press.

Stroebe, W. (1977). Aehnlichkeit und Komplementaritaet der Bedurefnisse als Kriteriun der Partnerwahl: Zwei spezielle Hypothesen. In A. G. Mikula & W. Stroebe (Eds.), *Sympathie, Freundschaft und Ehe* (pp. 77-107). Bern: Huber.

Taylor, A. (1994). The Four Foundations of Family Mediation: Implication for Training and Certification. *Mediation Quarterly, 14*(3), 215-236.

Textor, M. R. (2004). Entscheidungskonfliktelosen. In *Das Online-Familienhandbuch.*

Wallerstein, J. (1986). Women after divorce: Preliminary report from a ten-year follow-up. *American Journal of Orthopsychiatry, 56,* 65-77.

Wardetzki, B. (1991). *Weibliche Narzissmus.* Muenchen: Koesel Verlag.

Warshak, R. A. 저, 황임란 역 (2002). 이혼, 부, 모, 아이들. 서울: 도서출판 아침이슬.

Willi, J. (1983). Die Zweierbeziehung. Spannungsursachen/ Stoerungsmuster/ Klaerungsprozess/ Loesungsmodelle, Reinbeck.

Winicott, D. W. (1958). Ueber die Faehigkeit, allein zu sein. *Psyche, 6,* 345-352.

Young, J. E. (1990). *Cognitive Therapy for Personality Disorders.* Sarasota, FL: Professional

Resources Press.

Young, J. E. (1995). *Young Compensation Inventory.* New York: Cognitive Therapy Center of New York.

Young, J. E. (1999). *Cognitive Therapy for Personality Disorders: A Schema-focused approach* (rev. ed.). Sarasota, FL: Professional Resources Press.

Young, J. E., Klosko, J. S., & Weishaar, M. E. 공저, 권석만 외 공역(2003). 심리도식치료. 서울: 학지사.

Young, M. E., & Long, L. 공저, 이정연 역(2003). 부부상담과 치료. 서울: 시그마프레스.

동아일보(2008. 1. 19). 보바리의 남자 오셀로의 여자.

동아일보(2008. 3. 6). 이혼하는 부부, 자녀, 친권, 양육 공동책임.

여성가족부 여성뉴스(2007. 11. 22).

http://rang.knowledge-basket.co.nz/gpacts/public/text/1980/se/094se39.html.

KBS1 TV. (2008. 3. 12). TV 책을 말하다.

The New York Times(1986. 6. 22).

부 록

민법(친족편 · 상속편)

민법(친족편 · 상속편)

(1958. 2. 22. 법471호)

개정
1962. 12. 29. 법1237호
1962. 12. 31. 법1250호
1964. 12. 31. 법1668호
1970. 06. 18. 법2200호
1977. 12. 31. 법3051호
1984. 04. 10. 법3723호
1990. 01. 13. 법4199호
1997. 12. 13. 법5431호(국적법)
1997. 12. 13. 법5454호(정부부처명)
2001. 12. 29. 법6544호
2002. 01. 14. 법6591호
2005. 03. 31. 법7427호
2005. 03. 31. 법7428호(채무자회생파산)
2005. 12. 29. 법7765호
2007. 05. 17. 법8435호(가족관계등록법)
2007. 12. 21. 법8720호

제4편 친 족

제1장 총 칙

제767조 (친족의 정의) 배우자, 혈족 및 인척을 친족으로 한다.

제768조 (혈족의 정의) 자기의 직계존속과 직계비속을 직계혈족이라 하고 자기의 형제자매와 형제자매의 직계비속, 직계존속의 형제자매 및 그 형제자매의 직계비속을 방계혈족이라 한다. [개정 1990.1.13]

제769조 (인척의 계원) 혈족의 배우자, 배우자의 혈족, 배우자의 혈족의 배우자를 인척으로 한다. [개정 1990.1.13]

제770조 (혈족의 촌수의 계산) ① 직계혈족은 자기로부터 직계존속에 이르고 자기로부터 직계비속에 이르러 그 세수를 정한다.
② 방계혈족은 자기로부터 동원의 직계존속에 이르는 세수와 그 동원의 직계존속으로부터 그 직계비속에 이르는 세수를 통산하여 그 촌수를 정한다.

제771조 (인척의 촌수의 계산) 인척은 배우자의 혈족에 대하여는 배우자의 그 혈족에 대한 촌수에 따르고, 혈족의 배우자에 대하여는 그 혈족에 대한 촌수에 따른다. [전문개정 1990.1.13]

제772조 (양자와의 친계와 촌수) ① 양자와 양부모 및 그 혈족, 인척 사이의 친계와 촌수는 입양한 때로부터 혼인중의 출생자와 동일한 것으로 본다.
② 양자의 배우자, 직계비속과 그 배우자는 전항의 양자의 친계를 기준으로 하여 촌수를 정한다.

제773조 및 제774조 삭제 [1990.1.13]

제775조 (인척관계 등의 소멸) ① 인척관계는 혼인의 취소 또는 이혼으로 인하여 종료한다. [개정 1990.1.13]
② 부부의 일방이 사망한 경우 생존 배우자가 재혼한 때에도 제1항과 같다. [개정 1990.1.13]

제776조 (입양으로 인한 친족관계의 소멸) 입양으로 인한 친족관계는 입양의 취소 또는 파양으로 인하여 종료한다.

제777조 (친족의 범위) 친족관계로 인한 법률상 효력은 이 법 또는 다른 법률에 특별한 규정이 없는 한 다음 각호에 해당하는 자에 미친다.
1. 8촌 이내의 혈족
2. 4촌 이내의 인척

3. 배우자
[전문개정 1990.1.13]

제2장 가족의 범위와 자의 성과 본
[개정 2005.3.31] [[시행일 2008. 1.1]]

제778조 삭제 [2005.3.31] [[시행일 2008.1.1]]

제779조 (가족의 범위) ① 다음의 자는 가족으로 한다.
1. 배우자, 직계혈족 및 형제자매
2. 직계혈족의 배우자, 배우자의 직계혈족 및 배우자의 형제자매
② 제1항 제2호의 경우에는 생계를 같이 하는 경우에 한한다.
[본장제목개정 2005.3.31] [전문개정 2005.3.31] [[시행일 2008. 1.1]]

제780조 삭제 [2005.3.31] [[시행일 2008.1.1]]

제781조 (자의 성과 본) ① 자는 부의 성과 본을 따른다. 다만, 부모가 혼인신고시 모의 성과 본을 따르기로 협의한 경우에는 모의 성과 본을 따른다.
② 부가 외국인인 경우에는 자는 모의 성과 본을 따를 수 있다.
③ 부를 알 수 없는 자는 모의 성과 본을 따른다.
④ 부모를 알 수 없는 자는 법원의 허가를 받아 성과 본을 창설한다. 다만, 성과 본을 창설한 후 부 또는 모를 알게 된 때에는 부 또는 모의 성과 본을 따를 수 있다.
⑤ 혼인외의 출생자가 인지된 경우 자는 부모의 협의에 따라 종전의 성과 본을 계속 사용할 수 있다. 다만, 부모가 협의할 수 없거나 협의가 이루어지지 아니한 경우에는 자는 법원의 허가를 받아 종전의 성과 본을 계속 사용할 수 있다.
⑥ 자의 복리를 위하여 자의 성과 본을 변경할 필요가 있을 때에는 부, 모 또는 자의 청구에 의하여 법원의 허가를 받아 이를 변경할 수 있다. 다만, 자가 미성년자이고 법정대리인이 청구할 수 없는 경우에는 제777조의 규정에 따른 친족 또는 검사가 청구할 수 있다. [본조제목개정 2005.3.31] [전문개정 2005. 3.31] [[시행일 2008. 1.1]]

제782조 삭제 [2005.3.31] [[시행일 2008.1.1]]

제783조 삭제 [2005.3.31] [[시행일 2008.1.1]]

제784조 삭제 [2005.3.31] [[시행일 2008.1.1]]

제785조 삭제 [2005.3.31] [[시행일 2008.1.1]]

제786조 삭제 [2005.3.31] [[시행일 2008.1.1]]

제787조 삭제 [2005.3.31] [[시행일 2008.1.1]]

제788조 삭제 [2005.3.31] [[시행일 2008.1.1]]

제789조 삭제 [2005.3.31] [[시행일 2008.1.1]]

제790조 삭제 [1990.1.13]

제791조 삭제 [2005.3.31] [[시행일 2008.1.1]]

제792조 삭제 [1990.1.13]

제793조 삭제 [2005.3.31] [[시행일 2008.1.1]]

제794조 삭제 [2005.3.31] [[시행일 2008.1.1]]

제795조 삭제 [2005.3.31] [[시행일 2008.1.1]]

제796조 삭제 [2005.3.31] [[시행일 2008.1.1]]

제797조 내지 제799조 삭제 [1990.1.13]

제3장 혼인

제1절 약혼

제800조 (약혼의 자유) 성년에 달한 자는 자유로 약혼할 수 있다.

제801조 (약혼연령) 만 18세가 된 사람은 부모 또는 후견인의 동의를 얻어 약혼할 수 있다. 이 경우에는 제808조의 규정을 준용한다. [개정 2007.12.21]

제802조 (금치산자의 약혼) 금치산자는 부모 또는 후견인의 동의를 얻어 약혼할 수 있다. 이 경우에는 제808조의 규정을 준용한다.

제803조 (약혼의 강제이행금지) 약혼은 강제이행을 청구하지 못한다.

제804조 (약혼해제의 사유) 당사자의 일방에 다음 각호의 사유가 있는 때에는 상대방은 약혼을 해제할 수 있다. [개정 1990.1. 13]
1. 약혼 후 자격정지이상의 형의 선고를 받은 때
2. 약혼 후 금치산 또는 한정치산의 선고를 받은 때
3. 성병, 불치의 정신병 기타 불치의 악질이 있는 때
4. 약혼 후 타인과 약혼 또는 혼인을 한 때
5. 약혼 후 타인과 간음한 때
6. 약혼 후 1년 이상 그 생사가 불명한 때
7. 정당한 이유 없이 혼인을 거절하거나 그 시기를 지연하는 때
8. 기타 중대한 사유가 있는 때

제805조 (약혼해제의 방법) 약혼의 해제는 상대방에 대한 의사표시로 한다. 그러나 상대방에 대하여 의사표시를 할 수 없는 때에는 그 해제의 원인 있음을 안 때에 해제된 것으로 본다.

제806조 (약혼해제와 손해배상청구권) ① 약혼을 해제한 때에는 당사자 일방은 과실 있는 상대방에 대하여 이로 인한 손해의 배상을 청구할 수 있다.
② 전항의 경우에는 재산상 손해 외에 정신상 고통에 대하여도 손해배상의 책임이 있다.
③ 정신상 고통에 대한 배상청구권은 양도 또는 승계하지 못한다. 그러나 당사자 간에 이미 그 배상에 관한 계약이 성립되거나 소를 제기한 후에는 그러하지 아니하다.

제2절 혼인의 성립

제807조 (혼인적령) 만 18세가 된 사람은 혼인할 수 있다. [본조제목개정 2007.12.21] [전문개정 2007.12.21]

제808조 (동의를 요하는 혼인) ① 미성년자가 혼인을 할 때에는 부모의 동의를 얻어야 하며, 부모 중 일방이 동의권을 행사할 수 없는 때에는 다른 일방의 동의를 얻어야 하고, 부모가 모두 동의권을 행사할 수 없는 때에는 후견인의 동의를 얻어야 한다.
② 금치산자는 부모 또는 후견인의 동의를 얻어 혼인할 수 있다.
③ 제1항 및 제2항의 경우에 부모 또는 후견인이 없거나 또는 동의할 수 없는 때에는 친족회의 동의를 얻어 혼인할 수 있다. [전문개정 1977.12.31]

제809조 (근친혼 등의 금지) ① 8촌 이내의 혈족(친양자의 입양 전의 혈족을 포함한다) 사이에서는 혼인하지 못한다.
② 6촌 이내의 혈족의 배우자, 배우자의 6촌 이내의 혈족, 배우자

의 4촌 이내의 혈족의 배우자인 인척이거나 이러한 인척이었던 자 사이에서는 혼인하지 못한다.
③ 6촌 이내의 양부모계(양부모계)의 혈족이었던 자와 4촌 이내의 양부모계의 인척이었던 자 사이에서는 혼인하지 못한다.
[전문개정 2005.3.31] [본조제목개정 2005.3.31]

제810조 (중혼의 금지) 배우자 있는 자는 다시 혼인하지 못한다.

제811조 삭제 [2005.3.31]

제812조 (혼인의 성립) ① 혼인은 「가족관계의 등록 등에 관한 법률」에 정한 바에 의하여 신고함으로써 그 효력이 생긴다. [개정 2007. 5.17. 제8435호(가족관계의 등록 등에 관한 법률)] [[시행일 2008. 1.1]]
② 전항의 신고는 당사자 쌍방과 성년자인 증인 2인의 연서한 서면으로 하여야 한다.

제813조 (혼인신고의 심사) 혼인의 신고는 그 혼인이 제807조 내지 제810조 및 제812조 제2항의 규정 기타 법령에 위반함이 없는 때에는 이를 수리하여야 한다. [개정 2005.3.31]

제814조 (외국에서의 혼인신고) ① 외국에 있는 본국민 사이의 혼인은 그 외국에 주재하는 대사, 공사 또는 영사에게 신고할 수 있다.
② 제1항의 신고를 수리한 대사, 공사 또는 영사는 지체없이 그 신

고서류를 본국의 등록기준지를 관할하는 가족관계등록관서에 송부하여야 한다. [개정 2005. 3.31, 2007.5.17. 제8435호(가족관계의 등록 등에 관한 법률)] [[시행일 2008. 1.1]]

제3절 혼인의 무효와 취소

제815조 (혼인의 무효) 혼인은 다음 각호의 어느 하나의 경우에는 무효로 한다. [개정 2005. 3.31]
1. 당사자 간에 혼인의 합의가 없는 때
2. 혼인이 제809조 제1항의 규정을 위반한 때
3. 당사자 간에 직계인척관계가 있거나 있었던 때
4. 당사자 간에 양부모계의 직계혈족관계가 있었던 때

제816조 (혼인취소의 사유) 혼인은 다음 각호의 어느 하나의 경우에는 법원에 그 취소를 청구할 수 있다. [개정 1990.1.13, 2005.3.31]
1. 혼인이 제807조 내지 제809조 (제815조의 규정에 의하여 혼인의 무효사유에 해당하는 경우를 제외한다. 이하 제817조 및 제820조에서 같다) 또는 제810조의 규정에 위반한 때
2. 혼인 당시 당사자 일방에 부부생활을 계속할 수 없는 악질 기타 중대한 사유 있음을 알지 못한 때
3. 사기 또는 강박으로 인하여 혼인의 의사표시를 한 때

제817조 (연령위반혼인 등의 취소청구권자) 혼인이 제807조, 제808

조의 규정에 위반한 때에는 당사자 또는 그 법정대리인이 그 취소를 청구할 수 있고 제809조의 규정에 위반한 때에는 당사자, 그 직계존속 또는 4촌 이내의 방계혈족이 그 취소를 청구할 수 있다. [개정 2005.3.31]

제818조 (중혼의 취소청구권자) 혼인이 제810조의 규정을 위반한 때에는 당사자 및 그 배우자, 직계존속, 4촌 이내의 방계혈족 또는 검사가 그 취소를 청구할 수 있다. [개정 2005.3.31]

제819조 (동의 없는 혼인의 취소청구권의 소멸) 제808조의 규정에 위반한 혼인은 그 당사자가 20세에 달한 후 또는 금치산선고의 취소있은 후 3월을 경과하거나 혼인중 포태한 때에는 그 취소를 청구하지 못한다. [개정 1990.1.13, 2005. 3.31]

제820조 (근친혼 등의 취소청구권의 소멸) 제809조의 규정에 위반한 혼인은 그 당사자 간에 혼인중 포태한 때에는 그 취소를 청구하지 못한다.
[본조제목개정 2005.3.31][개정 2005.3.31]

제821조 삭제 [2005.3.31]

제822조 (악질 등 사유에 의한 혼인취소청구권의 소멸) 제816조 제2호의 규정에 해당하는 사유 있는 혼인은 상대방이 그 사유 있음을 안 날로부터 6월을 경과한 때에는

그 취소를 청구하지 못한다.

제823조 (사기, 강박으로 인한 혼인취소청구권의 소멸) 사기 또는 강박으로 인한 혼인은 사기를 안 날 또는 강박을 면한 날로부터 3월을 경과한 때에는 그 취소를 청구하지 못한다.

제824조 (혼인취소의 효력) 혼인의 취소의 효력은 기왕에 소급하지 아니한다.

제824조의2 (혼인의 취소와 자의 양육 등) 제837조 및 제837조의2의 규정은 혼인의 취소의 경우에 자의 양육책임과 면접교섭권에 관하여 이를 준용한다. [신설 2005.3.31]

제825조 (혼인취소와 손해배상청구권) 제806조의 규정은 혼인의 무효 또는 취소의 경우에 준용한다.

제4절 혼인의 효력

제1관 일반적 효력

제826조 (부부간의 의무) ① 부부는 동거하며 서로 부양하고 협조하여야 한다. 그러나 정당한 이유로 일시적으로 동거하지 아니하는 경우에는 서로 인용하여야 한다.
② 부부의 동거장소는 부부의 협의에 따라 정한다. 그러나 협의가 이루어지지 아니하는 경우에는 당사자의 청구에 의하여 가정법원이 이를 정한다. [개정 1990.1.13]
③ 삭제 [2005.3.31] [[시행일 2008.

1.1]]
④ 삭제 [2005.3.31] [[시행일 2008.1.1]]

제826조의2 (성년의제) 미성년자가 혼인을 한 때에는 성년자로 본다. [본조신설 1977.12.31]

제827조 (부부간의 가사대리권) ① 부부는 일상의 가사에 관하여 서로 대리권이 있다.
② 전항의 대리권에 가한 제한은 선의의 제3자에게 대항하지 못한다.

제828조 (부부간의 계약의 취소) 부부간의 계약은 혼인중 언제든지 부부의 일방이 이를 취소할 수 있다. 그러나 제3자의 권리를 해하지 못한다.

제2관 재산상 효력

제829조 (부부재산의 약정과 그 변경) ① 부부가 혼인성립 전에 그 재산에 관하여 따로 약정을 하지 아니한 때에는 그 재산관계는 본관 중 다음 각조에 정하는 바에 의한다.
② 부부가 혼인성립 전에 그 재산에 관하여 약정한 때에는 혼인중 이를 변경하지 못한다. 그러나 정당한 사유가 있는 때에는 법원의 허가를 얻어 변경할 수 있다.
③ 전항의 약정에 의하여 부부의 일방이 다른 일방의 재산을 관리하는 경우에 부적당한 관리로 인하여 그 재산을 위태하게 한 때에는 다른 일방은 자기가 관리할 것을 법

원에 청구할 수 있고 그 재산이 부부의 공유인 때에는 그 분할을 청구할 수 있다.
④ 부부가 그 재산에 관하여 따로 약정을 한 때에는 혼인성립까지에 그 등기를 하지 아니하면 이로써 부부의 승계인 또는 제삼자에게 대항하지 못한다.
⑤ 제2항, 제3항의 규정이나 약정에 의하여 관리자를 변경하거나 공유재산을 분할하였을 때에는 그 등기를 하지 아니하면 이로써 부부의 승계인 또는 제삼자에게 대항하지 못한다.

제830조 (특유재산과 귀속불명재산) ① 부부의 일방이 혼인 전부터 가진 고유재산과 혼인중 자기의 명의로 취득한 재산은 그 특유재산으로 한다.
② 부부의 누구에게 속한 것인지 분명하지 아니한 재산은 부부의 공유로 추정한다. [개정 1977.12.31]

제831조 (특유재산의 관리 등) 부부는 그 특유재산을 각자관리, 사용, 수익한다.

제832조 (가사로 인한 채무의 연대책임) 부부의 일방이 일상의 가사에 관하여 제삼자와 법률행위를 한 때에는 다른 일방은 이로 인한 채무에 대하여 연대책임이 있다. 그러나 이미 제삼자에 대하여 다른 일방의 책임없음을 명시한 때에는 그러하지 아니하다.

제833조 (생활비용) 부부의 공동생활에 필요한 비용은 당사자 간

에 특별한 약정이 없으면 부부가 공동으로 부담한다. [전문개정 1990.1.13]

제5절 이혼

제1관 협의상 이혼

제834조 (협의상 이혼) 부부는 협의에 의하여 이혼할 수 있다.

제835조 (금치산자의 협의상 이혼) 제808조 제2항 및 제3항의 규정은 금치산자의 협의상 이혼에 이를 준용한다. [전문개정 1990. 1.13]

제836조 (이혼의 성립과 신고방식) ① 협의상 이혼은 가정법원의 확인을 받아 「가족관계의 등록 등에 관한 법률」의 정한 바에 의하여 신고함으로써 그 효력이 생긴다. [개정 1977.12.31, 2007.5.17 제8435호(가족관계의 등록 등에 관한 법률)] [[시행일 2008.1.1]]
② 전항의 신고는 당사자 쌍방과 성년자인 증인 2인의 연서한 서면으로 하여야 한다.

제836조의2 (이혼의 절차) ① 협의상 이혼을 하려는 자는 가정법원이 제공하는 이혼에 관한 안내를 받아야 하고, 가정법원은 필요한 경우 당사자에게 상담에 관하여 전문적인 지식과 경험을 갖춘 전문상담인의 상담을 받을 것을 권고할 수 있다.
② 가정법원에 이혼의사의 확인을 신청한 당사자는 제1항의 안내를 받은 날부터 다음 각호의 기간이 지난 후에 이혼의사의 확인을 받을 수 있다.
1. 양육하여야 할 자(포태 중인 자를 포함한다. 이하 이 조에서 같다)가 있는 경우에는 3개월
2. 제1호에 해당하지 아니하는 경우에는 1개월
③ 가정법원은 폭력으로 인하여 당사자 일방에게 참을 수 없는 고통이 예상되는 등 이혼을 하여야 할 급박한 사정이 있는 경우에는 제2항의 기간을 단축 또는 면제할 수 있다.
④ 양육하여야 할 자가 있는 경우 당사자는 제837조에 따른 자(子)의 양육과 제909조 제4항에 따른 자(子)의 친권자 결정에 관한 협의서 또는 제837조 및 제909조 제4항에 따른 가정법원의 심판정본을 제출하여야 한다.
[본조신설 2007.12.21] [[시행일 2008.6.22]]

제837조 (이혼과 자의 양육책임) ① 당사자는 그 자의 양육에 관한 사항을 협의에 의하여 정한다. [개정 1990.1.13]
② 제1항의 협의는 다음의 사항을 포함하여야 한다. [개정 2007.12.21] [[시행일 2008.6.22]]
1. 양육자의 결정
2. 양육비용의 부담
3. 면접교섭권의 행사 여부 및 그 방법
③ 제1항에 따른 협의가 자(子)의 복리에 반하는 경우에는 가정법원은 보정을 명하거나 직권으로 그 자(子)의 의사(意思)·연령과 부모의 재산상황, 그 밖의 사정을 참작하여 양육에 필요한 사항을 정한다. [개정 2007.12.21] [[시행일 2008.6.22]]
④ 양육에 관한 사항의 협의가 이루어지지 아니하거나 협의할 수 없는 때에는 가정법원은 직권으로 또는 당사자의 청구에 따라 이에 관하여 결정한다. 이 경우 가정법원은 제3항의 사정을 참작하여야 한다. [신설 2007. 12.21] [[시행일 2008.6.22]]
⑤ 가정법원은 자(子)의 복리를 위하여 필요하다고 인정하는 경우에는 부·모·자(子) 및 검사의 청구 또는 직권으로 자(子)의 양육에 관한 사항을 변경하거나 다른 적당한 처분을 할 수 있다. [신설 2007.12.21] [[시행일 2008.6.22]]
⑥ 제3항부터 제5항까지의 규정은 양육에 관한 사항 외에는 부모의 권리의무에 변경을 가져오지 아니한다. [신설 2007.12.21] [[시행일 2008.6.22]]

제837조의2 (면접교섭권) ① 자(子)를 직접 양육하지 아니하는 부모의 일방과 자(子)는 상호 면접교섭할 수 있는 권리를 가진다. [개정 2007.12.21]
② 가정법원은 자의 복리를 위하여 필요한 때에는 당사자의 청구 또는 직권에 의하여 면접교섭을 제한하거나 배제할 수 있다.
[본조신설 1990.1.13]

제838조 (사기, 강박으로 인한 이혼의 취소청구권) 사기 또는 강박으로 인하여 이혼의 의사표시를

한 자는 그 취소를 법원에 청구할 수 있다.

제839조 (준용규정) 제823조의 규정은 협의상 이혼에 준용한다.

제839조의2 (재산분할청구권) ① 협의상 이혼한 자의 일방은 다른 일방에 대하여 재산분할을 청구할 수 있다.
② 제1항의 재산분할에 관하여 협의가 되지 아니하거나 협의할 수 없는 때에는 가정법원은 당사자의 청구에 의하여 당사자 쌍방의 협력으로 이룩한 재산의 액수 기타 사정을 참작하여 분할의 액수와 방법을 정한다.
③ 제1항의 재산분할청구권은 이혼한 날부터 2년을 경과한 때에는 소멸한다.
[본조신설 1990.1. 13]

제839조의3 (재산분할청구권 보전을 위한 사해행위취소권) ① 부부의 일방이 다른 일방의 재산분할청구권 행사를 해함을 알면서도 재산권을 목적으로 하는 법률행위를 한 때에는 다른 일방은 제406조 제1항을 준용하여 그 취소 및 원상회복을 가정법원에 청구할 수 있다.
② 제1항의 소는 제406조 제2항의 기간 내에 제기하여야 한다.
[본조신설 2007.12.21]

제2관 재판상 이혼

제840조 (재판상 이혼원인) 부부의 일방은 다음 각호의 사유가 있는 경우에는 가정법원에 이혼을 청구할 수 있다. [개정1990.1. 13]
1. 배우자에 부정한 행위가 있었을 때
2. 배우자가 악의로 다른 일방을 유기한 때
3. 배우자 또는 그 직계존속으로부터 심히 부당한 대우를 받았을 때
4. 자기의 직계존속이 배우자로부터 심히 부당한 대우를 받았을 때
5. 배우자의 생사가 3년 이상 분명하지 아니한 때
6. 기타 혼인을 계속하기 어려운 중대한 사유가 있을 때

제841조 (부정으로 인한 이혼청구권의 소멸) 전조 제1호의 사유는 다른 일방이 사전동의나 사후용서를 한 때 또는 이를 안 날로부터 6월, 그 사유 있은 날로부터 2년을 경과한 때에는 이혼을 청구하지 못한다.

제842조 (기타 원인으로 인한 이혼청구권의 소멸) 제840조 제6호의 사유는 다른 일방이 이를 안 날로부터 6월, 그 사유 있은 날로부터 2년을 경과하면 이혼을 청구하지 못한다.

제843조 (준용규정) 제806조, 제837조, 제837조의2 및 제839조의2의 규정은 재판상 이혼의 경우에 준용한다. [개정 1990.1.13]

제4장 부모와 자

제1절 친생자

제844조 (부의 친생자의 추정) ① 처가 혼인중에 포태한 자는 부의 자로 추정한다.
② 혼인성립의 날로부터 2백일후 또는 혼인관계 종료의 날로부터 3백일 내에 출생한 자는 혼인중에 포태한 것으로 추정한다.

제845조 (법원에 의한 부의 결정) 재혼한 여자가 해산한 경우에 제844조의 규정에 의하여 그 자의 부를 정할 수 없는 때에는 법원이 당사자의 청구에 의하여 이를 정한다. [개정 2005.3.31]

제846조 (자의 친생부인) 부부의 일방은 제844조의 경우에 그 자가 친생자임을 부인하는 소를 제기할 수 있다. [개정 2005.3.31]

제847조 (친생부인의 소) ① 친생부인의 소는 부 또는 처가 다른 일방 또는 자를 상대로 하여 그 사유가 있음을 안 날부터 2년 내에 이를 제기하여야 한다.
② 제1항의 경우에 상대방이 될 자가 모두 사망한 때에는 그 사망을 안 날부터 2년 내에 검사를 상대로 하여 친생부인의 소를 제기할 수 있다. [전문개정 2005.3.31]
[본조제목개정 2005.3. 31]

제848조 (금치산자의 친생부인의 소) ① 부 또는 처가 금치산자인 때에는 그 후견인은 친족회의 동의를 얻어 친생부인의 소를 제기할 수 있다. [개정 2005.3.31]
② 제1항의 경우에 후견인이 친생부인의 소를 제기하지 아니한 때에는 금치산자는 금치산선고의

취소있은 날로부터 2년내에 친생부인의 소를 제기할 수 있다. [개정 2005.3.31]

제849조 (자 사망 후의 친생부인) 자가 사망한 후에도 그 직계비속이 있는 때에는 그 모를 상대로, 모가 없으면 검사를 상대로 하여 부인의 소를 제기할 수 있다.

제850조 (유언에 의한 친생부인) 부 또는 처가 유언으로 부인의 의사를 표시한 때에는 유언집행자는 친생부인의 소를 제기하여야 한다. [개정 2005.3. 31]

제851조 (부의 자 출생 전 사망 등과 친생부인) 부가 자의 출생 전에 사망하거나 부 또는 처가 제847조 제1항의 기간 내에 사망한 때에는 부 또는 처의 직계존속이나 직계비속에 한하여 그 사망을 안 날부터 2년 내에 친생부인의 소를 제기할 수 있다. [본조제목개정 2005.3. 31] [전문개정 2005.3.31]

제852조 (친생부인권의 소멸) 자의 출생 후에 친생자임을 승인한 자는 다시 친생부인의 소를 제기하지 못한다. [본조제목개정 2005.3. 31] [전문개정 2005.3.31]

제853조 삭제 [2005.3.31]

제854조 (사기, 강박으로 인한 승인의 취소) 제852조의 승인이 사기 또는 강박으로 인한 때에는 이를 취소할 수 있다. [개정 2005.3.31]

제855조 (인지) ① 혼인외의 출생자는 그 생부나 생모가 이를 인지할 수 있다. 부모의 혼인이 무효인 때에는 출생자는 혼인외의 출생자로 본다.
② 혼인외의 출생자는 그 부모가 혼인한 때에는 그때로부터 혼인 중의 출생자로 본다.

제856조 (금치산자의 인지) 부가 금치산자인 때에는 후견인의 동의를 얻어 인지할 수 있다.

제857조 (사망자의 인지) 자가 사망한 후에도 그 직계비속이 있는 때에는 이를 인지할 수 있다.

제858조 (포태중인 자의 인지) 부는 포태중에 있는 자에 대하여도 이를 인지할 수 있다.

제859조 (인지의 효력발생) ① 인지는 「가족관계의 등록 등에 관한 법률」의 정하는 바에 의하여 신고함으로써 그 효력이 생긴다. [개정 2007.5.17. 제8435호(가족관계의 등록 등에 관한 법률)] [[시행일 2008.1.1]]
② 인지는 유언으로도 이를 할 수 있다. 이 경우에는 유언집행자가 이를 신고하여야 한다.

제860조 (인지의 소급효) 인지는 그 자의 출생시에 소급하여 효력이 생긴다. 그러나 제3자의 취득한 권리를 해하지 못한다.

제861조 (인지의 취소) 사기, 강박 또는 중대한 착오로 인하여 인지를 한 때에는 사기나 착오를 안 날 또는 강박을 면한 날로부터 6월 내에 가정법원에 그 취소를 청구할 수 있다. [개정 2005.3.31]

제862조 (인지에 대한 이의의 소) 자 기타 이해관계인은 인지의 신고 있음을 안 날로부터 1년 내에 인지에 대한 이의의 소를 제기할 수 있다.

제863조 (인지청구의 소) 자와 그 직계비속 또는 그 법정대리인은 부 또는 모를 상대로 하여 인지청구의 소를 제기할 수 있다.

제864조 (부모의 사망과 인지청구의 소) 제862조 및 제863조의 경우에 부 또는 모가 사망한 때에는 그 사망을 안 날로부터 2년 내에 검사를 상대로 하여 인지에 대한 이의 또는 인지청구의 소를 제기할 수 있다. [개정 2005.3.31]

제864조의2 (인지와 자의 양육책임 등) 제837조 및 제837조의 2의 규정은 자가 인지된 경우에 자의 양육책임과 면접교섭권에 관하여 이를 준용한다. [신설 2005.3.31]

제865조 (다른 사유를 원인으로 하는 친생자관계존부확인의 소) ① 제845조, 제846조, 제848조, 제850조, 제851조, 제862조와 제863조의 규정에 의하여 소를 제기할 수 있는 자는 다른 사유를 원인으로 하여 친생자관계존부의 확인의 소를 제기할 수 있다.
② 제1항의 경우에 당사자 일방이

사망한 때에는 그 사망을 안 날로부터 2년 내에 검사를 상대로 하여 소를 제기할 수 있다. [개정 2005.3.31]

제2절 양 자

제1관 입양의 요건

제866조 (양자를 할 능력) 성년에 달한 자는 양자를 할 수 있다.

제867조 및 제868조 삭제 [1990.1.13]

제869조 (15세 미만자의 입양승낙) 양자가 될 자가 15세 미만인 때에는 법정대리인이 그에 갈음하여 입양의 승낙을 한다. 다만, 후견인이 입양을 승낙하는 경우에는 가정법원의 허가를 받아야 한다. [개정 2005.3.31] [전문개정 1990.1.13]

제870조 (입양의 동의) ① 양자가 될 자는 부모의 동의를 얻어야 하며 부모가 사망 기타 사유로 인하여 동의를 할 수 없는 경우에 다른 직계존속이 있으면 그 동의를 얻어야 한다.
② 제1항의 경우에 직계존속이 수인인 때에는 최근존속을 선순위로 하고, 동 순위자가 수인인 때에는 연장자를 선순위로 한다. [개정 1990.1.13]

제871조 (미성년자입양의 동의) 양자가 될 자가 성년에 달하지 못한 경우에 부모 또는 다른 직계존속이 없으면 후견인의 동의를 얻어야 한다. 그러나 후견인이 동의를 함에 있어서는 가정법원의 허가를 얻어야 한다. [개정 1990.1.13]

제872조 (후견인과 피후견인 간의 입양) 후견인이 피후견인을 양자로 하는 경우에는 가정법원의 허가를 얻어야 한다. [개정 1990.1.13]

제873조 (금치산자의 입양) 금치산자는 후견인의 동의를 얻어 양자를 할 수 있고 양자가 될 수 있다.

제874조 (부부의 공동입양) ① 배우자 있는 자가 양자를 할 때에는 배우자와 공동으로 하여야 한다.
② 배우자 있는 자가 양자가 될 때에는 다른 일방의 동의를 얻어야 한다. [전문개정 1990.1.13]

제875조 및 제876조 삭제 [1990.1.13]

제877조 (양자의 금지) ① 존속 또는 연장자는 이를 양자로 하지 못한다.
② 삭제 [1990.1.13]

제878조 (입양의 효력발생) ① 입양은 「가족관계의 등록 등에 관한 법률」에 정한 바에 의하여 신고함으로써 그 효력이 생긴다. [개정 2007.5.17. 제8435호(가족관계의 등록 등에 관한 법률)] [[시행일 2008.1.1]]
② 전항의 신고는 당사자 쌍방과 성년자인 증인 2인의 연서한 서면으로 하여야 한다.

제879조 및 제880조 삭제 [1990.1.13]

제881조 (입양신고의 심사) 입양신고는 그 입양이 제866조 내지 제877조, 제878조 제2항의 규정 기타 법령에 위반함이 없는 때에는 이를 수리하여야 한다. [개정 1990.1.13]

제882조 (외국에서의 입양신고) 제814조의 규정은 입양의 경우에 준용한다.

제2관 입양의 무효와 취소

제883조 (입양무효의 원인) 입양은 다음 각호의 경우에는 무효로 한다.
1. 당사자 간에 입양의 합의가 없는 때
2. 제869조, 제877조 제1항의 규정에 위반한 때

제884조 (입양취소의 원인) 입양은 다음 각호의 경우에는 가정법원에 그 취소를 청구할 수 있다. [개정 1990.1.13]
1. 입양이 제866조 및 제870조 내지 제874조의 규정에 위반한 때
2. 입양 당시 양친자의 일방에게 악질 기타 중대한 사유가 있음을 알지 못한 때
3. 사기 또는 강박으로 인하여 입양의 의사표시를 한 때

제885조 (입양취소청구권자) 입양이 제866조의 규정에 위반한 때에는 양부모, 양자와 그 법정대리인 또는 직계혈족이 그 취소를 청구할 수 있다. [전문개정 1990.1.13]

제886조 (동전) 입양이 제870조의 규정에 위반한 때에는 동의권자가 그 취소를 청구할 수 있고 제871조의 규정에 위반한 때에는 그 양자 또는 동의권자가 그 취소를 청구할 수 있다. [개정 1990.1.13, 2005.3.31]

제887조 (동전) 입양이 제872조의 규정에 위반한 때에는 피후견인 또는 친족회원이 그 취소를 청구할 수 있고 제873조의 규정에 위반한 때에는 금치산자 또는 후견인이 그 취소를 청구할 수 있다.

제888조 (동전) 입양이 제874조의 규정에 위반한 때에는 배우자가 그 취소를 청구할 수 있다. [전문개정 1990.1.13]

제889조 (입양취소청구권의 소멸) 제866조의 규정에 위반한 입양은 양친이 성년에 달한 후에는 그 취소를 청구하지 못한다.

제890조 삭제 [1990.1.13]

제891조 (동전) 제871조의 규정에 위반한 입양은 양자가 성년에 달한 후 3월을 경과하거나 사망한 때에는 그 취소를 청구하지 못한다.

제892조 (동전) 제872조의 규정에 위반한 입양은 후견의 종료로 인한 관리계산의 종료후 6월을 경과하면 그 취소를 청구하지 못한다.

제893조 (동전) 제873조의 규정에 위반한 입양은 금치산선고의 취소있은 후 3월을 경과한 때에는 그 취소를 청구하지 못한다.

제894조 (동전) 제870조, 제874조의 규정에 위반한 입양은 그 사유 있음을 안 날로부터 6월, 그 사유 있은 날로부터 1년을 경과하면 그 취소를 청구하지 못한다.

제895조 삭제 [1990.1.13]

제896조 (동전) 제884조 제2호의 규정에 해당한 사유 있는 입양은 양친자의 일방이 그 사유 있음을 안 날로부터 6월을 경과하면 취소를 청구하지 못한다. [개정 1990.1.13]

제897조 (준용규정) 제823조, 제824조의 규정은 입양의 취소에 준용하고 제806조의 규정은 입양의 무효 또는 취소에 준용한다.

제3관 파양

제1항 협의상 파양

제898조 (협의상 파양) ① 양친자는 협의에 의하여 파양할 수 있다. ② 삭제 [1990.1.13]

제899조 (15세 미만자의 협의상 파양) ① 양자가 15세 미만인 때에는 제869조의 규정에 의하여 입양을 승낙한 자가 이에 갈음하여 파양의 협의를 하여야 한다. 그러나 입양을 승낙한 자가 사망 기타 사유로 협의를 할 수 없는 때에는 생가의 다른 직계존속이 이를 하여야 한다.

② 제1항의 규정에 의한 협의를 후견인 또는 생가(生家)의 다른 직계존속이 하는 때에는 가정법원의 허가를 받아야 한다. [신설 2005.3.31]

제900조 (미성년자의 협의상 파양) 양자가 미성년자인 때에는 제871조의 규정에 의한 동의권자의 동의를 얻어 파양의 협의를 할 수 있다.

제901조 (준용규정) 제899조 및 제900조의 경우 직계존속이 수인인 때에는 제870조 제2항을 준용한다. [전문개정 1990.1.13]

제902조 (금치산자의 협의상 파양) 양친이나 양자가 금치산자인 때에는 후견인의 동의를 얻어 파양의 협의를 할 수 있다.

제903조 (파양신고의 심사) 파양의 신고는 그 파양이 제878조 제2항, 제898조 내지 전조의 규정 기타 법령에 위반함이 없으면 이를 수리하여야 한다.

제904조 (준용규정) 제823조와 제878조의 규정은 협의상 파양에 준용한다.

제2항 재판상 파양

제905조 (재판상 파양원인) 양친자의 일방은 다음 각호의 사유가 있는 경우에는 가정법원에 파양을 청구할 수 있다. [개정 1990.1.13]
1. 가족의 명예를 오독하거나 재산

을 경도한 중대한 과실이 있을 때
2. 다른 일방 또는 그 직계존속으로부터 심히 부당한 대우를 받았을 때
3. 자기의 직계존속이 다른 일방으로부터 심히 부당한 대우를 받았을 때
4. 양자의 생사가 3년 이상 분명하지 아니한 때
5. 기타 양친자관계를 계속하기 어려운 중대한 사유가 있을 때

제906조 (준용규정) 제899조 내지 제902조의 규정은 재판상 파양의 청구에 준용한다. [개정 1990. 1.13]

제907조 (파양청구권의 소멸) 제905조 제1호 내지 제3호와 제5호의 사유는 다른 일방이 이를 안 날로부터 6월, 그 사유 있는 날로부터 3년을 경과하면 파양을 청구하지 못한다.

제908조 (파양과 손해배상청구권) 제806조의 규정은 재판상 파양에 준용한다.

제4관 친양자
[신설 2005.3.31] [[시행일 2008.1.1]]

제908조의2 (친양자 입양의 요건 등) ① 친양자(친양자)를 하려는 자는 다음 각호의 요건을 갖추어 가정법원에 친양자 입양의 청구를 하여야 한다.
1. 3년 이상 혼인중인 부부로서 공동으로 입양할 것. 다만, 1년 이상 혼인중인 부부의 일방이 그 배우자의 친생자를 친양자로 하는 경우에는 그러하지 아니하다.
2. 친양자로 될 자가 15세 미만일 것
3. 친양자로 될 자의 친생부모가 친양자 입양에 동의할 것. 다만, 부모의 친권이 상실되거나 사망 그 밖의 사유로 동의할 수 없는 경우에는 그러하지 아니하다.
4. 제869조의 규정에 의한 법정대리인의 입양승낙이 있을 것
② 가정법원은 친양자로 될 자의 복리를 위하여 그 양육상황, 친양자 입양의 동기, 양친(養親)의 양육능력 그 밖의 사정을 고려하여 친양자 입양이 적당하지 아니하다고 인정되는 경우에는 제1항의 청구를 기각할 수 있다. [본조신설 2005.3.31] [[시행일 2008. 1.1]]

제908조의3 (친양자 입양의 효력) ① 친양자는 부부의 혼인중 출생자로 본다.
② 친양자의 입양 전의 친족관계는 제908조의2 제1항의 청구에 의한 친양자 입양이 확정된 때에 종료한다. 다만, 부부의 일방이 그 배우자의 친생자를 단독으로 입양한 경우에 있어서의 배우자 및 그 친족과 친생자 간의 친족관계는 그러하지 아니하다.
[본조신설 2005.3.31] [[시행일 2008.1.1]]

제908조의4 (친양자 입양의 취소 등) ① 친양자로 될 자의 친생(친생)의 부 또는 모는 자신에게 책임이 없는 사유로 인하여 제908조의2 제1항 제3호 단서의 규정에 의한 동의를 할 수 없었던 경우에는 친양자 입양의 사실을 안 날부터 6월 내에 가정법원에 친양자 입양의 취소를 청구할 수 있다.
② 제883조 및 제884조의 규정은 친양자 입양에 관하여 이를 적용하지 아니한다.
[본조신설 2005.3.31] [[시행일 2008. 1.1]]

제908조의5 (친양자의 파양) ① 양친, 친양자, 친생의 부 또는 모나 검사는 다음 각호의 어느 하나의 사유가 있는 경우에는 가정법원에 친양자의 파양을 청구할 수 있다.
1. 양친이 친양자를 학대 또는 유기하거나 그 밖에 친양자의 복리를 현저히 해하는 때
2. 친양자의 양친에 대한 패륜행위로 인하여 친양자관계를 유지시킬 수 없게된 때
② 제898조 및 제905조의 규정은 친양자의 파양에 관하여 이를 적용하지 아니한다.
[본조신설 2005.3.31] [[시행일 2008. 1.1]]

제908조의6 (준용규정) 제908조의2 제2항의 규정은 친양자 입양의 취소 또는 제908조의5 제1항 제2호의 규정에 의한 파양의 청구에 관하여 이를 준용한다.
[본조신설 2005.3.31] [[시행일 2008. 1.1]]

제908조의7 (친양자 입양의 취소 · 파양의 효력) ① 친양자 입양이 취소되거나 파양된 때에는 친양자관계는 소멸하고 입양 전의 친족관계는 부활한다.
② 제1항의 경우에 친양자 입양의

취소의 효력은 소급하지 아니한다. [본조신설 2005.3.31] [[시행일 2008. 1.1]]

제908조의8 (준용규정) 친양자에 관하여 이 관에 특별한 규정이 있는 경우를 제외하고는 그 성질에 반하지 아니하는 범위 안에서 양자에 관한 규정을 준용한다. [본조신설 2005.3.31] [[시행일 2008. 1.1]]

제3절 친 권

제1관 총 칙

제909조 (친권자) ① 부모는 미성년자인 자의 친권자가 된다. 양자의 경우에는 양부모(養父母)가 친권자가 된다. [개정 2005.3. 31]
② 친권은 부모가 혼인중인 때에는 부모가 공동으로 이를 행사한다. 그러나 부모의 의견이 일치하지 아니하는 경우에는 당사자의 청구에 의하여 가정법원이 이를 정한다.
③ 부모의 일방이 친권을 행사할 수 없을 때에는 다른 일방이 이를 행사한다.
④ 혼인외의 자가 인지된 경우와 부모가 이혼한 경우에는 부모의 협의로 친권자를 정하여야 하고, 협의할 수 없거나 협의가 이루어지지 아니하는 경우에는 당사자는 가정법원에 그 지정을 청구하여야 한다. [개정 2005.3.31]
⑤ 가정법원은 혼인의 취소, 재판상 이혼 또는 인지청구의 소의 경우에는 직권으로 친권자를 정한

다. [개정 2005.3.31]
⑥ 가정법원은 자의 복리를 위하여 필요하다고 인정되는 경우에는 자의 4촌 이내의 친족의 청구에 의하여 정하여진 친권자를 다른 일방으로 변경할 수 있다. [신설 2005.3.31] [전문개정 1990.1.13]

제910조 (자의 친권의 대행) 친권자는 그 친권에 따르는 자에 갈음하여 그 자에 대한 친권을 행사한다. [개정 2005.3.31]

제911조 (미성년자인 자의 법정대리인) 친권을 행사하는 부 또는 모는 미성년자인 자의 법정대리인이 된다.

제912조 (친권행사의 기준) 친권을 행사함에 있어서는 자의 복리를 우선적으로 고려하여야 한다. [본조신설 2005.3.31]

제2관 친권의 효력

제913조 (보호, 교양의 권리의무) 친권자는 자를 보호하고 교양할 권리의무가 있다.

제914조 (거소지정권) 자는 친권자의 지정한 장소에 거주하여야 한다.

제915조 (징계권) 친권자는 그 자를 보호 또는 교양하기 위하여 필요한 징계를 할 수 있고 법원의 허가를 얻어 감화 또는 교정기관에 위탁할 수 있다.

제916조 (자의 특유재산과 그 관리) 자가 자기의 명의로 취득한 재산은 그 특유재산으로 하고 법정대리인인 친권자가 이를 관리한다.

제917조 삭제 [1990.1.13]

제918조 (제삼자가 무상으로 자에게 수여한 재산의 관리) ① 무상으로 자에게 재산을 수여한 제삼자가 친권자의 관리에 반대하는 의사를 표시한 때에는 친권자는 그 재산을 관리하지 못한다.
② 전항의 경우에 제삼자가 그 재산관리인을 지정하지 아니한 때에는 법원은 재산의 수여를 받은 자 또는 제777조의 규정에 의한 친족의 청구에 의하여 관리인을 선임한다.
③ 제삼자의 지정한 관리인의 권한이 소멸하거나 관리인을 개임할 필요 있는 경우에 제삼자가 다시 관리인을 지정하지 아니한 때에도 전항과 같다.
④ 제24조 제1항, 제2항, 제4항, 제25조 전단 및 제26조 제1항, 제2항의 규정은 전2항의 경우에 준용한다.

제919조 (위임에 관한 규정의 준용) 제691조, 제692조의 규정은 전3조의 재산관리에 준용한다.

제920조 (자의 재산에 관한 친권자의 대리권) 법정대리인인 친권자는 자의 재산에 관한 법률행위에 대하여 그 자를 대리한다. 그러나 그 자의 행위를 목적으로 하는 채

무를 부담할 경우에는 본인의 동의를 얻어야 한다.

제920조의2 (공동친권자의 일방이 공동명의로 한 행위의 효력) 부모가 공동으로 친권을 행사하는 경우 부모의 일방이 공동명의로 자를 대리하거나 자의 법률행위에 동의한 때에는 다른 일방의 의사에 반하는 때에도 그 효력이 있다. 그러나 상대방이 악의인 때에는 그러하지 아니한다. [본조신설 1990.1.13]

제921조 (친권자와 그 자 간 또는 수인의 자 간의 이해상반행위) ① 법정대리인인 친권자와 그 자 사이에 이해상반되는 행위를 함에는 친권자는 법원에 그 자의 특별대리인의 선임을 청구하여야 한다. ② 법정대리인인 친권자가 그 친권에 따르는 수인의 자 사이에 이해상반되는 행위를 함에는 법원에 그 자 일방의 특별대리인의 선임을 청구하여야 한다. [개정 2005. 3.31]

제922조 (친권자의 주의의무) 친권자가 그 자에 대한 법률행위의 대리권 또는 재산관리권을 행사함에는 자기의 재산에 관한 행위와 동일한 주의를 하여야 한다.

제923조 (재산관리의 계산) ① 법정대리인인 친권자의 권한이 소멸한 때에는 그 자의 재산에 대한 관리의 계산을 하여야 한다. ② 전항의 경우에 그 자의 재산으로부터 수취한 과실은 그 자의 양육, 재산관리의 비용과 상계한 것으로 본다. 그러나 무상으로 자에게 재산을 수여한 제삼자가 반대의 의사를 표시한 때에는 그 재산에 관하여는 그러하지 아니하다.

제3관 친권의 상실

제924조 (친권상실의 선고) 부 또는 모가 친권을 남용하거나 현저한 비행 기타 친권을 행사시킬 수 없는 중대한 사유가 있는 때에는 법원은 제777조의 규정에 의한 자의 친족 또는 검사의 청구에 의하여 그 친권의 상실을 선고할 수 있다.

제925조 (대리권, 관리권상실의 선고) 법정대리인인 친권자가 부적당한 관리로 인하여 자의 재산을 위태하게 한 때에는 법원은 제777조의 규정에 의한 자의 친족의 청구에 의하여 그 법률행위의 대리권과 재산관리권의 상실을 선고할 수 있다.

제926조 (실권회복의 선고) 전2조의 원인이 소멸한 때에는 법원은 본인 또는 제777조의 규정에 의한 친족의 청구에 의하여 실권의 회복을 선고할 수 있다.

제927조 (대리권, 관리권의 사퇴와 회복) ① 법정대리인인 친권자는 정당한 사유가 있는 때에는 법원의 허가를 얻어 그 법률행위의 대리권과 재산관리권을 사퇴할 수 있다. ② 전항의 사유가 소멸한 때에는 그 친권자는 법원의 허가를 얻어 사퇴한 권리를 회복할 수 있다.

제5장 후 견

제1절 후견인

제928조 (미성년자에 대한 후견의 개시) 미성년자에 대하여 친권자가 없거나 친권자가 법률행위의 대리권 및 재산관리권을 행사할 수 없는 때에는 그 후견인을 두어야 한다.

제929조 (금치산자 등에 대한 후견의 개시) 금치산 또는 한정치산의 선고가 있는 때에는 그 선고를 받은 자의 후견인을 두어야 한다.

제930조 (후견인의 수) 후견인은 1인으로 한다.

제931조 (유언에 의한 후견인의 지정) 미성년자에 대하여 친권을 행사하는 부모는 유언으로 미성년자의 후견인을 지정할 수 있다. 그러나 법률행위의 대리권과 재산관리권 없는 친권자는 이를 지정하지 못한다.

제932조 (미성년자의 후견인의 순위) 제931조의 규정에 의한 후견인의 지정이 없는 때에는 미성년자의 직계혈족, 3촌 이내의 방계혈족의 순위로 후견인이 된다. [전문개정 1990.1.13]

제933조 (금치산 등의 후견인의 순위) 금치산 또는 한정치산의 선고

가 있는 때에는 그 선고를 받은 자의 직계혈족, 3촌 이내의 방계혈족의 순위로 후견인이 된다. [전문개정 1990.1.13]

제934조 (기혼자의 후견인의 순위) 기혼자가 금치산 또는 한정치산의 선고를 받은 때에는 배우자가 후견인이 된다. 그러나 배우자도 금치산 또는 한정치산의 선고를 받은 때에는 제933조의 순위에 따른다. [전문개정 1990.1.13]

제935조 (후견인의 순위) ① 제932조 내지 제934조의 규정에 의한 직계혈족 또는 방계혈족이 수인인 때에는 최근친을 선순위로 하고, 동순위자가 수인인 때에는 연장자를 선순위로 한다. [개정 1990.1.13]
② 제1항의 규정에 불구하고 양자의 친생부모와 양부모가 구존한 때에는 양부모를 선순위로, 기타 생가혈족과 양가혈족의 촌수가 동순위인 때에는 양가혈족을 선순위로 한다. [개정 1990.1.13]

제936조 (법원에 의한 후견인의 선임) ① 제4조의 규정에 의하여 후견인이 될 자가 없는 경우에는 법원은 제777조의 규정에 의한 피후견인의 친족 기타 이해관계인의 청구에 의하여 후견인을 선임하여야 한다.
② 후견인이 사망, 결격 기타 사유로 인하여 결격된 때에 전4조의 규정에 의하여 후견인이 될 자가 없는 경우에도 전항과 같다.

제937조 (후견인의 결격사유) 다음 각호에 해당한 자는 후견인이 되지 못한다. [개정 2005.3.31 제7428호(채무자 회생 및 파산에 관한 법률)]
1. 미성년자
2. 금치산자, 한정치산자
3. 파산선고를 받은 자 [[시행일 2006.4.1]]
4. 자격정지이상의 형의 선고를 받고 그 형기중에 있는 자
5. 법원에서 해임된 법정대리인 또는 친족회원
6. 행방이 불명한 자
7. 피후견인에 대하여 소송을 하였거나 하고 있는 자 또는 그 배우자와 직계혈족

제938조 (후견인의 대리권) 후견인은 피후견인의 법정대리인이 된다.

제939조 (후견인의 사퇴) 후견인은 정당한 사유 있는 때에는 법원의 허가를 얻어 이를 사퇴할 수 있다.

제940조 (후견인의 변경) ① 가정법원은 피후견인의 복리를 위하여 후견인을 변경할 필요가 있다고 인정되는 경우에는 피후견인의 친족이나 검사의 청구 또는 직권에 의하여 후견인을 변경할 수 있다.
② 제1항의 경우에는 제932조 내지 제935조에 규정된 후견인의 순위에 불구하고 4촌 이내의 친족 그 밖에 적합한 자를 후견인으로 정할 수 있다. [전문개정 2005.3.31] [본조제목변경 2005.3.31]

제2절 후견인의 임무

제941조 (재산조사와 목록작성) ① 후견인은 지체 없이 피후견인의 재산을 조사하여 2월 내에 그 목록을 작성하여야 한다. 그러나 정당한 사유 있는 때에는 법원의 허가를 얻어 그 기간을 연장할 수 있다.
② 전항의 재산조사와 목록작성은 친족회가 지정한 회원의 참여가 없으면 효력이 없다.

제942조 (후견인의 채권, 채무의 제시) ① 후견인과 피후견인 사이에 채권, 채무의 관계가 있는 때에는 후견인은 재산목록의 작성을 완료하기 전에 그 내용을 친족회 또는 친족회의 지정한 회원에게 제시하여야 한다.
② 후견인이 피후견인에 대한 채권 있음을 알고 전항의 제시를 해태한 때에는 그 채권을 포기한 것으로 본다.

제943조 (목록작성전의 권한) 후견인은 재산조사와 목록작성을 완료하기까지는 긴급필요한 경우가 아니면 그 재산에 관한 권한을 행사하지 못한다. 그러나 이로써 선의의 제삼자에게 대항하지 못한다.

제944조 (피후견인이 취득한 포괄적 재산의 조사 등) 전3조의 규정은 후견인의 취임후에 피후견인이 포괄적 재산을 취득한 경우에 준용한다.

제945조 (미성년자의 신분에 관한 후견인의 권리의무) 미성년자의

후견인은 제913조 내지 제915조에 규정한 사항에 관하여는 친권자와 동일한 권리의무가 있다. 그러나 친권자가 정한 교양방법 또는 거소를 변경하거나 피후견인을 감화 또는 교정기관에 위탁하거나 친권자가 허락한 영업을 취소 또는 제한함에는 친족회의 동의를 얻어야 한다.

제946조 (재산관리에 한한 후견) 친권자가 법률행위의 대리권과 재산관리권에 한하여 친권을 행사할 수 없는 경우에는 후견인의 임무는 미성년자의 재산에 관한 행위에 한한다.

제947조 (금치산자의 요양, 감호) ① 금치산자의 후견인은 금치산자의 요양, 감호에 일상의 주의를 해태하지 아니하여야 한다.
② 후견인이 금치산자를 사택에 감금하거나 정신병원 기타 다른 장소에 감금치료함에는 법원의 허가를 얻어야 한다. 그러나 긴급을 요할 상태인 때에는 사후에 허가를 청구할 수 있다.

제948조 (미성년자의 친권의 대행) ① 후견인은 피후견인에 가름하여 그 자에 대한 친권을 행사한다.
② 전항의 친권행사에는 후견인의 임무에 관한 규정을 준용한다.

제949조 (재산관리권과 대리권) ① 후견인은 피후견인의 재산을 관리하고 그 재산에 관한 법률행위에 대하여 피후견인을 대리한다.
② 제920조 단서의 규정은 전항의 법률행위에 준용한다.

제950조 (법정대리권과 동의권의 제한) ① 후견인이 피후견인에 가름하여 다음 각호의 행위를 하거나 미성년자 또는 한정치산자의 다음 각호의 행위에 동의를 함에는 친족회의 동의를 얻어야 한다.
1. 영업을 하는 일
2. 차재 또는 보증을 하는 일
3. 부동산 또는 중요한 재산에 관한 권리의 득실변경을 목적으로 하는 행위를 하는 일
4. 소송행위를 하는 일
② 전항의 규정에 위반한 행위는 피후견인 또는 친족회가 이를 취소할 수 있다.

제951조 (피후견인에 대한 권리의 양수) ① 후견인이 피후견인에 대한 제삼자의 권리를 양수함에는 친족회의 동의를 얻어야 한다.
② 전항의 규정에 위반한 행위는 피후견인 또는 친족회가 이를 취소할 수 있다.

제952조 (상대방의 추인여부최고) 제15조의 규정은 전2조의 경우에 상대방의 친족회에 대한 추인여부의 최고에 준용한다.

제953조 (친족회의 후견사무의 감독) 친족회는 언제든지 후견인에 대하여 그 임무수행에 관한 보고와 재산목록의 제출을 요구할 수 있고 피후견인의 재산상황을 조사할 수 있다.

제954조 (법원의 후견사무에 관한 처분) 법원은 피후견인 또는 제777조의 규정에 의한 친족 기타 이해관계인의 청구에 의하여 피후견인의 재산상황을 조사하고 그 재산관리 기타 후견임무수행에 관하여 필요한 처분을 명할 수 있다.

제955조 (후견인에 대한 보수) 법원은 후견인의 청구에 의하여 피후견인의 재산상태 기타 사정을 참작하여 피후견인의 재산 중에서 상당한 보수를 후견인에게 수여할 수 있다.

제956조 (위임과 친권의 규정의 준용) 제681조 및 제918조의 규정은 후견인에게 이를 준용한다.

제3절 후견의 종료

제957조 (후견사무의 종료와 관리의 계산) ① 후견인의 임무가 종료한 때에는 후견인 또는 그 상속인은 1월 내에 피후견인의 재산에 관한 계산을 하여야 한다. 그러나 정당한 사유 있는 때에는 법원의 허가를 얻어 그 기간을 연장할 수 있다.
② 전항의 계산은 친족회가 지정한 회원의 참여가 없으면 효력이 없다.

제958조 (이자의 부가와 금전소비에 대한 책임) ① 후견인이 피후견인에게 지급할 금액이나 피후견인이 후견인에게 지급할 금액에는 계산종료의 날로부터 이자를 부가하여야 한다.

② 후견인이 자기를 위하여 피후견인의 금전을 소비한 때에는 그 소비한 날로부터 이자를 부가하고 피후견인에게 손해가 있으면 이를 배상하여야 한다.

제959조 (위임규정의 준용) 제691조, 제692조의 규정은 후견의 종료에 이를 준용한다.

제6장 친족회

제960조 (친족회의 조직) 본법 기타 법률의 규정에 의하여 친족회의 결의를 요할 사유가 있는 때에는 친족회를 조직한다.

제961조 (친족회원의 수) ① 친족회원은 3인 이상 10인 이하로 한다. ② 친족회에 대표자 1인을 두고 친족회원 중에서 호선한다. ③ 전항의 대표자는 소송행위 기타 외부에 대한 행위에 있어서 친족회를 대표한다.

제962조 (친권자의 친족회원지정) 후견인을 지정할 수 있는 친권자는 미성년자의 친족회원을 지정할 수 있다.

제963조 (친족회원의 선임) ① 친족회원은 본인, 그 법정대리인 또는 제777조의 규정에 의한 친족이나 이해관계인의 청구에 의하여 법원이 제777조의 규정에 의한 그 친족 또는 본인이나 그 가에 연고 있는 자 중에서 이를 선임한다. 그러나 전조의 규정에 의하여 친족

회원이 지정된 때에는 그러하지 아니하다. ② 전항의 규정에 의한 청구를 할 수 있는 자는 친족회의 원수와 그 선임에 관하여 법원에 의견서를 제출할 수 있다.

제963조 (친족회원의 선임) ① 친족회원은 본인, 그 법정대리인 또는 제777조의 규정에 의한 친족이나 이해관계인의 청구에 의하여 법원이 제777조의 규정에 의한 그 친족 또는 본인과 특별한 연고가 있는 자 중에서 이를 선임한다. 그러나 전조의 규정에 의하여 친족회원이 지정된 때에는 그러하지 아니하다. [개정 2005.3.31] [[시행일 2008.1.1]] ② 전항의 규정에 의한 청구를 할 수 있는 자는 친족회의 원수와 그 선임에 관하여 법원에 의견서를 제출할 수 있다.

제964조 (친족회원의 결격사유) ① 후견인은 후견의 계산을 완료한 후가 아니면 피후견인의 친족회원이 되지 못한다. ② 제937조의 규정은 친족회원에 준용한다.

제965조 (무능력자를 위한 상설친족회) ① 미성년자, 금치산자 또는 한정치산자를 위한 친족회는 그 무능력의 사유가 종료할 때까지 계속한다. ② 전항의 친족회에 결원이 생한 때에는 법원은 직권 또는 청구에 의하여 이를 보충하여야 한다.

제966조 (친족회의 소집) 친족회는 본인, 그 법정대리인, 배우자, 직계혈족, 호주, 회원, 이해관계인 또는 검사의 청구에 의하여 가정법원이 이를 소집한다. [개정 1990. 1.13]

제966조 (친족회의 소집) 친족회는 본인, 그 법정대리인, 배우자, 직계혈족, 회원, 이해관계인 또는 검사의 청구에 의하여 가정법원이 이를 소집한다. [개정 1990.1.13, 2005.3.31] [[시행일 2008. 1.1]]

제967조 (친족회의 결의방법) ① 친족회의 의사는 회원 과반수의 찬성으로 결정한다. ② 전항의 의사에 관하여 이해관계있는 회원은 그 결의에 참가하지 못한다. ③ 친족회원 과반수의 찬성으로 행한 서면결의로써 친족회의 결의에 가름한 경우에는 전조의 규정에 의하여 친족회의 소집을 청구할 수 있는 자는 2월 내에 그 취소를 법원에 청구할 수 있다.

제968조 (친족회에서의 의견개진) 본인, 그 법정대리인, 배우자, 직계혈족, 4촌 이내의 방계혈족은 친족회에 출석하여 의견을 개진할 수 있다. [개정 2005. 3.31] [[시행일 2008.1.1]]

제969조 (친족회의 결의에 가름할 재판) 친족회가 결의를 할 수 없거나 결의를 하지 아니하는 때에는 친족회의 소집을 청구할 수 있는 자는 그 결의에 가름할 재판을 법원에 청구할 수 있다.

제970조 (친족회원의 사퇴) 친족회원은 정당한 사유 있는 때에는 법원의 허가를 얻어 이를 사퇴할 수 있다.

제971조 (친족회원의 해임) ① 친족회원이 그 임무에 관하여 부정행위 기타 적당하지 아니한 사유가 있는 때에는 법원은 직권 또는 본인, 그 법정대리인, 제777조의 규정에 의한 본인의 친족이나 이해관계인의 청구에 의하여 그 친족회원을 개임 또는 해임할 수 있다. ② 법원은 적당하다고 인정할 때에는 직권 또는 본인, 그 법정대리인, 제777조의 규정에 의한 본인의 친족이나 이해관계인의 청구에 의하여 친족회원을 증원선임할 수 있다.

제972조 (친족회의 결의와 이의의 소) 친족회의 소집을 청구할 수 있는 자는 친족회의 결의에 대하여 2월 내에 이의의 소를 제기할 수 있다.

제973조 (친족회원의 선관의무) 제681조의 규정은 친족회원에 준용한다.

제7장 부 양

제974조 (부양의무) 다음 각호의 친족은 서로 부양의 의무가 있다.
1. 직계혈족 및 그 배우자 간
2. 삭제 [1990.1.13]
3. 기타 친족 간(생계를 같이 하는 경우에 한한다)

제975조 (부양의무와 생활능력) 부양의 의무는 부양을 받을 자가 자기의 자력 또는 근로에 의하여 생활을 유지할 수 없는 경우에 한하여 이를 이행할 책임이 있다.

제976조 (부양의 순위) ① 부양의 의무 있는 자가 수인인 경우에 부양을 할 자의 순위에 관하여 당사자 간에 협정이 없는 때에는 법원은 당사자의 청구에 의하여 이를 정한다. 부양을 받을 권리자가 수인인 경우에 부양의무자의 자력이 그 전원을 부양할 수 없는 때에도 같다.
② 전항의 경우에 법원은 수인의 부양의무자 또는 권리자를 선정할 수 있다.

제977조 (부양의 정도, 방법) 부양의 정도 또는 방법에 관하여 당사자 간에 협정이 없는 때에는 법원은 당사자의 청구에 의하여 부양을 받을 자의 생활정도와 부양의무자의 자력 기타 제반사정을 참작하여 이를 정한다.

제978조 (부양관계의 변경 또는 취소) 부양을 할 자 또는 부양을 받을 자의 순위, 부양의 정도 또는 방법에 관한 당사자의 협정이나 법원의 판결이 있은 후 이에 관한 사정변경이 있는 때에는 법원은 당사자의 청구에 의하여 그 협정이나 판결을 취소 또는 변경할 수 있다.

제979조 (부양청구권처분의 금지) 부양을 받을 권리는 이를 처분하지 못한다.

제8장
호주승계(980조~995조) 삭제. [2005.3.31][[시행일 2008.1.1]]
제996조 삭제[1990.1.13]

제5편 상속

제1장 상속

제1절 총칙

제997조 (상속개시의 원인) 상속은 사망으로 인하여 개시된다. [개정 1990.1.13]

제998조 (상속개시의 장소) 상속은 피상속인의 주소지에서 개시한다. [전문개정 1990.1.13]

제998조의2 (상속비용) 상속에 관한 비용은 상속재산 중에서 지급한다. [본조신설 1990.1.13]

제999조 (상속회복청구권) ① 상속권이 참칭상속권자로 인하여 침해된 때에는 상속권자 또는 그 법정대리인은 상속회복의 소를 제기할 수 있다.
② 제1항의 상속회복청구권은 그 침해를 안 날부터 3년, 상속권의 침해행위가 있은 날부터 10년을 경과하면 소멸된다. [개정 2002.1.14] [전문개정 1990.1.13]

제2절 상속인

제1000조 (상속의 순위) ① 상속에 있어서는 다음 순위로 상속인이 된다. [개정 1990.1.13]
1. 피상속인의 직계비속
2. 피상속인의 직계존속
3. 피상속인의 형제자매
4. 피상속인의 4촌 이내의 방계혈족
② 전항의 경우에 동순위의 상속인이 수인인 때에는 최근친을 선순위로 하고 동친 등의 상속인이 수인인 때에는 공동상속인이 된다.
③ 태아는 상속순위에 관하여는 이미 출생한 것으로 본다. [개정 1990.1.13]

제1001조 (대습상속) 전조 제1항 제1호와 제3호의 규정에 의하여 상속인이 될 직계비속 또는 형제자매가 상속개시 전에 사망하거나 결격자가 된 경우에 그 직계비속이 있는 때에는 그 직계비속이 사망하거나 결격된 자의 순위에 가름하여 상속인이 된다.

제1002조 삭제 [1990.1.13]

제1003조 (배우자의 상속순위) ① 피상속인의 배우자는 제1000조 제1항 제1호와 제2호의 규정에 의한 상속인이 있는 경우에는 그 상속인과 동순위로 공동상속인이 되고 그 상속인이 없는 때에는 단독상속인이 된다. [개정 1990.1.13]
② 제1001조의 경우에 상속개시 전에 사망 또는 결격된 자의 배우자는 동조의 규정에 의한 상속인과 동순위로 공동상속인이 되고 그 상속인이 없는 때에는 단독상속인이 된다. [개정 1990.1.13]

제1004조 (상속인의 결격사유) 다음 각호의 어느 하나에 해당한 자는 상속인이 되지 못한다. [개정 1990.1.13, 2005.3.31]
1. 고의로 직계존속, 피상속인, 그 배우자 또는 상속의 선순위나 동순위에 있는 자를 살해하거나 살해하려 한 자
2. 고의로 직계존속, 피상속인과 그 배우자에게 상해를 가하여 사망에 이르게 한 자
3. 사기 또는 강박으로 피상속인의 상속에 관한 유언 또는 유언의 철회를 방해한 자
4. 사기 또는 강박으로 피상속인의 상속에 관한 유언을 하게 한 자
5. 피상속인의 상속에 관한 유언서를 위조·변조·파기 또는 은닉한 자

제3절 상속의 효력

제1관 일반적 효력

제1005조 (상속과 포괄적 권리의무의 승계) 상속인은 상속개시된 때로부터 피상속인의 재산에 관한 포괄적 권리의무를 승계한다. 그러나 피상속인의 일신에 전속한 것은 그러하지 아니하다. [개정 1990.1.13]

제1006조 (공동상속과 재산의 공유) 상속인이 수인인 때에는 상속재산은 그 공유로 한다. [개정 1990.1.13]

제1007조 (공동상속인의 권리의무 승계) 공동상속인은 각자의 상속분에 응하여 피상속인의 권리의무를 승계한다.

제1008조 (특별수익자의 상속분) 공동상속인 중에 피상속인으로부터 재산의 증여 또는 유증을 받은 자가 있는 경우에 그 수증재산이 자기의 상속분에 달하지 못한 때에는 그 부족한 부분의 한도에서 상속분이 있다. [개정 1977.12.31]

제1008조의2 (기여분) ① 공동상속인 중에 상당한 기간 동거·간호 그 밖의 방법으로 피상속인을 특별히 부양하거나 피상속인의 재산의 유지 또는 증가에 특별히 기여한 자가 있을 때에는 상속개시 당시의 피상속인의 재산가액에서 공동상속인의 협의로 정한 그 자의 기여분을 공제한 것을 상속재산으로 보고 제1009조 및 제1010조에 의하여 산정한 상속분에 기여분을 가산한 액으로써 그 자의 상속분으로 한다. [개정 2005.3.31]
② 제1항의 협의가 되지 아니하거나 협의할 수 없는 때에는 가정법원은 제1항에 규정된 기여자의 청구에 의하여 기여의 시기·방법 및 정도와 상속재산의 액 기타의 사정을 참작하여 기여분을 정한다.
③ 기여분은 상속이 개시된 때의 피상속인의 재산가액에서 유증의 가액을 공제한 액을 넘지 못한다.
④ 제2항의 규정에 의한 청구는 제1013조 제2항의 규정에 의한 청구가 있을 경우 또는 제1014조에 규

정하는 경우에 할 수 있다.
[본조신설 1990.1.13]

제1008조의3 (분묘 등의 승계) 분묘에 속한 1정보이내의 금양임야와 600평 이내의 묘토인 농지, 족보와 제구의 소유권은 제사를 주재하는 자가 이를 승계한다.
[본조신설 1990.1.13]

제2관 상속분

제1009조 (법정상속분) ① 동순위의 상속인이 수인인 때에는 그 상속분은 균분으로 한다. [개정 1977.12.31, 1990.1.13]
② 피상속인의 배우자의 상속분은 직계비속과 공동으로 상속하는 때에는 직계비속의 상속분의 5할을 가산하고, 직계존속과 공동으로 상속하는 때에는 직계존속의 상속분의 5할을 가산한다. [개정 1990.1.13]
③ 삭제 [1990.1.13]

제1010조 (대습상속분) ① 제1001조의 규정에 의하여 사망 또는 결격된 자에 가름하여 상속인이 된 자의 상속분은 사망 또는 결격된 자의 상속분에 의한다.
② 전항의 경우에 사망 또는 결격된 자의 직계비속이 수인인 때에는 그 상속분은 사망 또는 결격된 자의 상속분의 한도에서 제1009조의 규정에 의하여 이를 정한다. 제1003조 제2항의 경우에도 또한 같다.

제1011조 (공동상속분의 양수) ① 공동상속인 중에 그 상속분을 제삼자에게 양도한 자가 있는 때에는 다른 공동상속인은 그 가액과 양도비용을 상환하고 그 상속분을 양수할 수 있다.
② 전항의 권리는 그 사유를 안 날로부터 3월, 그 사유 있은 날로부터 1년 내에 행사하여야 한다.

제3관 상속재산의 분할

제1012조 (유언에 의한 분할방법의 지정, 분할금지) 피상속인은 유언으로 상속재산의 분할방법을 정하거나 이를 정할 것을 제삼자에게 위탁할 수 있고 상속개시의 날로부터 5년을 초과하지 아니하는 기간 내의 그 분할을 금지할 수 있다.

제1013조 (협의에 의한 분할) ① 전조의 경우 외에는 공동상속인은 언제든지 그 협의에 의하여 상속재산을 분할할 수 있다.
② 제269조의 규정은 전항의 상속재산의 분할에 준용한다.

제1014조 (분할후의 피인지자등의 청구권) 상속개시 후의 인지 또는 재판의 확정에 의하여 공동상속인이 된 자가 상속재산의 분할을 청구할 경우에 다른 공동상속인이 이미 분할 기타 처분을 한 때에는 그 상속분에 상당한 가액의 지급을 청구할 권리가 있다.

제1015조 (분할의 소급효) 상속재산의 분할은 상속개시된 때에 소급하여 그 효력이 있다. 그러나 제삼자의 권리를 해하지 못한다.

제1016조 (공동상속인의 담보책임) 공동상속인은 다른 공동상속인이 분할로 인하여 취득한 재산에 대하여 그 상속분에 응하여 매도인과 같은 담보책임이 있다.

제1017조 (상속채무자의 자력에 대한 담보책임) ① 공동상속인은 다른 상속인이 분할로 인하여 취득한 채권에 대하여 분할 당시의 채무자의 자력을 담보한다.
② 변제기에 달하지 아니한 채권이나 정지조건 있는 채권에 대하여는 변제를 청구할 수 있는 때의 채무자의 자력을 담보한다.

제1018조 (무자력공동상속인의 담보책임의 분담) 담보책임 있는 공동상속인 중에 상환의 자력이 없는 자가 있는 때에는 그 부담부분은 구상권자와 자력 있는 다른 공동상속인이 그 상속분에 응하여 분담한다. 그러나 구상권자의 과실로 인하여 상환을 받지 못한 때에는 다른 공동상속인에게 분담을 청구하지 못한다.

제4절 상속의 승인 및 포기

제1관 총칙

제1019조 (승인, 포기의 기간) ① 상속인은 상속개시 있음을 안 날로부터 3월 내에 단순승인이나 한정승인 또는 포기를 할 수 있다. 그러나 그 기간은 이해관계인 또는 검사의 청구에 의하여 가정법원이 이를 연장할 수 있다. [개정 1990.1.13]

② 상속인은 제1항의 승인 또는 포기를 하기 전에 상속재산을 조사할 수 있다. [개정 2002.1.14.]
③ 제1항의 규정에 불구하고 상속인은 상속채무가 상속재산을 초과하는 사실을 중대한 과실 없이 제1항의 기간 내에 알지 못하고 단순승인(제1026조 제1호 및 제2호의 규정에 의하여 단순승인한 것으로 보는 경우를 포함한다)을 한 경우에는 그 사실을 안 날부터 3월 내에 한정승인을 할 수 있다. [신설 2002.1.14.]

제1020조 (무능력자의 승인, 포기의 기간) 상속인이 무능력자인 때에는 전조 제1항의 기간은 그 법정대리인이 상속개시있음을 안 날로부터 기산한다.

제1021조 (승인, 포기기간의 계산에 관한 특칙) 상속인이 승인이나 포기를 하지 아니하고 제1019조 제1항의 기간 내에 사망한 때에는 그의 상속인이 그 자기의 상속개시있음을 안 날로부터 제1019조 제1항의 기간을 기산한다.

제1022조 (상속재산의 관리) 상속인은 그 고유재산에 대하는 것과 동일한 주의로 상속재산을 관리하여야 한다. 그러나 단순승인 또는 포기한 때에는 그러하지 아니하다.

제1023조 (상속재산보존에 필요한 처분) ① 법원은 이해관계인 또는 검사의 청구에 의하여 상속재산의 보존에 필요한 처분을 명할 수 있다.
② 법원이 재산관리인을 선임한 경우에는 제24조 내지 제26조의 규정을 준용한다.

제1024조 (승인, 포기의 취소금지) ① 상속의 승인이나 포기는 제1019조 제1항의 기간 내에도 이를 취소하지 못한다. [개정 1990. 1.13]
② 전항의 규정은 총칙편의 규정에 의한 취소에 영향을 미치지 아니한다. 그러나 그 취소권은 추인할 수 있는 날로부터 3월, 승인 또는 포기한 날로부터 1년 내에 행사하지 아니하면 시효로 인하여 소멸된다.

제2관 단순승인

제1025조 (단순승인의 효과) 상속인이 단순승인을 한 때에는 제한 없이 피상속인의 권리의무를 승계한다. [개정 1990.1.13]

제1026조 (법정단순승인) 다음 각호의 사유가 있는 경우에는 상속인이 단순승인을 한 것으로 본다.
1. 상속인이 상속재산에 대한 처분행위를 한 때
2. 상속인이 제1019조 제1항의 기간 내에 한정승인 또는 포기를 하지 아니한 때
3. 상속인이 한정승인 또는 포기를 한 후에 상속재산을 은닉하거나 부정소비하거나 고의로 재산목록에 기입하지 아니한 때

제1027조 (법정단순승인의 예외)
상속인이 상속을 포기함으로 인하여 차순위 상속인이 상속을 승인한 때에는 전조 제3호의 사유는 상속의 승인으로 보지 아니한다.

제3관 한정승인

제1028조 (한정승인의 효과) 상속인은 상속으로 인하여 취득할 재산의 한도에서 피상속인의 채무와 유증을 변제할 것을 조건으로 상속을 승인할 수 있다. [개정 1990. 1.13]

제1029조 (공동상속인의 한정승인) 상속인이 수인인 때에는 각상속인은 그 상속분에 응하여 취득할 재산의 한도에서 그 상속분에 의한 피상속인의 채무와 유증을 변제할 것을 조건으로 상속을 승인할 수 있다.

제1030조 (한정승인의 방식) ① 상속인이 한정승인을 함에는 제1019조 제1항 또는 제3항의 기간 내에 상속재산의 목록을 첨부하여 법원에 한정승인의 신고를 하여야 한다. [개정 2005.3.31]
② 제1019조 제3항의 규정에 의하여 한정승인을 한 경우 상속재산 중 이미 처분한 재산이 있는 때에는 그 목록과 가액을 함께 제출하여야 한다. [신설 2005. 3.31]

제1031조 (한정승인과 재산상권리의무의 불소멸) 상속인이 한정승인을 한 때에는 피상속인에 대한 상속인의 재산상 권리의무는 소멸하지 아니한다.

제1032조 (채권자에 대한 공고, 최고) ① 한정승인자는 한정승인을 한 날로부터 5일 내에 일반상속채권자와 유증받은 자에 대하여 한정승인의 사실과 일정한 기간 내에 그 채권 또는 수증을 신고할 것을 공고하여야 한다. 그 기간은 2월 이상이어야 한다.
② 제88조 제2항, 제3항과 제89조의 규정은 전항의 경우에 준용한다.

제1033조 (최고기간중의 변제거절) 한정승인자는 전조 제1항의 기간만료 전에는 상속채권의 변제를 거절할 수 있다.

제1034조 (배당변제) ① 한정승인자는 제1032조 제1항의 기간만료 후에 상속재산으로서 그 기간 내에 신고한 채권자와 한정승인자가 알고 있는 채권자에 대하여 각 채권액의 비율로 변제하여야 한다. 그러나 우선권 있는 채권자의 권리를 해하지 못한다.
② 제1019조 제3항의 규정에 의하여 한정승인을 한 경우에는 그 상속인은 상속재산 중에서 남아있는 상속재산과 함께 이미 처분한 재산의 가액을 합하여 제1항의 변제를 하여야 한다. 다만, 한정승인을 하기 전에 상속채권자나 유증받은 자에 대하여 변제한 가액은 이미 처분한 재산의 가액에서 제외한다. [신설 2005.3.31]

제1035조 (변제기 전의 채무 등의 변제) ① 한정승인자는 변제기에 이르지 아니한 채권에 대하여도 전조의 규정에 의하여 변제하여야 한다.
② 조건 있는 채권이나 존속기간의 불확정한 채권은 법원의 선임한 감정인의 평가에 의하여 변제하여야 한다.

제1036조 (수증자에의 변제) 한정승인자는 전2조의 규정에 의하여 상속채권자에 대한 변제를 완료한 후가 아니면 유증받은 자에게 변제하지 못한다.

제1037조 (상속재산의 경매) 전3조의 규정에 의한 변제를 하기 위하여 상속재산의 전부나 일부를 매각할 필요가 있는 때에는 민사집행법에 의하여 경매하여야 한다. [개정 1997.12.13, 2001.12.29]

제1038조 (부당변제 등으로 인한 책임) ① 한정승인자가 제1032조의 규정에 의한 공고나 최고를 해태하거나 제1033조 내지 제1036조의 규정에 위반하여 어느 상속채권자나 유증받은 자에게 변제함으로 인하여 다른 상속채권자나 유증받은 자에 대하여 변제할 수 없게 된 때에는 한정승인자는 그 손해를 배상하여야 한다. 제1019조 제3항의 규정에 의하여 한정승인을 한 경우 그 이전에 상속채무가 상속재산을 초과함을 알지 못한 데 과실이 있는 상속인이 상속채권자나 유증받은 자에게 변제한 때에도 또한 같다. [개정 2005.3.31]
② 제1항 전단의 경우에 변제를 받지 못한 상속채권자나 유증 받은 자는 그 사정을 알고 변제를 받은 상속채권자나 유증받은 자에 대하여 구상권을 행사할 수 있다. 제1019조 제3항의 규정에 의하여 한정승인을 한 경우 그 이전에 상속채무가 상속재산을 초과함을 알고 변제받은 상속채권자나 유증받은 자가 있는 때에도 또한 같다. [개정 2005.3.31]
③ 제766조의 규정은 제1항 및 제2항의 경우에 준용한다. [개정 2005.3.31] [본조제목개정 2005.3.31]

제1039조 (신고하지 않은 채권자 등) 제1032조 제1항의 기간 내에 신고하지 아니한 상속채권자 및 유증받은 자로서 한정승인자가 알지 못한 자는 상속재산의 잔여가 있는 경우에 한하여 그 변제를 받을 수 있다. 그러나 상속재산에 대하여 특별담보권 있는 때에는 그러하지 아니하다.

제1040조 (공동상속재산과 그 관리인의 선임) ① 상속인이 수인인 경우에는 법원은 각상속인 기타 이해관계인의 청구에 의하여 공동상속인 중에서 상속재산관리인을 선임할 수 있다.
② 법원이 선임한 관리인은 공동상속인을 대표하여 상속재산의 관리와 채무의 변제에 관한 모든 행위를 할 권리의무가 있다.
③ 제1022조, 제1032조 내지 전조의 규정은 전항의 관리인에 준용한다. 그러나 제1032조의 규정에 의하여 공고할 5일의 기간은 관리인이 그 선임을 안 날로부터 기산한다.

제4관 포 기

제1041조 (포기의 방식) 상속인이 상속을 포기할 때에는 제1019조 제1항의 기간 내에 가정법원에 포기의 신고를 하여야 한다. [개정 1990.1.13]

제1042조 (포기의 소급효) 상속의 포기는 상속개시된 때에 소급하여 그 효력이 있다.

제1043조 (포기한 상속재산의 귀속) 상속인이 수인인 경우에 어느 상속인이 상속을 포기한 때에는 그 상속분은 다른 상속인의 상속분의 비율로 그 상속인에게 귀속된다.

제1044조 (포기한 상속재산의 관리계속의무) ① 상속을 포기한 자는 그 포기로 인하여 상속인이 된 자가 상속재산을 관리할 수 있을 때까지 그 재산의 관리를 계속하여야 한다.
② 제1022조와 제1023조의 규정은 전항의 재산관리에 준용한다.

제5절 재산의 분리

제1045조 (상속재산의 분리청구권) ① 상속채권자나 유증받은 자 또는 상속인의 채권자는 상속개시된 날로부터 3월 내에 상속재산과 상속인의 고유재산의 분리를 법원에 청구할 수 있다.
② 상속인이 상속의 승인이나 포기를 하지 아니한 동안은 전항의 기간경과 후에도 재산의 분리를 청구할 수 있다. [개정 1990. 1.13]

제1046조 (분리명령과 채권자 등에 대한 공고, 최고) ① 법원이 전조의 청구에 의하여 재산의 분리를 명한 때에는 그 청구자는 5일 내에 일반상속채권자와 유증받은 자에 대하여 재산분리의 명령 있은 사실과 일정한 기간 내에 그 채권 또는 수증을 신고할 것을 공고하여야 한다. 그 기간은 2월 이상이어야 한다.
② 제88조 제2항, 제3항과 제89조의 규정은 전항의 경우에 준용한다.

제1047조 (분리 후의 상속재산의 관리) ① 법원이 재산의 분리를 명한 때에는 상속재산의 관리에 관하여 필요한 처분을 명할 수 있다.
② 법원이 재산관리인을 선임한 경우에는 제24조 내지 제26조의 규정을 준용한다.

제1048조 (분리 후의 상속인의 관리의무) ① 상속인이 단순승인을 한 후에도 재산분리의 명령이 있는 때에는 상속재산에 대하여 자기의 고유재산과 동일한 주의로 관리하여야 한다.
② 제683조 내지 제685조 및 제688조 제1항, 제2항의 규정은 전항의 재산관리에 준용한다.

제1049조 (재산분리의 대항요건) 재산의 분리는 상속재산인 부동산에 관하여는 이를 등기하지 아니하면 제삼자에게 대항하지 못한다.

제1050조 (재산분리와 권리의무의 불소멸) 재산분리의 명령이 있는 때에는 피상속인에 대한 상속인의 재산상 권리의무는 소멸하지 아니한다.

제1051조 (변제의 거절과 배당변제) ① 상속인은 제1045조 및 제1046조의 기간만료 전에는 상속채권자와 유증받은 자에 대하여 변제를 거절할 수 있다.
② 전항의 기간만료 후에 상속인은 상속재산으로써 재산분리의 청구 또는 그 기간 내에 신고한 상속채권자, 유증받은 자와 상속인이 알고 있는 상속채권자, 유증받은 자에 대하여 각채권액 또는 수증액의 비율로 변제하여야 한다. 그러나 우선권 있는 채권자의 권리를 해하지 못한다.
③ 제1035조 내지 제1038조의 규정은 전항의 경우에 준용한다.

제1052조 (고유재산으로부터의 변제) ① 전조의 규정에 의한 상속채권자와 유증받은 자는 상속재산으로써 전액의 변제를 받을 수 없는 경우에 한하여 상속인의 고유재산으로부터 그 변제를 받을 수 있다.
② 전항의 경우에 상속인의 채권자는 상속인의 고유재산으로부터 우선변제를 받을 권리가 있다.

제6절 상속인의 부존재

제1053조 (상속인 없는 재산의 관리인) ① 상속인의 존부가 분명하지 아니한 때에는 법원은 제777조

의 규정에 의한 피상속인의 친족 기타 이해관계인 또는 검사의 청구에 의하여 상속재산관리인을 선임하고 지체없이 이를 공고하여야 한다. [개정 1990.1.13]
② 제24조 내지 제26조의 규정은 전항의 재산관리인에 준용한다.

제1054조 (재산목록제시와 상황보고) 관리인은 상속채권자나 유증받은 자의 청구가 있는 때에는 언제든지 상속재산의 목록을 제시하고 그 상황을 보고하여야 한다.

제1055조 (상속인의 존재가 분명하여진 경우) ① 관리인의 임무는 그 상속인이 상속의 승인을 한 때에 종료한다.
② 전항의 경우에는 관리인은 지체 없이 그 상속인에 대하여 관리의 계산을 하여야 한다.

제1056조 (상속인 없는 재산의 청산) ① 제1053조 제1항의 공고 있은 날로부터 3월 내에 상속인의 존부를 알 수 없는 때에는 관리인은 지체 없이 일반상속채권자와 유증받은 자에 대하여 일정한 기간 내에 그 채권 또는 수증을 신고할 것을 공고하여야 한다. 그 기간은 2월 이상이어야 한다.
② 제88조 제2항, 제3항, 제89조, 제1033조 내지 제1039조의 규정은 전항의 경우에 준용한다.

제1057조 (상속인수색의 공고) 제1056조 제1항의 기간이 경과하여도 상속인의 존부를 알 수 없는 때에는 법원은 관리인의 청구에 의

하여 상속인이 있으면 일정한 기간 내에 그 권리를 주장할 것을 공고하여야 한다. 그 기간은 1년 이상이어야 한다. [개정 2005.3.31]

제1057조의 2 (특별연고자에 대한 분여) ① 제1057조의 기간 내에 상속권을 주장하는 자가 없는 때에는 가정법원은 피상속인과 생계를 같이 하고 있던 자, 피상속인의 요양간호를 한 자 기타 피상속인과 특별한 연고가 있던 자의 청구에 의하여 상속재산의 전부 또는 일부를 분여할 수 있다. [개정 2005. 3.31]
② 제1항의 청구는 제1057조의 기간의 만료 후 2월 이내에 하여야 한다. [본조신설 1990.1.13]

제1058조 (상속재산의 국가귀속) ① 제1057조의 2의 규정에 의하여 분여되지 아니한 때에는 상속재산은 국가에 귀속한다. [개정 2005. 3.31]
② 제1055조 제2항의 규정은 제1항의 경우에 준용한다. [개정 2005. 3.31]

제1059조 (국가귀속재산에 대한 변제청구의 금지) 전조 제1항의 경우에는 상속재산으로 변제를 받지 못한 상속채권자나 유증을 받은 자가 있는 때에도 국가에 대하여 그 변제를 청구하지 못한다.

제2장 유 언

제1절 총 칙

제1060조 (유언의 요식성) 유언은

본법의 정한 방식에 의하지 아니하면 효력이 생하지 아니한다.

제1061조 (유언적령) 만17세에 달하지 못한 자는 유언을 하지 못한다.

제1062조 (무능력자와 유언) 제5조, 제10조와 제13조의 규정은 유언에 관하여는 이를 적용하지 아니한다.

제1063조 (금치산자의 유언능력) ① 금치산자는 그 의사능력이 회복된 때에 한하여 유언을 할 수 있다.
② 전항의 경우에는 의사가 심신회복의 상태를 유언서에 부기하고 서명날인하여야 한다.

제1064조 (유언과 태아, 상속결격자) 제1000조 제3항, 제1004조의 규정은 수증자에 준용한다. [개정 1990.1.13]

제2절 유언의 방식

제1065조 (유언의 보통방식) 유언의 방식은 자필증서, 녹음, 공정증서, 비밀증서와 구수증서의 5종으로 한다.

제1066조 (자필증서에 의한 유언) ① 자필증서에 의한 유언은 유언자가 그 전문과 연월일, 주소, 성명을 자서하고 날인하여야 한다.
② 전항의 증서에 문자의 삽입, 삭제 또는 변경을 함에는 유언자가 이를 자서하고 날인하여야 한다.

제1067조 (녹음에 의한 유언) 녹음에 의한 유언은 유언자가 유언의 취지, 그 성명과 연월일을 구술하고 이에 참여한 증인이 유언의 정확함과 그 성명을 구술하여야 한다.

제1068조 (공정증서에 의한 유언) 공정증서에 의한 유언은 유언자가 증인 2인이 참여한 공증인의 면전에서 유언의 취지를 구수하고 공증인이 이를 필기낭독하여 유언자와 증인이 그 정확함을 승인한 후 각자 서명 또는 기명날인하여야 한다.

제1069조 (비밀증서에 의한 유언) ① 비밀증서에 의한 유언은 유언자가 필자의 성명을 기입한 증서를 엄봉날인하고 이를 2인 이상의 증인의 면전에 제출하여 자기의 유언서임을 표시한 후 그 봉서표면에 제출 연월일을 기재하고 유언자와 증인이 각자 서명 또는 기명날인하여야 한다.
② 전항의 방식에 의한 유언봉서는 그 표면에 기재된 날로부터 5일 내에 공증인 또는 법원서기에게 제출하여 그 봉인상에 확정일자인을 받아야 한다.

제1070조 (구수증서에 의한 유언) ① 구수증서에 의한 유언은 질병 기타 급박한 사유로 인하여 전4조의 방식에 의할 수 없는 경우에 유언자가 2인 이상의 증인의 참여로 그 1인에게 유언의 취지를 구수하고 그 구수를 받은 자가 이를 필기낭독하여 유언자와 증인이 그 정확함을 승인한 후 각자 서명 또는

기명날인하여야 한다.
② 전항의 방식에 의한 유언은 그 증인 또는 이해관계인이 급박한 사유의 종료한 날로부터 7일 내에 법원에 그 검인을 신청하여야 한다.
③ 제1063조 제2항의 규정은 구수증서에 의한 유언에 적용하지 아니한다.

제1071조 (비밀증서에 의한 유언의 전환) 비밀증서에 의한 유언이 그 방식에 흠결이 있는 경우에 그 증서가 자필증서의 방식에 적합한 때에는 자필증서에 의한 유언으로 본다.

제1072조 (증인의 결격사유) ① 다음 각호의 사항에 해당하는 자는 유언에 참여하는 증인이 되지 못한다.
1. 미성년자
2. 금치산자와 한정치산자
3. 유언에 의하여 이익을 받을 자, 그 배우자와 직계혈족
② 공정증서에 의한 유언에는 공증인법에 의한 결격자는 증인이 되지 못한다.

제3절 유언의 효력

제1073조 (유언의 효력발생시기) ① 유언은 유언자가 사망한 때로부터 그 효력이 생긴다.
② 유언에 정지조건이 있는 경우에 그 조건이 유언자의 사망 후에 성취한 때에는 그 조건성취한 때로부터 유언의 효력이 생긴다.

제1074조 (유증의 승인, 포기) ①

유증을 받을 자는 유언자의 사망 후에 언제든지 유증을 승인 또는 포기할 수 있다.
② 전항의 승인이나 포기는 유언자의 사망한 때에 소급하여 그 효력이 있다.

제1075조 (유증의 승인, 포기의 취소금지) ① 유증의 승인이나 포기는 취소하지 못한다.
② 제1024조 제2항의 규정은 유증의 승인과 포기에 준용한다.

제1076조 (수증자의 상속인의 승인, 포기) 수증자가 승인이나 포기를 하지 아니하고 사망한 때에는 그 상속인은 상속분의 한도에서 승인 또는 포기할 수 있다. 그러나 유언자가 유언으로 다른 의사를 표시한 때에는 그 의사에 의한다.

제1077조 (유증의무자의 최고권) ① 유증의무자나 이해관계인은 상당한 기간을 정하여 그 기간 내에 승인 또는 포기를 확답할 것을 수증자 또는 그 상속인에게 최고할 수 있다.
② 전항의 기간 내에 수증자 또는 상속인이 유증의무자에 대하여 최고에 대한 확답을 하지 아니한 때에는 유증을 승인한 것으로 본다.

제1078조 (포괄적 수증자의 권리의무) 포괄적 유증을 받은 자는 상속인과 동일한 권리의무가 있다. [개정 1990.1.13]

제1079조 (수증자의 과실취득권) 수증자는 유증의 이행을 청구할

수 있는 때로부터 그 목적물의 과실을 취득한다. 그러나 유언자가 유언으로 다른 의사를 표시한 때에는 그 의사에 의한다.

제1080조 (과실수취비용의 상환청구권) 유증의무자가 유언자의 사망 후에 그 목적물의 과실을 취득하기 위하여 필요비를 지출한 때에는 그 과실의 가액의 한도에서 과실을 취득한 수증자에게 상환을 청구할 수 있다.

제1081조 (유증의무자의 비용상환청구권) 유증의무자가 유언자의 사망 후에 그 목적물에 대하여 비용을 지출한 때에는 제325조의 규정을 준용한다.

제1082조 (불특정물유증의무자의 담보책임) ① 불특정물을 유증의 목적으로 한 경우에는 유증의무자는 그 목적물에 대하여 매도인과 같은 담보책임이 있다.
② 전항의 경우에 목적물에 하자가 있는 때에는 유증의무자는 하자 없는 물건으로 인도하여야 한다.

제1083조 (유증의 물상대위성) 유증자가 유증목적물의 멸실, 훼손 또는 점유의 침해로 인하여 제삼자에게 손해배상을 청구할 권리가 있는 때에는 그 권리를 유증의 목적으로 한 것으로 본다.

제1084조 (채권의 유증의 물상대위성) ① 채권을 유증의 목적으로 한 경우에 유언자가 그 변제를 받은 물건이 상속재산중에 있는 때에는 그 물건을 유증의 목적으로 한 것으로 본다.
② 전항의 채권이 금전을 목적으로 한 경우에는 그 변제받은 채권액에 상당한 금전이 상속재산중에 없는 때에도 그 금액을 유증의 목적으로 한 것으로 본다.

제1085조 (제삼자의 권리의 목적인 물건 또는 권리의 유증) 유증의 목적인 물건이나 권리가 유언자의 사망당시에 제삼자의 권리의 목적인 경우에는 수증자는 유증의무자에 대하여 그 제삼자의 권리를 소멸시킬 것을 청구하지 못한다.

제1086조 (유언자가 다른 의사표시를 한 경우) 전3조의 경우에 유언자가 유언으로 다른 의사를 표시한 때에는 그 의사에 의한다.

제1087조 (상속재산에 속하지 아니한 권리의 유증) ① 유언의 목적이 된 권리가 유언자의 사망당시에 상속재산에 속하지 아니한 때에는 유언은 그 효력이 없다. 그러나 유언자가 자기의 사망 당시에 그 목적물이 상속재산에 속하지 아니한 경우에도 유언의 효력이 있게 할 의사인 때에는 유증의무자는 그 권리를 취득하여 수증자에게 이전할 의무가 있다.
② 전항 단서의 경우에 그 권리를 취득할 수 없거나 그 취득에 과다한 비용을 요할 때에는 그 가액으로 변상할 수 있다.

제1088조 (부담 있는 유증과 수증자의 책임) ① 부담 있는 유증을 받은 자는 유증의 목적의 가액을 초과하지 아니한 한도에서 부담한 의무를 이행할 책임이 있다.
② 유증의 목적의 가액이 한정승인 또는 재산분리로 인하여 감소된 때에는 수증자는 그 감소된 한도에서 부담할 의무를 면한다.

제1089조 (유증효력발생 전의 수증자의 사망) ① 유증은 유언자의 사망 전에 수증자가 사망한 때에는 그 효력이 생기지 아니한다.
② 정지조건 있는 유증은 수증자가 그 조건 성취 전에 사망한 때에는 그 효력이 생기지 아니한다.

제1090조 (유증의 무효, 실효의 경우와 목적재산의 귀속) 유증이 그 효력이 생기지 아니하거나 수증자가 이를 포기한 때에는 유증의 목적인 재산은 상속인에게 귀속한다. 그러나 유언자가 유언으로 다른 의사를 표시한 때에는 그 의사에 의한다.

제4절 유언의 집행

제1091조 (유언증서, 녹음의 검인) ① 유언의 증서나 녹음을 보관한 자 또는 이를 발견한 자는 유언자의 사망 후 지체 없이 법원에 제출하여 그 검인을 청구하여야 한다.
② 전항의 규정은 공정증서나 구수증서에 의한 유언에 적용하지 아니한다.

제1092조 (유언증서의 개봉) 법원이 봉인된 유언증서를 개봉할 때

에는 유언자의 상속인, 그 대리인 기타 이해관계인의 참여가 있어야 한다.

제1093조 (유언집행자의 지정) 유언자는 유언으로 유언집행자를 지정할 수 있고 그 지정을 제삼자에게 위탁할 수 있다.

제1094조 (위탁에 의한 유언집행자의 지정) ① 전조의 위탁을 받은 제삼자는 그 위탁 있음을 안 후 지체 없이 유언집행자를 지정하여 상속인에게 통지하여야 하며 그 위탁을 사퇴할 때에는 이를 상속인에게 통지하여야 한다.
② 상속인 기타 이해관계인은 상당한 기간을 정하여 그 기간 내에 유언집행자를 지정할 것을 위탁받은 자에게 최고할 수 있다. 그 기간 내에 지정의 통지를 받지 못한 때에는 그 지정의 위탁을 사퇴한 것으로 본다.

제1095조 (지정유언집행자가 없는 경우) 전2조의 규정에 의하여 지정된 유언집행자가 없는 때에는 상속인이 유언집행자가 된다.

제1096조 (법원에 의한 유언집행자의 선임) ① 유언집행자가 없거나 사망, 결격 기타 사유로 인하여 없게 된 때에는 법원은 이해관계인의 청구에 의하여 유언집행자를 선임하여야 한다.
② 법원이 유언집행자를 선임한 경우에는 그 임무에 관하여 필요한 처분을 명할 수 있다.

제1097조 (유언집행자의 승낙, 사퇴) ① 지정에 의한 유언집행자는 유언자의 사망 후 지체 없이 이를 승낙하거나 사퇴할 것을 상속인에게 통지하여야 한다.
② 선임에 의한 유언집행자는 선임의 통지를 받은 후 지체 없이 이를 승낙하거나 사퇴할 것을 법원에 통지하여야 한다.
③ 상속인 기타 이해관계인은 상당한 기간을 정하여 그 기간 내에 승낙여부를 확답할 것을 지정 또는 선임에 의한 유언집행자에게 최고할 수 있다. 그 기간 내에 최고에 대한 확답을 받지 못한 때에는 유언집행자가 그 취임을 승낙한 것으로 본다.

제1098조 (유언집행자의 결격사유) 무능력자와 파산선고를 받은 자는 유언집행자가 되지 못한다. [개정 2005.3.31. 제7428호(채무자회생 및 파산에 관한 법률)] [[시행일 2006.4.1]]

제1099조 (유언집행자의 임무착수) 유언집행자가 그 취임을 승낙한 때에는 지체 없이 그 임무를 이행하여야 한다.

제1100조 (재산목록작성) ① 유언이 재산에 관한 것인 때에는 지정 또는 선임에 의한 유언집행자는 지체 없이 그 재산목록을 작성하여 상속인에게 교부하여야 한다.
② 상속인의 청구가 있는 때에는 전항의 재산목록작성에 상속인을 참여하게 하여야 한다.

제1101조 (유언집행자의 권리의무) 유언집행자는 유증의 목적인 재산의 관리 기타 유언의 집행에 필요한 행위를 할 권리의무가 있다.

제1102조 (공동유언집행) 유언집행자가 수인인 경우에는 임무의 집행은 그 과반수의 찬성으로써 결정한다. 그러나 보존행위는 각자가 이를 할 수 있다.

제1103조 (유언집행자의 지위) ① 지정 또는 선임에 의한 유언집행자는 상속인의 대리인으로 본다.
② 제681조 내지 제685조, 제687조, 제691조와 제692조의 규정은 유언집행자에 준용한다.

제1104조 (유언집행자의 보수) ① 유언자가 유언으로 그 집행자의 보수를 정하지 아니한 경우에는 법원은 상속재산의 상황 기타 사정을 참작하여 지정 또는 선임에 의한 유언집행자의 보수를 정할 수 있다.
② 유언집행자가 보수를 받는 경우에는 제686조 제2항, 제3항의 규정을 준용한다.

제1105조 (유언집행자의 사퇴) 지정 또는 선임에 의한 유언집행자는 정당한 사유 있는 때에는 법원의 허가를 얻어 그 임무를 사퇴할 수 있다.

제1106조 (유언집행자의 해임) 지정 또는 선임에 의한 유언집행자에 그 임무를 해태하거나 적당하지 아니한 사유가 있는 때에는 법

원은 상속인 기타 이해관계인의 청구에 의하여 유언집행자를 해임할 수 있다.

제1107조 (유언집행의 비용) 유언의 집행에 관한 비용은 상속재산 중에서 이를 지급한다.

제5절 유언의 철회

제1108조 (유언의 철회) ① 유언자는 언제든지 유언 또는 생전행위로써 유언의 전부나 일부를 철회할 수 있다.
② 유언자는 그 유언을 철회할 권리를 포기하지 못한다.

제1109조 (유언의 저촉) 전후의 유언이 저촉되거나 유언후의 생전행위가 유언과 저촉되는 경우에는 그 저촉된 부분의 전유언은 이를 철회한 것으로 본다.

제1110조 (파훼로 인한 유언의 철회) 유언자가 고의로 유언증서 또는 유증의 목적물을 파훼한 때에는 그 파훼한 부분에 관한 유언은 이를 철회한 것으로 본다.

제1111조 (부담 있는 유언의 취소) 부담 있는 유증을 받은 자가 그 부담의무를 이행하지 아니한 때에는 상속인 또는 유언집행자는 상당한 기간을 정하여 이행할 것을 최고하고 그 기간 내에 이행하지 아니한 때에는 법원에 유언의 취소를 청구할 수 있다. 그러나 제삼자의 이익을 해하지 못한다.

제3장 유류분

제1112조 (유류분의 권리자와 유류분) 상속인의 유류분은 다음 각 호에 의한다.
1. 피상속인의 직계비속은 그 법정상속분의 2분의 1
2. 피상속인의 배우자는 그 법정상속분의 2분의 1
3. 피상속인의 직계존속은 그 법정상속분의 3분의 1
4. 피상속인의 형제자매는 그 법정상속분의 3분의 1
[본조신설 1977.12.31]

제1113조 (유류분의 산정) ① 유류분은 피상속인의 상속개시 시에 있어서 가진 재산의 가액에 증여재산의 가액을 가산하고 채무의 전액을 공제하여 이를 산정한다.
② 조건부의 권리 또는 존속기간이 불확정한 권리는 가정법원이 선임한 감정인의 평가에 의하여 그 가격을 정한다.
[본조신설 1977.12.31]

제1114조 (산입될 증여) 증여는 상속개시 전의 1년간에 행한 것에 한하여 제1113조의 규정에 의하여 그 가액을 산정한다. 당사자 쌍방이 유류분권리자에 손해를 가할 것을 알고 증여를 한 때에는 1년 전에 한 것도 같다.
[본조신설 1977.12.31]

제1115조 (유류분의 보전) ① 유류분권리자가 피상속인의 제1114조에 규정된 증여 및 유증으로 인하여 그 유류분에 부족이 생긴 때에는 부족한 한도에서 그 재산의 반환을 청구할 수 있다.
② 제1항의 경우에 증여 및 유증을 받은 자가 수인인 때에는 각자가 얻은 유증가액의 비례로 반환하여야 한다.
[본조신설 1977.12.31]

제1116조 (반환의 순서) 증여에 대하여는 유증을 반환받은 후가 아니면 이것을 청구할 수 없다.
[본조신설 1977.12.31]

제1117조 (소멸시효) 반환의 청구권은 유류분권리자가 상속의 개시와 반환하여야 할 증여 또는 유증을 한 사실을 안 때로부터 1년 내에 하지 아니하면 시효에 의하여 소멸한다. 상속이 개시한 때로부터 10년을 경과한 때도 같다.
[본조신설 1977.12.31]

제1118조 (준용규정) 제1001조, 제1008조, 제1010조의 규정은 유류분에 이를 준용한다.
[본조신설 1977.12.31]

부 칙
[1958.2.22. 제471호]

제1조 (구법의 정의) 부칙에서 구법이라 함은 본법에 의하여 폐지되는 법령 또는 법령중의 조항을 말한다.

제2조 (본법의 소급효) 본법은 특별한 규정이 있는 경우 외에는 본법 시행일 전의 사항에 대하여도 이를 적용한다. 그러나 이미 구법

에 의하여 생긴 효력에 영향을 미치지 아니한다.

제3조 (공증력 있는 문서와 그 작성) ① 공증인 또는 법원서기의 확정일자인 있는 사문서는 그 작성일자에 대한 공증력이 있다.
② 일자확정의 청구를 받은 공증인 또는 법원서기는 확정일자부에 청구자의 주소, 성명 및 문서명목을 기재하고 그 문서에 기부번호를 기입한 후 일자인을 찍고 장부와 문서에 계인을 하여야 한다.
③ 일자확정은 공증인에게 청구하는 자는 법무부령이, 법원서기에게 청구하는 자는 대법원규칙이 각각 정하는 바에 의하여 수수료를 납부하여야 한다. [개정 1970.6.18]
④ 공정증서에 기입한 일자 또는 공무소에서 사문서에 어느 사항을 증명하고 기입한 일자는 확정일자로 한다.

제4조 (구법에 의한 한정치산자) ① 구법에 의하여 심신모약자 또는 낭비자로 준금치산선고를 받은 자는 본법 시행일로부터 본법의 규정에 의한 한정치산자로 본다.
② 구법에 의하여 농자, 아자 또는 맹자로 준금치산선고를 받은 자는 본법 시행일로부터 능력을 회복한다.

제5조 (부의 취소권에 관한 경과규정) 구법에 의하여 처가 부의 허가를 요할 사항에 관하여 허가 없이 그 행위를 한 경우에도 본법 시행일 후에는 이를 취소하지 못한다.

제6조 (법인의 등기기간) 법인의 등기사항에 관한 등기기간은 본법 시행일 전의 사항에 대하여도 본법의 규정에 의한다.

제7조 (벌칙에 관한 불소급) ① 구법에 의하여 과료에 처할 행위로 본법 시행 당시 재판을 받지 아니한 자에 대하여는 본법에 의하여 과태료에 처할 경우에 한하여 이를 재판한다.
② 전항의 과태료는 구법의 과료액을 초과하지 못한다.

제8조 (시효에 관한 경과규정) ① 본법 시행 당시에 구법의 규정에 의한 시효기간을 경과한 권리는 본법의 규정에 의하여 취득 또는 소멸한 것으로 본다.
② 본법 시행 당시에 구법에 의한 소멸시효의 기간을 경과하지 아니한 권리에는 본법의 시효에 관한 규정을 적용한다.
③ 본법 시행 당시에 구법에 의한 취득시효의 기간을 경과하지 아니한 권리에는 본법의 소유권취득에 관한 규정을 적용한다.
④ 제1항과 제2항의 규정은 시효기간이 아닌 법정기간에 이를 준용한다.

제9조 (효력을 상실한 물권) 구법에 의하여 규정된 물권이라도 본법에 규정한 물권이 아니면 본법 시행일로부터 물권의 효력을 잃는다. 그러나 본법 또는 다른 법률에 특별한 규정이 있는 경우에는 그러하지 아니하다.

제10조 (소유권이전에 관한 경과규정) ① 본법 시행일 전의 법률행위로 인한 부동산에 관한 물권의 득실변경은 이 법 시행일로부터 6년 내에 등기하지 아니하면 그 효력을 잃는다. [개정 1962.12.31, 1964.12.31]
② 본법 시행일 전의 동산에 관한 물권의 양도는 본법 시행일로부터 1년 내에 인도를 받지 못하면 그 효력을 잃는다.
③ 본법 시행일 전의 시효완성으로 인하여 물권을 취득한 경우에도 제1항과 같다.

제11조 (구관에 의한 전세권의 등기) 본법 시행일 전에 관습에 의하여 취득한 전세권은 본법 시행일로부터 1년 내에 등기함으로써 물권의 효력을 갖는다.

제12조 (판결에 의한 소유권이전의 경우) 소송으로 부칙 제10조의 규정에 의한 등기 또는 인도를 청구한 경우에는 그 판결확정의 날로부터 6월 내에 등기를 하지 아니하거나 3월 내에 인도를 받지 못하거나 강제집행의 절차를 취하지 아니한 때에는 물권변동의 효력을 잃는다.

제13조 (지상권존속기간에 관한 경과규정) 본법 시행일 전에 지상권설정행위로 정한 존속기간이 본법 시행 당시에 만료하지 아니한 경우에는 그 존속기간에는 본법의 규정을 적용한다. 설정행위로 지상권의 존속기간을 정하지 아니한 경우에도 같다.

제14조 (존속되는 물권) 본법 시행일 전에 설정한 영소작권 또는 부동산질권에 관하여는 구법의 규정을 적용한다. 그러나 본법 시행일 후에는 이를 갱신하지 못한다.

제15조 (임대차기간에 관한 경과규정) 본법 시행일 전의 임대차계약에 약정기간이 있는 경우에도 그 기간이 본법 시행 당시에 만료하지 아니한 때에는 그 존속기간에는 본법의 규정을 적용한다.

제16조 (선취특권의 실효) 본법 시행일 전에 구법에 의하여 취득한 선취특권은 본법 시행일로부터 그 효력을 잃는다.

제17조 (처의 재산에 대한 부의 권리) 본법 시행일 전의 혼인으로 인하여 부가 처의 재산을 관리, 사용 또는 수익하는 경우에도 본법 시행일로부터 부는 그 권리를 잃는다.

제18조 (혼인, 입양의 무효, 취소에 관한 경과규정) ① 본법 시행일 전의 혼인 또는 입양에 본법에 의하여 무효의 원인이 되는 사유가 있는 때에는 이를 무효로 하고 취소의 원인이 되는 사유가 있는 때에는 본법의 규정에 의하여 이를 취소할 수 있다. 이 경우에 취소기간이 있는 때에는 그 기간은 본법 시행일로부터 기산한다.
② 본법 시행일 전의 혼인 또는 입양에 구법에 의한 취소의 원인이 되는 사유가 있는 경우에도 본법의 규정에 의하여 취소의 원인이

되지 아니할 때에는 본법 시행일 후에는 이를 취소하지 못한다.

제19조 (이혼, 파양에 관한 경과규정) ① 본법 시행일 전의 혼인 또는 입양에 본법에 의하여 이혼 또는 파양의 원인이 되는 사유가 있는 때에는 본법의 규정에 의하여 재판상의 이혼 또는 파양의 청구를 할 수 있다. 이 경우에 그 청구기간이 있는 때에는 그 기간은 본법 시행일로부터 기산한다.
② 본법 시행일 전의 혼인 또는 입양에 구법에 의하여 이혼 또는 파양의 원인이 되는 사유가 있는 경우에도 본법의 규정에 의하여 이혼 또는 파양의 원인이 되지 아니하는 때에는 본법 시행일 후에는 재판상의 이혼 또는 파양의 청구를 하지 못한다.

제20조 (친권) 성년에 달한 자는 본법 시행일로부터 친권에 복종하지 아니한다.

제21조 (모의 친권행사에 관한 제한의 폐지) 구법에 의하여 친권자인 모가 친족회의 동의를 요할 사항에 관하여 그 동의 없이 미성년자를 대리한 행위나 미성년자의 행위에 대한 동의를 한 경우에도 본법 시행일 후에는 이를 취소하지 못한다.

제22조 (후견인에 관한 경과규정) ① 구법에 의하여 미성년자 또는 금치산자에 대한 후견이 개시된 경우에도 그 후견인의 순위, 선임, 임무 및 결격에 관한 사항에는 본

법 시행일로부터 본법의 규정을 적용한다.
② 구법에 의하여 준금치산선고를 받은 자에 대하여도 그 후견에 관한 사항은 전항과 같다.

제23조 (보좌인 등에 관한 경과규정) 구법에 의한 보좌인, 후견감독인 및 친족회원은 본법 시행일로부터 그 지위를 잃는다. 그러나 본법 시행일 전에 구법의 규정에 의한 보좌인, 후견감독인 또는 친족회가 행한 동의는 그 효력을 잃지 아니한다.

제24조 (부양의무에 관한 본법적용) 구법에 의하여 부양의무가 개시된 경우에도 그 순위, 선임 및 방법에 관한 사항에는 본법 시행일로부터 본법의 규정을 적용한다.

제25조 (상속에 관한 경과규정) ① 본법 시행일 전에 개시된 상속에 관하여는 본법 시행일 후에도 구법의 규정을 적용한다.
② 실종선고로 인하여 호주 또는 재산상속이 개시되는 경우에 그 실종기간이 구법 시행기간 중에 만료하는 때에도 그 실종이 본법 시행일 후에 선고된 때에는 그 상속순위, 상속분 기타 상속에 관하여는 본법의 규정을 적용한다.

제26조 (유언에 관한 경과규정) 본법 시행일 전의 관습에 의한 유언이 본법에 규정한 방식에 적합하지 아니한 경우에라도 유언자가 본법 시행일로부터 유언의 효력 발생일까지 그 의사표시를 할 수

없는 상태에 있는 때에는 그 효력을 잃지 아니한다.

제27조 (폐지법령) 다음 각호의 법령은 이를 폐지한다.
1. 조선민사령 제1조의 규정에 의하여 의용된 민법, 민법시행법, 연령계산에관한법률
2. 조선민사령과 동령 제1조에 의하여 의용된 법령 중 본법의 규정과 저촉되는 법조
3. 군정법령 중 본법의 규정과 저촉되는 법조

제28조 (시행일) 본법은 단기 4293년 1월 1일부터 시행한다.

부 칙
[1990.1.13. 제4199호]

제1조 (시행일) 이 법은 1991년 1월 1일부터 시행한다.

제2조 (이 법의 효력의 불소급) 이 법에 특별한 규정이 있는 경우를 제외하고는 이미 구법(민법 중 이 법에 의하여 개정 또는 폐지되는 종전의 조항을 말한다. 이하 같다)에 의하여 생긴 효력에 영향을 미치지 아니한다.

제3조 (친족에 관한 경과조치) 구법에 의하여 친족이었던 자가 이 법에 의하여 친족이 아닌 경우에는 이 법 시행일부터 친족으로서의 지위를 잃는다.

제4조 (모와 자기의 출생 아닌 자에 관한 경과조치) 이 법 시행일

전에 발생한 전처의 출생자와 계모 및 그 혈족·인척 사이의 친족관계와 혼인외의 출생자와 부의 배우자 및 그 혈족·인척사이의 친족관계는 이 법 시행일부터 소멸한다.

제5조 (약혼의 해제에 관한 경과조치) ① 이 법 시행일 전의 약혼에 이 법에 의하여 해제의 원인이 되는 사유가 있는 때에는 이 법의 규정에 의하여 이를 해제할 수 있다. ② 이 법 시행일 전의 약혼에 구법에 의하여 해제의 원인이 되는 사유가 있는 경우에도 이 법의 규정에 의하여 해제의 원인이 되지 아니할 때에는 이 법 시행일 후에는 해제를 하지 못한다.

제6조 (부부간의 재산관계에 관한 이 법의 적용) 이 법 시행일 전의 혼인으로 인하여 인정되었던 부부간의 재산관계에 관하여는 이 법 시행일부터 이 법의 규정을 적용한다.

제7조 (입양의 취소에 관한 경과조치) 이 법 시행일 전의 입양에 구법에 의하여 취소의 원인이 되는 사유가 있는 경우에도 이 법의 규정에 의하여 취소의 원인이 되지 아니할 때에는 이 법 시행일후에는 취소를 청구하지 못한다.

제8조 (파양에 관한 경과조치) ① 이 법 시행일 전의 입양에 이 법에 의하여 파양의 원인이 되는 사유가 있는 때에는 이 법의 규정에 의하여 재판상 파양의 청구를 할 수

있다.
② 이 법 시행일 전의 입양에 구법에 의하여 파양의 원인이 되는 사유가 있는 경우에도 이 법의 규정에 의하여 파양의 원인이 되지 아니할 때에는 이 법 시행일 후에는 재판상 파양의 청구를 하지 못한다.

제9조 (친권에 관한 이 법의 적용) 구법에 의하여 개시된 친권에 관하여도 이 법 시행일부터 이 법의 규정을 적용한다.

제10조 (후견인에 관한 이 법의 적용) 구법에 의하여 미성년자나 한정치산자 또는 금치산자에 대한 후견이 개시된 경우에도 그 후견인의 순위 및 선임에 관한 사항에는 이 법 시행일부터 이 법의 규정을 적용한다.

제11조 (부양의무에 관한 이 법의 적용) 구법에 의하여 부양의무가 개시된 경우에도 이 법 시행일부터 이 법의 규정을 적용한다.

제12조 (상속에 관한 경과조치) ① 이 법 시행일 전에 개시된 상속에 관하여는 이 법 시행일 후에도 구법의 규정을 적용한다.
② 실종선고로 인하여 상속이 개시되는 경우에 그 실종기간이 구법 시행기간 중에 만료되는 때에도 그 실종이 이 법 시행일 후에 선고된 때에는 상속에 관하여는 이 법의 규정을 적용한다.

제13조 (다른 법령과의 관계) 이 법 시행 당시 다른 법령에서 호주상

속 또는 호주상속인을 인용한 경우에는 호주승계 또는 호주승계인을, 재산상속 또는 재산상속인을 인용한 경우에는 상속 또는 상속인을 각 인용한 것으로 본다.

부 칙
[2002.1.14. 제6591호]

① (시행일) 이 법은 공포한 날부터 시행한다.
② (이 법의 효력의 불소급) 이 법은 종전의 규정에 의하여 생긴 효력에 영향을 미치지 아니한다.
③ (한정승인에 관한 경과조치) 1998년 5월 27일부터 이 법 시행 전까지 상속개시가 있음을 안 자 중 상속채무가 상속재산을 초과하는 사실을 중대한 과실없이 제1019조 제1항의 기간 내에 알지 못하다가 이 법 시행 전에 그 사실을 알고도 한정승인 신고를 하지 아니한 자는 이 법 시행일부터 3월 내에 제1019조 제3항의 개정규정에 의한 한정승인을 할 수 있다. 다만, 당해 기간 내에 한정승인을 하지 아니한 경우에는 단순승인을 한 것으로 본다.
④ (한정승인에 관한 특례) 1998년 5월 27일 전에 상속개시가 있음을 알았으나 상속채무가 상속재산을 초과하는 사실(이하 '상속채무 초과사실'이라 한다)을 중대한 과실 없이 제1019조 제1항의 기간 이내에 알지 못하다가 1998년 5월 27일 이후 상속채무 초과사실을 안 자는 다음 각호의 구분에 따라 제1019조 제3항의 규정에 의한 한정승인을 할 수 있다. 다만,

당해 기간 이내에 한정승인을 하지 아니한 경우에는 단순승인을 한 것으로 본다. [신설 2005.12.29]
1. 법률 제7765호 민법 일부개정법률(이하 '개정법률'이라 한다) 시행 전에 상속채무 초과사실을 알고도 한정승인을 하지 아니한 자는 개정법률 시행일부터 3월 내
2. 개정법률 시행 이후 상속채무 초과사실을 알게 된 자는 그 사실을 안 날부터 3월 내

부 칙
[2005.3.31. 제7427호]

제1조 (시행일) 이 법은 공포한 날부터 시행한다. 다만, 제4편 제2장(제778조 내지 제789조, 제791조 및 제793조 내지 제796조), 제826조 제3항 및 제4항, 제908조의2 내지 제908조의8, 제963조, 제966조, 제968조, 제4편 제8장(제980조 내지 제982조, 제984조 내지 제987조, 제989조 및 제991조 내지 제995조)의 개정규정과 부칙 제7조(제2항 및 제29항을 제외한다)의 규정은 2008년 1월 1일부터 시행한다.

제2조 (이 법의 효력의 불소급) 이 법은 종전의 규정에 의하여 생긴 효력에 영향을 미치지 아니한다.

제3조 (친생부인의 소에 관한 경과조치) ① 제847조 제1항의 개정규정에 의한 기간이 이 법 시행일부터 30일 이내에 만료되는 경우에는 이 법 시행일부터 30일 이내에 친생부인의 소를 제기할 수 있다.

② 제847조 제1항의 개정규정이 정한 기간을 계산함에 있어서는 1997년 3월 27일부터 이 법 시행일 전일까지의 기간은 이를 산입하지 아니한다.

제4조 (혼인의 무효·취소에 관한 경과조치) 이 법 시행 전의 혼인에 종전의 규정에 의하여 혼인의 무효 또는 취소의 원인이 되는 사유가 있는 경우에도 이 법의 규정에 의하여 혼인의 무효 또는 취소의 원인이 되지 아니하는 경우에는 이 법 시행 후에는 혼인의 무효를 주장하거나 취소를 청구하지 못한다.

제5조 (친양자에 관한 경과조치) 종전의 규정에 의하여 입양된 자를 친양자로 하려는 자는 제908조의2 제1항 제1호 내지 제4호의 요건을 갖춘 경우에는 가정법원에 친양자 입양을 청구할 수 있다.

제6조 (기간에 관한 경과조치) 이 법에 의하여 기간이 변경된 경우에 이 법 시행 당시 종전의 규정에 의한 기간이 경과되지 아니한 때에는 이 법의 개정규정과 종전의 규정 중 그 기간이 장기인 규정을 적용한다.

제7조 (다른 법률의 개정) ① 가사소송법 일부를 다음과 같이 개정한다.
제2조 제1항 가목(1) 제7호를 삭제하고, 동항 나목(1) 제4호 중 '제781조 제3항'을 '제781조 제4항'으로 하며, 동목(1)에 제4호의2 및 제

4호의 3을 각각 다음과 같이 신설하고, 동목(1) 제25호를 삭제한다.

4의 2. 민법 제781조 제5항의 규정에 의한 자의 종전의 성과 본의 계속사용허가

4의 3. 민법 제781조 제6항의 규정에 의한 자의 성과 본의 변경허가

제2편 제4장(제32조 및 제33조)을 삭제한다.

② 가사소송법 일부를 다음과 같이 개정한다.

제2조 제1항 나목 (1)에 제5호의2 및 제7호의 2를 각각 다음과 같이 신설한다.

5의 2. 민법 제869조 단서의 규정에 의한 후견인의 입양승낙에 대한 허가

7의 2. 민법 제899조 제2항의 규정에 의한 후견인 또는 생가의 다른 직계존속의 파양협의에 대한 허가

제2조 제1항 나목(2) 제5호를 다음과 같이 한다.

5. 민법 제909조 제4항 및 제6항(혼인의 취소를 원인으로 하는 경우를 포함한다)의 규정에 의한 친권자의 지정과 변경

③ 가정폭력범죄의처벌등에관한특례법 일부를 다음과 같이 개정한다.

제28조 제2항 본문 중 '형제자매와 호주'를 '형제자매'로 한다.

제33조 제4항 중 '형제자매·호주'를 '형제자매'로 한다.

④ 감사원법 일부를 다음과 같이 개정한다.

제15조 제1항 제2호 중 '친족·호주·가족'을 '친족'으로 한다.

⑤ 검사징계법 일부를 다음과 같이 개정한다.

제17조 제1항 중 '친족, 호주, 가족'을 '친족'으로 한다.

⑥ 공증인법 일부를 다음과 같이 개정한다.

제21조 제1호 중 '배우자, 친족 또는 동거의 호주나 가족'을 '배우자 또는 친족'으로 한다.

제33조 제3항 제6호 중 '친족, 동거의 호주 또는 가족'을 '친족'으로 한다.

⑦ 국가인권위원회법 일부를 다음과 같이 개정한다.

제56조 제2항 중 '친족, 호주 또는 동거의 가족'을 '친족'으로 한다.

⑧ 국민투표법 일부를 다음과 같이 개정한다.

제56조 제1항 중 '호주·세대주·가족'을 '세대주·가족'으로 한다.

⑨ 군사법원법 일부를 다음과 같이 개정한다.

제48조 제2호 중 '친족·호주·가족'을 '친족'으로 한다.

제59조 제2항 및 제66조 제1항 중 '직계친족·형제자매 및 호주'를 각각 '직계친족 및 형제자매'로 한다.

제189조 제1호를 다음과 같이 한다.

1. 친족 또는 친족관계가 있었던 자

제238조의 2 제1항 전단 및 제252조 제1항 중 '호주·가족'을 각각 '가족'으로 한다.

제398조 제1항 중 '형제자매·호주'를 '형제자매'로 한다.

⑩ 민사소송법 일부를 다음과 같이 개정한다.

제41조 제2호 및 제314조 제1호 중 '친족·호주·가족'을 각각 '친족'으로 한다.

⑪ 민원사무처리에관한법률 일부를 다음과 같이 개정한다.

제23조 제1항 제2호 중 '친족·가족 또는 호주'를 '친족'으로 한다.

⑫ 밀항단속법 일부를 다음과 같이 개정한다.

제4조 제4항 중 '동거친족·호주·가족'을 '동거친족'으로 한다.

⑬ 범죄인인도법 일부를 다음과 같이 개정한다.

제22조 제1항 중 '호주, 가족'을 '가족'으로 한다.

⑭ 법무사법 일부를 다음과 같이 개정한다.

제17조 제1항 중 '호주·가족'을 '가족'으로 한다.

⑮ 보안관찰법 일부를 다음과 같이 개정한다.

제27조 제6항 단서 중 '친족·호주 또는 동거의 가족'을 '친족'으로 한다.

⑯ 부재선고등에관한특별조치법 일부를 다음과 같이 개정한다.

제3조 중 '호주 또는 가족'을 '가족'으로 한다.

⑰ 소송촉진등에관한특례법 일부를 다음과 같이 개정한다.

제27조 제1항 중 '직계혈족·형제자매 또는 호주'를 '직계혈족 또는 형제자매'로 한다.

⑱ 소액사건심판법 일부를 다음과 같이 개정한다.

제8조 제1항 '직계혈족·형제자매 또는 호주'를 '직계혈족 또는 형제자매'로 한다.

⑲ 재외공관공증법 일부를 다음과 같이 개정한다.

제8조 제2호 중 '배우자·친족 또는 동거의 호주이거나 가족'을 '배우자·친족'으로 한다.

제19조 제4항 제5호 중 '배우자 · 친족, 동거의 호주 또는 가족'을 '배우자 · 친족'으로 한다.

⑳ 재외국민취적 · 호적정정및호적정리에관한특례법 일부를 다음과 같이 개정한다.

제3조 제2항 본문 중 '사망 · 호주상속'을 '사망'으로 한다.

제4조 제2항을 삭제한다.

㉑ 전염병예방법 일부를 다음과 같이 개정한다.

제5조 제1호 본문 및 단서 중 '호주 또는 세대주'를 각각 '세대주'로 하고, 동호 단서 중 '가족'을 '세대원'으로 한다.

㉒ 지방세법 일부를 다음과 같이 개정한다.

제196조의 3 제2항 제2호를 삭제한다.

㉓ 특정범죄신고자등보호법 일부를 다음과 같이 개정한다.

제9조 제3항 중 '직계친족, 형제자매와 호주'를 '직계친족과 형제자매'로 한다.

㉔ 특허법 일부를 다음과 같이 개정한다.

제148조 제2호 중 '친족 · 호주 · 가족'을 '친족'으로 한다.

㉕ 해양사고의조사및심판에관한법률 일부를 다음과 같이 개정한다.

제15조 제1항 제1호 중 '친족 · 호주 · 가족관계'를 '친족관계'로 한다.

제27조 제2항 중 '직계친족 · 형제자매와 호주'를 '직계친족과 형제자매'로 한다.

㉖ 헌법재판소법 일부를 다음과 같이 개정한다.

제24조 제1항 제2호 중 '친족 · 호주 · 가족'을 '친족'으로 한다.

㉗ 법 일부를 다음과 같이 개정한다.

제151조 제2항 및 제155조 제4항 중 '친족, 호주 또는 동거의 가족'을 각각 '친족 또는 동거의 가족'으로 한다.

제328조 제1항 중 '동거친족, 호주, 가족'을 '동거친족 또는 가족'으로 한다.

㉘ 형사소송법 일부를 다음과 같이 개정한다.

제17조 제2호 중 '친족, 호주, 가족 또는 이러한 관계'를 '친족 또는 친족관계'로 한다.

제29조 제1항 및 제30조 제2항 중 '직계친족, 형제자매와 호주'를 각각 '직계친족과 형제자매'로 한다.

제148조 제1호를 다음과 같이 한다.

1. 친족 또는 친족관계가 있었던 자

제201조의2 제1항 전단 및 제214조의2 제1항 중 '형제자매, 호주, 가족이나'를 각각 '형제자매나'로 한다.

제341조 제1항 중 '형제자매, 호주'를 '형제자매'로 한다.

㉙ 호적법 일부를 다음과 같이 개정한다.

제60조 제1항 제5호를 다음과 같이 한다.

5. 민법 제909조 제4항 또는 제5항의 규정에 의하여 친권자가 정하여진 때에는 그 취지와 내용

제79조 제1항 제6호를 다음과 같이 한다.

6. 민법 제909조 제4항 또는 제5항의 규정에 의하여 친권자가 정하여진 때에는 그 취지와 내용

제82조 제2항 전단 중 '제909조 제4항'을 '제909조 제4항 내지 제6항'으로, '친권을 행사할 자'를 각

각 '친권자'로 한다.

부 칙
[2005.3.31. 제7428호(채무자 회생 및 파산에 관한 법률)]

제1조 (시행일) 이 법은 공포 후 1년이 경과한 날부터 시행한다.

제2조 내지 제4조 생략

제5조 (다른 법률의 개정) ① 내지 <38> 생략
<39> 민법 일부를 다음과 같이 개정한다.
제937조 제3호 및 제1098조 중 '파산자'를 각각 '파산선고를 받은 자'로 한다.
<40> 내지 <145> 생략
제6조 생략

부 칙
[2005.12.29. 제7765호]
① (시행일) 이 법은 공포한 날부터 시행한다.
② (한정승인에 관한 경과조치) 이 법의 한정승인에 관한 특례대상에 해당하는 자가 이 법 시행 전에 한정승인 신고를 하여 법원에 계속 중이거나 수리된 경우 그 신고 또는 법원의 수리결정은 효력이 있다.

부 칙
[2007.5.17. 제8435호(가족관계의 등록 등에 관한 법률)]

제1조 (시행일) 이 법은 2008년 1월 1일부터 시행한다. [단서 생략]

제2조 내지 제7조 생략

제8조 (다른 법률의 개정) ① 내지 ⑨ 생략

⑩ 민법 일부를 다음과 같이 개정한다.

제812조 제1항 중 '호적법'을 '가족관계의 등록 등에 관한 법률'로 한다.

제814조 제2항 중 '본적지를 관할하는 호적관서'를 '등록기준지를 관할하는 가족관계등록관서'로 한다.

제836조 제1항 · 제859조 제1항 및 제878조 제1항 중 '호적법'을 각각 '가족관계의 등록 등에 관한 법률'로 한다.

⑪ 내지 <39> 생략

제9조 생략

부 칙

[2007.12.21. 제8720호]

제1조 (시행일) 이 법은 공포한 날부터 시행한다. 다만, 제97조 및 제161조의 개정규정은 공포 후 3개월이 경과한 날부터 시행하고, 제836조의2, 제837조 제2항부터 제6항까지 및 제909조 제4항의 개정규정은 공포 후 6개월이 경과한 날부터 시행한다.

제2조 (효력의 불소급) 이 법은 종전의 규정에 따라 생긴 효력에 영향을 미치지 아니한다.

제3조 (경과조치) ① 이 법 시행 당시 법원에 계속 중인 사건에 관하여는 이 법(제837조의 개정규정을 제외한다)을 적용하지 아니한다.

② 이 법 시행 전의 행위에 대한 과태료의 적용에 있어서는 종전의 규정에 따른다.

③ 이 법 시행 당시 만 16세가 된 여자는 제801조 및 제807조의 개정규정에도 불구하고 약혼 또는 혼인할 수 있다.

가족관계의 등록 등에 관한
규칙 일부개정규칙
(가족관계등록 개정규칙)

가족관계의 등록 등에 관한 규칙 일부개정규칙

1. 의결주문
가족관계의 등록 등에 관한 규칙 일부개정규칙을 별지와 같이 의결한다.

2. 개정이유
2007. 12. 21. 법률 제8720호로 공포된 민법 일부개정법률이 2008년 6월 22일부터 시행됨에 따라 「가족관계의 등록 등에 관한 규칙」의 개정이 필요하게 되었는바, 협의이혼 중 숙려기간의 도입 및 양육과 친권자의 사전 결정 등을 중점적으로 정리하고, 별표1의 인명용추가한자표와 별표2의 인명용한자허용자체도 일부 수정하고자 함

3. 주요내용
- 개정민법에 따라 미성년인 자녀(포태중인 자를 포함하되, 이혼숙려기간 이내에 성년에 도달하는 자는 제외함)가 있는 부부의 경우 협의이혼확인신청을 위해서 그 자녀의 양육과 친권자 결정에 관한 협의서 1통 또는 가정법원의 심판정본 및 확정증명서 3통을 추가로 제출하도록 정함(제73조 제4항)
- 협의이혼 중 상담을 위하여 가정법원이 전문상담인을 상담위원으로 위촉하고 일당 및 수당을 지급할 수 있는 규정을 마련함(제73조 제5항)
- 재외국민이나 수감자로서 출석이 어려운 자는 이혼에 관한 안내를 서면으로 할 수 있음 (제73조 제2항, 제75조 제4항)
- 민법 제836조의2 제2항 또는 제3항에서 정한 이혼숙려기간을 반영함(제74조 제1항, 제3항, 제76조 제4항)
- 미성년인 자녀의 양육과 친권자 결정에 관한 협의가 자의 복리에 반하는 경우에 보정을 명하고 보정에 응하지 않는 경우에 이혼의사확인서를 작성하지 않도록 함(제78조 제1항단서)
- 규칙 제정 당시에 누락된 인명용한자 '膚(부)'를 추가 수록하고([별표 1]), 와자인 '齾'자를 정자인 '齾(예)'자로 정정 수록하며([별표 1]), 약자와 속자만 수록된 한자의 정자체인 '憨(민)', '彦(언)' 및 '熙(희)'를 추가 수록함([별표 2])

4. 가족관계의 등록 등에 관한 규칙 일부개정규칙
붙임과 같음

5. 신구조문대비표
붙임과 같음

대법원규칙 제2181호   2008. 6. 5. 공포

가족관계의 등록 등에 관한 규칙 일부개정규칙

가족관계의 등록 등에 관한 규칙 일부를 다음과 같이 개정한다.

제73조 제1항을 다음과 같이 한다.

① 법 제75조에 따라 협의상 이혼을 하려는 부부는 두 사람이 함께 등록기준지 또는 주소지를 관할하는 가정법원에 출석하여 협의이혼의사확인신청서를 제출하고 이혼에 관한 안내를 받아야 한다.

제73조 제2항을 같은 조 제3항으로 하고, 같은 조 제3항을 같은 조 제4항으로 하고, 같은 조 제4항을 같은 조 제6항으로 하고, 같은 조 제2항을 다음과 같이 신설한다.

② 부부 중 한쪽이 재외국민이거나 수감자로서 출석하기 어려운 경우에는 다른 쪽이 출석하여 협의이혼의사확인신청서를 제출하고 이혼에 관한 안내를 받아야 한다. 재외국민이나 수감자로서 출석이 어려운 자는 서면으로 안내를 받을 수 있다.

제73조 제3항 및 제4항을 다음과 같이 한다.

③ 협의이혼의사확인신청서에는 다음 각 호의 사항을 기재하고 이혼하고자 하는 부부가 공동으로 서명 또는 기명날인하여야 한다.

 1. 당사자의 성명 · 등록기준지 · 주소 및 주민등록번호
 2. 신청의 취지 및 연월일

④ 협의이혼의사확인신청서에는 부부 양쪽의 가족관계증명서와 혼인관계증명서 각 1통과 이혼신고서 3통을 첨부하여야 한다. 미성년인 자녀(포태중인 자를 포함하되, 이혼에 관한 안내를 받은 날부터 「민법」 제836조의2 제2항 또는 제3항에서 정한 기간 이내에 성년에 도달하는 자녀는 제외한다. 다음부터 이 장에서 같다)가 있는 경우 그 자녀의 양육과 친권자 결정에 관한 협의서 1통 또는 가정법원의 심판정본 및 확정증명서 3통을 제출하여야 한다.

제73조 제5항을 다음과 같이 신설한다.

⑤ 가정법원은 전문상담인을 상담위원으로 위촉하여 「민법」 제836조의2 제1항의 상담을 담당하게 할 수 있고, 상담위원의 일당 및 수당은 매년 대법관회의에서 이를 정하여 국고 등에서 지급할 수 있다.

제74조를 다음과 같이 한다.

제74조(이혼의사의 확인) ① 제73조의 이혼의사확인신청이 있는 때에는 가정법원은 부부 양쪽이 이혼에 관한 안내를 받은 날부터 「민법」 제836조의2 제2항 또는 제3항에서 정한 기간이 지난 후에 부부 양쪽을 출석시켜 그 진술을 듣고 이혼의사의 유무를 확인하여야 한다.

② 가정법원은 제1항의 확인을 하면서 부부 사이에 미성년인 자녀가 있는지 여부와 미성

년인 자녀가 있는 경우 그 자녀에 대한 양육과 친권자 결정에 관한 협의서 또는 가정법원
의 심판정본 및 확정증명서를 확인하여야 한다.

③ 부부 중 한쪽이 재외국민이거나 수감자로서 출석하기 어려워 다른 한쪽이 출석하여 신
청한 경우에는 관할 재외공관이나 교도소(구치소)의 장에게 제1항의 확인을 촉탁하여 그
회보서의 기재로써 그 당사자의 출석·진술을 갈음할 수 있다. 이 경우 가정법원은 부부
중 한쪽인 재외국민 또는 수감자가 이혼에 관한 안내를 받은 날부터 「민법」 제836조의2
제2항 또는 제3항에서 정한 기간이 지난 후에 신청한 사람을 출석시켜 이혼의사의 유무를
확인하여야 한다.

④ 제1항에 관하여는 「비송사건절차법」 제13조와 제14조를 준용한다.

제75조 제1항 및 제4항을 각각 다음과 같이 한다.

① 부부 양쪽이 재외국민인 경우에는 두사람이 함께 그 거주지를 관할하는 재외공관의 장
에게 이혼의사확인신청을 할 수 있다. 다만, 그 지역을 관할하는 재외공관이 없는 때에는
인접하는 지역을 관할하는 재외공관의 장에게 이를 할 수 있다.

④ 제1항부터 제3항까지의 신청을 받은 재외공관의 장은 당사자(제1항의 경우에는 부부
양쪽이고, 제2항과 제3항의 경우에는 신청서를 제출한 당사자이다. 다음부터 '신청당사자'
라 한다)에게 이혼에 관한 안내 서면을 교부한 후, 이혼의사의 유무와 미성년인 자녀가 있
는지 여부 및 미성년인 자녀가 있는 경우에 그 자녀에 대한 양육과 친권자 결정에 관한 협
의서 1통 또는 가정법원의 심판정본 및 확정증명서 3통을 제출받아 확인하고 그 요지를
기재한 서면(다음부터 '진술요지서'라 한다)을 작성하여 기명날인한 후 신청서에 첨부하
여 지체 없이 서울가정법원에 송부하여야 한다.

제76조를 다음과 같이 한다.

제76조(재외국민에 대한 이혼의사의 확인) ① 제75조 제4항의 경우에 서류를 송부받은 서울
가정법원은 재외공관의 장이 작성한 진술요지서 및 첨부서류에 의하여 신청당사자의 이
혼의사의 유무와 미성년인 자녀가 있는지 여부 및 미성년인 자녀가 있는 경우에 그 자녀
에 대한 양육과 친권자 결정에 관한 협의 또는 가정법원의 심판을 확인할 수 있다.

② 제75조 제2항의 경우에 서류를 송부받은 서울가정법원은 국내에 거주하는 당사자를
출석하게 하여 이혼에 관한 안내를 한 후에 이혼의사의 유무와 미성년인 자녀가 있는지
여부 및 미성년인 자녀가 있는 경우에 그 자녀에 대한 양육과 친권자 결정에 관한 협의 또
는 가정법원의 심판을 확인하여야 한다.

③ 제75조 제3항에 따라 서류를 송부받은 서울가정법원이 신청당사자가 아닌 상대방의
이혼의사의 유무와 미성년인 자녀가 있는지 여부 및 미성년인 자녀가 있는 경우에 그 자
녀에 대한 양육과 친권자 결정에 관한 협의 또는 가정법원의 심판을 확인하는 경우에는
제74조 제3항을 준용한다.

④ 서울가정법원은 제75조 제1항부터 제3항까지의 경우에 부부 양쪽이 이혼에 관한 안내
를 받은 날부터 「민법」 제836조의2 제2항 또는 제3항에서 정한 기간이 지난 후에 이혼의

사의 유무를 확인하여야 한다.

제78조 제1항 및 제3항을 각각 다음과 같이 한다.

① 가정법원은 부부 양쪽의 이혼의사 및 미성년인 자녀가 있는 경우 그 자녀의 양육과 친권자 결정에 관한 협의 또는 가정법원의 심판이 확인되면 확인서를 작성하여야 한다. 다만, 그 협의가 자녀의 복리에 반하는 경우에는 가정법원은 그 자녀의 의사·연령과 부모의 재산상황, 그 밖의 사정을 참작하여 보정을 명할 수 있고, 보정에 응하지 않는 경우 확인서를 작성하지 아니한다.

③ 가정법원의 서기관·사무관·주사 또는 주사보는 제2항의 확인서가 작성된 경우에 지체 없이 이혼신고서에 확인서등본, 협의서등본 또는 심판정본 및 확정증명서를 첨부하여 부부 양쪽에게 교부하거나 송달하여야 한다. 다만, 당사자가 제74조 제3항과 제75조에 따른 재외국민인 경우 재외공관의 장에게 확인서등본, 협의서등본 또는 심판정본 및 확정증명서를 송부하고, 재외공관의 장은 이를 당사자에게 교부 또는 송달하여야 한다.

별표 1 및 별표 2를 각각 별지와 같이 한다.

부　칙

이 규칙은 2008. 6. 22.부터 시행한다. 다만, 별표 1과 별표 2는 공포한 날부터 시행한다.

신구조문대비표

현 행	개 정
제73조(이혼의사확인신청) ① 법 제75조에 따라 협의상 이혼을 <u>하고자 하는</u> 부부는 두 사람이 함께 등록기준지 또는 주소지를 관할하는 가정법원에 출석하여 협의이혼의사확인신청서를 <u>제출하여야 한다. 다만, 부부 중 한쪽이 재외국민이거나 수감자로서 출석하기 어려운 경우에는 다른 쪽이 출석하여 제출할 수 있다.</u> <u><신 설></u>	제73조(이혼의사확인신청) ① -------- --------------------------- <u>하려는</u> --------------------- --------------------------- --------------------------- --------------------제출하고 이혼에 관한 안내를 받아야 한다. <u>② 부부 중 한쪽이 재외국민이거나 수감자로서 출석하기 어려운 경우에는 다른 쪽이 출석하여 협의이혼의사확인신청서를 제출하고 이혼에 관한 안내를 받아야 한다. 재외국민이나 수감자로서 출석이 어려운 자는 서면으로 안내를 받을 수 있다.</u>
<u>② 제1항의 신청서</u>에는 다음 각 호의 사항을 기재하고 이혼하고자 하는 부부가 공동으로 서명 또는 기명날인하여야 한다. 1.·2. (생 략)	<u>③ 협의이혼의사확인신청서</u>에는 ------ --------------------------- --------------------------- ------------------. 1.·2. (현행과 같음)
③ <u>제1항의 신청서</u>에는 부부 양쪽의 가족관계증명서와 혼인관계증명서 각 1통과 이혼신고서 3통을 첨부하여야 한다.	④ <u>협의이혼의사확인신청서</u>에는 부부 양쪽의 가족관계증명서와 혼인관계증명서 각 1통과 이혼신고서 3통을 첨부하여야 한다. <u>미성년인 자녀(포태중인 자를 포함하되, 이혼에 관한 안내를 받은 날부터 「민법」 제836조의2 제2항 또는 제3항에서 정한 기간 이내에 성년에 도달하는 자녀는 제외한다. 다음부터 이 장에서 같다)가 있는 경우 그 자녀의 양육과 친권자 결정에 관한 협의서 1통 또는 가정법원의 심판정본 및 확정증명서 3통을 제출하여야 한다.</u>

현　　행	개　　정
<신　설>	⑤ 가정법원은 전문상담인을 상담위원으로 위촉하여 「민법」 제836조의2 제1항의 상담을 담당하게 할 수 있고, 상담위원의 일당 및 수당은 매년 대법관회의에서 이를 정하여 국고 등에서 지급할 수 있다.
④ (생　략)	⑥ (현행 제4항과 같음)
제74조(이혼의사의 확인) ① 제73조의 이혼의사확인신청이 있는 때에는 가정법원은 부부 양쪽을 출석시켜 그 진술을 듣고 이혼의사의 유무를 확인하여야 한다.	제74조(이혼의사의 확인) ① --- 부부 양쪽이 이혼에 관한 안내를 받은 날부터 「민법」 제836조의2 제2항 또는 제3항에서 정한 기간이 지난 후에 부부 양쪽을 출석시켜 -----------------------.
② 제1항의 확인을 함에 있어서는 부부 사이에 미성년자인 자녀가 있는지 여부와 그 자녀에 대한 친권자지정의 협의나 가정법원에의 지정 청구 여부를 확인하여야 한다.	② 가정법원은 제1항의 확인을 하면서 ------------------------------- 미성년인 자녀가 있는 경우 그 자녀에 대한 양육과 친권자 결정에 관한 협의서 또는 가정법원의 심판정본 및 확정증명서를 ------------------------.
③ 부부 중 한쪽이 재외국민이거나 수감자로서 출석하기 어려운 경우에는 관할 재외공관이나 교도소(구치소)의 장에게 제1항의 확인을 촉탁하여 그 회보서의 기재로써 그 당사자의 출석·진술을 갈음할 수 있다.	③ ---------------------------------출석하기 어려워 다른 한쪽이 출석하여 신청한 경우에는---. 이 경우 가정법원은 부부 중 한쪽인 재외국민 또는 수감자가 이혼에 관한 안내를 받은 날부터 「민법」 제836조의2 제2항 또는 제3항에서 정한 기간이 지난 후에 신청한 사람을 출석시켜 이혼의사의 유무를 확인하여야 한다.
④ 제1항에 관해서는 「비송사건절차법」 제13조와 제14조를 준용한다.	④ ---- 관하여는---.

현 행	개 정
제75조(재외국민의 이혼의사 확인신청) ① 부부 양쪽이 재외국민인 경우에는 <u>그 거주지를 관할하는 재외공관의 장에게 함께</u> 이혼의사확인신청을 할 수 있다. 다만, 그 지역을 관할하는 재외공관이 없는 때에는 인접하는 지역을 관할하는 재외공관의 장에게 이를 할 수 있다.	제75조(재외국민의 이혼의사 확인신청) ① ---------------------------- --------- <u>두사람이 함께 그 거주지를 관할하는 재외공관의 장에게</u> -------- ---------------------------- ---------------------------- ---------------------------- ---------.
②·③ (생 략)	②·③ (현행과 같음)
④ 제1항부터 제3항까지의 신청을 받은 재외공관의 장은 당사자(제1항의 경우에는 부부 양쪽이고, 제2항과 제3항의 경우에는 신청서를 제출한 당사자이다. 이하 '신청당사자'라 한다)에게 <u>이혼의사의 유무 및 미성년자인 자녀가 있는 경우에 그 자녀에 대한 친권자 지정의 협의 또는 가정법원에의 지정 청구 여부를 확인하고 그 요지를 기재한 서면(이하</u> '진술요지서'라 한다)을 작성하여 기명날인한 후 신청서에 첨부하여 지체 없이 서울가정법원에 송부하여야 한다.	④ ---------------------------- ---------------------------- ---------------------------- ---------------------------- -------------------. <u>다음부터 ------------------이혼에 관한 안내 서면을 교부한 후, 이혼의사의 유무와 미성년인 자녀가 있는지 여부 및 미성년인 자녀가 있는 경우에 그 자녀에 대한 양육과 친권자 결정에 관한 협의서 1통 또는 가정법원의 심판정본 및 확정증명서 3통을 제출받아 확인하고</u> --- -------(다음부터 '진술요지서'라 한다) ---------------------------- ---------------------------- -------------------.
제76조(재외국민에 대한 이혼의사의 확인) ① 제75조 <u>제1항부터 제3항까지의</u> 경우에 서류를 송부받은 서울가정법원은 재외공관의 장이 작성한 진술요지서에 의하여 <u>신청당사자의 이혼의사의 유무를 확인할 수 있다.</u>	제76조(재외국민에 대한 이혼의사의 확인) ① 제75조 <u>제4항</u>의 경우에 서류를 송부받은 서울가정법원은 재외공관의 장이 작성한 진술요지서 <u>및 첨부서류</u>에 의하여 <u>신청당사자의 이혼의사의 유무와 미성년인 자녀가 있는지 여부 및 미성년인 자녀가 있는 경우에 그 자녀에 대한 양육과 친권자 결정에 관한 협의 또는 가정법원의 심판을 확인할 수 있다.</u>

현 행	개 정
② 제75조 제2항의 경우에 서류를 송부 받은 서울가정법원은 국내에 거주하는 당사자를 출석하게 하여 <u>이혼의사의 유무를 확인하여야 한다.</u>	② ---------------------------- ---------------------------- ---------------------------- ------이혼에 관한 안내를 한 후에 이혼의사의 유무와 미성년인 자녀가 있는지 여부 및 미성년인 자녀가 있는 경우에 그 자녀에 대한 양육과 친권자 결정에 관한 협의 또는 가정법원의 심판을 확인하여야 한다.
③ 제75조 제3항에 따라 서류를 송부받은 서울가정법원이 신청당사자가 아닌 <u>상대방의 이혼의사의 유무를 확인하는</u> 경우에는 제74조 제3항을 준용한다.	③ ---------------------------- ---------------------------- -------------- <u>상대방의 이혼의사의 유무와 미성년인 자녀가 있는지 여부 및 미성년인 자녀가 있는 경우에 그 자녀에 대한 양육과 친권자 결정에 관한 협의 또는 가정법원의 심판을</u> ------ ----------------------.
<u>＜신 설＞</u>	④ 서울가정법원은 제75조 제1항부터 제3항까지의 경우에 부부 양쪽이 이혼에 관한 안내를 받은 날부터「민법」제836조의2 제2항 또는 제3항에서 정한 기간이 지난 후에 이혼의사의 유무를 확인하여야 한다.
제78조(확인서의 작성·교부) ① 가정법원은 부부 양쪽의 이혼의사<u>가 확인되면 확인서를 작성하여야 한다.</u>	제78조(확인서의 작성·교부) ① 가정법원은 부부 양쪽의 이혼의사 <u>및 미성년인 자녀가 있는 경우 그 자녀의 양육과 친권자 결정에 관한 협의 또는 가정법원의 심판이 확인되면 확인서를 작성하여야 한다. 다만, 그 협의가 자녀의 복리에 반하는 경우에는 가정법원은 그 자녀의 의사·연령과 부모의 재산상황, 그 밖의 사정을 참작하여 보정을 명할 수 있고, 보정에 응하지 않는 경우 확인서를 작성하지 아니한다.</u>
② (생 략)	② (현행과 같음)

현　　행	개　　정
③ 가정법원의 서기관·사무관·주사 또는 주사보는 제2항의 확인서가 작성된 경우에 지체 없이 이혼신고서에 <u>확인서등본을 첨부하여</u> 부부 양쪽에게 교부하거나 송달하여야 한다. 다만, 당사자가 제74조 제3항과 제75조에 <u>의한</u> 재외국민인 경우 재외공관의 장에게 <u>확인서등본을 송부하고</u>, 재외공관의 장은 이를 당사자에게 교부 또는 송달하여야 한다.	③ -------------------------- ----------------------------- ----------------------------- ----------------<u>확인서등본, 협의서등본 또는 심판정본 및 확정증명서를 첨부하여</u> -------------------- ------- <u>따른</u> -------------------- --------------- <u>확인서등본, 협의서등본 또는 심판정본 및 확정증명서를 송부하고</u>, ---------------------- ----------------------------- ------------.

〈의안 소관 부서명〉

법원행정처 사법등기국 가족관계등록과	
연락처	(02) 3480－1771

부록 3

협의이혼의 의사확인사무 및 가족관계등록사무 처리지침 전부개정예규
(협의이혼예규)

대법원 가족관계등록예규 제276호   2008. 6. 11. 결재

협의이혼의 의사확인사무 및 가족관계등록사무 처리지침 전부개정예규

협의이혼의 의사확인사무 및 가족관계등록사무 처리지침 전부를 다음과 같이 개정한다.

제1조(확인기일의 지정) ① 협의이혼의사확인신청사건의 담당자인 법원서기관, 법원사무관, 법원주사, 법원주사보(다음부터 '법원사무관 등'이라 한다)는 매달 20일경 담당판사로부터 그 다음 달 실시할 협의이혼의사확인의 기일을 협의이혼의사확인기일지정부(별지제1호 서식)에 미리 지정받아야 한다.

② 부부 사이에 미성년인 자녀(포태 중인 자 포함)가 있는 경우 확인기일의 지정은「민법」제836조의2 제2항 제1호를 준수하되, 이혼에 관한 안내를 받은 날이 미성년인 자녀가 성년 도달 전 1개월 이내에 해당하는 경우 1개월이 지난 후로 확인기일을 지정하고, 성년 도달 전 1개월 후부터 3개월 이내 사이에 해당하는 경우 성년에 달한 날 이후로 확인기일을 지정한다.

③ 제1항의 기일지정을 하는 때에 담당 판사는 제2항에 따른 기일지정기준을 확인하여야 한다.

제2조(신청서의 제출) ① 협의이혼을 하려는 부부는 각자의 등록기준지 또는 주소지 관할 가정법원에 함께 출석하여 협의이혼의사확인신청서(별지 제2호 서식)를 제출하여야 한다. 다만, 부부 중 일방이 재외국민이거나 수감자로서 출석하기 어려운 경우에는 다른 일방이 출석하여 제출할 수 있다.

② 제1항의 신청서에는 남편의 가족관계증명서와 혼인관계증명서 각 1통, 처의 가족관계증명서와 혼인관계증명서 각 1통과 각란의 해당 사항을 기재하고 신청인란에 당사자 쌍방이 서명 또는 기명날인한 이혼신고서 3통을 첨부하여야 한다. 주소지 관할 가정법원에 신청서를 제출하는 경우에는 그 관할을 증명할 수 있는 주민등록표등본 1통도 첨부하여야 한다.

③ 미성년인 자녀(포태 중인 자를 포함하되, 이혼에 관한 안내를 받은 날부터「민법」제836조의2 제2항 또는 제3항에서 정한 기간 이내에 성년에 도달하는 자녀는 제외한다. 다음부터 이 예규에서 같다)가 있는 부부는 미성년인 자녀의 양육과 친권자 결정에 관한 협의서(별지 제3호 서식) 1통과 그 사본 2통 또는 심판정본 및 확정증명서 3통을 제출하여야 한다. 부부가 함께 출석하여 신청을 하고 이혼에 관한 안내를 받은 경우 협의서는 확인기일 1개월 전까지 제출할 수 있고, 심판정본 및 확정증명서는 확인기일까지 제출할 수 있다.

④ 제1항 단서의 경우 그 신청서에 재외국민 또는 수감자인 당사자에 대한 관할 재외공관 또는 교도소(구치소)의 명칭과 소재지를 기재하고, 제2항 및 제3항의 첨부서면 외에 재외국민등록부등본이나 수용증명서 등 그에 관한 소명자료 1통을 첨부하여야 하

며, 송달료 2회분 상당액(촉탁서, 재외국민 또는 수감자인 당사자에 대한 확인서등본 또는 불확인통지서 송달용)을 예납하여야 한다.

⑤ 신청인이 송달료를 예납한 경우에는 법원사무관 등은 그 출납현황을 사건기록표지(별지 제4호 서식)의 비고란에 기재하여야 한다.

제3조(신청서의 접수) 협의이혼의사확인신청서는 협의이혼의사확인신청사건부(별지 제5호 서식)에 접수하여야 한다. 다만, 위 사건부를 전산으로 대체할 경우에는 그 사건부의 작성과 비치는 하지 않을 수 있다.

제4조(이혼에 관한 안내) ① 법원사무관 등 또는 가사조사관은 이혼절차, 이혼의 결과(재산분할, 친권, 양육권, 양육비, 면접교섭권 등), 이혼이 자녀에게 미치는 영향 등을 이혼을 하려는 부부에게 안내하여야 하고, 상담위원의 상담을 받을 것을 권고할 수 있다. 그러나, 미성년인 자가 있는 경우에는 양육과 친권자 결정에 관하여 상담위원의 상담을 받도록 권고하여야 한다.

② 양육 및 친권자 결정에 관한 협의가 원활하지 않아 협의서를 확인기일 1개월 전까지 제출할 수 없을 것이 예상되는 경우에는 지체없이 가정법원에 심판을 청구할 것을 안내하여야 한다.

제5조(기일의 고지) ① 당사자 쌍방이 출석하여 신청서를 제출하는 때에는 법원사무관 등은 이혼에 관한 안내를 받은 부부에 한하여 신청당사자에게 협의이혼의사확인기일지정부에 예정된 기일 중에서 그 기일지정기준에 따른 이혼의사확인기일 2개를 일괄하여 고지하여 준 후 신청서의 '확인기일'란에 제1회 및 제2회 기일을 기재하여야 한다.

② 제2조 제1항 단서의 경우에는 신청서를 접수하고 출석한 신청당사자에게 이혼에 관한 안내를 하여야 한다. 이 경우 이혼의사확인기일은 고지하지 아니한다.

③ 신청당사자의 요구가 있을 때에는 담당 법원사무관 등은 해당 사건의 기일을 기재한 기일표(별지 제6호 서식)를 교부하여야 한다.

제6조(이혼숙려기간의 단축·면제) ① 가정 폭력으로 인하여 당사자 일방에게 참을 수 없는 고통이 예상되는 등 신속히 이혼을 하여야 할 급박한 사정이 있는 경우 이혼의사확인까지 필요한 기간의 단축 또는 면제사유를 소명(별지 제7호 서식)하여 제출할 수 있다.

② 제1항에 따라 사유서를 제출할 때에는 법원사무관 등 또는 가사조사관은 상담위원의 상담을 통하여 사유서를 제출하도록 권고하고, 담당 판사는 상담위원의 의견을 참고하여 이혼의사확인기일을 지정할 수 있다. 상담받은 날 다음 날부터 7일(상담을 받은 경우) 또는 안내받은 날 다음 날부터 7일(상담을 받지 아니한 경우) 이내에 새로운 확인기일의 지정 통지가 없으면 최초에 지정된 확인기일이 유지된다.

③ 제2항에 따라 이혼의사확인기일을 다시 정한 경우 법원사무관 등은 신청서에 기재한 전화 연락처 등으로 기일을 통지할 수 있고 신청서의 확인기일란에 삭선을 긋고 신청서의 적당한 여백에 다음과 같이 고무인을 찍은 후 그 통지사실을 기재하여야 한다. 확인기일의 추후지정 시 기일을 고지할 때도 법원사무관 등은 신청서에 기재한 전화 연락

처 등으로 기일을 통지할 수 있고 신청서의 적당한 여백에 다음과 같이 고무인을 찍은 후 그 통지사실을 기재하여야 한다.

통지 내용	□ 확인기일 1회: 2회:	통 지 일	년 월 일 시	통지 받은 사람	○ ○ ○ 전화:	통 지 자	법원주사 ○ ○ ○ □□

2cm

◄──────────────── 15cm ────────────────►

제7조(신청에 관한 민원안내) ① 당사자 일방만이 출석하여 협의이혼의사확인신청서를 제출할 수 없는 경우임에도 출석한 당사자가 그 신청서를 작성하려는 경우 법원사무관 등은 신청서의 작성방법을 안내하여야 한다. 당사자 일방이 신청서의 접수를 요구하는 때에는 정식 접수 시 시간 절약과 민원인 편의를 위하여 신청서를 검토하여 주고, 신청서에 보완할 사항이 없을 때에는 당사자 쌍방이 출석하여 그 신청서를 제출하고 이혼에 관한 안내를 받을 수 있도록 신청서를 반려한다.

② 전화로 문의하는 경우에는 협의이혼의사확인신청에 필요한 서류 외에 당사자 쌍방이 출석하여 신청을 하여야 하고 이혼에 관한 안내를 받은 날부터 「민법」 제836조의2 제2항 또는 제3항에서 정한 기간이 지난 후에 이혼의사를 확인받을 수 있다는 사실을 알려주도록 한다.

③ 협의이혼의사확인신청사건의 담당 법원사무관 등은 그 신청서 접수창구에 민원안내서(별지 제8호 서식)를 비치하고, 필요로 하는 민원인에게 교부한다.

제8조(확인기일의 준비) ① 법원사무관 등은 기일에 진행할 각 사건별로 진술조서, 확인서(별지 제9호 서식) 1통, 확인서등본 2통, 협의서를 제출한 경우 협의서 1통, 협의서등본 2통을 미리 준비한다.

② 확인서등본은 협의이혼의사확인신청 당시 당사자가 제출한 이혼신고서에 각 1통씩 첨부하여 법원사무관 등의 직인으로 간인하여야 하며, 그 확인서등본 왼쪽 중간 여백에 다음과 같은 문구를 새긴 고무인을 찍는다.

확인일시   년   월   일
이 이혼의사확인서등본은 교부 또는 송달 받은 날부터 3개월이 지나면 그 효력이 상실되니, 신고의사가 있으면 위 기간 내에 시(구)·읍·면사무소 또는 재외공관에 신고하여야 합니다.

4.5cm

◄──────────── 7.5cm ────────────►

③ 협의서등본은 당사자가 제출한 협의서사본의 말미에 사건번호, 「등본입니다」라는 인증 문구와 인증 연월일을 기재하고 법원사무관 등이 기명날인하여 작성한다.

제9조(조서의 작성) ① 당사자 쌍방이 출석하여 진술을 한 경우에는 반드시 진술조서(별지

제10호 서식)를 작성하여야 한다. 그 조서에는 이혼당사자 확인, 협의이혼의사의 존부확인, 당사자 사이에 미성년인 자녀가 있는지 여부와 그 자녀에 대한 양육과 친권자 결정에 관한 협의서 또는 가정법원의 심판정본 및 확정증명서의 제출여부, 판사의 보정명령요지와 보정여부, 기일지정 등을 각각 기재한다. 서면으로 보정을 명한 경우 그 사본의 첨부로 보정명령요지 기재를 갈음할 수 있다.

② 당사자 일방 또는 쌍방이 불출석한 경우에도 그 불출석 사실을 기재한 기일조서(별지 제11호 서식)를 작성하여야 한다.

제10조(확인서의 교부) ① 당사자 쌍방에게 이혼의사 및 미성년인 자녀가 있는 경우 그 자녀의 양육과 친권자 결정에 관한 협의 또는 가정법원의 심판을 확인하면 담당 판사는 즉시 확인서 및 법원사무관 등이 작성한 진술조서에 각 날인하고, 미성년인 자녀가 있어 그 자녀의 양육과 친권자 결정에 관한 협의서를 제출한 경우 그 협의서 및 기록표지 왼쪽아래의 '확인'란에 각 날인한다. 법원사무관 등은 지체없이 당사자 쌍방에게 확인서등본에 미성년인 자녀가 있는 경우 협의서등본 또는 가정법원의 심판정본 및 확정증명서를 첨부하여 각 1통을 교부하고, 신청서의 '확인서등본 교부'란에 당사자의 수령인을 받아야 한다.

② 위 확인서등본을 교부할 때에 법원사무관 등은 당사자에게, 신고의사가 있으면 3개월 이내에 등록기준지, 주소지 또는 현재지 시(구)·읍·면 사무소에 이혼신고를 하여야 함을 알려주어야 한다.

③ 담당판사는 협의서를 확인기일 1개월 전까지 제출하지 않은 경우 협의서에 대한 검토 및 보정 등을 위하여 확인기일을 연기할 수 있다.

제11조(이혼의사를 확인할 수 없는 경우) ① 당사자 쌍방이 출석하였으나 이혼의사가 없음을 진술한 경우 담당 판사는 법원사무관 등이 작성한 진술조서와 기록표지의 왼쪽아래 '불확인'란에 각 날인한다.

② 당사자 일방 또는 쌍방이 이혼의사확인기일에 2회에 걸쳐 불출석한 경우에는 담당 판사는 법원사무관 등이 작성한 기일조서와 기록표지의 왼쪽아래 '불확인'란에 각 날인한다.

제12조(협의서 등 미제출) ① 미성년인 자녀가 있는 경우 그 자녀의 양육과 친권자 결정에 관한 협의서 또는 가정법원의 심판정본 및 확정증명서를 제출하지 아니한 때에는 담당 판사는 속행 기일을 지정하고 2회 기일에도 제출하지 아니하면 법원사무관 등이 그 사유를 기재하여 작성한 진술조서 또는 기일조서와 기록표지의 왼쪽아래 '불확인'란에 각 날인한다.

② 미성년인 자녀의 양육과 친권자 결정에 관한 가정법원의 심판절차가 계속 중인 때에는 협의이혼의사확인기일을 추후 지정한다. 가정법원의 심판종료 후 지정한 확인기일까지 협의서 또는 가정법원의 심판정본 및 확정증명서를 제출하지 아니하면 담당 판사는 법원사무관 등이 그 사유를 기재하여 작성한 진술조서 또는 기일조서와 기록표지의 왼쪽아래 '불확인'란에 각 날인한다.

제13조(협의가 자녀의 복리에 반하는 경우) ① 자녀의 양육과 친권자 결정에 관한 협의가 자녀의 복리에 반하는 경우에는 담당 판사는 그 자녀의 의사·연령과 부모의 재산상황, 그 밖의 사정을 참작하여 보정을 명할 수 있다. 당사자가 보정에 응하지 않는 경우 담당 판사는 법원사무관 등이 작성한 진술조서와 기록표지의 왼쪽아래 '불확인'란에 각 날인한다.

② 보정명령에 따라 재협의한 경우 협의서를 재작성하여 제출하게 하고, 법원사무관 등은 기존의 협의서를 폐기한다.

제14조(협의이혼의사확인의 촉탁) ① 협의이혼 당사자의 일방이 재외국민이거나 수감자로서 출석하기 어려워 다른 일방이 협의이혼의사확인신청서를 제출할 때 부부 사이에 미성년인 자녀가 있는 경우 양육 및 친권자 결정에 대한 협의서 1통과 그 사본 2통 또는 가정법원의 심판정본 및 확정증명서 3통을 함께 제출하여야 한다. 이 경우 제출한 협의서가 자녀의 복리에 반할 때 담당 판사는 보정을 명할 수 있다. 법원사무관 등은 신청당사자에게 이혼에 관한 안내를 실시하고, 협의서 제출 시 지체없이 담당 판사의 보정절차를 거쳐 재외국민 또는 수감자인 당사자에 대한 관할 재외공관 또는 교도소(구치소)의 장에게 별지 제12호 서식에 의하여 이혼의사의 확인을 촉탁하여야 한다.

② 제1항의 촉탁서에는 이혼신고서 등본, 이혼안내서, 미성년인 자녀가 있는 경우 양육 및 친권자 결정에 대한 협의서 또는 가정법원의 심판정본 및 확정증명서의 사본, 이혼의사확인회보서(별지 제13호 서식) 각 1통을 첨부한다. 재외공관장에게 촉탁하는 때에는 외교통상부 영사과에 관할 재외공관의 정확한 명칭과 소재지를 확인한 다음 외교통상부를 거치지 않고 바로 관할 재외공관장에게 송부한다.

제15조(회보서에 의한 이혼의사확인) ① 제14조의 촉탁결과 재외국민 또는 수감자인 당사자에게 이혼의사가 있다는 취지의 이혼의사확인회보서가 송부되어 온 경우에는 재외국민 또는 수감자인 당사자가 이혼에 관한 안내를 받은 날부터 「민법」 제836조의2 제2항 또는 제3항에서 정한 기간이 지난 후로 신청당사자에게 2개의 확인기일을 지정·통지하여 그 이혼의사를 확인한다. 이혼의사확인서를 작성한 때에는 그 등본 1통을 이혼신고서, 미성년인 자녀가 있는 경우 협의서등본 또는 가정법원의 심판정본 및 확정증명서와 함께 즉시 재외공관장 또는 교도소(구치소)장에게 송부한다. 신청당사자의 이혼의사를 확인할 수 없는 경우에는 불확인된 것으로 처리하고 불확인통지서(별지 제14호 서식)를 재외공관장 또는 교도소(구치소)장에게 송부한다.

② 제14조의 촉탁결과 재외국민 또는 수감자인 당사자의 이혼의사가 확인되지 아니한 회보서가 송부되어 오거나 촉탁 후 상당한 기간(재외공관장에 대한 촉탁인 경우에 송달일부터 6개월, 교도소(구치소)의 장에 대한 촉탁인 경우에 송달일부터 1개월 이상)이 지나도록 회보서가 송부되어 오지 않은 경우에는 신청당사자를 법원에 출석시킬 필요 없이 바로 이혼의사가 불확인된 것으로 처리하며, 신청당사자에게 그 처리결과를 통지하여야 한다.

③ 제1항 및 제2항에 따라 신청당사자에 대한 확인기일통지나 불확인결과 통지는 전화

를 이용하여 할 수 있고, 이 경우에는 신청서의 적당한 여백에 다음과 같이 고무인을 찍은 후 그 통지사실을 기재하여야 한다.

1.5㎝ 통지 내용	□ 확인기일 □ 불확인	통지 일	년 월 일 시	통지 받은 사람	○ ○ ○ 전화:	통지 자	법원주사 ○ ○ ○ □□

◄──────── 15㎝ ────────►

제16조(재외국민의 협의이혼의사확인신청) 「재외국민등록법」 제3조에 따라 등록된 대한민국 국민만이 「가족관계의 등록 등에 관한 규칙」(다음부터 '규칙'이라 한다) 제75조에 따라 그 거주지 관할 재외공관의 장(그 지역을 관할하는 재외공관이 없는 때에는 인접지역 관할 재외공관의 장)에게 협의이혼의사확인을 신청할 수 있다.

제17조(재외공관장의 업무) ① 재외공관장이 당사자 쌍방이나 일방으로부터 협의이혼의사확인 신청을 받은 때에는 당사자 쌍방(규칙 제75조 제1항의 경우) 또는 일방(규칙 제75조 제2항, 제3항의 경우)을 출석시켜 이혼에 관한 안내를 서면으로 한 후 규칙 제75조 제4항에 따라 이혼의사의 유무와 미성년인 자녀가 있는지 여부 및 미성년인 자녀가 있는 경우 그 자녀에 대한 양육과 친권자 결정에 관한 협의서 1통과 그 사본 2통 또는 가정법원의 심판정본 및 확정증명서 3통을 제출받아 확인하고 그 요지를 기재한 진술요지서(별지 제15호 서식, 다음부터 '진술요지서'라 한다)를 작성한다.

② 재외공관장은 진술요지서와 이혼신고서, 협의서 또는 심판정본 및 확정증명서의 내용이 일치하는지 확인한 후, 진술요지서를 신청서에 첨부하여 직인으로 간인한 후 신청서 및 첨부서류를 서울가정법원으로 송부한다.

③ 재외공관에서 교부 또는 송달한 확인서등본에 대한 송달증명서는 해당 재외공관장이 별지 제16호 서식에 의하여 이를 발급한다.

④ 재외공관에서 당사자에게 확인서등본을 교부한 때에는 영수증(별지 제17호 서식)에 의하여 송달관계를 명확히 하여야 한다.

제18조(서울가정법원의 업무) ① 재외공관장으로부터 협의이혼의사확인신청서와 당사자 쌍방에 대한 진술요지서 및 첨부서류를 송부받은 경우, 서울가정법원은 진술요지서 및 첨부서류에 의하여 신청당사자의 이혼의사의 유무와 미성년인 자녀가 있는지 여부 및 미성년인 자녀가 있는 경우 그 자녀의 양육과 친권자 결정에 관한 협의 또는 가정법원의 심판을 확인한다.

② 당사자 일방만이 재외국민인 경우에 그가 제출한 협의이혼의사확인신청서와 진술요지서 및 첨부서류를 재외공관장으로부터 송부받은 경우, 서울가정법원은 국내에 거주하는 당사자를 출석하게 하여 이혼에 관한 안내를 실시한 후에 이혼의사의 유무와 미성년인 자녀가 있는지 여부 및 미성년인 자녀가 있는 경우 그 자녀의 양육과 친권자 결정에 관한 협의 또는 가정법원의 심판을 확인한다.

③ 협의이혼당사자 쌍방이 서로 다른 나라에 거주하여 일방이 그 거주지의 재외공관에 협의이혼의사확인신청서를 제출하여 그 재외공관장으로부터 협의이혼의사확인신청서와 진술요지서 및 첨부서류를 송부받은 경우, 서울가정법원은 제14조 규정을 준용하여 다른 일방 거주지의 재외공관장에게 협의이혼의사확인의 촉탁을 하여 회보서를 받는다. 서울가정법원은 그 회보서의 기재와 신청당사자에 대한 진술요지서 및 첨부서류에 의하여 이혼의사의 유무와 미성년인 자녀가 있는지 여부 및 미성년인 자녀가 있는 경우 그 자녀의 양육과 친권자 결정에 관한 협의 또는 가정법원의 심판을 확인한다.

④ 서울가정법원은 신청서나 첨부서류가 미비한 경우 또는 협의서가 자녀의 복리에 반하는 경우 보정을 명하여 재외공관으로 반송한다.

⑤ 서울가정법원은 위 제1항부터 제3항까지의 절차에 의하여 이혼의사를 확인할 때에는 당사자 쌍방 모두 안내를 받은 날부터 「민법」 제836조의2 제2항 또는 제3항에서 정한 기간이 지난 후 확인하여야 한다.

⑥ 제1항부터 제3항까지의 절차에 의하여 이혼의사 및 미성년인 자녀가 있는 경우 그 자녀의 양육과 친권자 결정에 관한 협의 또는 가정법원의 심판을 확인한 때 서울가정법원은 확인서를 작성하고, 확인서등본(규칙 제75조 제1항의 경우에는 2통)을 이혼신고서, 미성년인 자녀가 있는 경우 협의서등본 또는 심판정본 및 확정증명서와 함께 즉시 당사자 거주지 재외공관의 장에게 송부하되 규칙 제75조 제2항의 경우 국내 거주 당사자에게도 송부한다. 이혼의사를 확인할 수 없는 경우에는 불확인된 것으로 처리하고 불확인통지서를 송부한다.

⑦ 확인서등본이나 불확인통지서를 재외공관에 송부할 때에는 외교통상부 영사과에 관할 재외공관의 정확한 소재지를 확인한 다음 외교통상부를 거치지 아니하고 바로 관할 재외공관장에게 송부한다.

제19조(협의이혼의사확인서등본 등의 분실) ① 협의이혼의사확인서등본을 분실한 경우 당사자 쌍방은 언제든지 관할 가정법원에 다시 협의이혼의사확인신청을 할 수 있다.

② 협의이혼의사확인서등본을 분실한 경우 법원으로부터 협의이혼의사확인서등본을 교부 또는 송달받은 날부터 3개월 이내라면, 당사자는 그 확인 법원으로부터 확인서등본 및 협의서등본을 재교부받은 후 이혼신고서를 다시 작성하여 시(구)·읍·면에 이혼신고를 할 수 있다. 이해관계인은 협의서에 대하여 기록을 보관하고 있는 법원에 보존기간 내에 등본 발급을 청구할 수 있다.

③ 법원사무관 등은 재교부하는 확인서등본의 첫 장 상단 여백에는 '재교부'라는 고무인(가로 1cm, 세로 2.5cm)을 찍은 후 그 옆에 법원사무관 등의 사인(私印)을 찍어야 한다.

제20조(신청사건기록의 보존 등) ① 협의이혼의사확인 신청사건기록은 확인, 불확인 또는 취하 등 그 처리내용을 구별함이 없이 1년간 보존할 것이고, 그 기록을 폐기할 때라도 확인서원본, 미성년인 자녀의 양육과 친권자 결정에 관한 협의서 또는 가정법원의 심판정

본 및 확정증명서를 따로 보존하지 않는다.

② 송달증명서는 당사자의 신청이 있는 때에 한하여 발급한다.

제21조(협의이혼의 신고장소 등)

이혼의사확인신청의 관할 법원이 당사자의 등록기준지로 되어 있더라도 이혼신고는 주소지 또는 현재지에서도 할 수 있으며, 당사자 일방만이 이혼신고서를 제출한 경우에도 신고서에 확인서등본이 첨부되어 있으면 수리하여야 한다.

제22조(협의이혼신고서의 접수방법)

협의이혼신고서는 가족관계등록사건접수장에 접수하되, 접수장과 이혼신고서에 접수연월일과 접수시각(예: 2008. 12. 10. 14:25)을 분명히 기록하여야 한다.

제23조(협의이혼신고의 수리) ① 시(구) · 읍 · 면의 장은 협의이혼신고접수시 가정법원의 확인서등본 첨부 여부와 그 확인서의 유효기간 경과 여부를 면밀히 조사하여야 하고 신고서가 가정법원의 확인일부터 3개월이 경과한 후 제출된 경우에는 일단 접수 후 송달증명서를 제출하도록 통지를 하고, 추후보완된 송달증명서상의 송달일자로 보아 이혼신고가 확인서등본의 교부 또는 송달일부터 3개월 이내이면 이를 수리하여야 하나 그 기간을 경과하였거나 추후보완기간 내에 송달증명서를 제출하지 않는 경우에는 불수리하여야 한다.

② 법원으로부터 재교부받은 확인서등본에 의하여 이혼신고를 할 때에는 그 확인서등본과 이혼신고서 사이에 간인이 없다는 이유로 신고서류를 반려하거나 불수리해서는 안 된다.

③ 이혼하는 부부에게 미성년인 자녀(포태 중인 자 제외)가 있는 경우에는 시(구) · 읍 · 면의 장은 친권자지정 신고를 함께 수리하여야 한다. 시(구) · 읍 · 면의 장은 이 경우 이혼신고서와 가정법원의 확인서등본과 친권자 결정에 관한 협의서등본 또는 가정법원의 심판정본 및 확정증명서의 일치여부를 확인하여야 한다.

④ 포태 중인 자에 대한 친권자지정 신고는 이혼신고 시 수리하지 않고, 포태 중인 자의 출생신고 시 수리한다. 이 경우 친권자 결정에 관한 협의서등본 또는 가정법원의 심판정본 및 확정증명서를 확인하여야 한다. 포태 중인 자의 친권자지정 신고기간은 출생 시부터 기산한다.

⑤ 협의이혼신고서가 적법하게 심사되어 수리된 후에는 당사자 일방이 이혼의사가 없다고 그 신고서의 반환을 요청하여도 이를 반환해서는 안 된다.

⑥ 재외공관장이 「가족관계의 등록 등에 관한 법률」 제34조, 제74조, 제75조에 따라 협의이혼신고서를 적법한 것으로 심사하여 수리한 경우라면, 그 후 당사자 일방이 이혼의사가 없다고 그 신고서의 반환을 요청하여도 수리된 이혼신고서는 「가족관계의 등록 등에 관한 법률」 제36조에 따른 송부절차를 취하여야 한다.

제24조(이혼증서등본에 의한 신고) 한국인 부부가 일본국에서 일본방식에 의한 협의이혼신고를 하여 수리된 협의이혼에 관하여는 일본국 호적관서에서 2004. 9. 19.까지 수리된

경우에 한하여 그 이혼증서등본을 제출한 경우 이를 수리하여야 한다.

제25조(협의이혼의사철회서면의 접수) ① 법원으로부터 협의이혼의사확인을 받은 후 그에 의하여 이혼신고 전에 협의이혼의사철회의 의사표시를 하고자 할 때에는 철회서면에 협의이혼의사의 확인법원 및 확인연월일을 기재한 후 협의이혼의사확인서등본을 첨부하여, 협의이혼의사철회표시를 하려는 사람의 등록기준지, 주소지 또는 현재지 시(구)·읍·면의 장에게 제출하여야 한다.

② 협의이혼의사철회서면은 가족관계등록문서건명부에 접수하되, 가족관계등록문서건명부와 그 철회서면에 접수연월일과 접수시각(예: 2008. 12. 10. 14:25)을 분명하게 기록하여야 한다.

③ 접수한 협의이혼의사철회서면은 협의이혼의사철회서편철장에 편철한 후 비치하여야 한다.

제26조(협의이혼의사철회의 효과) ① 협의이혼의사철회서면이 접수된 후 협의이혼신고서가 제출된 경우에는 그 이혼신고서를 수리해서는 안 된다.

② 가족관계등록공무원의 위 불수리처분에 대하여 불복이 있는 사람은 「가족관계의 등록 등에 관한 법률」 제109조에 따라 관할 가정법원에 불복신청을 할 수 있다.

③ 협의이혼의사를 철회한 경우에는 이혼의사확인의 효력이 소멸되므로 그 철회의사를 철회하더라도 이혼신고를 수리할 수 없다.

제27조(협의이혼의사철회에 따른 업무절차) ① 당사자 일방은 '갑' 시(구)·읍·면사무소에 협의이혼의사철회서면을 제출하고, 다른 일방은 '을' 시(구)·읍·면사무소에 이혼신고를 한 경우 협의이혼의사철회서를 접수한 '갑' 시(구)·읍·면사무소는 전산정보처리조직을 통하여 동일한 당사자에 대한 이혼신고서가 접수되었는지 여부를 확인하여 이혼신고서가 먼저 접수되어 수리된 경우에는 이혼의사철회의 의사표시를 한 당사자 일방에게 그 뜻을 통지한다.

② 다른 일방의 이혼신고서를 접수한 '을' 시(구)·읍·면사무소는 신고서의 심사에 앞서 전산정보처리조직을 통하여 동일한 당사자에 대한 이혼의사 철회서면이 접수되었는지 유무를 전국단위로 검색하여 그 접수사실을 발견하였을 때에는 어느 것이 먼저 접수되었는지 여부를 접수연월일과 접수시각까지 세밀히 검토한다.

③ '갑' 시(구)·읍·면사무소에서 수리한 이혼의사철회서면이 먼저 접수된 것으로 판명된 경우 '을' 시(구)·읍·면사무소는 이혼신고서가 접수된 가족관계등록사건접수장 비고란에 '이혼의사 철회'(예: 2008. 12. 10. 14:25 접수)라고 기록한 후 이혼신고서와 이혼의사철회서의 접수사실이 기록된 가족관계등록문서건명부의 해당목록을 인쇄하여 함께 불수리신고서류편철장에 편철하여 보존하고 이혼신고인에게 「가족관계등록사무의 문서 양식에 관한 예규」 별지 제21호 서식에 의하여 신고불수리 통지를 한다.

④ '을' 시(구)·읍·면사무소에서 접수한 이혼신고가 먼저 접수된 것으로 판명된 경우 '을' 시(구)·읍·면사무소는 이혼신고에 의하여 가족관계등록부를 정리한 후 즉시 그

취지를 전화로 '갑' 시(구)·읍·면사무소의 가족관계등록사무담임자에게 통지하며 '갑' 시(구)·읍·면사무소의 가족관계등록사무담임자는 제1항에 따라 처리한다.

⑤ 이혼신고서와 이혼의사철회서면의 접수시각이 같은 경우에는 이혼의사철회서면이 먼저 접수된 것으로 처리한다.

별지 서식을 별지와 같이 한다.

부 칙

제1조(시행일) 이 예규는 2008. 6. 22.부터 시행한다.

제2조(다른 예규의 폐지) 대법원 가족관계등록예규 제168호 「협의이혼의 의사확인사무 및 가족관계등록사무 처리지침」을 폐지한다.

부록 4

가사재판, 가사조정 및 협의이혼절차의 상담에 관한 예규(상담예규)

가사재판, 가사조정 및 협의이혼절차의 상담에 관한 예규

1. 제정이유

　　협의이혼 절차에서 전문상담인에 의한 상담 권고 제도를 도입하는 개정 민법(법률 제 8720호)과 가사재판 및 가사조정 절차에 상담제도를 도입하는 개정 가사소송규칙이 2008. 6. 22.부터 시행됨에 따라, 상담위원의 위촉·해촉 등 상담제도의 운영과 관련된 예규를 제정하고자 함

2. 주요내용

- 상담제도의 운영에 관하여 각급 법원의 사정에 따라 상담위원을 위촉하는 방식, 외부 상담기관을 지정하는 방식 또는 두 가지를 모두 병행하는 방식을 선택할 수 있도록 함 (제2조)
- 각급 법원에서 상담위원을 위촉하는 방식으로 상담제도를 운영하는 경우 상담위원의 위촉 시기, 방법, 상담위원의 해촉, 비밀준수의무 등에 관하여 규정함(제4조)
- 위촉한 상담위원으로부터 상담위원경력카드를 제출받아 관리하도록 함(제5조)
- 가사재판, 가사조정에 관한 상담 시 업무처리 방법에 관하여 규정함(제6조)
- 협의이혼의사확인 신청사건의 업무처리 방법에 관하여 규정함(제7조)
- 상담위원이 상담을 마친 때에는 상담의 경과 등에 관하여 상담보고서를 작성하여 담당 재판부에 제출하도록 함(제8조)
- 실제로 상담을 한 상담위원에게 수당을 지급하고, 상담을 하지 못하였으나 출석, 대기 한 상담위원에 대하여도 소정의 수당을 지급할 수 있도록 함(제9조 제1항)

3. 가사재판, 가사조정 및 협의이혼 절차의 상담에 관한 예규

　　덧붙임과 같음

재판예규 제1234호   2008. 6. 16. 결재

가사재판, 가사조정 및 협의이혼절차의 상담에 관한 예규(재특 2008-1)

제1조(목적) 이 예규는 가사재판, 가사조정 및 협의이혼의사확인(다음부터 '가사재판등'이라
   고 한다) 절차의 상담위원 위촉, 상담 실시, 상담위원에 대한 수당 지급 등 상담제도 운영
   과 관련된 사무 처리 요령을 정함을 목적으로 한다.

제2조(상담제도의 운영) 가사재판 등을 관할하는 각급 법원, 지원 또는 시·군법원은 「가사소
   송규칙」제12조의2 및 「가족관계의 등록 등에 관한 규칙」제73조 제5항에 따라 전문상담
   인을 상담위원으로 위촉하여 상담을 담당하게 하는 방식, 외부 상담기관을 지정하여 상담
   을 담당하게 하는 방식 또는 두 가지를 병행하는 방식으로 상담제도를 운영할 수 있다.

제3조(상담제도 운영의 기본 방향) 상담제도는, 가사재판 등 절차에서 법원이 당사자에게 전문
   적인 지식과 경험을 갖춘 전문상담인의 상담을 받을 것을 권고함으로써, 자의 양육에 관
   한 사항과 친권자 지정이 자의 복리를 위하여 가장 바람직한 방향으로 협의되도록 하고,
   당사자들의 가정 그 밖의 환경을 조정하며, 분쟁을 원만하게 해결하여 가정문제를 근본적
   으로 치유할 수 있도록 운영되어야 한다.

제4조(상담위원의 위촉 등) ① 각급 법원장, 지원장(다음부터 '법원장 등'이라 한다)은 전문상담
   인을 상담위원으로 위촉하는 방식의 상담제도를 운영하는 경우, 매년 12. 31.까지 관할구
   역 내의 가사재판, 가사조정 사건 수 및 협의이혼의사확인 신청사건 수, 상담위원으로 위
   촉할 만한 사람의 수, 연령 및 직업분포 등 해당 지역의 실정을 감안하여 적정한 인원수의
   다음 연도의 상담위원을 위촉하여야 한다. 다만, 법원장 등은 필요하다고 인정하는 경우
   에는 언제든지 상담위원을 추가로 위촉할 수 있다(이 경우 추가로 위촉된 상담위원의 임
   기도 해당 연도의 12. 31.까지이다).
   ② 법원장 등은 지방자치단체, 건강가정지원센터, 상담기관, 교육기관, 의사회, 그 밖에 적
   당하다고 인정되는 직능단체 또는 사회단체에 추천을 의뢰하거나 각급법원의 인터넷 홈
   페이지에 공모하는 등의 방법으로 상담위원으로 위촉할 사람을 물색한다.
   ③ 법원장 등은 심리학, 정신의학, 보건간호학, 사회복지학, 가족치료학, 상담학, 가족관계
   학 등 상담과 연관된 분야의 전문적 지식을 가지고 있고 가사재판 등 관련 상담 분야의 경
   험이 있는 사람으로서 1개월에 1회 이상 법원에서 상담 업무를 담당할 수 있는 사람 중에
   서 상담위원을 위촉하여야 한다.
   ④ 법원장 등은 상담위원으로 위촉할 사람에 대하여 면접 또는 추천자의 의견 청취 등 적
   절한 방법으로 상담위원으로서 충분한 자질을 갖추었는지 여부를 조사할 수 있다.
   ⑤ 법원장 등은 매년 12. 31.까지 상담위원의 참여도, 성실성, 상담 실적, 성품과 건강 등 여
   러 요소를 고려하고, 가사재판 등 담당 재판부의 의견을 참고하여 재위촉여부를 결정한다.

⑥ 법원장 등은 상담위원이 다음 각 호의 어느 하나에 해당하는 때에는 언제든지 해당 상담위원을 해촉할 수 있다.

1. 심신상의 장애로 상담 업무를 수행할 수 없다고 인정될 때

2. 그 밖에 상담위원으로서 부적당한 행위를 하였다고 인정될 때

⑦ 상담위원 또는 상담위원이었던 사람은 상담 과정에서 알게 된 다른 사람의 비밀을 누설하여서는 안 된다.

제5조(상담위원경력카드의 작성 및 관리) ① 법원장 등은 상담위원의 전문분야를 파악하기 위하여 법원서기관·법원사무관·법원주사 또는 법원주사보(다음부터 '법원사무관 등'이라 한다)로 하여금 위촉된 모든 상담위원에게 상담위원경력카드(전산양식 C1804)를 교부하여 전문분야, 상담경력 등을 기재하도록 한 다음 이를 분류·정리하여 보관하게 한다. 이때 필요한 경우 전문분야별로 상담위원 명단을 작성하도록 한다.

② 법원장 등은 제1항의 상담위원경력카드를 자료화한 후 가사재판 등 담당 재판부에 배포하여 상담위원에 관한 정보를 제공한다.

제6조(가사재판, 가사조정에 관한 상담 실시) ① 가사소송규칙 제12조의2에 따른 재판장의 상담 권고에 따라 당사자가 상담받기를 희망하는 경우, 법원사무관 등은 상담일이 지정된 후 바로 당사자 및 상담위원에게 바로 우편, 전화, 팩시밀리, 전자우편 등 적절한 방법으로 기일을 통지하여야 한다.

② 상담위원은 당사자로 하여금 상담 전 질문지를 작성하게 할 수 있다.

③ 상담위원은 당사자와 사이의 문답을 통하여 분쟁의 원인을 분석하고 가정문제에 대한 객관적 접근을 통하여 당사자의 가정환경 등을 조정할 수 있도록 노력한다. 다만, 분쟁의 법률적 해결은 담당하지 아니한다.

④ 재판상 이혼, 혼인의 취소·무효 등 사건에서 당사자에게 양육하여야 할 자녀가 있는 경우에는 양육에 관한 사항, 친권자 지정에 관한 사항, 이혼 후의 의사소통을 통한 자의 복리 증진에 관한 사항을 상담 내용에 포함시켜야 하고, 양육에 관한 사항, 친권자 지정에 관한 사항에 관하여 당사자들이 자의 복리에 충실한 협의를 할 수 있도록 도움을 주어야 한다.

제7조(협의이혼에 관한 상담위원의 상담 실시) ① 협의이혼의사확인 신청사건의 당사자가 상담받기를 희망하는 경우, 법원사무관등은 상담일이 지정된 후 바로 당사자 및 상담위원에게 우편, 전화, 팩시밀리, 전자우편 등 적절한 방법으로 상담일을 통지하여야 한다.

② 협의이혼에 관한 상담에 관하여, 그 성질에 어긋나지 아니하는 범위 내에서 제6조 제2항부터 제4항까지를 각 준용한다.

제8조(상담보고서의 작성) ① 상담위원이 상담을 마친 때에는 상담을 실시한 기일, 상담시간 등을 기재한 상담보고서(전산양식 C1805)를 작성하여 가사재판 등 담당 재판부에 제출하여야 한다. 상담보고서에는 상담을 받은 사람의 사생활의 비밀에 관한 사항을 기재하여서는 안 된다.

② 협의이혼의사확인 신청사건에서, 「민법」 제836조의2 제2항에 정해진 기간의 단축 또는 면제를 주장하는 당사자를 상담한 경우에는 위 기간의 단축 또는 면제에 관한 사항을 제1항의 상담보고서에 기재할 수 있다.

제9조(상담위원에 대한 수당 지급) ① 상담위원에 대한 수당은 실제로 상담을 한 상담위원에게 지급한다. 다만, 상담을 하기 위하여 법원에 출석하여 대기하였으나 1건의 상담도 하지 못한 상담위원에 대하여는 대법관회의에서 정한 기본수당액 기준에 따라 1건의 상담에 해당하는 수당(1,000원 미만은 올림)을 지급할 수 있다.

② 상담위원에 대한 수당은 상담이 종료된 후 지체 없이 지급한다. 제1항 단서의 경우에는 상담을 위한 대기시간이 종료된 후 지체 없이 지급한다.

③ 상담위원에게 수당을 지급할 때에는 상담위원으로부터 상담을 실시한 사건, 상담 일시 등을 기재한 상담위원 수당 청구서 및 영수서(전산양식 C1806)를 제출받는다.

부　칙

이 예규는 2008. 6. 22.부터 시행한다.

〈의안 소관 부서명〉

법원행정처 사법정책실 민사정책심의관실	
연락처	(02) 3480-1349

부록 5

서식 및 진단도구

[서식]
1) 이혼(친권자지정)신고서
2) 협의이혼의사확인신청서
3) 자의 양육과 친권자 결정에 관한 협의서
4) 협의이혼의사확인기록
5) 협의이혼의사확인신청사건부
6) 이혼숙려기간 면제(단축) 사유서
7) 협의이혼제도안내
8) 확인서
9) 진술조서
10) 확인기일조서
11) 상담 전 질문지(남편 · 부인용)
12) 상담 후 기록지(남편 · 부인용)
13) 상담보고서
14) 상담위원 기록지
15) 상담신청서
16) 상담증명서

[진단도구]
불안장애진단
우울증 자가진단테스트
알코올 중독 선별검사(NAST)
와이스−세레토 결혼위기 진단검사
결혼만족도검사
부부의 역기능적인 의사소통 유형척도
부부갈등대처척도
이혼적응척도
문장완성검사
이혼가정사례관리

[제1호 서식]

이혼(친권자 지정)신고서
(년 월 일)

※ 굵은선 안을 기재하시되, 선택항목은 해당번호에 "○"으로 표시하여 주시기 바랍니다.

구 분			남 편(부)	아 내(처)	
① 이혼당사자	등록기준지				
	주 소		주 소		
	성 명	한글	㉙(서명 또는 날인)	한글	㉙(서명 또는 날인)
		한자		한자	
	본(한자)		전화	본(한자)	전화
	주민등록번호		-	주민등록번호	-
	출생연월일			출생연월일	
② 부모 (양부모)	부	등록기준지		등록기준지	
		성명		성명	
		주민등록번호	-	주민등록번호	-
	모	등록기준지		등록기준지	
		성명		성명	
		주민등록번호	-	주민등록번호	-
③ 기 타 사 항					
④ 재판확정일자 ( )		년 월 일	법원명	법원	

아래 친권자란(굵은 선)은 협의이혼 시에는 법원의 협의이혼의사확인 후에 기재합니다.

⑤ 친권자 지정	미성년자인 자의 성명							
	주 민 등록번호		-			-		
	친권자	① 부 ② 모 ③ 부모	지정 일자	년 월 일	① 부 ② 모 ③ 부모	지정 일자	년 월 일	
			원인	① 협의 ② 재판		원인	① 협의 ② 재판	

⑥ 등록관서 제출자	성 명		전화	
	주소		이메일	
			이혼당사자와의 관계	의

※ 다음은 국가의 인구정책 수립에 필요한 자료로 「통계법」 제32조 및 제33조에 따라 성실응답의무가 있으며 개인의 비밀사항이 철저히 보호되므로 사실대로 기입하여 주시기 바랍니다.

⑦ 실제결혼(동거)생활시작일		년 월 일부터	⑧ 실제이혼연월일		년 월 일부터
⑨ 20세 미만 자녀 수		명	⑩ 이혼의 종류		① 협의이혼 ② 재판에 의한 이혼
⑪ 이 혼 사 유(택일)		① 배우자 부정 ② 정신적·육체적 학대 ③ 가족 간 불화 ④ 경제문제 ⑤ 성격차이 ⑥ 건강문제 ⑦ 기타			
⑫ 최 종 졸업학교	남편	① 무학 ② 초등학교 ③ 중학교 ④ 고등학교 ⑤ 대학(교) ⑥ 대학원 이상	처	① 무학 ② 초등학교 ③ 중학교 ④ 고등학교 ⑤ 대학(교) ⑥ 대학원 이상	
⑬ 직 업	남편	*주된 일의 종류와 내용을 기입합니다.	처	*주된 일의 종류와 내용을 기입합니다.	

[제2호 서식]

협의이혼의사확인신청서

당사자 부

    성 명   (전화 :   )

    주민등록번호

    등록기준지

    주 소

당사자 처

    성 명   (전화 :   )

    주민등록번호

    등록기준지

    주소

신 청 취 지

위 당사자 사이에는 진의에 따라 서로 이혼하기로 합의하였다.

위와 같이 이혼의사가 확인되었다.

라는 확인을 구함.

첨부서류

1. 남편의 혼인관계증명서와 가족관계증명서 각 1통
2. 처의 혼인관계증명서와 가족관계증명서 각 1통
3. 이혼신고서 3통
4. 주민등록표등본(주소지 관할법원에 신청하는 경우) 1통
5. 진술요지서(재외공관에 접수한 경우) 1통   끝.

확인기일		담당자
1회	년 월 일 시	법원주사(보)
2회	년 월 일 시	(인)

200   년   월   일

확인서등본 교부		교부일
부 (인)		
처 (인)		

신청인 부   ㊞

        처   ㊞

서 울 가 정 법 원 귀 중

[제3호 서식]

자의 양육과 친권자 결정에 관한 협의서

사 건   호   협의이혼의사확인신청

당사자   부 성   명
              주민등록번호   –

           모 성   명
              주민등록번호   –

협 의 내 용

1. 친권자 및 양육자의 결정 (□에 ✔표시를 하거나 해당 사항을 기재하십시오).

자녀 이름	성별	생년월일(주민등록번호)	친권자	양육자
	□ 남 □ 여	년 월 일 (-)	□ 부 □ 모 □ 부모공동	□ 부 □ 모 □ 부모공동
	□ 남 □ 여	년 월 일 (-)	□ 부 □ 모 □ 부모공동	□ 부 □ 모 □ 부모공동
	□ 남 □ 여	년 월 일 (-)	□ 부 □ 모 □ 부모공동	□ 부 □ 모 □ 부모공동
	□ 남 □ 여	년 월 일 (-)	□ 부 □ 모 □ 부모공동	□ 부 □ 모 □ 부모공동

2. 양육비용의 부담 (□에 ✔표시를 하거나 해당 사항을 기재하십시오.)

지급인		
지급방식	□ 정기금 □ 일시금 ( ) 은행 예금주 : 계좌번호 :	
지급액	정기금	금 원(한글병기:)
	일시금	금 원(한글병기:)
지급일	정기금	년 월 일부터 년 월 일까지 (매월 일)
	일시금	년 월 일
기타		

3. 면접교섭권의 행사 여부 및 그 방법 (□에 ✔표시를 하거나 해당 사항을 기재하십시오.)

일 자	시 간	인도 장소	면접 장소	기타(면접교섭 시 주의사항)
□ 매월 _____째 주 _____요일	시 분부터 시 분까지			
□ 매주 _____요일	시 분부터 시 분까지			
□ 기타				

첨 부 서 류

1. 근로소득세 원천징수영수증, 사업자등록증 및 사업자소득금액 증명원 등 소득금액을 증명하기 위한 자료 – 부, 모별로 각 1통
2. 부·모 소유 부동산등기부등본 또는 부·모 명의의 임대차계약서, 재산세 납세영수증(증명)
3. 위자료나 재산분할에 관한 합의서가 있는 경우 그 합의서 사본 1통
4. 자의 양육과 친권자 결정에 관한 협의서 사본 2통

협의일자 :   년   월   일

부 :   (인/서명)   모 :   (인/서명)

○ ○ 가정(지방)법원		판사 확인인
사건번호		
확인일자	. . .	

[제4호 서식]

년   질   호

○ ○ 법원
협의이혼의사확인기록

사건번호	20 호	재 판 부	
사 건 명	협의이혼의사확인신청		

당사자	부	
	처	

비 고	

확인	불확인

		담 임	과 장	국 장	판 사	원 장
완 결 공 람				공람 생략	전 결	

주: 비고란에는 ① 예납받은 송달료가 있는 경우에 그 출납현황, ② 그 밖의 해당 사건과 관련하여 특히 참고할 사항을 기록한다.

[제5호 서식]

협의이혼의사확인신청사건부

사 건 번 호		
접수연월일		
담 임		
당사자	부 성명, 등록기준지, 주소		
	처 성명, 등록기준지, 주소		
종 국	연월일	년 월 일	년 월 일
	요 지		
보 존	연도, 질, 호수	년 질 호	년 질 호
	종료연도	년	년
	폐기연월일 및 폐기인가(인)	년 월 일	년 월 일
비 고		

[제6호 서식]

이혼숙려기간 면제(단축) 사유서

20   호   협의이혼의사확인신청
　　　　당사자   ○   ○   ○ (주민등록번호   －   )
　　　　주 소

　위 사건에 관하여 20 .   .   . :   로 이혼의사 확인기일이 지정되었으나 다음과
같은 사유로 이혼의사 확인까지 필요한 기간을 면제(단축)하여 주시기 바랍니다.

다 음

사유 : 1. 가정 폭력으로 인하여 당사자 일방에게 참을 수 없는 고통이 예상됨 (   )
　　　2. 일방이 해외장기체류를 목적으로 즉시 출국하여야 하는 사정이 있음 (   )
　　　3. 쌍방 또는 일방이 재외국민이므로 이혼의사확인에 장기간 소요되는 경우 (   )
　　　4. 신청 당시 1년 이내에 이혼의사확인신청을 하여 「민법」 제836조의2 제2항의 기
　　　　간 경과 후 이혼의사 불확인을 받은 사정이 있는 경우 (   )
　　　5. 기타 (상세히 적을 것)

첨 부 서 류

1.
　　　　　　　　20 .   .   .
　　　위 당사자   (날인 또는 서명)
　　　(연락처 :   )
　　　(상대 배우자 연락처 :   )

　　　　　　　　　　　　　　　　　　○○지방법원   귀중

◇유의사항◇
※ 연락처란에는 언제든지 연락 가능한 전화번호나 휴대전화번호를 기재하고, 그 밖에 팩스번호, 이메일
　주소 등이 있으면 함께 기재하기 바랍니다.
※ 사유서 제출 후 7일 이내에 확인기일의 재지정 연락이 없으면 최초에 지정한 확인기일이 유지되며, 이에
　대하여는 이의를 제기할 수 없습니다.

[제7호 서식]

협의이혼제도안내

1. 협의이혼이란

부부가 자유로운 이혼합의에 의하여 혼인관계를 해소시키는 제도로, 먼저 관할 법원의 협의이혼의사확인을 받은 후 이혼신고서에 그 확인서등본을 첨부하여 관할 시(구)·읍·면의 장에게 신고함으로써 이혼의 효력이 발생합니다.

2. 협의이혼절차는

가. 협의이혼의사확인의 신청

① 신청시 제출하여야 할 서류

㉮ 협의이혼의사확인신청서 1통

- 부부가 함께 작성하며, 신청서 양식은 법원의 신청서 접수창구에 있습니다.
- 기일의 고지는 전화 등으로 할 수 있으므로, 신청서에 전화연락처를 정확히 기재하여야 하며, 전화연락처 변경시에는 즉시 법원에 신고하여야 합니다.

㉯ 남편의 가족관계증명서와 혼인관계증명서 각 1통

처의 가족관계증명서와 혼인관계증명서 각 1통

- 시(구)·읍·면·동사무소에서 발급

㉰ 이혼신고서 3통

- 신고서양식은 시(구)·읍·면사무소 및 법원의 신청서 접수창구에 있습니다.
- 신고서는 그 뒷면에 기재된 작성방법에 따라 부부가 함께 작성하되, '⑤친권자 지정' 란은 이혼의사확인신청 때에는 기재하지 아니하며 법원의 협의이혼의사 확인을 받은 후에 미성년인 자녀에 대하여 정하여진 친권자를 기재합니다.

㉱ 주민등록등본 1통

- 주소지 관할 법원에 이혼의사확인신청을 하는 경우에만 첨부합니다.

㉲ 미성년인 자녀(임신 중인 자를 포함하되, 이혼에 관한 안내를 받은 날부터 3개월 또는 법원이 별도로 정한 기간 이내에 성년에 도달하는 자녀는 제외)가 있는 부부는 이혼에 관한 안내를 받은 후 그 자녀의 양육과 친권자 결정에 관한 협의서 1통과 사본 2통 또는 가정법원의 심판정본 및 확정증명서 3통을 제출하되, 부부가 함께 출석하여 신청하고 이혼에 관한 안내를 받은 경우에는 협의서는 확인기일 1개월 전까지 제출할 수 있고 심판정본 및 확정증명서는 확인기일까지 제출할 수 있습니다. 자녀의 양육과 친권자 결정에 관한 협의가 원활하게 이루어지지 않는 경우에는 신속하게 가정법원에 심판을 청구하여 심판정본 및 확정증명서를 제출하여야 합니다. 미제출 또는 제출지연 시 협의이혼확인이 지연되거나

불확인될 수 있습니다.

ⓑ 부부 중 일방이 외국에 있거나 교도소(구치소)에 수감중인 경우

－재외국민등록부등본 1통(재외공관 및 외교통상부 발급) 또는 수용증명서 (교도소 및 구치소 발급) 1통을 첨부합니다.

② 신청서를 제출할 법원

• 이혼당사자의 등록기준지 또는 주소지를 관할하는 법원에 부부가 함께 출석하여 신청서를 제출하여야 합니다.

• 부부 중 일방이 외국에 있거나 교도소(구치소)에 수감중인 경우에만 다른 일방이 혼자 출석하여 신청서를 제출하고 안내를 받으며, 미성년인 자녀가 있는 경우 그 자녀의 양육과 친권자 결정에 관한 협의서 1통과 사본 2통 또는 가정법원의 심판정본 및 확정증명서 3통을 신청서 제출 당시에 첨부하여야 합니다.

③ 이혼에 관한 안내

• 법원으로부터 이혼에 관한 안내를 반드시 받아야 하고, 상담위원의 상담을 받을 것을 권고 받을 수 있습니다. 특히 미성년인 자녀의 양육과 친권자 결정에 관하여 상담위원의 상담을 받은 후 협의서를 작성할 것을 권고합니다.

④ 이혼숙려기간의 단축 또는 면제

• 안내를 받은 날부터 미성년인 자녀(임신 중인 자를 포함)가 있는 경우에는 3개월, 성년 도달 전 1개월 후 3개월 이내 사이의 미성년인 자녀가 있는 경우에는 성년이 된 날, 성년 도달 전 1개월 이내의 미성년인 자녀가 있는 경우 및 그 밖의 경우에는 1개월이 경과한 후에 이혼의사의 확인을 받을 수 있으나, 가정폭력 등 급박한 사정이 있어 위 기간의 단축 또는 면제가 필요한 사유가 있는 경우 이를 소명하여 사유서를 제출할 수 있습니다. 이 경우 특히 상담위원의 상담을 통하여 사유서를 제출할 수 있습니다.

• 사유서 제출 후 7일 이내에 확인기일의 재지정 연락이 없으면 최초에 지정한 확인기일이 유지되며, 이에 대하여는 이의를 할 수 없습니다.

⑤ 협의이혼의사의 확인

• 반드시 부부가 함께 본인의 신분증(주민등록증, 운전면허증, 공무원증 및 여권 중 하나)과 도장을 가지고 통지받은 확인기일에 법원에 출석하여야 합니다.

• 첫 번째 확인기일에 불출석하였을 경우에는 두 번째 확인기일에 출석하면 되나, 확인기일을 2회에 걸쳐 불출석한 경우 확인신청을 취하한 것으로 보므로 협의이혼의사확인신청을 다시 하여야 합니다.

• 부부의 이혼의사와 미성년인 자녀가 있는 경우 그 자녀의 양육과 친권자 결정에 관한 협의서 또는 가정법원의 심판정본 및 확정증명서가 확인되면 법원에서 부부에게 확인서등본 1통 및 협의서등본 또는 가정법원의 심판정본 및 확정증명서 1통씩을 교부합니다.

- 확인기일까지 협의를 할 수 없어 가정법원에 심판을 청구한 경우에는 확인기일에 출석하여 그 사유를 소명한 때 확인기일을 추후 지정받을 수 있고, 가정법원의 심판이 있어 확정되면 심판정본 및 확정증명서를 제출하여야 합니다. 심판청구가 각하되거나 취하된 때에는 지정된 확인기일까지 협의서를 제출하지 않으면 불확인 처리됩니다.
- 자녀의 복리를 위해서 법원은 자녀의 양육과 친권자 결정에 관한 협의에 대하여 보정을 명할 수 있고, 보정에 불응하면 불확인 처리됩니다.
- 불확인 처리를 받은 경우에는 가정법원에 별도로 재판상 이혼 또는 재판상 친권자지정 등을 청구할 수 있습니다.

나. 협의이혼의 신고
- 이혼의사확인서등본은 교부받은 날부터 3개월이 지나면 그 효력이 상실되므로, 신고의사가 있으면 위 기간 내에 당사자 일방 또는 쌍방이 시(구) · 읍 · 면사무소에 확인서등본이 첨부된 이혼신고서를 제출하여야 합니다.
  - 이혼신고가 없으면 이혼된 것이 아니며, 위 기간을 지난 경우에는 다시 법원의 이혼의사확인을 받지 않으면 이혼신고를 할 수 없습니다.
  - 미성년인 자녀가 있는 경우 이혼신고 시에 협의서등본 또는 심판정본 및 그 확정증명서를 첨부하여 친권자지정 신고를 하여야 하며, 임신 중인 자녀는 이혼신고 시가 아니라 그 자녀의 출생신고 시에 협의서등본 또는 심판정본 및 그 확정증명서를 첨부하여 친권자지정 신고를 하여야 합니다.
  - 확인서등본을 분실한 경우: 다시 법원에 협의이혼의사확인신청을 하거나, 그 등본을 교부받은 날부터 3개월 이내라면 이혼의사확인신청을 한 법원에서 확인서등본을 다시 교부받고 이혼신고서를 다시 작성하여 이혼신고할 수 있고 3개월이 지난 경우에는 다시 협의이혼의사확인신청을 하여야 합니다.
  - 협의서원본은 법원에서 1년간 보존하므로 이혼의사확인 때 법원으로부터 교부받은 협의서등본은 이혼신고 전에 그 복사본을 별도로 보관하도록 합니다.

다. 협의이혼의 철회
- 이혼의사확인을 받고 난 후라도 이혼할 의사가 없는 경우에는 이혼신고를 하지 않거나, 이혼의사철회표시를 하고자 하는 사람의 등록기준지, 주소지 또는 현재지 시(구) · 읍 · 면의 장에게 이혼의사철회서를 제출하면 됩니다.
  - 이혼신고서가 이혼의사철회서보다 먼저 접수되면 철회서를 제출하였더라도 이혼의 효력이 발생합니다.

3. 협의이혼의 효과는
- 가정법원의 이혼의사확인을 받아 신고함으로써 혼인관계는 해소됩니다.

- 이혼 후에도 자녀에 대한 부모의 권리와 의무는 협의이혼과 관계없이 그대로 유지되나 미성년인 자녀(임신 중인 자 포함)가 있는 경우에는 그 자녀의 양육과 친권자 결정에 관한 협의서 또는 가정법원의 심판에 따릅니다.
- 이혼하는 남편과 다른 등록기준지를 사용하기를 원하는 처는 별도의 등록기준지 변경신고를 함께 하여야 합니다.

| 법원명 | | 사건번호 | | 담당재판부 | 전화: | 확인기일 | 1회: | . . . |
| | | | | | | | 2회: | . . . |

협의이혼제도안내(재외국민용)

1. 협의이혼이란

- 부부가 자유로운 이혼합의에 의하여 혼인관계를 해소시키는 제도로, 먼저 재외공관장에게 협의이혼의사확인신청을 하여 서울가정법원으로부터 이혼의사확인을 받은 후 이혼신고서에 그 확인서등본을 첨부하여 재외공관장 또는 관할 시(구)·읍·면의 장에게 신고함으로써 이혼의 효력이 발생합니다.

2. 협의이혼절차는

가. 협의이혼의사확인의 신청

① 신청시 제출하여야 할 서류

㉮ 협의이혼의사확인신청서 1통
- 부부가 함께 작성하며, 신청서 양식은 재외공관의 신청서 접수창구에 있습니다.
- 신청서에 항시 연락가능한 전화연락처를 정확히 기재하여야 하며, 전화연락처 변경시에는 즉시 재외공관에 신고하여야 합니다.

㉯ 남편의 가족관계증명서와 혼인관계증명서 각 1통
처의 가족관계증명서와 혼인관계증명서 각 1통
- 시(구)·읍·면·동사무소에서 발급

㉰ 이혼신고서 3통
- 신고서양식은 재외공관의 신청서 접수창구에 있습니다.
- 신고서는 그 뒷면에 기재된 작성방법에 따라 부부가 함께 작성하되, '⑤친권자지정' 란은 이혼의사확인신청 때에는 기재하지 아니하며 법원의 협의이혼의사확인을 받은 후에 미성년인 자녀에 대하여 정하여진 친권자를 기재합니다.

㉱ 미성년인 자녀(임신 중인 자를 포함하되, 이혼에 관한 안내를 받은 날부터 3개월 또는 법원이 별도로 정한 기간 이내에 성년에 도달하는 자녀는 제외)가 있는 부부는 이혼에 관한 서면 안내를 받은 후 그 자녀의 양육과 친권자 결정에 관한

협의서 1통과 사본 2통 또는 가정법원의 심판정본 및 확정증명서 3통을 제출하여야 합니다. 미제출 또는 제출지연 시 협의이혼확인이 지연되거나 불확인될 수 있습니다.
　　　㉺ 부부 중 일방이 다른 외국에 있거나 교도소(구치소)에 수감중인 경우
　　　　－재외국민등록부등본 1통(재외공관 및 외교통상부 발급) 또는 수용증명서(교도소 및 구치소 발급) 1통을 첨부합니다.
　② 신청서를 제출할 재외공관
　　• 이혼당사자의 거주지를 관할하는 재외공관에 부부가 함께 출석하여 신청서를 제출하여야 합니다.
　　　－부부 중 일방이 다른 외국에 있거나 교도소(구치소)에 수감중인 경우에만 다른 일방이 혼자 출석하여 신청서를 제출하고 안내를 받아야 합니다.
　③ 이혼에 관한 안내
　　• 재외공관장으로부터 서면으로 안내를 받을 수 있습니다.
　④ 이혼숙려기간의 단축 또는 면제
　　• 안내를 받은 날부터 미성년인 자녀(임신 중인 자를 포함)가 있는 경우에는 3개월, 성년 도달 전 1개월 후 3개월 이내 사이의 미성년인 자녀가 있는 경우에는 성년이 된 날, 성년 도달 전 1개월 이내의 미성년인 자녀가 있는 경우 및 그 밖의 경우에는 1개월이 경과한 후에 이혼의사의 확인을 받을 수 있으나, 가정폭력 등 급박한 사정이 있어 위 기간의 단축 또는 면제가 필요한 사유가 있는 경우 이를 소명하여 사유서를 제출할 수 있습니다.
　⑤ 협의이혼의사의 확인
　　• 부부가 함께 본인의 신분증(주민등록증, 운전면허증, 공무원증 및 여권 중 하나)과 도장을 가지고 거주지 관할 재외공관에 출석하여야 합니다. 부부 중 일방이 타국에 거주하는 경우 신청당사자만 출석합니다.
　　• 자녀의 복리를 위해서 법원은 자녀의 양육과 친권자 결정에 관한 협의에 대하여 보정을 명할 수 있고, 보정에 불응하면 불확인 처리됩니다.
　　• 불확인 처리를 받은 경우에는 가정법원에 별도로 재판상 이혼 또는 재판상 친권자지정 등을 청구할 수 있습니다.

나. 협의이혼의 신고
　• 이혼의사확인서등본은 교부받은 날부터 3개월이 지나면 그 효력이 상실되므로, 신고의사가 있으면 위 기간 내에 당사자 일방 또는 쌍방이 재외공관 또는 시(구)·읍·면사무소에 확인서등본이 첨부된 이혼신고서를 제출하여야 합니다.
　　－이혼신고가 없으면 이혼된 것이 아니며, 위 기간을 지난 경우에는 다시 법원의 이혼의사확인을 받지 않으면 이혼신고를 할 수 없습니다.
　　－미성년인 자녀가 있는 경우 이혼신고 시에 협의서등본 또는 심판정본 및 그 확정증명서를 첨부하여 친권자지정 신고를 하여야 하며, 임신 중인 자녀는 이혼신고 시가 아니라 그 자녀의 출생신고 시에 협의서등본 또는 심판정본 및 그 확정증명서를 첨부하여 친권자지정 신고를 하여야 합니다.

−확인서등본을 분실한 경우: 다시 법원에 협의이혼의사확인신청을 하거나, 그 등본을 교부받은 날부터 3개월 이내라면 이혼의사확인신청을 한 법원에서 확인서등본을 다시 교부받고 이혼신고서를 다시 작성하여 이혼신고할 수 있고 3개월이 지난 경우에는 다시 협의이혼의사확인신청을 하여야 합니다.

−협의서원본은 법원에서 1년간 보존하므로 이혼의사확인 때 법원으로부터 교부받은 협의서등본은 이혼신고 전에 그 복사본을 별도로 보관하도록 합니다.

다. 협의이혼의 철회
  • 이혼의사확인을 받고 난 후라도 이혼할 의사가 없는 경우에는 이혼신고를 하지 않거나, 이혼의사철회표시를 하고자 하는 사람의 등록기준지, 주소지 또는 현재지 시(구)·읍·면의 장에게 이혼의사철회서를 제출하면 됩니다.
    −이혼신고서가 이혼의사철회서보다 먼저 접수되면 철회서를 제출하였더라도 이혼의 효력이 발생합니다.

3. 협의이혼의 효과는
  • 가정법원의 이혼의사확인을 받아 신고함으로써 혼인관계는 해소됩니다.
  • 이혼 후에도 자녀에 대한 부모의 권리와 의무는 협의이혼과 관계없이 그대로 유지되나 미성년인 자녀(임신 중인 자 포함)가 있는 경우에는 그 자녀의 양육과 친권자 결정에 관한 협의서 또는 가정법원의 심판에 따릅니다.
  • 이혼하는 남편과 다른 등록기준지를 사용하기를 원하는 처는 별도의 등록기준지 변경신고를 함께 하여야 합니다.

서울 가정법원

[제8호 서식]

○ ○ 법 원
확   인   서

20   호   협의이혼의사확인신청

당사자   부   ○ ○ ○ (주민등록번호   –   )
                    등록기준지
                    주   소

          처   ○ ○ ○ (주민등록번호   –   )
                    등록기준지
                    주   소

위 당사자는 진의에 따라 서로 이혼하기로 합의하였음을 확인합니다.

                              년   월   일

                              판사   ⑩

[제9호 서식]

○ ○ 법 원

진 술 조 서

사　　건　20　　　호　　　　　협의이혼의사확인신청

판　　사　　　　　　　　　　　일 시:　　.　.　　.　　:

법원 주사　　　　　　　　　　장 소:　　호　협의이혼실

　　　　　　　　　　　　　　　공개 여부:　비공개

당사자　　　　　부　　　　　　　　　　　　　　　출석
　　　　　　　　처　　　　　　　　　　　　　　　출석

판　사
　　당사자 쌍방으로부터 주민등록증 등을 제시받아 각 본인임을 확인
당사자 진술의 요지
　1. 당사자 쌍방은 협의이혼의사가 틀림없이 있음(　).
　2. 이 신청서에 첨부된 이혼신고서는 진정으로 성립되었음(　).
　3. 미성년인 자녀 ＿＿＿에 대한 양육 및 친권자 결정에 대한 협의서(　) 또는 심판정
　　본 및 확정증명서 제출(　).
　　미성년인 자녀 ＿＿＿에 대한 양육 및 친권자 결정에 대한 협의서(　) 또는 심판정
　　본 및 확정증명서 제출(　).
　4. 당사자 ＿＿＿은(는) 이혼할 의사로 법원에 출석하였으나 현재는 이혼할 의사가
　　없음(　).
　5. 기타

　　　　　　　　　　　　　　　　　　법원 주사　　　　　　　　(인)
　　　　　　　　　　　　　　　　　　판　　사　　　　　　　　(인)

----

* '당사자 진술의 요지'란 작성방법:　① 1, 2, 4항은 (　)안에 ○, ×로 표시.
　② 3항은 해당 미성년자의 이름을 기재하고 (　)안에 ○, ×로 표시.
　③ 5항 기타는 판사의 보정명령요지와 보정 여부, 기일지정 등을 기재.

[제10호 서식]

○ ○ 법 원
제 회 확 인 기 일 조 서

사 건 20 호 협의이혼의사확인신청

판 사 일 시: . . . :

법원 주사 장 소: 호 협의이혼실

공개 여부: 비공개

당사자 부 불출석
  처 불출석

___

법원 주사 (인)
판 사 (인)

---

* 작성방법: ① 당사자의 일방 또는 쌍방이 불출석한 경우로, 당사자의 출·불출석을 표시한다.
  ② 양육과 친권자 결정에 관한 협의서 또는 가정법원의 심판정본 및 확정증명서를 미제출 시 예규 제12조에 따라 이를 기재한다.
  ③ 이미 당사자 쌍방에게 2회 확인기일까지 고지된 상태이므로 1회 확인기일조서인 경우에는 '고지된 다음기일'의 기재는 불필요하다.

[제11호 서식]

상담 전 질문지(남편 · 부인용)

응답자 나이: (   )세　　　　　　성별: 남 · 여

응답결과는 연구 이외의 목적에는 절대로 사용되지 않습니다. 솔직히 답해 주십시오.

■ 귀하의 교육정도는? (   )
　① 무학 ② 초졸 ③ 중졸 ④ 고졸 ⑤ 전문대졸 ⑥ 대졸 ⑦ 대학원 이상
■ 귀하의 직업은? (   )
　① 전문직　② 관리직　　③ 사무직　④ 판매/서비스직
　⑤ 생산직　⑥ 농어축산업　⑦ 무직　　⑧ 기타: _____
■ 귀 가정의 총 월수입은? (   )
　① 100만 원 이하　② 100~299만 원　③ 300~399만 원
　④ 400~499만 원　⑤ 500~1000만 원　⑥ 1000만 원 이상
■ 결혼(사실혼 포함)하신 지는 얼마나 되셨습니까? (   ) / (초혼, 재혼)
　① 1년 미만　② 1년~3년　③ 4년~6년　④ 7년~10년
　⑤ 11년~15년 ⑥ 16년~20년 ⑦ 21년~25년 ⑧ 26년 이상
■ 귀하의 자녀 수는? (   )
　① 없다　② 1명　③ 2명　④ 3명 이상
■ 자녀의 나이와 성(性)은?
　첫째: (아들, 딸) ____세/ 둘째: (아들, 딸) ____세/ 셋째: (아들, 딸) ___세_____

---

1. 이혼사유는 무엇입니까? (중요한 순서대로 세 가지를 적어 주십시오. _____)
　① 외도　　② 성격차이　③ 성(性)문제　　　④ 시댁 및 처가와의 갈등
　⑤ 경제문제　⑥ 자녀문제　⑦ 질병문제(신체적 · 정신적 질환 포함)　⑧ 폭력
　⑨ 중독(술, 도박, 마약, 성, 쇼핑 등)　⑩ 기타(기록해 주십시오. _____)

2. 이혼에 본인의 책임이 어느 정도라고 생각하십니까? (　　)

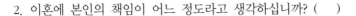

전혀 없다　　　　　　　　　　　　　　　　　　　　　　　　　매우 많다

|---|---|---|---|---|
| 1 | 2 | 3 | 4 | 5 |

3. 이혼결정을 내리기까지 얼마나 신중하게 생각해 보았습니까? (　　)

전혀 그렇지 않다　　　　　　　　　　　　　　　　　　　　　매우 그렇다

|---|---|---|---|---|
| 1 | 2 | 3 | 4 | 5 |

4. 이혼결정을 내리기까지 다른 사람들과 얼마나 많이 의논해 보았습니까? (　　)

　가장 많이 의논한 사람: _____

전혀 없다　　　　　　　　　　　　　　　　　　　　　　　　　매우 많다

|---|---|---|---|---|
| 1 | 2 | 3 | 4 | 5 |

5. 이혼결정 후 배우자와 얼마나 많이 대화를 나누었습니까? (　　)

전혀 없다　　　　　　　　　　　　　　　　　　　　　　　　　매우 많다

|---|---|---|---|---|
| 1 | 2 | 3 | 4 | 5 |

6. 이혼 후에 가장 걱정되는 부분은 어떤 것입니까? (가장 걱정되는 문제 3가지의 번호를
　중요한 순서대로 적어 주십시오. _____)

　① 자녀문제　　　　　② 법적 문제　　　③ 사회적 평판
　④ 경제적 자립문제　　⑤ 심리적 고통　　⑥ 대인관계 어려움

7. 이혼 후 다음 문제들에 대해 얼마나 구체적이고 현실적으로 생각해 보셨습니까?
　(각 문항의 괄호 안에 해당하는 번호를 적어 주십시오.)

전혀 생각해 보지 않았다	거의 생각해 보지 않았다	가끔 생각해 봤다	자주 생각해 봤다	항상 생각하고 있다
1	2	3	4	5

　① 자녀문제 (　　)　② 법적 문제 (　　)　③ 사회적 평판 (　　)
　④ 경제적 자립문제 (　　)　⑤ 심리적 고통 (　　)　⑥ 대인관계 어려움 (　　)

8. 이혼에 대한 현재 감정 상태는 어떻습니까? (각 문항의 괄호 안에 해당하는 번호를 적어 주십시오.)

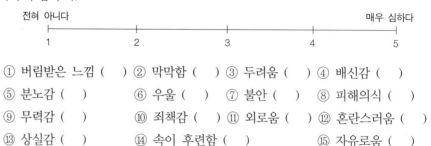

① 버림받은 느낌 (   ) ② 막막함 (   ) ③ 두려움 (   ) ④ 배신감 (   )
⑤ 분노감 (   )   ⑥ 우울 (   ) ⑦ 불안 (   ) ⑧ 피해의식 (   )
⑨ 무력감 (   )   ⑩ 죄책감 (   ) ⑪ 외로움 (   ) ⑫ 혼란스러움 (   )
⑬ 상실감 (   )   ⑭ 속이 후련함 (   )   ⑮ 자유로움 (   )

• 다음은 자녀에 대한 질문입니다. 자녀가 있으신 분만 응답해 주십시오.

9. 자녀가 부모의 이혼에 대해 알고 있습니까? (   )

10. 이혼으로 인해 자녀가 겪을 어려움을 얼마나 잘 알고 있습니까? (   )

11. 자녀들이 부모의 이혼에 대해 얼마나 잘 받아들일 것 같습니까? (   )

12. 이혼 후 자녀 양육에 대해 배우자와 얼마나 상의하였습니까? (   )

[제12호 서식]

상담 후 기록지(남편 · 부인용)

사건번호: 200　　호　　협의이혼의사확인　상담위원 확인 ＿＿＿＿＿ (인)　　서명

1. 상담을 통해 얼마나 도움을 받으셨습니까? 해당되는 번호에 ○표 하십시오.

① 이혼 후의 문제에 대해 좀 더 구체적으로 생각해 보게 되었다.

② 이혼으로 인한 복잡한 감정을 이야기할 수 있었다.

③ 부인과 대화를 할 수 있었다.

④ 이혼 후 자녀문제를 좀 더 구체적으로 생각해 보게 되었다.

⑤ 이혼 후 재적응에 도움이 될 것 같다.

전혀 아니다	별로 아니다	그렇다	매우 그렇다
1	2	3	4

⑥ 이혼여부를 다시 생각해 보게 되었다.

전혀 아니다	별로 아니다	그렇다	매우 그렇다
1	2	3	4

2. 이혼결정 전에 전문적인 상담을 받는 것이 얼마나 필요하다고 생각하십니까?

전혀 필요없다	별로 필요없다	필요하다	매우 필요하다
1	2	3	4

[제13호 서식]

상 담 보 고 서

사건번호		2008호		협의이혼의사확인	
남편	성명		아내	성명	
	주민등록 번호			주민등록 번호	
혼인신고 연월일		년 월 일	실제 동거시작일		
20세 이하 자녀수		( )남 ( )녀	총자녀수	( )남 ( )녀	
이 혼 사 유		① 부부불화 ② 가족간 불화 ③ 건강상 ④ 경제문제 ⑤ 기타			
그 밖의 상담 사유					
상 담 일 시		20 . . . : ~ :	참석자 :		
		20 . . . : ~ :	참석자 :		
		20 . . . : ~ :	참석자 :		
숙려기간의 단축 또는 면제를 필요로 하는 사유가 있는지 여부					
양육에 관한 사항, 친권자 지정에 관하여 협의가 되었는지 여부(미성년자녀가 있는 경우)					
2008. . .					
상담위원 (인) 또는 서명					

[제14호 서식]

상담위원 기록지

1. 상담위원의 성별은? (   ) 연령은? ＿＿세
   ① 남자   ② 여자

2. 상담위원의 전문 분야는? ＿＿＿＿＿＿

3. 상담에 대한 부부의 태도는 얼마나 진지했습니까? (   )

5. 상담이 다음 각 영역에 얼마나 도움을 주었다고 생각하십니까?
   ① 이혼 후의 문제에 대해 좀 더 구체적으로 생각해 보게 하였다. (   )

   ② 이혼으로 인한 복잡한 감정을 표현하게 하였다. (   )

   ③ 이혼 후 자녀 양육문제에 대해 좀 더 구체적으로 생각해 보게 하였다. (   )

   ④ 부부가 자녀문제에 대해 대화(의논)할 수 있게 하였다. (   )

⑤ 이혼여부를 다시 생각해 보게 하였다. (   )

전혀 아니다   매우 그렇다

1   2   3   4   5

9. 상담을 진행하는 데 어려운 점이 있었다면, 어떤 부분입니까?

① 상담에 대한 부부의 관심 부족 (   )

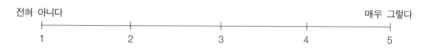

전혀 아니다   매우 그렇다

1   2   3   4   5

② 배우자에 대한 적대감 (   )

전혀 아니다   매우 그렇다

1   2   3   4   5

③ 상담 시간 및 횟수의 제한 (   )

전혀 아니다   매우 그렇다

1   2   3   4   5

[제15호 서식]

상담신청서

법 원 명		사건번호	

남편	성 명		처	성 명	
	주민등록번호			주민등록번호	

실제결혼 년 월 일	년 월 일부터 동거	실제이혼 년 월 일	년 월 일부터 동거

20세미만 자 녀 수	명	이혼의 종 류	☐ 협의이혼 ☐ 재판에 의한 이혼

이혼사유	☐ 부부불화 ☐ 가족간 불화 ☐ 건강상 ☐ 경제문제 ☐ 기타

교육정도	남편	☐ 무학 ☐ 초등학교 ☐ 중학교 ☐ 고등학교 ☐ 대학 이상	처	☐ 무학 ☐ 초등학교 ☐ 중학교 ☐ 고등학교 ☐ 대학 이상

상담구분	☐ 법원외 상담 ☐ 법원상담

이혼을 구하는 구체적 사유	
남편	
처	

년   월   일

신청인 남편   (서명 또는 날인)
　　　　처   (서명 또는 날인)

[제16호 서식]

상담증명서

남편	성 명		처	성 명	
	주민등록번호			주민등록번호	

상담구분	☐ 법원외 상담 ☐ 법원상담
상담회수	
상담일시, 장소, 시간	
상담방법	
상담비용	☐ 무료 ☐ 유료 (시간 × 원 = 원)
이혼사건의 종류	☐ 미성년자인 자가 있는 부부의 협의이혼 ☐ 기타 이혼
이혼사건의 계속 여부	☐ 이혼신청 전 ☐ 이혼신청 후 (법원명: 사건번호:)
상담의 분류	☐ 상담명령에 의한 것 ☐ 상담권고 또는 자발적인 의사에 의한 것

년   월   일

법원외 상담인   (서명 또는 날인)
(   ) 법원 법원상담인   (서명 또는 날인)

불안장애진단

문항을 읽고 최근 6개월간의 해당 사항에 체크해 주세요.	체크란 (O)
1. 남들에게 불안하게 보이지 말아야 한다는 생각을 한다.	
2. 집중이 잘 안되면, 이러다가 미치는 것은 아닌가 걱정된다.	
3. 몸이 떨리거나 휘청거리면 겁이 난다.	
4. 기절할 것 같으면 겁이 난다.	
5. 감정 조절을 잘하는 것이 중요하다.	
6. 심장이 빨리 뛰면 겁이 난다.	
7. 배에서 소리가 나면 깜짝 놀랜다.	
8. 속이 매스꺼워지면 겁이 난다.	
9. 심장이 빨리 뛰는 것이 느껴지면 심장 마비가 오지 않을까 걱정된다.	
10. 숨이 가빠지면 겁이 난다.	
11. 뱃속이 불편해지면 심각한 병에 걸린 것은 아닌가 걱정된다.	
12. 어떤 일을 할 때 집중이 안되면 겁이 난다.	
13. 내가 떨면, 다른 사람들이 알아챈다.	
14. 몸에 평소와 다른 감각이 느껴지면, 겁이 난다.	
15. 신경이 예민해지면, 정신적으로 문제가 생긴 것은 아닌가 걱정된다.	
16. 신경이 날카로워지면 겁이 난다.	

• 결과 및 진단

6개 이하	당신은 건강합니다.
7개 이상	불안장애일 가능성이 높으므로 전문가의 도움을 받는 것이 좋습니다.

출처: 유계숙(2006). 이혼 전·후 가족상담 운영매뉴얼. 재인용.

우울증 자가진단테스트

우울증 자가진단 테스트	아니다	가끔 그렇다	자주 그렇다	항상 그렇다
1. 자꾸 슬퍼진다.	0	1	2	3
2. 스스로 실패자라는 생각이 든다.	0	1	2	3
3. 앞날에 대해 비관적이다.	0	1	2	3
4. 일상생활에서 만족하지 못한다.	0	1	2	3
5. 죄책감을 자주 느낀다.	0	1	2	3
6. 벌을 받고 있다는 생각이 들 때가 많다.	0	1	2	3
7. 나 자신이 실망스럽다.	0	1	2	3
8. 다른 사람보다 못하다는 생각이 들 때가 많다.	0	1	2	3
9. 자살을 생각한 적이 있다.	0	1	2	3
10. 평소보다 많이 운다.	0	1	2	3
11. 평소보다 화를 더 많이 낸다.	0	1	2	3
12. 다른 사람들에게 관심이 없다.	0	1	2	3
13. 집중력이 떨어지거나 결정을 잘 내리지 못한다.	0	1	2	3
14. 내 모습이 추하게 느껴진다.	0	1	2	3
15. 일할 의욕이 없다.	0	1	2	3
16. 평소처럼 잠을 자지 못한다.	0	1	2	3
17. 쉽게 피곤해진다.	0	1	2	3
18. 식욕이 떨어진다.	0	1	2	3
19. 몸무게가 줄었다.	0	1	2	3
20. 건강에 자신감이 없다.	0	1	2	3
21. 성생활에 대한 관심을 잃었다.	0	1	2	3

• 결과 〈채점 및 해석〉

▪ 21개 항목에 대해 표시한 숫자를 합하면 총점이 되며, 총점의 의미는 다음과 같다.

0~9점	현재 우울하지 않은 상태다.
10~15점	정상적이지만 가벼운 우울 상태다. 자신의 기분을 새롭게 전환할 수 있는 노력이 필요하다.
16~23점	무시하기 힘든 우울 상태다. 우울 상태를 극복하기 위한 적극적인 노력이 필요하며 이러한 상태가 2개월 이상 지속될 경우에는 전문가의 도움을 받아야 한다.
24~63점	심한 우울 상태다. 가능한 한 빨리 전문가의 도움을 받아야 한다.

출처: 유계숙(2006). 이혼 전·후 가족상담 운영매뉴얼. 재인용.

알코올 중독 선별검사(NAST)

질문 내용	표시 본인 가족	가중치
1. 자기연민에 잘 빠지며 술로 인해 이를 해결하려 한다.		1.5
2. 혼자 마시는 것을 좋아한다.		2.4
3. 술 마신 다음날 해장술을 마신다.		3.3
4. 취기가 오르면 술을 계속 마시고 싶은 생각이 지배적이다.		3.6
5. 술을 마시고 싶은 충동이 일어나면 거의 참을 수 없다.		3.3
6. 최근에 취중의 일을 기억하지 못하는 경우가 있다. 　(2회 이상/6개월)		2.4
7. 대인관계나 사회생활에 술이 해롭다고 느낀다.		1.0
8. 술로 인해 작업기능에 상당한 손상이 있다.		2.8
9. 술로 인해 배우자(보호자)가 나를 떠났거나 떠난다고 위협한다.		2.8
10. 술이 깨면 진땀, 손 떨림, 불안이나 좌절 혹은 불면을 경험한다.		5.0
11. 술이 깨면서 공포(섬망)나 몸이 심하게 떨리는 것을 경험하거나 혹은 헛것을 보거나 헛소리를 들은 적이 있다.		5.0
12. 술로 인해 생긴 문제로 치료받은 적이 있다.		2.1

■ 해 석

문항수로 "그렇다"가 4개 이상 또는 가중치 적용점수가 11점 이상이면 알코올치료병동에 입원할 정도의 최소 수준이며 알코올중독으로 진단 가능성이 매우 높다. 특히 불안이나 공포 등 금단증상을 나타내는 10번, 11번 항목에 해당될 경우 다른 반응의 유무에 관계없이 알코올 중독으로 진단한다.

출처: 복지와 사람들 약물상담센타(2003). 행복한 가정만들기. 알코올중독자 가족을 위한 안내서.

와이스-세레토(Weiss-Cerretto) 결혼위기 진단검사

질문내용	예	아니오
나는 이혼이나 별거에 대하여 배우자에게 말할 구체적인 준비를 해놓은 상태이다. 뭐라고 말할지에 대해서도 생각해 놓았다		
나를 위해 별도의 통장을 마련해 두었다.		
이혼에 대한 생각을 일주일에 최소한 한 번 이상 한다.		
배우자에게 이혼 별거 또는 헤어지고 싶다는 의사표시를 한 적이 있다.		
이혼이나 별거에 대해 구체적으로 생각한 적이 있고 아이들은 누가 맡을지, 재산은 어떻게 나눌지 등에 대해서도 생각해 본 적이 있다.		
실제로 배후자와 합의 별거나 법적 별거를 한 적이 있다.		
이혼이나 별거에 대해 배우자 이외의 사람에게 물어본 적이 있다(친구, 선배, 결혼상담가, 심리치료사, 종교지도자 등).		
부부 싸움이나 논쟁 후에는 종종 이혼이나 별거하고 싶다는 생각이 든다.		
배우자와 이혼이나 별거에 대해 진지하게 장시간 애기한 적이 있다.		
이미 이혼 신청을 해 놓은 상태이거나 한 상태이다.		
다른 사람들에게 이혼 하는 데 얼마나 시일이 필요한지, 비용이 얼마나 드는지, 법적 근거는 무엇이 있는지 등에 대해 물어본 적이 있다.		
이혼을 위해 변호사에게 문의해 본 적이 있다.		
이혼을 위해 가정 법률상담소나 법적 지원 상담을 받아본 적이 있다.		
부부 싸움 중이나 직후가 아니라도 막연하게나마 이혼이나 헤어짐에 대해 생각해 본 적이 있다.		

• 테스트 결과

위 내용의 4가지 이상이 '예'에 해당된다면 당신의 결혼 생활은 위기에 처한 심각한 상태를 뜻합니다.

출처: 최성애(2006). 부부사이에도 리모델링이 필요하다. 재인용.

결혼만족도검사

※ 지시사항: 다음은 결혼에 대한 선호도로서 부부의 결혼만족 정도를 측정하기 위한
 것이다. 각 문항을 읽고 당신 부부에게 해당되는 것을 다음 척도에 따라
 응답하시오.

전혀 그렇지 않다	대체로 그렇지 않다	대체로 그렇다	매우 그렇다
1	2	3	4

1. 나는 결혼생활에 있어서 남편(부인)이 나에게 무엇을 기대하고 있는가를 안다.
2. 남편(부인)은 가급적 나를 편하게 해주려고 노력한다.
3. 나는 내 결혼생활에 대해 근심 걱정이 많다.
4. 만일 내가 다시 결혼한다면 지금의 남편(부인)과 같은 사람과는 하지 않는다.
5. 나는 남편(부인)을 언제나 믿을 수 있다.
6. 내가 결혼하지 않았다면, 나의 인생은 매우 허전했을 것이다.
7. 현재의 결혼생활은 나를 너무 구속하고 있다.
8. 나는 내 결혼생활이 어떠한지를 알고 있다.
9. 남편(부인)과의 결혼생활이 어떠한지를 알고 있다.
10. 결혼생활은 나의 건강에 나쁜 영향을 미치고 있다.
11. 나는 결혼생활로 인해 발생하는 일들 때문에 화와 짜증이 난다.
12. 나는 결혼생활을 잘 할 수 있는 능력이 충분히 있다고 생각한다.
13. 지금의 결혼생활이 영원히 지속되기를 바라지 않는다.
14. 시간이 갈수록 점점 더 나의 결혼생활은 만족스러워질 것이다.
15. 나는 결혼생활을 잘 해보려고 노력하는 데 지쳤다.
16. 나는 결혼생활이 생각했던 것만큼 즐겁다고 생각한다.
17. 나의 결혼생활은 다른 무엇보다도 더 나에게 만족감을 준다.
18. 결혼생활이 해가 갈수록 더 어려워진다.
19. 남편(부인)은 나를 매우 신경질 나게 한다.
20. 남편(부인)은 내 의사를 충분히 표현할 기회를 주는 편이다.
21. 지금까지 나의 결혼생활은 성공적이었다.
22. 남편(부인)은 나를 자신과 동등하게 대해 준다.
23. 결혼생활 이외에 인생을 가치 있고 흥미롭게 해 주는 것을 추구해야 한다.
24. 남편(부인)은 내가 최선을 다한 수 있도록 용기를 북돋워준다.

25. 결혼생활을 통하여 내 성격이 많이 억눌려져 왔다.

26. 나의 결혼생활의 미래는 희망적이다.

27. 나는 남편(부인)에게 정말로 관심을 기울인다.

28. 나는 남편(부인)과 사이가 좋다.

29. 나는 남편(부인)과 이혼하여 헤어질까봐 두렵다.

30. 남편(부인)은 종종 불공평하게 내 자유 시간을 빼앗는다.

31. 남편(부인)은 나를 합당하지 못하게 대하는 편이다.

32. 나의 결혼생활은 내 자신이 결혼 전에 세웠던 목표를 달성하는 데 도움이 된다.

33. 남편(부인)은 우리의 관계가 보다 좋게 하기 위해 애쓴다.

34. 남편(부인)과 취미가 달라 괴로움을 겪는다.

35. 우리 부부의 애정 표현은 각자의 마음에 드는 편이다.

36. 불행한 성관계가 나의 결혼생활에 장애가 된다.

37. 남편(부인)과 나는 어떤 행동이 옳고 적합한가에 대해 서로 의견이 일치한다.

38. 남편(부인)과 나는 같은 인생철학을 가지고 있지 않다.

39. 남편(부인)과 나는 서로 좋아하는 몇 가지 취미생활을 함께 즐긴다.

40. 나는 가끔씩 지금의 남편(부인)과 결혼하지 않았더라면 하고 바랄 때가 있다.

41. 지금의 나의 결혼생활은 확실히 불행하다.

42. 나는 남편(부인)과 즐거운 마음으로 성관계를 갖기 바란다.

43. 남편(부인)은 나를 별로 존중하지 않는다.

44. 나는 남편(부인)을 신뢰하기 어렵다.

45. 남편(부인)은 내가 생각하고 느끼는 바를 대부분 알아차린다.

46. 남편(부인)은 내가 하는 말에 잘 귀를 기울이지 않는다.

47. 나는 남편(부인)과 자주 즐거운 대화를 나누는 편이다.

48. 나는 분명히 내 결혼생활에 만족한다.

※ 채점방법: 긍정적 문항에 대해서는 '전혀 그렇지 않다'면 1점, '대체로 그렇지 않다'면 2점, '대체로 그렇다'면 3점, '매우 그렇다'면 4점을 주고, 부정적 문항에 대해서는 역으로 점수를 주어 총 문항에 대한 점수를 합산한다. 합산한 총점은 최하 48점, 최고 192점이 된다.
- 긍정적 문항: 1, 2, 5, 6, 9, 12, 14, 16, 17, 20, 21, 22, 24, 26, 27, 28, 32, 33, 35, 37, 39, 42, 45, 47, 48(총 25개 문항)
- 부정적 문항: 3, 4, 7, 8, 10, 11, 13, 15, 18, 19, 23, 25, 29, 30, 31, 34, 36, 38, 40, 41, 43, 44, 46(총 23개 문항)

※ 결과해석: 점수가 높을수록 결혼만족도가 높다. 대체로 144점 이상이면 만족하고 있는 편, 97~143점이면 결혼생활에 만족도가 보통수준이다. 96점 이하면 결혼생활에 불만족한 상태

출처: Roach, A. J., Frazier, L. O., Bowden, S. T. (1981). The marital satisfaction Scale: Development of Measure for intervention Research. *Journal of Marriage and the Family, 43*, 537~546.

부부의 역기능적인 의사소통 유형척도

부부의 역기능적인 의사소통 유형척도	전혀 그렇지 않다	그렇지 않다	보통이다	그런 편이다	정말 그렇다
1. 일이 잘못되면 누가 그랬는지를 아는 것이 중요하다.	1	2	3	4	5
2. 나는 감정이 매우 상하기 전까지는 불평을 하지 않는다.	1	2	3	4	5
3. 나는 구체적인 상황이나 행동보다는 전반적인 면에 대해서 불평하는 편이다.	1	2	3	4	5
4. 나는 불평들을 오랫동안 쌓아둔 뒤 한꺼번에 터트린다.	1	2	3	4	5
5. 나는 불평할 때 감정이 매우 격렬해진다.	1	2	3	4	5
6. 나는 불평할 때 배우자의 결점을 들추어낸다.	1	2	3	4	5
7. 한번 불평하게 되면 아무도 나를 멈추게 할 수 없다	1	2	3	4	5
8. 내가 문제를 제기하는 이유는 내가 옳다는 것을 보여 주기 위해서이다	1	2	3	4	5
9. 나는 불평할 때 '당신은 항상', '당신은 절대로' 같은 말을 자주 한다.	1	2	3	4	5
10. 배우자의 자질이 의심스러울 때가 있다.	1	2	3	4	5
11. 나는 종종 배우자의 기를 꺾는 말을 한다.	1	2	3	4	5
12. 배우자가 거만할 때가 있다.	1	2	3	4	5
13. 배우자가 잘난 척 한다.	1	2	3	4	5
14. 배우자가 너무 고집이 세서 타협이 안 된다.	1	2	3	4	5
15. 의견이 서로 다를 때 나는 배우자의 입장을 생각하기 어렵다.	1	2	3	4	5
16. 나는 배우자를 존중하는 마음이 없어질 때가 많다.	1	2	3	4	5
17. 나는 배우자의 태도에 대해 혐오감을 느낄 때가 많다.	1	2	3	4	5
18. 배우자가 어리석을 때가 있다.	1	2	3	4	5
19. 배우자가 유능하지 못할 때 나는 한심하다는 생각이 든다.	1	2	3	4	5
20. 배우자가 이기적일 때가 있다.	1	2	3	4	5

부부의 역기능적 의사소통 유형척도	전혀 그렇지 않다	그렇지 않다	보통이다	그런 편이다	정말 그렇다
21. 배우자가 나를 헐뜯을 때 나는 앙갚음할 방법을 생각한다.	1	2	3	4	5
22. 일이 잘못되었을 때 나에게는 그다지 책임이 없다.	1	2	3	4	5
23. 비난을 피하기 위하여 문제에 대한 이유와 과정을 설명해야만 한다.	1	2	3	4	5
24. 배우자가 지나치게 부정적인 태도를 가지고 있다.	1	2	3	4	5
25. 배우자가 예민해서 마음의 상처를 쉽게 받는다.	1	2	3	4	5
26. 배우자의 불평 중에 맞는 말도 있지만 모두 맞는 건 아니다.	1	2	3	4	5
27. 배우자가 불평하면 나는 죄가 없다는 생각을 한다.	1	2	3	4	5
28. 배우자가 불평하면 나는 이것을 물리쳐야 한다고 생각한다.	1	2	3	4	5
29. 배우자가 불평하면 나는 나 자신을 방어할 방법을 찾게 된다.	1	2	3	4	5
30. 배우자가 불평하면 내 입장을 다시 설명하려고 한다.	1	2	3	4	5
31. 배우자가 내 입장을 진정으로 이해한다면 그런 불평은 하지 않은 것이다.	1	2	3	4	5
32. 배우자가 나를 비난하려고만 한다.	1	2	3	4	5
33. 배우자가 너무 고집이 세서 타협이 안 된다.	1	2	3	4	5
34. 내 감정이 폭발했을 때 나를 혼자 있게 놔두었으면 한다.	1	2	3	4	5
35. 배우자가 화났을 때 가만히 있는 것이 상책이다.	1	2	3	4	5
36. 배우자의 사소한 말다툼이 큰 싸움으로 번져 당혹스러울 때가 있다.	1	2	3	4	5
37. 배우자의 감정이 격해지면 그 자리를 피하는 것이 상책이다 .	1	2	3	4	5
38. 우리가 싸울 때 내가 이런 대접을 받을 이유가 없다는 생각이 든다.	1	2	3	4	5

이 척도는 가트만의 부부간의 비난, 경멸, 방어, 냉담(담쌓기) 유형을 측정하는 것으로 채점방법은 각 대처방식에 대해 따로 합산한다.

- 비난(1~9번): 남편평균: 25.8 아내평균: 26.2
- 경멸(10~21번): 남편평균:27.6 아내평균: 29.0
- 방어(22~32): 남편평균:29.3 아내평균: 30.1
- 냉담(33~39번): 남편평균:18.7 아내평균: 20.5

출처: 김수연, 김득성(2001). 부부폭력과 결혼불안정의 관계. 한국가정관리학회지, 19(1).

부부갈등대처척도

부부갈등 대처 척도	전혀 그렇지 않다	그렇지 않다	보통 이다	자주 그런 편이다	항상 그렇다
A. 부부 사이에 어떤 문제가 생길 때					
1. 우리는 모든 문제를 들추려고 하지 않는다.	1	2	3	4	5
2. 우리는 모두 문제에 대하여 의논하려고 한다.	1	2	3	4	5
3. 나는 문제를 피하려고 하고, 배우자는 문제를 의논하려고 한다.	1	2	3	4	5
4. 우리는 서로 가능한 대안과 방법을 제시한다.	1	2	3	4	5
B. 문제에 대하여 의논할 때					
1. 우리는 서로 비난하고, 책임을 추궁하고, 화를 낸다.	1	2	3	4	5
2. 우리는 서로 자기의 감정을 표현한다.	1	2	3	4	5
3. 우리는 서로 배우자를 위협한다.	1	2	3	4	5
4. 우리는 서로 가능한 대안과 방법을 제시한다.	1	2	3	4	5
5. 나는 문제에 대하여 의논하고 싶지 않아 말없이 있으려고 하면, 나의 배우자는 잔소리를 하고 나를 힘들게 한다.	1	2	3	4	5
6. 나의 배우자는 문제에 대하여 의논하고 싶지 않아 말없이 있으려고 하면, 나는 잔소리를 하고, 나의 배우자를 힘들게 한다.	1	2	3	4	5
7. 나는 나를 방어하려고 하고 나의 배우자는 비난한다.	1	2	3	4	5
8. 나의 배우자가 방어하려고 하고 나는 항복한다.	1	2	3	4	5
9. 나의 배우자는 나를 위협하고, 나는 항복한다.	1	2	3	4	5
10. 나는 나의 배우자를 위협하고 나의 배우자는 항복한다.	1	2	3	4	5
11. 나의 배우자는 욕을 하고, 내 인격을 무시한다.	1	2	3	4	5
12. 나는 나의 배우자에게 욕을 하고, 인격을 무시한다.	1	2	3	4	5
C. 문제에 대하여 의논이 끝났을 때					
1. 우리는 모두 배우자의 입장에 대하여 공감하게 된다.	1	2	3	4	5
2. 우리는 의논이 끝나고 서로 멀어진다.	1	2	3	4	5
3. 우리는 모두 문제가 잘 해결된 것 같이 느낀다.	1	2	3	4	5
4. 의논이 끝나면, 우리는 모두 배우자에게 더 잘해 주려고 노력한다.	1	2	3	4	5
5. 나는 쌀쌀히 대하는 반면, 나의 배우자는 문제가 잘 해결되어 원상태로 된 것 같이 잘하려고 애를 쓴다.	1	2	3	4	5
6. 나의 배우자는 쌀쌀히 대하는 반면, 나는 문제가 잘 해결되어 원상태로 된 것 같이, 잘하려고 애를 쓴다.	1	2	3	4	5

출처: Christensen, A. & Heavey, C. L. (1990), Gender and social structure in the demand with draw pattern of marital conflict. *Journal of Personanality and Social Psychology, 59.*

이혼적응척도

척도소개: 아동의 이혼적응에 영향을 미치는 가족의 특징과 과정을 측정하고자 개발된 42문항, 5점 척도의 질문지로, 양육권을 가진 부모가 이혼 후 아동의 적응영역과 관련된 지각을 평가하도록 되어 있다.

■ 다음 문항들은 이혼에 대한 가족의 감정, 행동 그리고 반응들입니다. 당신 가족을 가장 적절히 묘사하는 곳에 표시하여 주십시오. 아동과 관련된 이혼으로 인해 가장 어려움을 겪는 자녀를 기준으로 응답하여 주십시오.

1	2	3	4	5
강한 동의	동의	확실치 않음	반대	강한 반대

1. 이혼 전에 우리 가족은 종종 뭔가를(저녁식사, 놀이) 함께 했다.
2. 이혼 전에 가족들은 집안에서 서로를 피했다.
3. 이혼 전에 우리 가족은 서로에게 관련된 감정과 문제들을 이야기하였다.
4. 이혼 전에 우리 가족들은 서로를 때렸다.
5. 이혼 전에 우리 가족들은 서로에게 소리를 쳤다.
6. 이혼 전에 우리 상황은 종종 스트레스와 논쟁으로 이어졌다.
7. 이혼 전에 전배우자와 나는 대부분의 집안일 결정에 동의하였다,
8. 이혼 후에 전배우자와 나는 대부분의 집안일 결정에 동의하였다.
9. 비록 문제가 있긴 했지만, 나는 우리가 함께 한 세월들을 호의적으로 회고할 수 있다.
10. 나는 아이들이 전배우자와 함께 있을 때 활동과 보살핌을 받는 것을 허락한다.
11. 이혼 후에 전배우자와 나는 아이들이 있는 데서 싸우거나 서로를 비판한 적이 있다.
12. 이혼 후에 전배우자와 나는 아이들이 전배우자에게 등 돌리도록 노력하였다.
13. 내 생각에 우리는 서로를 다시는 안보는 것이 좋을 것이다.
14. 나는 파경에 대해 전배우자를 비난하지 않을 수 없다.
15. 이혼 후에 나는 이혼 전보다 아이들에 대해 훨씬 더 엄해졌다.
16. 아이들은 우리가 왜 이혼했는지에 대해 이해한다고 느껴진다.
17. 가끔 아이들이 부모의 이혼이 어떤 식으로든 자신들 책임으로 느낀다고 생각한다.
18. 아이들이 이혼으로 인해 우리가 자신을 덜 사랑하는 것을 의미하는 것은 아님을 이해한다고 생각한다.
19. 아이들이 이혼 전에 비해 나에 대해 다르게 느낀다고 생각한다.
20. 이혼 후에 다음과 같은 활동에 하나 이상 참여하였다(취미, 레크리에이션 활동, 친구들과의 사교, 정치활동, 종교활동).

21. 이혼 후에 자녀들은 다음과 같은 활동에 하나 이상 참여하였다(클럽, 교회, 방과활
  동, 레크리에이션 활동).
22. 이혼 후에 자녀들은 다른 아이들(사촌, 학우, 교회 등)과 이야기할 기회가 있었다.
23. 이혼 후에 자녀들은 다른 어른들(친척, 선생님, 친구부모 등)과 이야기할 기회가 있
  었다.
24. 이혼 후에 자녀를 양육할 능력에 큰 타격을 받았다.
25. 이혼 후 우리는 재정적 상황 때문에 이사를 안 갈 수 없다.
26. 이혼 후에 약물(술 등)을 과용하였다.
27. 이혼 후에 종종 우울해졌다(불면증, 울음, 아침에 일어나기 힘듦).
28. 이혼 후에 자녀들이(부모나 형제, 친구들에게) 공격적이 되었다.
29. 이혼 후에 자녀들이 학교에서 문제가 있었다(성적 저하, 행동 문제, 등교 거부).
30. 이혼 후에 전 배우자와 나는 자녀훈육문제로 논쟁하였다.
31. 이혼 후에 전 배우자와 나는 서로에게 큰소리를 지른 적이 있다.
32. 이혼 후에 전 배우자와 나는 신체적으로 서로를 해치려고 시도한 적이 있다.
33. 전반적으로 이혼은 자녀들에게 많은 정서문제를 초래했다고 생각한다.
34. 전체적으로 자녀들은 우리의 이혼에 잘 대처하지 못했다.
35. 이혼 후에 나는 치료나 개인상담에 참여한 적이 있다.
36. 이혼 후에 자녀들은 집단상담이나 개인상담에 참여한 적이 있다.
37. 이혼 후에 전 배우자는 자녀양육과 지원에 부모로서의 책임을 다하였다.
38. 자녀들은 양육권 합의에 대해 만족한다(원하는 대로 전 배우자를 만나거나 이야기할
  수 있다.).
39. 전반적으로 나는 자녀들이 지금보다 더 자주 전 배우자를 만날 수 있기를 바란다.
40. 내가 받는 양육비는 부적당하다.
41. 정황을 볼 때 지금 받는 양육비는 공평하다고 본다.
42. 전배우자는 양육비지원으로 인해 곤란을 겪고 있을 것이다.

채점방법: 18문항을 역산한 후, 하위척도별로 총점을 낸 후, 다시 합산하면 된다. 역산할
문항 (1, 3, 8, 9, 10, 16, 18, 20, 21, 22, 23, 34, 35, 36, 37, 38, 41, 42), 역산 후 다음과
같은 하위척도별 점수를 계산한다.
1) 가족갈등과 역기능: 2, 4, 11, 12, 15, 17, 19, 26-32
2) 순조로운 이혼조건 및 아동의 대처능력: 5, 6, 7, 13, 14, 24, 25, 40, 42
3) 긍정적 이혼 해결: 1, 3, 8, 9, 10, 37, 38, 41
4) 외적 지원체계: 21, 22, 23
5) 이혼전이: 16, 18, 20, 33, 34, 35, 36, 39

출처: 한국사회복지사협회(2007). 이혼가정사례. 재인용

문장완성검사

■ 알아두기: 다음에 기술된 문장의 뒷 부분이 빠져 있습니다. 각 문장을 읽으면서 맨 먼저 떠오르는 자기의 생각을 뒷 부분에 기록하여 문장이 완성되도록 써 주십시오. 시간 제한은 없으나 가능한 한 빨리 하여 주십시오.

1. 나에게 이상한 일이 생겼을 때 _____

2. 내 생각에 가끔 아버지는 _____

3. 우리 윗사람들은 _____

4. 나의 장래는 _____

5. 어리석게도 내가 두려워하는 것은 _____

6. 내 생각에 참다운 친구는 _____

7. 내가 어렸을 때는 _____

8. 남자에 대하여 무엇보다 좋지 않게 생각하는 것은 _____

9. 내가 바라는 여인상은 _____

10. 남녀가 같이 있는 것을 볼 때 _____

11. 내가 늘 원하기는 _____

12. 다른 가정과 비교해서 우리 집안은 _____

13. 나의 어머니는 _____

14. 무슨 일을 해서라도 잊고 싶은 것은 _____

15. 내가 믿고 있는 내 능력은 _____

16. 내가 정말 행복할 수 있으려면 _____

17. 어렸을 때 잘못했다고 느끼는 것은 _____

18. 내가 보는 나의 앞날은 _____

19. 대개 아버지들이란 _____

20. 내 생각에 남자들이란 _____

21. 다른 친구들이 모르는 나만의 두려움은 _____

22. 내가 싫어하는 사람은 _____

23. 내 결혼생활에 대한 나의 생각은 _____

24. 우리 가족이 나에 대하여 _____

25. 내 생각에 여자들이란 _____

26. 어머니와 나는 _____

27. 내가 저지른 큰 잘못은 _____

28. 언젠가 나는 _____

29. 내가 바라기에 아버지는

30. 나의 야망은

31. 윗 사람이 오는 것을 보면 나는

32. 내가 제일 좋아하는 사람은

33. 내가 다시 젊어진다면

34. 나의 가장 큰 결점은

35. 내가 아는 대부분의 집안은

36. 완전한 남성상은

37. 내가 성교를 했다면

38. 행운이 나를 외면했을 때

39. 대개 어머니들이란

40. 내가 잊고 싶은 두려움은

41. 내가 평생 하고 싶은 일은

42. 내가 늙으면

43. 때때로 두려운 생각에 휩싸일 때

44. 내가 없을 때 친구들은

45. 생생한 어린 시절의 기억은 _____

46. 무엇보다 좋지 않게 여기는 것은 _____

47. 나의 성생활은 _____

48. 내가 어렸을 때 우리 가족은 _____

49. 나의 어머니를 좋아했지만 _____

50. 아버지와 나는 _____

이혼가정사례관리

  이혼가정사례관리는 이혼당사자나 이혼가정자녀들의 다양한 문제, 즉 심리적인 측면, 행동적인 측면 그리고 사회적인 측면에 나타나는 문제를 개별개입, 가족개입, 지역사회 및 환경적 측변에서 개입할 수 있도록 자원을 연결해 주거나 중재하거나 혹은 본 사회복지사가 개입할 수 있는 부분은 직접 개입하는 것을 말한다.

사례관리

『슈퍼비젼1』

개 입 기 간	2008년 월 일 ~ 2008년 월 일
작 성 자	

I. 인적사항

이 름		연 령		성 별	
현 주 소				연 락 처	
최종학력/		종 교		병역사항	
결혼상태		현직업		이전직업	
경제상태	월수입	50만 원 미만( ), 50~100만 원( ), 100~150만 원( ), 200만 원 이상( )			
	주 택				
	생활비부담자				
주요문제					
클라이언트의 기대					

II. 사 정

구분	세부사항
정서적인 면	현재 정서적인 측면으로 우울하다거나, 걱정이 있거나, 또는 감정조절의 문제가 보이거나 혹은 현재 갈등상태의 질문에 직면을 하게 되면 눈동자가 커지거나 목소리가 유난히 높아지는 등의 감정을 분출하는 경향을 파악
대인관계	이혼 후 부모의 대인관계의 상태를 파악하고 자녀를 상담하려고 온 경우, 부모뿐 아니라 부모가 인지하고 있는 자녀의 대인관계도 파악
종교와 영적 특성	종교적인 측면은 개인의 내외적 자원으로 중요할 수 있어 파악할 필요 있음
경제, 주거, 교통	경제상태에 대한 정확한 파악이 요구, 경제적인 어려움이나 현재의 주거상태 등등은 심리사회문제에 영향을 주는 변수임
이용자원체계	비공식적 자원: 친정식구, 사회복지사, 교회목사 공식적 자원: 국가에서 받는 지원체계

1. 주요 문제(chief complaint)
    1) 부모가 제시하는 문제
    2) 사회복지사가 보는 문제

2. 개인력(personal history),
    문제의 초점이 이혼당사자라면 당사자의 개인력을, 자녀라면 자녀의 개인력을 조사하십시오.
    1) 영유아기
    2) 전학령기
    3) 학령기
    4) 청소년기
    5) 성년기
    6) 결혼 이후

3. 성격 및 사회적 기능
    • 성격 및 사회적 기능

4. 가족력
    1) 가계도
    2) 가족성원에 대한 기술

　　　(1) 아버지/시아버지

　　　(2) 어머니/시어머니

　　　(3) 형제

　　　(4) 전남편

　　　(5) 자녀에 대한 기술

　　3) 생태도(Eco-map)

　　4) 클라이언트(ct)와 가족과의 관계

　　　■ ct와 부모 체계

　　　■ ct와 형제 체계

　　　■ ct와 자녀체계

　　　■ ct와 전남편과의 관계

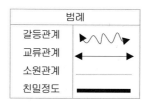

범례	
갈등관계	▶〰〰▶
교류관계	◀──▶
소원관계	⋯⋯⋯
친밀정도	━━━

III. 심리 · 사회적 사정

1. 심리 · 사회적 · 환경적 문제

　　1) 일차적인 지지집단과의 문제

　　2) 사회적 환경과 관련되는 문제

　　3) 교육적 문제

　　4) 직업적 문제

　　5) 주거의 문제

　　6) 경제적 문제

　　7) 건강 서비스 문제

　　8) 법적 체제와 범죄와의 관계

　　9) 기타 심리사회적 문제들

2. 강점 및 약점(Strength and Limitation / weakness)

강 점	
약 점	

IV. 앞으로의 개입계획
   -개인적 측면
   -가족적 측면
   -환경적 측면

V. 사례관리

	의뢰 및 개입범위	계 획
1. 개인적 측면	의뢰할 것인지?/ 자원 연결/혹은 개별적 상담을 통한 개입을 할 것인지를 기술	
2. 가족측면		
3. 환경적 측면		

출처: 한국사회복지사협의회(2007). 이혼가정사례. 재인용

찾아보기

인 명

내 용

저자 소개

김혜숙(Prof. Dr. Kim, Hye Sook)

독일 쾰른 대학교(Universität zu Köln) 사회복지학과 학사 및 석사졸업(Diplom, Heilpaedagogin)
독일 쾰른 대학교(Universität zu Köln) 교육학(전공: 가족상담) 박사(Dr. Paed.)
현) 백석대학교 사회복지학부 교수
　　서울가정법원 가사조정위원 및 상담위원, 서울 남부지방법원 상담위원, 가족치료 전문가

『Koreanische Familie und Systemische Familientherapie』, 『가족치료 이론과 기법(제2판)』 등의
저서와 「베트 헬링거의 가족세우기」, 「부부의 외도 심리치료」 등의 논문이 있음

이희배(Prof. Dr. Lee, Hee Bae)

경희대학교 법과대학 법률학과 졸업(법학사)
경희대학교 대학원 법학과 졸업(법학석사)
경희대학교 대학원 법학과 수료(법학박사)
법무부 민법(가족법) 개정위원 역임
현) 인천대학교 법과대학 명예교수, 한국가족법학회 고문, 서울가정법원 가사조정위원

『친족 상속법 요해』, 『재산상속의 법률지식』, 『민법상의 부양법리』, 『가족법학 논집』, 『가족법판례
연구』 등의 저서와 「상속법의 새로운 전개-부양상속분제도의 입법론-」, 「추상적부양의무와 구체
적부양의무에 관한 연구」, 「가족정책이념에 따른 현대가족법에의 접근」 등의 논문이 있음

유계숙(Prof. Dr. Yoo, Gye Sook)

미국 Purdue University 가족학 전공 Ph.D.
현) 경희대학교 생활과학대학 아동가족전공 교수, 생활과학연구소장, 서울가정법원 가사조정위원

『부부탐구(공저)』, 『가족정책론(공저)』, 『결혼학(공저)』, 『가족관계(공저)』, 『부모학(공저)』 등의 저
서와 「이혼 전후 가족상담 운영 모형 및 전략에 관한 연구」, 「Changing views on family diversity in
urban Korea」, 「이혼 숙려 부부들을 위한 상담프로그램 모형 개발」 등의 논문이 있음

사진 설명: 좌로부터 김혜숙 교수, 이희배 교수, 유계숙 교수

이혼상담과 이혼법

2008년 9월 11일 1판 1쇄 인쇄
2008년 9월 20일 1판 1쇄 발행

지은이 • 김혜숙, 이희배, 유계숙
펴낸이 • 김진환
펴낸곳 • **학지사**
121-837 서울특별시 마포구 서교동 352-29 마인드월드빌딩 5층
대표전화 • 02)330-5114 / 팩스 02)324-2345
홈페이지 • http://www.hakjisa.co.kr
등 록 • 1992년 2월 19일 제2-1329호

ISBN 978-89-5891-871-4 93180

정가 20,000원